MON ENFANT
de la naissance à la maternelle

Direction d'ouvrage :
Lise Boëll et Estelle Cerutti

© Éditions Albin Michel, S.A., 2010
22, rue Huyghens, 75014 Paris
www.albin-michel.fr

Dr BÉATRICE DI MASCIO
avec la collaboration d'HERMA KERVRAN

MON ENFANT
de la naissance à la maternelle

Albin Michel

À nos enfants, parents de demain...
Cyriaque, Perrine, Anne, Zoé, Jules, Lou,
Louise, Valentine, et Axelle.

Avant-propos

Écouter, accompagner et conseiller sans juger est au cœur de mes consultations, et ce depuis près de 20 ans. Mes expériences en réanimation pédiatrique, au Samu ou en mission humanitaire ont forgé mes convictions médicales. Il y a les mots que l'on écoute et les maux que l'on soigne ! Toutes ces années de pratique m'ont appris que l'accompagnement des parents et l'écoute de l'Enfant sont aussi importants que de les soigner.

Oui, l'arrivée d'un enfant change tout dans notre vie. Celle de mon fils a bouleversé la mienne aussi. Et c'est légitime. Le bien-être des enfants est devenu une vraie préoccupation. Les parents sont de plus en plus informés, curieux et compétents. Ils ne cessent de s'interroger, de questionner et donc de douter. C'est pourquoi il me semble utile de les accompagner dans les grandes étapes du développement de la petite enfance, pour qu'ils puissent être un peu plus indulgents envers eux-mêmes, et cesser ainsi de culpabiliser. Car la clef des enfants heureux est là !

Ce livre est le carnet de bord de mes années de pédiatrie. L'expérience du pédiatre, mais surtout celle aussi des parents et des enfants rencontrés, soignés et aimés. Je vous propose donc de vous faire partager cette belle histoire et de la poursuivre ensemble.

De son premier cri à la maternité à son entrée en maternelle, nous suivrons les grandes étapes du développement de l'enfance : le premier regard et sourire, la première dent, la position assise, la marche, les premiers mots, les premiers cauchemars, le célèbre « non »… Et finalement, vous remarquerez que votre bon sens suffit pour aider votre enfant à grandir et à se sentir bien.

Dr Béatrice Di Mascio

Sommaire

- **Avant-propos** 5

- **Premiers jours** 12

  Les préparatifs et le départ pour la maternité 14
  L'accouchement 18
  Accoucher par césarienne 20
  La prématurité 22
  Il est né ! 26
  Une maman est née ! 28
  Devenir père 30
  Les premières tétées 32
  Première leçon de puériculture 34
  Premier bilan : bon pour la sortie ! 38
  Un bébé pas comme les autres 40
  Questions à poser avant de quitter la maternité 42

- **Le 1er mois : le retour à la maison** 44

  Visiter la maison : une étape indispensable 46
  En sécurité à la maison et dans un environnement sain 48
  Sein ou biberon ? 50
  Cris et pleurs, comment les supporter ? 54
  L'aider à bien dormir 56
  Changes, premiers bains et soins 58
  Le massage, pour un bébé bien dans son corps 60
  Ce qu'il voit et entend… 62
  L'instinct maternel ou la naissance d'une mère 64

| PREMIERS JOURS | LE 1er MOIS | 2 À 3 MOIS | 4 À 5 MOIS | 6 À 7 MOIS | 8 À 9 MOIS | 10 À 11 MOIS | 1 AN | 1 AN ½ | 2 ANS | 2 ANS ½ | 3 ANS |

SOMMAIRE

Quand et comment le sortir ? 68
Premiers jeux : l'éveil du nouveau-né 70
Du baby blues à la dépression 72
Questions à poser le 1er mois 74

▪ 2 à 3 mois : parents à temps complet 76

Plaisirs partagés : mieux le découvrir 78
Fièvre et coliques douloureuses : premiers petits soucis 80
Premiers vaccins : comment le préparer 82
Le sevrage progressif : mode d'emploi 84
Reflux, régurgitations et vomissements 86
L'aider à bien faire ses nuits 88
Que voit-il et que lui donner à voir ? 90
Sur le ventre pour découvrir de nouveaux horizons 92
Retravailler : la question se pose 94
Et pourquoi pas un congé parental ? 96
Renouer avec la sexualité… 98
Premières séparations ? 100
Quel mode de garde choisir ? 102
Questions à poser : 2 à 3 mois 104

▪ 4 à 5 mois : les grandes découvertes 106

Que se passe-t-il dans la tête de Bébé ? 108
Être parents par adoption 110
Quel dormeur es-tu, mon bébé ? 112
Il est malade : bronchiolite, gastroentérite, fièvre 116
Alimentation : lait 2e âge et premières douceurs 120
Une Maison verte pour se ressourcer 124
Quand le père prend ses marques 126

Le laisser en garde en toute sérénité 128

Jouer avec lui pour l'entendre rire 130

Questions à poser : 4 à 5 mois.. 132

▪ 6 à 7 mois : dialoguer avant la parole 134

Où en est son développement psychomoteur ? 136

Est-ce qu'il voit et entend bien ?... 138

Installer le dialogue.. 140

Quel accueil spirituel pour l'enfant ? 142

Du biberon à la cuillère : quelle alimentation pour mon bébé ? 144

Les premières dents 148

Otites... à répétition 150

Le sortir en toute sécurité 152

Les jumeaux : plus de fatigue mais plus de bonheur 154

Bébé nageur ou bébé gym et jeux au quotidien 156

Questions à poser : 6 à 7 mois 158

▪ 8 à 9 mois : exploits et peurs... 160

Quand Bébé découvre ses commandes et son autonomie.............. 162

La communication : du babillage aux premiers mots 166

La crise du 9e mois : les peurs de la séparation et de l'inconnu 168

Comment sécuriser la maison... 170

L'heure des différences : fille ou garçon, l'exemple des jumeaux .. 172

Le jeu des ressemblances 174

Le bio est-il meilleur ?.. 176

Vitamines et oligoéléments 178

Les acides gras essentiels 182

La place des grands-parents 184

Le bilan des 9 mois... 186

Questions à poser : 8 à 9 mois.. 188

| PREMIERS JOURS | LE 1er MOIS | 2 À 3 MOIS | 4 À 5 MOIS | 6 À 7 MOIS | 8 À 9 MOIS | 10 À 11 MOIS | 1 AN | 1 AN ½ | 2 ANS | 2 ANS ½ | 3 ANS |

▪ 10 à 11 mois : les premières expériences 190

Comprendre ses expériences 192
Vivre avec un bébé différent 194
Autorité : de la frustration à l'autonomie 196
La sexualité des tout-petits 200
La scène familiale 202
Du liquide au solide 206
Champion à quatre pattes 210
Questions à poser : 10 à 11 mois 212

▪ 1 an : premiers pas et premières chutes 214

Je me lâche et je marche 216
Se servir de tous ses sens 220
Trouver le bon rythme entre siestes et sommeil nocturne 224
Que lire à nos petits ? Une bibliothèque pour Bébé 226
Les bienfaits du bain 230
Grands-parents réels ou d'adoption 232
Son premier anniversaire 234
Le nourrir sainement : les bons principes 236
Questions à poser : 1 an 238

▪ 1 an et demi : il pense et il est conscient 240

Pas une seconde sans surveillance 242
Il parle et répète tout 244
Comment fonctionne son cerveau ? 248
Des jouets pour mieux grandir 252
La halte-garderie 254
Chansons et rimes, le faire rire et danser 256
Apaiser ses grandes colères 258
L'armoire à pharmacie familiale 260

SOMMAIRE

Vision : l'heure du bilan 262

Soins de l'appareil génital (phimosis, etc.) 264

Questions à poser : 1 an et demi 266

■ 2 ans : il découvre le « NON ! » 268

Demain, je jette mes couches 270

Sommeil et rêves : comprendre le mécanisme 272

Il fait des bêtises 274

Père : entre tendresse et autorité 276

L'école à 2 ans ? 278

L'animal de compagnie : une décision qui ne doit pas être prise à la légère ... 282

Comment l'enfant construit sa mémoire ? 284

Le supermarché et le bus : petit guide de survie parentale ... 286

Ses premières sorties 288

Il doit être hospitalisé : comment préparer la séparation ? ... 290

Accepter qu'il mange « comme un grand » 292

Le bilan des 2 ans 294

Questions à poser : 2 ans 296

■ 2 ans et demi : en route vers l'autonomie 298

Il découvre son corps : fille ou garçon, quelle différence ? ... 300

L'arrivée d'un petit frère ou d'une petite sœur 302

Son langage : il parle peu et prononce mal 306

Jouer avec son enfant 308

Grandir entre télévision et DVD 310

Affronter ses colères sans guerre 312

À quoi sert la sieste ? 314

Mon enfant est trop gros, mon enfant est trop maigre 316

Ses menus : bio et bon 318

Questions à poser : 2 ans et demi 320

▪ 3 ans : il se prépare à la maternelle 322

L'âge de : « Moi tout seul ! » et de « Pourquoi ? » 324

Parler de la mort avec lui 326

À la conquête de son identité sexuelle 328

Comment ne pas en faire un enfant roi 330

Il est de sortie 332

Mon enfant ment, pourquoi ? 334

Aménager sa chambre 336

Où en est-il à 3 ans ? 338

Le préparer au rythme scolaire 342

À quoi ressemble la petite section de maternelle ? 344

Votre enfant après 3 ans 346

Questions à poser : 3 ans 348

▪ **Annexes** **350**

Quand consulter un spécialiste ? 354

Puériculture 358

Alimentation 367

Santé 375

Sécurité 397

Situations particulières 406

Formalités administratives 411

Prestations de la CAF 415

Adresses utiles 418

Glossaire médical 420

Index 434

Premiers jours

- Sensible à votre odeur et à la chaleur de votre corps, votre bébé aime se blottir contre vous en position fœtale. Il a besoin de vous, comme vous de lui, pour surmonter plus facilement cette première séparation que représente la naissance.

- Il est capable de suivre des yeux un objet de couleur vive que l'on déplace devant lui à une trentaine de centimètres. Sa vision est encore floue.

- Quand il est dans vos bras, il aime particulièrement plonger son regard dans le vôtre.

- Sensible aux sons, il tourne la tête en direction de leur source. Votre voix lui est déjà familière et le rassure.

- Ses réflexes archaïques, telle la marche automatique qu'on a testée sous vos yeux pour s'assurer du bon fonctionnement de son état neurologique, sont encore présents. Ils disparaîtront naturellement vers 2 mois.

Poids : environ 3 kg
Taille : environ 50 cm
Alimentation : 7 à 10 tétées par jour ou 6 à 7 biberons

Les préparatifs et le départ pour la maternité

S'organiser pour le jour J, c'est préparer la valise pour Maman et le sac pour Bébé mais c'est aussi prévoir le trajet vers la maternité. Il est particulièrement important également de savoir reconnaître les premiers signes de l'accouchement.

Quoi de mieux pour se mettre dans le bain d'une naissance qui approche que de préparer tranquillement et avec minutie le trousseau de Bébé et le vôtre ? Un mois avant la date prévue, commencez à réunir vos affaires et les siennes ainsi que les documents indispensables. En principe, chaque maternité donne des consignes précises sur ce qui doit être emporté par la maman. Vous pouvez vous faire plaisir en achetant quelques vêtements neufs pour votre futur bébé, mais n'hésitez pas à récupérer auprès de votre entourage des affaires ayant déjà servi. Elles sont en effet généralement plus douces que les vêtements neufs qui n'ont été lavés qu'une fois.

PRÉVOIR LE TRAJET JUSQU'À LA MATERNITÉ

Si c'est le futur papa qui vous accompagne, assurez-vous qu'il connaît bien le trajet jusqu'à la maternité et sa durée. Munissez-vous, à titre préventif — un empêchement ou une panne n'est jamais à exclure —, du numéro de téléphone d'une société d'ambulance (les frais seront remboursés). En effet, certains taxis ne voulant pas prendre le risque que vous accouchiez dans leur véhicule refuseront de vous transporter. Si ce n'est pas votre premier bébé, pensez à organiser bien à l'avance la garde de vos autres enfants.

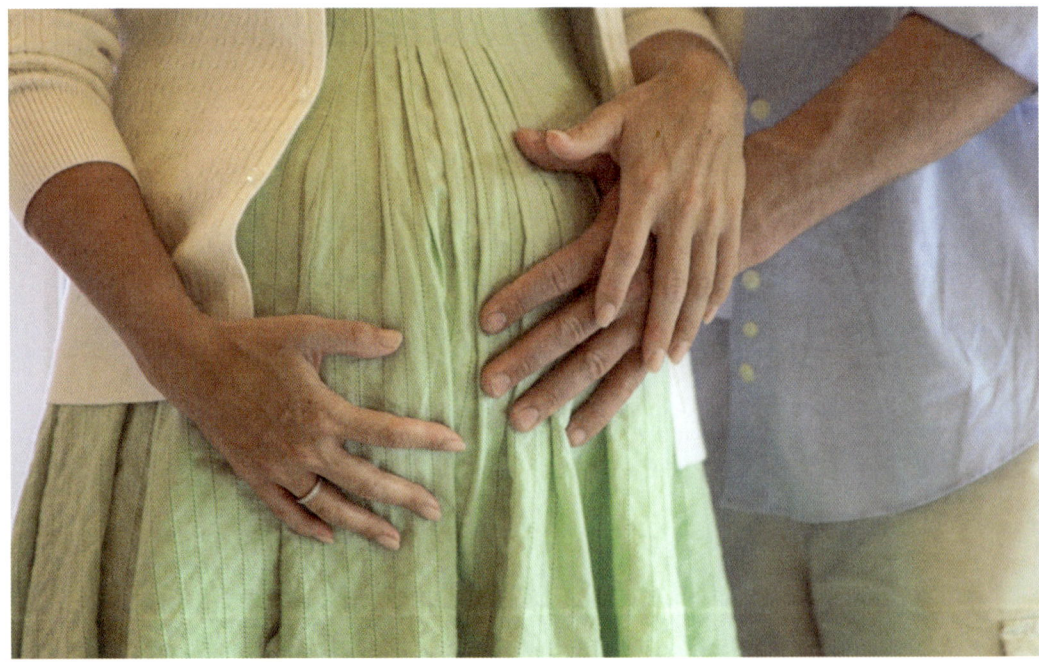

" **CONSEIL DE BÉATRICE :**
QUAND PARTIR POUR LA MATERNITÉ ?
Même les mamans qui ont suivi la préparation à l'accouchement risquent de tout oublier le jour J, quand excitation et angoisse se bousculent ; raison de plus pour que tout soit fin prêt !
Certaines arrivent trop tôt à la maternité et seront renvoyées plusieurs fois à la maison ; d'autres, trop sûres d'elles, arrivent trop tard et accouchent dans la voiture… ou dans le hall de la maternité. Il m'est déjà arrivé d'accueillir des bébés à l'entrée de la maternité.
En effet, une future mère peut se laisser surprendre par un travail exceptionnellement rapide, surtout lorsqu'il s'agit d'une deuxième ou d'une troisième grossesse.
Quand ce sera votre tour, faites-vous confiance, écoutez votre corps, communiquez avec votre bébé et arrivez à l'heure qui vous semble être la bonne. Aucun professionnel ne se moquera de vous parce que vous êtes inquiète ou que vous pensez à tort que le travail a déjà commencé. Même si vous avez l'impression que tout se déroule très vite, ce sont des instants de votre vie que vous n'oublierez jamais. "

C'EST POUR BIENTÔT !

Quelques jours seulement vous séparent de la date prévue pour l'accouchement ! Ils pourront vous sembler bien longs et vos sentiments seront peut-être mitigés, impatience et crainte se mêlant, ce qui est d'autant plus normal que cet événement va vous séparer physiquement du bébé que vous avez porté pendant 9 mois. Partagez donc vos émotions avec votre compagnon, discutez avec lui du rôle qu'il souhaite tenir durant l'accouchement et respectez son choix. Créez une bulle de tendresse et faites l'amour si vous en ressentez tous les deux le désir. Votre enfant n'a rien à craindre, il viendra au monde dans une atmosphère de bonheur.

▪ LE SAC POUR BÉBÉ ▪

Le jour de la naissance, à mettre dans une pochette séparée
- 2 bodies à manches longues, croisés devant
- 1 brassière en laine avec chaussons (même en été)
- 1 bande ombilicale (facultative)
- 1 serviette de toilette
- 1 lange
- 1 bonnet
- 1 paire de chaussons
- 1 pyjama
- 1 turbulette ou gigoteuse

Pour le reste du séjour
- 6 bodies à manches longues, croisés devant
- 3 brassières en laine (ou en coton en été)
- 5 pyjamas à pieds
- 3 paires de chaussettes
- 3 paires de chaussons
- 2 serviettes de toilette (ayant déjà servi car elles seront plus douces)
- 4 bavoirs en tissu éponge pour les tétées
- 5 langes en coton tout doux qui servent à tout

Promenades, mise en beauté chez l'esthéticienne et derniers shoppings entre amies seront de bons moyens de vous détendre et de vous faire plaisir durant ces derniers jours de votre grossesse.

LES PREMIERS SIGNES

Les jeunes mamans ont souvent peur de ne pas savoir repérer les premiers signes. Ne vous inquiétez pas, ils sont faciles à reconnaître et votre intuition ne s'y trompera pas… Sans être le signal même d'un accouchement imminent, la perte du bouchon muqueux, qui peut survenir plusieurs jours avant le jour J et les premières contractions, indique une transformation du col de l'utérus pour préparer la naissance. Elle se traduit par l'apparition soudaine de pertes blanchâtres parfois teintées de sang.

Dans un premier temps, les contractions ne se manifestent que par de légers tiraillements, plus ou moins douloureux, comparables à ceux que l'on peut ressentir lors des règles ou pendant une crise de colite. Parfois, ces élancements ne sont perçus qu'au niveau du dos. Plus ou moins rapidement, les contractions deviennent rythmées, régulières, de plus en plus fortes et rapprochées. À chacune d'elles, votre utérus semblera se durcir d'un seul coup un peu comme une boule, puis redeviendra plus souple. C'est un mécanisme automatique indépendant de votre volonté.

Pour certaines femmes, les contractions restent longtemps irrégulières et légères ; pour

> **• QU'EST-CE QU'UNE CONTRACTION ? •**
>
> L'utérus est un muscle qui se contracte tout au long de la grossesse. Pour savoir si vous avez une contraction, placez votre main sur votre ventre : s'il devient dur, c'est que l'utérus se contracte. C'est un phénomène normal et nullement inquiétant si les modifications du col de l'utérus ont été vérifiées lors des visites prénatales. En fin de grossesse, vous ressentirez de plus en plus de contractions. Lorsqu'elles deviendront douloureuses et régulières, ce sera le signe que l'accouchement se prépare.

> **CONSEIL DE BÉATRICE :**
> *Emportez dans votre valise 4 ou 5 langes en coton de 1 mètre carré environ. Légers et doux, ils vous seront très utiles pour essuyer les régurgitations de Bébé, mettre sous ses fesses quand vous le changerez, le recouvrir s'il fait un peu frais ou, inversement, le protéger d'un rayon de soleil. Certains enfants les utilisent même comme doudou.*

d'autres, elles deviennent vite intenses et rapprochées. Une fois encore, détendez-vous ! Vous pourrez prendre un bain chaud, vous installer confortablement par terre sur un coussin ou à califourchon sur une chaise, ou encore faire les cent pas.
Lorsque les contractions surviennent toutes les 5 minutes, il est temps de partir à la maternité.

LA RUPTURE DE LA POCHE DES EAUX
Si la poche des eaux se rompt franchement, le liquide amniotique s'écoule abondamment, ce qui ne passe pas inaperçu. Vous saurez sans hésiter que vous avez perdu les eaux. Mais parfois, cette rupture n'est pas aussi franche ; on parle alors de fissure de la poche des eaux. L'écoulement du liquide amniotique se faisant dans ce cas de manière discrète et progressive peut être confondu avec des pertes d'urine. L'heure d'aller à la maternité a sonné. Quand la poche des eaux est rompue ou fissurée, les microbes peuvent venir infecter Bébé qui n'est plus protégé. Vous ne pouvez dès lors plus prendre de bain

PAS DE PANIQUE !
Vous n'êtes pas à quelques minutes près. Il peut encore se passer un long moment avant la naissance. Vos affaires ont été minutieusement préparées ; rassemblez maintenant sacs et valise pour le départ. Si vous n'avez pas encore perdu les eaux, vous pourrez faire le trajet assise, mais vous ne devrez pas conduire. En revanche, si vous avez perdu les eaux, mieux vaut vous installer en position couchée ou faire appel à une ambulance.

• LA VALISE POUR MAMAN •

Pour l'accouchement, à glisser dans un sac séparé
1 chemise de nuit courte ou 1 grand T-shirt
1 brumisateur

Pour l'allaitement
2 chemises de nuit ouvertes devant
2 soutiens-gorge d'allaitement (prévoir au moins deux tailles au-dessus de votre taille habituelle)

Pour le séjour
3 serviettes de toilette
1 robe de chambre
1 paire de pantoufles
1 tenue confortable et jolie pour promener votre bébé dans les couloirs
Votre nécessaire de toilette
Si possible, 7 slips extensibles en filet (à acheter en pharmacie) ou slips jetables
1 sac à linge sale
1 sèche-cheveux
1 thermomètre personnel
1 bouée gonflable (en cas d'épisiotomie)
1 crème pour jambes lourdes
1 tenue pour votre sortie
Le chargeur pour votre téléphone portable

Documents indispensables
Carte d'identité
Carte Vitale
Papiers de mutuelle
Livret de famille
Certificat de reconnaissance pour les mères célibataires
Carnet de maternité
Carte de groupe sanguin
Résultats d'examens de laboratoire récents (toxoplasmose, agglutinines, bilan péridural)
Échographies et radiographies

L'accouchement

Dans 85 % des cas, l'accouchement se passe sans problème, même s'il ne se déroule pas forcément comme on l'avait imaginé. Comment faire en sorte de vivre dans les meilleures conditions cet événement si bouleversant ?

Dès votre arrivée à la maternité, une sage-femme vous accueille. Elle connaît vos antécédents grâce à votre dossier médical. Elle vous examine puis pose sur votre ventre des capteurs qui vous relient à un monitoring. Celui-ci permet d'apprécier en temps réel la fréquence, l'intensité des contractions et le rythme cardiaque du bébé, et de vérifier si le travail est réellement commencé ou s'il s'agit juste d'une fausse alerte, comme cela arrive souvent lors d'un premier accouchement. Dans ce cas, vous pourrez rentrer tranquillement chez vous. Si la sage-femme décide de vous garder, n'hésitez pas à lui faire part de vos désirs : si vous souhaitez une péridurale, quel sera le rôle de votre compagnon pendant l'accouchement…

▪ COMMENT LE BÉBÉ SE PRÉSENTE-T-IL ? ▪

La dernière échographie vous a montré votre bébé tête en bas et dos à droite dans la cavité utérine. C'est la position idéale pour l'accouchement. La plupart des bébés se présentent ainsi vers la fin du 7e mois de grossesse.
Parfois, le bébé se positionne d'une manière plus inhabituelle. Il peut se présenter les fesses vers le bas (présentation dite « en siège »), assis en tailleur (« en siège complet »), les jambes relevées (« en siège décomplété »). Lors d'une première naissance « en siège », un accouchement par voie basse est possible, mais certaines équipes préfèrent proposer une césarienne.
Plus rarement, le bébé peut se présenter « par l'épaule » ou « en position transversale ». Parfois, il arrive la tête en bas, mais basculée en arrière, c'est la présentation « par la face ».
Dans ces deux cas, la césarienne est nécessaire.

LA PHASE PRÉPARATOIRE

L'accouchement par les voies naturelles est un processus progressif. La première phase a souvent commencé à la maison. Les contractions vont ensuite s'intensifier et permettre au col de l'utérus de se raccourcir, puis de s'effacer. Si vous n'avez pas perdu les eaux, le bébé est protégé par le liquide amniotique.
La sage-femme vous aidera à trouver des positions confortables. Cette phase risque, en effet, de durer.

LA DILATATION DU COL DE L'UTÉRUS

C'est la phase la plus longue mais il est difficile d'en évaluer précisément la durée. Néanmoins, pour un premier bébé, on parle souvent d'une dilatation de 1 cm par heure. Le col de l'utérus doit s'ouvrir jusqu'à un diamètre de 10 cm pour laisser passer la tête du bébé. Quand le col est effacé, les contractions s'intensifient et se rapprochent. La tête de votre bébé appuie fortement sur le col de l'utérus et peut provoquer la rupture de la poche des eaux. Cette rupture renforce alors l'intensité des contractions. La sage-femme peut parfois décider de percer elle-même la poche des eaux pour accélérer le processus.

GÉRER LA DOULEUR

Désormais, le corps de votre enfant est en contact avec les parois de l'utérus. Les contractions s'intensifient tandis que la douleur augmente. Chacune d'elles dure en moyenne entre 50 et 60 secondes et survient toutes les 3 minutes. La sage-femme vous aidera à trouver les positions efficaces pour la progression du bébé. Si vous le souhaitez, une péridurale sera posée.
Soyez sans crainte pour le bébé car dès votre installation en salle de naissance, il est en

permanence surveillé par le monitoring. En cas de doute ou de travail prolongé, des examens complémentaires permettront d'apprécier l'état du bébé.

L'EXPULSION

C'est la phase la plus courte ; elle dure environ 30 minutes. On vous installe alors en position d'accouchement ; le plus souvent, des étriers vous sont proposés pour placer vos jambes et un dossier soutient votre dos. Certaines maternités proposent diverses positions : sur le côté ou à quatre pattes. Vous seule pouvez décider de la position dans laquelle vous vous sentez le plus à l'aise. Les contractions surviennent toutes les 2 minutes et durent 1 minute. Vous êtes alors dirigée par la sage-femme qui vous invitera à pousser et souffler aux bons moments ; elle expliquera à votre compagnon comment vous soutenir.

Une fois la tête et le corps du bébé engagés dans les voies génitales, la pression, ressentie par la mère et l'enfant, est considérable. En cas de problème ou si la tête du bébé n'est pas encore véritablement engagée, l'équipe obstétricale intervient immédiatement en utilisant les forceps ou en pratiquant une césarienne.

Une fois que le col a cédé et que la dilatation est complète, l'utérus et le vagin ne forment plus qu'un tube, le périné se distend complètement. Poussé par de fortes contractions, le bébé, menton contre la poitrine, afin de présenter le plus petit diamètre de la tête, progresse vers le bassin inférieur. En tournant sur elle-même, la tête du bébé aborde enfin les muscles du périnée ou le bassin mou. C'est le dernier obstacle. Les fibres sont tendues à l'extrême pour lui ouvrir le passage. Selon les cas, certaines équipes médicales préfèrent pratiquer une petite incision (épisiotomie), d'autres estiment que ce n'est que rarement nécessaire.

Dès que la tête du bébé apparaît, votre médecin ou la sage-femme la soutient et aide le reste du corps à sortir. Comme c'est souvent le cas, vous serez probablement invitée à achever ce geste en attirant le bébé sur votre ventre. Il va pouvoir dès lors apprécier la

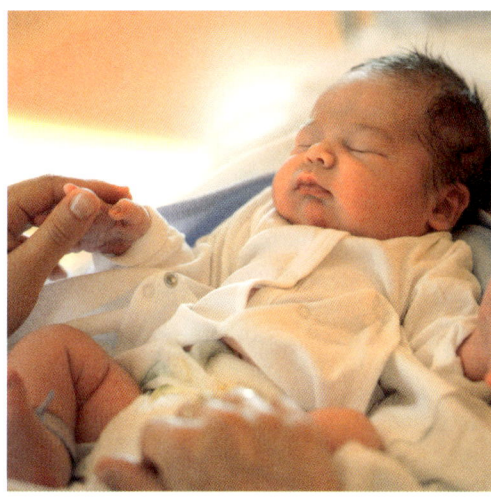

chaleur de votre peau et il se peut qu'il cherche à téter votre sein. Il découvre l'air libre, la nécessité de respirer, le froid et la lumière, mais aussi votre douceur.

LA DÉLIVRANCE

On appelle délivrance le décollement et l'expulsion du placenta. Elle se fait lorsque le bébé est dans vos bras. En cas d'hémorragie, le médecin pratique, sous anesthésie générale, une révision utérine en introduisant la main dans l'utérus. Il s'assure que toutes les parties du placenta sont bien décollées. Pour prévenir ce risque d'hémorragie, vous resterez en salle de naissance 2 heures après l'accouchement.

❝ **CONSEIL DE BÉATRICE :**
Votre bébé est surveillé par monitoring tout au long des différentes phases de l'accouchement. L'équipe médicale est là pour intervenir en cas de problème : mauvais fonctionnement de la péridurale, recours nécessaire à la césarienne ou aux forceps, ou encore si la vie de l'enfant est en danger. Sachez que toutes les futures mamans ont peur d'accoucher, les femmes médecins comme les autres, et c'est parfaitement normal. Ayez confiance en vous et en l'équipe médicale ; les complications sont rares.
Quoi qu'il arrive, cette longue attente restera le plus beau jour de votre vie. ❞

Accoucher par césarienne

La césarienne est si courante qu'on en oublie parfois le côté chirurgical. Qu'elle soit programmée ou décidée en urgence, les obstétriciens maîtrisent parfaitement cette technique pratiquée pour 17 % à 20 % des naissances.

Certaines situations, jugées graves par le passé, sont de nos jours aisément surmontées grâce à cette opération que l'on peut même programmer à l'avance. Soyez sans crainte, une césarienne peut être vécue comme un accouchement naturel. N'hésitez donc pas à vous informer auprès de votre médecin sur l'utilité d'y recourir.

LA CÉSARIENNE PROGRAMMÉE

Il arrive qu'au cours du 8e ou du 9e mois, l'obstétricien propose à la future maman un accouchement par césarienne. Dans ce cas, la naissance est programmée, l'équipe réservée et le type d'anesthésie choisi (péridurale ou rachianesthésie).
La césarienne programmée est indiquée dans plusieurs cas :
- lorsque l'utérus, cicatriciel, risque de ne pas supporter les fortes contractions ;
- lorsque le placenta, placé devant le col de l'utérus (placenta praevia), risque de provoquer une hémorragie lors de la naissance ;
- en cas de naissances multiples (voir encadré « La naissance de jumeaux » p. 26) ;
- s'il existe un retard de croissance important du bébé.

Dans le cadre d'une césarienne programmée, plutôt qu'à la péridurale, on fait généralement appel à la rachianesthésie qui agit plus rapidement. Elle consiste à injecter les anesthésiques non pas dans l'espace péridural, mais directement dans le liquide céphalorachidien, toujours dans le bas du dos, entre la 3e et la 5e vertèbre lombaire. Cette méthode est rapide et l'anesthésie est prévue pour une durée relativement courte. On pose également une sonde urinaire qui sera conservée pendant 24 heures, car la vessie doit être vide durant l'opération.

Grâce à la rachianesthésie, la maman reste consciente et perçoit ce qui se passe sans pour autant ressentir la douleur. Cela lui permet de vivre complètement la naissance de son bébé, même si un drap masque la zone opérée. Son compagnon peut se tenir à ses côtés et partager avec elle ce moment extraordinaire. Immédiatement après la naissance de son enfant, elle peut le tenir dans ses bras et l'embrasser.

QUELLE TECHNIQUE ?

La technique de Cohen est utilisée depuis quelques années : au lieu de faire une véritable incision, le chirurgien pratique plusieurs

---

▪ PRENEZ LE TEMPS DE RÉCUPÉRER ▪

Si vous avez accouché par césarienne, il vous sera un peu plus difficile de présenter votre bébé à vos visiteurs qu'après un accouchement classique. Fatigue et douleur postopératoire rendront vos mouvements et déplacements pénibles. Vous risquez d'avoir des flatulences et des douleurs. (Des tisanes à la valériane, voire des antispasmodiques peuvent y remédier efficacement.) Mais au bout de 2 ou 3 jours, vous serez beaucoup plus à l'aise et tout rentrera dans l'ordre.

Privilégiez votre confort et ménagez-vous des moments d'intimité avec votre compagnon et votre bébé. Certaines maternités permettent l'accueil du papa pendant la nuit.

mini-incisions et écarte les tissus avec les doigts. Il ouvre les plans successifs (peau, aponévrose, péritoine et utérus) jusqu'à l'apparition de la tête du bébé. Grâce à cette nouvelle technique, l'intervention est très rapide. En 5 à 10 minutes, l'enfant est extrait et le placenta retiré ; 30 minutes sont ensuite nécessaires pour recoudre. L'accouchée perd donc moins de sang et sera sur pied dès le lendemain pour s'occuper de son bébé.

La technique classique reste de mise si les tissus sont plus fibreux. L'incision de la peau, sur quelques centimètres, se fait au niveau du pubis ; puis les plans successifs sont incisés en quelques minutes seulement. La suite se déroule comme avec la technique de Cohen. L'opération est plus longue, notamment du fait des sutures.

Après la césarienne Quelle que soit la méthode utilisée, la maman retrouve son bébé dès la sortie du bloc. Dans certaines maternités, la surveillance postopératoire se fait en salle de naissance et le bébé reste avec elle.

Si elle le souhaite, elle peut allaiter dès la première heure. C'est allongée sur le côté que la maman sera le plus à l'aise.

LA CÉSARIENNE DÉCIDÉE EN URGENCE

Si le monitoring indique que le bébé supporte mal la naissance, les médecins interviennent en urgence. Un ralentissement du rythme cardiaque, une stagnation de la dilatation du col de l'utérus ou un bébé trop gros pour passer par les voies naturelles nécessitent de recourir à la césarienne en urgence.

En cas d'extrême urgence, une anesthésie générale peut être pratiquée ou, si une péridurale est déjà en place, elle peut être renforcée.

LES SUITES D'UNE CÉSARIENNE

Si vous accouchez par césarienne de type Cohen, vous serez sur pied assez rapidement et recommencerez à manger le jour même. Vous serez debout au plus tard le lendemain même et pourrez vous occuper de votre bébé.

Quelques douleurs et la peur éventuelle d'arracher les fils rendront vos premiers pas hésitants, mais une infirmière vous aidera à vous lever. En cas de besoin, des antalgiques vous seront administrés par perfusion ou par voie orale.

Si vous ne pouvez pas prendre de douche pendant 2 jours, utilisez des lingettes rafraîchissantes pour être plus à l'aise.

Les 2 ou 3 premiers jours, vous aurez du mal à aller à la selle ; la reprise du transit ne se fera que progressivement avec parfois d'intenses douleurs liées au ballonnement. Le jour de la sortie, pansement et agrafes seront enlevés sauf, bien sûr, si le chirurgien, au lieu d'agrafes, a utilisé un fil résorbable qui s'éliminera de lui-même.

Votre taux de globules rouges sera vérifié pour détecter une éventuelle anémie. Un traitement anticoagulant vous sera prescrit pendant une semaine, pour prévenir le risque de formation de caillots dans les veines et éviter phlébites et embolies.

> **CONSEIL DE BÉATRICE :**
> **DES RISQUES RELATIFS**
> *Comme indiqué précédemment, le recours à la césarienne est parfois nécessaire. Cet acte chirurgical, maîtrisé parfaitement par le corps médical, comporte néanmoins, comme toute opération, certains risques. Mais, n'ayez aucune crainte si cela doit vous arriver, les risques sont minimes pour le bébé. Seul un retard de résorption du liquide amniotique dans les poumons, dû au fait que le bébé ne bénéficie pas de l'« essorage » qui s'effectue lors du passage par les voies naturelles, peut être éventuellement constaté. Un séjour en couveuse peut alors être nécessaire.*
> *Pour la maman, les inconvénients sont un peu plus importants en raison de la grande fatigue qui fait suite à l'intervention ; il y a aussi des risques de phlébite, d'embolie et d'infection, mais ils sont prévenus par la prescription d'anticoagulants ou d'antibiotiques.*

La prématurité

De plus en plus de bébés naissent prématurés : environ 7 % des naissances surviennent aujourd'hui avant terme. La plupart des facteurs de risques étant connus, les grossesses concernées sont très tôt prises en charge. Pourtant, il arrive qu'un accouchement ait lieu ou doive être déclenché prématurément sans cause identifiée. Quel que soit le contexte, c'est un événement éprouvant pour les parents.

On parle de naissance prématurée lorsque l'accouchement survient à moins de 8 mois de grossesse (ou 36 semaines d'aménorrhée), c'est-à-dire à un stade auquel le développement *in utero* de l'enfant n'est pas encore terminé. Une grossesse dure le plus souvent 9 mois (41 semaines d'aménorrhée), mais on parle de naissance « à terme » à partir de la 37e semaine, car le développement *in utero* est alors achevé.

UN ORGANISME TRÈS FRAGILE

Lorsqu'un enfant naît prématurément, ses fonctions nerveuses, digestives et respiratoires sont immatures. Ses organes sont très fragiles, notamment ses poumons, qui ne lui permettent pas encore de respirer seul. Ceci est dû à l'absence de surfactant, un mince film de lipides protégeant la surface intérieure des alvéoles pulmonaires, qui est en contact direct avec l'air inspiré. Aujourd'hui, on peut instiller du surfactant artificiel. Ce procédé a révolutionné la prise en charge de la maladie des membranes hyalines qui, sans traitement, entraîne une détresse respiratoire. En cas de suspicion d'accouchement avant terme, la future mère bénéficie également d'injections de corticoïdes. Cette hormone améliore l'état pulmonaire du bébé à naître. Son injection accélère la maturation fonctionnelle du poumon, réduit la fréquence et la gravité de la maladie des membranes hyalines. La période d'hospitalisation d'un prématuré est une dure épreuve pour les

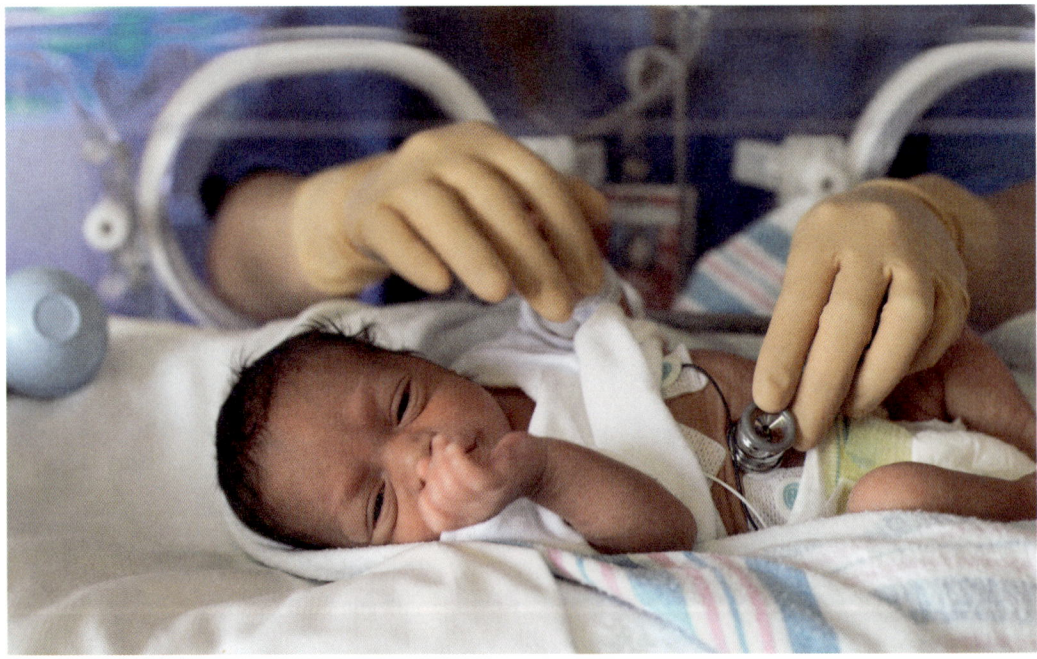

▪ LA MÉTHODE «KANGOUROU» ▪

Lorsqu'un enfant né prématuré n'a plus besoin d'être en permanence en couveuse, il est important de veiller au développement du contact avec sa mère. Les unités dites «kangourou» proposent aux parents de les aider à resserrer les liens affectifs avec leur enfant, et les mamans peuvent enfin être auprès de leur enfant 24 heures sur 24, dans la même chambre. Ces unités sont inspirées de celles créées à Bogotá, en Colombie, à la fin des années 1970, en raison d'un manque de moyens techniques. La mère assiste et participe alors aux soins et à la toilette, mais la spécificité de cette méthode est la pratique du «peau à peau» : la mère, ou le père, tient son enfant contre sa peau nue et lui transmet de cette façon la chaleur de son corps, se substituant à la couveuse. Cette méthode permet de renforcer le contact, physique et affectif, entre l'enfant et ses parents. Bien qu'elles soient encore assez rares en France, ces unités se sont beaucoup développées ces dernières années. L'influence de cette méthode se ressent aussi dans les unités néonatales, où il est de plus en plus souvent possible pour les parents de rester jour et nuit auprès de leur enfant.

parents, malgré la disponibilité et l'écoute de l'équipe de néonatalogie. Il faut parfois attendre des semaines, voire des mois, avant que les grandes fonctions respiratoires, cardiaques, digestives et neurologiques, aient acquis une maturité suffisante pour que le bébé puisse rentrer à la maison.

LES DEGRÉS DE PRÉMATURITÉ
Chaque année, naissent en France environ 60 000 enfants prématurés. On distingue différents stades de prématurité :
• les prématurés simples, nés entre la 33e et la 36e semaine d'aménorrhée ;
• les grands prématurés, nés entre la 28e et la 33e semaine ;
• les très grands prématurés, nés entre la 26e et la 27e semaine ;
• les prématurés extrêmes, nés avant la 26e semaine.
Le pronostic vital est incertain lorsque la naissance survient avant la 24e semaine, et le risque de séquelles neurologiques est important chez les très grands prématurés nés avant la 28e semaine.
Les enfants prématurés sont automatiquement pris en charge en service de néonatalogie où ils bénéficient de soins adaptés, notamment d'une assistance respiratoire et nutritionnelle.
Les prématurés simples connaissent peu de problèmes, bien que l'immaturité pulmonaire et des difficultés à téter et à déglutir soient fréquentes avant la 34e semaine.
Les grands prématurés sont mis en couveuse, qui permet de contrôler leur température corporelle grâce à des capteurs placés sur la peau et de les protéger des infections, leur système immunitaire n'étant pas encore performant. Ils ont également besoin d'une assistance respiratoire pendant plusieurs jours et sont nourris à l'aide d'une sonde ou d'une perfusion.
Chez les très grands prématurés et les prématurés extrêmes, les soins en réanimation néonatale sont indispensables généralement pendant plusieurs semaines, car les risques de complications infectieuses, pulmonaires ou intestinales sont fréquents.

> **CONSEIL DE BÉATRICE :**
> *Votre bébé est né prématurément. Un psychologue est là pour vous écouter et vous soutenir dans les moments difficiles. N'hésitez pas à le consulter. Il vous aidera à établir le lien avec votre enfant et à préparer votre retour à la maison. Quand votre enfant sera enfin chez vous, n'oubliez pas de vous rendre aux visites de contrôle prévues pour les enfants prématurés. Au cours de sa première année, on évaluera son développement psychomoteur en fonction de son âge corrigé, et non de son âge réel. Par exemple, s'il est né au 6e mois de grossesse, lorsqu'il aura 6 mois, il sera évalué comme un bébé de 3 mois. Avec le temps, ces différences s'estomperont très vite.*

LE FAIRE NAÎTRE PLUS TÔT POUR MIEUX LE SOIGNER

L'accouchement prématuré est spontané dans 40 % des cas. Il est lié à une grossesse multiple pour 23 % et est provoqué pour raisons médicales dans 37 % des cas. Les médecins préfèrent en effet interrompre la grossesse avant son terme lorsqu'ils sont confrontés à une maladie (diabète, maladie rénale, incompatibilité rhésus) qui comporte un risque important pour la survie de la mère ou de l'enfant.

Si les causes de la prématurité sont encore mal connues, l'influence de certains facteurs déclencheurs, comme le tabagisme, est prouvée (une femme qui fume a deux fois plus de risques d'accoucher avant terme qu'une non-fumeuse). On met aussi en cause certaines conditions de travail particulièrement fatigantes ou la consommation d'alcool.

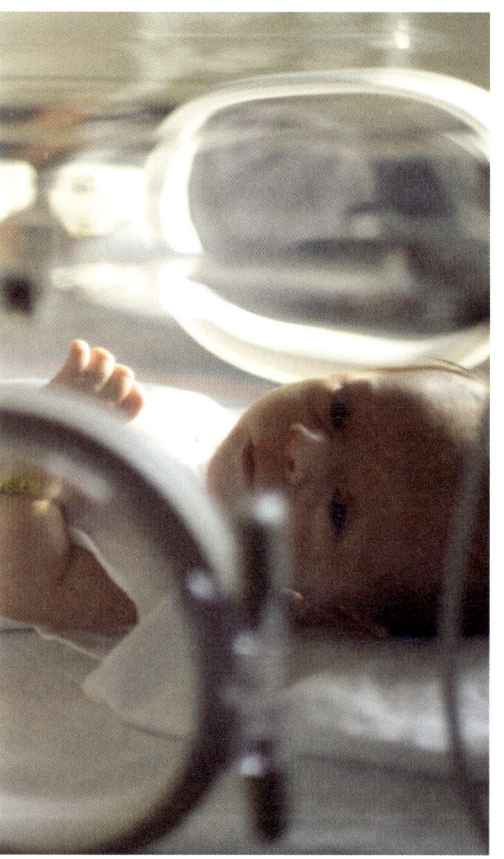

▪ DES SOINS INTENSIFS TOUJOURS IMPRESSIONNANTS ▪

Les progrès de la médecine néonatalogique ont permis de mieux apprécier l'état d'un bébé prématuré. J'ai souvent constaté que les quelques semaines qui séparent la naissance d'un bébé prématuré extrême de celle d'un grand prématuré font toute la différence. La prise en charge d'un bébé de 600 g, comporte souvent de gros risques. Pour surveiller les fonctions vitales, le petit corps est couvert de capteurs. On peut comprendre l'angoisse des parents devant toutes ces machines, qui permettent pourtant d'apprécier les chances de survie de l'enfant dans les meilleures conditions possibles. On ne peut qu'admirer ceux, qui parmi eux, s'adaptent très vite à cet environnement pour accompagner au quotidien leur nouveau-né. Les équipes médicales font un travail formidable et savent de mieux en mieux communiquer avec les parents.

UNE SÉPARATION DIFFICILE

Un enfant né prématuré est doit souvent être hospitalisé pendant plusieurs semaines, voire plusieurs mois. C'est une situation très éprouvante pour les parents, inquiets de la santé et de l'avenir de leur enfant. Ils doivent en outre subir le transfert de l'enfant dans un service de néonatalogie souvent éloigné de la maternité. Une telle séparation met en péril le lien affectif, encore récent et donc fragile, entre le nouveau-né et ses parents.

L'IMPORTANCE DU LIEN AFFECTIF

Si votre enfant est prématuré, il vous faudra par tous les moyens maintenir le contact le plus étroit possible avec lui, même si c'est parfois difficile et frustrant pour vous. Il en a besoin pour bien se développer. Le personnel soignant facilitera votre présence quotidienne auprès de lui.

Votre bébé doit vous voir, vous entendre, être caressé par vous (par les ouvertures de la couveuse). Dès que votre enfant peut être par moments sorti de la couveuse, prenez-le plus souvent possible dans vos bras. Au contact de votre peau et de votre chaleur corporelle, il maintiendra sa température. Inspirés de la méthode Kangourou (voir encadré p. 23),

ces instants de tendresse et d'intimité sont aussi précieux que bénéfiques.
En cas de prématurité, l'allaitement est particulièrement important bien qu'il soit difficile. La puéricultrice vous aidera à tirer votre lait, qui sera ensuite donné à votre bébé par l'intermédiaire d'une sonde gastrique.
Pour surmonter ces moments difficiles sans perdre courage, ayez bien à l'esprit que votre enfant sera après quelques semaines un bébé comme tous les autres, prématuré ou non. Et sachez que nombreux sont les grands esprits nés prématurés, parmi lesquels Victor Hugo, Charles Darwin ou Albert Einstein !

> **CONSEIL DE BÉATRICE :**
> *En restant le plus possible auprès de votre enfant, vous pourrez apprendre à connaître le personnel soignant, le fonctionnement du service et poser toutes les questions qui vous tiennent à cœur. Souvent, on vous permettra de laisser dans la couveuse un foulard imprégné de votre odeur ou un enregistrement de votre voix. Vous pourrez aussi participer à la toilette de votre bébé en vous laissant guider par le personnel soignant.*

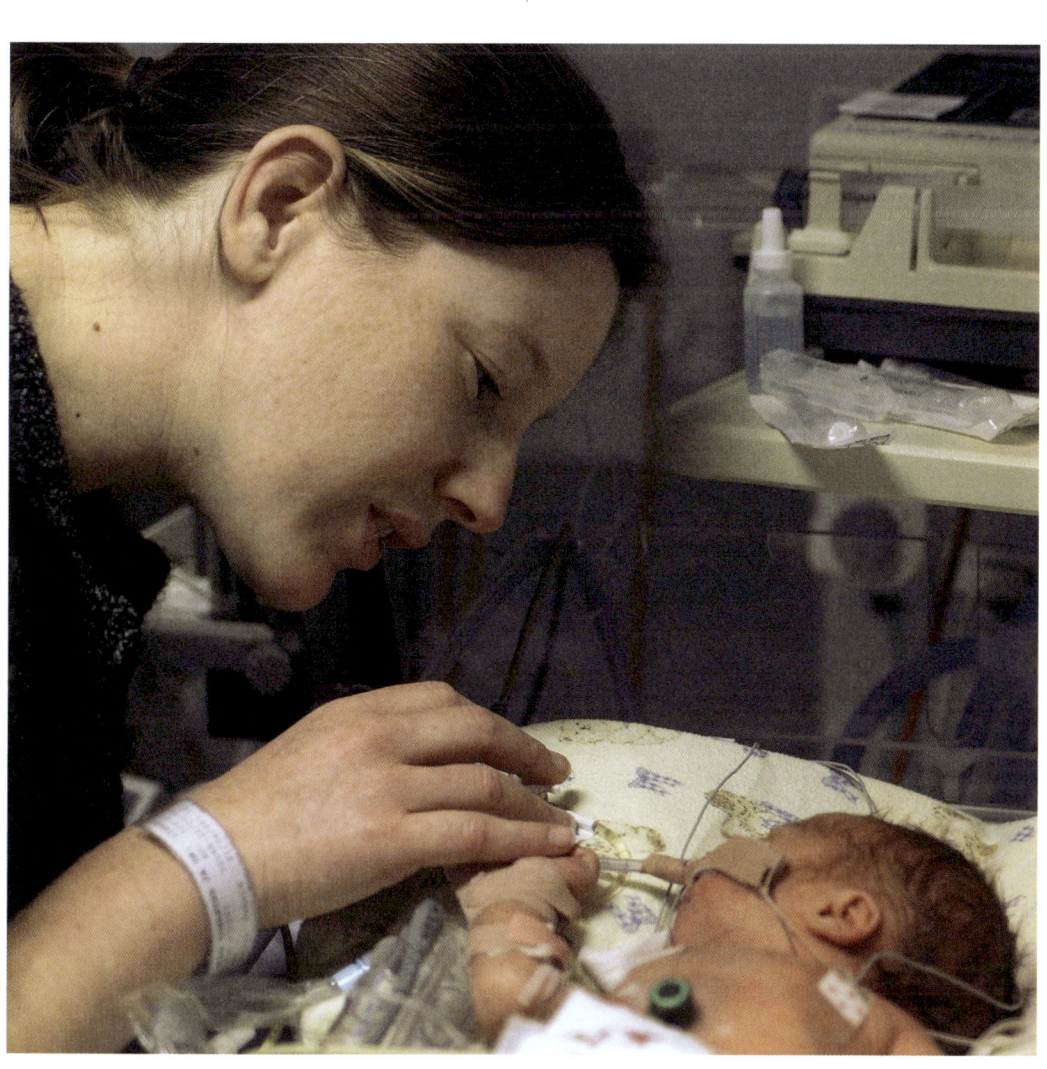

MON ENFANT • DE LA NAISSANCE À LA MATERNELLE

Il est né !

Voici enfin votre bébé sur votre ventre. Il est probablement un peu différent de l'idée que vous vous faisiez de lui. Ses petites mains vous palpent, il vous regarde et cherche déjà votre sein. Instant de calme et de bonheur.

Si l'accouchement s'est déroulé sans problème particulier, votre bébé passera les premiers instants de sa vie sur votre ventre. Il est recouvert d'un enduit blanchâtre, le vernix.

En prenant sa première inspiration, il va pousser son premier cri ou produire de petits sons. Sa vie aérienne a commencé. Le docteur Frédérick Leboyer, dans son livre *Pour une naissance sans violence*, explique comment créer une atmosphère propice au bien-être de l'enfant qui découvre cette nouvelle vie. Il conseille d'éviter la lumière crue, de chauffer la salle de naissance, d'essuyer et de couvrir le nouveau-né pour le protéger du froid. Il préconise aussi de laisser battre le cordon ombilical pendant quelques instants. Dans la plupart des maternités, le père est invité à couper le cordon afin d'accomplir ce premier geste de séparation. Tout change, le bébé n'est alors plus relié à sa mère.

S'ASSURER QU'IL VA BIEN

Le tout premier examen est, le plus souvent, exécuté par la sage-femme en salle de travail, parfois directement sur le ventre de la mère. En observant votre tout-petit selon 5 critères – à sa fréquence cardiaque, ses mouvements respiratoires, la coloration de sa peau, son tonus musculaire et ses réactions à la stimulation – la sage-femme apprécie son état général grâce à ce que l'on appelle le score d'Apgar. Chacune des 5 observations est notée de 0 à 2 ce qui donne normalement, si l'enfant va bien, une moyenne de 7 à 10. Au-dessous de ces valeurs, les tests seront renouvelés afin de s'assurer que l'enfant n'a besoin d'aucune assistance.

> **CONSEIL DE BÉATRICE :**
> *Au moment de la naissance, vous attendez avec angoisse le premier cri de votre bébé. Celui-ci favorise l'ouverture des alvéoles pulmonaires qui se déplient lors de la première inspiration. Ne vous inquiétez pas si ce cri ne survient pas tout de suite. Certains bébés ne crient pas et se mettent à respirer tranquillement. L'équipe médicale est là pour surveiller la mise en route aérienne et l'oxygénation de votre bébé.*

IL DÉCOUVRE LE MONDE EXTÉRIEUR

Les capacités sensorielles du fœtus se développent tout au long de sa vie utérine. Au moment de la naissance, le bébé change d'univers. Il reconnaît, généralement, la voix de ses parents et l'odeur de sa mère, d'où

• LA NAISSANCE DE JUMEAUX •

Certaines équipes préconisent la césarienne pour une première naissance lorsqu'il s'agit de jumeaux. D'autres prennent leur décision en fonction de la présentation des fœtus. Si le premier se présente par la tête, la naissance est alors envisagée par les voies naturelles. Quand commence la phase d'expulsion, il est important de ne pas faire attendre le bébé. Généralement, la naissance se déroule près du bloc opératoire, au cas où une césarienne deviendrait nécessaire pour faire naître le second bébé.

La présence du père est particulièrement importante pour faire bénéficier les deux enfants d'un contact parental. La maman est également soutenue par une équipe élargie et, dès que le premier bébé sera né, on aura à nouveau besoin de ses efforts pour que le second puisse naître rapidement. C'est donc deux fois plus fatigant pour elle. L'obstétricien s'assure que l'expulsion du ou des placentas est complète et, souvent, on procède à une délivrance artificielle pour éviter toute hémorragie.

| PREMIERS JOURS | LE 1er MOIS | 2 À 3 MOIS | 4 À 5 MOIS | 6 À 7 MOIS | 8 À 9 MOIS | 10 À 11 MOIS | 1 AN | 1 AN ½ | 2 ANS | 2 ANS ½ | 3 ANS |

PREMIERS JOURS — IL EST NÉ !

> **CONSEIL DE BÉATRICE :**
> *Son premier cri est aussi sa manière de vous parler. Vous le découvrez et il vous reconnaît. Parlez-lui, savourez cet événement exceptionnel, prenez des photos sans crainte d'en faire trop car avec le temps les souvenirs deviennent imprécis. Les bébés changent très vite. Ces photos seront le témoignage de l'émotion ressentie.*

l'importance de le mettre en contact, en « peau à peau ». Des chercheurs en neurobiologie ont observé après la naissance une période d'éveil calme de 1 ou 2 heures, propice aux échanges et aux apprentissages. Elle favorise notamment l'attachement. Selon le pédiatre anglais Donald Woods Winnicott, la mère est alors dans un état de « préoccupation maternelle primaire » c'est-à-dire, entièrement disponible pour répondre à son enfant. Le père est, souvent, dans une attitude protectrice et pose instinctivement sa main sur le dos de l'enfant. Il entoure du bras la tête de la mère et se penche pour croiser le regard de son bébé.

LE PREMIER REGARD

Après les premières minutes de repos, explique le docteur Marc Pilliot, pédiatre, le bébé intensifie son regard qui devient profond. On parle alors de « protoregard », premier regard sur le monde, qui en général vise d'abord le visage de sa mère. C'est un moment fondateur et « parentalisant ». Au bout de 20 minutes, il va fixer la forme ronde du mamelon qui dégage une odeur évoquant le liquide amniotique. Il commence alors à grimacer, suçote ses doigts et se met à ramper vers le sein. Il se propulse par petites poussées et prend le mamelon grâce au « réflexe de fouissement ». Pendant la tétée, la mère et l'enfant se regardent. Après ces intenses moments, le nouveau-né ferme les yeux, heureux.

QUELQUES SOINS INDISPENSABLES

Pour le confort et la sécurité du bébé, la sage-femme nettoie ses narines et sa gorge,

vérifie l'absence d'obstruction (atrésie) ou de rétrécissement au niveau de l'arrière-nez (choanes) et de l'œsophage, met des gouttes de collyre dans ses yeux pour les désinfecter et lui donne une dose orale de vitamine K pour prévenir les hémorragies. Le nouveau-né est ensuite pesé et mesuré. Le poids moyen varie considérablement et se situe autour de 3 kg. La taille, elle, est d'environ 50 cm. Le périmètre crânien est d'environ 35 cm. Souvent, au lieu de lui donner un premier bain, on se contente d'essuyer doucement l'enfant en faisant pénétrer le vernix caseosa, la substance blanchâtre, qui nourrit et protège sa peau. Ensuite, on l'habille pour maintenir sa température corporelle.

IL A UNE TÊTE SURPRENANTE

La mère quitte rarement son bébé des yeux durant les 24 premières heures. Le pédiatre américain Terry Berry Brazelton, lui suggère d'adopter une position qui, selon lui, permet une « motricité libérée », dans la mesure où elle favorise les échanges entre elle et son bébé. Elle devra le maintenir face à elle, verticalement, en lui soutenant la nuque, en lui parlant à une distance d'environ 20 cm et en lui caressant la tête. Ainsi elle le rassurera. C'est à ce moment que certaines mamans ressentent un véritable coup de foudre pour leur bébé, pour d'autres cet amour se révélera plus progressivement.

Une maman est née !

Votre corps accuse le coup après le bouleversement de la naissance. Efforts physiques et émotions fortes créent le besoin de trouver un nouvel équilibre. Une transformation fondamentale se produit en vous et le moral n'est pas forcément au beau fixe.

Dans les premières heures qui suivent l'accouchement, fatigue et excitation se mêlent en vous. Le bébé est enfin dans vos bras et vous sentez son petit corps tiède. On vous gardera 2 heures dans la salle de naissance, le temps pour l'équipe médicale de s'assurer que votre utérus se rétracte bien et expulse les derniers débris de la muqueuse utérine et que le risque hémorragique est écarté.
Désormais, les endorphines que votre organisme secrète naturellement, vous enveloppent dans un doux bonheur. Bien au chaud avec votre bébé sous une couverture, le père à vos côtés, vous commencez une nouvelle vie ; c'est le calme avant la tempête des sentiments…

PETITES MISÈRES D'UNE JEUNE MAMAN

Vous avez toutes les raisons d'être fatiguée ; votre organisme a été fortement sollicité pendant la grossesse et au moment de l'accouchement. Votre corps souffre d'une carence en fer, calcium et magnésium.
Votre équilibre hormonal a été bouleversé pendant l'accouchement : les œstrogènes et la progestérone ont chuté alors que l'ocytocine qui provoque les contractions de l'utérus et la prolactine qui assure la montée de lait ont augmenté brusquement.
Même les accouchements les plus faciles impliquent un intense effort physique. Le corps a besoin d'un peu de temps pour récupérer.
Une fois que vous serez confortablement installée dans votre chambre, votre bébé tout près de vous, la sage-femme des « suites de couches » surveillera votre tension artérielle et votre température pour s'assurer que vous ne faites ni hémorragie ni infection. Si vous avez subi une épisiotomie, elle contrôlera sa cicatrisation et vous aidera, au début, à faire votre toilette intime. Afin d'éviter toute infection, vous vous laverez les mains régulièrement et changerez fréquemment vos

> **CONSEIL DE BÉATRICE :**
> *Vous serez surprise et déconcertée par les émotions ressenties après l'accouchement. Vous passerez des explosions de joie à la déception et, parfois, les réactions de votre compagnon ne correspondront pas à vos attentes. La peur de ne pas avoir l'instinct maternel, de ne pas savoir vous occuper de votre enfant vous submerge. Faites-vous confiance et rassurez votre bébé. Dites-lui que, malgré vos larmes et votre appréhension légitime, vous l'aimez.*

serviettes périodiques. Grâce à un petit miroir, vous pourrez surveiller la cicatrisation de votre épisiotomie et vous rendre compte ainsi qu'elle est moins impressionnante que vous ne l'imaginiez.

Les tiraillements et picotements disparaîtront quand les fils ou les agrafes auront été retirés. En attendant, quelques glaçons, dans une pochette en plastique enveloppée d'une serviette, pourront calmer les douleurs, de même qu'une petite bouée gonflable si vous souffrez en position assise.

Certaines mamans apprécieront l'apaisement procuré par un jet d'eau tiède ou fraîche sur la cicatrice. En revanche, l'air chaud du sèche-cheveux est contre-indiqué.

En étant couchée sur le côté, vous vous sentirez mieux, et comme c'est en même temps la meilleure position pour allaiter Bébé, autant en profiter. Beaucoup de maternités encouragent la maman à donner une « tétée de bienvenue » en salle de naissance, même si elle ne souhaite pas allaiter par la suite. Cette première tétée a également l'avantage de déclencher un mécanisme neuro-hormonal qui active la contraction de l'utérus et aide son retour à l'état normal.

CONSEIL DE BÉATRICE :
Si vous avez subi une épisiotomie, vous appréhenderez peut-être d'aller à la selle. Presser une serviette hygiénique contre l'épisiotomie pourra rendre l'effort de poussée moins pénible. Après avoir uriné, rincez la cicatrice en vaporisant de l'eau minérale à l'aide d'un brumisateur, cela apaisera d'éventuelles douleurs et la nettoiera en même temps.

BIEN SE NOURRIR ET SE REPOSER

Les maternités servent généralement une alimentation équilibrée. Mais vous pouvez demander à votre entourage de vous apporter vos mets préférés. Il est essentiel que vous mangiez et buviez en quantité suffisante. Profitez du sommeil de Bébé pour vous accorder un moment de repos. Ne vous laissez pas envahir par les visites. Si vous souhaitez un peu de calme et d'intimité, demandez au père de prévenir la famille et les amis. Si vous avez besoin d'une bonne nuit de sommeil, confiez votre bébé à la nurserie ; vous n'avez pas à vous sentir coupable pour autant.

LA CONFUSION DES SENTIMENTS

Après une naissance, certaines mères sont d'emblée heureuses et épanouies. Elles ont ressenti un véritable coup de foudre pour leur enfant, et, malgré la fatigue, ne cessent de le regarder et de s'en occuper. D'autres, au contraire, sont perturbées, l'angoisse succédant à l'émerveillement, leurs sentiments sont confus.

Un temps d'adaptation est souvent nécessaire pour accepter ce nouveau statut de mère, et il convient parfois de faire « le deuil de cet enfant idéal » qui vous a tant fait fantasmer durant la grossesse. Il se peut qu'une fois né, il ne vous paraisse pas tout à fait à la hauteur de vos rêves. En un mot, vous risquez d'être un peu « déçue » sans trop vouloir vous l'avouer. Sachez que c'est un phénomène fréquent mais passager.

Certaines femmes regrettent l'état de plénitude que leur avait procuré la grossesse et ressentent la naissance comme une perte. L'expérience des premiers jours et des premières nuits avec Bébé a un impact sur le moral de la nouvelle mère. Elle s'imaginait maman idéale, patiente, souriante et se découvre énervée et dépassée par les pleurs, les biberons et les couches. Elle doute d'elle-même, de ses capacités de mère. Elle est déstabilisée...

> **LE BABY BLUES** (voir p. 72)
>
> Le baby blues dure quelques jours et touche la plupart des mamans. Cet état dépressif survient entre le 3e et le 10e jour après l'accouchement ; il est induit par les perturbations hormonales qui accompagnent la naissance. La mère se sent à la fois malheureuse et ridicule : Bébé va bien, Papa est ravi, tout va « pour le mieux », mais Maman fond en larmes pour un oui ou pour un non. Les sages-femmes qui connaissent parfaitement ce phénomène sauront l'aider à comprendre et à surmonter ce passage un peu difficile.

MON ENFANT • DE LA NAISSANCE À LA MATERNELLE

Devenir père

Tandis que le ventre de sa compagne s'arrondit doucement, que concentrée sur elle-même et sur l'enfant elle devient progressivement mère, que fait le papa ? Pour l'aider à bien accueillir Bébé, mieux vaut l'impliquer dès le début dans cette aventure. Le lien affectif père-enfant est indispensable au bien-être du bébé.

Se préparer à être père n'est pas si facile qu'on pourrait l'imaginer. Surtout quand l'attention de la maman et des proches se trouve focalisée sur ce ventre gros de tant d'espoirs. Personne ne se soucie des états d'âme du papa, et il peut se sentir mis de côté. Son futur statut de père suscite chez lui bien des interrogations, des doutes, des angoisses, d'autant plus difficiles à verbaliser, qu'on attend de lui qu'il soit tout simplement heureux et épanoui à la perspective de devenir papa.
Pendant la grossesse de sa compagne, il peut éprouver de la jalousie, car il ne peut lui-même porter cet enfant, et se sentir exclu du processus en cours et de cette relation mère-enfant silencieuse, paisible et fusionnelle. Ce petit intrus, alors qu'il n'est pas encore né semble avoir déjà capté une partie du capital affectif du couple. Et quand il sera là ? Quelle va être l'incidence de son arrivée sur la relation amoureuse ? Quelle sorte de père sera-il ? Quels sont et quels vont être ses sentiments, ses relations avec cet enfant ?
De plus, cette naissance, c'est l'arrivée d'une nouvelle génération, qui va le pousser lentement vers la vieillesse...
On comprend donc à quel point le futur papa peut être en proie au doute. Cette angoisse, d'autant plus difficile à exprimer qu'elle risque d'être mal comprise, se cache souvent sous un camouflage psychosomatique.

> **CONSEIL DE BÉATRICE :**
> *Si vous ne savez pas comment vous y prendre, demandez à l'équipe médicale de vous confier votre enfant. Le personnel saura l'installer confortablement dans vos bras.*
> *N'ayez pas peur de sa fragilité. Pour lui, vous êtes le meilleur papa du monde.*

VOUS AVEZ DIT « COUVADE » ?
Pour se sentir moins exclus du processus en cours, traduire leur angoisse, exprimer leur désir d'être eux aussi « enceints », les futurs pères peuvent se mettre à prendre du poids, voire à avoir des nausées et des envies. C'est ce que l'on nomme le « syndrome de la couvade ». C'est un phénomène bien connu et accepté dans de nombreuses cultures.

FUTURE MAMAN : À VOUS DE JOUER
Pour atténuer ce trouble chez votre compagnon, impliquez-le dans votre grossesse en l'aidant à formuler ses états d'âme et en apaisant ses craintes.

▪ DEVENIR PARENTS AVEC L'HAPTONOMIE ▪

L'haptonomie, fondée par Frans Veldmann, est une discipline destinée à créer une communication précoce entre l'enfant et ses parents. Elle repose sur les échanges tactiles à travers la paroi abdominale exercés autant par la mère que par le père. Elle se pratique sous le contrôle d'une personne formée à cette discipline. On peut réellement parler d'échanges, puisqu'à partir du 5e mois de grossesse, l'enfant répond aux sollicitations, « joue » avec la main qu'il sent à travers la paroi abdominale en la suivant et se met à bouger en réponse à ce contact.

Cette communication avec l'enfant à travers la paroi abdominale de la mère par l'intermédiaire de la main, ces jeux complices, constituent une excellente préparation à la paternité, car ils lui confèrent un vrai rôle durant la naissance et lors des premiers mois de la vie du bébé.

Encouragez-le à vous accompagner lors des examens de grossesse et des échographies, proposez-lui de se joindre à vous lors des séances de préparation à l'accouchement. Aidez-le à découvrir quel sera son rôle de père, mais aussi à comprendre la part qu'il doit prendre dans les tâches quotidiennes. Guidez sa main sur votre ventre, pour qu'il sente les mouvements du bébé et apprenne à communiquer avec lui, à voix chuchotée, en chantonnant…

LES GROUPES DE PAROLE POUR LES PÈRES

Certaines maternités se sont penchées sur le problème de la place du père pendant et après la grossesse. Elles organisent des groupes de parole où les pères peuvent exprimer leurs angoisses auprès d'une équipe médicale et poser des questions. Parfois cela ne suffit pas et le recours à un psychologue peut s'avérer utile.

DISCUTER DE SON RÔLE AVANT LE JOUR J

Vous pensez savoir ce qu'il est prêt à faire pour vous accompagner le jour de l'accouchement, mais le moment venu, comment va-t-il réagir face à ce tsunami physique et psychique qui va vous submerger, face aussi aux appareils et aux blouses blanches, à l'ambiance de l'hôpital ?

Mais, est-il vraiment indispensable qu'il assiste à l'accouchement si cela le terrorise ? Si sa présence ou son regard vous gêne ? Bien sûr, vous en avez parlé avant l'accouchement ; chacun a exprimé ses souhaits, ses craintes, ses pudeurs… il a certes dit qu'il voulait assister à l'accouchement, mais lorsqu'on entre dans une salle de naissance, c'est généralement pour un certain temps ! Vous devrez comprendre et accepter un éventuel revirement si les émotions sont trop fortes…

Après votre retour à la maison, un nouveau mode de vie va s'instaurer. Confronté soudain au couple fusionnel que vous formez avec votre bébé, votre compagnon se sentira peut-être exclu, abandonné. Il lui faudra s'habituer à un nouveau rythme de vie ponctué par les tétées, les biberons, les changes, les cris et les nuits difficiles. Aidez-le à trouver sa place. Encouragez ses initiatives et évitez les remontrances du genre « Tu le tiens mal ! » « Attention à sa tête ». L'homme peut parfois ne plus reconnaître sa compagne : l'amante est devenue mère, et même la nuit, c'est le petit être qui capte toute son attention, sa tendresse et son amour.

À vous de jouer ! Sortez de cet état fusionnel exclusif avec votre enfant dès que cela est possible et encouragez votre compagnon à prendre son bébé dans ses bras et à tisser avec lui ses propres liens. Le temps fera le reste.

> **CONSEIL DE BÉATRICE :**
> *Vous venez de passer de 2 à 3, ce qui est un bouleversement considérable pour le couple, et plus encore pour vous, le papa. Faites connaissance avec votre bébé, observez-le, captez son regard et écoutez-le. Ce sont ses réactions qui vous rassureront. Lui seul aura les réponses à vos angoisses. Pour créer ce lien, rien de mieux que de le porter, le regarder, le câliner et lui parler.*

Les premières tétées

Qu'on choisisse le sein ou le biberon, nourrir son enfant n'est pas seulement une affaire de calories, c'est aussi l'occasion d'échanges affectifs intenses entre la mère et le nouveau-né.

La tradition selon laquelle on devait attendre 24 voire 36 heures avant de donner le premier repas à son bébé n'a heureusement plus cours. On sait désormais que l'on doit nourrir Bébé dès la naissance, en tout cas dès qu'il le désire, qu'il pleure ou qu'il cherche à téter.

PAS FACILE DE TROUVER LE RYTHME D'UN TOUT-PETIT

Certains bébés cherchent à téter dès la naissance, d'autres au bout de 24 heures.
Ne paniquez pas, vous allez trouver votre rythme. Proposez-lui régulièrement le sein ou le biberon, mais sans insister. Ne le réveillez pas pour le faire téter, mais attendez qu'il manifeste sa faim et faites-lui confiance pour la quantité de lait qui lui est nécessaire.

> **CONSEIL DE BÉATRICE :**
> *Très souvent, j'ai constaté que les mères hésitent à allaiter et se sentent coupables de leurs doutes. Si c'est votre cas, parlez-en avec la puéricultrice, la sage-femme ou le pédiatre. Ils sont là pour vous écouter et vous conseiller. Vous pouvez aussi opter pour une alternance sein/biberon, qui vous permettra de faire bénéficier votre bébé des bienfaits du lait maternel, tout en étant moins contraignant.*

SEIN OU BIBERON : CHOISIR SANS SUBIR

Sein ou biberon ? C'est un choix dans lequel interviennent de nombreux facteurs : affectifs, mécaniques, idéologiques. L'entourage (de la famille aux sages-femmes en passant par les médecins) exercera des influences et des pressions, conscientes ou non, qui souvent se contrediront les unes les autres. Cela risque d'engendrer chez la jeune mère une grande perplexité, voire un rejet de l'une ou de l'autre alternative, et, au final, un blocage de la lactation...

Les conditions nécessaires pour que l'allaitement au sein se déroule normalement sont parfois difficiles à réunir, et des difficultés peuvent survenir : apparition de crevasses, production lactée insuffisante, engorgement mammaire, lymphangite. Entre en jeu aussi le ressenti du papa : sa crainte, certes non fondée, que la poitrine de sa compagne ne retrouve pas après la fin de l'allaitement son aspect habituel...

CHOISIR LE LAIT MATERNEL

Le lait maternel est naturellement celui qui est le mieux adapté aux besoins nutritionnels du bébé. Qu'il s'agisse des glucides, des lipides, des protides ou encore des sels minéraux, le lait maternel lui apporte tout ce dont son organisme a besoin. Riche en anticorps, il offre une protection plus efficace que le lait maternisé contre allergies et infections et présente un autre avantage : il est toujours à la bonne température ! Il s'adapte dans sa composition et dans sa production à l'âge et aux besoins de l'enfant.

Au cours de la grossesse, les seins augmentent de volume. Les glandes sécrétrices du lait, les acini, se développent et se multiplient comme des grappes de raisin autour des 15 à 20 canaux galactophores qui aboutissent dans le mamelon. Lorsque le bébé tète, il stimule la glande hypophyse qui se met à sécréter de la prolactine, laquelle induit la production de lait au niveau des acini. Dans le même temps, l'hormone ocytocine, elle aussi secrétée par l'hypophyse, provoque la contraction des acini, cette dernière projette le lait vers les mamelons.

Les montées de lait interviennent aussi par réflexe, par exemple lorsque vous entendez votre bébé pleurer. Pour bien lancer le processus de lactation, il est important que l'enfant tète les deux seins dès la première tétée. Plus il tétera, plus la production de lait augmentera rapidement.

Pendant les 5 premiers jours, les seins secrètent non pas du lait à proprement parler, mais du colostrum ; puis le « lait de transition » lui succède, qui s'enrichit progressivement en lipides et en lactose pour parvenir en une dizaine de jours au stade de lait dit « mature »...

Pour la mère, l'allaitement présente aussi des avantages : l'utérus se contracte et reprend ses proportions plus rapidement, et les suites de couche sont plus brèves.

CONSEIL DE BÉATRICE :
Sachez que pour allaiter au sein, adopter dès le départ une bonne position (voir annexe « Puériculture » p. 358) permettra d'éviter les crevasses et les douleurs inutiles. N'hésitez pas à demander conseil à l'équipe soignante.

CHOISIR LE BIBERON

Les laits maternisés imitent le plus possible la composition du lait maternel. Ils se ressemblent tous mais certains aspects peuvent amener votre pédiatre à choisir l'un plutôt que l'autre. Le puissant réflexe de succion du nouveau-né rend possible l'utilisation d'un biberon et d'une tétine dès les premières minutes suivant la naissance.

Le recours au biberon permet à la mère de ne plus être la seule nourricière puisque le père peut aussi le donner. Il peut ainsi avoir avec son enfant un contact physique et affectif plus étroit, au grand bénéfice de chacun. La mère, de son côté, se sentira plus libre.

Mieux vaut donner sereinement le biberon que de donner le sein sans en avoir envie ou par obligation, car cela aboutirait vraisemblablement à un échec et risquerait de nuire au lien affectif entre la mère et l'enfant.

• LE COLOSTRUM •

Dès qu'il naît, l'enfant connaît ses besoins. Posé sur le ventre de sa mère, il sait parfaitement, guidé par son odorat et le contact de ses lèvres avec la peau, dresser sa tête, trouver le mamelon et se mettre à téter efficacement. Si l'on propose au bébé « une tétée de bienvenue » peu de temps après sa naissance, ce n'est pas à proprement parler du lait qu'il va recevoir à ce stade, mais du colostrum. C'est un liquide jaune et épais, à la fois nourrissant et facile à digérer, très particulier dans sa composition puisqu'il est pauvre en lactose et en lipides, mais riche en protéines et en sels minéraux. Il contient une grande quantité d'anticorps protecteurs et a donc un pouvoir anti-infectieux important. Il est doté de propriétés laxatives qui facilitent l'élimination des premières selles formées au cours de la vie fœtale, le méconium. Toutes ces qualités font du colostrum un atout formidable pour les premiers besoins du nouveau-né.

Première leçon de puériculture

Comment savoir s'il dort bien, s'il n'a pas trop chaud, ni trop froid. Comment comprendre pourquoi il pleure ? Comment le soigner, le laver, le changer ?
À vos côtés, l'auxiliaire de puériculture, la puéricultrice, sont prêtes à répondre à toutes vos questions pendant votre séjour à la maternité.

Dans son petit berceau, Bébé attend tout de vous. Il semble si fragile ! Quand il dort, on se demande s'il respire toujours, quand il pleure, on ne sait pas s'il faut le changer ou le nourrir. À qui se confier et comment apprendre à bien faire ?

Dès qu'il pleure, vous avez instinctivement envie de le prendre dans vos bras et de lui parler doucement. Suivez vos intuitions, les nouveau-nés adorent être câlinés tout en écoutant la voix de leur mère. Mais, parfois, ces simples gestes ne suffisent pas. Sachez que, tant que vous serez à la maternité, l'équipe soignante vous guidera pour accomplir les gestes nécessaires aux soins du bébé. De jour comme de nuit, une maman inquiète peut faire appel à l'équipe de soin. Si l'enfant respire en émettant de petits bruits ou pleure parce que sa digestion est difficile, l'auxiliaire de puériculture ou la sage-femme de garde, saura vous rassurer et vous montrer les gestes efficaces pour le calmer.

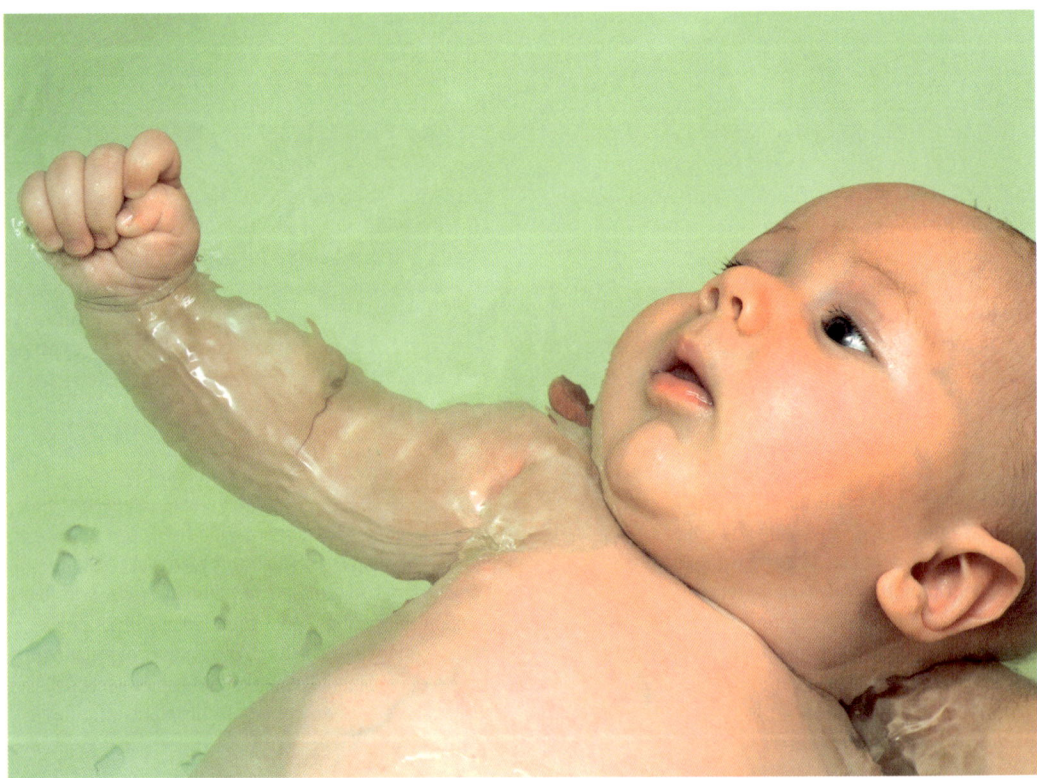

Pour apaiser votre tout-petit, placez-le sur votre avant-bras, la tête dans le creux de votre coude, les fesses dans la paume de votre main, le dos tourné vers votre poitrine. Ainsi, il se sentira à la fois contenu (comme dans la cavité utérine), ce qui le rassure, et détendu, son ventre reposant confortablement le long de votre bras. L'auxiliaire de puériculture ou la sage-femme de garde pourra aussi vous dire si votre bébé a faim, s'il a froid ou chaud, s'il faut le changer. Elle vous apprendra à reconnaître ces différents signes.

LE CHANGER POUR LA PREMIÈRE FOIS

Généralement, on change le nouveau-né après chaque repas. La peau de ses petites fesses est très fragile et s'irrite vite au contact des urines et des excréments. Il faut donc le changer très régulièrement en prenant soin de bien vous laver les mains auparavant. Pour lui, utilisez du coton avec de l'eau, du lait de toilette ou du liniment oléocalcaire. Essuyez toujours d'avant en arrière, c'est-à-dire vers l'anus. Nettoyez tous les petits plis et n'oubliez pas de les sécher minutieusement, en tamponnant avec une serviette douce ou des mouchoirs en papier, toujours d'avant en arrière. Puis mettez-lui une couche.

> **CONSEIL DE BÉATRICE :**
> *Attendez l'arrivée de l'équipe de nuit. Souvent moins bousculée, la puéricultrice aura le temps de répondre à toutes vos questions. Vous ne serez jamais ridicule. Notez les réponses sur un petit carnet que vous organiserez par thèmes. Ce sera votre livre de chevet après votre retour à la maison.*

LE BAIN

Le premier bain Certaines maternités pratiquent encore le bain à la naissance. D'autres attendent 24 heures pour ce premier bain et se contentent, en attendant, de bien essuyer le bébé et de le faire bénéficier encore un moment du vernix caseosa, la substance blanchâtre qui recouvre son corps lorsqu'il naît.

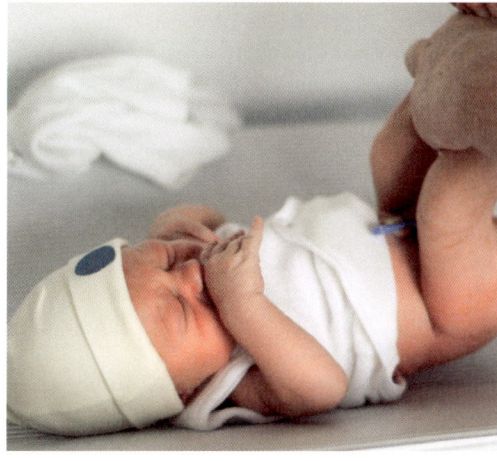

Ce dernier, du fait de son pouvoir hydratant et lubrifiant constitue une sorte de protection naturelle de la peau du bébé, encore fragile.
Le bain à la maternité À la maternité, le bain est généralement donné le matin puisque c'est le moment où le personnel est le plus nombreux et que les visites se déroulent l'après-midi. Observez bien les gestes de la puéricultrice, la manière dont elle se lave les mains et prépare tout avant le bain car pendant la toilette il est exclu de s'éloigner du bébé et il est nécessaire de garder toujours une main sur son ventre. Ces petites leçons quotidiennes vous éviteront des moments de panique une fois rentrée à la maison.

LA LEÇON DE BAIN

Dès que vous vous sentirez capable de donner le bain à votre enfant, prenez le relais, sous l'œil averti d'une professionnelle. Faites couler le bain avant de dévêtir votre bébé. Un thermomètre est indispensable car la température de l'eau doit être de 37 °C. Vous aurez à portée de main du savon liquide pour cheveux et corps adapté à la peau du nouveau-né, une sortie-de-bain, du coton hydrophile et une couche propre.
Lorsque vous déshabillez l'enfant, repliez la couche sous ses fesses, nettoyez-les à l'aide d'un coton mouillé d'avant en arrière pour ne pas souiller l'eau du bain. Une main sous la nuque, l'autre dans l'entrejambe, plongez-le lentement dans l'eau en commençant par ses pieds.

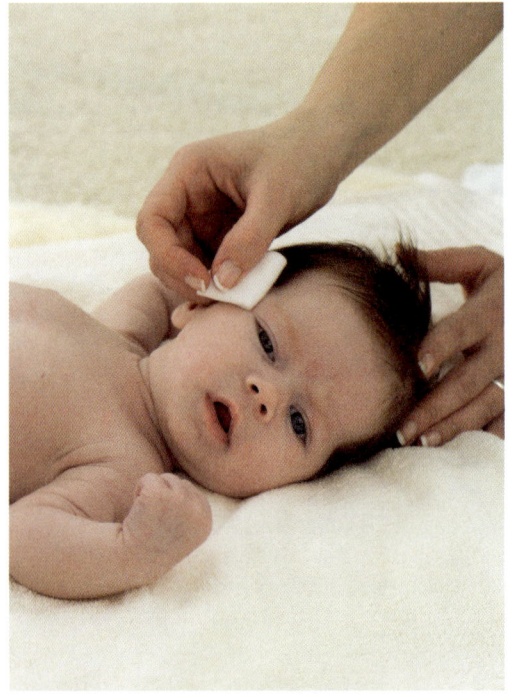

Mieux vaut le laver et le savonner en le massant doucement de vos mains nues bien réchauffées. La main sous la nuque maintient fermement le haut du bras du bébé, ce qui permet de rincer les cheveux et le corps grâce à l'autre main.

Le bain est un moment de véritable bien-être pour le bébé. Le plus souvent, il ouvre grand les yeux et se détend ; malgré tout il n'est pas souhaitable de faire durer les premiers bains plus de 5 minutes, pour éviter qu'il ne prenne froid.

Rincez-vous les mains pour qu'elles soient moins glissantes, puis sortez votre tout-petit du bain. Pour cela, tenez-le de la même façon que pour le mettre dans sa baignoire. Installez-le sur la serviette préparée à l'avance, en l'enveloppant de la tête aux pieds. Séchez-le ensuite soigneusement en tamponnant bien les petits plis.

 CONSEIL DE BÉATRICE :
Invitez votre compagnon à assister à la toilette du nourrisson, s'il peut se rendre disponible.
À deux on écoute mieux…
N'hésitez pas à faire une liste
de toutes les questions que vous souhaitez
poser à l'équipe médicale…

LES PETITS SOINS

La toilette complète de l'enfant, sans oublier évidemment les yeux, les oreilles, le nez, le cuir chevelu, les aisselles et les parties génitales, demande du temps et de la minutie.

Les yeux À l'aide de compresses stériles non tissées imbibées de sérum physiologique, vous nettoierez chaque œil de l'intérieur vers l'extérieur. Une compresse par œil est nécessaire pour éviter de transmettre une éventuelle infection d'un œil à l'autre.

Les oreilles Le conduit auditif du bébé ne sera jamais nettoyé, *a fortiori* avec un coton-tige. Les oreilles, en revanche, seront lavées avec un coton mouillé (surtout derrière), puis séchées soigneusement.

Le nez Si le nez est encombré, vous utiliserez du sérum physiologique pour le dégager.

Les parties génitales Chez la petite fille, nettoyez la vulve avec soin à l'aide d'un coton mouillé essoré, toujours de l'avant vers l'arrière. Écartez doucement les grandes lèvres pour retirer les traces de selles qui s'y seraient éventuellement logées sans vouloir à tout prix ôter les sécrétions blanchâtres qui s'y trouvent. Chez le petit garçon, il suffira de nettoyer tout simplement les parties génitales sans essayer de décalotter le prépuce, cela se fera plus tard.

Le cuir chevelu Il est souvent recouvert de « croûtes de lait », constituées de sébum (la séborrhée), et de cellules mortes. Vous pouvez les faire disparaître avec un shampoing pour bébé, voire une crème adaptée dite « kératolytique ». (Voir FAQ 105)

Les aisselles Souvent les plis des aisselles sont oubliés car pas faciles à nettoyer.

Quand Bébé est bien sec, glissez une couche sous ses fesses et remettez le haut du body avant de procéder aux soins du cordon ombilical.

LES SOINS DU CORDON

Ils seront faits après le bain et, si nécessaire, après chaque change. Avant de commencer,

assurez-vous que compresses et désinfectant sont à portée de main.
• Désinfectez le cordon avec une compresse de chlorhexidine ou d'alcool à 60° en tenant le cordon par la pince. Il ne faut pas avoir peur de faire mal à votre enfant : le cordon n'est pas innervé et, par conséquent, le bébé ne ressent aucune douleur à ce niveau.
• Pour le protéger, il était d'usage autrefois de l'envelopper avec un filet ou une bande. Actuellement la tendance est plutôt de le laisser à l'air ou simplement de le recouvrir d'une compresse stérile.
• Pour finir, mettez la couche en place, le bord ventral replié vers l'intérieur en dessous du nombril pour éviter les fuites d'urine, notamment chez les garçons. Le nombril doit rester à l'air.
La pince du cordon est généralement retirée au moment de la sortie de la maternité. Le cordon tombera tout seul dans les 10 jours suivant la naissance.

▪ PUÉRICULTRICE ET AUXILIAIRE DE PUÉRICULTURE ▪

Au sein de l'équipe médicale d'une maternité, les rôles respectifs de la puéricultrice et de l'auxiliaire de puériculture sont bien définis. La puéricultrice surveille le développement du nourrisson et donne des conseils en ce qui concerne l'alimentation et l'allaitement maternel. Elle observe les enfants en couveuse. C'est une infirmière spécialisée dans les soins au nouveau-né.
L'auxiliaire de puériculture assiste la puéricultrice et s'occupe plus particulièrement des soins quotidiens : la toilette, les conseils quant à l'allaitement, au change, etc. Sa formation est plus courte et axée essentiellement sur les soins aux bébés.
Certaines maternités organisent des réunions de puériculture animées par les puéricultrices et les auxiliaires de puériculture pendant le séjour en maternité. C'est l'occasion idéale pour vous de poser les questions qui vous tiennent à cœur concernant les soins à prodiguer à votre enfant.

Premier bilan : bon pour la sortie !

Complet et approfondi, le premier bilan fait par le pédiatre vérifie que l'enfant se porte bien, évolue normalement, n'est atteint d'aucune maladie et est prêt à rentrer à la maison.

Dans les 2 à 5 jours qui suivent sa naissance, votre enfant sera examiné, en votre présence, par un pédiatre. C'est le moment de lui poser toutes les questions qui vous préoccupent et de lui demander conseil.

UN EXAMEN COMPLET
• Le pédiatre commencera par déshabiller votre bébé afin d'apprécier sa tonicité et son aspect général.
• Il va ensuite le mesurer, le peser et étudier sa courbe de poids depuis la naissance. Cette courbe passe par un minimum vers le 3e ou le 4e jour, puis remonte, le poids de naissance étant rattrapé généralement entre le 8e et le 14e jour. Elle constitue un excellent repère quant à la nutrition de l'enfant et à son état de santé. Le pédiatre mesurera ensuite le tour de tête de votre bébé et palpera ses fontanelles. Au cours de cet examen, le pédiatre vous posera ainsi qu'au personnel soignant quelques questions importantes.
• Quand votre bébé a-t-il éliminé son premier méconium ?
• Tète-t-il bien ? Digère-t-il bien ? A-t-il des régurgitations ?
• Afin de vérifier le bon fonctionnement de l'appareil cardio-pulmonaire et de la circulation sanguine, le pédiatre auscultera le cœur et les poumons. Il palpera aussi les pouls fémoraux.
• Certains tests ont pour but d'évaluer le bon fonctionnement du système nerveux de l'enfant, ses réflexes, sa force et son tonus musculaire.
• Le pédiatre vérifie les organes génitaux externes, la cavité buccale (le palais, le frein de la langue).
• Il le place sur le ventre pour examiner son dos, en particulier à la recherche d'une éventuelle fossette sacro-coccygienne.
• À ce stade de l'examen, le pédiatre évaluera de façon sommaire la vision et l'audition du bébé. Il attirera son regard par une lumière douce ou un objet de couleur et l'amènera à tourner la tête dans sa direction pour le faire réagir au bruit et à la voix.

ICTÈRE OU JAUNISSE DU NOURRISSON
Si le bébé présente un ictère, c'est-à-dire une teinte jaune de la peau apparue généralement au 3e jour après la naissance, le pédiatre contrôlera la bilirubine en falshant l'enfant. En cas de doute il demandera un dosage de la bilirubine dans le sang. Cette teinte jaune est due à la décomposition de l'hémoglobine des globules rouges en bilirubine qui peut être toxique pour le nourrisson.
Si le taux de bilirubine est élevé, l'enfant sera traité par photothérapie, c'est-à-dire par une source lumineuse placée au-dessus de sa couveuse qui détruira la bilirubine à travers la peau. Si le taux de bilirubine est bas, on se contentera généralement d'attendre la disparition spontanée de l'ictère qui intervient le plus souvent au cours des trois premières semaines.

CONSEIL DE BÉATRICE :
Lorsque le pédiatre déshabille l'enfant, pensez aux questions que vous souhaitez lui poser.

L'EXAMEN DES HANCHES
Il est très important de détecter le plus tôt possible un éventuel risque de luxation de la hanche. Pour exécuter cette manœuvre dite « d'Ortolani », le pédiatre mobilise les hanches de l'enfant en tenant ses deux cuisses et en les

écartant l'une de l'autre à plusieurs reprises, à la recherche d'une sensation de « ressaut » qui signale que la tête du fémur a tendance à sortir de son logement, c'est-à-dire à se luxer. Si c'est le cas, on fera des examens échographiques et l'on traitera alors le bébé en langeant ses hanches pour les maintenir en abduction. La plupart du temps, ce problème est résolu en quelques mois.

LE TEST DE GUTHRIE
L'examen du pédiatre se termine par un examen biologique, le test de Guthrie. Le médecin prélève quelques gouttes de sang pour rechercher des maladies rares mais graves qu'il importe de traiter aussi précocement que possible. N'attendez pas les résultats, vous ne serez avertie qu'en cas de problème.

>
> CONSEIL DE BÉATRICE :
> *Ne vous étonnez pas si certains pédiatres, j'en fais partie, préfèrent déshabiller le bébé eux-mêmes. Cela leur fournit des renseignements précieux et fait partie intégrante de l'examen. Cette manipulation permet de vérifier la mobilité de ses membres et de s'assurer qu'il n'existe pas de paralysie au niveau des nerfs du bras (plexus brachial), due à un passage difficile de l'épaule lors de l'accouchement. Elle permet aussi de contrôler les clavicules et les pieds. On découvre ainsi tout le corps du bébé en douceur avant de pratiquer l'examen.*

DES CONSEILS INDISPENSABLES
• Lors de cet examen, le pédiatre évoquera avec vous l'alimentation de l'enfant. Il vous rappellera certainement l'importance du suivi de la courbe de poids et de la tenue du carnet de santé.
• Il vous donnera également des informations sur l'hygiène du bébé, la préparation des biberons, la technique pour le changer et le baigner.
• Il vous expliquera les soins nécessaires concernant le cordon et s'assurera qu'il n'y a pas de suintement.

• Il vous dira aussi ce qu'il convient de faire si l'enfant souffre de diarrhées, de régurgitations, de fièvre, et vous exposera le calendrier des vaccinations.

UN CARNET DE SANTÉ POUR LA VIE
Les conclusions des données recueillies depuis la naissance et pendant cet examen sont inscrites sur le carnet de santé signé par le pédiatre, qui vous le remettra en même temps qu'un certificat médical dûment rempli. Ce carnet de santé est votre propriété. Vous devrez vous en munir pour toute consultation chez un médecin, c'est le « livre de bord » de la santé de votre enfant. Sa croissance et son développement, toutes ses petites maladies et ses vaccins y seront consignés. Il contient également de nombreux et précieux conseils.

• LES RÉFLEXES DU NOUVEAU-NÉ •

Pour vérifier ses réflexes, le pédiatre soumettra votre enfant à une véritable séance de gymnastique en douceur, alternativement couché ou assis (tenu par les mains), les bras et les jambes fléchis ou en extension.
En le tenant bien sous les bras, il le mettra debout sur la table d'examen et le penchera alors légèrement vers l'avant. Bébé ébauchera en réponse des mouvements de marche en levant et projetant en avant une jambe après l'autre, c'est ce que l'on appelle la « marche automatique ». Quand le pédiatre couchera Bébé sur le dos, puis le soulèvera un peu et enfin le relâchera doucement le nouveau-né étendra très rapidement les bras et les jambes, puis les ramènera lentement le long du corps. C'est le réflexe de Moro.
Le pédiatre testera aussi d'autres réflexes :
• le réflexe de succion, lorsqu'un doigt sera introduit dans la bouche de Bébé ;
• le réflexe de « fouissement » : lorsqu'on lui effleurera la joue de la main, il tournera sa tête du côté de la caresse pour chercher le sein ;
• le réflexe de préhension : quand on mettra un doigt dans sa paume, Bébé le saisira et le serrera vigoureusement.
Tous ces réflexes, qui témoignent à cet âge du bon développement neurologique de votre enfant, disparaîtront progressivement au fil des mois, à mesure que le cerveau supérieur (le cortex cérébral) « prendra les commandes » et les inhibera.

Un bébé pas comme les autres

La fréquence des malformations congénitales est très faible, mais lorsqu'on en découvre une chez leur enfant, la souffrance des parents est immense. Grâce aux progrès de l'imagerie médicale, la plupart des anomalies peuvent désormais être détectées pendant la grossesse, mais certaines ne peuvent être repérées et prises en charge qu'après la naissance.

Même si les parents reçoivent toutes les explications et tout le réconfort possible, le choc ressenti au moment du diagnostic ne leur permet pas toujours de bien comprendre le pronostic alors que le traitement de bon nombre de ces anomalies donne, aujourd'hui, des résultats très satisfaisants.

L'ORIGINE D'UNE MALFORMATION ?

Qu'il s'agisse du cœur, du tube digestif ou d'un autre organe, les malformations sont liées à l'interruption du processus de développement *in utero* avant son achèvement ou à une « erreur » dans ce processus. Plusieurs malformations sont parfois associées. C'est pourquoi en découvrir une au niveau d'un organe implique une exploration approfondie de tout l'organisme.
L'imagerie médicale moderne, en particulier l'échographie, permet de dépister certaines malformations pendant la grossesse. Les parents seront de ce fait préparés psychologiquement, et si un traitement d'urgence est nécessaire dès la naissance, les médecins seront prêts eux aussi. Certaines malformations comportent un risque vital à brève échéance et nécessitent une chirurgie d'urgence, mais pour d'autres, moins graves ou n'impliquant pas un traitement immédiat, la chirurgie peut être différée à la première année de l'enfant ou même au-delà.

DÉTECTÉES À LA NAISSANCE

Les anomalies les plus facilement dépistées et recherchées systématiquement dès la naissance sont l'obstruction (atrésie) de l'œsophage et l'imperforation de l'anus. Une intervention chirurgicale est nécessaire d'urgence pour y remédier et permettre ainsi une alimentation et un transit intestinal normaux. Les anomalies les plus fréquentes sont les malformations du cœur et des gros vaisseaux, mais toutes ne sont pas graves. La principale cause de la quasi-totalité de ces malformations est une communication anormale entre vaisseaux ou cavités cardiaques. Certaines malformations du cœur ou des vaisseaux, — dites « cyanogènes » – occasionnent une teinte bleue de la peau du fait de la mauvaise oxygénation de l'organisme. Mal supportées et sources de complications graves, elles nécessitent une chirurgie correctrice immédiate, parfois à cœur ouvert. D'autres malformations cardiaques sont en revanche relativement bien supportées et se réparent soit spontanément dans certains cas, soit au prix d'une petite intervention.

> **CONSEIL DE BÉATRICE :**
> *La découverte d'une malformation est toujours un choc terrible. La culpabilité, la tristesse et l'angoisse s'installent : pourquoi mon bébé ? Prenez rendez-vous avec un psychologue dès l'annonce du diagnostic.*

LA FENTE LABIALE

La fente labiale (ou bec-de-lièvre) est généralement diagnostiquée à l'échographie *in utero*. Ce diagnostic provoque un traumatisme majeur chez les parents, mais le chirurgien prendra soin de leur expliquer longuement les modalités du traitement et le pronostic. Un soutien psychologique est vivement conseillé, tout comme la rencontre et les échanges avec des parents d'enfants souffrant de la même anomalie. Ainsi soutenus, les parents sont plus aptes à accueillir l'enfant et à lui donner confiance. Il faut savoir surtout que la réparation d'une telle malformation, quel que soit son degré de gravité (uni- ou bilatérale, impliquant la lèvre seule ou l'ensemble lèvre, nez, gencive, palais), donne aujourd'hui d'excellents résultats. L'opération n'est que rarement urgente. En l'attendant, des prothèses plastiques spécialement conçues permettront à l'enfant de s'alimenter au sein ou au biberon.

> **CONSEIL DE BÉATRICE :**
> *N'hésitez pas à vous adresser à l'équipe médicale qui prendra tout le temps nécessaire pour vous expliquer la démarche à entreprendre. Certaines malformations peuvent ne pas être visibles à l'échographie et n'être découvertes qu'au moment de la naissance. Les maladies chromosomiques et génétiques, telles que la trisomie 21 sont le plus souvent dépistées au cours de la grossesse. Ces maladies sont incurables. Les équipes médicales vous décriront l'évolution de la maladie et les différentes possibilités de prise en charge, qui peuvent aller jusqu'au placement de l'enfant en institution si les parents le souhaitent.*
> *Sachez qu'il existe des moyens de prévention. Par exemple, la prescription de vitamine B9 avant la conception et au cours des tout premiers mois de la grossesse permet de prévenir le spina bifida (fermeture du tube neural). Attention, ne prenez jamais de médicaments sans avis médical pendant la grossesse, et bien sûr, pas d'alcool, si possible 3 mois avant et impérativement pendant la grossesse. Un grand nombre de malformations congénitales seront ainsi évitées.*

LA SURVEILLANCE ÉCHOGRAPHIQUE

Les 3 échographies systématiques pratiquées au cours de la grossesse ont considérablement changé la prise en charge des malformations et des maladies génétiques. Cette surveillance permet d'orienter les parents vers des services capables d'effectuer une chirurgie réparatrice ou dans de rares cas d'envisager avec le médecin obstétricien une IMG (interruption médicale de grossesse). La trisomie 21, due à une anomalie chromosomique, dans certains cas suspectée dès la première échographie, peut faire l'objet d'un examen approfondi, l'amniocentèse, permettant de confirmer le diagnostic. C'est l'un des cas où un conseil pluridisciplinaire se réunira dans un centre de diagnostic prénatal pour proposer aux parents une éventuelle IMG.

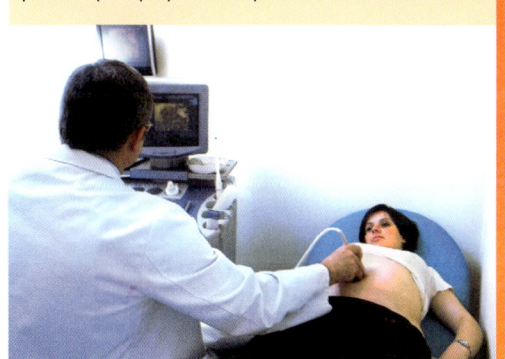

LA HERNIE DIAPHRAGMATIQUE

La hernie diaphragmatique provoque une détresse respiratoire grave. Dans certains cas, il est possible d'intervenir *in utero*, mais le plus souvent la prise en charge ne commencera qu'après la naissance, et en urgence, car l'enfant naît dans un état de profonde détresse respiratoire du fait que ses poumons sont comprimés par les anses intestinales. Le transport de la mère dans un centre doté d'un service de réanimation des nouveau-nés est donc préparé à l'avance. À peine né, il sera donc admis dans ce service pour une réanimation. Cette admission d'urgence est généralement facilitée par un diagnostic établi à l'échographie pendant la grossesse.

Dès la stabilisation de l'état de l'enfant, le chirurgien intervient pour replacer les anses intestinales dans l'abdomen et réparer le diaphragme, afin que l'enfant puisse respirer normalement.

FAQ

Questions à poser avant de quitter la maternité

[+] QUE SONT CES PETITS BOUTONS SUR LE VISAGE ET LE CORPS DE MON BÉBÉ ?

Ces petits boutons ont généralement l'aspect de petits grains de mil, d'où le nom de « milium » qu'on donne à cette éruption. On les trouve surtout sur le visage (front, menton, région nasale). Liés à l'obstruction des glandes sébacées du nouveau-né, ils disparaissent généralement sans traitement vers la fin du 3e mois.

Il peut exister aussi parfois de petites pustules (folliculite), causées par un germe (staphylocoque) qui nécessitent un traitement local par antiseptique.

[+] POURQUOI A-T-IL UNE FOSSETTE AU-DESSUS DE L'ANUS ?

On observe très souvent chez l'enfant, dans le pli fessier, à quelques centimètres au-dessus de l'anus une petite fossette, plus ou moins marquée. C'est la fossette sacro-coccygienne, un phénomène très banal. Vous devrez cependant en parler à votre médecin, car très exceptionnellement cette petite fossette peut cacher des anomalies plus profondes au niveau de la colonne vertébrale et de la moelle épinière (spina bifida) qui doivent impérativement être dépistées et prises en charge tôt. S'il a un doute sur la nature de la fossette (et si cela n'a pas déjà été fait à la maternité) le médecin pratiquera une échographie.

[+] MON BÉBÉ A DU LAIT DANS LES SEINS ET DE PETITES RÈGLES...

Très fréquent chez le nouveau-né, garçon ou fille, le gonflement des seins, avec l'éventuelle sécrétion d'un liquide blanchâtre (mammite), accompagné ou non de petites pertes vaginales également blanchâtres, voire de petites règles chez la petite fille est sans gravité et ne nécessite aucune intervention ni traitement. Ces manifestations sont dues à un mécanisme hormonal. L'enfant a été imprégné pendant toute la grossesse par une hormone maternelle, la prolactine, qui provoque chez lui ces phénomènes. Dans les semaines qui suivent la naissance cela disparaît, et tout rentre dans l'ordre.

[+] IL SE GRIFFE AVEC SES ONGLES, QUE FAIRE ?

Quand il agite ses bras, poussé par l'enthousiasme ou la rage, bien souvent Bébé se fait des petites griffures avec ses ongles, pourtant encore bien mous et flexibles. Il arrive même que ces griffures saignent un peu. Avant 1 mois, les doigts sont si petits et les ongles si minces qu'on ne peut les couper avec des ciseaux sans risquer de lui faire mal. Mieux vaut alors utiliser délicatement une lime à ongle. Après 1 mois, les ongles étant devenus plus durs, on pourra recourir aux ciseaux à bouts ronds, soigneusement désinfectés au préalable. Il faudra cependant couper les ongles droit, sans rogner les angles, afin de ne pas risquer qu'ils entrent dans les chairs (ongle incarné), ce qui pourrait provoquer une petite infection, voire un panaris. Votre bébé risque de ne pas trop apprécier la manœuvre, aussi vaut-il mieux le faire tranquillement, pendant son sommeil....

[+] SON NOMBRIL SAIGNE, ET SI LE CORDON OMBILICAL NE TOMBE PAS, QUE FAIRE ?

Le cordon ombilical, ne l'oublions pas, contient des vaisseaux sanguins puisque c'est par là que l'enfant a reçu de sa mère oxygène et nourriture tout au long de la grossesse. Habituellement, ces vaisseaux se bouchent dès la naissance, le cordon lui-même se dessèche au cours des jours suivants et tombe spontanément au bout d'une dizaine de jours.

Après la chute du cordon, tant que l'ombilic n'est pas complètement cicatrisé, il peut constituer une porte d'entrée pour les germes et aussi une source potentielle de (petits) saignements. C'est pourquoi il faut méticuleusement nettoyer et sécher l'ombilic à chaque change et le protéger à l'aide d'une compresse stérile. Des saignements peuvent survenir à la chute du cordon qu'un tamponnement avec une compresse stérile tarira en quelques minutes. S'il reste un bourgeon, votre pédiatre le nitratera lors de la consultation.

[+] POURQUOI MON BÉBÉ A-T-IL UNE TACHE BLEUE AU BAS DU DOS ?

Cette petite tache bleu ardoise (tache mongoloïde), située dans la région lombaire, au-dessus du sacrum est très fréquente. Elle est due à l'accumulation d'origine génétique d'un pigment mélanique. On l'observe plus particulièrement chez les enfants d'ascendance africaine, orientale ou méditerranéenne mais aussi japonaise. Elle ne disparaîtra pas totalement, mais s'atténuera dans les 2 ou 3 premières années.

[+] POURQUOI MON BÉBÉ TREMBLE-T-IL ?

C'est plus particulièrement au cours des 3 premiers mois que l'on observe de petits tremblements au niveau du menton, voire des mouvements saccadés des bras ou des jambes que l'on appelle « trémulations ». On les remarque souvent au moment de la sortie du bain de Bébé. Elles sont généralement liées au froid, au stress, à la faim, parfois à un taux de calcium sanguin bas. Sans gravité, elles disparaîtront généralement après le 3e mois. Il faut tout de même les observer attentivement, pour s'assurer qu'il s'agit bien de trémulations et non de convulsions. Ces dernières étant plus difficiles à reconnaître car les symptômes sont très discrets : clignements de paupières, petits mouvements des doigts, accès de pâleur. Assez proches de ceux des trémulations, les symptômes des convulsions s'en distinguent par le fait qu'ils surviennent chez un enfant qui semble dormir, alors que les trémulations apparaissent chez un enfant bien éveillé. Au moindre doute, consultez votre pédiatre.

[+] POURQUOI MON BÉBÉ A-T-IL LA PEAU QUI PÈLE ?

Ce phénomène est normal et très fréquent au cours des 15 premiers jours de vie. Il est particulièrement marqué chez les enfants qui ont dépassé le terme (postmatures). Appliquer généreusement une crème hydratante.

[+] IL A L'AIR D'ALLER BIEN MAIS SA RESPIRATION EST BRUYANTE ?

Le nez des bébés est très petit. Les sécrétions présentes au fond des fosses nasales battent lors de l'inspiration et de l'expiration. Le bruit ainsi produit peut parfois être impressionnant. Pourtant l'enfant reste détendu et n'a pas l'air gêné le moins du monde, que ce soit pour dormir ou pour manger... Après un éternuement, le bruit peut diminuer voire disparaître, quitte à réapparaître par la ensuite. La formation de ces sécrétions est favorisée par une sécheresse excessive de l'atmosphère. Pour les éliminer, mettez votre bébé en position assise, puis mettez du sérum physiologique dans les narines, ensuite aspirez délicatement les mucosités avec un mouche bébé. Vous pouvez également humidifier l'atmosphère avec un humidificateur. Bien entendu, assurez-vous que l'enfant n'est pas en train de développer une rhinopharyngite : surveillez-le, prenez sa température et n'hésitez pas à consulter en cas de doute.

Le 1ᵉʳ mois : le retour à la maison

- Il commence à gazouiller, et si vous lui répondez par des mimiques, des vocalises ou des paroles, il ne tardera pas à réagir et parfois à répondre par un sourire ou des gazouillis, en agitant ses membres.

- Il fixe les visages, il lui arrive de sourire furtivement en réponse aux mimiques.

- Couché sur le dos, il suit du regard les objets ou les personnes qui bougent dans son champ visuel.

- Couché sur le ventre, il tourne sa tête sur le côté, la redresse et la tient ainsi quelques secondes.

- Il dort en moyenne 21 heures par jour, ses périodes d'éveil se réduisant pratiquement au temps des biberons, mais pendant ces périodes il est très vigilant. Il crie et agite ses membres avec enthousiasme.

- Ses réflexes archaïques tendent à s'estomper. Il ferme toujours la main de manière réflexe quand on touche sa paume, mais le réflexe de marche automatique a disparu ou est en train de disparaître.

Poids : environ 4 kg
Taille : environ 53 cm
Alimentation : 7 à 10 tétées par jour ou 6 à 7 biberons

MON ENFANT ▪ DE LA NAISSANCE À LA MATERNELLE

Visiter la maison : une étape indispensable

Pas facile de rentrer à la maison sereinement. Pourtant, vous l'avez tant attendu cet instant ! Prenez le temps de faire découvrir à votre bébé dès son arrivée sa maison, sa chambre et son entourage.

Au moment où vous franchissez le seuil de votre maison, c'est une nouvelle vie qui commence. Oubliez vos paquets, vos valises et votre fatigue ; prenez votre bébé dans vos bras et faites-lui faire le tour de la maison. Expliquez-lui à quel point il est attendu par tous. Passez d'une pièce à l'autre en lui racontant à qui et à quoi elles servent. Montrez-lui les chambres de ses frères et sœurs, s'il n'est pas le premier enfant de la maison, et expliquez-lui que vous pensez à lui, même quand vous vous occupez des autres. Présentez-lui le reste de la famille afin qu'il se sente en confiance.
Cette première découverte de la maison est privée et joyeuse. Elle concerne votre bébé, vous, son père, ses frères et sœurs. Faites patienter un peu le reste de la famille et les amis.

❝ CONSEIL DE BÉATRICE :
De retour à la maison vous avez fait faire à votre bébé le tour du propriétaire ; quand vous partirez en week-end ou en vacances avec lui dans une maison inconnue, procédez de même, cela l'aidera à s'y adapter. ❞

DE L'INTIMITÉ AU PARTAGE
À la maternité, vous avez vécu en tête-à-tête avec votre nouveau-né. Son petit berceau transparent était en permanence à côté de votre lit. Il suffisait de tendre les bras pour le prendre contre vous. Vous étiez déchargée de toutes les tâches ménagères et l'on était à votre écoute 24 heures sur 24. Désormais, vous allez devoir partager votre attention entre votre bébé, vos autres enfants et votre compagnon, sans compter les mille gestes de la vie quotidienne.

OÙ SUIS-JE ?
Montrez à votre bébé le parcours entre votre chambre et la sienne, les circuits que vous emprunterez désormais avec lui plusieurs fois par jour. Faites-lui découvrir son berceau (si ce berceau est dans votre chambre, dites-le lui), la table à langer, la salle de bains et sa baignoire, n'oubliez pas la cuisine, ni, dans le salon, votre fauteuil préféré dans lequel vous le nourrirez le plus souvent. Mettez un peu de musique douce et reprenez votre souffle dans ce fameux fauteuil, en le tenant

bien calé dans vos bras. Dites-lui un mot sur chacun de ses frères et sœurs s'ils sont là, sans pour autant le passer de bras en bras. Soyez chaleureuse et gaie. Il en ressentira du bien-être et associera son arrivée à votre joie. Sachez que vous êtes en train de lui offrir ses premiers souvenirs d'enfance. Ces souvenirs, entre autres, feront partie de son inconscient et vont influencer son rapport au monde et aux autres.

Une fois la visite de la maison terminée, couchez votre bébé et reposez-vous un petit moment.

FAITES-VOUS AIDER

À la maternité, tout s'organisait autour de vous comme par enchantement. Une fois rentrée à la maison, c'est vous qui passez aux commandes. Pour réussir votre retour, faites appel aux bonnes volontés. Expliquez par exemple à votre compagnon où ranger vos affaires et celles de Bébé. Votre nouveau-né a besoin de toute votre attention quand il est éveillé. Mais rassurez-vous, il dort environ 21 heures par jour !

Calez au maximum votre emploi du temps sur le sien et pendant qu'il dort, reposez-vous !

Ne vous laissez pas déborder, surtout si votre compagnon ne peut pas prendre ses congés de paternité. N'hésitez pas, dans ce cas, à demander de l'aide à vos proches : mère, belle-mère, belle-sœur, sœur ou amies. S'il vous manque quelque chose, appelez-les et proposez-leur de venir voir le bébé. Ainsi, elles pourront vous apporter ce qui vous manque par la même occasion.

> **CONSEIL DE BÉATRICE :**
> *Présenter la maison à Bébé et lui montrer qu'il est le bienvenu dans votre environnement — qui sera désormais le sien — a plus d'importance qu'on aurait tendance à le croire. J'imagine déjà ce que pourront penser certaines mères : « Quelles notions de lieu et de chez soi peut bien avoir un nouveau-né de quelques jours ? » Détrompez-vous : le fait de présenter à Bébé sa nouvelle maison a sur lui un effet apaisant et rassurant.*

ORGANISEZ LES VISITES

Discutez avec votre compagnon de l'organisation des visites. Ne vous lancez pas d'emblée dans des dîners et des réceptions ; contentez-vous dans un premier temps d'inviter en toute simplicité les proches capables de vous aider. Ces visites vous feront du bien, même si parfois elles vous fatiguent un peu. Ne restez pas seule avec votre bébé des jours entiers ; les échanges avec un nouveau-né (aussi charmant et brillant soit-il !) ne remplacent pas ceux que vous pouvez avoir avec un adulte.

QUAND LA FAMILLE EST LOIN

Plus de 10 % des jeunes mamans ressentent un coup de blues quand elles se retrouvent seules à la maison avec leur bébé. Trop souvent, la famille est dispersée géographiquement et la maman se retrouve un peu isolée. Si c'est votre cas, le téléphone et l'ordinateur seront de bons moyens pour partager ce que vous avez vécu et ressenti et maintenir le lien avec vos proches, notamment vos parents. Si les grands-parents sont équipés d'un ordinateur, comme c'est souvent le cas de nos jours, envoyez-leur par Internet photos et vidéos de votre petit ou offrez-leur une Webcam. Ainsi, vous pourrez dialoguer en direct avec eux. Convenez d'une heure pour un rendez-vous régulier. Le temps qui s'écoulera avant leur première rencontre avec Bébé leur paraîtra ainsi moins long.

En sécurité à la maison et dans un environnement sain

À la maternité, tout était adapté aux besoins de Bébé.
À la maison, il faut lui aménager son espace. Certaines de vos habitudes devront être changées pour sa sécurité et son bonheur.

Le « coin » qui lui est réservé dans votre chambre, (ou éventuellement sa propre chambre) va devenir le centre de son univers. Au cours de ses premières semaines, il va dormir entre 15 et 22 heures chaque jour ; son espace doit être sain et confortable et lui offrir toutes les conditions de sécurité nécessaires.

CHOISIR SON LIT

Le choix du lit est primordial. Berceau ou lit à barreaux, l'important est que votre enfant y soit en sécurité.
Si vous optez pour un berceau, il devra être rigide et ses bords assez hauts. Si vous préférez un lit, ses barreaux ne devront pas être trop écartés (moins de 7,5 cm) afin que votre bébé ne puisse pas se coincer la tête. Un tour de lit, bien tendu et fixé, recouvrira ces barreaux pour une sécurité encore accrue.
Dans les deux cas, le matelas sera ferme, parfaitement adapté aux dimensions du lit pour que l'enfant ne risque pas de s'étouffer entre le matelas et la paroi. Pour les mêmes raisons, vous éviterez oreiller, couette et couverture. Utilisez de préférence une gigoteuse ou un surpyjama. Pour prévenir les allergies, vous devrez faire la chasse à la poussière. Vous choisirez un matelas traité antiacariens ; il sera recouvert d'un protège-matelas.
Le lit ne devra pas être envahi par peluches et doudous, qui sont de vrais nids à poussières. Pour coucher Bébé en toute sécurité lors des déplacements, ou en lit d'appoint chez ses grands-parents, prévoyez un lit parapluie (norme NF).

NI TROP CHAUD, NI TROP FROID, NI TROP SEC, NI TROP HUMIDE

La température moyenne de la maison devra être de 18 à 19° C et le taux d'humidité de l'air suffisant (entre 40 % et 60 %). Pour vérifier ces données, un thermomètre-hygromètre sera utile.
Attention, le chauffage électrique dessèche fortement l'air. Un humidificateur à air froid qui diffuse de la vapeur d'eau, permettra d'éviter à votre bébé toux et autres manifestations d'irritation des voies respiratoires occasionnées par un air trop sec. À l'inverse, un air trop

 CONSEIL DE BÉATRICE :
Si vous choisissez d'acheter du matériel d'occasion (que ce soit un lit de bébé, une table à langer ou tout autre matériel de puériculture), vérifiez bien qu'il ne présente aucun danger, qu'aucune pièce n'est cassée ou manquante et qu'il répond à la norme NF.
Que le lit soit prêté ou acheté d'occasion, le matelas, lui, doit être neuf, bien ferme et aux dimensions exactes du lit. C'est le prix de la sécurité pour votre bébé.

chargé d'humidité est tout aussi néfaste, car il favorise le développement de moisissures et la prolifération des acariens, augmentant ainsi le risque d'allergies.

UN ENVIRONNEMENT SAIN

Un air renouvelé Il est indispensable d'aérer la chambre de votre enfant et la maison au moins 1 heure par jour, même en hiver, et cela en dehors des périodes de pics de pollution liés à la circulation, si vous habitez en ville. L'aération est aussi primordiale pour lutter contre la pollution de l'air intérieur de la maison (voir FAQ p. 213).

Prévenir les risques d'allergie Pour prévenir les risques d'allergie, évitez moquette, tapis moelleux et doubles rideaux, bref tous les pièges à poussière et à acariens dans la chambre de Bébé. Le mieux est probablement un revêtement synthétique souple type linoléum. À défaut, un parquet bien entretenu conviendra également.

Si vous avez des animaux de compagnie, un ménage quotidien est indispensable. Par ailleurs, pour la sécurité de l'enfant, il est strictement exclu de laisser un animal dans sa chambre pendant son sommeil.

> **CONSEIL DE BÉATRICE :**
> *Certains bébés se cognent contre les barreaux de leur lit même équipé d'un tour de lit. Pour mieux protéger la tête de votre bébé, vous pouvez utiliser un lit parapluie comme couchage principal, à condition de l'équiper d'un véritable matelas, bien ferme et adapté à ses dimensions.*

DANS QUELLE POSITION LE COUCHER ?

Pour leur permettre de mieux digérer et d'avoir moins de reflux, on a longtemps et traditionnellement couché les bébés sur le ventre, mais cette position est à l'origine d'un grand nombre de décès par mort subite du nourrisson ou par étouffement (voir annexes « Sommeil » p. 362). En 1994, une étude a démontré que le fait de coucher les nourrissons sur le dos suffisait à diminuer de moitié le nombre de morts subites. Aussi, les pédiatres conseillent-ils désormais fortement d'allonger le bébé sur le dos jusqu'à ce qu'il puisse se retourner tout seul dans son lit.

LE LANGER EN TOUTE SÉCURITÉ

La table à langer (ou le meuble sur lequel sera posé un matelas à langer) devra, bien entendu, être stable pour éviter les chutes. Pendant toute la durée du change, vous devrez garder en permanence une main sur votre enfant. Tout ce dont vous avez besoin pour le changer sera à portée de main. Changer votre bébé est l'occasion d'un échange privilégié qui demande toute votre attention ; alors, oubliez le téléphone !

EN ROUTE VERS UNE VIE SANS TABAC

Le tabagisme de la mère pendant la grossesse multiplie par 5 le risque de mort subite du nourrisson, pourtant 30 % des femmes en âge de procréer fument... autres facteurs de risque de mort subite du nourrisson : la prématurité, les problèmes respiratoires, le reflux, ainsi que la consommation d'alcool pendant la grossesse.

Le tabagisme passif : est-il vraiment nécessaire de rappeler sa nocivité ? À la naissance, le système immunitaire de l'enfant est très imparfait. Plus l'enfant est jeune, plus il est vulnérable aux irritants et allergènes, et donc à la fumée de cigarette. Le tabagisme passif augmente certains troubles respiratoires et les risques de bronchite, de laryngite et de bronchiolite ; on retrouve des traces des composants du tabac (comme la nicotine) dans les urines des bébés soumis au tabagisme passif.

▪ TROP D'HYGIÈNE PEUT NUIRE ▪

Certes, il est essentiel de se laver les mains le plus souvent possible, avant de toucher et de nourrir Bébé, et de recommander à l'entourage d'en faire autant, mais ne devenez pas une maniaque de l'hygiène, de la chasse à la bactérie et de la stérilisation.
La stérilisation systématique éloigne les bactéries mais tend à diminuer la fabrication d'anticorps par l'organisme, ce qui favorise une moins grande résistance du corps face notamment aux allergies et aux infections.

MON ENFANT ■ DE LA NAISSANCE À LA MATERNELLE

Sein ou biberon ?

Allaiter ou donner le biberon ? Choix ou nécessité ? L'un comme l'autre ont des avantages… et vous pouvez même instaurer un allaitement mixte. Quelques conseils pour bien démarrer.

Le lait maternel est sans aucun doute le meilleur aliment pour les bébés. Mais allaitement ne rime pas toujours avec plénitude et parfois la seule bonne volonté ne suffit pas pour passer le cap difficile des premières semaines. Le biberon est tout à fait envisageable si vous ne souhaitez pas donner le sein ou si vous ne parvenez pas à allaiter. C'est aussi un moyen de retrouver votre sérénité.

VOUS AVEZ CHOISI L'ALLAITEMENT

Donner le sein a beau être « naturel », cela implique une période d'apprentissage. Lors de votre séjour à la maternité, les auxiliaires puéricultrices vous aideront dans la mise en route de l'allaitement, mais les séjours étant de plus en plus courts, vous risquez de ne pas être suffisamment « rodée » une fois rentrée à la maison.

Quand il tète, le nourrisson doit prendre entre ses lèvres à la fois le mamelon et l'aréole, sinon votre sein risque de devenir douloureux du fait de l'apparition de crevasses. N'hésitez pas à pincer votre mamelon et à le placer correctement dans la bouche du bébé. Si vous n'y parvenez pas sans douleur, téléphonez à la maternité ou à la Protection maternelle et infantile (PMI) de votre quartier pour demander la visite d'une sage-femme. Tout au long de la journée, vous pouvez également joindre les conseillères toujours très à l'écoute de la Leche League (voir annexes « Allaitement » p. 358). L'essentiel est de ne pas aggraver l'état de vos mamelons par de petites erreurs, facilement rectifiables.

COMMENT SAVOIR SI BÉBÉ BOIT ?

Vous sentirez bien à la vigueur de sa succion et aux mouvements de sa mâchoire si Bébé tète efficacement. Si, au début vous avez des doutes, ils se dissiperont au bout de 1 ou 2 semaines.

Pour favoriser la montée laiteuse, buvez beaucoup d'eau (peu minéralisée).

Au début, on vous conseillera peut-être de donner les deux seins pour faire démarrer le processus de lactation, mais une fois ce mécanisme amorcé, il est préférable de vider un sein avant de commencer l'autre, car la composition du lait varie pendant la tétée : au début il est riche en sucre (lactose), ensuite en lipides puis en protides. Or, pour son repas, votre bébé doit pouvoir bénéficier de ces trois catégories de composants.

QUELLE POSITION ADOPTER ?

Vous devrez être confortablement installée. Vous pouvez au choix être couchée sur un lit, sur le côté, ou assise dans un fauteuil, les pieds légèrement relevés et le dos bien calé. Votre bébé sera allongé contre vous, son ventre contre le vôtre. Vous pouvez utiliser un coussin d'allaitement ou un traversin, pour placer votre nourrisson à la bonne hauteur. Pour votre sérénité et celle de votre bébé, surtout au début, mieux vaut donner la tétée au calme, de préférence à la maison. Plus tard, une fois que l'allaitement sera devenu quasi automatique, vous pourrez nourrir votre bébé où bon vous semblera : du square aux transports en commun, en passant par le dîner chez des amis.

COMBIEN DE TÉTÉES PAR 24 HEURES ?

L'allaitement maternel ne se quantifie pas et doit se faire à la demande. Un nouveau-né peut avoir besoin de 8 à 12 tétées par 24 heures. Certains veulent téter toutes les 2 heures, d'autres toutes les 3 heures. Laissez-le décider, plus les tétées sont fréquentes, moins vous risquez l'engorgement mammaire.

En moyenne, un nourrisson de 1 mois demande à téter 7 à 10 fois par 24 heures, dont 1 ou 2 fois la nuit. Il décidera aussi de la durée de chaque tétée : entre 5 minutes et 15 minutes pour chaque sein. Généralement, au bout de 10 à 15 minutes sur un sein, le rythme et la puissance de la succion diminuent. Bébé vous signifie ainsi que le sein est vidé et qu'il ne voit plus l'intérêt de faire des efforts ! Passez alors à l'autre sein pendant encore 10 à 15 minutes, au terme desquelles Bébé s'endort, généralement repu et satisfait. Au-delà de 15 minutes, s'il continue encore à téter, vous pouvez considérer qu'il « joue » avec le mamelon, ce qui n'est pas souhaitable, car cela peut provoquer inutilement douleurs et irritations.

Après chaque tétée, séchez correctement vos mamelons, pour éviter la macération qui, à la longue, peut favoriser la survenue d'inflammation et de crevasses. Évitez d'appliquer antiseptique, désinfectant ou savon, qui risquent aussi de susciter des irritations.

▪ TIRER SON LAIT ▪

Certaines femmes appréhendent de tirer leur lait. Pourtant, cette solution combine efficacement les avantages de l'allaitement et ceux du biberon, dans la mesure où vous pouvez vous faire remplacer par un de vos proches. D'une utilisation simple, le tire-lait électrique se loue facilement (la location est remboursée par la Sécurité sociale). Le lait tiré se conserve 24 heures au réfrigérateur et 6 mois au congélateur.

FAIRE DORMIR BÉBÉ PRÈS DE SOI ?

En gardant Bébé près de votre lit, vous comprendrez mieux ses besoins et vous vous reposerez davantage. Vous hésiterez moins à répondre à ses appels fréquents et à toute heure. En effet, bon nombre de bébés préfèrent téter la nuit, dans le calme.

Les premiers temps, vous devrez vous adapter au rythme de votre nourrisson. Les heures de sommeil perdues pendant la nuit devant se récupérer dans la journée.

Y A-T-IL DES ALIMENTS QUI SONT INTERDITS QUAND ON ALLAITE ?

Il n'y a finalement que très peu d'interdits, si ce n'est, bien évidemment, l'alcool. Vous devrez aussi vous abstenir de café et de thé à fortes doses ; en revanche, buvez beaucoup d'eau (1 litre par jour minimum).

Si l'on a coutume d'éviter certains aliments, c'est généralement par peur de donner au lait un goût prononcé que le bébé n'apprécierait peut-être pas (ail, asperges...). En fait, ces aliments contribuent à éduquer les papilles du futur adulte ! Mangez donc tout ce que vous voulez. On pourra juste vous conseiller de ne pas cumuler trop de crudités, de moutarde, de vinaigre, de fruits crus et de pain aux céréales au cours d'un seul repas.

CONSEIL DE BÉATRICE :
Le meilleur cicatrisant pour les seins : quelques gouttes de lait maternel appliquées sur le mamelon avant de le sécher.

> **CONSEIL DE BÉATRICE :**
> *Allaiter est naturel ; cela ne signifie pas pour autant que c'est facile. Beaucoup d'encre (et aussi de larmes) a coulé à propos de l'allaitement, aussi bien de la part de celles qui y renoncent et culpabilisent que de celles qui s'obstinent et n'y parviennent pas… Souvent le stress, la fatigue, ou encore l'accouchement par césarienne suffisent à retarder la montée laiteuse. Sachez-le et ne vous découragez pas. N'hésitez pas à appeler une sage-femme, une puéricultrice ou, bien sûr, votre pédiatre pour y remédier.*

ET L'ALLAITEMENT MIXTE ?

Si vous souhaitez instaurer un allaitement mixte, parlez-en à votre pédiatre. Quand l'allaitement au sein est bien installé, il est en effet possible de proposer 1, voire 2 biberons de lait maternisé par jour, sans risquer pour autant de tarir votre lactation.

SI VOUS AVEZ CHOISI LE BIBERON

Les laits maternisés conviennent parfaitement pour l'alimentation du nourrisson, dans la mesure où ils imitent au mieux la composition du lait maternel. Comme il est plus pratique de préparer plusieurs biberons à la fois, autant en acheter au moins 6 pour en avoir d'avance. Inutile de choisir des biberons de petite taille, puisque les quantités que réclame Bébé augmentent très vite. Les tétines, elles, existent en latex et en silicone et leur forme reproduit plus ou moins celle du mamelon maternel. Assurez-vous qu'elles sont conformes à la norme européenne de sécurité et sachez que leur durée de vie est de 3 mois en moyenne.

En optant pour le biberon, vous ne serez plus la seule à pouvoir nourrir Bébé et vous gagnerez un peu de liberté.

UNE BONNE HYGIÈNE S'IMPOSE

L'alimentation de votre bébé implique une hygiène stricte, en particulier un soigneux lavage des mains ; mais ces consignes doivent être encore plus scrupuleusement respectées quand il s'agit du biberon. Par précaution, choisissez des biberons ne contenant pas de bisphénol A (voir FAQ p.132).

Biberons et tétines doivent être minutieusement nettoyés à l'eau et au liquide vaisselle avec un goupillon spécial, très bien rincés, puis stérilisés. On peut stériliser à la vapeur ou au micro-ondes ou à l'aide de produits stérilisants (voir annexes « Biberons » p. 360). L'eau de préparation des biberons peut être une eau minérale peu minéralisée portant la mention « convient aux nourrissons » ou l'eau du robinet si l'on peut vérifier qu'elle est utilisable pour la préparation de biberons.

Si l'on prépare en une seule fois tous les biberons de la journée, ce qui est pratique, ils devront être conservés au réfrigérateur jusqu'à leur utilisation, sans toutefois dépasser 24 heures.

LE BIBERON, TOUT UN ART

Pour préparer le biberon, versez d'abord la quantité d'eau nécessaire, puis ajoutez le nombre de mesures rases de lait en poudre requis. Bien entendu, la boîte de lait en poudre sera bien refermée après utilisation et conservée dans un lieu frais et sec.

Avant de donner le biberon, réchauffez-le au chauffe-biberon ou au micro-ondes (environ 37 °C) sans oublier d'enlever la tétine. Ensuite, remettez la tétine puis agitez le biberon pour homogénéiser la température, que vous vérifierez en laissant couler quelques gouttes sur le dos de votre main. La plupart des spécialistes, notamment dans les pays

▪ LA STÉRILISATION ▪

Certains conseillent la stérilisation jusqu'à 1 mois, d'autres vont jusqu'à trois 3 mois, voire 1 an. La stérilisation est rassurante quand les conditions d'hygiène sont mal connues ou douteuses, mais la plupart des professionnels pensent qu'une hygiène rigoureuse la rend superflue. Après tout, le sein de la mère n'est pas stérile non plus !

L'essentiel est de bien se laver les mains et de nettoyer soigneusement le biberon et la tétine dès que le biberon est terminé. Il va de soi qu'il ne faut pas goûter le biberon pour savoir s'il est à la bonne température…

anglo-saxons, conseillent de donner les biberons à température ambiante, car ils sont ainsi plus digestes.

Pour des raisons d'hygiène, n'utilisez pas un biberon entamé depuis plus de 1 heure. Si vous avez laissé votre biberon plus de 3 heures hors du réfrigérateur, son contenu est bon à jeter.

> **CONSEIL DE BÉATRICE :**
> *Si votre bébé dort beaucoup et « fait ses nuits » dès les 15 premiers jours, ce n'est pas normal. Dans ce cas, attention, sa somnolence peut cacher une hypoglycémie et votre bébé risque de se déshydrater.*

EN PROMENADE OU EN VOYAGE

Ne préparez pas de biberon à l'avance quand vous partez en promenade ou en voyage. Il pourrait se transformer en bouillon de culture. Emportez séparément le nombre de biberons nécessaires remplis d'eau et les doses de lait à part. Dans les magasins spécialisés, vous trouverez des petites boîtes hermétiques, très pratiques pour mettre les doses. Préparez le biberon juste avant de le donner à votre enfant.

INSTALLEZ-VOUS CONFORTABLEMENT

Les biberons de lait maternisé doivent être espacés de 2 heures et demie à 4 heures pendant la journée. Entre 2 biberons de lait, proposez à votre bébé un biberon d'eau minérale lorsqu'il fait chaud, cela évite la déshydratation. S'il n'en veut pas c'est qu'il n'en a pas besoin.

Pour donner le biberon, installez-vous confortablement dans un fauteuil, tenez l'enfant dans vos bras, sa tête dans le creux de votre coude, en position semi-assise. Le biberon doit être suffisamment incliné pour que la tétine soit pleine de lait afin que Bébé n'avale pas d'air.

Après la tétée, pour l'aider à digérer et favoriser son rot, tenez votre bébé droit et inclinez-le de droite à gauche doucement. Si vous sentez qu'il en a besoin, vous pouvez interrompre la tétée, lui faire faire un rot pour le soulager et reprendre un peu plus tard. Si au bout d'un quart d'heure il n'a plus faim, ne le forcez pas à finir son biberon.

Cris et pleurs, comment les supporter ?

Tous les bébés pleurent, surtout les premières semaines. Ils semblent parfois inconsolables, et leurs cris peuvent être difficiles à supporter.
Quelle est la signification de ces pleurs, comment les interpréter et y répondre ?

Le nouveau-né passe par différents états de veille et de sommeil au cours de la journée. Lorsqu'il est éveillé, il peut être paisible et attentif à ce qui l'entoure ; il peut aussi remuer bras et jambes avec enthousiasme en gazouillant. Mais parfois c'est la crise : Bébé s'agite dans tous les sens, il se met à pousser des hurlements, son visage devient rouge et congestionné.

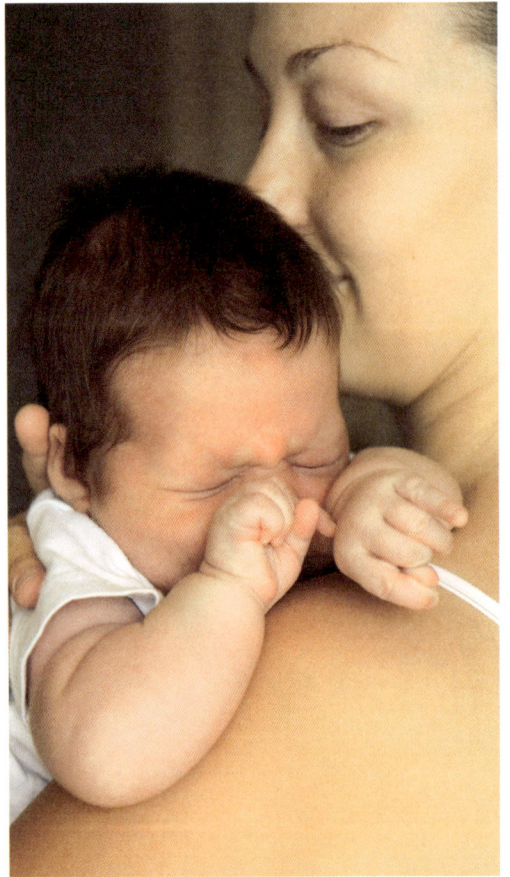

UN APPEL AU SECOURS

Cela ne signifie pas forcément qu'il est physiquement malade. Simplement, il peut se trouver dans une situation qui lui est inconfortable ou désagréable, et crier est le seul moyen pour lui de faire passer un message : « J'ai faim », « J'ai trop chaud », « J'ai froid », « Je voudrais bien m'endormir mais je suis trop énervé », ou encore « Je m'ennuie, je voudrais qu'on s'occupe de moi. »

Il peut aussi se sentir agressé par son environnement immédiat — bruits d'appareils ménagers, cris des frères et sœurs, lumières trop vives peuvent lui paraître menaçants. Alors il pleure, il appelle au secours...

Ces cris vont susciter chez vous de l'angoisse. Essayant de calmer Bébé, vous vous agitez et vous vous inquiétez de plus en plus. Vos réactions peuvent provoquer un sentiment d'insécurité chez votre enfant et augmenter ses pleurs au lieu de les calmer.

À l'inverse, par crainte que votre enfant ne fasse des caprices ou pour qu'il ne prenne pas l'habitude d'être trop bercé et pris dans les bras, il se peut que votre entourage insiste pour « qu'on le laisse pleurer un peu » au nom de « l'éducation ». Ce choix constitue un stress supplémentaire pour lui et entraîne la sécrétion de cortisol (l'hormone du stress) par les glandes surrénales. Comme l'ont montré des travaux scientifiques, la répéti-

> **CONSEIL DE BÉATRICE :**
> *Quelle que soit la cause, ne laissez jamais pleurer votre enfant et si besoin dites-lui « Je ne comprends pas la raison de tes pleurs, mais je suis près de toi et j'ai confiance en toi. »*

tion de tels épisodes peut provoquer à la longue une hyperréactivité au stress qui risque de gêner plus tard l'enfant face aux agressions de la vie... D'autres études suggèrent que le fait de laisser pleurer un bébé « trop longtemps » peut constituer un facteur de risque de mort subite du nourrisson.
De manière générale, les réactions de son entourage à ses cris, et en particulier celles de sa mère, déterminent en grande partie la qualité et les caractéristiques de sa relation future aux autres.

TRANSMETTEZ-LUI VOTRE CALME
Votre sérénité, comme votre angoisse, est contagieuse. Lorsque votre bébé pleure, laissez-le faire un petit peu en lui parlant doucement. Votre odeur et votre voix ont une vertu particulièrement relaxante et peuvent à elles seules le calmer. S'il continue à pleurer, essayez de changer un peu sa position dans le berceau, ou prenez-le dans vos bras en le berçant. Éventuellement, vous pouvez aussi le masser doucement pour le détendre. Bien souvent, cela suffira à le calmer.

TOUT EST BON POUR L'APAISER
- Pour pouvoir continuer à vaquer à vos occupations tout en apaisant votre enfant, le sac kangourou peut être une aide précieuse.
- Contre l'ennui, même au plus jeune âge, rien de mieux qu'une visite guidée et commentée de l'environnement dans les bras de Maman ou de Papa (même si ce n'est pas la première !).
- Pour le distraire, montrez-lui les objets, faites-lui entendre les bruits familiers, toucher diverses textures, en restant toujours attentive à ses réactions.
- Bébé apprendra vite à considérer son berceau comme un lieu familier et rassurant, bien qu'il soit moins chaleureux que les bras de sa maman. La présence dans son berceau d'un objet coloré, mobile, ou musical, placé dans son champ visuel captera son attention.

> **CONSEIL DE BÉATRICE :**
> *Si vous vous sentez dépassée par ses pleurs, déléguez au papa, à la grand-mère ou à une amie la charge de votre bébé avant de craquer. Et surtout n'hésitez pas à faire appel à votre pédiatre. Il recherchera la cause de ces pleurs : coliques, reflux (voir p. 86), ou très souvent une cause plus psychologique, par exemple un accouchement difficile ou une maman stressée.*

LES « COLIQUES DU NOURRISSON »
Certains nouveau-nés pleurent beaucoup et paraissent particulièrement « inconsolables ». Ils mettent les nerfs de la famille à rude épreuve. Parfois, la maman arrive à calmer le nourrisson un petit quart d'heure, mais très vite, les cris reprennent de plus belle. Il y a fort à parier qu'il est sujet à des « coliques du nourrisson » ou « coliques des 3 premiers mois » (voir p. 80). La prise en charge des enfants sujets à ces coliques est délicate et risque d'affecter beaucoup l'humeur des proches en particulier de la mère. Si vous êtes confrontée à une telle situation, rencontrez d'autres mères pour évoquer vos difficultés, échanger des solutions, et n'hésitez pas à faire appel à un thérapeute si nécessaire. Sachez que les « coliques du nourrisson » cessent généralement comme par enchantement à la fin du 3e mois.

▪ INCONSOLABLES, POURQUOI ? ▪
Des bébés inconsolables, on dit qu'ils sont atteints de « coliques du nourrisson » ; mais la cause de leurs pleurs quasi permanents, plus marqués le soir et qui disparaissent au 3e mois, est en fait encore mal connue. Certains médecins incriminent l'immaturité intestinale qui provoquerait un blocage des gaz intestinaux à l'origine de crampes douloureuses. Ces pleurs pourraient aussi avoir des origines psychosomatiques. Le mieux dans ces moments-là est de prendre l'enfant dans vos bras, au calme, dans l'obscurité, en attendant que vienne le sommeil, sans culpabiliser...

L'aider à bien dormir

Comprendre les mécanismes du sommeil de votre bébé permet de mieux appréhender les nuits difficiles des premiers mois. L'alternance jour/nuit n'est pas encore intégrée. Patience…

Le sommeil de l'enfant, comme celui de l'adulte comporte plusieurs cycles qui diffèrent en qualité et en nombre selon l'âge. La durée de ces cycles est de 50 minutes environ pendant le 1er mois et s'accroît ensuite avec l'âge, pour atteindre 90 à 120 minutes chez l'adulte.

DEUX PHASES DE SOMMEIL

De la naissance à 2 mois, les cycles de 50 minutes comportent 2 phases. La première est plus agitée, superficielle et fragile. L'enfant s'éveille au moindre bruit et se met à pleurer. La seconde est plus calme, plus profonde, moins sensible aux bruits et sollicitations diverses. À la naissance et durant le 1er mois, ces 2 phases sont de durées sensiblement égales. Ensuite, le sommeil calme s'allongera au détriment du sommeil agité, qui à 6 mois ne représentera plus que 30 % de la durée totale du sommeil.

SOMMEIL AGITÉ, SOMMEIL CALME

Le bébé s'endort toujours en phase de sommeil agité, contrairement à l'adulte qui s'endort en phase de sommeil lent. Cette première phase de sommeil agité est marquée par des mouvements du corps et du visage. Les yeux, derrière les paupières, sont animés de mouvements. La respiration est rapide et irrégulière. Pendant cette phase, votre bébé peut s'éveiller à plusieurs reprises, pendant quelques secondes — on parle de microréveils — à l'issue desquels l'enfant se rendort immédiatement. Et il ne faut pas commettre l'erreur de confondre ces moments avec une phase d'éveil car il n'est pas recommandé de prendre votre nourrisson dans les bras, de lui parler ou de lui proposer une tétée alors qu'il dort encore… Pour distinguer phase de sommeil agité et phase d'éveil en cas de pleurs, il convient d'attendre quelques minutes avant d'intervenir :

ce n'est que si les pleurs persistent, que vous pourrez le prendre dans vos bras. Observez-le donc attentivement.
Ensuite s'installe la phase de sommeil calme qui est très importante dans le développement de l'enfant, car elle permet la sécrétion de l'hormone de croissance et la maturation du cerveau.
Pendant cette phase, l'enfant est immobile, ses bras et jambes sont partiellement en flexion, ses poings sont généralement fermés.

> **CONSEIL DE BÉATRICE :**
> *Ne prenez pas votre bébé dans les bras au cours des microréveils qui surviennent en phase de sommeil agité. Ne lui proposez pas non plus à manger durant cette première phase de sommeil. Vous risquez d'empêcher l'installation du sommeil lent et de créer des réveils artificiels qui perdureront jusqu'à l'âge de 2 ans.*

| PREMIERS JOURS | **LE 1er MOIS** | 2 À 3 MOIS | 4 À 5 MOIS | 6 À 7 MOIS | 8 À 9 MOIS | 10 À 11 MOIS | 1 AN | 1 AN ½ | 2 ANS | 2 ANS ½ | 3 ANS |

• ÉTAT DE VEILLE •

Au cours du 1er mois, les cycles d'éveil sont brefs, mais leur durée s'accroît, de 5 minutes à la naissance à 30 minutes à la fin du 1er mois, pour atteindre 2 heures à l'âge de 3 mois… Ces états de veille sont généralement agités au cours des premiers jours de vie, marqués par des mouvements du corps et du visage, et surtout des pleurs. Progressivement, ils deviennent plus calmes : l'enfant a alors les yeux grands ouverts, il est très attentif à ce qui l'entoure, très présent. Il entend tous les bruits, perçoit tous les mouvements, regarde intensément le visage de sa mère. C'est le moment de communiquer avec lui. Parlez-lui et faites-lui des sourires exagérés en ouvrant grand la bouche, à une distance de 20 cm. C'est ainsi qu'il vous voit le mieux. Vous vous apercevrez qu'il cherche à vous imiter et qu'il est totalement captivé par votre visage.

Son visage ne bouge pas si ce n'est quelques mouvements de succion. Ses yeux sont complètement fermés. Il a une respiration lente et régulière. Il ne se réveille généralement pas pendant toute la durée de cette phase.

IL CONFOND LE JOUR ET LA NUIT

Au cours des premières semaines de vie, l'organisme n'est pas encore sensible à l'alternance jour/nuit. L'enfant dort beaucoup (entre 15 et 22 heures par 24 heures) et se réveille brièvement à plusieurs reprises le jour comme la nuit, environ toutes les heures, ou parfois à n'importe quel moment. La faim conditionne la plupart de ses réveils et rythme sa vie.

Ce n'est que lorsqu'il atteindra l'âge d'un mois que les périodes de veille et de sommeil commenceront à s'adapter progressivement à l'alternance jour/nuit.

L'AIDER À DORMIR LA NUIT

Même si au cours du 1er mois l'enfant n'est pas encore conditionné à l'alternance jour/nuit, il convient de l'y habituer progressivement en commençant dès la naissance. Il faut lui faire sentir la différence entre ces deux périodes.

La nuit, éteignez la lumière, afin de maintenir une ambiance calme et silencieuse. Pendant les phases d'éveil nocturne, parlez doucement à votre bébé, sans prolonger ces phases d'éveil au-delà de ce qui est nécessaire pour le nourrir, et en le sollicitant le moins possible.

En revanche, pendant le jour, n'hésitez pas à laisser entrer la lumière, même s'il dort. À son réveil, parlez-lui, sollicitez-le, en essayant de faire durer sa phase d'éveil. C'est ainsi que progressivement vous parviendrez à diminuer la fréquence et la durée des éveils nocturnes et à mettre en place un rythme jour/nuit.

Observez l'enfant pendant ses phases d'éveil et de sommeil, de façon à l'aider à trouver son propre rythme, sans lui imposer, consciemment ou non, le vôtre, ou celui que vous jugez bon pour lui.

L'HABITUER À S'ENDORMIR SEUL

Toutes les mamans se posent la même question : doit-il dormir dans ma chambre ou est-il préférable qu'il dorme dans une pièce séparée ? La question reste posée, du moins pendant les premiers mois. Dans tous les cas, il faut lui ménager un environnement qui lui deviendra familier, qu'il reconnaîtra et où il se sentira en sécurité.

Il est souhaitable qu'il s'habitue à s'endormir seul. Dans la mesure du possible, ne vous éternisez pas auprès de Bébé, arrêtez les câlins et les paroles rituelles avant qu'il ne soit endormi.

" **CONSEIL DE BÉATRICE :**
Méfiez-vous du Bébé qui, nourri au sein et ne prenant pas de poids, fait ses nuits. Il est peut-être en hypoclycémie. Le pédiatre vous conseillera de donner des biberons en complément du sein tant que votre production lactée sera insuffisante.
Si en revanche, Bébé dort toute la nuit et cependant grossit bien, vous avez tout simplement bien de la chance !
Quoi que ce soit, c'est Bébé qui décide !
Il a son rythme et il prendra le temps qu'il lui faudra pour s'adapter au vôtre. "

LE 1er MOIS — L'AIDER À BIEN DORMIR

Changes, premiers bains et soins

Durant votre séjour à la maternité, vous avez assisté aux soins donnés par la puéricultrice, voire changé et baigné votre bébé vous-même. Mais une fois rentrée chez vous, vous vous posez des questions.

Qu'il s'agisse de changer, de baigner ou de donner des soins à votre bébé, organisez-vous, préparez tout ce dont vous avez besoin à l'avance sans céder à la panique. Prenez aussi votre temps et profitez pleinement de ces moments d'intimité.

LES CHANGES

Mieux vaut changer votre bébé après la tétée, d'une part parce que ceux qui ont du mal à faire leur rot le feront volontiers à cette occasion, d'autre part parce que le biberon déclenche souvent une selle…

Prévoyez bien votre installation. Vous allez changer votre bébé au moins 5 à 6 fois par jour. Il est donc important d'installer la table à langer à la bonne hauteur, pour ne pas mettre votre dos à trop rude épreuve. Certains bébés sont capables de rouler sur eux-mêmes dès le premier mois ; pour cette raison, les rebords de cette table devront être d'au moins 15 cm de haut et le dessous du matelas antidérapant.

En plus d'avoir tous les produits nécessaires à la toilette à portée de main, il est pratique de disposer d'une petite cuvette d'eau tiède pour nettoyer les fesses de Bébé. Vous pouvez aussi utiliser des lingettes. Elles sont souvent très bien tolérées et très commodes lorsque vous êtes dehors.

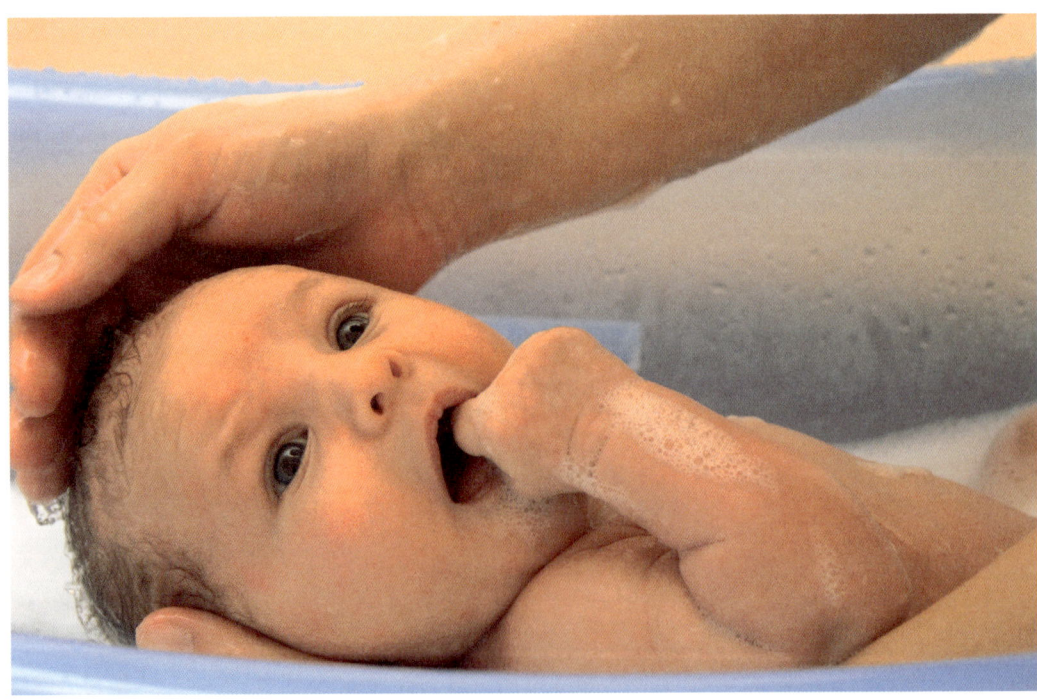

| PREMIERS JOURS | LE 1er MOIS | 2 À 3 MOIS | 4 À 5 MOIS | 6 À 7 MOIS | 8 À 9 MOIS | 10 À 11 MOIS | 1 AN | 1 AN ½ | 2 ANS | 2 ANS ½ | 3 ANS |

> **CONSEIL DE BÉATRICE :**
> *N'utilisez pas de sérum physiologique pour nettoyer le visage ou le siège car l'excès de sel favorise l'apparition de rougeurs et de dartres.*
> *Préférez l'eau thermale et surtout séchez soigneusement en appuyant la serviette doucement sans frotter.*

AVANT LE BAIN

À vous de choisir le meilleur moment de la journée. Rien ne vous oblige à baigner votre bébé tous les jours, ni à le baigner le matin comme cela se fait à la maternité. Vous pouvez choisir le moment où il s'énerve et pleure, par exemple en fin d'après-midi.

Pour votre confort et celui de votre bébé, veillez à être bien installée. Si vous n'avez pas choisi une table à langer avec baignoire intégrée, vous pouvez faire poser sur votre baignoire une planche parfaitement calée sur laquelle vous installerez la baignoire de Bébé. Cela vous évitera de vous plier en deux. Veillez également à ce que la table à langer ne soit pas trop éloignée.

Débranchez votre téléphone ou déclenchez le répondeur. Il n'est pas question de laisser Bébé seul une seconde, que ce soit sur sa table à langer ou dans sa baignoire, même installé sur un transat spécial bain. Préparez tout ce dont vous aurez besoin : thermomètre de bain (il ne faut pas risquer de brûler Bébé), savon liquide spécial bébé pour cheveux et corps, sortie-de-bain ou grande serviette, coton et couche propre. Lavez-vous bien les mains. Faites couler l'eau avant de déshabiller Bébé. La température du bain doit être de 37 °C et celle de la pièce de 21 à 22 °C.

PRENEZ VOTRE TEMPS

Souvent le bébé pleure, surpris, quand on le plonge dans l'eau, même à une température parfaite. Certains bébés sont même terrorisés par l'eau, cette peur pouvant avoir pour origine l'inhalation accidentelle de liquide amniotique au moment de la naissance.

Une fois chez vous, observez les gestes qui le calment pendant son bain et faites durer son plaisir. Il peut avoir besoin d'un petit moment d'adaptation avant de se détendre dans l'eau. Bien éveillé, il ouvre ses yeux et vous regarde. Flotter dans une eau à 37 °C lui rappelle sa vie utérine.

> **CONSEIL DE BÉATRICE :**
> *Le bain est un moment très important pour le bébé. Il est synonyme de plaisir et il faut avoir suffisamment de temps devant soi entre les préparatifs et le massage détente à la fin. Alors, si vous êtes pressée, mieux vaut le différer au lendemain car il n'est pas indispensable de baigner un bébé tous les jours. D'ailleurs, pour les peaux fragiles, on déconseille le bain quotidien.*

LES SOINS DU CORDON

Lorsque vous rentrez chez vous avec Bébé, son cordon est peut-être encore présent ; si tel est le cas vous devrez poursuivre les soins jusqu'à ce qu'il tombe naturellement vers le dixième jour. La cicatrisation complète interviendra au bout de 15 jours. Elle est achevée quand la compresse reste parfaitement sèche. Il persiste parfois un bourgeon ombilical que le pédiatre traitera au nitrate d'argent lors de la première visite.

▪ UN MOMENT DE DÉTENTE ▪

Le bain doit être un moment de détente pour vous deux. Les premières fois, vous serez peut-être plus à l'aise si votre compagnon vous aide à donner le bain…

Quand vous sentirez que votre bébé se détend, captez son regard et parlez-lui. Parfois, il aime être manipulé et apprécie qu'on lui masse le ventre et les pieds.

Expliquez-lui toujours ce que vous faites. Et avant de le sortir de l'eau, prévenez-le, surtout s'il aime les bains.

Le massage, pour un bébé bien dans son corps

Le massage est aujourd'hui bien répandu dans les maternités françaises. Un apprentissage de quelques heures suffira pour vous mettre en confiance.

Les massages, plus que toute autre activité, favorisent l'établissement d'un lien psychoaffectif solide entre vous et votre enfant, et lui procurent un contact physique dont il a grand besoin. Ils peuvent être pratiqués également par le père pour qui ce sera un excellent moyen de surmonter l'éventuelle crainte de toucher ce petit être qui paraît si fragile. Mais surtout, les massages libéreront votre bébé des tensions de sa nouvelle vie, hors du ventre de Maman.

▪ LES MEILLEURES CONDITIONS ▪

- Débranchez votre téléphone ou déclenchez le répondeur.
- Choisissez une pièce au calme et bien chauffée (23 °C).
- N'oubliez pas d'ôter bracelets, bagues et montre pour ne pas blesser votre enfant.
- Lavez vos mains et réchauffez-les avant de commencer.
- Installez-vous à même le sol, c'est ce qui offre la meilleure sécurité.
- Mettez de préférence des vêtements amples et confortables.

PETITE LEÇON DE BONHEUR

On sait depuis longtemps que les massages sont bénéfiques pour les bébés. Dans de nombreuses civilisations, notamment en Orient, le nouveau-né est massé quotidiennement ce qui lui permet de retrouver en douceur sa sérénité après une naissance parfois éprouvante.

La durée des séances n'est pas limitée, elle dépendra du plaisir qu'en éprouve Bébé... Dès que le cordon ombilical sera tombé, vous pourrez masser votre bébé. Les séances, qui ne devront pas excéder 5 à 10 minutes par jour, sont des moments de bien-être absolu pour lui comme pour vous. Pour masser votre bébé, vous pouvez vous installer au sol en étendant vos jambes (nues de préférence) pour y placer votre nourrisson, qui ne portera que sa couche. Bien sûr, cela peut aussi se faire sur la table à langer ou sur un petit matelas recouvert d'une serviette très douce et posé à terre.

Avant de commencer, réchauffez-vous les mains et imprégnez-les d'huile de massage pour bébé ou de lait hydratant. N'utilisez surtout pas d'huiles essentielles, qui peuvent être toxiques.

LE BON MOMENT

Il est important de choisir le moment où votre enfant paraît le plus détendu et disponible, de préférence à distance des repas. Avant, il aura probablement trop faim pour être réceptif, et après, un massage risquerait de provoquer des régurgitations.

Choisissez aussi un moment où vous serez vous-même psychologiquement et émotionnellement disponible. Pratiquez de préférence, le massage à peu près à la même heure chaque jour, pour susciter une attente et instaurer un rituel complice. C'est une occasion d'observer votre bébé et de mieux comprendre son comportement et ses réactions.

Sur le plan physique, les massages favorisent la souplesse des articulations, relaxent le ventre, ce qui active le transit intestinal, calme les coliques, atténue ou prévient la constipation.

❝ **CONSEIL DE BÉATRICE :**
Observez les réactions de votre bébé. S'il n'aime pas, changez d'endroit ou de technique. Parlez-lui doucement ou accompagnez le massage en fredonnant une chanson toute douce.

DES PIEDS... À LA TÊTE

D'abord les pieds Au début, le massage ne consistera qu'en une légère pression du bout des doigts, qui permettra de tester les réactions du bébé. S'il se contracte ou pleure, mieux vaut remettre la séance au lendemain. Avec une douce fermeté, commencez par masser avec le pouce le haut des pieds de Bébé et faites ensuite rouler ses orteils entre vos doigts. Puis, faites-le pédaler en le tenant par les chevilles et mettez ses plantes de pied au contact l'une de l'autre, bien à plat.

Ensuite le ventre Massez, sans appuyer, le ventre de votre bébé en un mouvement circulaire, dans le sens des aiguilles d'une montre, pour décontracter ses intestins. S'il n'accepte pas ce mouvement, vous pourrez réessayer plus tard. En attendant, contentez-vous de poser une main à plat sur son ventre. Puis posez votre autre main sur son épaule droite et faites-la glisser vers sa hanche gauche. Faites de même de l'autre côté. Massez-le en direction du cœur en évitant les mamelons, sensibles chez le nourrisson.

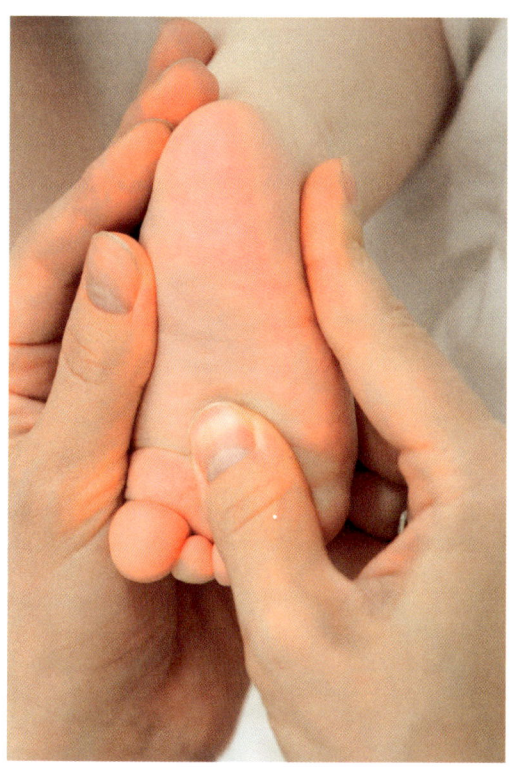

▪ POURQUOI MASSER VOTRE BÉBÉ ? ▪

- Le massage renforce les liens de confiance avec votre bébé et vous aide à capter son attention.
- Il améliore la souplesse des articulations du nourrisson et accroît ses capacités de mouvement, ainsi votre enfant prend conscience de son corps et des limites de celui-ci.
- Un massage régulier favorise la libération des hormones de croissance par l'hypophyse et abaisse le taux de cortisol (l'hormone du stress) dans le sang.
- Le massage de la poitrine améliore la respiration.

Du ventre au dos Mettez ensuite votre bébé sur le ventre et massez-lui les épaules. Parcourez son dos, des épaules aux fesses, puis remontez jusqu'à son cou. Recommencez plusieurs fois. Remettez-le alors sur le dos et tirez doucement ses mains vers le bas, le long de son corps. Du poignet à l'épaule, joignez vos doigts autour d'un bras et faites les glisser en remontant, passez à l'autre bras. Ouvrez doucement ses mains et massez-les entre votre pouce et votre index ; puis écartez ses doigts et massez-les délicatement.

La tête, pour l'aider à se détendre Après un léger massage du crâne, posez vos pouces au milieu de son front. Faites-les glisser vers les tempes. Répétez ce geste plusieurs fois. Puis, vous masserez légèrement les tempes par mouvements circulaires.

> **CONSEIL DE BÉATRICE :**
> *Attention, un massage n'est pas une caresse, source de stimulation et d'excitation.*
> *Il doit être suffisamment appuyé et lent pour provoquer un sentiment de bien-être, de sécurité et de relaxation.*
> *Les massages se font toujours de la périphérie vers le cœur. Vous pouvez prendre des cours auprès d'une sage-femme ou d'un kinésithérapeute.*
> *N'utilisez pas d'huiles de fruits à coques, comme l'huile d'amande douce, qui peuvent être source d'allergie.*

Ce qu'il voit et entend...

Durant sa vie utérine, les cinq sens du fœtus se développent dans l'ordre suivant : le toucher, l'odorat, le goût, l'ouïe et la vue. Dès la grossesse, il est sensible aux stimulations qu'il reçoit. Qu'en est-il au cours du 1er mois ?

Le nouveau-né entend très bien ; quand il dort, un bruit peut le réveiller en sursaut. Dès le 5e mois de grossesse, son conduit auditif est formé et son tympan est fonctionnel. À partir de ce moment, il est bercé par les bruits digestifs, circulatoires et cardiaques du corps de sa mère avant même de percevoir les sons venus du monde extérieur. Au cours du 7e mois de grossesse, il a appris à reconnaître, entre toutes, la voix de sa mère, à laquelle il réagit par des mouvements qu'elle perçoit. C'est déjà le début d'une complicité et d'un dialogue mère enfant, qui ira en s'affermissant.

À la naissance, le nourrisson a en mémoire un certain nombre de sons. Il distingue même les mélodies comme celle de sa langue maternelle.

UNE SENSIBILITÉ À FLEUR DE PEAU

Dès sa naissance, et même avant, l'enfant est bien équipé en termes de cellules tactiles au niveau de la peau ; celles-ci contribuent grandement à la communication avec ses proches et à la compréhension de son environnement. Il perçoit les écarts thermiques, les mouvements de l'air, l'humidité, la douceur ou la rugosité des textures par sa peau. Caresser, être caressé, être porté dans les bras, être bercé... le toucher a une importance majeure dans sa vie affective. Autant, sinon plus, que les paroles ou le regard, les caresses pourront calmer les pleurs et consoler les chagrins.

ET L'ODORAT ?

Dès les premiers jours, l'enfant est capable de reconnaître sa mère à son odeur. Il aime certaines odeurs tandis que d'autres lui font faire la grimace. Là encore, la culture intervient très rapidement pour lui faire préférer ce qui est familier. N'hésitez pas à lui faire découvrir les odeurs et les parfums, cela fait aussi partie de son éducation !

CONSEIL DE BÉATRICE :
N'agressez pas son odorat et évitez d'utiliser des eaux de toilette ou des crèmes trop parfumées pendant les premiers mois pour qu'il puisse retrouver votre odeur. Profitez aussi de l'odeur de votre bébé en l'embrassant. Évitez de trop changer de coiffure ; selon certains chercheurs, cela déstabiliserait nos bébés.

SUCRÉ OU SALÉ ? ACIDE OU AMER ?

Sucré, salé, acide, amer, ce sont là les quatre goûts élémentaires que l'enfant est capable de distinguer dès sa naissance. À ses mimiques, on s'aperçoit rapidement de sa préférence pour le sucré. S'il a été allaité, il a pu être habitué dès la naissance à certains goûts passant facilement dans le lait de la mère, celui de l'asperge ou de l'ail, mais aussi du curry et des épices, par exemple. Peut-être appréciera-t-il plus particulièrement ces mets quand il sera grand ?

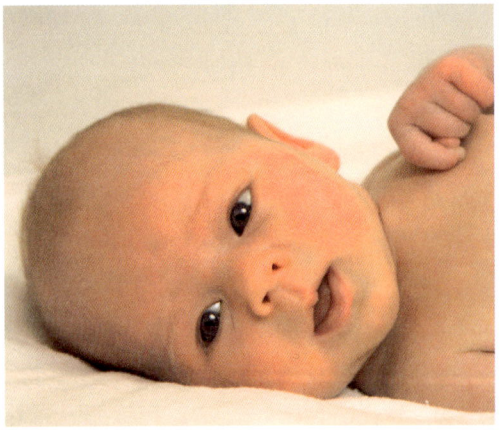

▪ ENTEND-IL BIEN ? ▪

Dans certaines circonstances (prématurité, antécédents familiaux), on peut être amené à rechercher très tôt des troubles de l'audition, surtout si l'on remarque que l'enfant est particulièrement silencieux ou ne réagit pas aux bruits. Pour détecter ces troubles, certaines maternités pratiquent systématiquement un test par « oto-émissions ». Totalement inoffensif, il permet de savoir si l'enfant réagit aux sons émis par une petite sonde électronique introduite dans l'oreille pendant son sommeil. Pour une évaluation plus approfondie, il faudra attendre encore les 2 ou 3 mois du bébé.

À L'ÉCOUTE DE SON ENTOURAGE

Très vite votre bébé apprendra à interpréter les intonations de votre voix et y répondra. C'est celle qu'il préfère. Voix de la tendresse ou de la colère, selon les cas, elle l'apaisera, ou au contraire, l'agitera... Il reconnaîtra plus difficilement la voix de son père qu'il a eu moins souvent l'occasion d'entendre durant la grossesse (à moins que vous n'ayez pratiqué l'haptonomie), voix qu'il apprécie d'autant moins qu'elle est grave. Les nouveau-nés ont en effet une préférence marquée pour les sons aigus. Il est sensible aussi à la musique qui peut avoir sur lui des effets divers selon les mélodies et les circonstances. Une musique bien choisie peut être une aide précieuse pour endormir votre petit.

QUE VOIT-IL ?

Si l'enfant est capable d'entendre, dans le ventre de sa mère, il est aussi capable de voir à partir du 7ᵉ mois de grossesse. À la naissance, sa vision reste cependant très imparfaite. Les premiers jours, il ne perçoit que de manière floue les contrastes de couleurs, la lumière et l'ombre ; son champ visuel est très restreint. Il ne discerne ni le relief ni la distance le séparant d'un objet. Il ne perçoit pas toutes les couleurs de la même manière : il distingue très bien le blanc, un peu le rouge, le jaune et l'orange, mais très peu le bleu et le vert.

Mais tout cela ne l'empêche pas de suivre des yeux ce qui se déplace dans son champ visuel dès les premiers jours, et d'observer les objets avec beaucoup de curiosité. Si l'on place un écran opaque devant ses yeux, il n'apprécie pas du tout.

Un strabisme peut être présent de manière plus ou moins intermittente au cours du 1ᵉʳ mois de sa vie sans que cela ne soit alarmant. Une surveillance est cependant nécessaire pour prendre les mesures qui s'imposeraient en cas de persistance de ce trouble au-delà du 3ᵉ mois.

Il faut commencer très tôt à protéger les yeux de l'enfant des lumières vives et du soleil, pour parer aux risques de cataracte (voir FAQ p. 296) et emporter toujours un chapeau, une ombrelle ou encore, à défaut, un paréo à placer sur le landau quand vous partez en promenade.

C'est par la vue, plus encore que par l'ouïe que votre enfant apprendra à connaître le monde. Il apprendra aussi, au fil du temps, à évaluer mouvements et distances et à croiser les informations que lui donneront ses sens.

❝ **CONSEIL DE BÉATRICE :**
Portez votre bébé contre vous, peau à peau, massez-le et chuchotez des mots d'amour et des chansons douces à son oreille. Vous éveillerez ainsi tous ses sens... ❞

MON ENFANT ▪ DE LA NAISSANCE À LA MATERNELLE

L'instinct maternel ou la naissance d'une mère

Devenir mère, c'est abandonner son propre statut d'enfant. Passage difficile, où la confusion des sentiments est souvent au rendez-vous. Est-il inné de devenir mère ou bien cela s'acquiert-il progressivement ? Qu'est-ce qui se joue entre la mère et la fille quand celle-ci devient mère à son tour ? Entre bonheur et bouleversements, une nouvelle mère est née.

Une mère doit naître psychologiquement tout autant que son bébé naît physiquement. Et ce n'est pas forcément au moment où l'enfant pousse son premier cri que la nouvelle mère découvre son « instinct maternel ». Que se passe-t-il quand on ne ressent pas ces élans d'amour envers son bébé, quand on est mal à l'aise face à lui, quand on ne découvre pas ce flot de sentiments décrits dans tant de livres et d'articles ?

> **CONSEIL DE BÉATRICE :**
> *Je tiens à rassurer les mamans sur leur « instinct maternel » ou « sixième sens », quel que soit le nom qu'on lui donne. On a pu constater qu'une mère se réveille systématiquement quelques secondes avant son bébé. Ce phénomène est physiologique ; il est déclenché par un mécanisme hormonal. L'« instinct maternel » est une relation tellement intime avec votre bébé que personne d'autre que vous ne peut s'autoriser à juger que vous en êtes pourvue ou non. L'arrivée d'un bébé est un bouleversement et vous ne pouvez pas prévoir vos réactions.*

EST-CE UN INSTINCT ?

La psychanalyse constate que ce que l'on appelle communément « instinct maternel » n'est pas présent chez toutes les femmes et que ce que l'on nomme « désir » d'enfant ne fonctionne pas comme un « instinct ». Freud distingue ce qui se passe chez les animaux de ce que l'on constate chez les humains.

Le terme « instinct » s'applique à un comportement inné et à des actes déterminés qu'on observe chez les animaux qui sont programmés pour nourrir et élever leurs petits. Quand une femme met son bébé au monde, elle ne connaît pas spontanément les gestes à accomplir pour maintenir cet enfant en vie. Un tel comportement n'est pas inné, il ne s'agit donc pas d'un instinct. Une mère n'éprouvera pas nécessairement à l'égard de son bébé des sentiments de tendresse et d'amour dès la naissance.

LE 1ᵉʳ MOIS — L'INSTINCT MATERNEL OU LA NAISSANCE D'UNE MÈRE

• LE BÉBÉ PRÉMATURÉ •

Les bébés prématurés (voir p. 22) ont souvent besoin d'un séjour de plusieurs semaines (voire de plusieurs mois) en couveuse, dans un service de soins intensifs. Vous avez alors l'impression d'être moins utile que les infirmières et les machines. Vous vous sentez coupable d'avoir donné naissance à un si petit être. Il ne correspond pas à ce que vous aviez imaginé. De plus, vous n'avez pas eu le temps de vous préparer à ce bébé réel. Vous avez donc peut-être du mal à vous attacher à lui.

Ne vous laissez pas priver totalement des liens physiques. À travers les hublots de la couveuse, vous pouvez caresser et toucher votre enfant. Touchez d'abord ses pieds, puis remontez ensuite le long de ses jambes vers son ventre sur lequel vous poserez la main à plat en vous approchant du cœur, puis de la tête. Le personnel vous aidera à ne pas vous laisser impressionner par les branchements, fils et tubulures diverses, même s'ils sont nécessaires à la surveillance et à la survie de votre enfant. Dès que possible, demandez à pratiquer ce qu'on appelle le « peau à peau », c'est-à-dire à installer votre bébé contre votre poitrine nue.

DU DÉSIR À LA RÉALITÉ

Les femmes qui ont énormément désiré un enfant sont souvent sujettes à une certaine tristesse, voire à un moment dépressif, après la naissance. Est-ce l'angoisse devant la transformation de leur corps ? La crainte de voir leur vie radicalement transformée ou celle d'être incapable de faire face aux besoins du bébé ?

Ce lien qui unit l'enfant et sa mère n'est pas seulement un lien d'amour, mais un lien vital. Chaque femme se fait une idée de ce qu'est une bonne mère. Ses sentiments contradictoires face aux exigences de son enfant vont se transformer petit à petit en amour maternel, ce qui est indispensable à la vie et au développement de l'enfant.

ET POURTANT L'AMOUR INCONDITIONNEL S'INSTALLE

Si l'« instinct maternel » n'est pas inné, certains analystes notent que la mère a tendance à reproduire ce qu'elle a vécu dans sa propre enfance. Une femme qui aurait eu une mère peu affective, pourrait reproduire le même schéma avec son enfant. Une femme qui n'aurait pas connu sa mère pourrait minimiser son propre rôle ou au contraire l'exagérer fortement.

Avoir un enfant, ce n'est pas seulement avoir envie d'un bébé, mais c'est aussi désirer perpétuer son nom, braver la peur de la mort ou encore prouver à sa propre mère que l'on n'est plus une enfant, mais une adulte à part entière.

Si l'« instinct maternel », ou plutôt le lien mère-enfant, prend ses racines dans sa propre enfance, il se construit surtout à partir du premier regard échangé avec son bébé, lors des tétées, grâce aux premiers sourires, aux premiers câlins. Le nouveau-né fait autant de chemin pour séduire sa mère, nous dit Thomas Berry Brazelton, pédiatre américain, que la mère pour l'aimer. Le lien puissant qui s'installe sera présent pour la vie.

LE PROCESSUS DE L'ATTACHEMENT

Pour beaucoup de futures mères, le processus de l'attachement a commencé dès la grossesse. Pendant 9 mois, elles ont imaginé leur enfant, elles se sont construites en tant que mère et ont permis au fœtus de se développer. Elles ont eu des pulsions d'amour en voyant d'autres femmes avec leurs bébés. Elles ont préparé les vêtements et la chambre de leur enfant. Certaines ont pratiqué l'haptonomie qui permet de nouer des liens avec le bébé bien avant la naissance. Mais toutes doivent, le jour venu, être capables de rencontrer leur « véritable » enfant. Plus la grossesse avance, plus il est important de se débarrasser d'une image trop idéalisée, pour laisser la place à celle du « vrai » bébé. Souvent elles sont déjà traversées par des flots d'amour en pensant à cet enfant. La transformation physique de leur corps est acceptée et permet à ces femmes de se préparer psychologiquement à la maternité. Beaucoup de naissances vont s'inscrire dans cette attente qui sera comblée au moment où le bébé se trouvera dans leurs bras.

> **CONSEIL DE BÉATRICE :**
> *Parfois, on peut être surpris par ses propres réactions. Si vous ne comprenez pas ce que vous ressentez et que vous vous sentez mal à l'aise face à votre bébé, parlez-en à votre pédiatre ou à la sage-femme qui vous conseillera peut-être de consulter un psychologue. Ne vous enfermez pas dans vos doutes.*
> *Faites beaucoup de photos et prenez le temps de noter vos sentiments et émotions en différents moments, vous pourrez les relire plus tard…*

COMMENT S'INSTAURE CET ATTACHEMENT ?

Dans la plupart des maternités, on pose le bébé qui vient de naître sur le ventre de sa mère, attitude on ne peut plus symbolique et essentielle pour créer le premier lien. Les mille petits gestes quotidiens qui vont de l'allaitement au change en passant par le bain, le massage et les échanges de regards, vont instaurer un dialogue entre la mère et l'enfant, une sensibilité que la mère a développée grâce à l'attention qu'elle porte à son nouveau-né.

C'est en répondant aux besoins de votre enfant que vous renforcerez vos liens avec lui. Ce fameux « instinct maternel » ne se développe qu'avec la maternité, on ne peut le connaître ni l'expérimenter avant. Le père peut également développer un lien avec le nouveau-né en participant aux soins. Et ce lien se tisse de la même manière entre les enfants adoptés et leurs parents.

LA FILLE DEVIENT MÈRE…

« Jusqu'ici, j'ai été la fille de ma mère, maintenant je suis aussi la mère de ma fille, ma mère devient grand-mère et désormais, la mère c'est moi. » Un état s'achève au moment où l'on devient mère et la naissance bouleverse les rapports fille-mère. Or, le désir de s'identifier à une figure maternelle bienveillante est manifeste chez toutes les jeunes mères. Elles ont besoin de reconnaissance et leur propre mère peut jouer ce rôle.

▪ LES GRANDS-MÈRES D'AUJOURD'HUI ▪

La société, la famille, le rôle des femmes… et des hommes ont beaucoup évolué durant ces dernières décennies. Souvent encore impliquées dans la vie professionnelle, les grands-mères d'aujourd'hui sont moins facilement disponibles que celles de la génération précédente.

Les jeunes mères aussi ont changé ! Une jeune maman inexpérimentée n'est pas toujours disposée à recevoir des leçons de sa mère dont les conseils devront rester discrets. La nouvelle grand-mère doit accepter que sa fille souhaite se démarquer, qu'elle soit entourée de personnes de sa génération et donc plus en adéquation avec la conception actuelle de l'éducation. Elle doit lui faire confiance et la rassurer sur sa capacité à élever son enfant. Plutôt que de vouloir s'occuper du bébé, la nouvelle grand-mère pourra aider sa fille en faisant les courses, les lessives, le ménage. La jeune maman n'en sera que plus reconnaissante.

Mais attention, ces nouveaux rapports fille-mère peuvent réveiller de bons comme de mauvais souvenirs.

… ET LA MÈRE GRAND-MÈRE

Au moment où la naissance se concrétise, la toute nouvelle maman a tendance à se tourner vers celle qui lui a donné la vie. Une nouvelle complicité s'installe souvent entre les deux femmes dès la grossesse, à condition que la future grand-mère soit prête à changer de statut et accepte de ne plus être celle qui transmet la vie.

La plupart des jeunes mamans apprécient d'être accompagnées par leur mère pendant cette période. Elles trouvent leurs rapports plus positifs et plus mûrs qu'avant. En fonction de la réaction de la future grand-mère, la jeune femme se confiera, posera à sa mère des questions sur sa propre enfance. Elle partagera avec elle ses sensations et ses inquiétudes même si leur relation a été conflictuelle dans le passé. Une maternité peut même donner lieu à une réconciliation. Si au cours de la grossesse, elle a eu besoin d'être maternée, après la naissance, il est essentiel que la jeune mère soit reconnue pour

telle. Pour les futures grands-mères, revivre leur passé à travers leur fille peut mettre en jeu leurs futures relations. Beaucoup de choses dépendent de l'attitude de la grand-mère, qui ne doit être ni indifférente, ni intrusive. Il peut être assez difficile de trouver le juste milieu mais savoir s'effacer pour laisser la place à sa fille est indispensable.

EN QUÊTE D'UN SOUTIEN MATERNEL

La jeune mère attend de sa mère la transmission d'un savoir-faire, des conseils, mais pas d'intrusion. Les nouvelles grands-mères trop autoritaires et directives donneront l'impression de vouloir remplacer leur fille. Celles qui sont trop narcissiques pour accepter le rôle de grand-mère se verront aussi rejetées.
Si elle ne peut prendre pour modèle sa propre mère, elle pourra se tourner vers d'autres figures maternelles de son entourage, sa belle-mère par exemple. Dans ce cas, tout dépend de la relation que celle-ci entretient avec son fils. Elle pourra aussi trouver du soutien auprès de ses sœurs ou belles-sœurs si elles sont déjà mamans. Une jeune femme qui souffre d'un manque de modèle peut aussi se retourner vers sa propre grand-mère.

ET QUEL EST LE RÔLE DU JEUNE PÈRE ?

Malgré l'évolution du rôle de l'homme dans la famille, les débuts de la maternité se jouent souvent entre femmes, et le père peut éprouver des difficultés à trouver sa place. Au départ, son rôle se limite en effet à la protection de ce nouveau couple mère-enfant dont il lui faudra accepter l'évidence pendant les premiers mois, mais il lui faudra assumer pleinement cette responsabilité.

MON ENFANT ▪ DE LA NAISSANCE À LA MATERNELLE

Quand et comment le sortir ?

Inutile de promener votre bébé tous les jours. Instaurez le rythme qui vous convient. Attention cependant aux écarts de température et aux pics de pollution. Votre enfant y est plus sensible que vous. Du porte-bébé à la poussette, en passant par la voiture, tous les moyens sont bons pour le promener, à condition d'assurer à tout instant son confort et sa sécurité.

Bébé est arrivé à la maison. Est-il urgent de commencer à faire des promenades ou devez-vous attendre quelque temps ? Aucun impératif en ce domaine. Vous pouvez le sortir dès que vous le souhaitez et aussi souvent que vous le voulez, sans qu'il soit pour autant nécessaire de sortir tous les jours, ni pendant des heures. Il suffit juste d'un peu de bon sens pour déterminer ce qui lui convient. La promenade lui apportera du mouvement et un environnement nouveau, divertissant. Bien souvent, une petite sortie suffira à transformer un bébé grognon en bébé épanoui.

UNE TENUE ADAPTÉE

Pour sortir, il faut absolument adapter la tenue du bébé au temps et à la température extérieure. Il est plus sensible que vous aux écarts thermiques, surtout au niveau de ses extrémités. Par temps pluvieux, froid ou neigeux, il devra être bien couvert : bonnet, écharpe, gants, doudoune. S'il fait chaud, il sera habillé légèrement, et surtout abrité du soleil par un chapeau, un parasol ou une ombrelle. Une crème solaire est recommandée, même à cet âge. Enfin, ayez toujours de l'eau avec vous.

> **CONSEIL DE BÉATRICE :**
> *Quand vous prenez un taxi, celui-ci est souvent dépourvu de siège bébé ; attachez-vous à bord avec la ceinture, puis attachez votre bébé à vous avec une écharpe de portage ou un long pashmina (même principe que pour l'avion !).*

▪ ALERTE À LA POLLUTION ▪

Dans toutes les villes, un service indique la qualité de l'air. La pollution atmosphérique peut aggraver une toux ou toute autre atteinte des voies respiratoires. Les jours où elle atteint un seuil dangereux, évitez de sortir votre tout-petit ou limitez les sorties au strict nécessaire et, surtout, ne sortez pas aux heures les plus chaudes. Évitez également les promenades à hauteur des pots d'échappement dans les rues où la circulation est dense. Plus surélevés que les poussettes, les landaus ont certes beaucoup d'inconvénients mais ils ont au moins l'avantage que votre enfant s'y trouve moins exposé aux gaz d'échappement.

PORTE-BÉBÉ OU POUSSETTE ?

Plusieurs choix s'offrent à vous. À cet âge, comme votre nourrisson ne tient pas encore sa tête tout seul, vous utiliserez un porte-bébé ventral dans lequel l'enfant sera placé face à vous. La tête de votre bébé, bien maintenue et protégée par un appuie-tête, sera à l'abri des chocs et ne ballottera pas dans tous les sens. Bercé par vos mouvements et vos gestes, au rythme de vos pas (comme lorsqu'il était encore dans votre ventre), il se sentira bien et ne tardera généralement pas à s'endormir.

Lorsque vous fixerez les sangles du porte-bébé autour de vos épaules, veillez à ce que le visage du bébé soit à la hauteur de votre champ visuel, pour pouvoir vous assurer à chaque instant que tout va bien.

Grâce au porte-bébé, vous garderez les mains libres tout en restant au plus près

de votre enfant. Vous pourrez même donner le sein en vous promenant.

Prenez garde à ne pas chuter car le corps de votre enfant, dans le porte-bébé ventral, peut masquer un éventuel obstacle au niveau de vos pieds. Si vous tombez, Bébé est très exposé ! Prenez l'habitude de bien regarder devant vous pour anticiper sur d'éventuels obstacles.

Certains parents optent pour l'écharpe de portage. Elle est très confortable pour le bébé, mais il faut bien veiller à ce que son visage ne soit pas trop enfoui, que la ventilation soit suffisante et la respiration libre.

Autre choix possible, le landau. Bébé y est le plus confortablement installé, mais c'est un moyen encombrant et lourd. Entre les trajets en voiture, les étages à monter et les problèmes d'espace pour le ranger, il ne représente plus, aujourd'hui, une véritable solution. Quant à la poussette-canne, elle ne convient pas non plus à un bébé de cet âge. La meilleure solution est certainement de choisir une poussette « transformable » comportant généralement un châssis pliable sur lequel on fixe une nacelle dans laquelle le bébé est confortablement installé. De plus, une fois détachée, la nacelle peut se transformer en lit d'appoint, voire dans certains cas en siège auto.

> **CONSEIL DE BÉATRICE :**
> *Attention au soleil quand vous promenez votre bébé en poussette. Vous devez penser à protéger sa peau et ses yeux. On sait que les mélanomes (cancers de la peau) et les cataractes sont liés à l'excès de soleil.*

UN SIÈGE AUTO ADAPTÉ AUX TOUT-PETITS

Pour les nouveau-nés, le lit auto est le plus confortable et il permet des trajets un peu longs dans d'excellentes conditions, mais il ne vous servira pas très longtemps, et très vite, votre bébé s'y ennuiera.

Mieux vaut donc investir directement dans un siège auto. Mais attention, choisissez-le avec soin en fonction du poids et de la morphologie de votre bébé. N'hésitez pas à faire des essais d'installation dans le magasin.

Le siège auto doit être installé avec précision et Bébé correctement sanglé à l'intérieur, même pour parcourir une petite distance à vitesse très réduite. À 60 km/h, un choc frontal constitue un risque vital pour l'enfant. Avant 9 mois, le siège auto doit être fixé de manière à ce que votre bébé soit placé dos à la route, soit à l'avant, soit à l'arrière. Installez-le de préférence derrière le siège passager, de façon à ce qu'il soit visible dans votre rétroviseur. Il s'agira d'un siège nacelle, dans lequel le bébé sera en position inclinable. Ce type de siège auto est généralement doté d'une poignée qui permet de le transporter facilement après l'avoir détaché, sans pour autant déranger l'enfant, qui, confortablement installé à l'intérieur, peut continuer à dormir paisiblement...

Quel que soit le mode de transport choisi, vérifiez bien qu'il réponde aux normes européennes.

> **CONSEIL DE BÉATRICE :**
> *Les lunettes de soleil recommandées ne tiennent pas très bien sur les oreilles des tout-petits et les ombrelles sont souvent mal adaptées et vous obligent à changer constamment leur inclinaison. Je vous conseille de fixer un paréo avec des pinces à linge sur la capote en nouant l'autre extrémité sur les poignées. Bébé est ainsi également protégé contre la poussière et le sable.*

Premiers jeux : l'éveil du nouveau-né

Certains jeunes parents sont un peu désemparés devant leur nouveau-né. Comment lui parler, comment le comprendre, comment communiquer avec lui pendant ses premières semaines de vie ? Bref, comment le stimuler sans en faire trop ?

Au cours du 1er mois, Bébé ne peut que rester couché dans la position où on l'a placé. Sur le ventre, il peut relever sa tête qu'il tient quelques secondes dans cette position. Couché sur le dos, il peut poser son regard et suivre des yeux une personne ou un objet qui se déplace dans son champ de vision. Il réagit aussi aux bruits ambiants et cherche à les localiser. De toutes ces possibilités, on peut tirer parti pour le distraire et le stimuler. C'est très important pour l'aider à comprendre le monde qui l'entoure.

DES MOMENTS INTENSES

Plus le bébé est stimulé, plus il joue et sourit en réaction à vos paroles, à vos gestes et à vos mimiques, aux objets que vous lui présentez, et plus vite il apprendra. Observez-le lorsqu'il est seul et éveillé, regardez-le tandis qu'il observe ses mains et tout ce qui l'entoure ; il fait déjà son apprentissage... Essayez de découvrir quels objets, quelles couleurs il préfère, et servez-vous en comme sources d'échanges avec lui. Encouragez-le lorsqu'il paraît avoir envie de communiquer avec vous ou de témoigner de l'intérêt pour un objet. Et surtout, plongez votre regard dans le sien pendant que vous le nourrissez et quand vous lui parlez.

> **CONSEIL DE BÉATRICE :**
> *Usez et abusez de sourires, accentuez vos mimiques, jouez avec vos mains. Mais attention à ne pas secouer votre bébé, même pour jouer ou le bercer, car cela pourrait traumatiser son cerveau encore très fragile (voir encadré p. 79).*

REPÉRER LES ÉTATS D'ÉVEIL

Il est utile de savoir choisir le bon moment pour jouer avec votre tout-petit. Les psychologues ont observé 6 états différents : la détente totale, le sommeil et la somnolence, l'éveil calme, l'éveil actif et enfin l'état de détresse pendant lequel le bébé est agité, tout rouge et appelle à l'aide. Pour jouer et capter son attention, on choisira l'état d'éveil calme pendant lequel il observe tranquillement ce qui l'entoure. Quand il est absorbé par un objet, il s'immobilise fasciné. C'est le meilleur moment pour attirer et retenir son attention en le regardant et en lui parlant. Il passe ensuite à un état d'éveil actif où il est plus agité.

▪ LE PREMIER CLUB DE JEU ▪

Dans les pays nordiques et en Allemagne, les jeunes mères organisent des rencontres où les bébés sont posés au centre d'une grande couverture où ils peuvent s'agiter à leur guise. Les jeunes mères passent alors un moment agréable en compagnie des autres mamans. Dans cette atmosphère, elles redécouvrent leur enfant et échangent leurs observations.

QU'EST-CE QUI L'AMUSE ?

Peu d'objets sont nécessaires pour faire jouer un enfant de quelques semaines.
• Un mobile aux couleurs contrastées et aux formes nettes peut le fasciner.
• Une peluche peut lui rappeler la douceur de sa maman et le réconforter. Inutile d'agiter des hochets sophistiqués devant lui. Pendant ses quelques heures d'éveil, c'est l'intensité des échanges entre vous qui importe.
• Un tapis d'éveil permet de le placer au sol et de le mettre sur le ventre sous votre surveillance. Les textures différentes, les miroirs et les bruiteurs souvent intégrés dans ce type d'objet ne l'intéresseront que les mois suivants.
• Une boîte à musique peut l'apaiser mais aussi l'intriguer.
Toute activité de soin, de bain, offre des expériences nouvelles au tout-petit. Le bouger doucement dans l'eau tiède peut lui procurer beaucoup de plaisir. Vous pouvez aussi utiliser des petits gobelets en plastique de couleurs vives pour lui rincer la tête, il sentira l'eau couler délicatement et s'amusera des couleurs. Accompagnez vos gestes de paroles douces et rassurantes. Avant de jouer avec lui pendant son bain, attendez qu'il se détende et vous regarde. Bien sûr, il n'est pas question à ce moment-là de le lâcher ou de le quitter des yeux un seul instant.

GAZOUILLIS ET VOCALISES

Au cours du 1er mois, Bébé apprend à communiquer. Il remarque bien que vous répondez à ses gazouillis : sourires, mimiques ou bien paroles.
N'hésitez pas à vocaliser vos réponses en reprenant ses gazouillis. Il découvrira qu'il peut vous répondre à son tour. À la fin de ce 1er mois, il commencera à conjuguer les données de la vue et celles de l'audition. Il reconnaîtra votre voix et votre visage et saura établir une relation entre les perceptions visuelles et auditives.

PARLEZ-LUI ET TOUCHEZ-LE

Toucher votre bébé et lui parler est d'autant plus important qu'il ne connaît pas encore très bien les limites de son corps. Lui-même, son doudou, vos mains, vos bras et son lit lui paraissent une entité unique aux contours flous. La répétition régulière des mouvements et des contacts lui permettra de distinguer progressivement ce qui vient de lui et qu'il ressent de ce qu'il ne ressent pas et qui, par conséquent, ne vient pas de lui. Pour cette raison le massage, qui multiplie contacts et mouvements, peut apporter beaucoup de bienfaits au bébé (voir p. 60).

IL SE FAIT SON CINÉMA

Sa vision est encore floue et il ne peut fixer des objets trop proches. La distance idéale se situe entre 30 et 40 cm. Il n'aime pas la lumière trop crue et cligne des yeux pour s'en protéger. Il vous suivra du regard car vous restez dans ces premières semaines l'objet de tous ses désirs.
Si vous le posez par terre sur son tapis d'éveil, il bougera ses bras et ses jambes en les regardant. Entre deux tétées, lorsqu'il est éveillé, chantez-lui doucement de tendres chansons et des mélopées lentes ; il aime les sons apaisants, accompagnés de bercements, surtout quand il s'agit de se détendre avant de s'endormir.

❝ **CONSEIL DE BÉATRICE :**
Encore trop de parents pensent à tort qu'un bébé de 1 mois ne fait que manger et dormir. En fait, dès cet âge, tous ses sens sont déjà en éveil et un véritable échange peut s'instaurer entre vous et lui ! C'est un message que je tiens particulièrement à faire passer (quitte à me répéter !). ❞

MON ENFANT • DE LA NAISSANCE À LA MATERNELLE

Du baby blues à la dépression

Peu de femmes échappent au coup de blues 2 ou 3 jours après l'accouchement. Celles qui ont « tout pour être heureuses » sont alors au bord des larmes et l'entourage s'étonne. C'est une réaction naturelle mais si le baby blues s'installe, il peut se transformer en dépression, une situation qui frappe environ 10 % des nouvelles mères. Il est alors important de se faire aider.

Une fois oubliées les craintes et les difficultés de la grossesse, une fois passée l'épreuve de l'accouchement, la jeune maman a « tout pour être heureuse » selon l'expression consacrée. Pourtant la réalité est parfois un peu moins rose…

Le baby blues, que les médecins appellent « dépression du post-partum », est un phénomène bien connu. On l'observe dans les jours ou semaines qui suivent l'accouchement chez environ 1 mère sur 10. Il peut durer de quelques jours à quelques semaines. Pratiquement toutes les femmes deviennent, quelque temps après leur accouchement, irritables, hypersensibles, et ressentent une certaine tristesse inexplicable à leurs yeux. Un sentiment diffus d'inquiétude, des larmes faciles, des insomnies, la perte de l'appétit, des crises d'angoisse peuvent en effet être les symptômes de la dépression du post-partum ; mais il existe aussi des signes moins évocateurs, voire trompeurs, comme des douleurs de dos, de ventre, des migraines, ou même la fatigue. Parfois, le baby blues survient chez une personne ayant déjà souffert de dépression ou vivant dans un contexte relationnel ou matériel difficile. Mais le plus souvent, il surgit de manière inopinée chez une femme sans antécédent de cet ordre.

COMMENT EXPLIQUER CE PHÉNOMÈNE ?

Les bouleversements hormonaux qui marquent les suites de l'accouchement et les conséquences du stress occasionné par celui-ci jouent certainement un grand rôle. L'arrivée du petit être dans le foyer, la fatigue que cela occasionne et les difficultés de la vie quotidienne interviennent, mais le changement le plus important est sans conteste d'ordre psychologique. Il faut donc trouver un nouvel équilibre, sur tous les plans, mais cela ne va pas de soi. Réaliser brusquement au retour à la maison, loin de l'environnement rassurant de la maternité, l'énorme responsabilité que représente la prise en charge du nouveau-né peut être source d'angoisse.

La relation mère-enfant a été idéalisée durant la grossesse. Quand vient enfin le moment d'établir ce lien, le réel prend la place du rêve, et il y a des réajustements à faire, surtout lors de la naissance d'un premier enfant. La nouvelle mère cesse à la fois d'être une enfant et une amante. De tels changements ne sont pas anodins. Ils sont l'occasion de remises en question, d'introspection, de retour sur des épisodes de l'enfance oubliés ou refoulés, de crainte de ne pas être une mère « à la hauteur », de ne pouvoir « faire face » ou encore, d'une peur que l'arrivée de l'enfant ne retentisse sur la vie du couple. Les questionnements par rapport au fait

❝ CONSEIL DE BÉATRICE :
Quand vos larmes se mettent subitement à couler, il est inutile de les cacher à votre enfant. Votre bébé est une éponge à émotions ; il ressent la moindre tension au creux de vos bras.
Au lieu de nier votre baby blues, parlez-en à votre bébé et dites-lui qu'il n'est pas responsable de votre tristesse, que cela ne va pas durer, que plein d'autres mamans ont connu ce problème et que vous l'aimez très fort. ❞

d'avoir à confier l'enfant à une nourrice ou une crèche pour reprendre son travail, même si le problème ne se pose pas dans l'immédiat, peuvent aussi jouer un rôle.

PARLEZ-EN
Surtout, ne cachez pas cette souffrance sous prétexte qu'il faut être « pleinement heureuse » d'avoir un enfant et « être courageuse ». Vous n'arriverez pas à maîtriser la situation seule.

La prise en charge psychologique du baby blues, même dans ses formes modérées, est de la plus haute importance, pour la mère évidemment, mais aussi pour l'enfant, car la dépression de la mère risque de rejaillir sur son bébé. Elle se traduit par une indifférence apparente vis-à-vis de l'enfant ou au contraire par une extrême angoisse. Dans les deux cas, il n'y a guère de place pour une vraie relation affective et le bébé, frustré de ce lien, risque de se détacher de sa mère, de perdre l'appétit, le sommeil et de déprimer à son tour. Cela se traduira par des pleurs persistants, traduisant son angoisse et son sentiment d'insécurité.

LE RÔLE DU PÈRE
Bien entendu, le père doit être conscient de l'importance de son rôle dans la prévention et la prise en charge de cette dépression. Pour cela, il importe de le prévenir de l'éventuelle survenue de ce phénomène dès la grossesse et d'insister sur l'importance de son soutien dans le cas où sa compagne y serait sujette. Généralement, le baby blues disparaît en quelques jours et tout rentre rapidement

> ### ▪ LA DÉPRESSION DU POST-PARTUM ▪
> Si le baby blues cède en quelques jours grâce aux regards attentionnés de l'entourage, la dépression du post-partum peut se transformer en un état dépressif qui retentit sur la relation mère enfant. Une indifférence vis-à-vis de l'enfant peut être le signe d'une dépression grave ; il est alors urgent de s'adresser à l'équipe médicale pour aider la maman avant qu'une hospitalisation ne devienne indispensable. En cas d'antécédents psychologiques, l'équipe médicale devra dès la grossesse mettre en route une prévention du baby blues. Il va de soi que le père a un rôle déterminant pour aider la jeune mère à surmonter la crise.

dans l'ordre. S'il persiste, une consultation auprès d'un psychothérapeute peut être nécessaire. Le plus souvent, quelques séances suffisent à rétablir la situation.

QUAND L'HOSPITALISATION S'IMPOSE
Parfois cette dépression prend des formes plus graves, soit qu'il s'agisse d'une dépression marquée, soit, plus rarement, d'une psychose puerpérale caractérisée par une confusion mentale avec hallucinations. Dans les deux cas, une hospitalisation est nécessaire, mais le rétablissement est généralement rapide et sans séquelles.

Cependant, de manière générale, les femmes ayant souffert d'une dépression du post-partum, même légère, doivent être surveillées plus particulièrement lors des grossesses suivantes.

CONSEIL DE BÉATRICE :
Certaines mamans éprouvent après la naissance un sentiment de tristesse incontrôlable qu'elles n'ont jamais connu et qui peut les déstabiliser. Un déséquilibre hormonal en est souvent la cause, et il existe des réponses médicales. Si vous êtes sujette à ce sentiment, ne vous isolez pas et parlez-en à votre entourage ou adressez-vous à l'équipe de votre maternité simplement en lui rendant une petite visite en compagnie de votre bébé. Si une consultation s'avère nécessaire, l'équipe vous orientera vers la bonne personne.

FAQ

Questions à poser : le 1er mois

[+] PUIS-JE VOYAGER AVEC MON NOUVEAU-NÉ ?

Il est tout à fait possible de voyager avec un nouveau-né en prenant un certain nombre de précautions.
• Pour un voyage en voiture, il doit être placé en position couchée dans une nacelle homologuée fixée à l'arrière de la voiture. La nacelle doit être recouverte par un filet, afin d'éviter l'éjection du bébé hors de celle-ci en cas de choc.
• Lors de tout déplacement, il faut se méfier du soleil et de la chaleur : évitez les heures chaudes, et en période de canicule voyagez de préférence la nuit.
• Équipez de pare-soleil les vitres de votre voiture.
• Ne laissez jamais Bébé dans votre voiture à l'arrêt, même à l'ombre, car le soleil tourne vite ! La voiture devra toujours être bien aérée, (à moins qu'elle ne soit climatisée).
• Ayez toujours avec vous de l'eau en quantité suffisante et n'hésitez pas à en proposer à Bébé. Arrêtez-vous souvent pour vérifier si tout va bien.

[+] JE DONNE LE SEIN À MON BÉBÉ, COMMENT SAVOIR S'IL BOIT ASSEZ ? FAUT-IL LE PESER RÉGULIÈREMENT ?

Quand il était encore dans votre utérus, bien au chaud et au calme, Bébé pouvait dormir, sucer son pouce, boire du liquide amniotique en toute liberté, à des heures et pendant des durées fixées par lui seul ! Pourquoi n'en irait-il pas de même maintenant qu'il est né ? Ne lui imposez pas de téter à heures fixes, laissez le boire à la demande. Au début il est possible qu'il réclame 10 tétées par jour. Et s'il pleure la nuit, lui donner le sein le calmera. Il ne faut pas craindre les mauvaises habitudes. Au bout de quelques jours ou semaines, Bébé trouve de lui-même un rythme régulier.

Si Bébé tète bien, le peser tous les jours (comme cela était recommandé autrefois) ne se justifie pas car la prise de poids est irrégulière. Une pesée deux fois dans la semaine suffit largement. Si vous entendez Bébé déglutir, si vous sentez bien sa succion sur vos mamelons, c'est qu'il tète bien et s'il s'endort après avoir tété, c'est qu'il n'a plus faim...

[+] MON MARI FAIT DE L'ASTHME, QUE FAIRE POUR EMPÊCHER QUE MON ENFANT NE SOUFFRE D'ASTHME À SON TOUR ?

Comme l'asthme et, de manière générale, les allergies sont familiales pour ne pas dire héréditaires, vous avez raison de vouloir prévenir les allergies chez votre enfant. Cela dit, même s'il n'y a aucun antécédent d'allergies ou d'asthme dans la famille, vous devez tout faire pour protéger votre enfant des allergènes !
Du fait de la poussière, de la pollution, des acariens, tout enfant — surtout s'il existe des antécédents familiaux, mais pas seulement... — est en effet susceptible de développer des allergies. Évitez les animaux de compagnie, surtout les chats, quasi constamment porteurs d'acariens. Si toutefois vous en possédez un, il ne doit pas pénétrer dans la chambre de votre bébé.
Celle-ci doit être aménagée de façon à ce que son nettoyage soit facile, pour pouvoir éliminer sans trop d'efforts les nids à poussière. Moquettes, tapis, tentures attirent et retiennent particulièrement les poussières. Il faut donc soit les supprimer, soit les nettoyer régulièrement et méticuleusement. Plinthes et moulures sont aussi des pièges à poussière redoutables, mais difficiles à nettoyer.
Dans le berceau, le matelas devra être traité antiacariens, voire recouvert d'une housse,

sans oreiller, couette et couverture, dans lesquels poussières et acariens se glissent volontiers. Pour la même raison, il est hors de question d'encombrer le berceau des nombreuses peluches et autres doudous. Choisissez-en une ou deux au maximum et stockez les autres dans un sac plastique fermé dans un placard (Bébé sera content de les redécouvrir plus tard).

La chambre doit être aérée régulièrement, quelques heures par jour, même si vous habitez dans une région ou un quartier pollué, car ce serait une erreur de penser que l'intérieur de votre appartement est indemne de pollution !

Bien entendu personne ne sera autorisé à fumer dans la chambre de Bébé ou en sa présence !

[+] COMMENT RÉUSSIR À COUPER LES ONGLES D'UN BÉBÉ SANS QU'ILS NE S'INCARNENT ?

Les ongles poussent vite chez le bébé, mais lorsqu'on les lui coupe il faut toujours le faire en coupe rectiligne en respectant les angles pour éviter que l'ongle ne s'incarne, car un ongle incarné s'infecte facilement et risque d'évoluer en panaris. Profitez de la sortie du bain pour masser les petits bourrelets qui entourent certains ongles de votre bébé.

[+] JE DONNE LE SEIN, QUE DOIS-JE MANGER ?

Une mère qui allaite peut manger tout ce qu'elle veut, (bien entendu : alcool et tabac sont proscrits, et thé et café sont déconseillés à hautes doses). Par ailleurs, si la coutume recommande d'éviter tel ou tel aliment, sous prétexte que cela va donner un goût au lait, il faut bien savoir que ces recommandations sont purement culturelles et changent d'un pays à l'autre.

Tout le monde, en revanche, s'accorde sur le fait qu'une mère qui allaite doit se nourrir raisonnablement et reporter tout projet de régime à la fin de l'allaitement.

[+] PUIS-JE PRÉPARER LES BIBERONS À L'AVANCE ?

Il est certainement plus pratique de préparer en une seule fois tous les biberons de la journée, mais à condition qu'ils soient conservés au réfrigérateur dès leur préparation et jusqu'à leur consommation. Même dans ces conditions ils ne devront pas être consommés au-delà de 24 heures après leur préparation.

Par ailleurs, un biberon entamé et laissé hors du réfrigérateur est impropre à la consommation au bout d'une heure ; non entamé, il reste consommable pendant 3 heures. En voyage, on emportera des biberons remplis de la quantité d'eau nécessaire et on ajoutera le lait en poudre au moment de l'utilisation.

[+] MON BÉBÉ SEMBLE PRÉFÉRER DORMIR SUR LE VENTRE, EST-CE POSSIBLE ?

On préférait autrefois coucher le bébé sur le ventre ou sur le côté, pensant qu'ainsi il régurgiterait moins. Mais au fil du temps, plusieurs études ont prouvé que ces manières de le coucher augmentaient les risques d'étouffement et de mort subite du nourrisson.

On a donc recommandé, dès 1994, de le coucher systématiquement sur le dos, dans la mesure où cette position diminue de plus de la moitié la fréquence de ces accidents. Alors la réponse est clairement : non ! Bébé doit être couché sur le dos jusqu'à l'âge où il sera capable de se retourner tout seul dans son lit.

2 à 3 mois : parents à temps complet

- Ses sens, que ce soit la vue, l'ouïe, l'odorat ou le toucher sont déjà bien développés et se développeront d'autant plus rapidement que vous jouerez et communiquerez avec lui. Vos mimiques et vos grimaces le feront réagir et il essaiera de les imiter.

- Il reconnaît son entourage ainsi que des objets de sa vie quotidienne.

- Couché sur le ventre, il la redresse à 45 puis 90° pendant quelques secondes en s'appuyant sur ses avant-bras. Il suit du regard sur 90 puis 180°.

- Sur le dos, c'est un champion : à peine éveillé, il agite frénétiquement bras et jambes.

- Il commence à sourire spontanément, fait des vocalises d'abord brèves, puis prolongées (voyelles).

- Le réflexe de préhension au contact de la paume peut encore persister.

Poids : environ 5 kg vers 3 mois
Taille : environ 60 cm vers 3 mois
Alimentation : 6 à 9 tétées par jour ou 5 à 6 biberons

Plaisirs partagés : mieux le découvrir

La période où l'on est maman ou papa à plein-temps ne dure généralement que quelques semaines. Après le 1er mois, vient le temps de reprendre un rythme un peu plus normal.

En jouant avec votre enfant, vous participez à l'éveil de ses sens et à leur développement. Stimulez son ouïe, sa vision, son toucher, son odorat et son goût. Choisissez le moment où il est bien éveillé et calme, par exemple après la tétée s'il ne s'endort pas, après le change ou au réveil.

> **CONSEIL DE BÉATRICE :**
> De nombreux parents pensent qu'il est inutile d'essayer de communiquer avec un tout-petit. Pourtant il suffit de l'observer pour se rendre compte combien il est capable de réagir aux sollicitations et d'y répondre. Amusez-vous donc à le faire rire, laissez parler votre instinct, n'ayez pas peur d'en faire trop, chantez, dansez avec lui. En revanche, ne le chatouillez pas trop, cela pourrait l'énerver ou l'inquiéter.

IL AIME LE CONTACT

Il aime se sentir contenu dans un espace chaud et clos qui lui rappelle sa vie utérine. Dans vos bras, tenez-le bien serré, tendrement, mais fermement. Votre bébé apprécie beaucoup plus les contacts appuyés que les effleurements. Profitez des moments où vous le changez pour le masser par légers appuis ; d'abord ses pieds et ses mollets, puis remontez lentement, posez votre main à plat sur son ventre et massez-le par mouvements circulaires ; massez aussi ses mains, en ouvrant doucement ses paumes, puis ses bras. Vous connaîtrez rapidement ses préférences.

LUI PARLER, C'EST L'ÉVEILLER

Bébé est sensible aux sons émis par son voisinage. Il écoute attentivement et tourne la tête vers les sources sonores. Il cherche à répondre par des vocalises pour exercer ses cordes vocales et avoir le plaisir de moduler des sons et de les entendre. Ces vocalises se distinguent nettement des cris. N'hésitez pas à l'imiter pour l'encourager à communiquer. Ces petits jeux lui permettent d'exercer sa voix et d'éduquer son ouïe. Articulez avec exagération, en passant des graves aux aigus

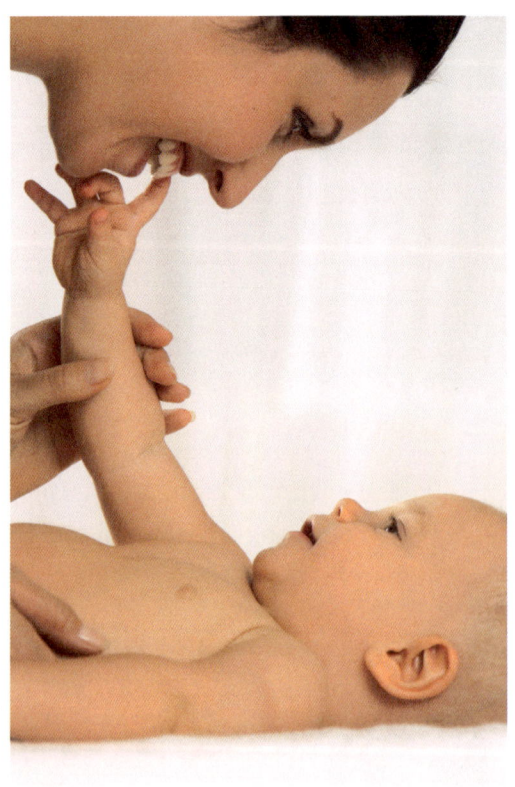

| PREMIERS JOURS | LE 1ᵉʳ MOIS | **2 À 3 MOIS** | 4 À 5 MOIS | 6 À 7 MOIS | 8 À 9 MOIS | 10 À 11 MOIS | 1 AN | 1 AN ½ | 2 ANS | 2 ANS ½ | 3 ANS |

2 À 3 MOIS
PLAISIRS PARTAGÉS : MIEUX LE DÉCOUVRIR

> **CONSEIL DE BÉATRICE :**
> *Mettez votre bébé sur le ventre 1 ou 2 fois par jour, sans le quitter des yeux bien entendu. Il apprendra ainsi à redresser sa tête, musclera sa nuque, ce qui diminuera grandement les risques de mort subite par étouffement.*

et vice-versa. Accompagnez vos paroles de mimiques et de gestes, cela l'amusera, même si le sens de votre message lui échappe. Ne vous occupez pas de ceux qui vous trouvent ridicule !

CAPTEZ SON REGARD ET SON PREMIER SOURIRE
Souvenez-vous de vos grands-mères qui chantaient en « faisant les marionnettes » pour attirer votre attention. C'est lors de ces échanges à la fois verbaux et gestuels que vous aurez la joie de découvrir son premier sourire.

IL RECONNAÎT GENS, OBJETS ET ODEURS
Bien sûr, il connaît ses parents, ses frères et sœurs, les personnes régulièrement en contact avec lui (il sait reconnaître les voix) et un certain nombre d'objets de sa vie quotidienne. Entre 2 et 3 mois, on peut aussi lui faire découvrir des odeurs différentes, comme celles de quelques pétales de rose, d'une touche de parfum sur votre cou ou même d'un gâteau sortant du four.

IL ADORE LES GRIMACES
Presque tous les bébés aiment les grimaces et savent en faire. Si vous placez votre tout-petit face à vous sur vos genoux, il vous verra bien et tentera d'imiter vos mimiques. Écarquillez les yeux, tirez la langue en ouvrant grand la bouche. Parlez-lui et répétez ensuite ses vocalises. Il va adorer vous répondre et vous regarder à loisir ; cela le rassure.

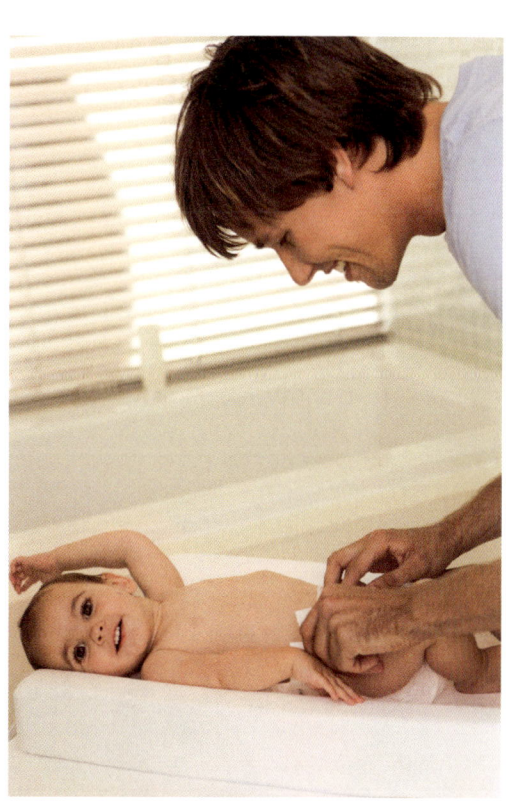

▪ BÉBÉ SECOUÉ ▪
Il arrive que des parents ou des nounous secouent un bébé, soit par jeu, soit par exaspération. Ce geste constitue une maltraitance grave, qui peut entraîner des conséquences neurologiques irrémédiables et, dans 10 % des cas, le décès de l'enfant. Le cerveau d'un bébé est particulièrement fragile et encore mal arrimé dans la boîte crânienne. S'il est trop fortement secoué, il risque de heurter violemment la paroi osseuse, ce qui peut entraîner des hémorragies et des lésions au niveau des tissus cérébraux. Avec une tête très lourde par rapport au poids de leur corps et des muscles du cou encore très faibles, les bébés de moins de 6 mois sont les plus vulnérables. Dans les jours ou semaines qui suivent les secousses, 10 % des bébés meurent, 25 % souffrent d'hémiplégie, de retard mental ou de cécité et 50 % garderont des séquelles neurologiques diverses (paralysie, épilepsie ou retard mental modéré). Moins de 25 % des bébés secoués évolueront vers une guérison sans séquelle. Attention, le jeu consistant à lancer son bébé en l'air pour le faire rire, comporte les mêmes risques et constitue aussi une maltraitance.

MON ENFANT • DE LA NAISSANCE À LA MATERNELLE

Fièvre et coliques douloureuses : premiers petits soucis

Difficile de ne pas paniquer et de faire la part des choses quand votre tout-petit souffre et que vos nuits sont courtes et angoissées. Comment agir en cas de fièvre ou de coliques ?

Tous les soirs, vers 18 ou 19 h, votre bébé commence à pleurer. Il crie, s'agite et se tortille dans tous les sens ; son visage est congestionné, ses poings serrés, il a l'air très énervé. Son ventre paraît dur sous la main. La crise se poursuit plusieurs heures, voire tard dans la nuit. En dehors de ces crises, tout va bien et il évolue normalement. Que lui arrive-t-il ? Vous vous inquiétez, vous êtes fatigués par ces nuits sans sommeil et vous multipliez gestes et stratégies pour le calmer, mais rien n'y fait...
Ces crises sont dues à ce que l'on appelle les « coliques des 3 premiers mois ».

❝ **CONSEIL DE BÉATRICE :**
Bercez Bébé dans vos bras, promenez-vous en le portant dans son porte-bébé, massez-lui le ventre, et mettez son lit dans votre chambre, sans pour autant vous sentir coupable, mais pas Bébé dans votre lit ! N'oubliez pas que ces coliques cesseront quand il aura atteint l'âge de 3 mois. Alors tenez bon ! Appelez amis ou famille à la rescousse si vous vous sentez à bout de nerfs (c'est malheureusement dans des circonstances comme celles-là qu'on risque de secouer Bébé). Et n'hésitez pas à faire appel à votre pédiatre (voir encadré p. 79). ❞

L'ORIGINE DES COLIQUES
Aucune affection grave n'en est la cause, il est simplement sujet à des crampes des intestins avec une accumulation de gaz. Quant à l'origine de ces crampes, les avis divergent. Généralement, on évoque une immaturité des nerfs qui commandent les contractions des intestins, ce qui provoque un blocage des gaz au sein de ceux-ci. L'immaturité de l'intestin lui-même empêche la sécrétion en quantité suffisante de l'enzyme permettant la digestion du lait (la lactase) et provoque ainsi une fermentation.
Mais des facteurs psychiques peuvent également intervenir. L'enfant réagit peut-être psychosomatiquement à des difficultés relationnelles avec des parents inquiets, stressés, peu disponibles ou trop peu enclins aux

| PREMIERS JOURS | LE 1er MOIS | **2 À 3 MOIS** | 4 À 5 MOIS | 6 À 7 MOIS | 8 À 9 MOIS | 10 À 11 MOIS | 1 AN | 1 AN ½ | 2 ANS | 2 ANS ½ | 3 ANS |

▪ CONTRE LES COLIQUES : CÂLINS, TÉTINE, MASSAGES ▪

Afin de calmer votre enfant pendant les crises, commencez par chercher la position qui l'apaisera. Couchez-le contre vous, en passant votre bras sous son ventre. Parlez-lui doucement et bercez-le. Essayez de débloquer les gaz par des massages doux sur son ventre (petits mouvements circulaires dans le sens des aiguilles d'une montre).

La fameuse tétine (la « totote »), dont le principe n'est pas apprécié de toutes les mères, pourra parfois l'apaiser. Son avantage par rapport au biberon est de ne pas exposer Bébé au risque de suralimentation qui pourrait aggraver les symptômes au lieu de les atténuer. Tous les bébés ont des coliques, mais certains en souffrent beaucoup plus que d'autres. Si les médicaments ne permettent pas de les faire disparaître, du moins permettent-ils de les soulager. Surtout déculpabilisez et ne changez pas de lait sous prétexte que vous pensez qu'il peut être en cause, vous éviterez ainsi « la valse des laits ».

câlins... Dans ce cas, rien d'étonnant à ce qu'un cercle vicieux s'installe. Pour calmer Bébé qui pleure, on le nourrit, mais cela augmente les coliques, et il pleure de plus belle ! L'anxiété maternelle est à son comble et rejaillit sur l'enfant...

Même s'il n'existe pas à proprement parler de traitement de ces coliques, certaines astuces permettent de les atténuer. Vous pouvez, par exemple, donner à votre bébé une cuillère d'eau de chaux officinale (à acheter en pharmacie) avant de le nourrir au sein, ou encore du sirop ou une tisane à base de fenouil ou d'anis étoilé.

Demandez conseil à votre pédiatre ; il existe des médicaments allopathiques qui atténuent les gaz et les spasmes. L'homéopathie ainsi que l'ostéopathie peuvent aussi atténuer ces coliques.

COMMENT AGIR EN CAS DE FIÈVRE ?

Autre symptôme qui doit vous alerter chez un bébé de cet âge : la fièvre. Elle est provoquée le plus souvent par une infection due à une bactérie ou à un virus. Elle mérite toujours beaucoup d'attention, même si elle n'est pas très élevée. Elle est liée à une réaction de défense de l'organisme face à des germes infectieux. Les médecins ne parlent de fièvre qu'au-dessus de 38 °C ; dans ce cas, une surveillance étroite de l'évolution de la température s'impose.

Si la fièvre de votre enfant dépasse 40 °C ou augmente très rapidement, il faut appeler un médecin en urgence pour parer aux risques de convulsions et de déshydratation.

Pour faire baisser la température, aérez la pièce, découvrez votre bébé et faites-lui boire de l'eau bien fraîche. Donnez-lui des médicaments contre la fièvre — généralement du paracétamol pour bébé sous forme liquide — qui doivent être impérativement présents dans l'armoire à pharmacie familiale (voir p. 260) : donnez-lui la prise correspondant à son poids toutes les 4 à 5 heures.

La fièvre étant une réaction de défense contre une attaque interne, il faut rechercher les symptômes qui lui sont associés pour établir un diagnostic. Par exemple une toux, un nez qui coule peuvent évoquer une rhinopharyngite.

INDISPENSABLE : UN BON THERMOMÈTRE

Un thermomètre doit aussi figurer impérativement dans votre armoire à pharmacie. Le thermomètre électronique spécial bébé, introduit avec précaution dans l'anus ou placé au creux de l'aisselle (ne pas oublier d'ajouter un demi-degré au résultat) est relativement fiable. Vous pouvez aussi utiliser un thermomètre auriculaire ou, plus simplement, des bandelettes spéciales à appliquer sur le front, mais dont les résultats sont moins fiables.

❝ **CONSEIL DE BÉATRICE :**
En cas de fièvre avant 3 mois, il faut consulter immédiatement un médecin car elle peut être le signe d'une pyélonéphrite ou d'une méningite qui ne sont pas rares à cet âge.
Avec le temps, l'enfant grandissant, vous apprendrez à connaître sa tolérance à la fièvre et vous saurez si vous devez vous alarmer ou non. Néanmoins, bien évidemment, au moindre doute vous n'hésiterez pas à consulter. ❞

2 À 3 MOIS

FIÈVRE ET COLIQUES DOULOUREUSES : PREMIERS PETITS SOUCIS

Premiers vaccins : comment le préparer

Obligatoires ou recommandés, certains vaccins continuent à sauver tous les ans des milliers de vies. La maladie se raréfiant, certains sont abandonnés, d'autres ont une efficacité contestée. Quels sont les premiers vaccins indispensables ?

À chaque fois que des virus, des bactéries (antigènes) sont introduits dans l'organisme, celui-ci produit en réaction des anticorps pour se défendre. Tel est le mécanisme de la vaccination qui vise à la production d'anticorps pour parer aux développements d'une maladie.

> **CONSEIL DE BÉATRICE :**
> *Tâchez de ne pas trop stresser à la pensée que votre Bébé va subir un vaccin, vous risqueriez de lui communiquer votre inquiétude. Il faut que l'enfant soit détendu ; pour cette raison, dans la mesure du possible, faites en sorte qu'il soit vacciné après un repas plutôt qu'avant. Un peu d'eau sucrée ou de confiture sur sa tétine l'aidera à accepter ou même à ne pas remarquer la douleur de la piqûre.*

LE CAS DU BCG

Le BCG lutte contre la tuberculose. Il n'est plus obligatoire depuis juillet 2007. Les experts estiment en effet que cette obligation n'est plus justifiée, dans la mesure où la maladie est devenue rare et est soignée dans la plupart des cas grâce aux antibiotiques. Il reste cependant fortement recommandé dans certaines régions et/ou chez certains enfants particulièrement exposés à cette maladie. C'est le cas, entre autres, des enfants vivant en Ile-de-France et aussi en Guyane. En fonction de la situation et des circonstances (antécédents familiaux de tuberculose, conditions socio-économiques ou de logements défavorables), le pédiatre jugera de la pertinence d'une éventuelle vaccination.

DES VACCINS OBLIGATOIRES

Trois vaccins sont encore obligatoires en France. Ils luttent contre la diphtérie, le tétanos et la poliomyélite et sont remboursés par la Sécurité sociale. Le DT Polio permet de vacciner en même temps contre les 3 maladies. Un autre vaccin peut, en plus de la diphtérie, du tétanos et de la poliomyélite, inclure la coqueluche et l'haemophilus influenzae B (vaccin pentavalent). Il est administré en 3 injections espacées de 1 mois, la première étant faite à 2 mois. Beaucoup de pédiatres recommandent de vacciner en même temps contre l'hépatite B, on parle alors d'un vaccin hexavalent puisqu'il protège contre 6 maladies.

La diphtérie Pourquoi continuer à vacciner contre la diphtérie alors qu'on n'a recensé qu'un seul cas de cette maladie en France depuis 1990 ? Parce que la Russie a connu une recrudescence des cas après un relâchement de la vaccination. Or, c'est une maladie grave qui peut entraîner des insuffisances respiratoires, des paralysies et des arrêts cardiaques.

Le tétanos Rares sont les cas de tétanos recensés en France, comparé aux pays en voie de développement. Mais la maladie n'a pas disparu pour autant de notre pays, où elle est contractée par une population âgée non vaccinée ou ayant omis un ou plusieurs rappels. Contractures musculaires et paralysies sont au tableau de cette maladie. La vaccination convenablement conduite la prévient très efficacement.

La poliomyélite, avec seulement quelques cas isolés chaque année, est pratiquement éradiquée dans le monde. Pourtant, les autorités hésitent à abandonner cette vaccination, compte tenu de la gravité de la maladie.

| PREMIERS JOURS | LE 1er MOIS | **2 À 3 MOIS** | 4 À 5 MOIS | 6 À 7 MOIS | 8 À 9 MOIS | 10 À 11 MOIS | 1 AN | 1 AN ½ | 2 ANS | 2 ANS ½ | 3 ANS |

▪ PRÉVENIR LA DOULEUR ▪

Afin que la vaccination ne devienne pas un cauchemar pour votre bébé, demandez à votre pédiatre où il envisage de pratiquer l'injection. Appliquez à ce niveau un patch ou de la pommade antidouleur Emla, 1 à 2 heures avant la vaccination, selon l'âge de votre enfant. Certains vaccins peuvent provoquer des réactions fébriles. Il est donc conseillé de donner du paracétamol après l'injection. Après la vaccination, des massages à l'aide d'une crème à base d'arnica peuvent éviter l'apparition d'un petit nodule sensible qui pourrait persister quelques jours. Ne vous inquiétez pas, cela est normal.

DES VACCINS RECOMMANDÉS

Le vaccin contre l'haemophilus influenzae B protège contre la méningite la plus fréquente chez les moins de 5 ans. Depuis son introduction il y a plus de 10 ans, les cas de cette méningite ont chuté en France.

Faut-il hésiter à vacciner contre l'hépatite B ? L'hépatite B est une affection fréquente dans le monde. Elle est moins répandue dans les pays les plus développés, où cependant de nombreux porteurs sains risquent de transmettre le virus. La maladie est grave et peut évoluer vers un cancer du foie. Le vaccin contre cette maladie est très efficace et peu allergisant. Obligatoire dans certains pays d'Europe et dans les pays anglo-saxons, il est simplement recommandé en France, à partir de 2 mois. Discutez avec votre pédiatre de l'opportunité de ce vaccin.

Coqueluche : une nouvelle formule non allergisante Cette maladie pouvant donner de graves complications est actuellement en recrudescence. Avec le nouveau vaccin anticoquelucheux, dit acellulaire, les complications (forte fièvre, convulsions, réactions au point d'injection, allergies) sont devenues très rares. Ce vaccin est fortement recommandé. On recommande aussi aux parents et aux grands-parents qui n'ont jamais été vaccinés ou dont la vaccination est trop ancienne de faire un rappel, pour éviter de contaminer les bébés mal protégés.

Pneumocoque (Pn7) un nouveau vaccin très utile. Ce vaccin qui protège contre certaines pneumonies et méningites parmi les plus graves chez le jeune enfant, est désormais recommandé à partir de 2 mois.

Un vaccin contre la gastroentérite à rotavirus Le vaccin antirotavirus s'administre par voie buccale avant la 27e semaine ; il est efficace contre la gastroentérite à rotavirus dans sa forme la plus sévère, et particulièrement utile chez les bébés gardés en collectivité. De plus en plus recommandé dans certains pays d'Europe et d'Amérique, il est remboursé actuellement par de nombreuses mutuelles.

EN PARLER AVEC VOTRE PÉDIATRE

Au moment de la vaccination, n'hésitez pas à poser toutes les questions à votre pédiatre ; malgré les recommandations des autorités sanitaires et les progrès en matière de purification des vaccins, faire vacciner son enfant est un acte qui prête à réflexion. On peut individualiser le risque en fonction de l'histoire de chaque enfant. Les terrains allergiques, les maladies immunitaires ou celles du système nerveux, éventuellement présents dans la famille doivent être pris en compte dans votre décision.

Le vaccin doit être noté et signé par le pédiatre dans le carnet de santé, avec la date de vaccination et le numéro du lot de vaccin. Cela est indispensable pour déterminer la suite du calendrier vaccinal.

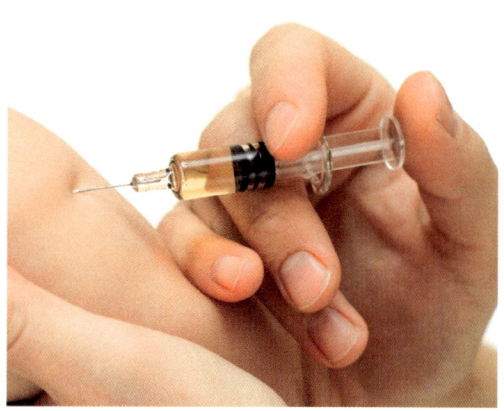

Le sevrage progressif : mode d'emploi

La fin de l'allaitement doit être programmée en douceur.
Les regrets de la maman et les réactions de rejet du bébé en font une épreuve difficile. C'est la séparation qui ne fait que commencer…

Le lait maternel possède toutes les qualités nutritionnelles nécessaires à l'alimentation du nourrisson jusqu'à l'âge d'au moins 6 mois. Cependant, le sevrage peut s'avérer inévitable pour diverses raisons, vers le 2e ou le 3e mois. Le passage du sein au biberon doit alors se faire en douceur sur 2 ou 3 semaines.

> **CONSEIL DE BÉATRICE :**
> *La mise en route du sevrage peut donner lieu à un vrai rapport de force entre vous et votre bébé. Prenez patience, mais soyez ferme.*
> *Techniques pour habituer Bébé au biberon :*
> * *faites tiédir le biberon pour que sa température rappelle celle du lait maternel ;*
> * *commencez par tirer votre lait et à le donner au biberon 2 ou 3 fois avant de débuter le lait maternisé ;*
> * *mettez quelques gouttes de lait maternel sur la tétine pour que Bébé retrouve votre odeur.*

UNE DÉMARCHE PROGRESSIVE

Le sevrage progressif chez un bébé de 2 à 3 mois ne pose généralement pas de problème. L'enfant s'y habitue très bien et la mère n'en souffre pas trop. Pour atténuer des douleurs mammaires éventuelles et diminuer les montées de lait, restreignez un peu les boissons et comprimez vos seins. Commencez le sevrage en remplaçant l'une des tétées, celle qui vous paraît la moins productive (en général celle de fin de journée) par un biberon de lait 1er âge pendant 1 semaine environ. Ensuite, substituez une deuxième tétée par un autre biberon pendant encore 1 semaine, et ainsi de suite, jusqu'à ce que toutes les tétées soient remplacées. Ainsi, Bébé s'habituera petit à petit à la tétine et au goût du lait maternisé et votre sécrétion lactée se tarira sans trop d'inconfort pour vous.
Dans le cas d'une sécrétion lactée suffisante, rien ne vous empêche de continuer à donner

1 ou 2 tétées par jour (en général celle du matin et/ou du soir). Il faudra, dans ce cas, entretenir la lactation en tirant votre lait. Donner le sein au lieu du biberon pendant les week-ends peut aussi être une solution.

UN MÉDICAMENT POUR FACILITER LE SEVRAGE

Le sevrage est parfois difficile, surtout s'il est entrepris tôt ou brusquement. Un traitement par la bromocriptine (Parlodel®), un inhibiteur de l'hormone prolactine, responsable de la sécrétion lactée, peut alors s'avérer nécessaire. Administré à raison de 2 comprimés par jour pendant 2 semaines il est généralement bien toléré. Dans ce cas, l'allaitement ne doit absolument pas être poursuivi.

> **CONSEIL DE BÉATRICE :**
> **UNE HISTOIRE POUR RASSURER LES MAMANS.**
> *J'ai personnellement connu une coquine de petite fille de 3 mois qui a refusé de boire du lait pendant 15 heures. Elle devait aller pour la première fois chez la nourrice car sa maman reprenait le travail ; aucun membre de la famille n'avait réussi à lui faire boire autre chose que de l'eau (sans doute la petite rusée voulait-elle éviter de se déshydrater). Arrivée en larmes chez la nourrice, la maman explique l'énorme problème. La nourrice sourit, embrasse la petite fille, lui souhaite la bienvenue, s'installe dans un fauteuil et lui donne le biberon que l'enfant boit comme si de rien n'était. La maman soulagée éclate alors de rire et jure qu'on ne l'y prendra plus.*

LA FIN D'UN ÉTAT FUSIONNEL

Le sevrage constitue pour la mère comme pour l'enfant, une rupture sur le plan psychoaffectif, la fin d'un état fusionnel qui prolongeait celui de la grossesse. L'un comme l'autre peut le vivre très mal. Un bébé peut aller jusqu'à refuser le biberon, ce qui sera très angoissant pour sa mère. Mais cela ne sera que passager. En revanche, le nourrisson ne doit pas percevoir l'anxiété de sa mère

▪ L'ALLAITEMENT N'EST PAS UNE CONTRACEPTION ▪

Chez la femme qui n'allaite pas, le retour de couches a lieu dans les 6 à 8 semaines qui suivent l'accouchement. Chez la femme qui allaite, il a théoriquement lieu quelques jours après le sevrage ou parfois pendant l'allaitement, quand les tétées sont remplacées par des biberons. Une grossesse est toujours possible pendant l'allaitement et avant le retour de couches. Il convient donc (à moins que vous ne souhaitiez être de nouveau enceinte...) de mettre en route juste après l'accouchement une contraception, soit locale, soit par pilule progestative microdosée (les pilules œstro-progestatives étant contre-indiquées pendant l'allaitement). Parlez-en au plus tôt à votre médecin.

devant son refus car cela risquerait de déclencher de sa part un chantage affectif basé sur la nourriture.

Bien entendu il faudra savoir compenser le manque affectif que peut engendrer le sevrage pour Bébé : les bras, le corps, l'odeur et la voix de Maman sont toujours un refuge, même si le sein nourricier a disparu, les câlins gardent tous leurs pouvoirs.

LE PÈRE, UN RELAIS POSSIBLE

Si la rupture est difficile, n'hésitez pas à demander au papa (ou à un tiers) de donner le biberon. Ainsi le bébé se détache de votre odeur, qui lui rappelle trop douloureusement les moments d'intimité de la tétée.

Changer aussi vos habitudes peut apporter de bons résultats : si vous donniez le sein couchée, donnez le biberon en position assise ou installez-vous dans une autre pièce de la maison...

SEVRAGE ET RETOUR DE COUCHES

Le sevrage, au même titre que l'allaitement, a une incidence sur le retour de couches, c'est-à-dire les premières règles après l'accouchement qui inaugurent le retour lent de cycles normaux. La sécrétion de prolactine, qui inhibe l'ovulation et favorise la lactation est entretenue par les tétées. L'allaitement retarde le retour de couches, le sevrage favorise son arrivée.

Reflux, régurgitations et vomissements

Le reflux est l'une des causes des régurgitations et vomissements. Bébé en souffre. L'acidité du liquide régurgité provoque des brûlures de la muqueuse œsophagienne. Comment savoir si votre bébé souffre de reflux ?

Il faut distinguer les régurgitations des vomissements. Il est extrêmement fréquent, dès la naissance, qu'un nourrisson régurgite. Son alimentation entièrement liquide et la position couchée y contribuent beaucoup. Les régurgitations surviennent le plus souvent chez un enfant qui boit trop rapidement ou avec une tétine dont l'orifice est trop large. Elles se font sans aucun effort, n'ont pas l'air de le gêner outre mesure ni de le faire souffrir. Elles surviennent souvent dès la fin du repas, au moment du rot, et la quantité de lait régurgitée est faible.

Le vomissement quant à lui est douloureux. La quantité rejetée est souvent importante. Le vomissement survient dans un contexte d'effort brutal et est accompagné de pleurs et de pâleur.

❝ CONSEIL DE BÉATRICE :
Il faut savoir que le bébé garde le souvenir de la douleur et peut continuer à se réveiller à heure fixe (celle où la remontée acide lui faisait mal et le réveillait), et ce d'autant plus que le diagnostic aura été tardif. Rassurez-le sur le fait qu'on a trouvé la cause de ses douleurs et qu'elles vont disparaître. Il a besoin de l'entendre même à 3 mois… ❞

SURVEILLER LA FRÉQUENCE DES RÉGURGITATIONS

Les régurgitations sont souvent banales et sans gravité chez le nourrisson. C'est un phénomène courant chez les bébés de 3 ou 4 mois et quasi inévitable chez les prématurés ; sa fréquence diminue ensuite rapidement pour n'atteindre plus que 5 % à 8 % des enfants à partir de 1 an. En revanche, la répétition et la persistance de ce phénomène doivent vous alerter, notamment s'il y a cassure de la courbe de poids ou douleur. Un pédiatre devra dans ce cas en diagnostiquer la cause.

À QUOI EST DÛ LE REFLUX ?

On suspecte un reflux lorsque l'enfant pleure en vomissant et a tendance à se rejeter en arrière en écartant les bras. À quoi cela est-il dû ? Il existe à la jonction de l'œsophage et de l'estomac (cardia), un muscle (sphincter) qui contrôle le passage de l'un vers l'autre et empêche normalement le reflux du liquide de l'estomac, très acide et corrosif, vers l'œsophage. Chez certains nourrissons, ce muscle est encore immature et remplit mal sa fonction, ce qui explique le reflux. La muqueuse qui tapisse l'estomac est protégée de cette acidité mais ce n'est pas le cas de l'œsophage. Aussi, quand existe un reflux, l'œsophage est à la longue agressé et irrité (œsophagite) et des filets de sang peuvent parfois être présents dans les vomissements.

Vomissements et régurgitations ne sont pas les seuls symptômes pouvant faire penser à un reflux : une toux est fréquemment observée et l'enfant peut être sujet à des laryngites, des rhinopharyngites, des bronchites, voire des otites. La répétition de telles manifestations chez le nourrisson vomisseur évoque au plus haut point un reflux et nécessite de consulter le pédiatre, qui pourra demander des examens complémentaires et prescrira un traitement.

> **CONSEIL DE BÉATRICE :**
> *Le traitement du reflux vise surtout à soulager les douleurs plus que les remontées de lait en elles-mêmes. J'insiste sur ce fait, car les parents sont souvent déçus que l'enfant vomisse encore après la mise en route du traitement. Cela n'est ni grave ni étonnant. Ce qui compte c'est que l'enfant n'ait plus mal et que soient évitées les complications secondaires au reflux : bronchite et otite.*

COMMENT DIMINUER LE REFLUX ?
- Si vous êtes confrontée à une telle situation, faites preuve de bon sens en appliquant les lois de la gravité. Le contenu gastrique aura tendance à moins « remonter » si la tête de l'enfant se trouve en position relevée plutôt que s'il est couché à plat. Pour le faire dormir, allongez-le sur le dos sur un matelas dur incliné à 30° environ par rapport à l'horizontale. En revanche, vous devrez absolument éviter la position assise (babyrelax), qui favorise le reflux par augmentation de la pression abdominale. Vous pourrez aussi adopter le porte-bébé ventral.
- Évitez les couches et les vêtements trop serrés et, lorsque vous changez votre bébé, veillez à ne pas relever ses jambes trop haut.
- Utilisez un lait épaissi.

▪ LES EXAMENS COMPLÉMENTAIRES ▪

Le pédiatre peut prescrire une endoscopie œsogastrique (fibroscopie). Elle consiste à faire descendre dans l'œsophage du bébé une sonde munie de fibres optiques permettant de voir précisément les lésions provoquées par le reflux. L'examen pratiqué avec un endoscope souple miniaturisé ne dure que quelques minutes, ne nécessite aucune hospitalisation et est très bien supporté.

S'il souhaite une pH-métrie pour mesurer l'acidité de l'œsophage et son évolution, il faudra poser une sonde gastrique pendant 24 heures, à l'hôpital ou à la maison. Cet examen est prescrit surtout en cas de malaises et de bronchites à répétition.

Chez un enfant de 2 à 3 mois, il existe bien d'autres causes de vomissements, suite à une infection virale ou bactérienne : lors d'une gastroentérite surtout, mais aussi d'une rhinopharyngite, d'une otite ou d'une bronchite, car la toux favorise l'apparition de vomissements. Les allergies alimentaires (aux protéines de lait de vache surtout) sans oublier bien sûr les erreurs diététiques peuvent aussi être la cause de ce trouble. Parlez-en avec votre pédiatre.

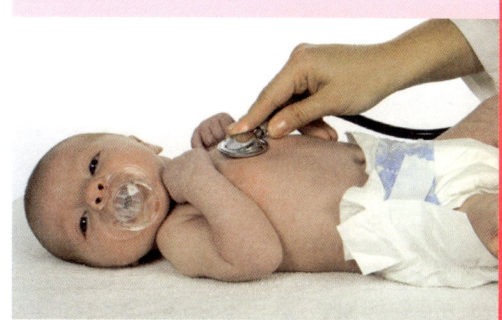

- Enfin, certains médicaments protègent la paroi de l'œsophage (pansements œsophagiens), d'autres empêchent les vomissements. Lorsqu'une œsophagite est suspectée, le pédiatre prescrit un médicament qui diminue l'acidité du liquide gastrique.

Quel que soit le traitement choisi, s'il est efficace, il devra être poursuivi assez longtemps, généralement jusqu'à l'âge de la marche, et l'arrêt se fera en douceur. Dans le cas où le traitement est inefficace ou si des signes de gravité sont présents (douleurs, perte de poids, saignements...), le pédiatre fera pratiquer des examens complémentaires.

L'aider à bien faire ses nuits

Peu de bébés font des nuits complètes avant 3 mois. Les rythmes sont encore changeants et les mécanismes du sommeil complexes. À partir du 3e mois, on peut compter sur des nuits de 8 à 9 heures.

Au cours des 2 premiers mois, l'alternance veille/sommeil, très dépendante de la faim, est encore très peu intégrée par le bébé. Au cours du 3e mois, en revanche, il règle progressivement son fonctionnement sur cette alternance et sur le rythme de vie de ses parents. Il n'a plus besoin de s'alimenter aussi souvent et ses réveils ne sont pas toujours liés à la faim. Il arrive même qu'il attende patiemment son biberon avec un grand sourire au lieu de le réclamer en pleurant.

Ses périodes d'éveil s'allongent. L'une d'elles, plus longue que les autres, commence à la tombée de la nuit, vers 17 ou 18 heures, et peut durer jusqu'à 21 ou 22 heures.

LES PLEURS DU SOIR

La durée du sommeil nocturne s'accroît. De 6 heures à l'âge de 2 mois, elle peut atteindre 8 heures dès la fin du 3e mois. Cependant, elle peut être entrecoupée d'éveils brefs, allant de quelques secondes à quelques minutes, pendant lesquels le bébé peut ouvrir les yeux, bouger dans son lit, geindre un peu avant de se rendormir tout seul. Parfois, il peut pleurer franchement et ainsi solliciter votre présence.

" CONSEIL DE BÉATRICE :
Pour éviter de devenir le doudou de votre bébé, ne l'endormez pas dans vos bras ! Lors de votre rituel du soir (câlins, paroles douces), au moment de quitter sa chambre, dites-lui qu'il est en sécurité et que vous lui faites confiance pour s'endormir seul, que vous serez là le matin pour le serrer dans vos bras… et que vous l'aimez. **"**

▪ NUITS, MODE D'EMPLOI ▪

Si Bébé pleure au milieu de la nuit, attendez un peu avant d'aller le voir, car bien souvent il s'arrêtera tout seul après quelques minutes. Si vous intervenez immédiatement en lui proposant un biberon qu'il ne réclame pas ou en le prenant dans vos bras, vous risquez d'empêcher qu'il se rendorme.
Il ne s'agit pas non plus d'ignorer trop longtemps ses pleurs. Habituez-le de plus en plus à s'endormir seul dans son berceau, même si parfois vous pouvez le laisser encore s'endormir dans vos bras.
À cet âge, une chambre à part n'est pas encore nécessaire, dormir dans votre chambre sera plus rassurant pour lui.
Surtout si cela vous rassure !

LE « TRAIN DU SOMMEIL » ÉVOLUE

Entre 2 et 3 mois, le « train du sommeil » évolue par rapport à celui du nouveau-né. Les cycles s'allongent, passant de 50 à 70 minutes. Au sein de chaque cycle, la durée du sommeil agité diminue fortement et tend à devenir plus paisible vers le 2e mois.
À partir du 3e mois, chaque cycle de sommeil comporte 3 phases successives : le sommeil agité, le sommeil lent léger et enfin le sommeil lent profond. Les deux derniers correspondent à la phase de sommeil calme. C'est surtout dans le sommeil diurne que la part du sommeil agité diminue.

DES NUITS PLUS CALMES

À 3 mois l'enfant dort au total une quinzaine d'heures par jour, dont environ 8 à 9 heures consécutives de nuit. Le jour, votre petit fera généralement 3 siestes de durée variable : une le matin, une en début d'après-midi, une troisième en fin d'après-midi. Son sommeil à cet âge est plus profond et moins léger. Il est moins sensible au bruit ambiant, à la lumière, sauf pendant les 20 minutes qui suivent l'endormissement, celles qui correspondent à la phase de sommeil agité. À ce stade, les heures d'éveil et de sommeil sont plus prévisibles et surtout, il vous laisse dormir un peu le matin…

> **CONSEIL DE BÉATRICE :**
> *À la fin de chaque cycle de sommeil, lors du microréveil, nous reprenons la position que nous adoptons habituellement plus ou moins consciemment pour nous endormir. Cela peut être, selon les cas, sur le côté, le bras en l'air… ou, quand il s'agit d'un bébé, avec une tétine, avec un doudou ou encore… dans les bras de Maman !*
> *Si votre bébé a pris l'habitude de s'endormir dans vos bras, en toute logique, s'il s'éveille en pleine nuit, pour retrouver le sommeil il lui faudra… vos bras !!! Vous serez ainsi devenue son doudou !*

BIEN DORMIR, C'EST BIEN GRANDIR ?

Pendant qu'il dort, votre enfant n'est pas inactif. Pendant le sommeil calme, il secrète l'hormone de croissance et donc grandit. Pendant le sommeil agité, il rêve, « entraîne » son cerveau et renforce ses circuits neuronaux. Il est donc indispensable qu'il puisse dormir dans d'excellentes conditions. D'abord, il faut l'aider à apprendre l'alternance jour/nuit. Pendant la journée, même quand il dort, ne le mettez pas dans l'obscurité mais laissez entrer une douce lumière dans sa chambre. Ne l'excluez pas de la vie quotidienne de la maison, dans la mesure bien entendu où elle n'est pas trop bruyante et agitée ! La nuit, en revanche, laissez-le de préférence dans l'obscurité ou la pénombre, même s'il ne dort pas et préservez-le autant que possible des bruits ambiants.
Pour le nourrir la nuit, un éclairage tamisé, des gestes lents, une voix basse l'apaiseront et faciliteront son réendormissement.

TROUVER LE BON RYTHME

Établir une régularité dans le rythme des siestes, des repas, du bain, de la promenade et du coucher contribue à intégrer harmonieusement le rythme de vie de Bébé dans celui de la cellule familiale. De plus, le respect d'un certain rituel l'apaisera et le rassurera.
Vous devrez apprendre à « lire » son comportement, pour savoir reconnaître le moment où il est temps de le coucher : bâillements, yeux qui se ferment, pleurs ou début d'agitation. Il ne faut pas rater cet instant qui marque l'entrée dans le sommeil agité et introduit un cycle de sommeil. Si vous le manquez, votre enfant aura bien du mal à s'endormir et il faudra parfois attendre le cycle suivant, soit 70 minutes plus tard !

Que voit-il et que lui donner à voir ?

Entre 2 et 3 mois, votre bébé commence à voir plus loin et adapte de mieux en mieux son regard à la distance des objets. Sa vision est moins floue, mais elle est encore bien éloignée de celle de l'adulte, qu'il n'atteindra pas avant l'âge de 10 ans. Comment l'aider à découvrir « son » monde ?

À la naissance, la vision du bébé est encore floue. Entre 2 et 3 mois, sa vision s'améliore considérablement et il commence à voir de plus en plus loin et à accommoder de mieux en mieux son regard à la distance. Passé 3 mois, ses capacités d'accommodation atteignent, voire surpassent, celles d'un adulte. Son acuité visuelle, quant à elle, s'est améliorée mais est encore loin de celle de l'adulte.

ÉLARGIR SON HORIZON

À 2 mois, le nourrisson est tout à fait capable de suivre du regard, sans tourner la tête, un objet déplacé devant ses yeux, et ce sur environ 90° sur l'axe horizontal et 20° sur l'axe vertical.
À 3 mois, cet angle s'est accru pour atteindre 180° et le bébé commence à pouvoir suivre les mouvements d'un objet de haut en bas.

Au même âge, il apprend à accompagner son regard en tournant la tête. À ce stade cependant, ces mouvements sont encore très saccadés. Alors, pour l'aider à suivre correctement un objet, déplacez-le lentement.

FAUT-IL S'INQUIÉTER S'IL LOUCHE UN PEU ?

Avant 3 mois, Bébé peut loucher un peu, par moments, puisque la coordination de ses deux yeux est encore imparfaite. À cet âge, un léger strabisme n'a pas de signification, en revanche, s'il persiste au-delà de 3 ou 4 mois, consultez votre médecin.
Entre 2 et 3 mois le nourrisson développe une vision binoculaire, qui lui permet d'évaluer la distance à laquelle se situent les objets par rapport à lui. Cette vision en se développant lui permettra, vers la fin du 3e mois, de percevoir le relief et l'espace en 3D.
À mesure que son cerveau se développe, l'enfant interprète de mieux en mieux ce qu'il voit et reconnaît certains objets. Cela va du biberon, qu'il affectionne particulièrement, au flacon de sérum physiologique pour nettoyer son nez par exemple, qu'il déteste.

66 CONSEIL DE BÉATRICE :
Un rappel qui ne sera jamais assez répété : les yeux de Bébé sont fragiles, évitez les expositions trop prolongées au soleil et protégez-les de ses rayons. La prise de conscience des risques impliqués étant relativement récente, on prévoit pour les années à venir une très forte augmentation du nombre de cataractes. **99**

> **CONSEIL DE BÉATRICE :**
> *La plupart des études ayant pour thème la vision, montrent que le bébé, toujours curieux et avide d'apprendre, préfère infiniment les situations nouvelles aux situations familières. Si on lui montre des panneaux colorés qu'il connaît déjà, son attention flotte un peu, mais si l'on met devant ses yeux un panneau d'une nouvelle couleur, son intérêt brusquement s'éveille. Si ces études vous intéressent, vous pouvez d'ailleurs y participer avec votre bébé en contactant le CNRS à Paris.*

EST-CE QU'IL ME RECONNAÎT ?

Tout le monde semble admettre qu'entre 3 et 5 mois le bébé est plus ou moins capable de reconnaître visages et expressions et même d'imiter les mimiques de ses proches. Vous, c'est sûr, il vous reconnaît fort bien, à votre visage, au son de votre voix, à votre manière de le prendre dans vos bras, et surtout à votre odeur, qu'il connaît bien depuis sa naissance. Toutes ces données sont parfaitement intégrées par son petit cerveau !

DES PERCEPTIONS VISUELLES QUI S'AFFINENT

À mesure qu'il grandit, il fait le rapprochement entre les perceptions visuelles et les perceptions du toucher. Cela lui permet de développer rapidement une bonne coordination œil/main. Il commence donc à explorer l'espace qui l'entoure. Tout d'abord ce qui est « à portée de main » puis ce qui est plus loin. Sa perception des couleurs est encore limitée : il distingue le rouge vers 2 mois, puis l'orange et le jaune. Il discerne encore mal le vert et très peu le bleu. Plus les contrastes sont accentués, mieux il les perçoit.

QUE LUI DONNER À VOIR ?

C'est au cours des premiers mois, que votre bébé fera l'essentiel de son apprentissage de la vision. Il faut l'y aider, favoriser le plus possible les acquisitions, encourager l'association et l'intégration des éléments recueillis par les cinq sens et stimuler son éveil.

▪ EXAMEN OPHTALMOLOGIQUE ▪

Dans le cadre de l'examen de santé des 4 mois, la vision de votre enfant va être testée, car s'il existe une anomalie, il est indispensable de la détecter le plus tôt possible.

Protéger les yeux de Bébé
À tout âge, les yeux sont très sensibles aux lumières vives et à l'éclat du soleil ; toute exposition prolongée comporte à long terme un risque important de cataracte.
La protection est donc indispensable chez le nourrisson. En promenade, méfiez-vous du soleil et gardez toujours à proximité une ombrelle, un lange ou autre, pour faire écran. Étudiez avec attention l'éclairage des pièces de votre maison. La lumière ne doit pas être directement dirigée vers le berceau du bébé.

Quand connaît-on la couleur de ses yeux ?
Plus la couleur de ses yeux est claire à la naissance, plus elle a de chances, passé 9 mois, de le rester. Mais on a aussi vu des enfants dont les yeux initialement bleus viraient au brun à 1 an.

Cela commence par l'apprentissage de son environnement. Faites en sorte qu'il voie bien ce qui l'entoure. Les couleurs, surtout le rouge, captent particulièrement son attention. Placez des objets colorés et mobiles au-dessus de lui lorsqu'il est couché afin de favoriser son éveil. Il ne faut pas pour autant forcer sur les couleurs et les contrastes, vous devrez aussi l'aider à apprendre l'harmonie des couleurs, les nuances, la douceur et créer autour de lui un décor apaisant. Pensez-y quand il s'agira de décorer sa chambre, de choisir ses vêtements ou sa literie.

> **CONSEIL DE BÉATRICE :**
> *Parfois, le canal lacrymal est bouché. Des larmes s'écoulent et les yeux de Bébé sont collés au réveil. Si c'est le cas mettez un collyre prescrit par votre pédiatre et massez doucement le coin interne de l'œil (qui correspond au sac lacrymal) en descendant ensuite vers le nez (le long du canal). Cette manœuvre que vous expliquera votre pédiatre permettra parfois d'éviter d'avoir à recourir à un sondage du canal.*

Sur le ventre pour découvrir de nouveaux horizons

Votre bébé passe le plus clair de son temps couché sur le dos.
Cette position a fait ses preuves pour la sécurité de votre enfant. Mais n'hésitez pas à lui faire découvrir d'autres horizons, sous votre surveillance attentive.

Quand votre bébé se réveille, il joue avec ses mains. Il se tourne aussi vers les autres visages familiers quand ils s'approchent de lui. Entre 2 et 3 mois, les périodes d'éveil calme s'allongent. Lorsqu'il ramène sans cesse ses bras au-dessus de son visage, cela signifie qu'il a compris que ce bras fait partie de son corps et qu'il peut le commander. Peu à peu il prend conscience ainsi des limites de son corps.

TOUT EST DIALOGUE

Profitez du change pour l'aider à prendre conscience des différentes parties de son corps. Nommez chacune de celles que vous manipulez. Quand vous l'habillez, faites glisser lentement les vêtements sur son corps au lieu de tirer sur ses bras et ses jambes. N'hésitez pas à le retourner sur le ventre en dégageant bien son nez, s'il ne lève pas encore la tête lui-même. Faites de ces moments une véritable conversation.

> **CONSEIL DE BÉATRICE :**
> *Par le contact « peau à peau », vous procurerez à votre bébé un sentiment de sécurité qui lui permettra d'évoluer et de se développer harmonieusement. C'est en jouant avec lui que vous observerez ses progrès quotidiens. Notez-les au jour le jour dans un petit carnet sans pour autant vouloir faire des comparaisons avec d'autres bébés. Chacun progresse à son rythme. Quand le pédiatre vous demandera depuis quand Bébé sait se retourner, vous aurez la réponse toute prête !*

JOUER EN TOUTE LIBERTÉ

Sur un tapis d'éveil, jambes et bras en liberté, les bébés de 2 à 3 mois préfèrent la position sur le dos. Ils se mettent immédiatement en activité. Dans cette position, ils disposent de toute leur énergie et adorent s'agiter librement.

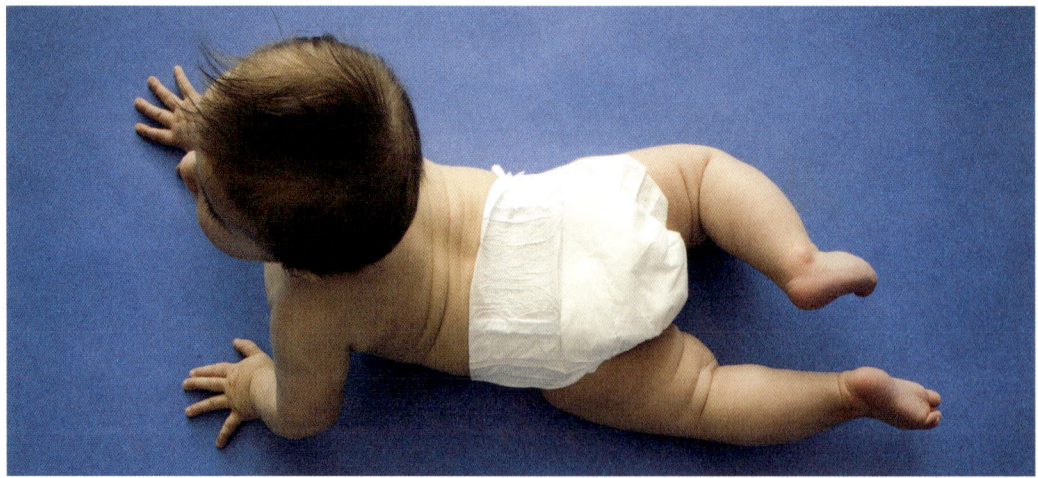

| PREMIERS JOURS | LE 1ᵉʳ MOIS | **2 À 3 MOIS** | 4 À 5 MOIS | 6 À 7 MOIS | 8 À 9 MOIS | 10 À 11 MOIS | 1 AN | 1 AN ½ | 2 ANS | 2 ANS ½ | 3 ANS |

2 À 3 MOIS
SUR LE VENTRE POUR DÉCOUVRIR DE NOUVEAUX HORIZONS

Certains, dès 3 mois, jouent avec leurs mains et leurs doigts. S'il fait chaud, votre bébé peut rester jambes nues.

Laissez-le se débrouiller un petit moment tout seul et observez-le. Quand il ne sait plus quoi faire, vous pouvez lui prendre les mains et les pieds, les presser doucement ou l'aider à les joindre. Vous pouvez aussi le faire pédaler. Ensuite, pour l'encourager à tourner la tête, montrez-lui des objets en les faisant passer lentement d'un côté à l'autre.

> **CONSEIL DE BÉATRICE :**
> *La position sur le dos est encore la plus confortable et la plus sûre pour dormir. Mais sur le ventre, sous votre surveillance, il développera les muscles de la nuque et de ses bras. Il en est de même si vous l'asseyez tout en soutenant sa tête, en le tenant par les bras et en le tirant doucement vers vous. Il cherchera à contrôler sa tête. Cela muscle son dos et son cou en douceur. Remettez-le sur le dos dès qu'il semble fatigué.*

SUR LE VENTRE, C'EST PLUS DIFFICILE

À 3 mois, le bébé est capable de tenir droite sa lourde tête un peu plus longtemps. À cet âge, il sait aussi s'appuyer sur ses avant-bras et la position sur le ventre devient un peu plus confortable. Ainsi installé, il exerce les muscles de son cou et de sa nuque. La position à plat ventre lui offre une vision différente du monde qui l'entoure. Installez-vous à même le sol, face à lui, et encouragez-le d'un sourire. Il vous verra sous un angle différent et cherchera à s'approcher de vous. Il découvrira peut-être qu'on peut avancer en poussant sur ses jambes. Parlez-lui et montrez-lui ses jouets. N'insistez pas s'il se lasse dans cette position que certains bébés apprécient très peu, mais ses muscles sont de plus en plus efficaces et, chaque jour, il se débrouillera un peu mieux dans cette situation. Quand il semblera fatigué, prenez-le dans vos bras et posez-le sur vous pour faire un gros câlin. Parfois il s'endormira. Si vous le couchez dans son lit, c'est bien entendu sur le dos. Adaptez votre surveillance à ses nouvelles prouesses et redoublez de vigilance quand il est sur la table à langer.

DANS VOS BRAS

Tout est plus beau pour un bébé depuis les bras de ses parents. S'il est en forme et bien réveillé, installez-le dans vos bras, son dos contre votre poitrine, soutenu sous les fesses et par le thorax et faites-lui découvrir son environnement. Vous pouvez aussi le poser sur votre épaule, tourné vers l'arrière, maintenu par la taille. Il étendra ses bras le long de votre dos et découvrira ainsi le monde vu d'en haut, selon une nouvelle perspective. Pour finir, faites le « voler » en l'installant à plat ventre sur votre avant-bras. Cela fera travailler les muscles de son dos et de son cou tout en l'amusant.

ON S'AMUSE…

Pour sa séance de jeux, remettez-le sur le dos et offrez-lui un petit spectacle de marionnettes avec vos doigts, chantez et régalez-vous en l'entendant vous répondre par des vocalises. Vous pouvez aussi faire rouler sur lui un gros ballon tout léger et très coloré. Par tous ces jeux et ces exercices, vous encouragerez le développement de votre enfant…

▪ SES JOUETS ▪

- Les mobiles : observateur, Bébé apprécie les mobiles colorés (avec ou sans musique). À installer au-dessus de son lit et aussi de la table à langer.
- Les hochets ou la girafe en caoutchouc permettent des échanges avec Bébé (et iront directement dans sa bouche…).
- Le tapis d'éveil : idéal pour le poser par terre et lui faire découvrir bruits, matières et formes.
- Le portique : peut s'installer au-dessus du tapis d'éveil, au-dessus du siège auto ou du transat. Permet d'observer et de toucher des objets de formes et de matières différentes.
- Cubes ou balles en chiffon : pour éveiller sa curiosité.
- Peluches : pour la douceur du toucher.

MON ENFANT ▪ DE LA NAISSANCE À LA MATERNELLE

Retravailler : la question se pose

80 % des femmes sont en activité avant la naissance de leur premier enfant et à peu près autant reprennent le travail au terme de leur congé de maternité. Comment passer ce cap sans stress ?

Pour un premier enfant, le congé de maternité est actuellement de 16 semaines ; 6 semaines avant et 10 semaines après la naissance. Durant cette période, vous avez noué un lien solide avec votre bébé et la séparation, même bien préparée, n'est pas toujours facile.

VIVRE AU MIEUX LES DERNIÈRES SEMAINES

Votre décision est prise, vous connaissez la date de votre retour au travail. Vous en avez parlé à votre bébé. Éventuellement vous l'avez même emmené sur votre lieu de travail... Malgré un pincement au cœur à l'idée de la séparation, vous êtes heureuse de reprendre votre activité professionnelle.
Les dernières semaines avant la reprise, les contacts avec votre entreprise se sont multipliés. Faites en sorte de rester disponible pour votre bébé pendant cette période de transition. Par exemple, si vous travaillez sur votre ordinateur, posez Bébé à plat ventre sur vos genoux, en le calant bien, ou utilisez le porte-bébé ventral. Il comprendra ainsi qu'une vie nouvelle commence sans pour autant s'en sentir exclu.

▪ COUP DE BLUES DE LA RENTRÉE ▪

Pour des raisons diverses, certaines mamans ne sont vraiment pas prêtes à affronter le retour au travail. Elles peuvent, dans un premier temps essayer, de prolonger leur congé de maternité par les vacances légales. Si le malaise est plus profond, il peut être nécessaire de consulter un médecin. Celui-ci peut décider que votre malaise justifie des congés supplémentaires pour suites de couches pathologiques.

AMÉNAGER VOS HORAIRES

Vous souhaitez obtenir un aménagement de vos horaires, passer à un temps partiel ou prendre vos vacances en prolongement de votre congé de maternité, n'attendez pas le dernier moment ! Parlez-en avec votre compagnon et prenez votre décision plusieurs semaines avant la date prévue pour la reprise du travail.
Demandez un rendez-vous à votre chef de service ou négociez avec lui par téléphone. Beaucoup d'entreprises sont plutôt favorables à ces aménagements d'horaires. Alors, soyez inventive et proposez à votre employeur un arrangement acceptable pour les deux parties. Tenez compte également de vos collègues et demandez-leur si les horaires que vous envisagez ne leur posent pas de problème.

❝ **CONSEIL DE BÉATRICE :**
*Reprendre leur activité professionnelle angoisse beaucoup de mamans.
Si l'idée de vous séparer de votre enfant, d'arrêter l'allaitement est pour vous une véritable souffrance, parlez-en.
Votre compagnon n'est pas forcément le meilleur interlocuteur et vous pouvez en parler à vos amies qui sont passées par là.
Si vous culpabilisez réellement à l'idée de retravailler, prenez conseil auprès de la Maison verte (voir p. 124) ou d'une structure similaire, parlez-en aussi à votre médecin qui vous aidera et vous soutiendra durant cette période ou consultez un psychologue.* ❞

ORGANISER LA GARDE

Si vous avez décidé de faire garder votre bébé par une assistante maternelle, faites-le progressivement : commencez par quelques brèves visites, puis quelques heures et enfin la journée entière.

En cas de garde à domicile à plein-temps ou de garde partagée, passez d'abord quelques demi-journées avec la personne recrutée pour la familiariser avec ses tâches et le rythme de votre bébé. Prenez le temps d'observer si votre enfant l'accepte bien, si elle a une connaissance suffisante des règles d'hygiène et de la puériculture. N'hésitez pas à lui poser des questions pratiques comme, par exemple, que ferait-elle en cas d'incendie. Établissez vous-même son emploi du temps et donnez-lui une liste des numéros d'urgence. Autorisez-vous à rentrer à l'improviste pour vérifier le bon fonctionnement de votre petite équipe.

Si vous avez obtenu une place en crèche, la période d'adaptation est généralement bien organisée. Mais vérifiez bien que les horaires vous conviennent, car vous devrez être à l'heure pour récupérer votre bébé.

Plus vous serez tranquillisée quant au bien-être de votre enfant, mieux vous vivrez votre retour au travail.

UN AMOUR PARTAGÉ

Vous voulez que Bébé aime la personne qui le garde et soit heureux avec elle. Mais il paraît si content de la retrouver le matin que vous vous découvrez un peu jalouse… C'est humain après tout, mais sachez qu'un bébé ne confond pas sa mère et sa nounou. L'important, c'est qu'il reçoive tout l'amour dont il a besoin et qu'il se sente protégé. La qualité de vos relations avec votre bébé ne souffrira pas des bons moments passés avec sa nounou.

QUI FAIT QUOI À LA MAISON ?

Avant de reprendre votre travail, rediscutez du partage des tâches avec votre compagnon. Revoyez avec précision l'organisation de l'ensemble des tâches quotidiennes et organisez-vous au mieux en fonction de vos horaires et de vos goûts respectifs. Prenez en compte l'équilibre de votre couple, la fatigue de chacun et les disponibilités au quotidien.

ALLAITER, C'EST POSSIBLE EN TRAVAILLANT

Si vous continuez à allaiter, plusieurs possibilités sont envisageables. Vous pouvez tirer votre lait ou envisager un allaitement mixte, en gardant la tétée du matin et celle du soir. Le sevrage sera ainsi moins brutal. Quelle que soit la solution adoptée, il est important de commencer avant le retour au travail.

Que vous soyez ravie de reprendre votre travail ou que vous ayez beaucoup de mal à vous séparer de votre tout-petit, ne culpabilisez pas. Quoi que vous fassiez, votre bébé ne manquera pas d'amour.

> **CONSEIL DE BÉATRICE :**
> *Vous n'êtes pas la seule à être triste à la pensée de quitter votre bébé… mon histoire personnelle peut vous rassurer peut-être. En tant que médecin, comme la plupart des professions libérales, j'ai repris mon travail un mois et demi après mon accouchement. J'ai pleuré tous les matins pendant deux mois. Au cabinet tout allait bien, mais sur le chemin du retour, dans ma voiture, j'étais capable de me disputer avec les éboueurs qui ne faisaient pourtant que leur travail mais m'empêchaient de retrouver mon fils au plus vite.*

Et pourquoi pas un congé parental ?

Le congé parental est un droit qui s'ouvre à la mère comme au père dès le premier enfant. Pourquoi ne pas décider de prendre ce congé si vous en avez envie ?

Thomas Berry Brazelton, célèbre pédiatre américain estime que durant la première année, la meilleure solution pour l'enfant est d'être élevé à la maison, que ce soit par sa mère ou par une personne de confiance. Si, dans les pays anglo-saxons, le congé sabbatique est une institution très pratiquée et totalement admise par l'entreprise, en France, les mentalités ne sont pas encore prêtes à admettre ce « chômage volontaire ». Pourtant, de plus en plus de jeunes couples se tournent vers cette possibilité et certaines associations s'efforcent de faire changer les mentalités.

POUR QUI ET À QUEL PRIX ?

Selon la Caisse nationale des allocations familiales (CNAF), environ 370 000 personnes bénéficient actuellement d'un congé parental en France. C'est souvent le parent qui a le salaire le plus bas qui décide d'arrêter de travailler, c'est donc la femme dans 98 % des cas. Très peu de cadres en profitent. En revanche, pour les petits salaires, cette possibilité peut être avantageuse financièrement, dans la mesure où ce dernier est englouti par les frais de garde et de transport.

COMMENTE PRÉVOIR UN CONGÉ PARENTAL ?

Le congé parental est un droit qui s'ouvre au père et à la mère dès le premier enfant, à condition d'avoir 1 an d'ancienneté dans l'entreprise et 2 ans d'activité professionnelle à son actif au moment de la demande. Ce congé est d'une durée maximale de 1 an vous pouvez le demander jusqu'au 3e anniversaire de votre enfant. Généralement, le début du congé parental coïncide avec la fin du congé de maternité ; il suffit d'en faire la demande à votre employeur par lettre recommandée avec accusé de réception un mois avant la fin de votre congé de maternité.

Mais le congé parental peut être pris à n'importe quel moment entre la fin du congé de maternité et le 3e anniversaire de son enfant, en adressant un courrier 2 mois avant le début de votre congé à votre employeur. Si vous ne respectez pas ces délais, il peut refuser de vous l'accorder. Vous devrez alors refaire une demande.

Dans ce courrier, il convient d'indiquer si votre cessation d'activité est totale ou partielle et la durée de votre congé parental (au maximum 1 an ou de 6 mois dans la fonction publique, il peut être renouvelé jusqu'à 3 ans).

> **CONSEIL DE BÉATRICE :**
> *En cas de naissance prématurée, le congé parental est aujourd'hui prolongé, à condition de ne pas oublier d'avertir la CAF. Dans ce cas, la période d'indemnisation est rallongée du nombre de jours courant de la date effective de l'accouchement au début du congé de maternité initialement prévu. Autrement dit, la maman reprendra son travail, à la date à laquelle elle aurait dû le faire si elle n'avait pas accouché prématurément. On doit cette avancée sociale à l'association SOS Préma. Cette association a également créé un observatoire de la parentalité qui a signé des conventions avec de nombreuses entreprises pour faciliter la vie des jeunes parents dans l'entreprise.*

CONGÉ PARENTAL ET DROIT DU TRAVAIL

Si vous prenez un congé parental, votre contrat de travail sera simplement suspendu, c'est-à-dire que vous conserverez les avantages acquis au début de votre congé ainsi que les prestations maladie maternité de la Sécurité sociale. Vous devrez retrouver votre poste à l'issue de ce congé ou du moins un poste équivalent à salaire égal. Vous ne pouvez être licenciée, sauf pour motif économique. Dans ce cas, vous n'aurez pas droit aux indemnités de licenciement tant que vous serez en congé parental total.

UN RETOUR PROGRESSIF
Si vous souhaitez reprendre votre travail progressivement, vous pouvez envisager un temps partiel à l'issue de la période qui vous est accordée en congé total. Vous devrez là encore signifier votre intention par lettre recommandée au moins 1 mois avant la fin de votre congé parental.

▪ COMMENT VIVRE AU MIEUX SON CONGÉ PARENTAL ? ▪

Planifiez vos journées et ne vous croyez pas obligé(e) de vous transformer en esclave de la maison.
Prenez soin de vous et n'adoptez pas des vêtements trop « confortables », voire « relâchés » pour exécuter les tâches ménagères. Continuez à organiser des dîners et des sorties puisque vous êtes plus disponible, lisez les journaux et tenez-vous au courant de ce qui se passe dans le monde. Adhérez à une association pour avoir des obligations à l'extérieur de la maison dans un domaine qui vous intéresse. Profitez du bonheur d'être avec votre bébé et renseignez-vous sur l'existence éventuelle dans votre quartier ou votre région de réunions de parents avec lesquelles vous pourriez échanger et discuter. Enfin, gardez du temps libre pour entreprendre les activités dont vous rêviez peut-être depuis toujours : danse, théâtre, dessin, gymnastique, piscine, etc.

> **CONSEIL DE BÉATRICE :**
> *La législation sur le sujet est souvent mal connue : pourtant vos droits sont nombreux. Ils sont liés à votre situation familiale et professionnelle. Par exemple, le père peut demander le report de son congé de paternité à la date de fin d'hospitalisation de son enfant ou en cas de problèmes de santé de la mère. Renseignez-vous, soit auprès de votre entreprise soit auprès de votre Caisse d'allocations familiales (CAF) pour ne pas les laisser s'envoler. Sachez aussi qu'il existe des associations et des juristes spécialisés dans le droit du travail qui peuvent vous assister afin que vous puissiez rester auprès de votre bébé en toute légalité.*

Y A-T-IL DES COMPENSATIONS FINANCIÈRES ?
Le congé parental n'est pas rémunéré mais vous bénéficierez d'une aide si vous cessez ou réduisez votre activité pour élever votre enfant. Il s'agit du Complément de libre choix d'activité (CLCA) dont le montant est d'environ 530 euros par mois, sans condition de ressources. Si vous touchez la Prestation d'accueil du jeune enfant (Paje) d'un montant d'environ 170 euros par mois, votre CLCA ne sera que de 360 euros par mois.

GARDEZ LE CONTACT AVEC VOTRE EMPLOYEUR
Pour ne pas rompre le lien avec votre entreprise, parlez de votre intention de prendre un congé parental dès que vous êtes décidé(e). Exprimer clairement vos intentions à votre employeur lui permettra de s'organiser durant votre absence ; il vous en sera reconnaissant. Pendant toute la durée de votre congé, gardez le contact avec vos collègues pour ne pas vous exclure du monde du travail.
Préparez votre retour quelques mois avant la date prévue en prenant rendez-vous avec votre chef de service ou en discutant avec le directeur des ressources humaines si un poste différent vous était proposé.

Renouer avec la sexualité...

L'arrivée d'un bébé, surtout lorsqu'il s'agit du premier, va modifier considérablement votre vie de couple, pour le meilleur et parfois pour le pire. Il est difficile de retrouver une relation amoureuse équilibrée dans un contexte de fatigue, d'angoisse et de responsabilités nouvelles. Comment négocier ce passage délicat ?

Avec la naissance du premier enfant, pour l'homme comme pour la femme, un passé enfoui revient à la surface, qui va d'emblée éclairer d'un jour nouveau les relations du couple.
Peut-on l'aimer de la même manière quand il est devenu le père (ou la mère) de son enfant ? L'amant sera-t-il un bon père, et l'amante une bonne mère ? Peut-on être à la fois l'un et l'autre ?

❝ CONSEIL DE BÉATRICE :
Si votre couple retrouve son équilibre en quelques mois seulement, malgré la fatigue accumulée et les nuits difficiles, savourez votre chance, vous n'êtes pas si nombreux à réussir cette épreuve !
Dans la majorité des cas, le passage de 2 à 3 provoque un véritable tsunami dans l'équilibre amoureux du couple.
Les conseils en pareil cas ? Vous les lirez partout : lingerie sexy, week-ends en amoureux, recours aux services d'un conseiller conjugal…
En vérité, le mieux est encore de laisser passer un peu de temps. ❞

UN CORPS QUI A CHANGÉ
L'accouchement met le corps de la femme à rude épreuve. Son périnée et son ventre ont souffert, la cicatrice d'une éventuelle épisiotomie lui fait mal, sa poitrine lui pèse si elle allaite. La jeune mère est donc parfois peu enthousiaste à l'idée de reprendre une vie sexuelle et éprouve peu de désir. Il s'écoulera plusieurs mois avant qu'elle ne retrouve son corps d'avant la grossesse.
Il est important que le père manifeste durant cette période sa tendresse et sa fierté à sa compagne et qu'il l'aide à assumer ces changements physiques.

PÈRE OU MÈRE, UN APPRENTISSAGE NÉCESSAIRE
Le père, lui, a parfois du mal à se situer par rapport à l'enfant et se sent maladroit. Pour peu que le comportement de sa compagne ou ses paroles viennent renforcer cette impression, il se sentira inutile, incapable, et finalement exclu. Lui aussi doit faire son apprentissage et il a besoin d'indulgence.
La mère, quant à elle, accaparée par cette responsabilité nouvelle, fatiguée, craint de ne pas être à la hauteur et redoute le jugement des autres, notamment celui des femmes de son entourage et surtout celui de son compagnon dont le soutien lui est nécessaire plus que tout autre. Elle a besoin d'être félicitée et admirée par lui.
Si la nouvelle mère avait jusqu'à sa grossesse une vie très active, un sentiment d'enfermement et de solitude peut s'installer pendant les longues journées passées avec son bébé tandis que son compagnon travaille. Pour peu qu'en rentrant le soir, ce dernier accorde peu d'attention à la mère et à son enfant, un grave malaise peut s'installer au sein du couple. Il est donc très important que les deux parents se parlent de ce qu'ils ressentent et dialoguent sur la relation fusionnelle mère-enfant et sur leur propre relation aussi.

2 À 3 MOIS — RENOUER AVEC LA SEXUALITÉ...

• UN CORPS À RÉAPPRIVOISER •

Les kilos en trop, les tiraillements et l'absence de tonicité d'un ventre, si plat il y a quelques mois à peine, mettent à rude épreuve l'image que la mère a d'elle-même. Son compagnon peut de son côté avoir peur de toucher un corps meurtri par la naissance, qui ne donne pas toujours envie de faire l'amour. Ils devront l'un et l'autre faire des efforts pour se retrouver. Elle pourra parler avec son compagnon des douleurs et des tiraillements ; lui admirera les nouvelles rondeurs et caressera ce corps qui a été éprouvé. Tout cela les aidera à reconquérir progressivement une sexualité harmonieuse après la naissance.

FAIRE LE POINT SUR LES RELATIONS SEXUELLES

Après la naissance de l'enfant, la sexualité du couple peut connaître quelques difficultés souvent révélatrices de problèmes sexuels bien antérieurs à la grossesse, mais restés jusque-là inavoués ou méconnus.

Si l'activité sexuelle du couple a continué sereinement pendant la grossesse, elle reprendra vraisemblablement sans difficultés après la naissance. À l'inverse, si les rapports sexuels ont été interrompus pendant une longue période, leur reprise après la naissance sera plus problématique, et ce d'autant plus qu'elle aura tardé.

SAVOIR ANTICIPER

La naissance d'un enfant, surtout du premier, constitue pour les parents un passage délicat qu'il faut pouvoir négocier. Beaucoup de couples se séparent dans les deux années qui suivent l'accouchement. Alors que ces difficultés sexuelles sont fréquentes et donc prévisibles, on peut s'étonner que les sages-femmes et les gynécologues obstétriciens ne prévoient pas quelques conseils. Quoi qu'il en soit, il ne faut pas négliger de communiquer au sein de votre couple et ne pas craindre d'exprimer des difficultés dont l'autre peut ne pas être conscient.

COMPRENDRE L'AUTRE

Au sein du couple, la femme, tout accaparée qu'elle est par son rôle de mère, doit cependant

rester aussi une amante. L'homme, quant à lui doit, accepter le fait qu'il n'est plus seulement l'amant, mais aussi le père, et qu'à ce titre, il doit épauler sa compagne, sentir quand elle est fatiguée ou anxieuse, la rassurer, l'apaiser, l'aider doucement à sortir du cocon symbiotique qu'elle partage avec son enfant, sans se sentir froissé si cette séparation est difficile. Le moment venu, il doit être capable aussi d'être son amoureux.

> **CONSEIL DE BÉATRICE :**
> *Évitez au maximum les mots maladroits et blessants, voire les insultes pour ne pas aboutir au piège du divorce précipité. Après un certain temps, mais ce temps est parfois long, une nouvelle sérénité se met en place. On peut alors voir où l'on en est et faire le point.*

MON ENFANT • DE LA NAISSANCE À LA MATERNELLE

Premières séparations ?

Choyer votre bébé, créer avec lui un état fusionnel, veiller sur lui jour et nuit… telle était votre préoccupation durant ses premières semaines. Mais il va bien falloir affronter les premières séparations…

Les mères qui accouchent prématurément ou celles dont les enfants ont besoin d'une chirurgie ou d'un traitement particulier dès la naissance ont appris très tôt à être séparées de leur bébé. Pour les autres, cela ne viendra que plus tard et pour des motifs moins graves, mais ce sera difficile aussi.

DE L'ÉTAT FUSIONNEL AUX PREMIÈRES SORTIES

Ne vous privez pas de sorties sous prétexte que votre bébé a besoin de vous « en permanence ». Sachez partager. Permettez à votre entourage de donner le biberon à Bébé ou de lui faire faire son rot si vous allaitez. Confiez-le sereinement quand vous êtes entourée de proches. Aucun risque qu'il ne vous confonde avec les autres, vous restez sa mère.

Accoutumez-vous progressivement à vous séparer de votre enfant. Faites de petites sorties sans lui en le confiant à votre compagnon, à une amie ou à une sœur. Ne vous limitez pas au strict minimum et faites-vous plaisir. Pour vous rassurer et aider la personne qui gardera votre enfant, préparez un emploi du temps ainsi qu'une liste des numéros d'urgence. Laissez ces informations bien en vue. Si vous n'êtes pas sûre de vous, n'hésitez pas à préparer tout cela avec une maman plus expérimentée. Les premières sorties en solo vous feront du bien et vous constaterez que votre bébé vous retrouve dans la sérénité et le bonheur.

APPRENEZ À FAIRE CONFIANCE AUX AUTRES

Si ces premières séparations vous paraissent trop pénibles, profitez par exemple d'un rendez-vous avec une amie ou une autre jeune maman, dans un parc ou à une terrasse de café, et confiez-lui quelques instants votre enfant, juste le temps de traverser la rue pour acheter un journal, retrouvez votre petit avec un grand sourire, quelques minutes plus tard. Pour vos premières sorties avec votre compagnon, confiez votre enfant à une amie en qui vous avez toute confiance et qui a l'habitude des petits. N'oubliez pas votre portable et indiquez à votre amie le « mode d'emploi » de votre bébé ainsi que les numéros d'urgence.

> **CONSEIL DE BÉATRICE :**
> *Rien ne vous oblige à organiser des week-ends sans Bébé si le cœur ne vous en dit pas. Mais sachez accepter l'invitation d'une sœur ou d'une amie pour vous habituer progressivement à ces séparations qui seront indispensables. Faites-vous à l'idée que vous n'êtes pas l'unique personne capable de vous occuper de lui. Faites confiance à votre compagnon qui peut tout à fait le prendre en charge et autorisez-vous une petite escapade.*

UN PETIT WEEK-END EN AMOUREUX ?

Votre bébé a 2 mois. Si vous n'allaitez pas, c'est le bon moment pour un petit week-end en amoureux. Dans l'idéal, votre bébé restera avec votre maman, votre sœur ou une amie. Si vous ne vous jugez pas prête à confier votre bébé pour un week-end ou pour quelques jours, ne vous forcez pas. Il existe des hôtels parfaitement équipés pour recevoir les jeunes couples avec leur enfant. C'est bien sûr le cas des centres de thalassothérapie qui offrent des soins aux jeunes mères et souvent des leçons de massage pour les tout-petits. Cela vous permettra de changer de rythme sans vivre la frustration de la séparation.

QUAND LA SÉPARATION DEVIENT INDISPENSABLE

Autour de 3 mois, avec la reprise du travail, la séparation devient inévitable. C'est une grande étape dans la vie du bébé et dans la vôtre. Installez progressivement l'enfant dans son nouvel univers, s'il n'est pas gardé à domicile, et veillez à établir un climat de confiance entre vous, votre bébé et la personne qui assurera la garde.

Sachez que vers l'âge de 3 mois, l'enfant accepte relativement bien la séparation. Il n'a pas encore une parfaite conscience de son environnement ni du temps qui passe. Ces notions ne se développant qu'au 5e mois. Quel que soit le mode de garde choisi, il aura besoin d'être rassuré quant à l'amour que vous lui portez. Parlez-lui, expliquez-lui qu'il va passer la journée sans vous mais que vous viendrez le récupérer le soir et que vous l'aimez toujours. Il doit aussi sentir que vous le confiez à une personne que vous appréciez. Même si vous êtes troublée ou émue au moment de quitter votre enfant, n'en laissez rien paraître et évitez les scènes de séparation prolongées et hésitantes.

■ MODE D'EMPLOI : JOURNÉE TYPE D'UN BÉBÉ DE 2 À 3 MOIS ■

Au réveil :
- Biberon
- Change
- Le faire jouer par terre sur son tapis d'éveil sur le dos
- Le mettre 10 minutes sur le ventre en jouant avec lui

9 h 30 : dodo

11 h 30 (ou au réveil) :
- Biberon
- Change
- Transat ou portage

12 h : dodo

14 h (ou au réveil) :
- Biberon
- Change

14 h 30 :
- Sortie en poussette ou en portage ventral (en fonction du temps et de la saison, on le sortira plus tard). Emporter un biberon d'eau et éventuellement la dose de lait nécessaire
- Retour pour dodo s'il ne dort pas lors de la promenade

17 h : bain
17 h 30 : biberon
18 h : dodo
20 h : transat ou portage
22 h : biberon
22 h 30 : dodo

❝ CONSEIL DE BÉATRICE :
Organisez de temps en temps des retrouvailles avec vos amis et confiez votre bébé à votre mère ou votre sœur. Ne négligez pas ces rendez-vous avec vous-même. Vous retrouverez votre bébé avec d'autant plus de plaisir. Si c'est vraiment trop difficile, ne vous forcez pas, vous pouvez être accompagnée par Bébé dans bon nombre d'activités : gymnastique, bébés nageurs, sorties au restaurant… Ne faites rien à contrecœur, laissez passer un peu de temps. ❞

Quel mode de garde choisir ?

Crèche, assistante maternelle, garde à domicile ou partagée, la question du mode de garde s'est obligatoirement posée au cours de votre grossesse. Quelles possibilités s'offrent à vous ? Petit tour d'horizon.

Il vaut mieux commencer à réfléchir dès les premiers mois de grossesse au mode de garde. Quand viendra la fin de votre congé de maternité, vous trouverez peut-être difficilement le temps de faire les démarches nécessaires et de trouver un plan B si la solution de votre choix n'est pas accessible.

LA CRÈCHE COLLECTIVE

Gérée par la commune ou le département, elle accueille entre 20 et 50 enfants, âgés de 3 mois à 3 ans, de 7 h à 18 h 30, du lundi au vendredi.

La directrice est titulaire d'un diplôme d'État d'infirmière spécialisé en puériculture ou a suivi une formation d'éducatrice. Ses assistantes, elles-mêmes diplômées, ont chacune en charge 5 nourrissons ou 8 enfants capables de marcher. Au-delà de 40 enfants, la présence d'une éducatrice est obligatoire. Sont aussi attachés à la crèche : un pédiatre présent deux fois par semaine, un psychologue, voire ponctuellement une psychomotricienne qui dépistent d'éventuels troubles psychologiques ou moteurs.

> **CONSEIL DE BÉATRICE :**
> *Choisissez le mode de garde qui vous paraît le mieux adapté à votre activité professionnelle. Prenez également en compte le déplacement pour aller à la crèche ou chez la nounou, les coûts de garde, etc. En collectivité, les premiers mois sont souvent riches en maladies. Cette solution est donc peu adaptée aux enfants prématurés et fragiles.*

LA CRÈCHE FAMILIALE

Gérée par la commune, elle est dirigée par une puéricultrice diplômée, assistée par une auxiliaire puéricultrice ou une éducatrice de jeunes enfants. Les enfants sont accueillis par des assistantes maternelles salariées de la crèche, en alternance au domicile de celles-ci et à la crèche. Les parents organiseront les horaires et les modalités de garde avec l'assistante maternelle, mais paieront directement la crèche. Les horaires sont donc souples et la crèche assure tout remplacement de l'assistante maternelle. Un pédiatre y assure des vacations.

LA CRÈCHE PARENTALE

Un certain nombre de parents se regroupent pour gérer une crèche, avec l'aide de professionnels dont ils louent les services. Dans un lieu choisi, ils assurent l'entretien, le fonctionnement et les conditions, qui sont forcément plus souples que ceux d'une crèche collective. La garde des enfants est assurée obligatoirement et en permanence par une puéricultrice ou une éducatrice de jeunes enfants. La crèche parentale peut accueillir 20 enfants au maximum. Les parents doivent participer à la garde une ou plusieurs demi-journées par mois, mais aussi à la gestion de la structure.

▪ DIFFICILE CHOIX ▪

Selon le mode de garde que vous aurez retenu et votre situation financière, vous pourrez bénéficier d'une aide de la Prestation d'accueil du jeune enfant (Paje), versée par votre Caisse d'allocations familiales (CAF) et aussi d'une réduction d'impôts. L'URSSAF et votre CAF vous renseigneront.

LA CRÈCHE : AVANTAGES ET INCONVÉNIENTS

La crèche est la solution la moins onéreuse. Votre enfant y pratiquera beaucoup d'activités et sera au contact d'autres enfants. Les tarifs sont établis en fonction des revenus des parents, mais les places sont limitées ; il faut donc s'y prendre à l'avance, surtout dans les grandes villes.

Mais la crèche ne comporte pas que des avantages. Votre enfant risque d'« attraper » tous les virus qui courent dans les environs. Par ailleurs, s'il est malade, il ne sera sans doute pas admis et vous devrez trouver une autre solution pour assurer sa garde.

" CONSEIL DE BÉATRICE :
Sachez qu'une grand-mère (ou une autre parente) a tout à fait le droit de faire une demande d'agrément en tant qu'assistante maternelle et d'être rémunérée.
N'oubliez jamais de faire valoir vos droits et renseignez-vous auprès de votre CAF. **"**

DES MODES DE GARDE PLUS SOUPLES

Il existe des modes de garde plus individuels, comme le recours à l'assistante maternelle, la garde à domicile ou la garde partagée qui ont l'avantage d'une plus grande souplesse. L'inconvénient est qu'en cas de défection de la personne en charge de la garde, ce sera à vous de trouver une solution de rechange.

L'assistante maternelle agréée Âgée de 25 ans minimum, elle a suivi une formation spécifique d'au moins 60 heures organisée par le Conseil général d'après un programme établi par la Protection maternelle et infantile (PMI), qui s'assure de son côté des conditions d'hygiène et de sécurité de son logement et de ses capacités morales, intellectuelles à exercer ces fonctions. Sauf dérogation, elle n'est pas autorisée à accueillir plus de 3 enfants en même temps. Elle est salariée par les parents qui fixent avec elle les horaires et les modalités de garde. Au salaire s'ajoute une indemnité d'entretien et de nourriture.

La garde à domicile C'est le mode de garde le plus coûteux. Si vous le choisissez, vous devrez recruter la personne et évaluer par vous-même ses capacités en l'absence de formation. Elle gardera votre enfant chez vous et pourra accomplir certaines tâches ménagères selon des modalités fixées par contrat. Le salaire minimum est arrêté par la convention collective des employés de maison.

La garde partagée Plusieurs familles (2 ou 3) partagent les services d'une même employée de maison pour garder leurs enfants, au domicile d'une des familles, puis d'une autre en alternance, selon des modalités convenues entre l'employée et les familles. Ce mode de garde a pour avantage principal de réduire les coûts. Le salaire est fixé dans le même cadre que pour une employée de maison, mais il est partagé entre les familles. Dans les trois cas, vous bénéficierez d'une réduction d'impôts.

FAQ

Questions à poser : 2 à 3 mois

[+] MON BÉBÉ PLEURE BEAUCOUP QUAND VIENT LE SOIR, ET J'AI DU MAL À LE CALMER, POURQUOI ?

On appelle ces crises les « coliques des 3 premiers mois ». Leur cause est mal connue. On pense généralement qu'elles sont dues à des spasmes de l'intestin avec accumulation de gaz, sans doute liée à l'immaturité du système nerveux de l'intestin. Elles sont difficiles à calmer. Proposer à Bébé un biberon de lait ou d'eau n'est pas toujours la meilleure solution. Parfois, téter une tétine l'apaise. Essayez de lui masser le ventre doucement, de le prendre dans vos bras tout contre vous et de le bercer... mais quoi que vous entrepreniez, le succès n'est malheureusement pas garanti ! En tout état de cause il faut savoir que ces coliques sont sans gravité, ne constituent pas une maladie et de toute façon disparaîtront spontanément vers la fin du 3e mois. Bébé et vous devez prendre votre mal en patience...

[+] J'ALLAITE MON BÉBÉ ET JE DOIS BIENTÔT REPRENDRE LE TRAVAIL, COMMENT FAIRE POUR QUE LE SEVRAGE NE SOIT PAS TROP DIFFICILE ?

Concernant le sevrage, vous trouverez forcément une solution adaptée à votre cas. Parlez-en clairement avec votre pédiatre. Si, comme souvent, vous devez reprendre votre travail 10 semaines après l'accouchement, le sevrage devra être étalé sur 3 semaines environ pour que tout se passe bien. Faites en sorte que le sevrage se termine quelques jours avant votre reprise du travail.

Pour débuter, vous devrez remplacer la tétée qui vous paraît la moins abondante par un biberon de lait 1er âge, pendant une semaine environ, le plus souvent celle de la fin d'après-midi. Ensuite, vous en remplacerez une seconde de la même façon, toujours pendant une semaine, le plus souvent celle qui suit le matin, et ainsi de suite, jusqu'à ce que toutes les tétées aient été remplacées par des biberons. En procédant de cette manière, Bébé aura le temps de s'habituer au biberon, et votre sécrétion lactée tarira progressivement sans que vous en souffriez outre mesure. Il est possible de conserver une tétée matin et soir.

[+] MON ENFANT A DES PETITS VOMISSEMENTS APRÈS LES REPAS. IL N'A PAS L'AIR D'EN SOUFFRIR, IL CONTINUE DE BIEN MANGER ET GRANDIT NORMALEMENT, DOIS-JE M'INQUIÉTER ?

Ces « petits vomissements » sont en fait des régurgitations. Les véritables vomissements surviennent dans un contexte d'efforts pénibles, s'accompagnent de pleurs, et surtout la quantité rejetée est importante. Les régurgitations se présentent de manière différente : ce sont de petites quantités rejetées, sans effort, n'entraînant ni malaise, ni douleur. L'enfant n'a pas du tout l'air gêné par ses régurgitations. Elles surviennent surtout chez un enfant qui boit goulûment, le plus souvent dès la fin du repas.

Doit-on s'inquiéter devant des régurgitations ? En principe non, c'est là un phénomène très banal. C'est seulement si ces régurgitations sont douloureuses et persistent au fil des semaines que l'on devra envisager la possibilité d'un reflux et consulter le pédiatre.

[+] DOIS-JE NÉCESSAIREMENT STÉRILISER LES BIBERONS ? ET LA TÉTINE QU'IL LAISSE TOMBER TOUT LE TEMPS À TERRE ?

Certains médecins pensent que la stérilisation est inutile et qu'un bon nettoyage suffit. D'autres au contraire pensent qu'il est prudent de stériliser les biberons et tétines jusqu'aux environs de 3 mois. Quel que soit votre choix, il faudra être strict quant aux consignes d'hygiène.

Avant d'entreprendre le nettoyage des biberons et tétines, lavez-vous soigneusement les mains. Biberons et tétines seront lavés méticuleusement à l'eau et au savon, avec un goupillon, en faisant la chasse aux résidus de lait, car ceux-ci peuvent constituer de véritables bouillons de culture pour les microbes et provoquer des diarrhées. Ils seront ensuite bien rincés et séchés.

À partir du moment où Bébé commence à tout mettre à la bouche, vers 3 mois, il va de soi que la stérilisation devient illusoire et donc inutile. On se contentera donc de continuer à respecter les règles d'hygiène minimale : lavage régulier des mains, des biberons et des tétines...

[+] MON ENFANT A DES CROÛTES DE LAIT, COMMENT L'EN DÉBARRASSER ?

Les croûtes de lait, contrairement à ce que semble indiquer leur dénomination, n'ont rien à voir avec le lait... Elles sont dues à une sécrétion trop abondante d'une substance grasse et adhérente (sébum) par les glandes sébacées du cuir chevelu de Bébé. En se desséchant, cette dernière colle à la peau et aux cheveux et forme une croûte blanchâtre, à l'apparence du lait, d'où son nom. Aussi disgracieuses que soient ces croûtes, elles sont sans gravité et cesseront de se former passés les premiers mois. En attendant comment s'en débarrasser ?

Il convient, chaque jour, de masser doucement le cuir chevelu de Bébé avec un émollient qui ramollira les croûtes puis de faire un shampoing en grattant doucement les croûtes de lait. Si les croûtes sont particulièrement tenaces, vous pouvez appliquer le soir de la vaseline salicylée à 2 %, et, le lendemain matin, laver la tête de l'enfant avec un shampoing doux.

Une fois les croûtes parties, pour éviter qu'elles ne se reforment, vous laverez ses cheveux tous les jours, en massant bien le cuir chevelu, avec un savon liquide pour bébé.

[+] MON ENFANT DOIT SUBIR SON PREMIER VACCIN. QUELLES PRÉCAUTIONS DOIS-JE PRENDRE ?

Avant de faire vacciner votre enfant, n'hésitez pas à poser à votre médecin les questions qui vous tracassent, à lui faire part des éventuels antécédents familiaux d'allergies, de maladies immunitaires ou neurologiques et à discuter avec lui de l'incidence que ceux-ci pourraient avoir sur la vaccination.

Quand vous prendrez le rendez-vous pour la vaccination, demandez au médecin où il compte la faire, pour pouvoir appliquer un patch ou une pommade antidouleur une à deux heures avant l'injection pour que votre enfant ne la sente pas.

Après le vaccin, si survient une réaction fébrile (ce qui n'est pas rare), n'hésitez pas à donner du paracétamol. Masser doucement le lieu de la vaccination avec un produit homéopathique à base d'arnica permet d'éviter la formation d'un petit nodule à l'endroit de la piqûre. Surtout n'ayez pas peur des vaccins, les enfants en reçoivent en moyenne une douzaine pendant la première année et pourraient en supporter bien plus !

[+] IL PARAÎT QUE LA COQUELUCHE EST EN RECRUDESCENCE, COMMENT PUIS-JE PROTÉGER MON ENFANT ?

La coqueluche, en recrudescence, est transmise par les adultes. Pour cette raison, dès la première consultation, on doit interroger parents et grands-parents sur leurs vaccinations et leurs antécédents médicaux. Le médecin doit prescrire un rappel de vaccin de DT Coq P à ceux qui ne sont plus protégés.

4 à 5 mois : les grandes découvertes

■ Il tend maintenant les bras vers les objets et arrive à les saisir ; il peut désormais les explorer : les sentir, les toucher, les porter à la bouche, apprécier leur poids, leur forme et leur texture.

■ Lorsqu'il est couché sur le dos et que vous le tirez par les mains pour l'amener à la position assise, il soulève sa tête, plie ses jambes et participe ainsi au mouvement.

■ Couché sur le ventre, il essaie de se mettre sur le dos.

■ Debout, maintenu sous les aisselles, il s'appuie sur ses jambes.

■ Il commence à saisir les objets volontairement, entre le pouce et les trois derniers doigts de la main.

■ Son gazouillis est plus articulé avec des « areu », « agueu ». Il rit aux éclats.

■ Voyant son visage dans un miroir, il lui arrive de sourire.

Poids : environ 6 kg vers 5 mois
Taille : environ 63 à 65 cm vers 5 mois
Alimentation : 5 tétées par jour ou 4 à 5 biberons et 2 à 3 cuillerées à soupe de fruits ou de légumes cuits à la vapeur à partir du 5e mois

Que se passe-t-il dans la tête de Bébé ?

Entre 4 et 5 mois, une petite révolution se produit dans la tête de Bébé. Pour que son cerveau se construise, il a besoin de stimulation, mais aussi de moments de tranquillité et de présence rassurante.

Les premières cellules nerveuses (neurones) du cerveau du bébé (voir chap. IX p. 248) commencent à se former dès le début de la grossesse, alors qu'il ne mesure encore que quelques centimètres. Elles se multiplient de manière exponentielle jusqu'au 6e mois de grossesse. À ce stade, la production de neurones est quasi achevée, le fœtus en possède une centaine de milliards et n'en acquerra plus de nouveaux. Ceux qu'il perdra en vieillissant, à cause d'une maladie ou d'un accident, ne seront jamais remplacés. Au début de la vie, les neurones ne cessent de se ramifier. Ces ramifications, les dendrites, les connectent entre eux. Ils forment ainsi des réseaux dont la complexité et l'enchevêtrement s'accroissent de jour en jour, mettant en relation différentes régions du cerveau, dont chacune correspond à une fonction : la motricité, la sensibilité, la vision, le langage, l'expression des émotions, le raisonnement, etc.

■ PLEURS ET DÉCOUVERTES ■

Entre le 4e et le 5e mois, tout s'accélère dans l'évolution de Bébé. Découverte de notions nouvelles, acquisition de compétences, tout cela est pour lui une source d'excitation, d'insécurité et de perplexité et peut provoquer chez lui un changement d'humeur. Lui qui jusque-là était un bébé placide, peut se mettre à pleurer pour un oui ou pour un non, sans pouvoir dormir, et vouloir être en permanence dans vos bras. Alors qu'il souriait aux étrangers, il va désormais froncer les sourcils ou pleurer à la vue d'un visage inconnu. Après quelques semaines heureusement, une fois que les nouvelles connaissances auront été « digérées », il retrouvera sa sérénité… jusqu'au prochain tournant !

GÈNES ET ENVIRONNEMENT

Même si le développement du cerveau est programmé dans les gènes, il ne peut s'accomplir pleinement sans les stimulations innombrables et de toute nature que lui procure son environnement.

À mesure que l'enfant se développe, mémorise et « apprend », certains réseaux neuronaux vont entrer en activité, se perfectionner et devenir plus performants, tandis que d'autres, moins sollicités, voire délaissés, vont perdre plus ou moins leur fonction faute d'usage.

Dès les premiers jours de sa vie, Bébé apprend à mettre en relation les informations qui lui sont apportées par la vue, l'odorat, l'ouïe et le toucher. Il traite ces données, les combine, les mémorise et ainsi reconnaît déjà certains objets.

| PREMIERS JOURS | LE 1ᵉʳ MOIS | 2 À 3 MOIS | **4 À 5 MOIS** | 6 À 7 MOIS | 8 À 9 MOIS | 10 À 11 MOIS | 1 AN | 1 AN ½ | 2 ANS | 2 ANS ½ | 3 ANS |

UN APPRENTISSAGE PERMANENT

Bébé réussit à reconnaître, simplement par la vue, un objet qu'il a d'abord découvert par le toucher. Dès sa naissance il reconnaît sa mère. Quelques jours à peine après sa naissance il distingue sa langue maternelle d'une langue étrangère...
Des chercheurs ont démontré qu'un bébé de 3 mois fait la différence entre 1, 2 ou 3 objets qu'on lui présente. On peut dire qu'il commence à savoir compter.
Il reconnaît déjà son prénom lorsqu'on l'appelle.

  CONSEIL DE BÉATRICE :
Un développement neuronal efficace reste indissociable de la capacité à résoudre des problèmes, mais les tentatives d'exploration doivent être encadrées par des adultes.
Pour cela, il faut trouver un juste équilibre entre imitation et créativité. Trop d'imitation provoque l'angoisse du manque d'autonomie face à une situation imprévue, trop d'exploration solitaire celle du manque de repères.

VERS 4 MOIS : LE GRAND TOURNANT

Depuis sa naissance, Bébé peut voir, entendre et sentir. Mais, faute de pouvoir tendre volontairement le bras ou attraper les objets, les informations qu'il recueille par le toucher sont encore très pauvres, ce qui limite ses possibilités d'intégration des sensations apportées par ses différents sens. Tout change vers 3 ou 4 mois, dès qu'il peut diriger sa main vers un objet, le toucher ou le prendre, et s'aider si nécessaire en redressant son cou et son dos.

IMITER C'EST PROGRESSER

À 5 mois, il peut saisir un objet, avec une main ou avec l'autre, le regarder, le sentir, le porter à sa bouche, en reconnaître la couleur, la texture, l'odeur, le goût, la forme, le poids. Son cerveau va traiter et intégrer tous ces paramètres, puis les mémoriser pour reconnaître l'objet une prochaine fois ou le différencier d'un autre...

 CONSEIL DE BÉATRICE :
Laissez à votre bébé le temps de rêver les yeux ouverts. Il regarde ses mains et ses pieds et observe vos allées et venues qui le rassurent.

Au même âge, Bébé sourit, rit aux éclats, regarde son image dans un miroir et essaye de l'attraper. Il cherche du regard l'objet qu'il vient de faire tomber et tente de le ramasser. Il tend les bras vers vous quand il veut que vous le preniez dans vos bras. Si vous lui tirez la langue, il essaie plus ou moins adroitement de vous imiter. Dans son babillage, des consonnes commencent à apparaître.

STIMULER SANS SURSTIMULER

Tout au long de son développement, stimulez l'intérêt de votre enfant en faisant appel à ses cinq sens. Parlez lui et faites lui sentir différents parfums, connaître différentes saveurs. Un enfant à qui l'on ne parle pas, qu'on ne touche pas, qu'on laisse seul dans son lit, bref que l'on ne stimule pas, se désintéresse de ce qui l'entoure et accumule des retards de développement au fil des mois. Stimuler Bébé et accompagner son développement est donc de la plus grande importance.
Malgré tout, il faut savoir aussi, de temps en temps, le laisser jouer seul sur son tapis d'éveil et explorer les objets à sa portée. Même à cet âge, il a parfois besoin de solitude et de calme, surtout s'il sait que Maman ou Papa ne sont pas loin, prêts à apparaître quand il se sentira trop seul et s'ennuiera.

4 À 5 MOIS — QUE SE PASSE-T-IL DANS LA TÊTE DE BÉBÉ ?

Être parents par adoption

Que l'adoption soit un choix délibéré ou qu'elle s'impose après l'échec des traitements de l'infertilité, la procédure est longue et les démarches complexes. De quoi se préparer à devenir parents.

Pour certains parents, l'adoption nécessite de faire le deuil de l'enfant biologique. Pour d'autres, c'est une démarche longuement mûrie, initiée pendant les traitements de l'infertilité. Pour d'autres encore, c'est élever un enfant de plus et l'intégrer à une famille existante. Adopter est toujours un acte d'amour et de générosité qui répond à un véritable désir d'enfant. Cette décision se prend à deux et est réservée aux couples mariés ou vivants ensemble depuis plus de 2 ans et âgés de plus de 28 ans. La durée des démarches, les difficultés et les embûches préparent ces futurs parents à leur rôle.

En France, le nombre d'enfants proposés à l'adoption étant très faible et les procédures très longues et très rigoureuses, environ 80 % des enfants adoptés sont originaires d'un pays étranger.

Grâce à la création de l'Agence française de l'adoption (AFA), tout titulaire de l'agrément peut s'adresser individuellement aux pays autorisant les adoptions ou se faire aider, moyennant finance, dans les démarches complexes par un organisme d'accompagnement autorisé. L'AFA aide gratuitement, mais ne garantit aucune proposition d'enfant.

Les pays étrangers disposant d'une aide sociale organisée, vérifient si les parents candidats à l'adoption répondent aux besoins des enfants. Les délais sont variables et généralement plus longs dans les pays d'Amérique latine. Les enfants actuellement adoptés en France sont pour la plupart originaires de Colombie, de Russie, d'Ukraine, d'Éthiopie, d'Haïti, de Madagascar, de Chine et du Népal. Dans les pays concernés, les autorités françaises apportent sur place conseils et écoute aux parents adoptants.

> **CONSEIL DE BÉATRICE :**
> *Lorsqu'un enfant vous est proposé, faites faire des examens et des analyses médicales mais aussi en fonction des maladies du pays d'origine. Par précaution, consultez un pédiatre habitué à s'occuper de bébés adoptés.*

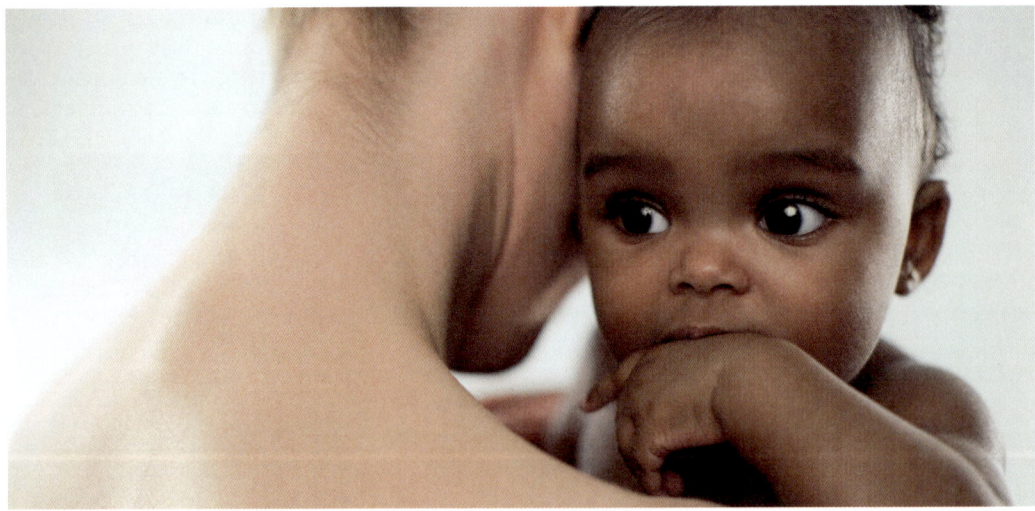

L'INDISPENSABLE PREMIÈRE RENCONTRE

Quand enfin tous les obstacles seront levés, après de nombreux mois d'attente, un enfant vous sera proposé. Vous connaîtrez son état civil, les circonstances de l'abandon, son état de santé, ses conditions de vie. Pour bien comprendre tous ces renseignements, vous aurez souvent besoin d'un accompagnant. C'est lors de la première rencontre que vous déciderez d'accepter ou non l'enfant. C'est à ce moment qu'interviendra devant témoins et juge ou notaire, le consentement à l'adoption qui ouvrira la filiation entre vous et l'enfant et rompra les liens de filiation antérieurs. Il sera assorti d'un délai de rétractation.

Avant cette première rencontre, renseignez-vous sur les coutumes du pays, les conditions de vie de l'enfant et prévoyez un séjour de plusieurs semaines pour faire connaissance avec lui là où il vit. S'il s'agit d'un enfant de moins de 18 mois, il pourra vous appeler très naturellement Maman et Papa (mots que vous devrez nécessairement connaître dans sa langue). Généralement, on conseille de conserver le prénom de l'enfant. Mais, il est possible de donner à un enfant de moins de 12 mois le prénom de votre choix. Après quelques semaines, l'enfant pourra être ramené en France avec un visa de longue durée.

LA PART D'ABANDON DANS L'ADOPTION

Votre séjour dans son pays d'origine vous permettra de mieux comprendre son histoire, son mode de vie et son environnement. Collectez un maximum d'informations pour mieux saisir le comportement et les habitudes de l'enfant. Cherchez à savoir comment il dormait, comment on le nourrissait

> **CONSEIL DE BÉATRICE :**
> *En France 8 500 enfants sont adoptables. Environ 25 500 couples sont en attente d'adoption. Ne soyez pas impatients et n'ayez pas recours aux filières parallèles car certains pays comme le Vietnam et la Roumanie manquent de transparence sur ce plan.*

▪ N'EN FAITES PAS UN SECRET ▪

Pour certains parents, la tentation de garder le secret est forte. En choisissant un enfant de la même couleur de peau que la leur, ils pensent pouvoir oublier et faire oublier ses origines. Cependant, pour qu'une adoption réussisse, l'enfant doit savoir la vérité sur ses origines. Dès le début, parlez-lui de tout : du lieu, des circonstances de son adoption, des raisons de l'abandon, de la situation de son pays, de la difficulté de ses parents biologiques à élever un enfant et du don qu'ils ont fait pour son bonheur.

En lui permettant d'accéder à son histoire, vous lui prouvez qu'il a été attendu, désiré et cela vous aidera à répondre aux inévitables questions qu'il posera à l'adolescence.

et adaptez au début vos principes à ses besoins. Un enfant qui a dormi entouré de bébés ou avec sa mère aura du mal à s'endormir seul dans une chambre calme. Essayez d'apprendre une comptine de son pays d'origine pour l'endormir. N'oubliez pas que tout ce que vous vivez, à ce moment-là, fait déjà partie de votre histoire commune. Prenez des photos afin de pouvoir les lui montrer plus tard.

SOYEZ DISPONIBLE

Peut-être avez-vous ressenti un véritable coup de foudre en le tenant dans les bras la première fois. Pour l'enfant, le changement est de taille et vous devrez vous armer de patience pour le conquérir. Arrivé dans sa nouvelle famille, il vit une véritable mutation qui s'accompagne souvent d'une régression. Dans son pays d'origine, il a peut-être eu faim et son avidité envers les biberons ne doit pas vous déconcerter. Prenez patience et ne confondez pas ses manifestations de détresse avec de simples caprices. Si vous ne parlez pas sa langue, sachez qu'avant 18 mois, les bébés ont une faculté exceptionnelle pour intégrer totalement une nouvelle langue. Pour former une famille, il faudra se reconstruire ensemble et accepter des demandes affectives qui pourront vous paraître peut-être excessives mais qui seront nécessaires.

Quel dormeur es-tu, mon bébé ?

Comprendre les mécanismes de son sommeil, l'observer quand il dort et l'aider à trouver le bon rythme, tel est l'un des enjeux du 4e mois.

À partir du 4e mois, chaque cycle de sommeil, qui dure environ 70 minutes, comporte 3 phases successives. Tout d'abord le sommeil paradoxal qui prend la succession du sommeil agité des deux premiers mois et a sensiblement les mêmes caractéristiques ; il dure 25 % du temps de sommeil total. Vient ensuite le sommeil lent, qui remplace le sommeil calme des deux premiers mois et dure 75 % du temps de sommeil total. Il se subdivise progressivement en 2 phases successives : d'abord le sommeil lent léger, puis le sommeil lent profond.

LE SOMMEIL PARADOXAL

Pendant la phase de sommeil paradoxal, le corps et les membres de Bébé sont animés de petits soubresauts. Sa respiration est rapide ; son visage très mobile semble exprimer des émotions, il sourit aux anges, parfois il geint ou pousse de petits cris.

Pendant cette phase, son sommeil est plus stable que durant la phase agitée des premiers mois. Les brefs moments d'éveil qui caractérisaient cette phase tendent à disparaître. La phase de sommeil paradoxal est celle des rêves et aussi celle au cours de laquelle les activités cérébrales se développent.

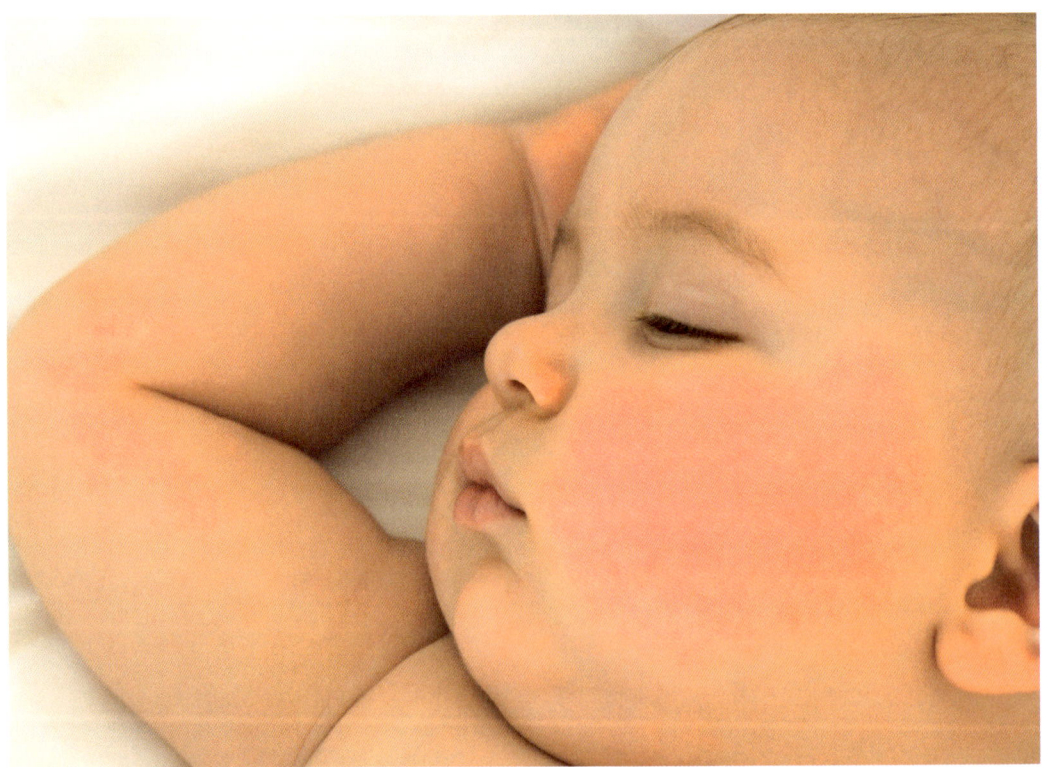

À 4 mois, Bébé s'endort en règle générale en « attrapant » le stade de début de la phase paradoxale, mais au cours du 5ᵉ ou 6ᵉ mois, ses conditions d'endormissement vont changer progressivement et il aura tendance à s'endormir non plus en phase de sommeil paradoxal, mais en phase de sommeil lent.

EN ROUTE VERS LE SOMMEIL LENT

Pendant le sommeil lent, Bébé a les bras et les jambes repliés, il ne fait aucun mouvement, ses poings sont fermés. On dit qu'il dort à poings fermés ! Son visage est immobile et sans expression particulière. Sa respiration est lente et régulière. Les phases de sommeil lent léger puis de sommeil lent profond durent chacune 20 minutes. Les différences entre ces deux types de sommeil ne sont perceptibles qu'au niveau de la courbe de l'électroencéphalogramme. C'est durant cette phase que son organisme secrète l'hormone de croissance qui lui permettra de grandir et de se développer.

UN NOUVEAU « TRAIN DU SOMMEIL »

Après la fin de la phase de sommeil lent profond, une nouvelle phase de sommeil paradoxal inaugure l'entrée dans un nouveau cycle. Quand au moment du coucher, Bébé cesse de jouer, se tasse sur lui-même, bâille et se met à geindre, cela signifie qu'il a envie de dormir. Il cherche à « attraper » le départ du « train », c'est-à-dire le début d'un cycle de sommeil… Si, au contraire, il se met à s'agiter, crie, pleure, c'est parce qu'il lutte contre cette envie de dormir et que le sommeil va être plus difficile à trouver. On ne doit surtout pas manquer ce début du cycle de sommeil. C'est en effet à ce moment-là qu'il s'endort généralement, sinon il attendra le prochain cycle, soit 70 minutes plus tard. En l'absence de sommeil pendant ces 70 minutes, le temps va lui paraître bien long et il le fera savoir par des pleurs, de la colère, de l'agitation.

IL INTÈGRE LE RYTHME QUOTIDIEN

Le 4ᵉ mois est une période de transition en termes de sommeil : avant 3 mois, le rythme de vie de Bébé était réglé exclusivement par

> **CONSEIL DE BÉATRICE :**
> *Si votre bébé se réveille la nuit et se met à pleurer, il y a toujours une raison, qu'elle soit visible ou non. Il est indispensable d'aller le voir, de vérifier ce qui se passe sans forcément le prendre dans vos bras. Des études récentes ont prouvé que le risque de mort subite du nourrisson était augmenté par les crises de sanglots, probablement en raison de l'hyperthermie qui s'installe avec les pleurs prolongés. En lui parlant doucement, vous lui donnerez confiance car il saura qu'il peut compter sur son entourage.*

son horloge interne, celle qui dirige sa vie depuis sa naissance, qui est calée sur 25 heures et non 24. Elle est indépendante de l'environnement, notamment de l'alternance nuit/jour ou de l'heure des repas. Au cours du 4ᵉ mois, Bébé va progressivement s'affranchir des rythmes imposés par son horloge interne et s'adapter à l'alternance jour/nuit et aux rythmes familiaux (l'heure du coucher, des repas, de la promenade ou des jeux, de la communication et des échanges avec l'entourage) et se caler sur 24 heures. Ainsi, les périodes d'éveil diurne vont devenir de plus en plus longues, tandis que celles d'éveil nocturne seront de plus en plus courtes et rares.

SON SOMMEIL SE SYNCHRONISE

Durant cette période de synchronisation des rythmes du sommeil, Bébé est un peu vulnérable. Il faut lui éviter les réveils brutaux intempestifs, les horaires fantaisistes, les sommeils écourtés ou décalés dans le temps. À 4 mois, il dort environ 15 heures par jour, dont 9 heures d'affilée la nuit. Cependant, entre chaque cycle de sommeil, il peut se réveiller un bref instant, ouvrir les yeux, bouger un peu, puis se rendormir. Parfois ces réveils se prolongent et s'accompagnent de pleurs, surtout en fin de nuit. Ne vous précipitez pas ! De tels réveils sont normaux et bien souvent les pleurs cesseront spontanément.

À ce stade, la plupart des enfants « font leur nuit », sans réclamer de biberon. Mais certains n'ont pas encore fini d'intégrer les rythmes environnementaux et sont toujours sous l'influence de leur horloge interne. De douces paroles, des câlins et éventuellement un biberon d'eau suffiront généralement à les rassurer et à les ramener dans les bras de Morphée.

> **CONSEIL DE BÉATRICE :**
> Pour vous aider à retrouver plus facilement la tétine de votre bébé au milieu de la nuit, vous pouvez acheter des tétines fluorescentes, ou bien en avoir plusieurs posées près du lit de votre bébé.

IL S'OCCUPE QUAND IL NE DORT PAS

Bébé est désormais capable de rester éveillé pendant de longues périodes durant la journée. Pendant ces moments d'éveil, il s'intéresse au monde qui l'entoure. Il est très curieux et apprécie les promenades, les échanges, les jeux avec Maman.

Au cours de la journée, il fait généralement 3 siestes de durée variable (1 à 2 heures). S'il est à 4 repas, ce qui est généralement le cas à cet âge, il fait une sieste après son petit déjeuner. Il en fera une autre, plus longue, après le repas de midi, et enfin une petite avant le repas du soir.

Qu'il s'agisse des siestes ou du coucher du soir, le passage de la veille au sommeil peut être, selon les enfants, plus ou moins difficile et accompagné de pleurs. L'intégration des rythmes environnementaux ne se fait pas en un jour. Il faut instaurer des rituels et des moyens pour l'enfant de différencier les siestes du « dodo de la nuit ». Le temps qu'il met à s'endormir le soir tend à s'allonger avec l'âge et le rituel du coucher devient de plus en plus exigeant. Le soir, vous le coucherez toujours à la même heure, dans l'obscurité et le silence de sa chambre. En cas de réveil, vous maintiendrez la pièce dans laquelle il dort dans une pénombre paisible et silencieuse et lui apporterez éventuellement un biberon d'eau. En revanche, pendant les siestes de la journée, vous laisserez filtrer la lumière du jour et la rumeur familiale (conversations, radio, aspirateur…).

IL S'EST ADAPTÉ AU RYTHME FAMILIAL

Le matin, Bébé se réveille toujours tôt (ses parents auraient tendance à dire « trop tôt ») et rappelle son existence par de petits cris ; son réveil, assez ponctuel n'est plus spécifiquement lié à la faim, comme pendant les premiers mois, mais au rythme familial auquel il s'est adapté. Tout simplement, au terme de 3 à 4 cycles de sommeil, pour lui c'est l'heure de se réveiller, de dire bonjour, de participer à la vie de la maison. Il peut maintenant attendre son biberon en gazouillant et en jouant dans son berceau, sans manifester d'impatience. Pendant la préparation du biberon, vous pourrez communiquer avec lui ou le laisser jouer tout seul, s'il n'a pas l'air de s'ennuyer.

DES ERREURS À NE PAS COMMETTRE

En termes d'éducation du sommeil, quelques erreurs sont à éviter, si vous ne voulez pas que votre bébé prenne de mauvaises habitudes.

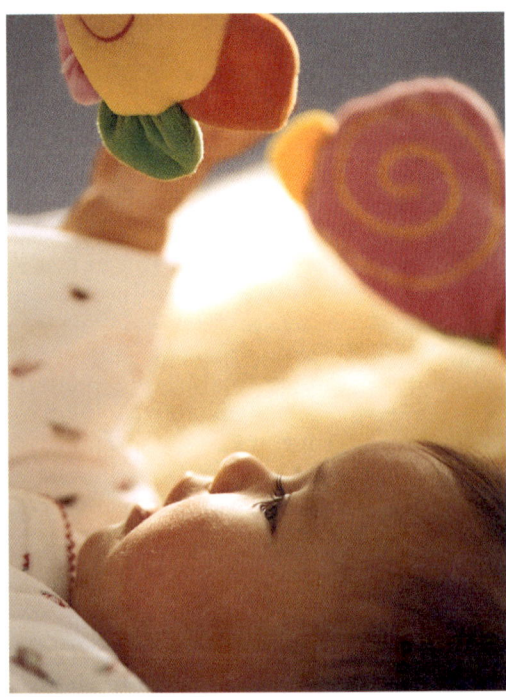

- Ne pensez pas qu'en le gardant plus longtemps éveillé le soir, il dormira mieux la nuit.
- Ne le réveillez pas pendant une sieste qui dure sous prétexte que s'il dort trop la journée, il dormira moins bien la nuit. Le tirer de son sommeil ne peut être que perturbant et néfaste.
- Ne pensez pas que si vous épaississez ou augmentez le volume du dernier biberon, il ne se réveillera pas au milieu de la nuit, car s'il va bien et pèse aux alentours de 6 kg, la faim n'est probablement pas le problème. Dès que l'enfant a atteint 6 kg, soit vers l'âge de 5 mois (sauf s'il est prématuré), il n'a pas besoin de se nourrir la nuit car les réserves énergétiques de son organisme sont suffisantes pour lui permettre de tenir jusqu'au lendemain.
- S'il s'éveille la nuit ou ne veut pas s'endormir le soir, c'est à cause des nombreux événements de sa journée qui l'énervent et le fatiguent.
- Ne retardez pas le dernier biberon ; cela risquerait simplement de le décaler par rapport aux rythmes familiaux.
- S'il pleure la nuit, allez le voir discrètement pour vous assurer qu'il n'y a pas de problème, caressez-le sans le sortir de son lit. Évitez de lui donner un biberon, car si vous lui mettez dans la tête que les pleurs de nuit lui amèneront automatiquement un biberon, vous vous engagez dans un cercle vicieux.
- Le recours à des médicaments pour l'aider à dormir doit rester exceptionnel et uniquement sur prescription du pédiatre, quand il n'est pas possible d'agir autrement devant une insomnie rebelle et durable. Sachez que quoiqu'on entreprenne, un enfant fera ses nuit lorsqu'il sera prêt.

GROS OU PETIT DORMEUR ?

Une fois toutes ces précautions prises, si le sommeil de votre bébé pose encore des problèmes, faites-vous une raison : certains enfants (comme du reste certains adultes) sont de gros dormeurs, d'autres non. Bébé peut avoir envie de faire une gigantesque sieste le matin après le biberon et se réveiller pour jouer au beau milieu de la nuit.

LE COUCHER EN SÉCURITÉ

En ce qui concerne le coucher à cet âge, soyez très vigilants car certaines règles sont impératives.
- Jusqu'à 6 mois, Bébé devra dormir sur un matelas ferme, bien ajusté à la taille de son lit, sans aucun interstice entre le bord du matelas et la paroi du lit. Si vous utilisez un lit parapluie, vérifiez également l'ajustement du matelas.
- Il est trop tôt encore pour un oreiller ou une couette.
- Vous devrez continuer à coucher Bébé sur le dos systématiquement jusqu'au moment où il sera capable de se retourner tout seul dans son lit.

▪ TÉTINE, POUCE ET DOUDOU ▪

L'utilisation de la tétine n'est pas admise par tous ; elle rend pourtant bien des services à Bébé et à ses parents, notamment quand l'enfant s'ennuie, est énervé ou cherche le sommeil. Si vous l'adoptez, mieux vaut choisir un modèle physiologique qui respecte le palais de l'enfant. L'inconvénient de la tétine est que s'il s'éveille la nuit et la cherche dans son lit sans la trouver, il risque de se mettre à pleurer.
Le pouce a les mêmes avantages que la tétine, mais pas cet inconvénient… Bien sûr, on l'accuse d'être à l'origine des « dents de lapin » comme d'ailleurs la tétine, ce qui n'est sans doute pas faux. En fin de compte, c'est Bébé qui décidera s'il va ou non sucer son pouce ou s'il préfère la tétine. Seul avantage de cette dernière sur le pouce : on peut l'arrêter plus facilement !
Enfin, personne ne contestera le doudou, un objet dit « transitionnel » qui relie le bébé à sa mère, surtout s'il est imprégné de son odeur.

Il est malade : bronchiolite, gastroentérite, fièvre

La bronchiolite et la gastroentérite sont des maladies fréquentes chez le nourrisson. Que faire face à ces maladies ? Quelle est la conduite à tenir en cas de fièvre ?

La bronchiolite est le plus souvent due au virus respiratoire syncytial (VRS). Comme la grippe, elle est très contagieuse et survient par épidémies, souvent l'hiver. Pendant ces périodes, les services d'urgence pédiatrique sont vite débordés par le nombre des petits malades. Si vous pensez que votre petit souffre d'une bronchiolite, commencez par appeler votre pédiatre.

LES SYMPTÔMES DE LA BRONCHIOLITE

Cette maladie commence comme un rhume banal : nez qui coule, toux, petite fièvre. Puis apparaissent des difficultés respiratoires, des quintes de toux, d'abord au moment des repas, qui empêchent Bébé de se nourrir et provoquent des vomissements. Sa respiration est rapide. Faisant de gros efforts pour trouver son souffle, il devient pâle et agité. Souvent, on peut entendre à l'expiration les sifflements de sa respiration, comme dans l'asthme. Généralement, la gêne respiratoire s'arrête spontanément au bout de 8 jours, la toux pouvant persister plus longtemps.

L'existence de sécrétions abondantes au niveau des très petites bronches (bronchioles) et d'une inflammation au niveau de leurs parois, qui a valu son nom à la bronchiolite, sont les deux caractéristiques de la maladie.

POUR L'AIDER

Tant que dure la gêne respiratoire, l'enfant doit être allongé sur le dos, la tête surélevée d'environ 30 %. Simultanément, il faudra

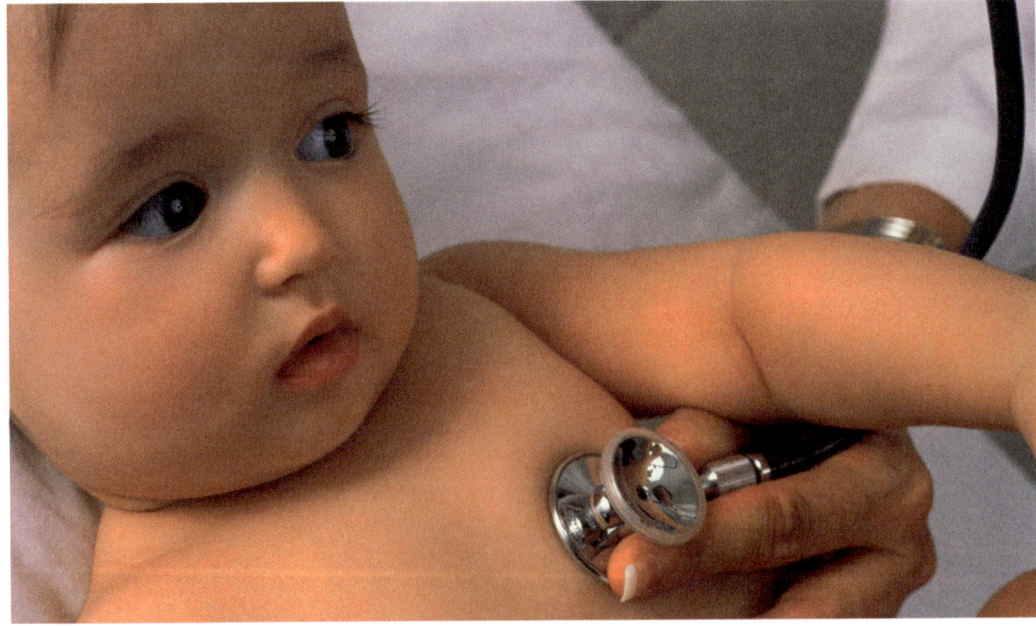

veiller à ce qu'il se nourrisse suffisamment et ne se déshydrate pas. Pour cela, commencez par lui nettoyer le nez avant chaque repas avec du sérum physiologique afin de faciliter sa respiration nasale. Pour moins le fatiguer, fractionnez ses repas et proposez-lui régulièrement des biberons d'eau. Veillez à ce que le taux d'humidité soit suffisant dans la pièce où il dort.

KINÉSITHÉRAPIE RESPIRATOIRE, MÉDICAMENTS

Sur le plan respiratoire, la kinésithérapie est souvent préconisée, mais elle n'est pas admise par tous, ni dans tous les pays pour le nourrisson. En France, c'est la technique dite « accélération du flux expiratoire » (AFE) qui est utilisée. Le praticien place une main sur le thorax et une main sur le ventre du bébé, puis exerce une pression thoracique pendant l'expiration pour faire remonter les sécrétions vers la trachée. On lui associe la « toux provoquée », consistant à appuyer légèrement en fin d'inspiration sur la face antérieure de la trachée avec le doigt, ce qui déclenche un réflexe de toux qui débarrasse la trachée des glaires qui l'encombrent. En revanche, la méthode dite de « clapping » — telle qu'elle est pratiquée par exemple en Grande Bretagne — qui consiste à tapoter le thorax pour décoller les mucosités, acceptée chez l'adulte, est récusée chez le nourrisson.

Un certain nombre de médicaments efficaces peuvent être prescrits par le médecin : des dilatateurs des bronches — que quelques médecins hésitent à donner au nourrisson bien qu'ils offrent des résultats probants — ou des corticoïdes. Quant aux antibiotiques, ils ne sont prescrits que si une surinfection bactérienne vient aggraver la bronchiolite ; ils sont sans action sur la bronchiolite elle-même, maladie le plus souvent virale.

DES SIGNES QUI DOIVENT VOUS ALERTER

On doit toujours être très vigilant en cas de bronchiolite, même si elle paraît bénigne. Certains signes doivent vous alerter :
• l'accélération du rythme de la respiration qui paraît plus laborieuse ;
• une cyanose (teinte bleutée) du visage et des lèvres, un battement des ailes du nez. Une hospitalisation peut être nécessaire en cas de sous — ou de non — alimentation, liée à la gêne respiratoire. Elle peut être aussi nécessaire pour une oxygénothérapie dans le cas d'une diminution du taux d'oxygène dans le sang ou dans celui d'une déshydratation. Compte tenu des risques encourus, chez un enfant de moins de 2 à 3 mois, le médecin recommande souvent l'hospitalisation d'emblée, quelle que soit la gravité apparente de la bronchiolite.

> **CONSEIL DE BÉATRICE :**
> *Apprenez à repérer les premiers signes des maladies et suivez votre instinct. En cas de somnolence, perte de l'appétit, douleurs, n'hésitez pas à consulter ! Pour éviter ces maladies une bonne hygiène est indispensable ainsi que le port de masque en cas d'infection respiratoire des parents. Un vaccin contre le rotavirus par voie buccale existe qui évite les complications gravissimes de la diarrhée due à ce germe (mais n'empêche pas les diarrhées dues à d'autres germes). Il n'existe pas encore de vaccin contre la bronchiolite. Pendant la période hivernale, le vaccin Synagis est injecté aux nourrissons à risque, souvent des prématurés ayant séjourné plus d'un mois en réanimation pour suivre une oxygénothérapie.*

L'ASTHME DU NOURRISSON

Un nouvel épisode de bronchiolite dans l'année qui suit le premier n'est pas rare ; au-delà, on parlera d'« asthme du nourrisson ». Statistiquement, les enfants ayant fait plusieurs bronchiolites dans leur enfance souffrent souvent d'asthme par la suite. L'existence d'une filiation entre ces deux maladies est toujours débattue de nos jours par les médecins. En tout cas, nombreux sont les pédiatres qui, après plusieurs épisodes de bronchiolite, préconisent un bilan et la mise en route d'un traitement préventif de l'asthme à base de corticoïde inhalée.

• NE CÉDEZ PAS À LA PANIQUE ! •

En cas de bronchiolite, gastroentérite et forte fièvre, l'hospitalisation peut être évitée de plus en plus souvent si les parents suivent très précisément les instructions du pédiatre et, surtout, si la déshydratation a pu être évitée en réhydratant l'enfant correctement dès le début de la maladie.

Si l'hospitalisation s'avère inévitable, la présence des parents est heureusement de plus en plus souvent acceptée, au moins une grande partie de la journée s'il est impossible de vous hospitaliser avec votre enfant.

« GASTRO » OU DIARRHÉE INFECTIEUSE AIGUË

La gastroentérite, ou diarrhée infectieuse aiguë, est un état inflammatoire à la fois de l'estomac et des intestins provoqué par une bactérie ou un virus. Elle se manifeste par des selles trop liquides et trop fréquentes, accompagnées ou non de vomissements, de douleurs et de fièvre.

Le plus souvent, le virus en cause est le rotavirus, à l'origine d'épidémies survenant en hiver, dans les crèches en particulier. La diarrhée aiguë à rotavirus est la deuxième maladie hivernale de l'enfant après la bronchiolite à VRS.

Mais la diarrhée aiguë peut être due à d'autres virus ou à des bactéries diverses (salmonelles, shigelles, yersinia...) ou encore accompagner d'autres maladies (otite, rhinopharyngite...). Pour cette raison, le pédiatre, en cas de diarrhée, examine systématiquement les tympans de l'enfant et sa gorge, puis ausculte ses poumons.

L'inflammation du tube digestif provoquée par l'agent infectieux est à l'origine de troubles de l'absorption intestinale qui provoquent une déperdition plus ou moins importante en eau et en sels minéraux, surtout si la diarrhée est accompagnée de vomissements, comme c'est fréquent. Pour cette raison, et bien qu'en général l'évolution de la diarrhée soit bénigne (tout au moins dans les pays développés et/ou les milieux non défavorisés), il faut être vigilant face à une possible déshydratation.

LA CONDUITE À TENIR EN CAS DE DIAHRRÉE AIGUË

D'abord réhydrater votre bébé En cas de diarrhée aiguë, la première chose à faire est de lui donner un soluté à acheter en pharmacie, le SRO (pour « soluté de réhydratation orale »), qui apporte à la fois de l'eau et des sels minéraux. Dans la diarrhée aiguë, la perte en sels minéraux doit en effet être compensée tout comme celle de l'eau. Ce soluté apporte également du sucre pour parer à une éventuelle hypoglycémie. Si l'enfant est nourri au sein, on complétera ses repas avec des biberons de SRO.

En pratique, en cas de diarrhée chez un enfant de 4 à 5 mois, on donnera d'abord un SRO à volonté pendant les 12 premières heures, très régulièrement, en petites quantités (comme s'il était perfusé).

Comment le nourrir ensuite
Quant à la conduite à tenir ensuite, il existe deux écoles :
- soit on continue le lait en donnant des médicaments comme le racécadotril (Tiorfan), du lactobacillus ou encore de la smectite.
- soit, avec le même traitement médicamenteux, on remplace le lait par une formule sans lactose jusqu'au rétablissement.

En cas de vomissements, on associera un antivomitif.

La présence de sang et de sérosités dans les selles de l'enfant, évoque la possibilité d'une origine bactérienne de la diarrhée, et implique la prescription d'une culture des selles (coproculture) en vue d'une éventuelle antibiothérapie.

Si la diarrhée est modérée, que l'enfant n'a pas perdu de poids et ne semble pas déshydraté, donnez lui du lait et du SRO entre les repas. Surveillez-le.

Chez les enfants dont l'alimentation est déjà diversifiée on pourra donner de la purée de carotte, de la crème de riz, du tapioca, ainsi que des compotes pomme-banane ou pomme-coing.

LA VIGILANCE EN CAS DE DIARRHÉE

Comme dans le cas de la bronchiolite, il convient d'être très vigilant devant une diarrhée aiguë, surtout si elle s'accompagne de vomissements et de fièvre, d'autant plus que l'enfant est jeune.

Observez bien votre enfant et recherchez les signes de déshydratation. S'il ne joue plus, s'il est somnolent, si ses lèvres et sa langue sont sèches, s'il a perdu du poids brutalement, s'il urine peu et moins souvent que d'ordinaire, les signes d'une déshydratation sont réunis. Il faut consulter un médecin d'urgence.

C'est aussi le cas si la diarrhée dure au-delà de 24 heures, surtout si elle est accompagnée de vomissements. Au moindre doute consultez votre médecin. Il faut savoir que chez un enfant de moins de 5 mois, le risque de déshydratation est tel qu'une hospitalisation peut être recommandée.

LA FIÈVRE

La fièvre n'est pas une maladie en elle-même, mais un symptôme qui accompagne un grand nombre de pathologies infectieuses, qu'elles soient dues à une bactérie ou à un virus. On parle de fièvre dans le cas d'une montée de la température corporelle au-delà de 38 °C, sans lien avec la température extérieure (canicule, pièce trop chauffée, enfant trop couvert...). La fièvre est un processus de défense de l'organisme contre les agents infectieux, les virus ou les bactéries. Si l'enfant la supporte bien, il ne faut pas systématiquement tenter de la faire baisser, en particulier à l'aide de médicaments, qui risquent d'atténuer ses défenses en même temps qu'ils abaissent la température. Néanmoins, au-delà de 39 °C, il est admis qu'il faut la faire baisser systématiquement. Pour cela, dans une pièce normalement chauffée (entre 18 et 20 °C), l'enfant ne doit pas être emmitouflé, mais bien au contraire découvert, pour évacuer de la chaleur par évaporation ou par convection. Surtout, évitez la déshydratation, liée à la transpiration et au refus des biberons que la fièvre entraîne souvent. Le traditionnel bain à une température inférieure de 2 °C à celle de l'enfant, peu efficace et traumatisant, n'est plus recommandé de nos jours, surtout depuis que les médicaments contre la fièvre (antipyrétiques) ont largement démontré leur efficacité et leur rapidité d'action.

DES MÉDICAMENTS CONTRE LA FIÈVRE

Deux antipyrétiques sont plus couramment utilisés : le paracétamol et l'ibuprofène.

Le paracétamol est utilisé en première intention, à raison d'une prise toutes les 6 heures (avec la possibilité d'une double dose dite de charge lors de la première prise) sans jamais dépasser la dose maximale prescrite pour 24 heures.

L'ibuprofène peut être administré en seconde intention, si la dose maximum de paracétamol est dépassée ou si sa température y résiste. L'ibuprofène est très efficace, mais d'un emploi plus délicat, contre-indiqué en cas de varicelle, de gastroentérite ou de méningite ; il doit donc être donné de préférence sur prescription médicale.

L'aspirine, quant à elle, est de moins en moins utilisée du fait de ses effets secondaires, (irritation de l'estomac, allergies...). Si la fièvre est supérieure à 40 °C ou monte très rapidement, elle peut avoir des conséquences graves et nécessite donc l'intervention d'un médecin qui le plus souvent recommandera l'hospitalisation pour les enfants de cet âge. Celle-ci est légitimée par la crainte des convulsions, mais aussi le risque d'infection urinaire, voire de méningite.

Alimentation : lait 2ᵉ âge et premières douceurs

Le lait est l'aliment de base jusqu'à 6 mois. Le passage du lait 1ᵉʳ âge au lait 2ᵉ âge se fait en général très bien. Pour la diversification, allez-y progressivement.

Entre 4 et 5 mois, l'horloge interne de Bébé se cale petit à petit sur celle de ses parents. Il supporte de rester plus longtemps sans manger, et l'on peut instaurer de vraies heures de repas. Le biberon de nuit disparaît à votre grande joie !

À 4 ou 5 mois, généralement, l'enfant passe du lait 1ᵉʳ âge ou du lait maternel au lait 2ᵉ âge. Pendant cette période de transition, on peut commencer une diversification des goûts en introduisant petit à petit légumes, fruits et laitages. Il faut savoir toutefois que la tendance actuelle est d'attendre 6 mois pour varier les aliments. La viande ne sera pas introduite avant l'âge de 7 à 8 mois.

DE NOUVELLES HABITUDES ALIMENTAIRES

Grâce à la démarche proposée ici, votre enfant va découvrir très progressivement des aliments aux consistances, aux saveurs et aux textures nouvelles. À 5 mois, s'il est au lait maternisé 1ᵉʳ âge, on le passera au lait maternisé 2ᵉ âge. Cette substitution se fera peu à peu, pour éviter les troubles digestifs et un refus de Bébé. Vous pourrez commencer par remplacer 1 biberon sur 2 ou bien mélanger les deux sortes de lait dans un même biberon.

LE TEMPS DU SEVRAGE

Si Bébé est encore au sein, le sevrage devra se faire graduellement en remplaçant dans

un premier temps l'une des tétées — de préférence la moins productive —, par un biberon de lait 2e âge pendant quelques jours. Ensuite, remplacez une 2e tétée par un autre biberon, encore pendant quelques jours, et ainsi de suite, jusqu'à ce que toutes les tétées soient remplacées. Cette progressivité permet au bébé de s'habituer au biberon et au goût du lait maternisé. Elle permet aussi à votre sécrétion lactée de tarir sans trop d'inconfort pour vous.

À partir de 4 à 5 mois, le lait 2e âge devient nécessaire à la croissance et au développement du bébé car il est plus riche en acides gras et en fer, essentiels à cet âge, que le lait 1er âge.

DIVERSIFICATION : LE BON MOMENT ?

Par le passé, on débutait la diversification à 4 mois, mais la tendance est maintenant d'attendre environ 6 mois pour le faire, suivant les recommandations de l'OMS, afin de diminuer les risques d'allergies alimentaires.

La diversification impliquant une diminution importante du fer, du calcium et des acides gras essentiels provenant des lipides du lait, si l'on diversifie trop tôt, l'enfant risque d'être un peu carencé. Avant 6 mois, il ne s'agira donc pas tant de diversification à proprement parler, que de « rencontre » avec des textures et des goûts nouveaux.

Cependant, il est parfois difficile de ne nourrir Bébé que de lait jusqu'à 6 mois car il est difficilement rassasié. Quand la nuit, la faim le réveille, ou s'il a faim après son biberon, ou la tétée, quand son poids semble stagner, c'est que le temps de la diversification est sans doute venu…

RESPECTER SA DIGESTION

En revanche, il ne faut jamais diversifier l'alimentation de Bébé avant 4 mois, car son organisme n'est pas encore prêt à digérer et à métaboliser autre chose que le lait maternel ou maternisé.

Entre 4 et 6 mois, le réflexe de succion des tétées tend à devenir moins efficace. Votre enfant commence à savoir déglutir. En effet, la coordination des muscles de sa langue et sa capacité à se tenir assis et à contrôler la position de sa tête s'améliorent. Tous ces progrès rendront plus aisée la prise d'aliments grumeleux ou épais et prépareront donc à la diversification et au recours à la cuillère.

DIVERSIFIER N'EST PAS REMPLACER

La diversification n'a en aucun cas pour but de remplacer le lait par des aliments variés, mais seulement de compléter l'alimentation lactée, quand elle devient métaboliquement insuffisante pour l'âge de l'enfant. On continuera donc le lait maternisé 2e âge, qui reste l'aliment de base jusqu'à l'âge de 10 mois. Il ne faut pas croire non plus, que le lait maternisé n'est plus justifié une fois la diversification intervenue et qu'on peut impunément le remplacer par du lait de vache. Jusqu'à l'âge de 1 an, ce lait ne convient pas, car il est trop riche en protéines et trop pauvre en fer, en vitamines (vitamine E en particulier) et en certains acides gras essentiels au bon développement du cerveau. Il est donc inadapté à l'organisme en croissance de l'enfant.

> **CONSEIL DE BÉATRICE :**
> *Un refus alimentaire ne doit pas être vécu comme un échec de la mère. Il faut simplement comprendre que ce n'est pas le bon moment. Il suffira juste de différer la proposition.*

• PREMIÈRES DOUCEURS •

Dès que Bébé sera familiarisé avec les fruits et les légumes, vous pourrez introduire laitages, yaourts, fromage blanc ou petits-suisses. Mais il faudra choisir parmi ceux qui sont adaptés à son âge. Si ce n'est pas le cas, ils ne pourront intervenir qu'en sus de la ration quotidienne de lait de suite, afin que Bébé ne risque pas de carences notamment en fer.

Les yaourts ou petits-suisses sucrés, aromatisés ou « aux fruits », peuvent cependant lui être proposés, mais méfiez-vous de la quantité de sucre ajoutée. En effet, en habituant Bébé au goût sucré, vous risquez de lui apporter un excès de calories et donc de provoquer à terme un surpoids.

FARINES MODE D'EMPLOI

Les farines ont moins la cote qu'autrefois ; on les accuse de favoriser à long terme l'obésité et les allergies alimentaires. Elles ne sont pas indispensables, et certains pédiatres n'en parlent même pas. Elles sont à éviter pour les bébés qui ont tendance à l'embonpoint, mais restent cependant bien utiles pour ceux qui se réveillent en pleine nuit parce qu'ils ont faim. Ajouter un peu de farine dans le biberon du soir (1 cuillère à café par mois d'âge) le rendra plus calorique. Si Bébé est vraiment insatiable, vous pouvez en ajouter aussi dans le biberon du matin.

Utilisez des préparations de farine adaptées à l'âge de votre enfant, car l'appareil digestif du bébé, encore immature, digère mal certains de leurs composants.

C'est le cas de l'amidon, composant essentiel des farines que l'enfant ne peut parfaitement métaboliser avant l'âge de 1 an. Son organisme ne dispose pas encore des enzymes nécessaires. C'est pourquoi l'amidon contenu dans les farines destinées à l'enfant est préalablement fractionné, on pourrait dire « prédigéré » (diastasé) soit par des enzymes soit par la cuisson.

C'est aussi le cas du gluten, une protéine contenue dans les farines de certaines céréales, (blé, avoine, orge, seigle) mal tolérée par la paroi intestinale de certains enfants qui, s'ils y sont exposés avant l'âge de 6 mois, risquent de développer une sensibilisation à cette protéine, la « maladie cœliaque » qui se manifeste par des diarrhées importantes. Les farines destinées à l'enfant de moins de 6 mois doivent par conséquent être impérativement sans gluten.

Quel type de farine choisir ? De manière générale, on aura recours aux farines instantanées (1er âge) qui, ajoutées au biberon de lait, donneront une bouillie plus ou moins épaisse. Il existe aussi des farines « prêtes à l'emploi » déjà mélangées au lait.

FRUITS ET LÉGUMES, PAR QUOI COMMENCER ?

Les fruits et les légumes apportent eau, vitamines, sels minéraux, glucides et aussi, ce qui est nouveau pour le bébé, des fibres. Faites-lui goûter une variété de fruit à la fois, en commençant, par exemple, par une compote de pommes. Proposez lui à la cuillère ou s'il refuse melangez au biberon de lait. Quelques jours plus tard, testez la compote de poires en utilisant des fruits mûrs sans ajouter de sucre et ainsi de suite. Veillez à choisir des fruits peu allergisants.

Au bout d'une dizaine de jours, vous pourrez lui proposer quelques cuillères de purée de haricots verts, s'il refuse mélangez quelques cuillères au biberon de lait.

Le fait d'introduire les fruits et les légumes les uns après les autres, permet d'apprécier la tolérance de chaque aliment donc l'absence d'allergie mais aussi de favoriser l'apprentissage du goût.

Sachez à ce propos que ce n'est pas parce que vous n'avez pas apprécié le goût d'une préparation de légumes ou de fruits qu'il en ira de même pour votre enfant.

CONSEIL DE BÉATRICE :

La régulation des apports alimentaires s'effectue sur 1 à 2 semaines et l'appétit du nourrisson est toujours très variable.

Vous devez faire confiance à votre enfant qui sait très bien ce qui est bon pour lui.

Ce que vous devez retenir :

• *Inutile de donner du jus de fruits les premières semaines de vie. Le lait maternel ou maternisé contient assez de vitamines C.*

• *La diversification est retardée à 6 mois en cas d'allergie chez les parents, surtout pour les aliments très allergisants comme œuf, poisson, fruits, arachide.*

• *Ne cherchez pas à réduire la part des graisses dans l'alimentation de l'enfant, elles sont importantes pour la construction de son cerveau.*

• *Les apports protéiques ne devront pas dépasser 1,5 g/kg/j.*

• *Ne pas ajouter de sucre (risques de caries et d'obésité).*

• *N'ajoutez pas de sel dans l'alimentation à cause de la faible capacité d'épuration rénale.*

• *Ne forcez pas votre bébé à manger.*

ÉVEILLER SES PAPILLES

Les fruits et légumes frais ou surgelés, quand ils sont mixés et préparés par vos soins, ont aussi leurs avantages : à la différence des petits pots, ils ont généralement conservé leur couleur, leur parfum, leur saveur, leur texture, et de ce fait se prêtent à un apprentissage du goût plus authentique… Mais ce n'est pas encore le moment de concocter à votre enfant de véritables petits plats ; il s'agit juste pour le moment d'éveiller ses papilles gustatives.

LES LAITAGES

Votre bébé est nourri principalement de lait. Par conséquent, il ne manque pas de protéines de lait. Lui faire goûter un petit-suisse avec un peu de compote peut l'aider à se familiariser avec la cuillère.

LA CUILLÈRE : LE DÉBUT D'UNE AVENTURE

Avec l'introduction des purées et compotes, Bébé va devoir apprendre à manger à la cuillère. C'est là toute une aventure pour lui et pour vous et les débuts risquent d'être épiques. De prime abord, Bébé n'appréciera pas cet objet dur et froid qui le déroute. La tétine et *a fortiori* le sein étaient d'un contact bien plus agréable et plus « naturel ». Il va peut-être repousser la cuillère ou la refuser, ou au minimum fermer hermétiquement la bouche et détourner la tête. Insister un peu trop risque d'être très salissant pour le petit ange… et pour vous ! Mieux vaut y revenir un peu plus tard, avec une cuillère plus petite, en plastique plutôt qu'en métal ou, au besoin, tiédie.

LES PETITS POTS SONT BIEN PRATIQUES

En ce qui concerne les fruits et légumes, les petits pots sont rigoureusement adaptés aux besoins du nourrisson, leur teneur en nitrates et en résidus de pesticides est très limitée et contrôlée, ce qui constitue un net avantage sur les fruits ou légumes frais ou surgelés issus de l'agriculture conventionnelle, dont certains comme la carotte ou l'épinard ont tendance à accumuler les nitrates. On peut aussi faire le choix du bio qu'il s'agisse des petits pots, du frais ou du surgelé (voir p. 176).
Pour ce qui est des vitamines, la teneur des fruits et légumes en petits pots pour bébés est la même (par supplémentation) que celle des fruits et légumes frais, à l'exception de la vitamine C qui diminue très vite une fois les fruits cueillis et est donc mieux conservée en petits pots.

> ### • L'HABITUER À LA CUILLÈRE •
>
> Pour habituer votre petit, commencez, par exemple, par quelques cuillerées à café de compote à midi ou à 4 heures avant le biberon, ou alternativement quelques cuillerées de légumes.
> Si Bébé refuse, n'insistez pas. Réessayez quelques jours plus tard, en le laissant entre-temps jouer avec sa cuillère pour qu'elle lui devienne familière (mettez, par exemple, une cuillère dans son lit).

Une Maison verte pour se ressourcer

Accueillantes et ouvertes sur la vie, la Maison verte et les structures qui s'en inspirent reçoivent parents et enfants et proposent des conversations en toute liberté avec des psychologues de la petite enfance.

Trop souvent, les jeunes mamans d'aujourd'hui sont coupées de leur famille et passent leurs journées en tête-à-tête avec leur nouveau-né, dans la solitude. Par ailleurs, bien souvent elles ne se reconnaissent plus dans le modèle éducatif des générations passées. Si, tel est votre cas ou si, tout simplement, vous souhaitez rencontrer d'autres mamans dans un lieu bienveillant, la Maison verte ou ses émules seront à votre écoute dans toute la France.

UN PROJET INNOVATEUR

Pour réaliser ce beau projet, il a fallu trouver un financement. La notoriété de Françoise Dolto a contribué à convaincre Simone Weil, en 1977, d'obtenir un financement de l'État au titre de « projet d'innovation sociale ». À cette époque la place de la femme évoluait au sein d'une société en plein changement. Les modes de garde connaissaient une véritable révolution sous l'impulsion du MLF. Les premières crèches sauvages voyaient le jour et se différenciaient franchement des crèches traditionnelles des années 1960 où il n'était pas rare de trouver des enfants attachés dans leur lit !

En 1979, la Maison verte ouvrait ses portes à Paris. À la même époque étaient créées les haltes-garderies pour permettre aux femmes d'exister quelques heures hors de la présence de leur enfant.

• L'IDÉE FONDATRICE •

Dans les années 1970, Françoise Dolto et Bernard This pensent qu'une prévention précoce pourrait éviter les problèmes qu'ils rencontrent quotidiennement chez les grands enfants et les adolescents qu'ils suivent dans les centres médico-psycho pédagogiques.

NI CRÈCHE NI GARDERIE

Françoise Dolto, qui a inspiré et a participé à la création de la Maison verte, aimait à dire que le principe en est « bête comme chou ». Ni guichet ni consultation, juste un espace ouvert où parents, grands-parents, nounous et enfants peuvent se rencontrer et se faire des amis. Mais c'est aussi un lieu informel d'écoute et de conseil. La Maison verte existe toujours et n'a rien renié de ses idéaux. On peut y parler du sevrage, du sommeil, de l'alimentation, de l'opposition, de la solitude ou d'autres difficultés qu'on n'a pas pu aborder ailleurs. Elle propose aux parents de les accompagner de la conception de l'enfant à l'âge de 3 ans. Les petits peuvent y apprendre à se socialiser et les grands y trouver des réponses à leurs questions. Parmi les accueillants, on conseille une présence masculine et un ou une psychologue-psychanalyste, simple présence attentive qui permet de libérer la parole.

C'est un espace ouvert ; entrée libre, pas de rendez-vous, pas de hiérarchie, respect de l'anonymat des visiteurs. Parents et enfants y disposent de lieux selon leurs besoins. Françoise Dolto y assurait régulièrement une permanence.

> **CONSEIL DE BÉATRICE :**
> *À chaque problème, une solution grâce à une discussion avec des professionnels. Mais pour les parents il est important d'observer comment les spécialistes des structures inspirées par la Maison verte règlent les pleurs et colères des petits et leur permet de reproduire les conseils et les explications afin d'installer les limites et interdits indispensables.*

Pour ce qui est de l'aménagement, elle tenait particulièrement à la présence d'une échelle menant à une plateforme équipée d'un miroir. L'enfant, une fois arrivé là, se trouve face à son image et, en même temps, à la même hauteur que les adultes. Il y a aussi une cabane et un point d'eau. Entre les deux pièces ouvertes, on a tracé une ligne rouge, afin que trotteurs et petits camions ne dépassent pas cette limite de façon à ne pas risquer d'écraser les petites mains de l'autre côté.

> **CONSEIL DE BÉATRICE :**
> *La Maison verte a fait des émules partout dans le monde, de la Case verde de Buenos Aires à la Maison ouverte de Montreal ; et plus récemment à Moscou. Pour retrouver l'adresse de la maison mère à Paris : http://lamaisonverte.asso.fr*

L'INFLUENCE DE LA MAISON VERTE

Tous les professionnels de la petite enfance ont été influencés par le fonctionnement de la Maison verte. Aujourd'hui, en crèche, une période d'adaptation systématique permet aux parents de nouer des relations de confiance avec la personne qui s'occupera de leur enfant. Des carnets de correspondance permettent de suivre ses progrès. En cas de problème psychologique, on peut consulter la psychologue attachée à la crèche.

On peut se demander pourquoi la Maison verte ne s'est pas multipliée pour venir en aide aux parents à travers toute la France. En fait, elle a inspiré une centaine de lieux dans l'hexagone dont une vingtaine à Paris, qui ne revendiquent nullement le label Maison verte, mais qui fonctionnent selon les mêmes principes. Dans l'idéal, les personnes qui y travaillent doivent avoir fait une psychanalyse et n'y sont présentes qu'un après-midi par semaine. Ces conditions ne sont pas systématiquement réunies, mais l'anonymat est toujours respecté. Le personnel ne se positionne jamais en thérapeute mais peut éventuellement conseiller quelqu'un.

Quand le père prend ses marques

Au 4ᵉ mois, le père investit pleinement son nouveau rôle car la jeune mère doit mettre un terme à la relation fusionnelle qui la liait à son enfant. Le couple se reforme et les parents ont désormais chacun leur place vis-à-vis de l'enfant.

Dès les premiers jours, Bébé différencie son père de sa mère en distinguant leur voix, leurs mains, leur odeur. À 4 mois, les sourires et la mimique adressés au père sont différents de ceux réservés à la mère.
À la naissance, le rôle du père se limite surtout à établir un lien fort entre la mère et l'enfant et à les protéger. D'ailleurs, lors des accouchements, on voit souvent le père envelopper littéralement le nouveau-né et la mère de ses bras. La jeune maman a alors besoin d'être reconnue et admirée en tant que mère. Quelques mois plus tard, le rôle du père consiste au contraire à aider la mère à se séparer de son enfant et à reprendre sa place dans le couple en tant que femme. C'est un moment délicat pour les jeunes parents où chacun choisit son rôle.

UNE NOUVELLE VIE COMMENCE

Nombreuses sont les femmes qui, après 6 mois, n'ont pas encore retrouvé leur vitalité et leur libido. Il s'agit donc pour l'homme de reconquérir sa femme qui souffre parfois d'une absence de désir liée à des phénomènes de sécheresse vaginale, de cicatrice d'épisiotomie, ou de seins volumineux et tendus en cas d'allaitement, qui retardent la reprise d'une sexualité épanouie. Certains pères ont aussi du mal à voir dans leur femme, devenue mère, une séductrice. D'autres n'acceptent pas sa grande disponibilité aux réveils nocturnes du bébé et le peu d'intérêt qu'elle témoigne à leurs caresses. Essayez de comprendre les hésitations de votre compagne et ne vous sentez pas exclu. Ne pensez pas que répondre aux pleurs nocturnes d'un nourrisson le transformera en tyran. Au contraire, s'il est rassuré, il pleurera moins.

PRENEZ VOS MARQUES

Tétées, changes, bains, câlins se suivent à un rythme fatigant et votre compagne, comme toutes les jeunes mères, se sent débordée. Même si elle a du mal à vous confier le bébé, proposez-lui de prendre en charge le biberon de nuit et profitez de ce moment pour un tête-à-tête en toute tranquillité avec votre bébé. Si elle allaite, allez chercher votre bébé, apportez-le lui, faites-lui faire son rot et changez-le avant de le recoucher ou suggérez à votre compagne de tirer son lait pour le biberon de nuit. Elle se sentira soutenue et comprise par vous. Ne craignez pas de ne pas faire exactement les mêmes gestes qu'elle. Votre bébé aimera vos mains souvent plus énergiques ainsi que votre manière de le porter près de votre cou. Comme sa mère, vous commettrez au début des erreurs mais ce n'est pas grave tant que vous procurez un sentiment de sécurité à votre bébé.

CONSEIL DE BÉATRICE :
Comme l'explique Boris Cyrulnik, neuropsychiatre et éthnologue, le père n'est plus ce héros lointain dont l'aspect grandiose initiait les enfants et les effrayait un peu. Plus que jamais, c'est le partage de l'affection et de la vie quotidienne qui nous rend père.
Pour le père aussi, quitter sa place d'enfant et devenir père à son tour ne se fait pas sans rupture et dépend de sa relation à son propre père.
Je vois en consultation beaucoup de pères qui ont du mal à trouver leur place dans cette nouvelle configuration à 3, voire 4, car aussi curieux que cela puisse paraître les problèmes peuvent survenir à la naissance du deuxième enfant.

• JOUER POUR MIEUX LE DÉVELOPPER •

Il est prouvé que la présence et l'attention du père permettent un meilleur développement de la coordination entre la vision et la préhension et une meilleure utilisation des jambes et des bras. Le « paternage » rendrait aussi l'enfant plus apte à nouer des relations avec d'autres adultes. Sachez donc que vos parties de rigolade à même le sol ou dans vos bras sont une part importante de son développement psychomoteur. En jouant avec votre bébé, n'oubliez cependant jamais qu'il est interdit de le secouer ou de le jeter en l'air pour le faire rire, vous risqueriez de léser gravement son cerveau (voir encadré p. 79).

LE MOMENT DE LA SÉPARATION

Le 4e mois est souvent pour la maman celui de la reprise du travail et de sa séparation avec Bébé. Comprenez ses craintes et aidez-la à vaincre ses angoisses en vous accordant avec elle sur le mode de garde. Si vous rentrez du travail avant elle, allez récupérer votre bébé et donnez-lui son bain ou le biberon du soir. S'il a des périodes de pleurs le soir, prenez le relais pour le calmer. Ne vous inquiétez pas, même si vous avez envie de « materner », vous ne le ferez pas comme une mère. Vos câlins sont différents. N'ayez pas peur non plus de votre part de féminité.

UNE DIFFÉRENCE BÉNÉFIQUE

Tous les psychologues s'accordent sur l'importance de la présence du père. Son rôle consiste à transformer la relation mère-enfant en relation triangulaire. Pour l'enfant, le père représente l'autorité lui permettant de grandir et d'affronter le monde extérieur. L'autorité n'est pas appuyée sur la crainte mais sur l'amour. L'enfant obéit pour avoir l'estime de son père. C'est vous, le père, qui l'aidez à se construire.
Vous êtes aussi la preuve qu'il est le fruit de l'amour entre votre compagne et vous. Il peut ainsi réaliser qu'il n'appartient pas seulement à sa mère.

DE PÈRE EN FILS

La relation que vous avez eue avec votre père jouera au moins inconsciemment un rôle dans votre relation à votre enfant et cela d'autant plus s'il s'agit d'un fils. Plus votre bébé grandit, plus vous avez envie de faire des choses pour lui et avec lui. Votre manière de jouer se différencie également de celle de sa mère. Au lieu de le blottir contre vous pour le protéger, vous l'invitez à découvrir le monde. Vous vous prenez à imaginer ce que vous ferez avec lui plus tard, et souvent ce sont des activités plutôt viriles. En effet, c'est à travers vous qu'il découvrira les différences qu'il y a entre les deux sexes.

> **CONSEIL DE BÉATRICE :**
> *Un livre plein de conseils :*
> *Superpapa pour débutants*
> *de Lionel Pailles, aux Éditions First.*

Le laisser en garde en toute sérénité

Votre bébé a bien trouvé son rythme quotidien. Pour vous, la vie sociale doit reprendre ses droits ; les amis, la famille et votre compagnon vous le font comprendre. C'est le moment de vous organiser pour renouer pleinement avec le monde extérieur.

Certaines mamans ont déjà repris leur travail et la garde est assurée au quotidien ; d'autres enchaînent avec un congé parental et passent beaucoup de temps avec leur petit. C'est le moment de penser à reprendre les sorties entre amis, les dîners en ville et les soirées en couple. Pour certaines mamans, c'est un véritable déchirement. Elles culpabilisent de ne pas consacrer tout leur temps libre à leur bébé.

ENTRE JALOUSIE ET PARTAGE

Jusqu'ici, les présentations de Bébé se faisaient le plus souvent à la maison. Grands-parents, oncles et tantes ont eu plusieurs fois l'occasion de le rencontrer, de le tenir dans les bras ou de lui donner un biberon. Les propositions de le garder une journée, un soir ou un week-end affluent. Vous ne vous sentez pas encore prête et parfois vous éprouvez un peu de jalousie en constatant qu'il se plaît dans d'autres bras que les vôtres. Vous êtes consciente aussi que votre compagnon espère secrètement retrouver des instants de convivialité et de sorties en tête à tête ou entre amis.

LE CONFIER AUX GRANDS-PARENTS

À première vue, votre mère paraît la personne idéale pour garder votre bébé, mais elle peut parfois être très critique. Si pour vous, il est important qu'elle suive vos instructions à la lettre, essayez de lui expliquer votre position afin de partir sur une bonne

base. Si vous êtes en accord, confiez-lui votre bébé sans crainte et profitez du bonheur de le savoir choyé par celle qui vous a élevée.
Si vous ne vous sentez pas à l'aise avec elle, préférez, dans un premier temps, faire garder votre bébé par votre sœur, votre belle-mère ou une amie. N'hésitez pas à permettre à ceux qui le souhaitent de changer ou nourrir Bébé. Votre enfant même s'il se plaît avec d'autres personnes de votre entourage ne vous en aimera pas moins pour autant.

" CONSEIL DE BÉATRICE :
À mettre en évidence pour la baby-sitter : consignes, numéros d'urgence et carnet de santé. Si votre bébé doit prendre un médicament, expliquez-lui précisément le mode d'emploi et la posologie et laissez l'ordonnance bien en vue pour qu'elle puisse si besoin vérifier les prescriptions. **"**

SAVOIR LE CONFIER LE CŒUR LÉGER

Quand la décision est prise de confier votre bébé le temps d'une sortie, parlez avec lui. Il sera rassuré de sentir que vous assumez pleinement votre choix. Avant de le laisser, présentez-lui la personne qui va le garder, dites-lui à quelle heure vous serez de retour. Ne partez jamais en cachette et confiez vous-même votre bébé à cette personne. Ne prolongez pas les adieux inutilement.

ORGANISEZ VOS SORTIES

Si vous avez la chance que les grands-parents soient disponibles et proches, il sera facile d'organiser vos sorties. Si ce n'est pas le cas, créez-vous un petit réseau pour pouvoir faire face aux sorties prévues ou non. Repérez parmi vos voisins ceux qui ont des enfants en bas âge. Vous pourrez faire plus ample connaissance, par exemple au parc. Proposez-leur un système d'échange et d'entraide si vous vous entendez bien. Peut-être, pourrez-vous même partager de temps à autre une baby-sitter ; le coût du baby-sitting augmente en effet considérablement le budget des sorties.

▪ FRANCHIR LE PAS ▪

Attendez le moment où vous vous sentirez prête à laisser votre bébé pour envisager des sorties ou des week-ends en amoureux. Soyez attentive au comportement de votre compagnon, cela vous aidera à franchir le pas.
On observe parfois que plus les mamans sont jeunes, plus elles confient facilement leur bébé.
Quand elles sont moins jeunes ou quand il ne s'agit pas de leur premier bébé, elles ont plutôt tendance à l'emmener partout avec elle.
C'est à vous de décider et personne ne doit vous juger ou critiquer vos choix.

Si vous souhaitez recourir aux services d'une baby-sitter, une rencontre s'impose toujours avant de lui confier votre enfant. Vérifiez qu'elle a un minimum de connaissances en hygiène et puériculture. Renseignez-vous sur sa situation familiale ; a-t-elle, par exemple, des petits frères et sœurs qui l'auront habituée à s'occuper de tout-petits ? Demandez-lui ses tarifs, et si vous êtes d'accord, respectez-les scrupuleusement. Dans un premier temps, commencez par lui faire faire 1 ou 2 heures d'essai.

PRÉVOIR... L'IMPRÉVU

Même si vous avez décidé de ne pas sortir régulièrement, un imprévu peut toujours survenir qui vous oblige à vous absenter. Il est donc important de prévoir un plan B pour ne pas être contrainte de quitter votre bébé dans une atmosphère de panique. S'il pleure au moment du départ, calmez-le, rassurez-le et partez seulement quand il est apaisé. Certains bébés « font la tête » au retour de leurs parents. Ils ont bien le droit de montrer que cette absence les a contrariés ! Si c'est le cas, serrez-le dans vos bras et câlinez-le pour lui montrer combien vous êtes heureuse de le retrouver.

" CONSEIL DE BÉATRICE :
Faites passer un petit test oral à votre baby-sitter pour savoir ce qu'elle ferait, par exemple en cas de fièvre. **"**

Jouer avec lui pour l'entendre rire

Jouer avec votre bébé, c'est d'abord le regarder, l'écouter et lui répondre. Il vous observe, il vous attend et il vous suit du regard. À 4 mois, il dort moins. C'est l'âge du rire aux éclats. Du bonheur à partager !

À 4 mois, votre bébé devient un véritable partenaire de jeu. Parmi ses objets il a des préférences. Instaurez aussi des moments de jeu durant lesquels vous vous consacrerez totalement à lui. Quand vous passez devant son lit et qu'il est réveillé, arrêtez-vous un instant pour lui dire un mot, l'appeler par son prénom ou lui tendre un de ces objets.

IL SAIT S'OCCUPER TOUT SEUL

Il continue à apprécier les mouvements de son mobile ainsi que les ombres que celui-ci projette sur le plafond. Toujours très observateur, il exprime désormais sa joie et son plaisir à les contempler. Il apprécie aussi la musique de son mobile. Si elle fait partie de son rituel d'endormissement, réservez-la à ce moment. Soyez souriante, parlez-lui et appréciez ses vocalises et ses rires qui sont sa réponse. Veillez cependant à ne pas laisser à sa portée des mobiles comportant des objets dangereux.

> **CONSEIL DE BÉATRICE :**
> *Trop de parents ne se sentent pas à l'aise avec leur enfant ni pour jouer, ni pour rire ou faire des grimaces.*
> *Pour vous faire aider, rendez-vous dans un centre comme Gymborée ou la Maison verte (voir p. 124) et apprenez à suivre votre instinct pour jouer avec votre enfant le rendre heureux. Chanter, danser, rire, tout est bon à condition de ne pas secouer votre bébé, ni le faire sauter trop violemment sur vos genoux, ce qui serait dommageable pour son jeune cerveau (voir encadré p. 79).*

Votre bébé a besoin de rêver. Il sait s'occuper tout seul, observer son entourage, jouer avec ses mains sans s'ennuyer. Quand il est réveillé, retirez-lui sa turbulette pour lui permettre de jouer avec ses pieds. La colonne vertébrale bien appuyée contre son matelas, il soulève sa tête et ses pieds musclant ainsi ses abdominaux...

PAS TROP DE PELUCHES

Amis et famille aiment offrir des peluches à Bébé, mais il ne faut pas, cependant, en couvrir son lit. On peut lui en laisser une ou deux et réserver les autres aux vrais moments de jeu où il les découvrira avec joie. Observez laquelle l'attire le plus et achetez-en un double si vous avez l'impression qu'il la choisit comme doudou.

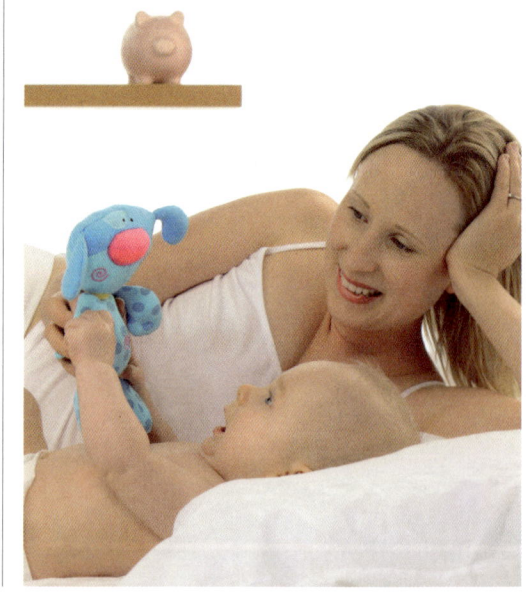

| PREMIERS JOURS | LE 1er MOIS | 2 À 3 MOIS | **4 À 5 MOIS** | 6 À 7 MOIS | 8 À 9 MOIS | 10 À 11 MOIS | 1 AN | 1 AN ½ | 2 ANS | 2 ANS ½ | 3 ANS |

4 À 5 MOIS — JOUER AVEC LUI POUR L'ENTENDRE RIRE

• DEUX POSITIONS POUR TOUT OBSERVER •

À la maison, vous pouvez continuer de pratiquer certaines activités avec votre enfant dans son porte-bébé. Installez-le, son dos contre votre ventre. Expliquez-lui ce que vous faites. Dites-lui où vous vous trouvez et à quoi sert cette pièce. Si vous passez devant un miroir, arrêtez-vous, faites des grimaces et riez en lui parlant. Il vous reconnaîtra et vous répondra même s'il n'est pas encore capable de s'identifier lui-même.
La position assise et inclinée du transat lui offre un autre horizon. Il peut ainsi vous suivre du regard, percevoir ce qui bouge dans la maison. Vous pouvez profiter de cette occasion pour lui faire connaître les premiers petits livres en chiffon ou en gros carton, faciles à tenir.

UN BONHEUR PARTAGÉ

Installez une couverture ou un tapis d'éveil par terre, sortez les peluches et quelques objets de forme, de couleur et de textures différentes.
Mettez votre bébé sur le dos et vous verrez qu'il vous tendra les bras pour jouer avec vous. En effet, c'est sur le dos qu'il a la plus grande liberté de mouvements. Présentez-lui des jouets qu'il pourra saisir de ses mains. Rappelons qu'entre 4 et 5 mois, Bébé ne sait pas encore se servir de son pouce et serre les objets entre les doigts et la paume. Nommez les couleurs, les formes ou les noms des animaux s'il s'agit de peluches.
Bébé aime explorer les objets avec les mains et la bouche. Continuez d'observer quels objets suscitent son enthousiasme et ses rires. Ensuite, posez-les à droite et à gauche de sa tête. Il se tournera et s'étirera pour essayer de les attraper. Laissez-lui le temps et aidez-le s'il n'y arrive pas.
Offrez-vous une partie de fou rire en le chatouillant doucement et en faisant courir les peluches sur lui.
Tournez-le ensuite sur le ventre. Ainsi installé, il est tout à fait capable de s'appuyer sur ses avant-bras, mais cette position est moins confortable que la position sur le dos, car sa tête est encore très lourde par rapport à la taille et au poids de son corps. Il s'épuisera assez vite, quelques minutes à peine, même si le temps pendant lequel il peut garder sa tête soulevée s'accroît progressivement. Placez-vous à plat ventre face à lui et encouragez-le à avancer vers vous. Dès qu'il montrera des signes de fatigue, prenez-le dans vos bras et, toujours par terre, roulez avec lui, de droite à gauche et de gauche à droite en le tenant fermement. Finissez la séance en riant aux éclats avec lui.
La qualité de ces échanges est très importante pour votre enfant.
Ne perdez pas de vue non plus que les séances de jeux sont aussi appréciées des jeunes pères et qu'il est important de leur réserver ces moments privilégiés qui renforcent leurs liens et créent une complicité entre eux (voir p. 126).

❝ CONSEIL DE BÉATRICE :
Jouer est essentiel pour le développement psychoaffectif de l'enfant car cela lui donne confiance en lui-même.
Le rire peut désamorcer une petite crise ou un petit chagrin.
Les parents sont toujours le partenaire de jeu idéal pour leur bébé.
Attention à l'excès de chatouilles.
Cela énerve l'enfant, surtout le soir, ce qui ne favorise pas l'endormissement. ❞

FAQ

Questions à poser : 4 à 5 mois

[+] MON BÉBÉ PEUT-IL MANQUER DE FER ?

De sa naissance jusqu'à 4 mois environ Bébé a, en règle générale, des réserves en fer suffisantes. Toutefois les enfants prématurés, les jumeaux, les enfants de petit poids en manquent souvent et doivent en recevoir plus que les autres.

Le lait maternel contient suffisamment de fer pour subvenir aux besoins de l'enfant jusqu'à 4 mois, sauf si la maman est elle-même carencée. Au-delà de cet âge, les réserves s'épuisent naturellement, c'est pour-quoi on doit augmenter les apports. Le lait de suite, enrichi en fer, convient parfaitement. Ensuite, la diversification apportera de nouvelles sources de fer : les viandes, le poisson, le foie et aussi les végétaux.

Si Bébé est pâle, paraît fatigué, manque d'appétit ou tombe souvent malade, vous pouvez évoquer avec votre pédiatre la possibilité d'une éventuelle carence en fer. Il prescrira un complément en fer ou une prise de sang pour vérifier le diagnostic. Si le manque de fer est confirmé, il en prescrira pendant 2 à 3 mois sous forme de préparation pharmaceutique. Attention, le Fumafer a tendance à constiper et le Ferrostrane et le Ferromiel peuvent donner des selles molles.

[+] LES BIBERONS EN PLASTIQUE SONT-ILS DANGEREUX ?

Le polycarbonate, dont sont constitués la plupart des biberons actuels, contient du bisphénol A (BPA), qui est libéré dans le lait lorsqu'on chauffe les biberons au four à micro-ondes.

Or, très récemment, les 6 plus gros fabricants américains de biberons ont décidé de renoncer au BPA. Des études américaines, canadiennes et anglaises, conduites chez l'animal, ont montré que l'ingestion de bisphénol A peut provoquer des désordres endocriniens, qui, à long terme, favorisent la survenue de certaines maladies (puberté précoce, cancer du sein ou de la prostate), du moins chez l'animal.

De son côté, l'Autorité européenne de sécurité des aliments (AESA) a déterminé en 2006 la dose de BPA maximale tolérable par l'organisme et a aussi montré que les taux de BPA ingérés par les bébés par l'intermédiaire de biberons chauffés au four à micro-ondes, étaient bien inférieurs à ce seuil. Ces conclusions rassurantes viennent d'être confirmées par l'AFSSA (Agence française de sécurité sanitaire des aliments).

Néanmoins, on peut espérer que les fabricants européens et français vont suivre le principe de précaution des firmes américaines. Vous pouvez, en vertu du même principe, choisir des biberons en plastique sans polycarbonate, des biberons en inox (il en existe), ou tout bonnement revenir au biberon en verre.

[+] J'AI OUBLIÉ DE LUI DONNER SA VITAMINE D…

La vitamine D est indispensable chez l'enfant pour prévenir le rachitisme, surtout pendant les deux premières années (voir p. 178). L'organisme en fabrique naturellement au niveau de la peau quand celle-ci est exposée aux ultraviolets solaires, mais pas en quantité suffisante, surtout dans les pays ou régions peu ensoleillées, et/ou chez les sujets dont la peau noire absorbe mal les ultraviolets.

Les laits maternisés, bien qu'ils soient enrichis en vitamine D, n'en contiennent généralement pas assez ; quant au lait maternel, il est très pauvre en vitamine D. D'où la nécessité de donner quotidiennement (dans une

cuillère et non dans le biberon) un complément de vitamine D.
Si vous oubliez d'administrer ce complément à votre bébé de temps en temps, voire plusieurs semaines de suite, ce n'est pas grave puisqu'il bénéficie des autres sources de vitamine D. Mais signalez-le à votre pédiatre qui adaptera le rattrapage en fonction de la durée de l'oubli et pourra recommander des doses trimestrielles.

[+] COMMENT SOULAGER LES POUSSÉES DENTAIRES ?

Pour calmer les douleurs dentaires, vous pouvez utiliser des anesthésiques locaux en gels tel le gel gingival Delebarre® (voir p. 148). On en applique une noisette sur la gencive au niveau de la partie gonflée et rouge, que l'on masse doucement à l'aide du doigt 4 à 5 fois par jour. Le paracétamol (oral ou en suppositoire) soulage aussi, de même que certains médicaments homéopathiques (granules de Chamomilla).
Mettez quelques heures un anneau de dentition au réfrigérateur, puis laissez Bébé le mordiller. Cela donne de très bons résultats sur la douleur, grâce à l'effet anesthésique local du froid.
Quant à essayer d'inciser la gencive, sous prétexte de faciliter l'éruption de la dent, que ce soit avec une cuillère ou un sucre, comme on le préconisait autrefois, il n'en est pas question, c'est à proscrire !

[+] MA FILLE A LE HOQUET POUR UN OUI POUR UN NON

Le hoquet est dû à une contraction involontaire et intermittente du diaphragme, associée à un blocage du passage de l'air au niveau de la glotte, ce qui provoque une vibration des cordes vocales, à l'origine du bruit caractéristique.
Un enfant qui a des hoquets fréquents en avait souvent déjà dans le ventre de sa mère, qui souvent a elle-même perçu ce hoquet pendant sa grossesse.
L'expérience montre que l'enfant tolère très bien le hoquet, beaucoup mieux que l'adulte, et aussi que les épisodes diminuaient spontanément en fréquence au fil du temps, pour disparaître le plus souvent au bout de quelques semaines ou mois.
Comment faire cesser l'épisode ? Il n'y a pas de solution miracle, un biberon d'eau peut aider, mais finalement, puisque ce hoquet ne gêne pas bébé, pourquoi ne pas se contenter d'attendre que cela passe ?

[+] MON FILS A SOUVENT DES ROUGEURS AU NIVEAU DES FESSES, COMMENT FAIRE POUR LES ÉVITER ?

Certains enfants ont une peau plus fragile que d'autres, et ont plus facilement des rougeurs. Quoi qu'il en soit, la cause principale de ces rougeurs est l'humidité qui règne dans la couche… contre laquelle il convient donc de lutter : changez les couches plus fréquemment, lors du change séchez parfaitement (sans frotter !). Si les rougeurs persistent, une fois les fesses bien propres et sèches, appliquez une pommade à l'oxyde de zinc ou une pâte à l'eau, qui protégera la peau du contact avec les urines et les selles. Enfin n'oubliez pas que l'air est un excellent remède contre les rougeurs : laissez bébé fesses nues dès que c'est possible.
La poussée dentaire augmente l'irritation du siège. En cas de persistance, méfiez-vous d'une surinfection mycosique ou bactérienne et consultez votre pédiatre.

6 à 7 mois : dialoguer avant la parole

- Il tend les bras pour qu'on le prenne et aime jouer à « coucou le voilà ».

- Il commence à comprendre ce qu'on lui dit et à jouer avec les sons de sa langue maternelle. Il peut dire des syllabes simples « ba » ou « da » et répond à son prénom.

- Quand on l'assied, il tient la position assise.

- Couché sur le dos, il peut se retourner sur le ventre et, peu de temps après, il est capable de faire l'inverse, à savoir passer de la position ventrale à la position dorsale.

- Couché sur le ventre, il se redresse désormais en s'appuyant sur les mains et non plus sur les avant-bras. Debout, soutenu sous les aisselles, il supporte son poids et commence à sautiller.

- Sa préhension est efficace : il saisit ses pieds dans ses mains et les porte à sa bouche. Il peut lâcher un cube pour en prendre un autre ou passer un cube d'une main à l'autre.

- Il acquiert la notion de « permanence » des objets et des personnes et les cherche quand il ne les voit plus. Il sait désormais que bien que disparus, ils existent encore.

Poids : environ 6 kg à 6,5 kg vers 7 mois
Taille : environ 66 à 67 cm vers 7 mois
Alimentation : 4 repas par jour , celui de midi comportant 10 g de viande ou de poisson et 150 g de purée de légumes, et 100 g de légumes le soir

Où en est son développement psychomoteur ?

Vers l'âge de 6 à 7 mois, votre bébé vous surprend par ses progrès et sa curiosité. Mais attention, n'oubliez pas que chaque enfant se développe à son propre rythme.

Le développement psychomoteur de l'enfant suit un schéma immuable. Il passe du contrôle de la tête à celui des mains, puis du tronc, pour finir par celui des jambes et des pieds pour l'apprentissage de la marche. Il diffère beaucoup d'un enfant à l'autre, selon sa personnalité, placide ou dynamique, mais aussi selon les stimulations de son entourage. Si vous comparez deux enfants du même âge, chacun d'eux aura un comportement, des réactions et des sources d'intérêt bien à lui. Les normes ne sont donc que statistiques, mais habituellement les capacités d'un enfant de 6 à 7 mois peuvent être décrites comme suit.

UNE ÉNERGIE DÉBORDANTE !

Vers le 6e mois, Bébé, peut se redresser sur les mains et faire le « petit reptile » en se traînant sur le ventre. À partir de cette position, il peut aussi basculer sur le dos.
Couché sur le dos, il fait des efforts pour relever la tête et les épaules, comme s'il voulait s'asseoir.
Face à vous, il tient très bien assis, avec appui, à 6 mois, puis sans appui, vers la fin du 7e mois, et peut regarder en tournant la tête dans toutes les directions. En revanche, il est encore généralement incapable de s'asseoir tout seul, il lui faudra pour cela attendre le 9e mois. Quand vous le maintenez debout en posant vos mains sous ses aisselles, il fait des petits bonds en tendant et fléchissant les jambes, ce qui l'amuse beaucoup.
Il réussit de mieux en mieux à se servir de ses mains pour jouer, et la préhension volontaire lui est désormais possible, mais il lui manque encore l'usage de la « pince » (pouce et index) et sa manière de saisir les objets est donc encore grossière et maladroite. Si vous

> **CONSEIL DE BÉATRICE :**
> *Il est important de stimuler son bébé sans le surstimuler. Quand vous l'installez sur sa couverture ou son tapis d'éveil pour jouer, laissez-le faire ses découvertes personnelles.*

lui tendez des objets colorés, il les attrape et peut les passer d'une main à l'autre ; il résiste si vous essayez de les lui reprendre. Il aime lancer les objets pour écouter le bruit qu'ils font quand ils tombent, mais surtout pour qu'on les lui ramasse et qu'il puisse les jeter de nouveau. Petit jeu dont vous vous lasserez sans aucun doute avant lui !

C'est aussi le moment de lui offrir un tableau d'éveil comportant des boutons divers et colorés émettant toutes sortes de bruits.

Il commence à savoir boire au gobelet et aime manger avec ses doigts des morceaux de biscuit ; il commence à se servir d'une cuillère. Évidemment cet apprentissage, très utile et plaisant pour lui, est très salissant. Ne craignez pas trop les désastres. Si vous gardez votre calme, le spectacle peut être réjouissant.

IL EST DE PLUS EN PLUS CURIEUX

Jusque-là, quand on lui cachait un objet, il ne le recherchait pas et cela n'avait pas l'air de l'intéresser. Il apprend maintenant progressivement qu'un objet peut continuer à exister hors de sa vue. Il le recherche donc des yeux, vaguement d'abord, puis avec de plus en plus d'insistance au fil des semaines. Il vient d'apprendre la « permanence de l'objet et des personnes », étape majeure de son développement qui prouve les progrès de sa mémoire. De ce fait, il aime aussi désormais jouer à cache-cache avec vous.

> **CONSEIL DE BÉATRICE :**
> *Évitez de dire en permanence « Attention ! ». À force, c'est inhibant et négatif. Au contraire, félicitez-le à chaque exploit. C'est ainsi qu'il aura confiance en lui.*

DU SON AUX SYLLABES

Depuis un certain temps déjà Bébé babillait et faisait des vocalises. Vers 6 à 7 mois, il commence à reproduire les sons qu'il entend. Il faut savoir qu'un enfant a potentiellement dès sa naissance la capacité de produire les sons de toutes les langues, mais il perdra au

▪ LA PEUR DES INCONNUS ▪

Bébé est désormais très attaché à vous ; s'il pense que vous allez partir, il ne veut pas vous lâcher ; si vous quittez la pièce, il se met à pleurer. Il joue avec plus d'enthousiasme quand vous êtes là qu'en votre absence. Il témoigne beaucoup d'attachement aux personnes de son entourage. En présence d'inconnus, il s'accroche à vous et cache son visage, ce qui n'est pas forcément facile à gérer si ces réactions apparaissent au moment où vous devez reprendre le travail et le confier à une nounou ou à une crèche !

Ne vous inquiétez pas, rapidement ces personnes inconnues lui deviendront familières. En outre, Bébé peut aussi témoigner beaucoup d'attachement à sa nounou, à sa grand-mère, ou à d'autres personnes de son entourage, sans que cela ne soit nécessairement lié au fait qu'ils le « nourrissent ».

fil des mois tous les sons qui n'appartiennent pas à sa langue maternelle (sauf s'il est né dans une famille bilingue utilisant couramment deux langues en sa présence...).

Au début, il utilisera des syllabes uniques, puis apprendra à les doubler. Sachez que si avant 8 mois, il semble dire « Maman » ou « Papa », il y a fort à parier que c'est par hasard qu'il a prononcé ces syllabes redoublées et qu'il n'a pas réellement dit ce mot que vous brûlez d'entendre et qui vous désigne ! Il est encore trop petit !

IL VOUS COMPREND

Parallèlement, il commence aussi à réagir quand on l'appelle par son prénom (voir p. 108) et comprend beaucoup de mots. Faites-le progresser en lui parlant de manière très expressive, d'une voix chantante, avec des intonations marquées et en accompagnant vos paroles de gestes expressifs (n'ayez pas peur du ridicule). Les comptines telles « Bateau sur l'eau », « Ainsi font, font », etc., accompagnées de balancements, toujours en douceur, et de chatouilles, ont aussi beaucoup de succès et constituent un bon moyen de communiquer. Votre bébé traduira son enthousiasme par des mimiques, des sons, des mouvements de bras, bref un dialogue s'installera.

Est-ce qu'il voit et entend bien ?

Vous observez votre enfant au quotidien et vous êtes la mieux placée pour détecter d'éventuels défauts visuels ou auditifs. Au moindre doute, parlez-en à votre pédiatre.

En cas de doute sur les capacités visuelles ou auditives d'un enfant de 6 à 7 mois, il est toujours temps de procéder à des tests.

OÙ EN EST LA VISION DE L'ENFANT À 6 MOIS ?

Son acuité visuelle est encore inférieure à la moitié de la capacité maximale, qui sera acquise entre 4 et 6 ans. Son champ visuel qui a un peu augmenté depuis la naissance est encore limité et n'égalera celui de l'adulte qu'à partir de l'âge de 2 ans. Depuis ses 3 ou 4 mois, sa vision binoculaire s'est organisée et lui permet d'avoir désormais une bonne perception du relief et une appréciation de la distance entre lui et les objets ou entre deux objets (profondeur de champ). Il a aussi appris qu'en ajustant sa posture, en se penchant ou en tournant la tête, il lui est possible de mieux voir ou de voir quelque chose qui sans cela ne lui serait pas visible. La vision peut être réellement testée entre 4 et 10 mois. Un examen est prévu à 9 mois par la Sécurité sociale, suivi d'un autre à 24 mois. En cas d'antécédents familiaux de troubles de la vision ou de signes évocateurs de déficit visuel, notamment si l'enfant ne dirige pas ses yeux vers une source lumineuse, ne sourit pas aux visages qu'il connaît, ou ne cherche pas à attraper les jouets qu'on lui tend, n'hésitez pas à faire tester sa vision dès 6 mois.

EST-CE QU'IL LOUCHE ?

Parfois, un repli à l'angle interne de l'œil (épicanthus) peut donner une fausse impression de strabisme, les premiers mois après la naissance. Ce phénomène s'atténue généralement au fil du temps. En revanche, s'il persiste après l'âge de 6 mois, il convient de consulter.

En dehors du préjudice esthétique, le strabisme peut avoir une incidence sur la vision de l'enfant, dans la mesure où Bébé s'habitue à ne « se servir » que d'un œil et pas de l'autre, ce dernier perdant de ce fait sa fonction (amblyopie). Sans vision binoculaire, l'appréciation du relief est imparfaite.

Pour évaluer la vision de votre bébé, consultez un ophtalmologue qui pratiquera divers tests comme ceux de « vision préférentielle », à l'aide de disques aux couleurs contrastées ou uniformes ou d'objets lumineux et sonores.

> **CONSEIL DE BÉATRICE :**
> *Voici quelques petits tests faciles que vous pourrez répéter sans aucun problème pour vérifier la vue et l'audition de votre enfant. Pour tester la vision, observez si votre bébé continue de sourire ou cherche à se débattre si vous lui cachez un œil puis l'autre. Dans le dernier cas, il faudrait procéder à des examens complémentaires chez un ophtalmologue.*
> *Pour tester l'audition, chuchotez ou claquez des mains derrière le dos de votre bébé pour observer ses réactions. En cas de doute, des examens chez l'ORL seront suggérés par votre pédiatre.*

EST-CE QU'IL ENTEND BIEN ?

Bébé commence à 6 mois à distinguer des sons éloignés. Il sait localiser les sons autour de lui, mais ceux qui viennent d'au-dessus ou d'en dessous de lui le déroutent encore.

Grâce aux sons qu'émettent les personnes de son entourage et qu'il tente de reproduire, il apprend à parler.

Vers 7 mois, il forme ses premières syllabes, avec consonnes et voyelles.

Chaque jour, il apprend un peu plus à recouper et intégrer les données recueillies par la vue, l'ouïe et le toucher.

Une audition de bonne qualité est indispensable pour l'apprentissage de la langue et de la communication. Comme pour la vue, un examen de l'ouïe est prévu par la Sécurité sociale à l'âge de 9 mois, mais il est nécessaire de s'assurer que votre enfant a une audition correcte avant cet âge car l'apprentissage des sons, des syllabes, puis des mots commence vers le 7ᵉ mois.

• POTENTIELS ÉVOQUÉS •

En cas de troubles auditifs, l'enregistrement des potentiels évoqués permet de mesurer la conduction électrique le long des trajets nerveux et ainsi d'évaluer un déficit auditif même très discret : en pratique, on émet un bruit devant l'oreille de l'enfant et grâce à des électrodes posées sur son cuir chevelu et ses oreilles, on recueille la réaction électrique à ce stimulus. L'intensité de la réponse électrique prouve les capacités auditives et permet éventuellement de mesurer le déficit. Les potentiels évoqués sont aussi utilisés pour l'étude de la vision ou de la sensibilité corporelle.

Votre vigilance permettra de dépister, avec l'aide du médecin, une déficience auditive. Pour cela, il ne suffit pas de relever les réactions de l'enfant aux bruits, vous devrez l'observer plus finement lorsque s'installe le babillage, vers 6 mois.

S'il tarde, s'il ne joue pas avec les intonations de sa propre voix, *a fortiori* s'il ne paraît ni attiré ni alerté par les bruits divers, vous devrez consulter un ORL car un trouble de l'audition est envisageable. Ce n'est pas parce qu'il vocalise, qu'il entend forcément bien. En effet ces vocalises sont instinctives et existent même chez un enfant malentendant.

DES ANTÉCÉDENTS QUI DOIVENT VOUS ALERTER

S'il existe des antécédents familiaux de surdité, si le bébé a contracté certaines infections *in utero*, s'il est prématuré, s'il a subi un traumatisme crânien ou une méningite, s'il a reçu de fréquents traitements antibiotiques ou encore s'il a fait de nombreuses otites, notamment des otites séreuses (sans douleur ni fièvre), vous devez absolument consulter un ORL.

Sachez que si les troubles de l'audition ne sont pas pris en charge suffisamment tôt, les préjudices peuvent être graves. L'appareillage ou la rééducation ne sont efficaces que s'ils sont entrepris assez tôt pour permettre une bonne intégration scolaire et sociale.

MON ENFANT • DE LA NAISSANCE À LA MATERNELLE

Installer le dialogue

Il s'intéresse à tout ce qui gravite autour de lui. Il tend les bras,
se déplace en poussant et rampant, glousse, vocalise et ainsi s'exprime.
Tout cela pour vous séduire. C'est l'âge où Bébé ne laisse personne indifférent.

Votre bébé essaie de communiquer. Ne le coupez pas dans ses élans qu'il exprime avec les moyens encore très limités d'un nourrisson de 6 à 7 mois. Ne le frustrez pas en estimant qu'il est incapable de comprendre vos réponses. Essayez plutôt de décoder son langage et de réagir à ses demandes. N'oublions pas qu'un dialogue peut être corporel, gestuel ou verbal.

> **CONSEIL DE BÉATRICE :**
> *Tout est langage chez l'enfant. Parlez à votre bébé, joignez les gestes à la parole. Grâce au travail de Françoise Dolto, on sait en effet qu'il faut parler au bébé dès sa naissance. Les mots sont plus importants qu'on ne le croit.*
> *Et les contacts corporels ont autant d'importance que la nourriture sinon plus.*

LA QUÊTE CORPORELLE

Désormais, il sait se retourner du dos sur le ventre et du ventre sur le dos, et il va adopter la position la mieux adaptée pour se déplacer et s'approcher de vous ou de l'objet désiré. Il sait maintenant ce qui lui fait plaisir et il essaie d'y parvenir. Installé sur le dos, il pousse les pieds en soulevant les fesses pour avancer. C'est assez pénible et la progression est lente. Certains bébés avancent sur le ventre en se balançant de droite à gauche et en s'aidant des bras et des pieds pour gagner quelques centimètres. Sachez apprécier ses efforts et faites-le lui savoir en l'encourageant, en le félicitant ou en le prenant dans vos bras en guise de récompense. Quand il ne parvient pas à ses fins ou si vous ne lui accordez aucune attention, il sait exprimer sa déception par des mimiques, des cris ou des pleurs. Ne négligez pas d'aller le voir tout de suite pour le rassurer ou le consoler.

Si vous l'avez installé dans un petit espace, entouré de coussins pour qu'il ne puisse pas se blesser, ce n'est pas pour autant qu'il n'a plus besoin de votre soutien ni de vos réponses. Ne soyez pas non plus exagérément interventionniste en lui tendant tout ce qu'il cherche à atteindre. Laissez-le faire en l'observant et ne l'aidez pas avant qu'il ne le demande. Il n'en sera que plus heureux d'avoir atteint son jouet ou de s'approcher suffisamment de vous pour vous toucher. C'est un dialogue gestuel que vous pouvez ponctuer de petites phrases comme « Donne-moi tes mains » ou « Je tiens tes pieds » ou encore « Tu aimes ce jouet, tu sens comme il est doux. » Vous le plongez ainsi dans un bain de langage qui le prépare aux échanges verbaux du futur. Renouvelez les jouets régulièrement pour qu'ils suscitent son intérêt.

> **CONSEIL DE BÉATRICE :**
> *Vous souffrez de ne pas être disponible à 100 % pour répondre aux sollicitations de votre bébé. Ne culpabilisez pas, mais dites-lui votre tristesse de ne pas toujours répondre présent. Terminez ce que vous avez entrepris, qu'il s'agisse du travail, de la maison ou de la famille. Une fois vos tâches terminées, occupez-vous de votre bébé l'esprit libre et rassurez-le sur votre amour.*

DES GESTES À LA PAROLE

Encore incapable de s'exprimer par des mots, il enregistre cependant avec beaucoup de talent les sons et les reproduit très bien. Il apprécie les intonations et les associe aux gestes et aux sourires ou encore aux expériences négatives. Il sait aussi détourner son regard quand il est déçu ou se sent rejeté. Ne le décevez pas et accompagnez tous vos gestes de paroles. Quand vous êtes obligée de vous dépêcher, par exemple en l'habillant, expliquez-lui pourquoi ; ainsi, il ne se sentira pas rejeté par des gestes un peu plus brusques que d'ordinaire qui peuvent lui paraître agressifs.

LES MIMIQUES ET LES MOTS

Votre tout-petit devient un spectateur enthousiaste ; c'est le moment d'exercer vos talents

▪ LES BÉBÉS ENTRE EUX ▪

Hubert Montagner, directeur du laboratoire de psychophysiologie à Besançon, a étudié, dans les années 70, les comportements de jeunes enfants entre eux ; des films ont été réalisés dans deux crèches jusqu'en 1981 qui ont permis d'observer que les enfants distinguent dès 6 mois différentes catégories de comportements grâce aux vocalisations qui y sont associées. Ces vocalisations, s'accompagneés de mimiques, de tapotements et de mouvements de bras, constituent un mode de communication entre les jeunes enfants, capable d'exprimer des offrandes, des sollicitations, des menaces et des agressions.

d'improvisation en jouant de vos mimiques les plus expressives que vous accompagnerez de paroles, bien sûr. Sur son visage, vous allez faire naître les mêmes expressions et des vocalises qui imiteront les vôtres. Avec un grand sourire, vous lui direz : « Je suis contente ». Attendez sa réponse avant de passer à votre « prochain numéro », au cours duquel vous prendrez un air triste ou surpris. Toutes les expressions peuvent y passer à condition de finir par une bonne partie de rigolade. Si votre répertoire personnel comporte des petits spectacles, des chansons avec mimiques et gestes à l'appui, c'est le moment de vous lancer, sinon, il existe de petits livres.

LES BÉBÉS COMMUNIQUENT ENTRE EUX

Si des amis ont un bébé du même âge que le vôtre, organisez une rencontre ; installez les deux enfants l'un à côté de l'autre par terre sur une couverture. Faites régner le calme autour d'eux pour éviter trop de distractions. Laissez-leur le temps de se découvrir et observez-les. Vous allez constater qu'ils se tournent l'un vers l'autre et tentent de se toucher. Vous pouvez aussi les installer face à face, chacun dans son transat. Vous verrez qu'ils se regardent les yeux dans les yeux et qu'ils tentent de s'imiter. Ils vont, là encore, essayer de se toucher et agiter leurs mains et leurs pieds pour s'atteindre tout en faisant des vocalises ou en poussant de petits cris. Leur envie de communiquer est manifeste.

Quel accueil spirituel pour l'enfant ?

Que ce soit pour donner un parrain ou une marraine à votre enfant, pour transmettre votre foi ou pour l'intégrer à votre communauté, vous souhaitez, en même temps, lui transmettre vos valeurs morales.

Dans toutes les cultures, il existe traditionnellement un rite d'accueil dans la communauté et l'enfant n'est considéré comme véritablement « né » que lorsqu'il est accompli.
Dans les grandes religions monothéistes, c'est à l'occasion de ce rite que l'enfant reçoit son prénom.

> **CONSEIL DE BÉATRICE :**
> *Transmettre sa foi, c'est donner des racines et des valeurs morales en s'appuyant sur des textes saints, mais être athée n'empêche pas de donner à son enfant des valeurs morales. Dans tous les cas, évitez de critiquer les religions et ceux qui les pratiquent. Donnez à l'enfant le droit de faire son choix en toute connaissance de cause, sans l'influencer.*

Toutes les confessions chrétiennes — catholique, orthodoxe ou protestante — reconnaissent la même valeur au baptême et suivent sensiblement le même rituel, à tel point que le baptême donné selon les usages de l'une est reconnu par les autres. Les gestes et les paroles du prêtre ou du pasteur sont sensiblement les mêmes ; eau et huile sainte sont les signes du baptême dans les différents rituels. Chez les catholiques, le baptême a lieu en principe un dimanche, dans les mois qui suivent la naissance, dans la paroisse des parents, en présence des parents, mais aussi du parrain et de la marraine. L'enfant est vêtu de blanc. La cérémonie comporte quatre actions successives : l'imposition des mains par le prêtre, les onctions, la profession de foi, puis le baptême à proprement parler. Au cours de celui-ci, le prêtre trace le signe de croix sur le front du baptisé, puis y verse de l'eau, puis de l'huile sainte. Un cierge est allumé, que tiendra le parrain ou la marraine. L'acte est transcrit sur un registre. La famille et les amis se retrouvent après la cérémonie pour une petite réception durant laquelle on offre médailles religieuses, gourmettes, timbales et autres cadeaux à l'enfant.

Chez les protestants, on baptise l'enfant plus tard afin qu'il comprenne la signification du rituel. Le baptême a lieu en présence du parrain et de la marraine, au temple, un dimanche devant toute l'assemblée des fidèles. Des prières sont dites et l'enfant reçoit de l'eau sur le front. Ensuite a lieu une bénédiction finale. La cérémonie est très simple.

Chez les orthodoxes, le prêtre donne son prénom à l'enfant 8 jours après la naissance, dans l'église, en traçant sur son front, sa bouche et sa poitrine le signe de croix.
Le baptême a lieu 40 jours après la naissance, en présence du parrain et de la marraine. Il se fait par immersion : l'enfant nu est plongé trois fois dans l'eau. Immédiatement après, on procède à la confirmation par onction d'huile sainte, puis à la communion avec des miettes de pain et quelques gouttes de vin.

Dans la religion musulmane, à la naissance de l'enfant, on se penche à son oreille droite pour prononcer un appel à la prière, puis à son oreille gauche pour annoncer le début de la prière. Le rituel d'introduction de l'enfant dans la communauté a lieu 7 jours après la naissance. Il consiste à donner à l'enfant (garçon ou fille) son prénom musulman (choisi parmi ceux des descendants de Mahomet) et à lui raser la tête en signe de purification. Un mouton est sacrifié à cette occasion et une fête est organisée pour le manger.

La circoncision existe chez les musulmans, mais elle n'a pas la même valeur que chez les juifs. Elle est traditionnelle, mais non prescrite par le coran, et est pratiquée entre les 5 ans et la puberté de l'enfant musulman. Selon les pays et les coutumes, les rites diffèrent, mais la circoncision est toujours une grande fête familiale et sociale.

Dans la religion juive, l'introduction dans la communauté passe pour le garçon par la circoncision qui est pratiquée 8 jours après la naissance, à la maison ou à la synagogue, en présence du père et d'un parrain choisi par lui. C'est le « mohel », une personne qualifiée choisie par le père, qui pratique la circoncision. Au cours de la cérémonie, il bénit l'enfant qui reçoit son prénom juif, puis récite des prières et lit des psaumes.

La fille, quant à elle, reçoit son prénom juif vers 1 mois, au cours d'une cérémonie qui a lieu le plus souvent à la synagogue. Ces cérémonies sont suivies d'une fête qu'il s'agisse d'une petite fille ou d'un petit garçon.

▪ ET POURQUOI PAS LE BAPTÊME RÉPUBLICAIN ? ▪

Le baptême civil ou républicain a pour but de faire entrer l'enfant dans la communauté républicaine. Ce rite remonte au décret du 20 prairial de l'an II de la République, c'est-à-dire du 8 juin 1794. Dans une même commune, le maire peut refuser de le célébrer, et son adjoint l'accepter, ou inversement... Il suffit de se renseigner. Le cérémonial n'est pas déterminé et ne constitue pas un acte d'état civil. Ce baptême ne sera donc pas inscrit sur les registres, et l'engagement du parrain et de la marraine de s'occuper de l'enfant si les parents disparaissaient n'a donc qu'une valeur morale.

QUAND LES CONVICTIONS DIVERGENT

Si vous êtes athée ou protestante et votre conjoint musulman ou juif, ou l'inverse ; ou encore si vous êtes tous deux athées au sein de familles très religieuses, qui font pression pour que l'enfant soit baptisé, quelle sera votre décision ? Sans pouvoir épuiser tous les cas de figure, vous pouvez décider de ne pas baptiser l'enfant pour lui laisser le choix de se faire baptiser ou non plus tard, dans la religion qu'il élira. Mais comment peut-on choisir vraiment une religion quand on n'a reçu aucune éducation religieuse, ne serait-ce que pour la rejeter ?

TRANSMETTRE DES VALEURS MORALES

La religion inculque des valeurs morales qui souvent reflètent celles qui sont généralement acceptées dans nos sociétés, et qu'il peut par conséquent être bon de respecter. D'autre part, le fond culturel de chaque pays s'étant construit sur la religion, on a besoin — même si l'on est un athée militant — de la connaître pour comprendre l'histoire avec un grand H et aussi nos racines.

> **CONSEIL DE BÉATRICE :**
> *Que l'on soit adepte d'une religion ou athée, la naissance est toujours l'occasion d'une fête... N'oubliez pas de faire des photos et de garder des souvenirs !*

MON ENFANT ■ DE LA NAISSANCE À LA MATERNELLE

Du biberon à la cuillère : quelle alimentation pour mon bébé ?

Des goûts différents, des textures nouvelles ; la diversification est une grande étape qui peut perturber sérieusement le quotidien de votre tout-petit.

À 6 mois, Bébé passe progressivement de la succion à la mastication, et même si les premières dents ne sont pas encore là, vous pouvez commencer à l'habituer à une nourriture plus consistante et de texture variable, plus ou moins homogène ou grumeleuse. Il commence à savoir se servir plus ou moins bien de la cuillère, mais ce n'est pas encore de tout repos ni pour vous ni pour lui !

CHACUN À SON RYTHME
Les premières dents n'apparaissent pas au même moment chez tous les enfants ; c'est pourquoi ils peuvent développer la capacité de mâcher à des périodes différentes. Il n'y a donc pas de règles générales pour commencer la diversification des aliments.
Actuellement la tendance est plutôt de la retarder, car il est désormais admis qu'avant

5 mois, jus de fruits, compotes, légumes risquent de provoquer des allergies (eczéma ou asthme). Au-delà de 5 mois, ce risque devenu faible, la diversification peut commencer, mais rien ne presse. En fin de compte, c'est le bébé qui décide : parfois jusqu'à 6 mois, voire au-delà, il se contente seulement de biberons de lait ; parfois il commence dès 5 mois à boire moins bien, à jouer avec la tétine : signe que le moment de la diversification est arrivé.

À 6 mois, le lait de suite a remplacé le lait 1er âge. Les farines (qui ne sont plus considérées comme indispensables) ont déjà été introduites car elles permettent un épaississement progressif des biberons.

COMMENT RÉUSSIR LA DIVERSIFICATION ?

En diversifiant l'alimentation du bébé, on installe aussi un rythme de 4 repas par jour. On peut proposer un biberon de lait le matin, (avec ou sans farine) ; à midi, à la cuillère, une purée de légumes et un laitage, éventuellement une compote ; au goûter, à la cuillère, une compote et un biberon de lait. Entre les repas, vous lui donnerez un petit croûton de pain (qu'il détrempera à souhait de sa salive et sur lequel il fera ses dents), le soir un biberon de lait avec de la farine et/ou des légumes et/ou une compote.

Bien entendu ce régime type ne sera pas instauré du jour au lendemain, mais établi en fonction du rythme et des goûts propres de votre bébé qui peut être dérouté au premier abord par les saveurs ou les consistances.

S'il refuse un mets proposé, inutile d'insister. Vous avez tout le temps de réessayer plus tard, dans le calme, car répétons-le, rien ne presse.

> **CONSEIL DE BÉATRICE :**
> *Utilisez un appareil qui permet de cuire à la vapeur et de mixer les aliments. Comme les quantités nécessaires sont très faibles au début, répartissez les purées dans des bacs à glaçons permettant de prélever uniquement ce qui est utilisé dans l'immédiat.*

▪ LE SUIVI DES COURBES ▪

À la naissance, Bébé pèse en moyenne 3,25 kg et mesure 50 cm. Il double son poids de naissance entre 5 et 6 mois et le triple vers 1 an.

Entre 6 et 7 mois, son poids atteint environ 6 kg et sa taille 66 cm.

Il faut bien se rendre compte que ce ne sont là que des valeurs moyennes ; parmi les enfants comme parmi les adultes, certains sont « petits », d'autres « grands », certains « minces », d'autres « enveloppés », sans que cela ne soit pour autant anormal. Pour évaluer l'évolution de votre enfant, rien ne vaut les courbes tracées dans le carnet de santé, sur lesquelles votre médecin reportera les valeurs de poids et de taille qu'il a mesurées à chaque visite. Il établira également l'IMC (indice de masse corporelle, voir p. 186). Le suivi de ces courbes lui permet de détecter au premier coup d'œil une « cassure » du poids, de la taille ou des deux, traduisant un trouble de développement staturo-pondéral.

FRUITS OU LÉGUMES ?

On peut commencer la diversification aussi bien par des fruits que par des légumes. Le principe est d'introduire un fruit ou un légume pendant quelques jours, puis un nouveau, encore pendant quelques jours, et ainsi de suite, en variant couleurs, textures, saveurs pour que Bébé apprenne à reconnaître les différents aliments. Il apprendra les mélanges et les associations de deux ou plusieurs de ces aliments. C'est ainsi que d'étape en étape il développera son sens du goût.

PETITS POTS...

Si pour des raisons diverses vous préférez, compte tenu de leur facilité d'emploi, avoir recours aux petits pots, faites-le sans culpabiliser, car ils sont parfaitement dosés, contrôlés sur le plan bactériologique et adaptés aux besoins des bébés quant à leur contenu en vitamines et sels minéraux, en particulier en sodium.

Si vous goûtez des petits pots, ils vous paraîtront fades. Ils sont en effet peu salés, à la différence des conserves pour adultes. C'est précisément le but recherché, car le sel en excès, comme nous le verrons, peut avoir des effets délétères à long terme.

...OU PETITS PLATS DE MAMAN ?

Bien sûr, pour ce qui est du goût, en bonne mère, vous pensez qu'il préférera au petit pot un petit plat préparé par Maman... Sachez toutefois que tous les bébés ne semblent pas partager ce point de vue ! Alors, si vous êtes disponible et ne craignez pas qu'éventuellement le petit ingrat ne boude vos préparations, lancez-vous. Il existe des petits robots permettant de cuire à la vapeur et de mixer de petites quantités. Vous pouvez congeler le restant en utilisant un bac à glaçons et décongeler les galets selon vos besoins.

Bébé découvrira grâce à vos petits plats le goût inégalable des légumes et des fruits frais ou congelés, mais pour ce qui est des vitamines, n'espérez pas lui en apporter plus que ne le feraient les petits pots, car aussi frais que soient les fruits et légumes quand vous les achetez, il y a de grandes chances qu'au moment de leur consommation, le taux de vitamines ait déjà considérablement baissé, ce qui n'est pas le cas avec les petits pots.

Pour les préparations maison, vous choisirez de préférence des fruits et légumes de saison issus de l'agriculture biologique ce qui garantit une production sans engrais ni pesticides et une cueillette à maturité donc une meilleure teneur en vitamines. Fruits ou légumes frais seront systématiquement bien lavés, cuits et mixés. La pomme de terre peut servir de liant pour chacun des légumes introduits. Pour améliorer le goût de certains légumes, du parmesan râpé peut être mélangé en petites quantités aux purées.

Attention ! Vous éviterez à cet âge les légumes au goût trop prononcé ou trop riches en fibres ou encore allergisants : tomate, céleri, petits pois, artichaut, chou, navet, poireau, oignon... Vous éviterez aussi les fruits allergisants comme le kiwi, ainsi que les noix, noisettes et amandes, pour la même raison.

INTRODUCTION DE LA VIANDE, DU POISSON ET DE L'ŒUF

Pour introduire la viande, vous pouvez attendre l'âge de 8 à 10 mois. Si toutefois, vous souhaitez le faire plus tôt, vous pouvez commencer par de la volaille en en proposant entre 10 et 15 g, bien mixés (1 à 2 cuillères à café). Tant que Bébé boit du lait, riche en protéines animales, donner de la viande n'est pas vraiment nécessaire, vous n'en proposerez donc qu'avec modération.

Le poisson, lui aussi riche en protéines, frais ou surgelé, sera poché, mixé et proposé à la place de la viande en quantité équivalente. Vous attendrez pour introduire l'œuf. Chez les enfants à tendance allergique et/ou dont

> **CONSEIL DE BÉATRICE :**
> *Prenez votre enfant sur vos genoux pendant que vous mangez. S'il essaie de porter à la bouche ce qui est dans votre assiette, c'est qu'il est prêt à manger à la cuillère.*

> **CONSEIL DE BÉATRICE :**
> *À partir du moment où vous commencez à diversifier, il devient important de surveiller le poids de votre bébé en vous basant sur son IMC. N'exercez aucune pression sur lui en ce qui concerne l'alimentation. Écoutez ses envies et ne lui imposez rien. Soyez très souple dans la diversification et respectez la « néophobie » de l'enfant. Votre attitude contribuera à éviter des problèmes ultérieurs d'anorexie ou de surpoids. L'équilibre alimentaire ne se fait pas sur 1 journée, mais sur 1 semaine. Si votre bébé n'accepte que des fruits pendant 5 jours, cela n'a aucune importance, il mangera les légumes les jours suivants. Ne laissez s'installer aucun chantage autour des aliments.*

les parents ont des allergies connues, il peut être préférable de retarder de quelques mois l'introduction du poisson et aussi de l'œuf. Pour apporter un minimum de lipides, une noisette de beurre cru ou une cuillère d'huile végétale (en évitant l'huile d'arachide qui est allergisante) sera ajoutée aux légumes.

DES LAITAGES AU MENU

Les laitages (petits-suisses ou yaourts) feront aussi partie du menu. Ils seront choisis de préférence pour bébé, c'est-à-dire d'une teneur en sucre plus faible et enrichis en acides gras, fer et vitamines.
À mesure que progresse la diversification, la part du lait maternisé dans l'alimentation diminue ; les apports en fer, vitamines et acides gras essentiels diminuent en proportion. Les laitages pour enfant permettent de remédier à cette situation.
Si vous ne trouvez pas de laitages pour enfant, il n'y a pas d'inconvénient majeur à donner à Bébé — à titre exceptionnel et faute de mieux — des laitages pour adulte.

POUR UNE DIVERSIFICATION RÉUSSIE

Avec la diversification, la quantité de liquide absorbée à chaque repas diminue, il faut là encore penser à compenser en proposant de l'eau (eau en bouteille faiblement minéralisée)

▪ VITAMINE D ▪

Dès la naissance, il est important de donner au bébé de la vitamine D pour prévenir le rachitisme. Les laits maternisés en sont enrichis, mais le lait maternel en contient peu. Il convient donc d'ajuster des doses en fonction du lait donné. Il est recommandé de donner 1200 unités internationales de vitamine par jour (sous forme de gouttes) à l'enfant nourri au sein et 400 à 800 unités à l'enfant nourri au lait maternisé. Ce traitement devra être poursuivi jusqu'à 18 mois (voir p. 178).

en toutes circonstances, surtout quand il fait chaud… La diversification est l'éducation des habitudes alimentaires de votre enfant, il faut donc veiller à ne pas l'habituer à manger trop salé, trop sucré, trop protéiné et trop gras, car l'habitude de trop manger favorise le développement progressif d'une obésité et de certaines maladies (hypertension, diabète…).

LA CUILLÈRE, UN JEU DE PATIENCE

Dans son apprentissage de la cuillère bébé progresse… lentement ! Maman, Papa, mais aussi Bébé, doivent faire preuve de beaucoup de patience et de philosophie. Après avoir joué avec le contenu de son assiette, il n'est pas rare qu'affamé, Bébé réclame avec véhémence un biberon. Avec le temps cependant, il s'habituera à la cuillère, prendra plaisir à l'utiliser et finira son assiette sans problème.

Les premières dents

Toujours attendue avec impatience par les parents, l'apparition des premières dents est aussi associée aux pleurs et à la douleur du bébé.

Au cours des 30 premiers mois de sa vie, Bébé va agrémenter ses gencives de 20 magnifiques dents de lait. Les premières dents à apparaître, sont, en principe, les 2 incisives médianes du bas, vers l'âge de 6 mois (elles seront aussi les premières à tomber vers l'âge de 6 ans…), mais l'on observe beaucoup de variations dans ce domaine. Parfois elles apparaissent à 4 mois, voire plus tôt (il y a même des bébés qui naissent avec une dent !) ou au contraire vers 1 an, voire plus tard !

En principe, après l'éruption des 2 incisives inférieures à 6 mois, l'éruption des 2 incisives médianes supérieures doit survenir vers 8 mois, celle des 2 incisives latérales supérieures vers 10 mois, celle des 2 incisives latérales inférieures vers 1 an… Ensuite viendront les 4 premières molaires (2 inférieures et 2 supérieures) entre 1 an et 18 mois ; les 4 canines (2 inférieures et 2 supérieures) entre 18 et 24 mois, et pour finir, les 4 secondes molaires (2 inférieures et 2 supérieures) entre 24 et 30 mois.

> **CONSEIL DE BÉATRICE :**
> *Les dents de lait sont plus sensibles aux caries en raison de la minceur de leur émail. À éviter : le biberon de lait ou d'eau sucrée avant de s'endormir. Les dents risqueraient de macérer dans le saccharose, ce qui provoquerait des caries. Dans des cas extrêmes, l'enfant se retrouve avec toutes les dents noires et cariées. Ces caries risquent d'attaquer les cellules constructrices des dents définitives.*

LES POUSSÉES DENTAIRES

L'éruption des dents de lait donne lieu à des poussées dentaires, que les mamans connaissent bien. Lors de ces poussées, Bébé est souvent grognon, dort mal, a moins d'appétit, salive beaucoup et ses joues sont un peu rouges. Il a parfois les fesses irritées, de légers troubles digestifs et une petite fièvre aux alentours de 38 °C.

Un tel tableau ne doit pas être systématiquement imputé à une poussée dentaire, car il peut aussi correspondre à d'autres affections telles qu'une rhinopharyngite ou une otite débutante. (Tout en sachant qu'otite et rhinopharyngite surviennent souvent à l'occasion de telles poussées.)

L'existence d'un gonflement et d'une rougeur de la gencive confirmera qu'il s'agit bien d'une poussée dentaire.

Ces manifestations ainsi que les douleurs qui les accompagnent sont plus ou moins marquées selon les enfants.

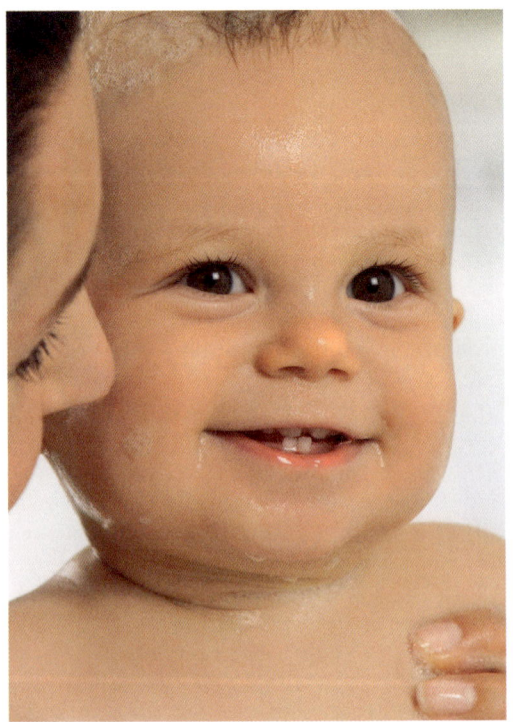

CALMER LA DOULEUR

Pour calmer la douleur on peut utiliser des anesthésiques locaux sous forme de gel (gel gingival Delabarre®), avec lesquels on peut masser doucement la gencive au-dessus de la dent plusieurs fois par jour ; du paracétamol par voie buccale ou en suppositoires, qui soulage bien la douleur et l'inflammation de la gencive ; il existe aussi des médicaments homéopathiques.

Un anneau de dentition préalablement placé durant quelques heures au réfrigérateur peut aussi calmer ces douleurs ; le froid a en effet un pouvoir anesthésique local.

Les pratiques traditionnelles qui consistent à aider la gencive à percer pour « accélérer » sa sortie, avec une cuillère voire un morceau de sucre sont à proscrire.

> **CONSEIL DE BÉATRICE :**
> *Si votre bébé a besoin d'une tétine, préférez la forme anatomique plutôt que la classique qui a tendance à creuser la voûte palatine et à projeter les incisives en avant. Le modèle anatomique a une forme aplatie et moins de répercussions négatives que la classique.*

PRENDRE SOIN DE SES DENTS

Le sucre à tout âge est l'ennemi des dents, pas question de laisser Bébé s'endormir avec à la bouche un biberon d'eau sucrée ou de lait ou une tétine imprégnée de miel ou de confiture. Le contact prolongé et répété du sucre avec ses dents finit en effet par altérer l'émail qui protège la dent. C'est ainsi qu'apparaissent des caries. Celles-ci devront impérativement être soignées par un dentiste, bien que les dents de lait soient provisoires. Une infection à leur niveau peut en effet, par contamination, provoquer des lésions sur les bourgeons des dents définitives présents dans la gencive au-dessous de la dent de lait cariée.

Comment nettoyer ses dents À 6 mois, il est peut-être encore trop tôt pour envisager l'achat d'une brosse à dents pour nettoyer les 2 quenottes de Bébé, mais il est déjà

▪ LE FLUOR EST-IL NÉCESSAIRE ? ▪

Le fluor a longtemps été prescrit pour prévenir les caries dentaires. Certaines eaux minérales utilisées pour la préparation des biberons en contiennent une quantité suffisante. Dans ce cas, la supplémentation en fluor n'est donc plus nécessaire. On ne la conseillera que si, après un bilan des apports par l'eau et les aliments, ceux-ci apparaissent insuffisants, plus particulièrement chez les enfants de familles dans lesquelles les caries sont fréquentes. Dans ce cas, on aura recours à du fluor en gouttes, en fonction du poids de l'enfant, en se méfiant des surdosages. C'est ainsi que de 6 mois à 2 ans, on estime le dosage quotidien nécessaire à 0,25 mg de fluor. Les carences en fluor se traduisent entre autres par des caries dentaires, mais il faut aussi se méfier des apports excessifs qui sont vite atteints et provoquent une maladie, la fluorose, qui se traduit par des taches sur les dents et une perte de l'émail.

temps d'en prendre soin. N'oubliez pas de lui faire boire un peu d'eau après chaque repas afin de rincer l'émail de ses dents. Vous pouvez aussi les frotter délicatement avec une compresse imprégnée d'eau.

Otites... à répétition

Très fréquente à partir de 6 mois, l'otite suit généralement un rhume banal. Souvent douloureuse, elle inquiète les parents.

L'otite aiguë est une infection, par un virus ou une bactérie, de l'oreille moyenne, c'est-à-dire de la cavité de l'oreille qui est située derrière le tympan. Elle est très fréquente chez l'enfant et, si certains n'y sont pas sujets, nombreux sont ceux qui en souffrent chaque hiver, et souvent à répétition. L'otite est très fréquente entre 6 et 18 mois.

COMMENT SURVIENT L'OTITE

Les enfants sont sujets aux otites du fait que la trompe d'Eustache se draine moins bien chez eux que chez l'adulte. De ce fait, en cas de rhinopharyngite, les germes et les sécrétions y restent bloqués au lieu de s'évacuer vers le rhinopharynx. En outre, les défenses immunitaires sont encore faibles, très sollicitées et souvent soumises aux germes à l'origine des otites (haemophilus influenzae et pneumocoque ; d'où l'intérêt de vacciner les enfants contre ces germes).

L'otite survient donc généralement dans un contexte de rhinopharyngite avec fièvre, nez qui coule et toux, parfois conjonctivite, mais c'est avant tout la douleur qui la caractérise. L'otite est en effet très douloureuse, à tous les stades. Elle fait pleurer et crier Bébé, qui se touche l'oreille, particulièrement lorsqu'il est couché.

Au premier stade, l'infection provoque une simple inflammation de l'oreille moyenne, c'est l'otite congestive. Celle-ci peut évoluer

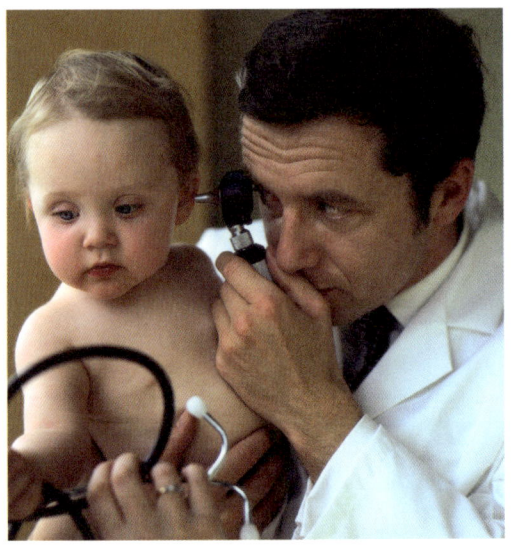

et s'aggraver par accumulation de pus derrière le tympan, formant un véritable abcès : c'est l'otite purulente.

UNE CONSULTATION INDISPENSABLE

Le pédiatre fera le diagnostic et déterminera le degré de gravité de l'otite. Si le tympan n'est pas bombé, mais seulement rouge et « dépoli » au lieu d'être blanc, il s'agit d'une otite aiguë congestive vraisemblablement virale. Aucun antibiotique ne sera prescrit à ce stade, uniquement des gouttes auriculaires contre la douleur et des médicaments pour calmer la douleur et/ou abaisser la fièvre. L'otite régressera spontanément dans les 24 à 48 heures. Si ce n'est pas le cas, il s'agit vraisemblablement d'une otite bactérienne avec accumulation de pus derrière le tympan. Le tympan est alors très bombé, voire percé avec un écoulement si l'oreille est vue plus (trop !) tardivement. Dans ce cas, le traitement antibiotique est indispensable, pendant une durée d'une semaine à 10 jours, même si

>  CONSEIL DE BÉATRICE :
> *Les otites s'améliorent quand le bébé commence à marcher et elles disparaissent vers l'âge de 18 mois. En cas d'otites persistantes ou de perte d'audition, des drains transtympaniques seront posés. En cas d'otites à répétition, il faudra rechercher une carence en fer et essayer un traitement par ostéopathie.*

l'enfant semble guéri au bout de 2 à 3 jours. Si le tympan ne s'améliore pas sous traitement et que la douleur est trop intense, une paracentèse, c'est-à-dire une incision du tympan, peut être pratiquée pour faire écouler le pus et soulager immédiatement la douleur. Dans les jours qui suivent l'incision, le tympan se refermera spontanément. Généralement, le traitement antibiotique permet d'éviter le recours à la paracentèse. Quand le tympan est percé, les gouttes auriculaires doivent être évitées (sauf prescription médicale).

L'OTITE SÉREUSE

Il est préférable de montrer l'enfant au pédiatre à la fin du traitement pour qu'il vérifie la guérison effective de l'otite. Si les antibiotiques ont été donnés trop tardivement, en quantité insuffisante, ou pendant un laps de temps trop court, *a fortiori* dans le cadre d'otites à répétition, l'enfant risque de développer une otite séreuse. Cette dernière est asymptomatique, et si le pédiatre ne fait pas le diagnostic lors de l'examen de contrôle après une otite aiguë, c'est une baisse de l'audition de l'enfant qui attirera l'attention des parents. Dans l'otite séreuse, l'otite aiguë est « refroidie » par le traitement mais non guérie. Un liquide épais persiste dans l'oreille moyenne, qui diminue fortement l'acuité auditive de l'enfant, ce qui peut retarder le développement du langage. Pour cette raison, il est bon de faire examiner systématiquement l'enfant par le médecin dans les 3 mois qui suivent une otite aiguë, pour vérifier que le liquide dans l'oreille moyenne s'est résorbé complètement. Si ce n'est pas le cas, l'enfant devra être traité — après l'âge de 18 mois — par la pose d'un aérateur dit « yoyo » dans le tympan, pour permettre la communication de l'oreille moyenne avec l'air extérieur et ainsi assécher et guérir l'otite.

PEUT-ON PRÉVENIR LES OTITES ?

Pour prévenir les otites, la première mesure consiste, bien entendu, à éviter d'exposer l'enfant au tabagisme passif, car les enfants sont beaucoup plus exposés aux rhinopharyngites ou aux otites dans un environnement pollué par la fumée de tabac. Emmenez-le aussi en toutes saisons se promener au grand air.

Apprenez à votre enfant à se moucher et en cas de rhinopharyngite, aspirez fréquemment ses sécrétions nasales avec un mouche-bébé et nettoyez ses fosses nasales avec du sérum physiologique (en position assise). Vous pouvez aussi relever sa tête de lit En cas d'otites et de rhinopharyngites fréquentes, le pédiatre s'assurera qu'il n'existe pas de reflux gastro-œsophagien, cause fréquente d'affections ORL et bronchiques.

L'ablation des végétations adénoïdes, en cas d'hypertrophie, peut être une mesure de prévention des rhinopharyngites et des otites, mais elle ne se fait généralement qu'à l'âge de 18 mois.

Il faudra enfin rechercher et traiter une éventuelle allergie, et vacciner les enfants contre l'haemophilus influenzae et le pneumocoque, surtout s'ils fréquentent une crèche.

> **CONSEIL DE BÉATRICE :**
> *Ne pas mettre le sérum physiologique dans le nez en position couchée, mais la tête relevée à 30°.*

> ■ **ATTENTION AUX OTITES APRÈS UNE BRONCHIOLITE** ■
>
> Les signes de début de la bronchiolite sont également ceux d'une banale rhinopharyngite : fièvre, toux, nez qui coule... La gêne respiratoire s'installe, empêchant Bébé de s'alimenter correctement. Sa respiration est rapide, il fait de grands efforts pour trouver son souffle, il est pâle et agité, refuse le biberon et régurgite. Comme dans l'asthme, on peut souvent entendre à distance, les sifflements de sa respiration, lors de l'expiration. Même une bronchiolite bénigne mérite beaucoup de vigilance. Une somnolence, une cyanose des lèvres, une pâleur marquée, doivent vous alerter tout particulièrement. Il faut appeler un médecin car à tous les stades de la maladie, une hospitalisation peut se révéler nécessaire, en cas de forte insuffisance respiratoire. Si l'enfant fait 3 bronchiolites ou plus au cours d'un même hiver, il faudra vérifier avec votre pédiatre qu'il n'est pas atteint en réalité de l'« asthme du nourrisson » (voir p. 117).

Le sortir en toute sécurité

Souvent véritable casse-tête, le choix de la poussette, du porte-bébé et du siège auto se fait en fonction de la sécurité et du confort du bébé, mais aussi de la fréquence d'utilisation, des trajets à faire et du coût.

Vers l'âge de 6 mois, Bébé doit passer d'un moyen de transport à un autre. Il va s'agir pour vous de déterminer comment, avec quelle fréquence et dans quelles conditions vous allez utiliser le matériel de transport avant d'arrêter votre choix.

LA POUSSETTE

Vous aviez peut-être opté pour une poussette dont la nacelle peut être remplacée par un siège adapté à l'âge de votre bébé. Elle se plie et se range facilement, et vous en êtes satisfaite.

D'autres familles préfèrent adopter, quand le bébé atteint l'âge de 6 à 7 mois une poussette à 3 roues pour partir en promenade prolongée ou en randonnée. Elle se range facilement dans le coffre de la voiture malgré sa taille. Elle est suffisamment haute pour ne pas placer le tout-petit au niveau des gaz d'échappement et elle permet un pas rapide puisqu'elle a une excellente suspension et roule très bien.

Vous avez peut-être attendu ce moment pour choisir une poussette légère qui prend moins de place et qui répond bien à vos besoins pour un petit trajet quotidien vers la crèche, sur un trottoir pas très large. Elle se plie d'une seule main et elle pèse moins lourd. Sachez cependant que sa suspension et son confort sont souvent moins bons.

Quel que soit votre choix, veillez à ce que la poussette soit dotée d'un habillage contre la pluie adapté et d'une bonne protection contre le soleil.

Lors de l'achat, réfléchissez aussi si vous préférez que votre bébé soit tourné vers vous ou vers la route (pour découvrir le monde !) avant de choisir le modèle. Sachant que jusqu'à 6/7 mois, face à vous il se sentira plus rassuré.

Comme tout matériel de puériculture, la poussette que vous achetez ou son emballage doit comporter la mention « conforme aux exigences de sécurité ».

On peut trouver des poussettes d'occasion en bon état.

LE PORTE-BÉBÉ DORSAL

Si vous êtes adepte du porte-bébé ventral ou de l'écharpe de portage, vous ne pourrez plus les utiliser quand votre bébé aura atteint 6 à 7 mois et vous devrez passer au portage dorsal. Le porte-bébé dorsal protège très bien l'enfant, dispose d'une protection contre le soleil et l'on peut le poser par terre, alors que Bébé est attaché à l'intérieur, sans risque de chute.

> **CONSEIL DE BÉATRICE :**
> *En choisissant votre matériel de puériculture et les accessoires, n'hésitez pas à vous faire expliquer longuement les mécanismes d'attache et les clips de déhoussage et revenez-y autant de fois que nécessaire si vous avez besoin de plus de précisions. Gardez toujours les factures, en cas de réclamation. Ne sous-estimez pas les dangers de la ville quand vous sortez votre bébé. Pensez aux sorties de garages, aux adolescents en rollers, aux motos roulant sur les trottoirs et aux voitures garées sur les passages cloutés. Méfiez-vous des trottoirs étroits et des voitures qui risquent d'accrocher la poussette. Gare aussi aux crottes de chien ! En absence de trottoirs, tenez-vous sur le côté gauche de la route, vous verrez mieux les voitures qui arrivent.*

LE SIÈGE AUTO

Achat indispensable pour tous les parents qui se déplacent en voiture, le siège auto doit répondre à des normes très précises (qui d'ailleurs ne sont pas les mêmes dans tous les pays européens) (voir p. 69). Veillez à ce que le siège auto puisse être installé facilement et en toute sécurité dans votre voiture en procédant à des essais avec Bébé lors de l'achat. Jusqu'à 9 kg, votre enfant devra être installé dos à la route.
Au moment où le changement du siège auto s'imposera, optez pour un modèle de bonne qualité avec une coque à double paroi qui protège également votre bébé des chocs latéraux. Lisez attentivement le mode d'emploi avant d'installer le siège et vérifiez la bonne adaptation des points de fixation à la voiture. Le harnais à 5 points qui maintient votre bébé doit être réglé en fonction de sa corpulence et de son habillement. Le déverrouillage doit être impossible pour votre enfant et rapide pour vous. Un siège bébé se passe généralement d'un enfant à l'autre ; veillez à ce qu'il soit déhoussable et lavable (tout comme pour le matériel d'occasion). Vérifiez toujours le numéro d'homologation gravé sur sa coque.
Quelle que soit la qualité d'une poussette, d'un siège auto ou d'un porte-bébé, votre bébé doit y être confortablement mais fermement attaché et ne doit pas y séjourner plus longtemps que nécessaire.

66 CONSEIL DE BÉATRICE :
*La sécurité n'a pas de prix et vous ne devez pas lésiner sur la qualité du matériel de puériculture pour faire de petites économies.
Il est indispensable d'attacher votre bébé correctement dans son siège auto ou dans sa poussette, même pour un petit trajet.
N'attachez pas trop de sacs à provisions sur les poignées car vous risquez de faire basculer la poussette.* 99

▪ COMMENT BIEN CHOISIR SA POUSSETTE ▪

- Si vous empruntez quotidiennement de courts trajets, privilégiez la légèreté et la maniabilité.
- Si l'utilisation de la poussette est surtout citadine, choisissez-la d'une hauteur suffisante pour protéger votre enfant des gaz d'échappement.
- Si vous habitez un immeuble avec ascenseur, choisissez la poussette en fonction de son faible encombrement et des dimensions de l'ascenseur.
- Si vous utilisez les transports en commun, prenez en compte la facilité du pliage.
- Si vous l'emportez fréquemment en voiture, pensez à la taille de votre coffre.
- Si vous souhaitez faire des randonnées, optez pour un modèle particulièrement bien suspendu et pourvu de roues de large diamètre.

6 À 7 MOIS

LE SORTIR EN TOUTE SÉCURITÉ

Les jumeaux : plus de fatigue mais plus de bonheur

Le nombre de naissances gémellaires a augmenté de 70 % depuis les années 1970. Les principaux facteurs de cette hausse sont sans doute l'assistance médicale à la procréation et l'augmentation du nombre de grossesses tardives. Comment gérer le quotidien après la naissance de jumeaux ?

Aujourd'hui, environ 15 mamans sur 1000, donnent naissance à 2 enfants. On distingue les vrais jumeaux (monozygotes, issus d'un seul œuf) des faux jumeaux (dizygotes, issus de deux œufs). Si le nombre de jumeaux monozygotes a peu varié, celui des jumeaux dizygotes a considérablement augmenté ; ce phénomène est sensible chez les mères de 37 à 39 ans en raison du pic hormonal survenant naturellement à cet âge. Mais, dans de nombreux cas, il est dû aux traitements contre l'infertilité.

> **CONSEIL DE BÉATRICE :**
> *Je constate qu'il faut en général entre 9 mois à 1 an aux parents, même très organisés, pour prendre leurs marques.*
> *S'il y a déjà un aîné, voire s'il s'agit d'une famille recomposée, on constitue vite une famille XXL. Quand une naissance multiple s'annonce, posez-vous les questions suivantes : le lieu d'habitation est-il suffisamment grand ? Faut-il changer de voiture ? Évaluez aussi le budget poussette, lit, vêtements… et entourez-vous de personnes fiables.*
> *Il y a des aides pour vous accompagner et vous soutenir, surtout les nuits des premiers mois. Renseignez-vous auprès de votre assurance ou de votre mutuelle.*

LA GROSSESSE GÉMELLAIRE

L'un des principaux risques d'une grossesse gémellaire est la naissance prématurée. C'est pourquoi, toutes les grossesses multiples bénéficient d'une surveillance médicale accrue, un arrêt de travail étant généralement proposé au 6e mois de grossesse.

L'annonce d'une grossesse gémellaire est souvent vécue comme un choc. En revanche, pour les couples qui ont subi des traitements contre l'infertilité pendant des années, cette nouvelle, plus ou moins attendue, peut être accueillie avec un grand bonheur. Toujours est-il que la grossesse sera plus fatigante, que la naissance se fera souvent par césarienne et que l'allaitement ou la fréquence des biberons et des changes mettront les parents à rude épreuve. Une forte implication du père sera alors indispensable.

LE CALME APRÈS LA TEMPÊTE

Après les 3 ou 4 premiers mois, vous êtes passés (parents) experts en jumeaux : 14 biberons, 14 rots, 14 changes, 64 câlins, 2 lessives par 24 heures, et vous n'avez pas oublié le bonheur du double premier sourire… Aujourd'hui, les bébés font généralement des nuits complètes, les mille gestes quotidiens sont devenus une routine et vous vous attaquez avec enthousiasme au Babycook et à la diversification : 4 petites mains dans la purée de carottes, un vrai bonheur ! Vous êtes désormais les parents de jumeaux épanouis et vous vous faites confiance, balayant d'un geste énergique les conseils de l'entourage.

Installés face à face, vos enfants communiquent par regards, gestes et par un babillage qui leur est propre. S'ils sont de vrais jumeaux, avec donc le même capital génétique, la ressemblance s'accroît au fil des mois car leurs différences physiques à la naissance, liées aux positions relatives

▪ DU BABILLAGE AUX PREMIERS MOTS ▪

Les jumeaux parlent parfois plus tard que les autres enfants, car ils développent un langage qui leur est propre. Pour les aider à sortir de cette relation trop exclusive, il est utile de parler à chacun individuellement, dès l'âge du babillage, en le regardant dans les yeux pour capter son attention. Efforcez-vous de réserver du temps à chacun pour communiquer exclusivement avec lui. Quand vous vous adressez à l'un de vos jumeaux, appelez-le par son prénom pour bien lui faire comprendre que vous vous adressez à lui en particulier.

de chacun dans l'utérus, s'atténuent. S'il s'agit de faux jumeaux, la ressemblance (ou la différence !) est celle de tous les frères et sœurs. Toujours est-il que vous êtes confrontés à un couple d'enfants qui a pris ses habitudes de cohabitation et de connivence. Il est important de réserver à chacun un espace et une attention particulière. Essayez de ne pas vous adresser toujours aux deux en même temps et appelez chacun par son prénom. Cela les aidera à se différencier, ce qui est difficile pour eux.

LES JUMEAUX SONT DEUX PERSONNES

Chacun des parents devrait avoir des moments de relation privilégiée avec chaque enfant afin que tous deux se sentent aimés des deux parents. Même si des préférences s'installent, évitez d'attribuer l'un au père et l'autre à la mère. Ne les habillez pas non plus de manière identique car ils ont besoin d'être reconnus, chacun comme un être unique...

« ÇA » COÛTE CHER

Pour tout le gros matériel mais aussi les couches, des associations (www.jumeaux-et-plus.fr) permettent des achats groupés moins chers ou la location. Il est indispensable aussi de vous renseigner auprès de votre CAF (Caisse d'allocations familiales) car les aides diffèrent selon les régions. Certaines caisses proposent des heures d'aide familiale, toujours appréciables pour

souffler un peu. Quand vous recevrez des amis, n'hésitez pas à leur confier vos bambins pour vous sentir libres un petit moment.

RETOUR À LA VIE ACTIVE

Si, comme c'est possible, vous décidez de reprendre votre travail, ne pensez pas que personne n'est capable de s'occuper de vos jumeaux. Si vous trouvez une place en crèche, il n'est pas utile qu'une même puéricultrice s'occupe des deux. Laisser à chacun un espace de liberté pour se développer individuellement est une bonne chose. Ils se retrouveront avec d'autant plus de plaisir à la maison, car ils ont besoin d'intimité.

CONSEIL DE BÉATRICE :
Il sera utile d'investir dans un canapé bien confortable, pour vous détendre, et dans de gros coussins, pour vous installer confortablement, à même le sol, avec vos bébés.

Bébé nageur ou bébé gym et jeux au quotidien

Ses possibilités de jeu s'accroissent, mais attention, il se lasse vite. Alors, partagez avec lui des activités que vous appréciez et sachez lui transmettre votre plaisir.

Votre bébé tient assis, avec appui et domine la situation sur 180° en tournant la tête. Ses possibilités de jeu s'accroissent considérablement. Tout éveille sa curiosité, sollicite sa mémoire, son intelligence, mais son temps d'attention est encore bref, il faut donc savoir changer d'activité avant qu'il ne se lasse.

LES JOUETS QU'IL PRÉFÈRE

À cet âge, un tableau de découverte est très approprié car Bébé a, à sa portée, une grande variété de boutons colorés. Il aime aussi particulièrement les jouets sur lesquels il peut frapper, qu'il peut empiler ou emboîter, les ballons colorés qui roulent et rebondissent, mais aussi les jouets improvisés : le papier que l'on chiffonne en faisant du bruit, les pots de yaourt vides, les boîtes en carton… tout est prétexte à échange avec l'entourage et à apprentissage.

OÙ ES-TU ?

Prenez soin de stimuler sa perception de la « permanence des objets » en jouant à cache-cache avec lui et lesdits objets.
Il est bon aussi de varier les jouets de Bébé, afin qu'il ne se lasse pas. Mieux vaut lui en présenter 1 ou 2 pendant quelques jours, puis les lui retirer pendant 1 ou 2 semaines, lui en proposer d'autres pendant quelques jours… ainsi il les retrouvera chaque fois avec plaisir.

LE BÉBÉ NAGEUR

À 6 ou 7 mois, les exercices physiques pour Bébé ne sont pas si nombreux, mais une activité physique devrait particulièrement lui plaire et lui faire beaucoup de bien : les cours de bébés nageurs. Ayant déjà connu un milieu liquide, il s'adaptera rapidement à l'eau de la piscine dès l'âge de 5 mois et l'appréciera d'emblée. Ne craignez pas trop qu'il inhale de l'eau ou se noie. Il possède en effet

un réflexe, dit d'« apnée », par lequel il ferme la bouche et bloque automatiquement sa respiration empêchant ainsi l'irruption de l'eau dans sa trachée et ses poumons.
Quelques précautions sont cependant à prendre ; il faudra d'abord bien entendu demander l'avis préalable du pédiatre qui suit Bébé régulièrement et qui rédigera le certificat d'aptitude requis avant l'inscription au cours de bébés nageurs.
Une réglementation fixée par une circulaire du ministère de la Santé et des Sports, oblige à ce que la température de la piscine des bébés nageurs soit d'au moins 25 °C hors de l'eau, et 32 °C dans l'eau, à ce que les conditions d'hygiène soient strictement contrôlées et qu'un maître nageur soit présent en permanence aux côtés des parents pour les conseiller et surveiller les enfants. Ces conditions étant remplies, vous pourrez commencer dès l'âge de 5 à 6 mois. Ne choisissez pas cette activité si vous n'aimez pas la piscine ! Cela doit être un plaisir que vous partagerez avec votre enfant. Certaines mamans qui ont suivi une préparation à la naissance en piscine enchaîneront tout naturellement sur les cours de bébés nageurs.

> **CONSEIL DE BÉATRICE :**
> • *Il est important de faire un bilan d'aptitude préalable chez le pédiatre.*
> • *Ne mettez pas la tête de Bébé sous l'eau comme le suggèrent certaines publicités ; ce serait très dangereux !*
> • *Prévoyez un biberon. Votre bébé risque d'être affamé après la séance.*
> • *Il existe des couches spéciales qui ne se gonflent pas avec l'eau.*
> • *Si vous avez l'impression que votre bébé a froid, achetez une petite combinaison.*

UN APPRENTISSAGE PROGRESSIF

Il ne s'agit pas à proprement parler d'apprendre à nager à Bébé — jusqu'à 5 ou 6 ans, il en est incapable — mais de lui rendre familier le milieu aquatique, ce qui lui permettra plus tard d'apprendre à nager plus facilement.

▪ BÉBÉ GYM ▪

La bébé gym est une autre possibilité. Cette activité est en plein développement. Des centres se créent un peu partout en France. Cependant, entre 6 et 7 mois il est encore trop tôt pour proposer à votre bébé de vrais exercices de gymnastique, il s'agira à plus proprement parler d'exercices d'éveil, qui développeront souplesse, coordination, adresse et équilibre, et contribueront à son épanouissement.
Bébé nageur ou bébé gym, les mamans qui se sentent un peu isolées avec leur bébé, peuvent là rencontrer d'autres parents et faire des activités avec eux.

Guidé par le maître nageur, l'apprentissage de Bébé sera très progressif. D'abord, vous vous tiendrez debout dans la piscine, de l'eau à la poitrine, Bébé, debout lui aussi et dans vos bras. Vous lui parlerez en le regardant et en bougeant un petit peu, pour qu'il sente les mouvements de l'eau. Vous essaierez ensuite de le tenir couché dans vos bras ou sur un tapis flottant, sur le ventre ou sur le dos. À sa portée, des bouées de toutes formes, tailles, et couleurs l'amuseront et le familiariseront avec l'eau sans même qu'il s'en rende compte. En dernier lieu, avec les conseils et l'aide du maître nageur, vous pourrez tenter d'immerger entièrement Bébé, tête comprise, pendant quelques secondes sans risquer qu'il « boive la tasse »... mais rien ne presse, il faut qu'il reste à tous les stades en confiance... de toute façon, il y arrivera tôt ou tard.
Dans l'eau, en l'absence de pesanteur, Bébé peut sans difficulté agiter bras et jambes, prendre des postures et effectuer des mouvements dont il serait incapable hors de l'eau. Rien de tel pour développer harmonieusement sa musculature et sa motricité. Pour ne pas trop le fatiguer, la séance ne doit pas durer au-delà d'une demi-heure. Veillez à ce qu'il ne se refroidisse pas, en restant attentive à certains signes (lèvres violacées, pâleur, frissons) qui indiquent qu'il est temps de le sortir de l'eau et de le réchauffer. Comme un sportif, il aura aussi besoin d'absorber des calories et de s'hydrater avant et après l'exercice. Pensez à emporter avec vous biberons et petits pots.

FAQ

Questions à poser : 6 à 7 mois

[+] DEPUIS QU'IL VA À LA CRÈCHE, MON ENFANT EST TOUJOURS MALADE, EST-CE NORMAL ? QUE PUIS-JE FAIRE ?

Le système immunitaire de votre enfant est encore très immature. Il est donc mal protégé contre les infections. La vie en collectivité l'expose d'autant plus aux maladies de l'enfance : rhinopharyngites, otites, bronchites, gastroentérite, conjonctivite, varicelle. Par conséquent, à la crèche, il risque d'attraper plus de maladies que s'il est gardé à domicile ou chez une nounou. Si les épisodes infectieux sont fréquents, vous pouvez décider de changer d'option de garde ou vous armer de patience, sachant que le système immunitaire de Bébé se construit pendant ce temps. À la rentrée en maternelle, il sera sans doute mieux armé que les enfants qui auront été tenus à l'écart de la collectivité et il fera peut-être moins de rhinopharyngites qu'eux. Certains pédiatres pensent même qu'il risque moins de développer des allergies ! Protégez-le bien en faisant les vaccins conseillés par le médecin, qui, en outre, recherchera éventuellement une anémie et lui donnera du fer en supplément.

[+] IL NE VEUT PAS MANGER À LA CUILLÈRE, QUE DOIS-JE FAIRE ?

Certains bébés ne veulent pas manger à la cuillère avant 8 mois, voire 9 mois. Gardez donc votre calme (ou faites semblant !) rien ne presse. Si votre bébé sent que son comportement vous déstabilise, que vous tenez beaucoup à ce qu'il mange à la cuillère, c'est la crise assurée. Détendez-vous donc, il le sentira et se détendra à son tour. Installez-vous confortablement avec lui dans un coin tranquille, toujours le même. S'il refuse la cuillère, commencez par lui donner les légumes ou les fruits dans un biberon de lait, pendant quelques jours, pour qu'il se familiarise avec le goût, puis essayez à nouveau de lui donner à la cuillère, sans insister. S'il accepte, félicitez-le abondamment. Parlez-lui pendant le repas, laissez-le jouer avec un hochet ou une autre cuillère. Restez zen s'il en met partout, laissez-le prendre son temps. Le repas doit être un moment de plaisir et de convivialité pour lui, mais aussi pour vous. Il sera toujours temps de nettoyer après !

[+] PUIS-JE SORTIR MON BÉBÉ PAR TOUS LES TEMPS ?

En pratique : oui. Vous pouvez promener votre bébé été comme hiver en prenant toutes les précautions nécessaires. Couvrez-le comme vous vous couvrez vous-même, ni plus ni moins. Mais n'oubliez pas d'emporter avec vous de quoi le protéger en cas de changement de temps. Pendant la promenade, vérifiez régulièrement qu'il va bien. Ayez toujours avec vous des biberons d'eau. Si le soleil brille, prévoyez pour Bébé des lunettes, un chapeau protégeant ses yeux ou une ombrelle et de la crème solaire. Protégez bras et jambes et évitez de préférence les heures les plus chaudes. S'il fait froid, même modérément, Bébé doit porter un bonnet couvrant bien ses oreilles. Ses mains et ses pieds doivent aussi être bien protégés. Attention au courant d'air !

[+] À PARTIR DE QUEL ÂGE BÉBÉ DOIT-IL AVOIR SA CHAMBRE ?

Il n'y a pas d'âge. Souvent les parents préfèrent garder leur bébé près d'eux dans leur chambre pendant les premières semaines, voire les premiers mois, surtout s'il est allaité. Il n'y a là aucun inconvénient si ce n'est que plus le bébé prendra l'habitude de dormir dans votre chambre, plus il aura de difficulté à dormir dans une chambre séparée. Les avis sont partagés sur la question. Certains pédiatres

et psychologues pensent qu'il est préférable qu'il ait sa chambre dès le retour de maternité, d'autres non. À vous de choisir !
La chambre de Bébé ou le « coin » qui lui est réservé, s'il partage la chambre avec un frère ou une sœur, doit être bien à lui, avec ses jouets, ses livres, sa décoration, son petit désordre (si l'on range trop, il peut ne pas se sentir vraiment chez lui) et l'on doit l'aider à protéger son territoire de l'intrusion des autres. C'est là qu'il va commencer à façonner sa personnalité, construire son autonomie. « Ici c'est chez moi ! »

[+] COMMENT MOUCHER MON BÉBÉ ?

Ce n'est pas toujours facile, parce qu'il proteste en général vigoureusement, mais c'est nécessaire pour soulager sa gêne respiratoire. Votre bébé ne sait pas respirer par la bouche et le fait d'avoir le nez bouché peut l'empêcher de prendre son biberon correctement ou d'avoir un bon sommeil.
Commencez par lui expliquer doucement les raisons de ce que vous allez faire.
Couchez-le sur le dos, la tête tournée sur le côté et relevée à 30° à l'aide d'un petit coussin placé sous la tête, instillez du sérum physiologique dans une narine puis dans l'autre. Ensuite, aspirez-les avec une poire ou un mouche-bébé muni d'un embout buccal ou un mouche-bébé électrique. Pendant toute la manœuvre, vous devrez maintenir la tête de votre enfant avec votre bras gauche pour éviter que le mouche-bébé ne traumatise la muqueuse nasale. Vous pouvez aussi installer Bébé plus verticalement dans son transat et instiller le soluté isotonique avec un flacon aérosol. Quand c'est fait, ne manquez pas de manifester à Bébé votre fierté devant son courage et faites-lui un câlin. Vous pouvez vous faire expliquer par votre pédiatre ou prendre des cours chez votre kiné.

[+] BÉBÉ SE RÉVEILLE LA NUIT ET VEUT UN BIBERON, QUE DOIS-JE FAIRE ?

Souvent, la nuit il se réveille car il a gardé l'habitude de vous voir, et non parce qu'il a faim. Ne tombez pas dans le piège. Assurez-vous tout de même qu'il mange correctement, que l'heure du dernier repas n'est pas trop éloignée de celle du coucher. Vérifiez que la pièce n'est pas trop chaude et aussi tout simplement qu'il n'a pas soif ! Remplacez progressivement le biberon de lait par un biberon d'eau en le diluant. Surtout, évitez autant que possible de prendre Bébé dans les bras, pour ne pas remplacer un rituel par un autre ! Parlez-lui doucement et maintenez la pièce dans une semi-obscurité propice au sommeil.

[+] SI MON ENFANT FAIT UNE CHUTE, DE LA TABLE À LANGER PAR EXEMPLE, DOIS-JE LE CONDUIRE À L'HÔPITAL ? ET QUE DOIS-JE SURVEILLER PLUS PARTICULIÈREMENT ?

D'abord assurez vous que bébé n'a pas perdu connaissance, même brièvement. Si c'était le cas, il doit être hospitalisé pour être mis en observation pendant 24 heures pour éliminer la possibilité d'une lésion au niveau du cerveau. Sinon, parmi les symptômes qui doivent vous alerter : les vomissements, les saignements de nez ou d'oreilles. Ils impliquent une consultation en urgence poue un examen neurologique, voire un scanner. Si vous n'observez aucun de ces symptômes, surveillez étroitement votre enfant et regardez le vivre pendant les heures qui suivent la chute : a-t-il tendance à tomber ou à perdre l'équilibre, à avoir un comportement inhabituel, somnolent ? Si c'est le cas une consultation là encore s'impose. Si l'enfant se plaint lorsqu'on mobilise un membre ou parait éviter de le bouger, il faut aussi consulter, il est possible qu'il se soit fait une fracture au niveau de ce membre.

8 à 9 mois : exploits et peurs...

- Il commence à savoir se déplacer, d'abord en roulant sur lui-même, puis en rampant.

- Il parvient à se mettre debout en se tenant aux meubles ou aux barreaux de son parc.

- Il passe aisément de la position sur le dos à la position assise. Il se tient assis sans soutien.

- Couché sur le ventre, il sait se mettre à quatre pattes.

- S'il tient deux cubes et qu'on lui en présente un troisième, il lâche l'un des cubes pour attraper celui qu'on lui propose.

- Il prend les objets en « pince » entre le pouce et l'index. Si on le lui demande, il sait donner un objet.

- Il prononce des syllabes combinées « ba-ba » ou « da-da ».

- Il comprend très bien quand on lui dit « Non ! ».

- Il commence à savoir manger seul.

Poids : environ 7 à 7,5 kg
Taille : environ 70 cm
Alimentation : 4 repas par jour, 15 g de viande ou de poisson, seulement le midi, et 200 g de légumes accompagnés de féculents, midi et soir

Quand Bébé découvre ses commandes et son autonomie…

Sa motricité est en pleine évolution et il sait explorer les objets en finesse. Comment accompagner ses exploits sans trop lui en demander.

Votre bébé peut se tenir assis sans soutien. Dans cette position, il est capable de se pencher vers l'avant ou sur le côté quand il s'agit d'attraper son jouet favori. Quand il perd l'équilibre, il se rétablit avec ses mains. Il commence à pouvoir pivoter sur les fesses. Quand il est couché sur le dos, en se tournant sur le côté et en s'appuyant sur un bras, il peut se mettre seul en position assise. Étendu sur le ventre, il sait se mettre à quatre pattes, en se dressant sur la pointe des pieds et des mains. Il commence aussi à pouvoir se déplacer, d'abord en roulant sur lui-même puis en rampant, généralement en marche arrière en poussant sur ses mains ou en se traînant sur les fesses, voire à quatre pattes. Il commence à se mettre debout en se tenant à ce qui se présente, pied de table, chaise, barreaux du parc. Dans cette position, il tient généralement quelques brefs instants puis tombe.

8 À 9 MOIS — QUAND BÉBÉ DÉCOUVRE SES COMMANDES ET SON AUTONOMIE

> **CONSEIL DE BÉATRICE :**
> *À cet âge, certaines acquisitions doivent être effectives comme se tenir assis, se déplacer de quelque façon que ce soit. L'examen médical est très important : la Sécurité sociale propose des bilans gratuits, et la Caisse d'allocations familiales, une visite à l'âge de 9 mois (voir p. 186).*

DE DÉCOUVERTES EN EXPLOITS…

Il tente quelques pas À peine sait-il se mettre debout seul, que déjà il tente quelques pas timides et maladroits. C'est une prouesse que vous devrez saluer et encourager, mais aussi accompagner et surveiller ! La meilleure aide pour lui apprendre à se tenir debout sans trop de risque est certainement le parc avec ses montants bien rembourrés et son tapis.

Il utilise la « pince supérieure » C'est au cours de cette période que Bébé découvre l'intérêt d'utiliser la « pince supérieure » — pouce et index — infiniment plus performante que la prise entre la base du pouce et les quatre autres doigts, ou le petit doigt seul, quand il s'agit de se saisir des objets. Il acquiert de ce fait une plus grande dextérité qui lui permet d'explorer plus finement les objets, d'autant plus que la coordination des mouvements de ses doigts s'améliore de jour en jour.

Il montre du doigt Ayant découvert son index, il s'en sert pour explorer et désigner. Dès lors que ses mains sont plus performantes, elles lui servent beaucoup plus pour découvrir son environnement et son propre corps. Il a moins tendance à porter les objets à sa bouche.

Il voit plus loin, il apprécie les distances À 9 mois, sa vision progresse elle aussi ; il voit désormais à 2 ou 3 mètres et sait très bien suivre du regard ce qui se déplace (à condition que le mouvement ne soit pas trop rapide).

Il commence seulement à apprécier la profondeur de champ et les distances, mais n'est pas encore très performant dans ce domaine. Mais il progressera vite car sa curiosité est vive et tout l'intéresse !

D'une main à l'autre, Bébé passe facilement des objets. S'il tient un cube dans chaque main, il est capable d'en lâcher un pour pouvoir en attraper un troisième que lui propose Maman.

Il commence à manger seul La coordination et la finesse de ses mouvements ainsi que sa vision sont désormais suffisantes pour lui permettre de manger seul avec ses mains et de commencer à se servir de la cuillère, pas toujours avec un franc succès et en en mettant un peu partout, mais il progresse là encore… Il apprendra vite à goûter les aliments, à mettre en rapport leur saveur, leur texture, leur parfum et leur aspect visuel…

LA CONSCIENCE DE LA « PERMANENCE DES OBJETS »

Il recherchera un objet qu'il vient de jeter et qui n'est plus visible. À vous d'exercer son esprit d'observation et sa mémoire, en cachant des objets sous une serviette après les lui avoir montrés.

Sa mémoire s'améliore elle aussi de jour en jour et lui permet de reconnaître les objets dans son environnement, en particulier ses jouets.

IL COMPREND SON ENVIRONNEMENT

Il est plus à l'aise dans un environnement qu'il analyse et comprend de mieux en mieux. Il se tourne vers les bruits et les voix qu'il localise bien quand ils sont émis à hauteur de ses oreilles. Il a beaucoup plus de mal à les localiser quand ils viennent du haut ou du bas. Il suit des yeux les objets pendant leur chute, enlève la serviette que par jeu on lui a mise sur la tête. Il commence à se situer dans son environnement. Il regarde son image dans le miroir en lui souriant et en la touchant. Sait-il que c'est de lui qu'il s'agit à ce stade ou pense-t-il qu'il s'agit d'un autre enfant ? On peut se le demander.

Prenez-le dans vos bras face au miroir, de façon à ce qu'il voie vos deux visages en même temps. Si, à leur vue, il se retourne pour vous voir, c'est sans doute qu'il a compris que c'est une image de vous deux qu'il regarde dans le miroir.

ATTENTION, EXPLORATEUR À QUATRE PATTES

Fort de ces nouvelles acquisitions gestuelles, auditives, visuelles, votre bébé devient un véritable explorateur de tout ce qui est à portée de main et de regard, même s'il ne se déplace pas encore. Il va palper les textures, évaluer les couleurs, tester les objets de son regard, de ses doigts, de sa bouche pour en apprécier la consistance, la résistance, et ainsi découvrir le monde qui l'entoure et faire son apprentissage. Maman et Papa devront être là pour admirer, applaudir mais aussi pour veiller au grain ! Tant de dangers sont présents dans l'environnement auxquels on ne pense pas nécessairement : les bords et les coins des tables basses, les radiateurs chauds... Il faudra poser des caches sur les prises, des barrières à la porte de la cuisine et devant l'escalier, un harnais sur la chaise haute et, d'une manière générale, mettre hors de sa portée tout ce qui casse et pourrait lui faire mal.

MÊME SANS MOT, IL SAIT COMMUNIQUER !

En ce qui concerne l'acquisition du langage, ses moyens sont encore très restreints (des syllabes redoublées comme ba-ba ou da-da) et si parfois il dit « pa-pa » et « ma-ma », il est encore difficile à ce stade de savoir si ces syllabes redoublées désignent déjà — ou non — Maman et Papa. À l'aide de ce registre limité de syllabes, Bébé fait des vocalises en imitant les sons de sa langue maternelle et les intonations de ses parents. Il écoute avec jubilation les sons qu'il émet lui-même. Bien avant d'avoir prononcé ses premiers mots, il en comprend déjà une trentaine qui désignent des objets de la vie quotidienne ainsi que les noms de personnes déjà prononcés devant lui. Il connaît son prénom et tourne les yeux vers celui ou celle qui l'appelle. Il comprend aussi « non », « coucou », « au revoir », « bravo » et commence à imiter les gestes et mimiques attendues en réponse à ces paroles, car faute de vocabulaire, il fait appel au langage du corps avec beaucoup de finesse. Bébé peut donner à sa mère ou à son père un objet ou au contraire le retenir vigoureusement si l'on veut s'en saisir. Il tire sur vos vêtements pour attirer votre attention.

CONVERSEZ AVEC VOTRE BÉBÉ

Vous avez un rôle très important dans le développement de ses performances en termes de langage et de communication. Même si vous pensez qu'il ne vous comprend pas encore, parlez-lui longuement en le regardant dans les yeux, articulez bien, accompagnez vos paroles de mimiques expressives, en ménageant des pauses dans le discours pour qu'il puisse, lui aussi, « placer son mot ». Quand, du doigt, il vous montre un objet dans son environnement, prenez soin de nommer celui-ci, pour qu'il apprenne et retienne son nom.

TOUT EST BON POUR S'AMUSER

Les jouets ont une importance majeure pour Bébé, pour l'apprentissage de la vie, mais aussi comme support dans la communication et les relations avec les autres.

À cet âge, il accorde encore une certaine valeur aux peluches et aux hochets, mais il préfère désormais d'autres jouets : ceux qu'on empile (il existe de merveilleux cubes en mousse qui ont l'avantage de ne pas faire de bruit quand ils tombent et d'être peu traumatisants), ceux qu'on emboîte, gobelets ou boîtes de plastique, mais aussi tout ce qui roule (voitures), rebondit (ballons) ou émet des sons... sans oublier les jouets improvisés qui ont aussi souvent un grand succès : pots de yaourt vides, boîtes en carton, papier que l'on peut chiffonner à loisir, bouteille en plastique remplie de pâtes crues ou de riz cru...

Le bain, un véritable terrain de jeu La baignoire est un lieu très intéressant et très

> **CONSEIL DE BÉATRICE :**
> *Organisez-lui de petits parcours
> avec des coussins, afin qu'il puisse s'essayer
> à grimper dessus, à ramper dessous.
> Placez autour de lui toute une série de ballons
> sur lesquels il pourra rouler à plat ventre…
> Laissez le faire travailler ses petits pieds
> en position debout, sans chaussures.
> Ayez toujours une pommade (arnica ou
> Hémoclar®) sous la main en cas de petites chutes.
> Installez-vous par terre, à sa hauteur,
> pour mieux voir les dangers qui le menacent :
> câbles de la télévision, fils électriques
> des lampes, qui pourraient l'attirer.*

ludique (même si une étroite surveillance et des précautions s'imposent). Tout d'abord à cause de l'eau elle-même que Bébé découvre et qu'il aime bien faire gicler, ensuite parce que les jouets de bain flottent ou peuvent être remplis d'eau…

Des livres à regarder et à maltraiter C'est l'âge des premiers livres d'images… On les choisira de préférence en tissu ou en gros carton ; seul dans son parc, il pourra les feuilleter ou les maltraiter à loisir. De jour en jour, en jouant, seul ou avec vous, Bébé approfondira son sens de la déduction, accroîtra sa mémoire, ses capacités de concentration, sa compréhension du monde qui l'entoure.

L'ANGOISSE DE LA SÉPARATION

Alors qu'il a appris la « permanence des objets », il découvre celle des personnes ; quand Maman s'éloigne de lui et disparaît derrière une porte, il peut lui arriver de paniquer plus souvent qu'auparavant.
Au fil des mois en effet, par recoupement des données qu'il a recueillies depuis sa naissance, dans son environnement et auprès de ses proches, et qu'il a su intégrer, Bébé est arrivé à la conclusion qu'il était une personne autonome, distincte de vous, en quelque sorte « séparée » ; il se sent vulnérable, et cela l'angoisse. Il peut craindre la séparation au point de ne pas vouloir quitter vos bras et de se mettre à pleurer s'il pense que vous allez le quitter. Cette peur d'être séparé de sa maman peut souvent le rendre très exclusif et lui faire craindre les étrangers qui s'approchent de lui ! Respectez ses craintes et prenez-les au sérieux. Expliquez-lui que vous ne partez pas, que vous êtes là ou que vous allez revenir tout de suite. Même s'il ne comprend pas vos paroles, le ton de votre voix le tranquillisera. Enregistrez sur un CD des paroles rassurantes qu'il pourra entendre quand vous ne serez pas là. En votre absence, d'autres personnes auxquelles il est également attaché et dont il apprécie la présence, qu'il s'agisse de votre compagnon, de votre frère, de votre sœur, de ses grands-parents ou de sa nounou, pourront vous remplacer.

MON ENFANT • DE LA NAISSANCE À LA MATERNELLE

La communication : du babillage aux premiers mots

Dès sa naissance, et même avant, dès le 7ᵉ mois de grossesse, Bébé est baigné dans le langage de son entourage et commence ainsi l'apprentissage de sa langue maternelle. Mais il lui faudra 3 bonnes années pour en maîtriser les bases.

Très jeune, il a appris à percevoir si l'on veut communiquer avec lui et à répondre à cette demande avec ses petits moyens, c'est-à-dire de manière non verbale, à travers les mouvements et les regards, les vocalises, les petits cris (et aussi les pleurs !). Jusqu'à 7 à 8 mois, il produisait un gazouillis indifférencié. Vers 8 à 9 mois, il n'en est encore qu'aux prémisses de l'expression verbale, mais bientôt les choses vont changer.

> **CONSEIL DE BÉATRICE :**
> *L'acquisition du langage nécessite un long apprentissage. Si votre enfant tarde à s'exprimer, ne vous inquiétez pas outre mesure. Le fait de parler tardivement n'est pas le signe d'un quotient intellectuel bas, loin de là ! La preuve : Einstein a commencé à parler à 4 ans.*

> **CONSEIL DE BÉATRICE :**
> *Faites tout de suite prendre à Bébé la bonne habitude de ne pas parler avec la tétine dans la bouche. Dès que possible, il doit comprendre qu'elle lui sert juste à s'endormir.*

DEUX LANGUES DÈS LE BERCEAU

Dans son babillage, les sons qu'il produit et la prosodie de ses productions verbales sont ceux de sa langue maternelle, les mêmes que ceux de sa famille, qu'il entend et écoute depuis longtemps, et que maintenant il imite. Si ses deux parents sont originaires de pays différents (voir p. 247) et si, dès son plus jeune âge, ils prennent la peine de lui parler dans leur langue respective, il identifiera et imitera rapidement les sons de ces deux langues, et commencera ainsi à les apprendre toutes les deux en parallèle. Il n'y a là rien à redouter : il a été démontré que, contrairement à une opinion répandue, l'apprentissage simultané de deux langues ne retarde pas le moment de survenue des premiers mots et n'entraîne pas de troubles de langage, bien au contraire. La gymnastique de ce double apprentissage linguistique favorise le développement intellectuel de l'enfant. Même s'il est exposé à deux langues depuis sa naissance, l'enfant ne deviendra jamais complètement bilingue, dans la mesure où il gardera toujours une langue maternelle « préférentielle », généralement celle de son environnement, scolaire en particulier.

PARLEZ, ARTICULEZ, ACCENTUEZ…

Même si vous avez l'impression que votre bébé ne vous comprend pas parfaitement, parlez-lui longuement, n'ayez pas peur de « parler bébé ». Il s'agit d'adapter votre langage à ce petit locuteur débutant en le simplifiant — sans pour autant bêtifier — et sans oublier non plus de vous adapter à ses progrès, pour qu'il puisse accroître ses performances linguistiques, et que son langage puisse évoluer.
Pour cela, articulez et accentuez bien, avec des mots simples, des phrases courtes, en syllabes redoublées (« fais dodo Bébé »),

> ### ▪ LANGAGE DES SIGNES : POUR MIEUX COMMUNIQUER AVEC BÉBÉ ▪
>
> Pourquoi, au lieu d'improviser un langage des signes « maison », ne pas lui apprendre les rudiments du langage des signes qu'emploient les sourds-muets en utilisant parmi les « gestes-mots » de ce langage, ceux qui sont les plus utiles et les plus faciles à interpréter et imiter.
> Depuis les années 1980, aux États-Unis et au Canada, des expériences dans ce sens sont poursuivies avec succès dans certaines familles et dans des crèches. Cela a commencé en France plus récemment. Prononcez clairement le mot en même temps que vous le signez, et Bébé, au bout de quelque temps, comprendra et vous imitera : la tête couchée sur la main pour signifier « dodo », l'index sur la bouche pour dire « chut ! », etc.
> Le fait de pouvoir à âge égal augmenter les possibilités de communication ne peut être que bénéfique pour le développement et le bien-être de Bébé.

avec douceur, bienveillance, en exagérant vos mimiques, en échangeant des regards avec lui. C'est la tonalité, la musique des mots qui comptent le plus ainsi que les expressions de visage qui les accompagnent. Sachez aussi ménager des pauses pour que Bébé puisse lui aussi s'exprimer. N'oubliez pas de nommer ce qu'il vous montre du doigt pour qu'il en apprenne le nom.

La crise du 9ᵉ mois : les peurs de la séparation et de l'inconnu

Savoir gérer son angoisse, c'est aussi l'aider à grandir et accepter qu'il devienne une personne capable d'exprimer ses déceptions et son mécontentement. Patience !

Vers 2 à 3 mois, le monde de Bébé est limité à Maman et Papa et aux proches qu'il voit quotidiennement : frère, sœur… En revanche, il ne réagit pas à la présence d'étrangers, qui pour lui n'existent que comme éléments du décor et non en tant que personnes, et n'ont par conséquent aucune existence particulière. Parfois, la présence de ces personnes inconnues, surtout lorsqu'il est loin des bras protecteurs de Maman, peut apparaître à Bébé lourde de menaces et très anxiogène. À cet âge, également, il ne perçoit pas encore qu'il est une entité à part entière, une personne distincte et séparée de sa mère ; pour lui, ils ne font qu'un.

Au cours des mois qui suivent, il va apprendre progressivement que Maman et lui ne forment pas une, mais deux personnes distinctes. Voilà les éléments sur lesquels se fonde la fameuse crise du 9ᵉ mois.

LA SÉPARATION DEVIENT DIFFICILE

Bébé qui jusque-là était détendu, souriant, passant sans problème des bras de Maman ou Papa à ceux d'un inconnu, ne veut plus quitter le refuge que constituent les bras de Maman. Quand s'approche un étranger, il cache ses yeux et blottit son visage contre l'épaule de sa mère. Toute séparation provoque cris et larmes, et il devient soudain timide et anxieux en présence d'étrangers.

Si vous devez reprendre le travail et le confier à une nourrice dans ce contexte, les choses peuvent être assez difficiles, et la séparation devra être progressive en commençant par quelques heures seulement chaque jour. En revanche, la fréquentation d'autres enfants, chez la nounou ou en crèche, aura pour résultat que votre enfant deviendra progressivement plus sociable, moins perturbé par la présence d'étrangers.

Ce n'est que lorsqu'il aura parfaitement intégré la permanence des personnes que la crise du 9ᵉ mois se terminera. Bébé, dès lors, sera moins sauvage ; il commencera à s'intéresser sans crainte aux autres et à leurs activités, même s'ils ne lui sont pas très familiers. Il commencera aussi à apprécier la présence d'enfants inconnus.

COMMENT GÉRER LA CRISE

La crise du 9ᵉ mois doit être gérée le plus possible dans la patience et la sérénité. Rassurez d'abord votre enfant, en lui faisant comprendre que vous êtes là (même quand vous n'êtes pas visible), que vous l'aimez, que rien ne le menace, qu'il est en sécurité.

Dans la mesure du possible évitez les absences prolongées, c'est le plus mauvais moment dans la vie de Bébé pour de telles

> **CONSEIL DE BÉATRICE :**
> *Stimulez-le en jouant à « coucou ». Préférez les phrases simples comme « Je t'aime », « Je t'embrasse », « Je vais travailler », « Je reviens très vite » aux longs discours. Faites-lui visiter si possible votre bureau ou l'endroit où vous travaillez pour le rassurer. Vous pouvez aussi afficher des photographies de Bébé au mur afin qu'il voit qu'il est présent.*

absences. Si toutefois vous ne pouvez éviter de vous éloigner pour plusieurs jours ou semaines, veillez à ce qu'il soit bien entouré et rassuré par votre conjoint et/ou vos proches, et surtout, expliquez-lui pourquoi vous devez vous absenter et quand vous serez de retour ; il comprendra que vous l'aimez. Vous pouvez enregistrer sur un CD des mots doux ou la chanson qu'il préfère ; le son de votre voix l'aidera à s'endormir. En revanche, évitez de lui parler au téléphone ; la voix est déformée et cela risque d'être un peu anxiogène pour un bébé de cet âge.

> **CONSEIL DE BÉATRICE :**
> *Les 8ᵉ et 9ᵉ mois marquent une étape importante et obligée vers l'autonomie qui se traduit souvent par des colères. Cette période est très déstabilisante pour les parents qui ne reconnaissent plus leur bébé. Il est important de lui dire que vous avez confiance en lui, et en la personne qui le garde.*

Lorsqu'il est mis en présence de personnes qu'il ne connaît pas, n'oubliez pas de faire les présentations ; laissez à Bébé le temps de se familiariser, sans jamais élever la voix ou le contraindre. Quand vous le déposez chez la nourrice ou à la crèche, ne vous échappez pas en pensant qu'il ne remarquera pas votre départ, qu'il aura vite oublié ; ce ne sera pas le cas, bien au contraire ! Il se sentira abandonné, trahi et n'aura plus confiance en vous. Avant de le quitter, ne soyez pas avare d'explications, même si vous pensez qu'il ne les comprendra pas toutes.

Lorsque vous retrouvez votre enfant après une absence, ne vous étonnez pas trop de la froideur de son accueil, ce n'est pas qu'il vous ait « oubliée », mais il tient à vous manifester ainsi que votre départ lui a déplu. Là encore, paroles d'explication et de réassurance accompagnées de câlins aideront, avec le temps, à résoudre le problème.

▪ LE DOUDOU INDISPENSABLE ▪

Un objet « transitionnel », doudou ou simple morceau de tissu qui lui rappellera à la fois Maman et la maison peut aider à rassurer Bébé en votre absence. Surtout, n'oubliez pas que le simple fait de passer le doudou à la machine à laver, s'il vous paraît sale, peut lui ôter, auprès de Bébé, toutes ses qualités. Si toutefois l'hygiène exige qu'il soit lavé, là encore ne soyez pas avare d'explications. Il est bon d'anticiper une telle nécessité en veillant à avoir un « double » du doudou qui paraisse acceptable à Bébé. C'est plus facile quand il s'agit d'acheter une peluche en double que lorsqu'il s'agit de trouver un substitut acceptable au vieux chiffon ou au vieux tee-shirt de Maman !

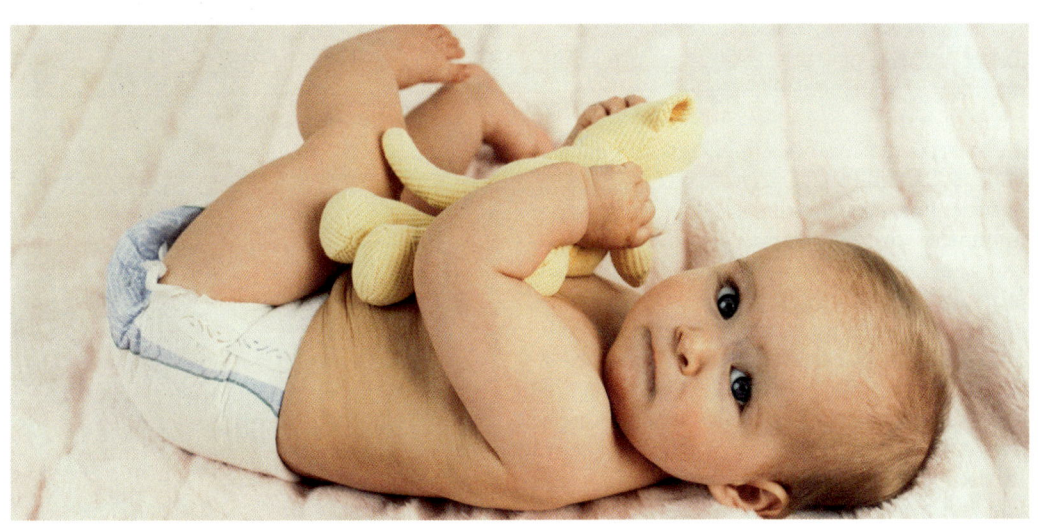

MON ENFANT ▪ DE LA NAISSANCE À LA MATERNELLE

Comment sécuriser la maison

Attention, votre bébé sait maintenant se déplacer.
Il est grand temps de créer pour lui des espaces sans danger.

Fort de toutes ses capacités nouvelles et poussé par la curiosité sans limite qui est propre à cet âge, votre bébé s'amuse de plus en plus, mais il s'expose par la même occasion à un certain nombre de dangers.

> **CONSEIL DE BÉATRICE :**
> *Votre bébé ne comprend pas qu'on lui interdise quelque chose. Il est donc préférable de négocier et ne jamais lui faire perdre la face.*
> *Dites-lui : « Tu ne peux pas utiliser le couteau, mais je te donne une cuillère si tu veux ».*
> *Trop de « Non ! » tue le « Non ! ».*
> *Condamnez les placards mais réservez-lui en un rempli d'objets sans danger qu'il pourra utiliser à volonté.*

QUELS DANGERS À SON ÂGE ?

Imaginez que vous parcourez votre appartement, votre regard à la hauteur de celui de Bébé lorsqu'il rampe ou se tient debout, et vous vous rendrez compte tout de suite des dangers qui le guettent. Mieux encore, mettez-vous à quatre pattes, pour être vraiment à son niveau.
À partir du moment où Bébé commencera à pouvoir se déplacer, vous devrez repenser l'agencement de son espace de vie pour éviter au maximum incidents et accidents.
Vous devrez aussi réaménager son parc en fonction de ses capacités nouvelles : si le parc est sans fond, calez-le bien pour qu'il ne puisse pas le déplacer. Évitez de placer à l'intérieur des jouets volumineux pouvant servir de marchepied à Bébé, car il risque de basculer par-dessus bord et de se blesser. Faites aussi la chasse aux petits objets qu'il pourrait mettre dans sa bouche.

Toutes ces précautions prises, le parc a donc beaucoup de qualités, avec cette réserve que Bébé ne va pas tarder à s'y ennuyer…

AMÉNAGEZ-LUI UN ESPACE DE LIBERTÉ

Accordez-lui donc de temps en temps — et sous surveillance — un espace plus grand pour exercer sa liberté. À condition là encore, que cet espace soit aménagé. Commencez par mettre des barrières pour Bébé condamnant les pièces ou les espaces dans lesquels vous ne voulez pas qu'il pénètre : escaliers bien sûr, mais aussi, dans la mesure du possible, cuisine et salle de bain.
L'accès à la cuisine devrait en effet être systématiquement interdit : entre le four, les liquides bouillants, les produits d'entretien plus ou moins toxiques ou corrosifs, trop de dangers y sont concentrés pour qu'on puisse parer à tous.

| PREMIERS JOURS | LE 1er MOIS | 2 À 3 MOIS | 4 À 5 MOIS | 6 À 7 MOIS | **8 À 9 MOIS** | 10 À 11 MOIS | 1 AN | 1 AN ½ | 2 ANS | 2 ANS ½ | 3 ANS |

8 À 9 MOIS — COMMENT SÉCURISER LA MAISON

> **CONSEIL DE BÉATRICE :**
> *C'est l'âge où on dénombre le plus d'accidents domestiques. Dans l'ordre, la chute de la chaise haute, l'absorption de produits toxiques ou de médicaments (dans le sac à main des invités notamment).*
> *Expliquez à votre enfant les dangers qu'il court et ne sous-estimez pas son imagination.*
> *Mettez des barrières aux escaliers.*
> *Condamnez les fenêtres dangereuses.*
> *Mettez du grillage aux balcons.*
> *Vous aurez beau être vigilante, votre bébé arrivera toujours à faire la bêtise non prévue. Ne vous culpabilisez pas mais essayez d'anticiper.*

Il en va de même, dans une moindre mesure, pour la salle de bain et ces appareils électriques qui font mauvais ménage avec l'eau. Shampoings, parfums, sels de bain, peuvent aussi être dangereux et sont à mettre en hauteur ou ailleurs… L'armoire à pharmacie doit être placée en hauteur et fermée à clef. L'accès aux fenêtres, d'autant plus si elles sont basses, doit être condamné, et tout meuble ou objet sur lequel Bébé pourrait grimper pour mieux regarder au dehors, devra être mis hors de sa portée.

DES ASTUCES POUR MIEUX LE PROTÉGER

Posez des cache-prises si les prises au mur ne sont pas du modèle « à éclipses » ; et évitez les rallonges de prise qui traînent au sol (qu'il pourrait essayer de porter à la bouche) ainsi que les prises d'ordinateurs, de télévision ou de téléphone ; les fils des lampes à pied (sur lesquels inévitablement il tirera un jour ou l'autre, et risquera de faire tomber la lampe sur la tête). Condamnez les portes des placards qu'il pourrait ouvrir, surtout s'ils contiennent des matières ou des objets dangereux : produits d'entretien, objets coupants, alcools… et si vous ne pouvez les condamner, placez leur contenu dans un endroit inaccessible pour Bébé. Méfiez-vous des angles et arêtes des meubles bas, équipez-les, dans la mesure du possible, de protections en mousse ou en caoutchouc.

> **• LE YOUPALA SOUS HAUTE SURVEILLANCE •**
>
> Les trotteurs, autrement appelés « youpala », ont été accusés de provoquer des accidents divers, chutes ou traumatismes, au point d'être interdits dans certains pays comme le Canada. Pourtant, ils permettent à Bébé d'être autonome s'il est étroitement surveillé. Il apprend vite à se déplacer dans toutes les directions. Délimitez-lui un espace par des barrières pour parer aux dangers.

Les piles électriques, surtout les piles boutons que Bébé risque d'avaler, sont aussi très dangereuses (surtout celles qui se trouvent dans les télécommandes que Bébé adore jeter et ouvrir).
Les bébés aiment souvent taper avec un jouet sur un miroir ou une vitre à leur portée. Les recouvrir d'un film adhésif transparent n'empêchera pas toujours la rupture, mais protégera du moins Bébé des éclats de verre…
Il s'intéressera certainement aussi aux plantes en pot, ne résistera pas à la tentation de les toucher, de les arracher et de les porter à la bouche : cela doit être évité à tout prix, certaines plantes très courantes peuvent être très toxiques (voir annexes « Plantes toxiques » p. 402). Là encore rendez-les inaccessibles à Bébé (ou offrez-les !).

IL AIME PARTICIPER À LA VIE FAMILIALE

De temps en temps, vous aimez placer votre bébé à votre hauteur pour qu'il participe à la vie de famille.
Sa chaise haute doit être munie de sangles avec un entrejambe pour que l'enfant ne puisse se glisser en dessous, et répondre aux normes de sécurité.
Bébé ne doit pas être hors de votre vue quand il est dans sa chaise ; la chute d'une telle hauteur peut être très dangereuse. Veillez à ce que dans le périmètre qui lui est accessible du haut de sa chaise, il n'y ait rien qui puisse représenter pour lui un quelconque danger (fil électrique, vase, statuette ou… cactus !). Mêmes précautions avec les rehausseurs que l'on peut fixer sur une chaise d'adulte (stable !) ou au rebord d'une table.

L'heure des différences : fille ou garçon, l'exemple des jumeaux

Inné ou acquis, telle est l'éternelle question : grâce à l'observation des jumeaux, certaines questions ont trouvé des réponses.

Les jumeaux homozygotes (les « vrais » jumeaux) sont nés d'un seul ovocyte fécondé par un seul spermatozoïde, qui s'est divisé en deux dès le début de la grossesse ; tandis que les hétérozygotes (les « faux jumeaux ») sont nés de deux ovocytes fécondés par deux spermatozoïdes.

> **CONSEIL DE BÉATRICE :**
> *N'hésitez pas à vous faire aider par un psychologue ou à vous rapprocher d'associations pour parents de jumeaux qui vous donneront de nombreux conseils pratiques.*

UN OU DEUX OVOCYTES

Les vrais jumeaux Les deux enfants ont les mêmes gènes et sont donc l'un par rapport à l'autre comme deux clones. Ils sont du même sexe, se ressemblent comme des sosies, (ils ont nécessairement — entre autres — la même couleur d'yeux et de cheveux), et restent par la suite difficiles à distinguer l'un de l'autre. Les différences qui ne manqueront pas d'apparaître entre eux au fil du temps seront liées à leurs expériences différentes de la vie (école différente, vie séparée…).

Les faux jumeaux Ils sont génétiquement différents l'un de l'autre, comme peuvent l'être deux frères et/ou sœurs non jumeaux : de même sexe ou de sexe opposé, leur ressemblance peut être peu perceptible.

Faux ou vrais, les jumeaux, ont été ensemble dans l'utérus de leur mère depuis le début de la grossesse. Ils sont habitués à communiquer entre eux, à se toucher ; une sorte de complicité s'est établie. Très vite, après la naissance, on se rend compte qu'il existe entre eux des interactions, des échanges… Vrais et faux jumeaux forment un couple.

UN LANGAGE RIEN QU'À EUX…

Les jumeaux, ayant passé 9 mois ensemble dans le ventre de leur maman, ont dès la

> **CONSEIL DE BÉATRICE :**
> *Il vaut mieux laisser les jumeaux ensemble à la crèche, hormis en cas de troubles névrotiques (anxiété, dépendance). Mais les séparer de temps en temps les rendra plus autonomes. Les jumeaux fascinent et ont fait l'objet de nombreuses études.*

naissance des codes de communication qui leurs appartiennent et inintelligible aux autres. On remarque par exemple que lorsque l'un des deux pleure, le fait de le placer auprès de son jumeau l'apaise quasiment instantanément. Ce mode de relation et de communication à usage privé leur suffira très longtemps, ce qui explique que très souvent les jumeaux parlent plus tardivement que les autres enfants.

JAMAIS SEULS : AVANTAGES ET INCONVÉNIENTS

Être le jumeau d'un autre a ses bons côtés : jamais seul, on ne s'ennuie jamais ; mais de ce fait, la différenciation est plus difficile. Chacun des deux enfants a du mal à se forger une identité propre.

En outre, la famille — qui a du mal à les distinguer — emploie la plupart du temps pour les désigner, non pas leur prénom (qu'elle confond souvent !), mais une dénomination collective : « les jumeaux ». L'individuation est d'autant plus difficile si les enfants sont habillés de la même manière ou gardés ensemble en permanence. La relation mère-enfant peut aussi être difficile, car elle est nécessairement triangulaire, ce qui peut se révéler frustrant pour la mère, tout comme pour chacun des jumeaux.

TROP FATIGUÉS POUR LES DIFFÉRENCIER…

Pendant les premiers mois, pour les parents, le fait d'avoir des jumeaux plutôt qu'un nouveau-né unique représente une surcharge de travail et de fatigue considérable : changes, bains, biberons, habillage, tout est multiplié par deux. Pendant la nuit, l'un ou les deux se réveillent souvent plusieurs fois, et les parents manquent de sommeil… À 9 mois, les jumeaux font généralement leur nuit et Maman et Papa, même s'ils sont encore très accaparés, ne serait-ce que parce que les bébés commencent à manger à la cuillère, sont moins fatigués.

Ce n'est qu'à partir de ce moment que vous serez suffisamment disponibles pour pouvoir commencer à vous consacrer à chacun de vos jumeaux séparément, en tenant compte de leurs personnalités respectives, pour qu'ils cessent d'être perçus comme une entité unique. Adressez-vous individuellement à chacun d'eux et appelez-le par son prénom. Chaque jumeau doit avoir ses propres vêtements, différents de ceux de son frère ou de sa sœur. Chacun doit aussi avoir son « coin » à défaut de sa chambre propre.

LES SÉPARER POUR MIEUX LES APPRÉCIER

Qu'il s'agisse d'aller faire les courses ou de partir en promenade voire — de temps en temps — de partir en vacances, vous pouvez choisir de séparer les deux enfants, l'un restant avec vous, l'autre étant confié à d'autres membres de la famille. Vous pouvez aussi adopter un mode de garde différent pour chacun d'entre eux, sans pour autant courir le risque que l'un ne se croie moins aimé (ou plus aimé) que l'autre… Mais il faut néanmoins ménager la « vie de couple » des jumeaux, les laisser jouer ensemble pendant de longs moments, si possible hors de votre vue (mais pas sans surveillance), pour qu'ils puissent se retrouver et communiquer selon leurs codes.

> **▪ LES JUMELLES SERAIENT-ELLES PLUS DOUÉES ? ▪**
>
> L'étude de couples de jumeaux a prouvé des différences de développement entre filles et garçons. On observe statistiquement que les jumelles sont plus précoces : elles se tiennent assises avant les garçons, marchent et sont propres plus tôt ; elles sont aussi capables d'utiliser la « pince » pouce index avant eux. À âge égal, leurs gestes sont mieux coordonnés et plus précis…

Le jeu des ressemblances

Couleur des yeux et des cheveux, taille et traits de caractère...
à quoi est-ce dû, comment les cartes se distribuent-elles ?

Tout humain est porteur de 23 paires de chromosomes différentes. Chacune de ces paires porte une multitude de gènes, eux-mêmes organisés par paires, qui portent les caractéristiques de l'individu, qu'il s'agisse de la taille, du poids, de la couleur des cheveux ou des yeux, des traits de caractère ou encore du risque d'être atteint de telle maladie ou de telle autre.

LA LOI DU HASARD

Chez chaque individu, chaque paire de gènes donne une caractéristique, et chacun de ces gènes provient l'un de la mère, l'autre du père, selon les lois du hasard. À chaque nouvelle génération, les gènes familiaux sont redistribués, un peu comme on distribue les cartes d'un jeu après les avoir battues. Tout ceci explique que l'on puisse retrouver chez un enfant à la fois le nez de son grand-père maternel, le menton de sa mère, les yeux de son arrière-grand-père paternel et des cheveux différents de ceux de son père et de sa mère... C'est le jeu des ressemblances et des différences auquel on ne se lasse jamais de jouer à chaque nouvelle naissance au sein d'une famille.

> **CONSEIL DE BÉATRICE :**
> *Tout se joue à la fécondation. Le père de chromosomes sexuels XY féconde la mère de chromosomes XX, c'est donc le père qui décide du sexe de l'enfant. Les régimes alimentaires, très sucrés pour avoir une fille ou salé pour avoir un garçon donnent des résultats discutables.*

LA COULEUR DES YEUX

Le plus parlant des exemples est celui de la couleur des yeux. Pourquoi tel enfant dont les deux parents ont les yeux bruns a-t-il les yeux bleus, alors que son frère a les yeux bruns ?

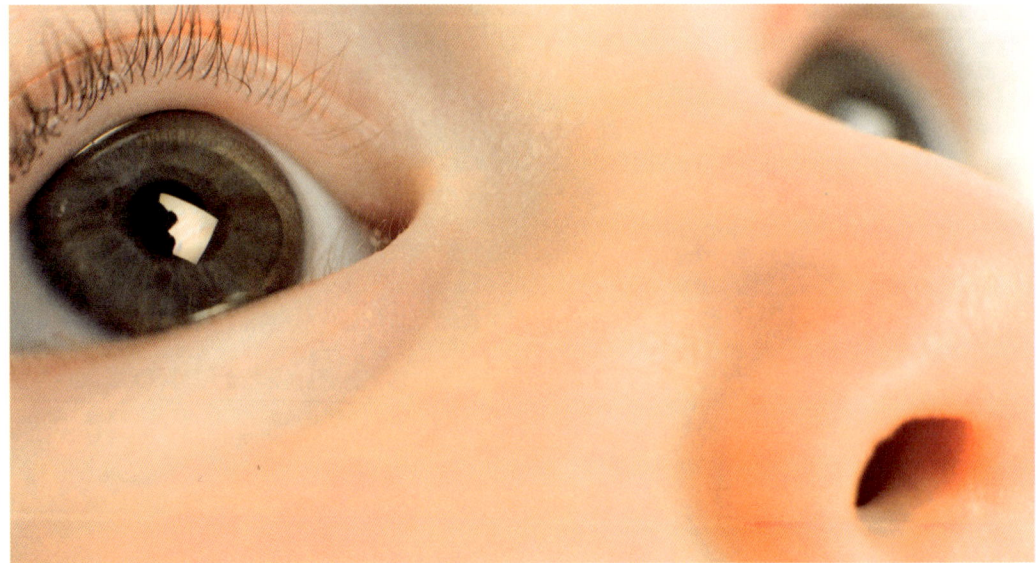

C'est parce que la couleur des yeux dépend principalement d'une seule paire de gènes. Selon l'individu, chacun de ces deux gènes sera identique à l'autre ou différent ; on peut ainsi avoir chez un individu deux gènes « yeux bleus », ou deux gènes « yeux bruns », ou encore un gène de chacune de ces deux variétés. Si l'enfant est porteur de deux gènes « yeux bleus » ses yeux seront bleus, s'il est porteur de deux gènes « yeux bruns » ses yeux seront bruns.

POURQUOI LES YEUX BRUNS SONT PLUS FRÉQUENTS ?

Chez l'individu porteur d'un gène « yeux bleus » et d'un gène « yeux bruns », le gène « yeux bruns » seul s'exprime, on dit qu'il « domine » et l'individu aura les yeux bruns, exactement comme celui qui est porteur de deux gènes « yeux bruns ». Cependant, à la différence de ce dernier, bien qu'il ait des yeux bruns, du fait qu'il est porteur d'un gène « yeux bleus », il peut le transmettre à ses enfants, et si sa conjointe est porteuse de ce même gène « yeux bleus » (en double ou en simple exemplaire) certains de ses enfants pourront avoir les yeux bleus. Deux parents aux yeux bruns peuvent donc avoir des enfants aux yeux bleus (alors que deux parents aux yeux bleus ne peuvent pas — en principe — avoir des enfants aux yeux bruns). Pour avoir des yeux bleus il faut deux gènes « yeux bleus » alors que pour avoir des yeux bruns il suffit d'un seul gène

> **CONSEIL DE BÉATRICE :**
> *L'environnement influence le code génétique. Il n'est sans doute pas immuable et dépend aussi du comportement et de l'alimentation de la femme pendant sa grossesse. De nombreuses découvertes en matière génétique sont faites chaque jour. Pour chaque individu, un caryotype, c'est-à-dire la codification de l'ensemble de ses gènes, peut être fait et permet de dépister un grand nombre de maladies (trisomie 21…).*

• AU-DELÀ DE LA GÉNÉTIQUE •

Outre la génétique, l'environnement et la culture familiale jouent aussi un rôle décisif dans les ressemblances parents/enfants. Si les enfants ont le même surpoids que les parents, les habitudes alimentaires familiales seront à mettre en cause tout autant que l'hérédité. Il en va de même des traits de caractère et de bien d'autres ressemblances ou différences. Les chercheurs ont pu le vérifier en suivant le devenir de vrais jumeaux. Malgré leur identité génétique qui conditionne une ressemblance étonnante, au fil du temps, surtout si les deux enfants ont été élevés dans un environnement physique ou un contexte social ou familial différent, de nettes différences apparaissent…

Toutes les ressemblances et différences au sein d'une famille ne doivent donc pas être imputées uniquement à l'hérédité !

Pourquoi tous les bébés ont-ils des yeux bleus à la naissance ?

Les nouveau-nés ont tous des yeux bleus parce que le gène des yeux bruns n'a pas encore eu le temps de synthétiser assez de mélanine au niveau de l'iris pour que la couleur brune apparaisse. Il faudra pour cela attendre quelques mois.

« yeux bruns », le caractère « yeux bruns » étant dominant. On comprend donc que les individus aux yeux bruns soient bien plus répandus que les individus aux yeux bleus…

COULEUR ARC-EN-CIEL…

En matière de couleur des yeux, aux côtés de la paire de gènes déterminants, il existe d'autres facteurs qui influencent la couleur des yeux. Ces gènes secondaires contribuent à la variété des nuances que l'on peut observer au niveau de l'iris du brun au bleu en passant par le gris, le vert, le noisette, l'ambre…

Si la couleur des yeux dépend pour l'essentiel d'une seule paire de gènes, ce n'est pas vrai pour les autres caractéristiques physiques. Celles-ci dépendent de plusieurs paires de gènes à la fois, comme pour la couleur des cheveux, la forme du nez ou certains traits de caractère…

Le bio est-il meilleur ?

Faire la cuisine pour votre bébé, c'est lui assurer une qualité nutritionnelle parfaite, mais c'est aussi lui transmettre vos goûts alimentaires.

Accueillir son bébé dans un environnement sain, le préserver des risques alimentaires, lui apprendre le vrai goût des choses est une préoccupation constante des jeunes parents. Pour certaines familles, cette volonté ne se limite pas aux aliments, mais englobe toute une éducation qui respecte l'environnement (http://www.ifen.fr).

> **CONSEIL DE BÉATRICE :**
> *Les petits pots sont très strictement contrôlés même quand ils ne portent pas la mention AB. Ils ne doivent contenir ni conservateur, ni colorant, ni édulcorant, ni arôme artificiel. Leur teneur en pesticides est proche de 0 et leur teneur en nitrates très faible.*
> *Il existe plusieurs marques de petits pots bio qui garantissent en outre l'absence d'additifs inutiles et une absence ou quasi-absence de sel et de sucre.*

LE BIO POUR MIEUX DIVERSIFIER

Pour Bébé, l'heure des produits bio sonne au moment de la diversification. Les quantités proposées au début étant faibles, elles peuvent permettre de rechercher la qualité du produit. Si vous tenez un petit carnet pour noter les dates d'introduction d'un fruit ou d'un légume, vous y inscrirez aussi les réactions de votre bébé, par exemple « aimé », « pas aimé », « diarrhée », « constipation » ce qui constitue un outil précieux en cas d'allergie ou d'intolérance. Bien entendu, vous choisirez des fruits et des légumes de saison pour que Bébé puisse profiter de produits cueillis à maturité et de leur véritable goût. D'ailleurs, vous lui expliquerez à chaque fois quel fruit ou légume il vient de goûter.

OÙ ET COMMENT ACHETER BIO ?

De plus en plus de supermarchés proposent des produits bio (il existe également des supermarchés bio ou des coopératives dans de nombreuses villes). Il n'est donc plus nécessaire de faire vos courses exclusivement dans de petits magasins bio, parfois peu fournis en fruits et légumes frais et pratiquant des prix souvent bien supérieurs à ceux des supermarchés, même si l'écart tend à diminuer. On peut aussi avoir recours pratiquement partout en France aux paniers Amap, acheter sur les marchés bio, directement chez les producteurs... ou cultiver son potager bio !
L'agriculture biologique n'utilise ni engrais ni pesticides de synthèse et proscrit l'utilisation d'organismes génétiquement modifiés (OGM) au-delà de 0,9 % de contamination (nouvelle réglementation européenne).
Si vous trouvez difficilement près de chez vous des produits labellisés AB, privilégiez les fruits et légumes de saison produits dans votre région ; veillez à les laver et à les éplucher soigneusement pour éliminer au maxi-

mum les pesticides et les résidus de nitrates. Parfois, vous pourrez trouver des légumes issus de l'agriculture raisonnée, c'est-à-dire une agriculture dans laquelle le recours aux engrais chimiques est réduit.

Viande On recherchera le label AB et le Label rouge de qualité, qui certifient la non-utilisation d'hormones ou d'antibiotiques. Certaines régions organisent régulièrement des marchés campagnards biologiques que vous pourrez facilement localiser sur Internet.

Œufs Codage et label sont très précis : seulement le code 0 (premier chiffre imprimé sur l'œuf) garantit un élevage bio (poules élevées en plein air avec 4 m^2 par poule et une alimentation à 90 % bio. Le code 1 correspond à un élevage en plein air, le code 2 à un élevage au sol et le code 3 à un élevage intensif en batterie avec lumière artificielle.

Poisson d'élevage bio Bien entendu, le poisson sauvage ne peut être certifié bio, mais il n'en reste pas moins naturel ! Des élevages de poisson bio commencent à se développer en France. Le label MSC (http://www.msc.org) garantit simplement que l'espèce est protégée et qu'on lui laisse le temps de se reproduire. C'est le cas de la limande-sole, par exemple.

Produits laitiers Choisissez les produits nature non sucrés. En magasin biologique, on trouve, en plus de la gamme habituelle déclinée en bio, des desserts nature à base de lait de brebis. Pour le lait, choisissez-le impérativement bio et entier, le seul à conserver ses propriétés enzymatiques et une partie des probiotiques nécessaires à l'organisme ; mais il vaut mieux pour Bébé consommer du lait de croissance.

Féculents Vous trouverez en bio pour bébé de petites pâtes semi-complètes.

En règle générale, n'achetez pas de produits enrichis en vitamines et évitez les aliments dont vous ne comprenez pas la liste des ingrédients, même en magasin bio.

LES PRODUITS BIO SONT-ILS RÉELLEMENT PLUS SAINS ?

Selon une étude de l'Agence française de sécurité sanitaire (AFSSA), les fruits et légumes bio contiennent un peu plus de vitamines C, de fer et de magnésium et de vitamines anti-oxydantes. Leur saveur est meilleure dans la mesure où ils ont été cueillis à maturité.

Les lipides des viandes bio sont plus riches en oméga-3.

S'ÉQUIPER POUR CUISINER SAINEMENT

La cuisson à la vapeur préserve particulièrement le goût et les couleurs des aliments. Il est inutile de vous ruiner en équipement pour cuisiner bio pour votre bébé. Comme il s'agit de préparer de petites quantités, un mini-robot de type Babycook est indispensable. Ce matériel peut se trouver d'occasion en parfait état. Il permet de cuire à la vapeur légumes, viandes, poissons et fruits et de les mixer directement dans le même appareil.

• LES LABELS •

Tenez compte des labels et certifications et des dates limites mentionnées sur les étiquettes pour choisir vos aliments.

Quelques appellations et labels importants pour choisir des produits de qualité

• **AB (Agriculture biologique)** Label défini par le ministère de l'Agriculture qui en est propriétaire. Les produits labelisés AB, contrairement aux produits conventionnels, répondent à un cahier des charges très précis de la production à la transformation.

• **AOC (Appellation d'origine contrôlée)** Garantit l'origine géographique d'un produit et une fabrication selon la tradition du lieu d'origine.

• **AOP (Appellation d'origine protégée)** L'équivalent européen de l'AOC.

• **IGP (indication géographique protégée)** Label européen garantissant l'origine géographique d'un produit.

• **LR (Label rouge)** Garantit un produit de qualité supérieure.

ATTENTION AUX DATES !

• **DLC (Date limite de conservation)** Conserver le produit après cette date peut mettre la santé en danger.

• **DLUO (Date limite d'utilisation optimale)** Sans danger pour la santé. Le produit perd néanmoins ses qualités nutritives après cette date.

Vitamines et oligoéléments

Vitamines et oligoéléments sont indispensables au bon fonctionnement de l'organisme, essentiels pour le développement et la croissance chez l'enfant.

À part quelques exceptions, les vitamines et oligoéléments ne sont pas fabriqués par l'organisme, ils doivent donc être apportés par l'alimentation voire, si nécessaire, sous forme médicamenteuse pour éviter les carences. Les vitamines D et K quant à elles, même si elles sont naturellement produites par l'organisme, le sont souvent en quantité insuffisante et celle-ci doit être compensée, surtout chez l'enfant nourri au sein car le lait maternel en est généralement peu pourvu.

LES VITAMINES

Les vitamines ont été groupées en 6 catégories principales, désignées par les lettres : A, B, C, D, E, K. On distingue les vitamines liposolubles (solubles dans l'huile) A, D, E, K, des vitamines hydrosolubles (solubles dans l'eau) B et C.

A POUR LES YEUX

• La vitamine A (rétinol). Elle joue un rôle majeur dans la vision et intervient aussi au niveau de la peau et des muqueuses.

• On trouve la vitamine A dans l'huile de foie de poisson, le beurre, les fromages, le lait, le jaune d'œuf, le foie. Dans certains légumes (carotte, épinard, cresson, brocoli, chou, tomate) ainsi que dans certains fruits (brugnon, pêche), on trouve non pas la vitamine A à proprement parler, mais son précurseur métabolique, la provitamine A ou bétacarotène, que le foie humain se charge de transformer en vitamine A.
• Lorsqu'il existe une carence en vitamine A, on doit craindre des troubles de la vision et, chez l'enfant, des troubles de la croissance.
• Les excès d'apport en vitamine A (rarement rencontrés) peuvent être toxiques chez l'enfant.

D POUR LA PEAU

• La vitamine D (calciférol) est produite par l'organisme au niveau de la peau, mais cette production est très dépendante de l'exposition au soleil. Quand l'ensoleillement est faible, la production de vitamine D l'est aussi. Les peaux sombres étant moins sensibles au soleil, les besoins en vitamine D sont plus importants dans les populations noires. Intervenant dans le métabolisme du calcium et du phosphore, la vitamine D joue un rôle majeur dans la calcification du squelette et des dents, tout spécialement chez l'enfant.
• On trouve la vitamine D (comme la vitamine A) dans l'huile de foie de poisson, le beurre, les fromages, le lait, le jaune d'œuf, le foie.
• La carence en vitamine D (essentiellement due à un apport insuffisant), provoque chez l'enfant le rachitisme, caractérisé par une minéralisation insuffisante et anarchique des os et des dents.
• Pour éviter ces carences, il faut veiller à ce que l'enfant bénéficie dans la mesure du possible d'un ensoleillement suffisant (tout en le protégeant du soleil !) et d'apports alimentaires adéquats.
• Il est admis qu'un complément médicamenteux en vitamine D est toujours nécessaire non seulement chez l'enfant au sein, mais aussi chez l'enfant au lait maternisé, bien que ce lait soit supplémenté en vitamine D. On donne le plus souvent des gouttes quotidiennes, chez l'enfant dès la naissance jusqu'à 18 mois. La dose administrée est déterminée par le médecin en fonction du mode d'alimentation, de l'ensoleillement, de la pigmentation de la peau…
• Là encore, il faut se méfier des surdosages, particulièrement nocifs avec cette vitamine, qui entraînent des dépôts de calcium au niveau des reins et des vaisseaux avec hypertension artérielle. Les doses administrées doivent donc être rigoureusement contrôlées.

> **CONSEIL DE BÉATRICE :**
> *Ne vous fiez pas trop aux aliments « enrichis » en fer, calcium et vitamines. Ces dénominations sont souvent abusives. En revanche, si certaines vitamines sont en surdosage, elles peuvent être nocives pour l'organisme — sauf la vitamine C qui est éliminée dans les urines. Demandez conseil à votre pédiatre.*

E POUR LUTTER CONTRE LES RADICAUX LIBRES

• La vitamine E (tocophérol) est un antioxydant qui, au sein de l'organisme, lutte contre les radicaux libres. Ces derniers sont des résidus nocifs du métabolisme qui peuvent endommager nos cellules. C'est surtout chez la femme enceinte qu'un supplément en vitamine E naturel peut être nécessaire, car elle aide à la croissance du fœtus et lutte contre l'anémie.
• On la trouve dans les huiles végétales, les fruits oléagineux et les céréales.

K POUR LA COAGULATION DU SANG

• La vitamine K (phylloquinone) joue un rôle décisif dans la coagulation du sang.
• On en trouve dans le foie, les légumes verts, mais elle est fabriquée avant tout par les bactéries de l'intestin.
• En cas de carence, on peut observer des troubles de la coagulation (hématomes, hémorragies). Les nouveau-nés sont souvent carencés en vitamine K. Pour cette raison dans la plupart des maternités, Bébé reçoit systématiquement dès sa naissance, un supplé-

ment de vitamine K, puis 1 fois par semaine pendant les 2 premiers mois, en cas d'allaitement maternel exclusif.

LA GRANDE FAMILLE DES B

Parmi les vitamines B on distingue : les vitamines B1 (thiamine), B2 (riboflavine), B3 (ou PP, acide nicotinique), B5 (acide pantothénique), B6 (Pyridoxine), B8 (biotine), B9 (acide folique) et enfin B12 (cyanocobalamine).

- **Les vitamines du groupe B** sont présentes à des degrés divers dans les fruits et légumes, en particulier les légumes secs (lentilles), mais aussi les céréales, les viandes, les laitages. Elles ne sont pas synthétisées par l'organisme, il faut donc varier au maximum l'alimentation et privilégier les modes de cuisson qui préservent au mieux les vitamines et faire appel le plus possible aux crudités, pour éviter les carences toujours très néfastes pour un organisme en croissance.
- **La vitamine B1** intervient sur le développement et le fonctionnement du système nerveux et des muscles.
- **Les vitamines B2, B3, B5 et B8** jouent un rôle important dans le métabolisme des glucides, des lipides et des protides.
- **La vitamine B9** agit sur les neurones.
- **Les vitamines B6, B9 et B12** jouent un rôle majeur dans la synthèse des globules rouges. Elles préviennent l'anémie et sont indispensables à la croissance.

C POUR LES DÉFENSES DE L'ORGANISME

- Les actions bienfaisantes de la vitamine C (acide ascorbique) sont multiples : renforcement des défenses de l'organisme, résistance aux infections, maintien des capacités physiques, lutte contre la fatigue, cicatrisation…
- La vitamine C est présente en quantité suffisante dans les fruits et légumes, mais seulement s'ils sont très frais (ou congelés immédiatement après la cueillette), car les taux de cette vitamine fragile diminuent très vite, quelques heures après la cueillette. Il faut donc ne pas hésiter à donner des suppléments médicamenteux, et ce d'autant plus qu'il n'existe aucun surdosage de la vitamine C, celle-ci n'étant pas stockée par l'organisme (éliminée par les urines).

LES OLIGOÉLÉMENTS

Il s'agit de molécules chimiques présentes — pour la plupart en quantités infinitésimales — au sein de l'organisme et qui y exercent des fonctions métaboliques précises et indispensables à son fonctionnement. Ils sont normalement apportés par l'alimentation, et une carence en l'un ou l'autre de ces oligoéléments se traduit par des troubles graves. Une alimentation diversifiée et suffisante en quantité permet généralement d'éviter les carences en oligoéléments. Elle devra tenir compte du fait que selon le mode de conservation, de cuisson ou de préparation des aliments, leur contenu en oligoéléments peut être plus ou moins important. Les principaux, quant à leurs effets sur l'organisme sont : le fer, le calcium, le fluor, le magnésium, le potassium, le sodium, l'iode, ainsi que le sélénium et le zinc.

Il existe bien d'autres oligoéléments qui ont tous des actions plus ou moins spécifiques et sont eux aussi nécessaires au bon fonctionnement de l'organisme. Sans prétendre à l'exhaustivité, on citera le lithium, le phosphore, l'argent, le bismuth, le cobalt, le chrome, le nickel, le molybdène…

> **CONSEIL DE BÉATRICE :**
> *Ne vous laissez pas piéger pas les publicités et choisissez des menus diversifiés comportant des produits frais (5 fruits et légumes par jour étant la moyenne). Changez souvent d'eau minérale. Elles ont des teneurs en minéraux variables.*

LE FER POUR LE SANG

- Le fer est indispensable à la synthèse de l'hémoglobine dans les globules rouges.
- On le trouve dans les viandes, les œufs, les abats, le boudin, mais aussi dans les fruits et les légumes secs, certains légumes verts, certains oléagineux, le chocolat.
- Du fer peut être prescrit par le médecin sous forme médicamenteuse pour prévenir ou traiter une anémie chez la femme enceinte et aussi chez le bébé de petit poids à la nais-

sance ou prématuré ; de même chez le bébé de 6 mois à 1 an, si le taux de fer dans le sang est insuffisant.

LE CALCIUM POUR LES OS
• Le calcium joue un rôle majeur comme chacun sait dans le développement et le maintien du squelette et des cartilages articulaires.
• On le trouve dans les laitages et fromages mais aussi les légumes secs et les légumes verts. Il est présent dans certaines eaux du robinet et certaines eaux minérales.

LE FLUOR POUR LES DENTS
• Le fluor, en fixant calcium et phosphore, contribue à la minéralisation du squelette et des dents.
• On le trouve dans certaines eaux, le sel fluoré et le dentifrice.
• On ne donne plus systématiquement du fluor aux enfants. Une supplémentation pourra être conseillée après un bilan des apports, une surdosage pouvant être toxique.

LE MAGNÉSIUM ET LE POTASSIUM POUR LES MUSCLES ET LE CŒUR
• **Le magnésium** contribue à l'équilibre du système nerveux, des muscles et du cœur. Avec le calcium, il intervient aussi dans le métabolisme osseux.
• On le trouve principalement dans les bananes mais aussi les légumes secs, les fruits secs, les céréales, les fruits de mer et crustacés, les oléagineux.
• **Le potassium**, comme le magnésium participe à l'équilibre du système nerveux, des muscles et du cœur, et avec le sodium au métabolisme de l'eau.
• On le trouve pratiquement dans tous les fruits et légumes.

L'IODE POUR LA CROISSANCE
• L'iode, indispensable au fonctionnement de la glande thyroïde joue un rôle décisif dans la croissance.
• On la trouve dans les produits de la mer (poissons, crustacés, coquillages et algues), les viandes, les œufs, les laitages, les céréales, les légumes…

LE SÉLÉNIUM ET LE ZINC
• Sélénium et zinc sont des antioxydants qui débarrassent l'organisme des déchets toxiques du métabolisme que sont les radicaux libres ». À ce titre, ils renforcent les défenses de l'organisme.
• On les trouve dans les viandes, le poisson, les laitages et fromages…

Les carences en oligoéléments se traduisent par des manifestations variées : une fatigue et, chez l'enfant plus particulièrement, un retard dans la croissance et le développement, une baisse des défenses immunitaires, une anémie…

Les acides gras essentiels

Précieux pour accompagner le développement du cerveau et du système nerveux tout au long de la petite enfance, les acides gras doivent être intégrés à l'alimentation au quotidien.

Les acides gras sont des molécules chimiques de la famille des lipides. Parmi eux, deux groupes sont essentiels au fonctionnement de l'organisme qui ne les fabrique pas ; ils doivent donc nécessairement être apportés par l'alimentation. Ces deux groupes sont celui des oméga-3 et celui des oméga-6.

Les oméga-3 sont présents spécifiquement dans l'huile de colza, de soja et de noix, mais surtout dans les poissons.

Les oméga-6 sont présents dans pratiquement tous les corps gras végétaux, qu'il s'agisse de la margarine, ou de la plupart des huiles (tournesol, maïs, arachide, olive, soja…).

En termes d'action sur l'organisme, oméga-3 et oméga-6 ne peuvent se substituer l'un à l'autre, car chaque groupe a sa spécificité. Les oméga-3 agissent sur la vision, le système nerveux et le cerveau. Les oméga-6 agissent surtout sur le système immunitaire, la peau, la coagulation sanguine.

> **CONSEIL DE BÉATRICE :**
> *Privilégiez l'équilibre alimentaire et apprenez à votre bébé dès le plus jeune âge les vertus de chaque aliment. Plus tard, vous le ferez participer à la préparation des plats, voire à la culture des légumes dans le potager familial.*

DÈS LA GROSSESSE, PENSER AUX ACIDES GRAS ESSENTIELS

Dans la mesure où la mère a eu, durant sa grossesse, une alimentation équilibrée et suffisante, comportant assez d'acides gras essentiels, l'enfant ne sera pas carencé en acides gras à la naissance.

Après la naissance, l'enfant nourri au lait maternisé enrichi en acides gras essentiels n'aura aucun problème. Il en sera de même pour l'enfant au sein, à la condition que la maman ait elle-même une nourriture équilibrée et diversifiée comportant des quantités

d'acides gras essentiels suffisantes. Ensuite, au moment du sevrage et de la diversification alimentaire, il faudra veiller aux apports alimentaires de l'enfant en acides gras essentiels.

ESSENTIELS DANS LA PETITE ENFANCE

Conjointement, les oméga-3 et les oméga-6 ont une importance cruciale durant l'enfance, période pendant laquelle les organes se développent très rapidement. Ceci est particulièrement vrai du cerveau qui tout au long de la grossesse et durant les deux premières années se développe d'une manière exponentielle. Les cellules cérébrales sont constituées à 60 % d'acides gras. Au cours de la première année, le poids du cerveau augmente de près de 2 grammes par jour ; et si le cerveau ne représente en poids que 16 % de l'organisme, il consomme à lui seul 70 % de l'énergie apportée par l'alimentation.

> **CONSEIL DE BÉATRICE :**
> *Un supplément en oméga-3 sans prescription médicale peut s'avérer plus néfaste que bénéfique car cela risque de modifier l'équilibre lipidique. Méfiez-vous des publicités qui vantent des aliments enrichis en oméga-3 et 6.*

VIGILANCE AU MOMENT DE LA DIVERSIFICATION

Des aliments riches en acides gras essentiels devront faire régulièrement partie du menu de la femme enceinte, de la femme allaitante, et de Bébé quand vers le 8ᵉ mois, son alimentation lactée aura diminuée.
Pour cela, on préconisera du poisson 2 à 3 fois par semaine (en privilégiant les poissons dits « gras », particulièrement riches en acides gras essentiels, tels le saumon, le thon, le hareng, la sardine, la truite, le maquereau). Quand on sait qu'en France on ne consomme que 80 grammes de poisson par mois alors qu'au Japon on en consomme le même poids par jour, on comprend qu'il y a des efforts à faire en termes de consommation de poisson dans notre pays ! Parmi les huiles végétales riches en acides gras

• NATUREL OU BIO, DU POISSON DE QUALITÉ •

Comme les quantités nécessaires sont faibles, achetez du poisson de qualité. Pas facile de trouver des poissons bio ! Le poisson sauvage ne peut pas être certifié bio, mais son origine est naturelle. Si vous achetez du poisson d'élevage, privilégiez le label bio qui lui garantit un espace vital suffisant et une nourriture sans OGM.

LA PURÉE DE POISSON
- 1 pomme de terre bio moyenne
- 1 filet de maquereau, de saumon ou de limande-sole
- Huile d'olive, beurre

Éplucher et couper la pomme de terre en cubes et la faire bouillir 25 min dans une eau légèrement salée. Pocher le filet de poisson 5 min dans une eau frémissante additionnée de thym et d'une feuille de laurier. Écraser le poisson à la fourchette avec un filet d'huile d'olive ou de beurre cru et ajoutez les pommes de terre écrasées additionnées d'un peu de parmesan râpé.
On peut, bien sûr, varier les plaisirs en introduisant des haricots verts, des carottes, des courgettes en respectant le principe – un légume à la fois – et le temps de cuisson pour chaque aliment.

essentiels (colza, olive, tournesol, noix, soja...) on choisira de préférence les huiles dites vierges et de première pression à froid. Quant aux capsules d'oméga-3, elles sont rarement justifiées en dehors des prescriptions médicales.

La place des grands-parents

Que peut-on attendre des générations qui nous précèdent et comment le rôle des grands-parents a-t-il évolué ? En route pour un nouvel équilibre dans une famille agrandie !

Au moment où vous posez votre bébé dans les bras de vos parents, vous en faites des grands-parents. Pas toujours facile de tenir son nouveau rôle, ni pour les jeunes parents, ni pour les nouveaux grands-parents. La toute récente grand-mère retrouve d'abord les sensations qu'elle a éprouvées au moment de la naissance de ses enfants et réalise en même temps que cet enfant n'est pas le sien. Le grand-père, lui, peut se réfugier dans la fierté d'être à la tête d'une lignée, mais il doit admettre qu'il n'est nullement le chef de cette jeune famille. Des mécanismes complexes se mettent en marche et, parfois, il faudra des mois avant que chacun investisse son nouveau rôle.

L'ART DE DEVENIR GRANDS-PARENTS

Devenir grands-parents, c'est aussi revoir les relations avec ses propres enfants devenus parents ; s'effacer tout en restant présents. C'est un exercice parfois difficile. Si au cours des premiers mois, surtout s'il s'agit d'un premier enfant, la galaxie familiale a du mal à trouver ses marques, au bout de quelques mois, chacun y aura pris sa place. En tant que jeunes parents, vous êtes plus sûrs de vous quant à l'éducation de votre enfant et, en tant que grands-parents, vous respectez l'autorité des parents (vos enfants !) et vous acceptez de vieillir. Aujourd'hui, les grands-parents sont souvent encore dans la vie active et ce passage vers la vieillesse n'est pas facile à accepter.

 CONSEIL DE BÉATRICE :
Trop autoritaires, trop permissifs, on trouve toujours quelque chose à critiquer chez les grands-parents. N'oublions pas qu'être maman ne s'apprend pas en un jour. Très souvent, nous essayons de ne pas reproduire le même schéma que celui de notre propre mère, ce qui entraîne des réflexions maladroites qui peuvent générer des conflits. Demandons-nous plutôt quels grands-parents nous serons.

SE RENDRE DISPONIBLE

Même si près de la moitié des enfants sont gardés par leurs grands-parents, les conflits sont fréquents, attisés le plus souvent par l'autoritarisme de ces derniers. Garder son petit-enfant à temps plein n'est pas toujours possible et peut-être pas non plus toujours souhaitable. Les relations doivent se structurer autour d'une base d'aide réciproque : chacun doit dire ses besoins et ses envies. Une fois la confiance établie, il est bon que les grands-parents se proposent comme

▪ LES DROITS DES GRANDS-PARENTS ▪

Parfois, ce sont les parents qui ont du mal à entretenir des relations normales avec les grands-parents. L'autorité parentale revient aux parents, bien sûr, mais les grands-parents ont leur droit de visite ainsi que le droit d'hébergement, donc le droit d'inviter leur petit-enfant à dormir et le droit de correspondance, comme le prévoit le code civil, depuis la réforme du 5 mars 2007.

baby-sitters occasionnels ou réguliers. Que vous soyez les parents ou les grands-parents, sachez qu'il est utile de construire le lien entre votre bébé et ses grands-parents le plus tôt possible. L'enfant s'inscrira d'autant mieux dans une continuité intergénérationnelle. Pour beaucoup de femmes, il est plus facile de confier leur bébé à leur propre mère plutôt qu'à leur belle-mère. Ne privez pas pour autant votre enfant des relations avec ses grands-parents paternels. Bébé est très capable de s'adapter à des styles de vie différents du moment qu'il sent que vous le confiez en toute sérénité. La tendresse de ses grands-parents est un élément précieux pour son bonheur.

S'ORGANISER

Pour les grands-parents qui souhaitent recevoir régulièrement un tout-petit, certains équipements s'imposent : un lit pliant ou un lit à barreaux de bonne qualité, un siège auto, une baignoire, un matelas à langer et éventuellement un transat et un parc. Mieux vaut faire ces achats avec les parents du bébé pour être totalement en accord. Il convient aussi de se renseigner auprès de ses enfants des exigences actuelles en matière de puériculture, ne serait-ce que concernant le couchage sur le dos. Il faut aussi respecter les règles alimentaires quant à la diversification et la prévention des allergies. Ce respect des principes des jeunes parents ne fera que renforcer leur confiance et apprendra aux grands-parents une nouvelle manière d'aborder les bébés.

Les grands-parents devraient aussi demander à la jeune mère le carnet de santé et des instructions précises car elle n'osera peut-être pas proposer d'elle-même une liste de consignes. Le grand-père découvrira peut-être grâce à son fils ou à son gendre que participer aux soins du bébé est un très bon moyen de mieux le connaître.

UN STATUT PAS TOUJOURS SOUHAITÉ

Certains grands-parents ne sont pas prêts à franchir le pas d'une génération. Parfois, ils viennent tout juste de trouver un équilibre ou une nouvelle jeunesse puisque les derniers enfants ont quitté la maison, et des projets de voyage ou de tout autre rêve longtemps cultivé se voient anéantis par un petit intrus. Ce genre de réaction est très compréhensible. Très souvent, on peut trouver un compromis, car il n'est pas nécessaire de devenir grands-parents à temps complet. Généralement, le bébé est très capable de séduire ses grands-parents, et peu à peu le lien se fera. Les grands-parents joueront alors leur rôle dans l'histoire familiale.

> **CONSEIL DE BÉATRICE :**
> *Prenez le temps d'expliquer aux grands-parents ce qui a changé dans le domaine de l'alimentation, du couchage mais aussi de l'éducation des bébés. Exprimez clairement votre point de vue et affirmez-vous en tant que parents. N'oubliez jamais de remercier vos parents ou vos beaux-parents lorsqu'ils gardent votre enfant et faites-vous pardonner avec un bouquet de fleurs quand vous venez le rechercher avec un peu de retard.*

Le bilan des 9 mois

Le bilan des 9 mois est obligatoire. Cet examen doit impérativement être réalisé entre 8 et 10 mois. Il peut être pratiqué par un médecin généraliste, un pédiatre ou dans un centre de PMI (Protection maternelle et infantile). Il est gratuit s'il est pratiqué dans un centre de PMI, et remboursé à 100 % par la Sécurité sociale.

Avant l'examen, vous aurez naturellement pris la précaution de préparer l'enfant à la rencontre avec le médecin, en lui expliquant ce que celui-ci va faire. Il sera ainsi plus en confiance.

L'IMPORTANCE DES COURBES

En général le médecin commence par peser et mesurer l'enfant. À cet âge, le poids est de 7,5 kg environ, la taille de 70 cm. Le périmètre crânien est de 45 cm. Bien entendu, ces chiffres ne sont pas des normes, ils représentent seulement des moyennes. En outre, ce ne sont pas tant les chiffres en eux-mêmes qui comptent, que leur évolution dans le temps. Le médecin reporte les mesures sur les courbes qui figurent dans le carnet de santé. À partir des données de poids et de taille, il calculera l'indice de masse corporelle (IMC) de l'enfant, qui est égal au rapport du poids (en kg) sur le carré de la taille (en mètre) ; soit : IMC = Poids (kg)/taille^2 (mètre).

La mesure de l'IMC sera, elle aussi, reportée sur une courbe de corpulence du carnet de santé. Cette mesure indique la tendance de l'enfant au surpoids. À cet âge, il s'agit surtout d'avoir une base pour le suivi de cet indice.

UN EXAMEN COMPLET

Le médecin examine ensuite l'enfant : il ausculte avec son stéthoscope le cœur et les poumons pour s'assurer de l'absence d'anomalie cardiaque ou pulmonaire, il palpe l'abdomen pour vérifier le foie, la rate ou les reins. À l'aide de son otoscope il observe les tympans, à la recherche de signes d'otite ou

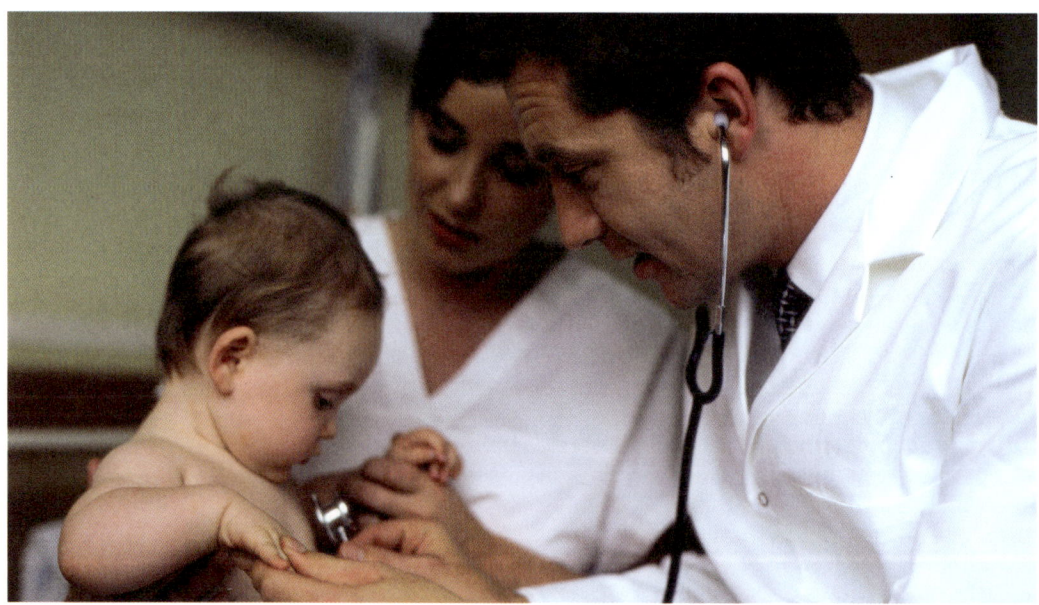

de séquelles d'otites anciennes. Avec un abaisse-langue, il regarde la gorge et vérifie les dents de l'enfant. Il examine également les organes génitaux. Pendant l'examen, le médecin vous posera de nombreuses questions : quelles ont été les maladies de l'enfant depuis sa naissance ? A-t-il eu des otites, des bronchiolites, de l'eczéma ou d'autres maladies ? A-t-il bon appétit ? Dort-il bien ? Où en sont ses vaccins ?

> **CONSEIL DE BÉATRICE :**
> *Prévoyez une demi-journée pour le bilan proposé par la Sécurité Sociale. Prévenez votre bébé car l'attente est souvent longue et son comportement peut en être modifié.*

OÙ EN EST SON DÉVELOPPEMENT PSYCHOMOTEUR ?

Le médecin évalue ensuite le développement psychomoteur de l'enfant.
Bébé tient assis sans aucun soutien. Il peut sans tomber se pencher à droite, à gauche, en avant, en arrière, et si son équilibre menace, il peut rattraper la situation avec ses mains. Il est capable de pivoter sur les fesses.
Couché sur le dos, il peut se mettre seul en position assise. Sur le ventre, il sait se mettre à quatre pattes. Il commence à pouvoir se déplacer, en roulant sur lui-même, en rampant ou en se traînant en position assise.
Il commence à se mettre debout seul, à l'aide des pieds de table ou de chaise… et de cette position, tente déjà de faire quelques pas…
Le médecin vérifie aussi la saisie des objets entre le pouce et l'index.

LA VISION ET L'AUDITION

L'examen du 9e mois est aussi et surtout le moment de l'évaluation plus approfondie de la vision et de l'audition.
Pour ce qui est de la vision, le médecin commencera par déplacer devant le regard de l'enfant des objets colorés pour voir s'ils le font réagir et s'il est capable de les suivre du regard. Ensuite il recherchera un strabisme qui, en plus du préjudice esthétique, a aussi une incidence sur la vision de l'enfant. S'il est entrepris précocement, le traitement d'un strabisme permet une correction parfaite dans la quasi-totalité des cas.
En masquant de la main un œil de l'enfant puis l'autre, et en observant ses réactions, le médecin peut mettre en évidence une amblyopie : si l'enfant proteste et se débat au cours de l'examen, c'est qu'on a masqué son « bon » œil et qu'il voit mal de l'autre.
Pour l'audition, le médecin commencera par faire retentir un son près d'une oreille de Bébé, puis de l'autre, et vérifiera qu'à chaque fois Bébé réagit et tourne la tête du côté d'où vient le son. Il demandera à la maman comment Bébé réagit aux bruits, à la voix.
Il s'agit aussi de savoir où en est Bébé dans son babillage : émet-il des syllabes redoublées, « ma-ma » ou « da-da » ? Un retard dans la mise en place du babillage peut en effet être dû à une audition défectueuse. Le médecin demandera s'il existe des antécédents de surdité dans la famille, ou si Bébé a pu contracter certaines infections *in utero* ou depuis sa naissance, s'il fait souvent des otites, ou s'il a subi des traumatismes crâniens.

PENSEZ À PRÉPARER VOS QUESTIONS

Cet examen est pour vous l'occasion de poser au pédiatre toutes les questions sur la santé de votre enfant. Au besoin notez-les sur un papier avant la consultation si vous avez peur d'en oublier… Depuis la mise en place de la carte vitale, le questionnaire relatif à cet examen remplace dorénavant le certificat médical. Vos prestations familiales vous seront versées automatiquement si la visite est bien faite entre le 8e et le 10e mois.

> **CONSEIL DE BÉATRICE :**
> *Le bilan des 9 mois de la Sécurité sociale est gratuit et propose des consultations chez le pédiatre, l'ORL, l'ophtalmologue, le psychologue. Un bilan sanguin est également proposé. Faites examiner la peau de Bébé pour vérifier l'évolution d'éventuels angiome ou naevus. Posez vos questions au médecin et faites avec lui le point sur l'alimentation et le sommeil. Un autre bilan sera proposé à l'âge de 2 ans.*

FAQ

Questions à poser : 8 à 9 mois

[+] COMMENT ME RENDRE COMPTE SI BÉBÉ A SOMMEIL ?

Bébé ralentit le rythme de ses jeux quand il a sommeil. Alors que quelques minutes auparavant il était en pleine activité, expansif et bruyant, on ne l'entend plus. Il cherche à s'isoler, à se retrancher. Il s'assied, dans une encoignure ou derrière une porte toujours au même endroit, parfois tourné vers le mur. Il se frotte les yeux, bâille…
Parfois, surtout quand l'heure du coucher est passée, et que quelqu'un l'entraîne dans des jeux un peu vifs avec chatouilles (ce qu'il ne faut jamais faire !), il peut s'énerver et éclater de rire ; il est trop excité pour trouver le sommeil. Le coucher est le moment de faire le calme et de le conduire doucement vers son lit.

[+] COMMENT LUI FAIRE PRENDRE SES MÉDICAMENTS ?

C'est souvent un défi, le nombre de ruses que l'on peut tenter est infini et chaque mère vous fera part de son expérience et vous donnera des conseils (éclairés ou non !).
Quelle que soit l'approche, il faut commencer par expliquer à Bébé que ce n'est pas agréable, mais que c'est nécessaire et qu'on est obligé d'en passer par là.
Souvent, il refuse de prendre le médicament tout simplement parce qu'il a découvert que cette question des médicaments vous rendait nerveuse et anxieuse, il a découvert aussi que les refuser lui donnait un pouvoir sur vous. Qu'à cela ne tienne, essayez de faire administrer le médicament par votre conjoint ou un tiers ; souvent, il n'en faut pas plus !
Il ne sert à rien de goûter les médicaments et de décider pour Bébé s'ils ont mauvais ou bon goût (cet antibiotique aromatisé à la banane, pouah !), Bébé a sans doute un autre point de vue que vous sur la question.
Un bon truc consiste à transvaser la dose nécessaire du médicament dans une pipette à piston (type pipette à Doliprane) qu'on lui met directement dans la bouche, contre l'intérieur de la joue, en pressant doucement le piston. Vous pouvez aussi mélanger le médicament avec les aliments pour en camoufler le goût. Quelle que soit la solution retenue, ne trahissez jamais Bébé ! Dites-lui que vous avez mis le médicament dans sa nourriture et félicitez-le quand il l'a bien pris.

[+] COMMENT CHOISIR SES COUCHES ?

Nées dans les années 1960, omniprésentes depuis les années 1980, elles sont devenues irremplaçables, et l'on se demande maintenant comment les mères pouvaient faire avant… D'année en année, elles ont été perfectionnées pour en faciliter la pose, l'absorption. On en trouve de plus ou moins bonne qualité, selon le prix, dans les grandes surfaces. Les moins chères sont généralement les moins absorbantes, elles doivent donc être changées plus souvent, l'économie réalisée est de ce fait souvent illusoire.
Le budget couches, si l'on calcule jusqu'à l'âge de la propreté (environ 4 000 couches) est assez énorme ; on l'évalue à environ 450 à 500 euros, et son impact en termes de déchets est important.
Il existe désormais des couches jetables biodégradables que l'on trouve dans des boutiques bio ou sur Internet. Elles sont exemptes de polluants, fabriquées à l'aide de matières saines comme le coton biologique ou la fibre de chanvre. Elles sont d'aussi bonne qualité que les autres et leurs prix sont comparables. Certains parents choisissent les couches lavables bio qui ont été également perfectionnées. Bien sûr, on consomme de l'eau et de la lessive pour les laver, mais en termes de déchets, quelle économie !

8 À 9 MOIS — QUESTIONS À POSER

[+] PUIS-JE UTILISER DES LINGETTES POUR LA TOILETTE ?

À la maternité, les puéricultrices vous ont bien montré comment faire la toilette de Bébé au moment du change : avec un gant éponge en coton, un savon doux, de l'eau tiède ou du liniment oléocalcaire ; et comment rincer ensuite et enfin sécher consciencieusement.

Elles vous ont aussi expliqué, et vous l'avez amplement vérifié par vous-mêmes, combien les fesses de Bébé étaient fragiles et facilement irritées. Mais voilà, maintenant vous êtes chez vous, et vos amies, de même que les publicités à la télévision vous ont vanté les avantages des lingettes ! Il en existe de toutes sortes ; on les trouve en supermarché ou en parapharmacie. Vous avez pu constater combien elles sont pratiques : fini le lavage des gants de toilette en coton, finis les flacons de lotion nettoyante.

Mais les lingettes ne sont pas exemptes d'inconvénients. D'abord leur coût, très élevé, surtout si elles sont achetées en pharmacie. Ensuite, après les avoir utilisées, on ne rince généralement pas les fesses de Bébé, alors que les produits qu'elles contiennent peuvent être irritants à la longue. De toute façon, le plus important est de bien sécher le siège. Enfin, même si ce n'est pas propre aux lingettes, tout ce qui est jetable contribue à l'accumulation des déchets.

Alors, lingettes ou non, à vous de choisir, mais évitez celles qui contiennent du paraben (voir ci-dessous).

[+] LES PARABENS SONT-ILS DANGEREUX ?

Les esters de l'acide para-hydroxybenzoïque ou parabens sont des conservateurs utilisés en cosmétique, en particulier pour les soins de Bébé. Leur usage suscite parfois l'inquiétude depuis qu'en 2004, une étude anglaise les a mis en cause dans certains cancers. D'autres les soupçonnent d'avoir des effets négatifs sur la fertilité masculine. N'ayant pu confirmer ces risques, l'AFSSAPS (Agence française de sécurité sanitaire des produits de santé) s'est prononcée en 2005 en faveur de la poursuite de leur utilisation. Aucune précaution ne devant pour autant être négligée, l'AFSSAPS continue sa veille concernant les parabens et des recherches se poursuivent pour confirmer ou infirmer leur innocuité. En attendant, leur utilisation est interdite dans les cosmétiques bio, et les produits sans paraben sont de plus en plus nombreux sur le marché. Autant choisir parmi ces derniers...

[+] HYGIÈNE DE BÉBÉ EN FAIT-ON TROP ?

Protéger Bébé des microbes en le maintenant dans des conditions d'hygiène correctes est bien, mais la chasse aux bactéries ne doit pas tourner à la paranoïa. Il faut savoir garder son bon sens !

À partir du moment où Bébé se promène sur le sol à quatre pattes et met tout à sa bouche, il est totalement inutile de stériliser tétines et biberons à condition de les laver soigneusement pour éliminer toute trace de lait, source de bactéries.

Une température de 60 °C est suffisante pour tuer les bactéries, par conséquent si le linge de Bébé n'est pas très sale et qu'il supporte cette température, une lessive à 60 °C suffit. Un bain tous les jours n'est pas une nécessité, une fois tous les 2 ou 3 jours suffit. En revanche, une hygiène très stricte des mains est requise, car elles portent les bactéries (lavez-vous les mains plusieurs fois par jours, après les toilettes, le ménage, à chaque fois que vous vous occupez de Bébé).

10 à 11 mois : les premières expériences

- Il marche désormais aisément à quatre pattes. Debout, en se tenant à un meuble, il fait quelques pas.

- Ses mains sont devenues indépendantes l'une de l'autre. Il commence à savoir jouer au ballon avec un partenaire.

- Grâce à la « pince » pouce et index qu'il maîtrise bien désormais, il accroît considérablement ses possibilités quand il s'agit de jouer et de manipuler des objets. Il explore son environnement avec ses mains et sait mettre des objets dans une boîte.

- Il sait (un peu) aider quand on l'habille, en levant une jambe ou en tendant un bras.

- Il comprend des phrases, prononce quelques mots. Dit « Papa » et « Maman » en s'adressant clairement à eux.

- Il emploie des mots auxquels il attribue plusieurs sens. « Lait », par exemple, peut servir à désigner du lait, de l'eau, un biberon, la soif...

- Il sait dire « Bravo », faire au revoir de la main. Pour attirer l'attention, il tire sur les vêtements ou les bras.

- Il est très attaché à sa maman et a peur des étrangers.

Poids : environ 7,5 à 8 kg
Taille : environ 73 cm
Alimentation : 4 repas par jour, 20 g de viande ou de poisson le midi, et 400 g de légumes à partager entre midi et soir

Comprendre ses expériences

Durant cette période de transition, Bébé ressent des frustrations souvent difficiles à vivre. Il teste ses capacités et, en même temps, met votre patience à rude épreuve.

Entre 10 et 12 mois environ, Bébé apprend à se diriger à quatre pattes vers un meuble, se met debout, fait quelques pas le long du meuble, se laisse retomber, repart, de nouveau à quatre pattes, jusqu'au prochain meuble… Il peut ainsi explorer son environnement, tester ses capacités et s'entraîner à la marche.

À 10 mois, ses mains sont indépendantes l'une de l'autre et peuvent jouer un rôle complémentaire dans l'accomplissement d'une tâche. Quand on l'habille, il aide (éventuellement) en levant bras et jambes.

Il cherche le bébé derrière son reflet dans le miroir.

Il met des objets dans des récipients, sait retrouver quelque chose qu'il a caché, joue à « coucou le voilà » ; il analyse très bien les expressions des visages et les gestes de ses proches. Il peut prononcer 4 ou 5 mots usuels qu'il mêle à un jargon composé de syllabes redoublées. Il comprend une trentaine de mots, dont le « Non ! » dont il saura très bientôt se servir à vos dépens. Juste retour des choses…

> **CONSEIL DE BÉATRICE :**
> *Faire des expériences est indispensable à la construction psychomotrice et affective de Bébé, mais il n'est pas toujours facile pour vous de ne pas intervenir.*
> *Par exemple, à cet âge, il jette tout par terre. S'il le fait, ce n'est pas pour vous embêter, mais pour étudier et comprendre toutes sortes de paramètres : le bruit que fait l'objet en tombant, ce qu'il devient après sa chute, est-ce qu'il casse, est-ce qu'il rebondit ?*

OBSERVEZ-LE QUAND IL JOUE

Le jeu est un apprentissage pour Bébé, qui ne demande qu'à mettre à profit ses acquisitions nouvelles en termes de mobilité, de dextérité et de compréhension de son environnement. Il fait des essais, commet des erreurs, les corrige, explore, entre en interaction avec les choses et les personnes. Votre rôle est primordial dans cet apprentissage, car il a besoin de soutien, d'encouragements, de surveillance et de limites, mais aussi de liberté et d'autonomie.

Pour l'amuser et favoriser son apprentissage, il existe dans le commerce toutes sortes de jouets très « conceptuels » conçus pour les enfants, adaptés à chaque tranche d'âge. Mais un rien éveille sa curiosité et l'amuse : écumoires, louches, boîtes, pots et bouteilles en plastique, vieux chiffons, porte-clefs, casseroles…
Observez-le tandis qu'il joue, seul ou avec d'autres enfants. Regardez comment il s'active et grimpe, quels sont ses objets favoris, l'usage qu'il en fait, parfois inattendu. Voyez aussi comment il découvre ses mains, ses pieds, son corps. Soyez attentive à sa manière d'être et de vivre.

> **CONSEIL DE BÉATRICE :**
> *Mettez l'accent sur l'usage « normal » de l'objet et félicitez Bébé chaque fois qu'il s'y conforme : « C'est bien de ne pas déchirer le livre », « Je te félicite d'écrire sur le papier et non sur le mur… »*
> *Montrez à votre enfant qu'on peut utiliser des cubes pour construire une tour plutôt que de les jeter en l'air…*
> *Vous pouvez aussi attacher les objets avec une ficelle à sa chaise haute pour qu'il puisse les remonter seul.*
> *Si Bébé jette sa nourriture au sol, demandez-vous si c'est parce qu'il a trop mangé ou parce que, de cette manière, il vous indique qu'il souhaite plus d'autonomie, qu'il se sent trop contraint dans sa chaise haute, qu'il veut manger tout seul…*

LE REPAS, UN JEU DE PATIENCE

Aux heures des repas, Bébé doit aussi apprendre l'autonomie : boire au verre, manger avec les doigts ou une cuillère. Même si c'est salissant, il ne faut pas trop l'aider, le harceler, lui mettre la pression. Laissez-le faire et épongez avec le sourire (si possible). Si Maman est un peu trop protectrice, Papa peut intervenir ; c'est là pleinement son rôle, lui qui doit couper le cordon symbiotique entre Maman et Bébé ! Laissez-le donc prendre le relais !

• BARRIÈRES ET PARC •

Plutôt que d'intervenir sans cesse pour protéger Bébé, au risque de le rendre craintif ou casse-cou par défi, donnez des limites physiques à son territoire de jeu : barrières devant l'escalier, à l'entrée de la cuisine ou de la salle de bains. Ces frontières peuvent varier en fonction du moment et de votre disponibilité : toutes les précautions étant prises, pourquoi ne pas autoriser Bébé à entrer dans la cuisine, par exemple, sous votre surveillance, en dehors des heures dangereuses de préparation des repas. Quoi de plus amusant que quelques bruyantes casseroles ou les couvercles que l'on trouve dans le fond d'un placard et que l'on peut entrechoquer ? Le parc est bien toléré par l'enfant si l'on continue à communiquer avec lui malgré les barrières.

SACHEZ PRENDRE DE LA DISTANCE

Quand vous vous éloignez, Bébé peut être pris de tristesse ou se rebeller, en particulier quand il s'agit de rester à la crèche ou chez la nounou. C'est là une étape importante dans son développement. Expliquez-lui les raisons de sa présence à la crèche ou chez la nounou et rassurez-le sur votre retour et l'amour que vous lui portez.
Lorsque vous viendrez le rechercher, laissez-lui le temps de prendre ses distances avec la crèche, les autres enfants, les jeux, de retrouver et « reconnaître » sa maman, et évitez les manifestations d'amour trop débordantes et anxiogènes !

10 À 11 MOIS — COMPRENDRE SES EXPÉRIENCES

Vivre avec un bébé différent

L'accueil d'un bébé différent doit bénéficier d'un véritable accompagnement dès la naissance. L'émotion et le choc ressentis lors d'une telle annonce sont intenses ; on oublie alors que certains handicaps sont réparables et que d'autres permettent une vie riche et différente.

Quel que soit le moment de l'annonce d'une anomalie ou d'un handicap, il y a d'abord un effet de sidération qui empêche les parents de comprendre et d'écouter. Ils ont tendance à imaginer le pire et risquent de refuser l'anomalie et en même temps, de manière inconsciente, l'enfant qui en est porteur. Culpabilité et tristesse se mêlent. Si l'anomalie est brutalement constatée à la naissance, alors que le fœtus a été surveillé tout au long de la grossesse, elle est vécue comme une erreur médicale et jugée inacceptable. Si le diagnostic a été fait au cours de la grossesse, les parents sont bien informés et ont déjà vécu le choc de l'annonce. Mais la réalité détruit alors le secret espoir d'une erreur possible.

Le couple est mis à rude épreuve et l'un a tendance à accuser l'autre ou à mettre en question son patrimoine génétique. Pour accueillir leur enfant, les parents ont besoin de le sentir accepté sans réserve par l'équipe soignante. Les maternités proposent généralement un soutien psychologique indispensable dans de telles circonstances.

> **CONSEIL DE BÉATRICE :**
> *Réintégrer sa vie de famille et réinventer le bonheur n'est qu'une question de temps et d'amour. Vous n'êtes pas seuls dans cette épreuve. Des soutiens psychologiques existent et sont indispensables. On ne rappellera jamais assez combien le manque de structures d'accueil est grand, surtout quand l'enfant grandit.*

> **CONSEIL DE BÉATRICE :**
> *Renseignez-vous sur les aides et allocations spécialisées : allocation de présence parentale, allocation d'éducation de l'enfant handicapé, SESSAD (Services d'éducation spéciale et de soins à domicile) et d'autres encore accordées par la Caisse d'allocations familiales.*

VERS L'ACCEPTATION

Dès que possible, les parents participeront activement au programme médical envisagé. Par exemple, en cas de fente palatine (bec-de-lièvre), prise en charge, la réparation chirurgicale est progressive et donne de très bons résultats. Les parents doivent bénéficier d'une information claire de la part du pédiatre qui est en effet, dans un premier temps, leur interlocuteur privilégié à la maternité.

Avant la sortie de la maternité, en fonction de l'anomalie et de l'handicap, une éventuelle prise en charge spécialisée doit être organisée ainsi qu'un relais par des puéricultrices à domicile, le pédiatre et un premier contact avec des associations.

PLUS D'AMOUR ET DE COMPRÉHENSION

Un enfant handicapé aura besoin plus qu'un autre de l'amour de ses parents qui l'aideront à développer au maximum ses capacités. Il est important d'informer ses frères et sœurs et ses grands-parents et de les aider à surmonter leur gêne face au handicap en

▪ PEUT-ON LE FAIRE GARDER EN CRÈCHE ? ▪

Légalement, les crèches doivent accepter la garde d'un enfant handicapé. Avant de franchir cette étape, il faut consulter le pédiatre qui connaît bien l'enfant, prendre ensuite rendez-vous auprès de la directrice de la crèche et éventuellement du médecin et de la psychologue attachés à l'établissement.

Pour que les parents soient rassurés, il est essentiel que l'équipe se montre ouverte à leur présence et à leurs demandes lors d'une période d'adaptation plus ou moins longue. Les parents pourront ainsi constater par eux-mêmes que l'enfant se sent bien à la crèche et peut faire des progrès dans ce nouvel environnement.

Certaines crèches ont un programme d'éducation thérapeutique adapté mêlant enfants bien portants et enfants handicapés. Une telle intégration précoce vise à préparer une éventuelle future scolarisation de l'enfant.

Les parents auront naturellement tendance à devenir les soignants « perfectionnistes » de leur enfant. Les chiffres sont éloquents. En moyenne, le temps consacré par les parents à leur enfant handicapé est de 6 h 25 min par jour contre 2 h et 36 min pour un enfant bien portant. Vingt pourcent des mères arrêtent leur activité professionnelle contre 5 % des pères ; 44 % des mères réduisent leur activité professionnelle contre 21 % des pères.

Si votre enfant est handicapé, n'oubliez pas pour autant qu'il doit s'intégrer dans la vie quotidienne. N'hésitez pas à le confier régulièrement à ses grands-parents ou à des amis qui souhaitent le garder. Le retour vers une vie normale est souvent possible et il ne faut pas oublier qu'un enfant différent doit lui aussi trouver sa place dans la société.

question. Beaucoup de parents ont tendance à trop se refermer sur eux-mêmes pour mieux protéger leur enfant handicapé et se protéger eux-mêmes du regard des autres. Trop couvert, leur enfant ne peut que compromettre son épanouissement. Moins l'attention sera focalisée sur lui, plus son intégration pourra se faire harmonieusement parmi ses frères et sœurs dont il faudra comprendre les réactions de jalousie et de rejet.

S'il s'agit d'un premier enfant, le rôle des grands-parents est important, ne serait-ce que pour guérir la blessure narcissique des parents et la culpabilité qu'ils peuvent ressentir d'avoir mis au monde un enfant différent. Le soutien des associations qui souvent disposent non seulement d'informations médicales et pratiques, mais aussi de points d'écoute psychologique est une aide considérable.

EN ROUTE VERS UNE NOUVELLE VIE

Tout se passe mieux dès que les parents comprennent et acceptent la réalité. Le suivi de l'enfant peut alors être mis en place ; l'implication des parents dans les démarches thérapeutiques favorisera son développement.

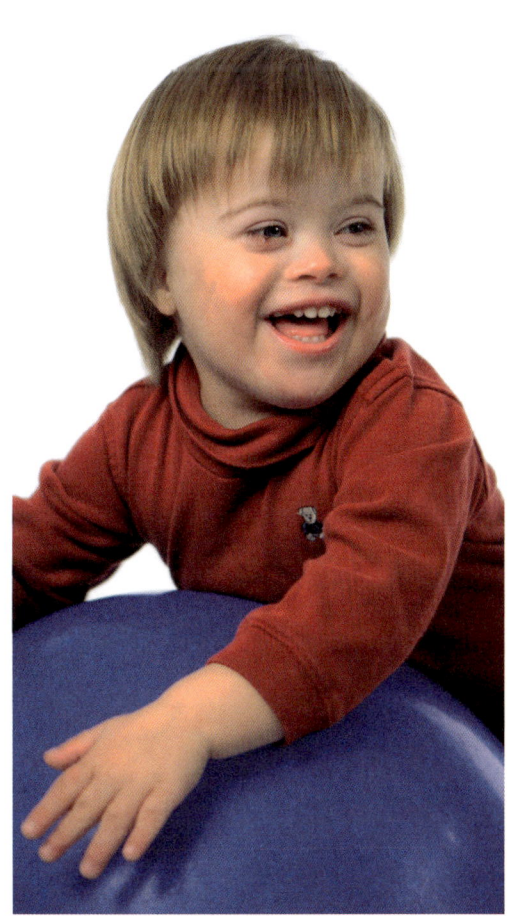

Autorité : de la frustration à l'autonomie

Ces derniers mois de la première année sont marqués par l'apprentissage de la séparation, ce qui ne va pas toujours sans crises, ni frustrations. Quelle est alors la place de l'autorité ?

Entre 10 et 11 mois, votre bébé a définitivement pris conscience qu'il a une existence séparée de la vôtre. C'est la deuxième grande phase de séparation, la première étant la naissance. Il sait désormais que les personnes qui l'entourent peuvent disparaître et revenir quelques minutes, heures ou jours plus tard. Ce n'est pas pour autant qu'il acceptera toujours facilement le départ de ses parents ou d'une personne qu'il aime.

ENCOURAGER SON AUTONOMIE
Si les séparations sont difficiles, que ce soit au moment de confier Bébé à sa nounou ou de le laisser à la crèche, et qu'il pleure et s'accroche à vous, il est inutile et dommageable de le gronder. Il est normal qu'il ait du mal à vous quitter. Et ce sera d'autant plus difficile pour lui qu'il sentira votre tristesse au moment de la séparation. Efforcez-vous d'imaginer les bons moments qu'il passera et dites-le-lui. En aucun cas, vous ne devrez

vous esquiver en catimini. Mieux vaut le rassurer quant à votre retour et lui expliquer qu'il a le droit de s'amuser en votre absence et que vous, de votre côté, vous aurez du plaisir à votre travail. Mais c'est peut-être vous qui n'êtes pas prête à quitter votre enfant. Si c'est le cas et si la difficulté subsiste, demandez à votre compagnon d'accompagner Bébé à votre place pendant une petite semaine. Ainsi gagnera-t-il peut-être en autonomie, et vous en sérénité. Quand vous irez le rechercher, s'il lui arrive de pleurer ou de refuser de venir vers vous, ne vous précipitez pas sur lui, mais laissez-lui le temps de quitter son petit univers avant de se tourner vers vous. Ce n'est pas le moment de se heurter. Faites-lui un gros câlin quand il sera prêt à l'apprécier.

COMMENT LUI INDIQUER LES LIMITES

Beaucoup de parents ont du mal à instaurer des interdits surtout si l'enfant est gardé toute la journée à la crèche ou par une nounou. Ils essaient de redoubler de tendresse au moment des retrouvailles. Cela ne doit pas les empêcher de rester fermes sur certaines règles qui doivent être les mêmes à la crèche ou chez la nounou et à la maison. Indiquez-lui les limites qu'il ne doit pas dépasser et expliquez-lui fermement que vous ne céderez pas. Si vous prenez le temps de jouer avec lui avant le bain, prévenez-le quand la fin de la séance de jeu approche et ne revenez pas sur votre décision. Cependant, ne refusez pas le dialogue et n'hésitez pas à le prendre dans les bras pour qu'il comprenne que vous l'aimez toujours.

UNE AUTORITÉ BIEN COMPRISE

Impossible de ne pas exercer votre autorité face aux dangers que votre bébé rencontre sans cesse. Parlons d'électricité, de fils d'ordinateur, de boutons de télévision ou de lecteur CD, ou encore de l'accès à la cuisine ou à l'escalier. Autant de « Non ! » qui s'imposent, alors que Bébé est incapable de comprendre pourquoi l'on peut jouer avec les boutons d'un tableau d'éveil et pas avec ceux de la télévision ! La répétition de ce « Non ! »

> ### ▪ L'ÉDUCATION AUX INTERDITS ▪
>
> Certains interdits doivent être stricts et fermes comme ceux portant sur les fils électriques, les lampes ou les chaînes hi-fi et les téléviseurs. Faites le tour de votre maison et signifiez à votre bébé par des « Non ! » fermes ces interdits absolus.
> Si vous décidez d'installer des barrières devant les lieux interdits, expliquez-lui pourquoi quand il est en votre compagnie. L'éducation aux dangers et aux interdits qui en découlent est indispensable.

lui apparaîtra rapidement comme un jeu que l'on peut répéter à l'infini. Parfois, du fait que vous ne partagez pas le point de vue de Bébé, le ton monte et l'envie vous démange de lui donner une petite correction. Il n'en est pas question, cela ne ferait qu'empirer la situation. Un « Non ! » convaincu en le regardant bien dans les yeux et en fronçant les sourcils suffira largement.

LES FESSÉES : UN GESTE À PROSCRIRE

Frapper un enfant doit être considéré comme le signe d'un échec en terme d'éducation. D'ailleurs, les pays scandinaves ont interdit la fessée. Si malgré tout il vous arrive de céder à un tel geste, expliquez à votre enfant pourquoi vous avez agi ainsi, si par exemple vous vouliez l'alerter et le protéger d'un danger imminent, et que vous regrettez votre réaction. On sait que fessée et maltraitance sont dangereusement proches. On sait aussi que les enfants qui subissent trop de punitions et une éducation trop stricte reproduisent le comportement de leurs parents envers les autres enfants à la crèche ou chez la nounou. Même en période d'opposition quand le « Non ! » est omniprésent, mieux vaut calmer le jeu et argumenter tranquillement mais fermement.

> ❝ **CONSEIL DE BÉATRICE :**
> *Dites-lui bien que vous êtes consciente du fait que grandir n'est pas toujours facile, mais que vous êtes fière de ses progrès et que vous l'aimez très fort.* ❞

> **CONSEIL DE BÉATRICE :**
> *Poser des limites à votre enfant est indispensable pour qu'il se construise sur le plan psychoaffectif. À ce moment de son existence, il risque d'entendre beaucoup de « Ne touche pas ! », « Reviens ici ! » « Non ! »… parfois trop de « Non ! » tue le non, de même qu'il faut éviter de répéter sans cesse « Attention ! ». Dites plutôt « Sois prudent » ; c'est moins restrictif et autoritaire. Faites confiance à votre bébé ; il fait des expériences qui ne sont pas forcément de votre goût, mais laissez-le faire si elles ne dérangent que vous ! Bébé a besoin d'expérimenter, de jeter son plat au sol, d'écrire sur les murs, de renverser un pot de fleurs, etc. Soyez intransigeante quand la sécurité est en jeu, relâchez un peu la pression quand il n'y a pas de risque, mais seulement des désagréments pour vous !*

LES CONFLITS LES PLUS FRÉQUENTS

Il ne veut pas manger Souvent les conflits naissent d'une anxiété mal contrôlée des parents. Le refus de manger est particulièrement vécu par eux comme un drame. Les occasions d'opposition se multiplient au moment de la diversification ; il faut éviter d'exaspérer l'enfant qui ne reconnaît ni le goût ni la texture d'un nouvel aliment. Inutile donc d'insister si vous ne souhaitez pas aboutir à une situation de crise inextricable. Vous proposerez autre chose lors du prochain repas, mais après plusieurs jours, vous remettrez de nouveau au menu l'aliment refusé. Plutôt que d'adopter une position autoritaire, détendez-vous et installez un climat de confiance.

La cuillère le rebute Souvent, l'utilisation de la cuillère décourage l'enfant et l'on peut lui proposer — si c'est le contact froid du métal qui le déroute — une cuillère en plastique avec laquelle il pourra faire ses expériences, même très salissantes.
Mais il peut aussi vouloir essayer de manger tout seul avec la cuillère ou avec ses doigts.

La tétée lui manque D'autres conflits peuvent survenir au moment du sevrage, si celui-ci intervient particulièrement tard, entre 10 et 11 mois. Habitué à la tétée et au lait maternel, Bébé peut espérer que sa mère cédera s'il pleure suffisamment longtemps et refuse le biberon. Si le sevrage est décidé, ne revenez pas en arrière. Appelez plutôt le père ou une amie à la rescousse pour donner le biberon.

Il ne veut pas dormir Le refus de dormir et les réveils nocturnes font également partie des situations conflictuelles. Même s'il ne faut pas laisser pleurer un enfant sans aller voir quel est le problème, si une fois recouché avec sa tétine et son doudou, il se remet à pleurer, ne vous précipitez pas et interprétez ses pleurs avant d'intervenir. Attention, ce n'est pas en vous fâchant et en criant que vous faciliterez l'endormissement de votre enfant. Mieux vaut au contraire maintenir une atmosphère calme.

LE PARC, UN ESPACE RESTREINT

À partir du moment où l'enfant se déplace très rapidement à quatre pattes ou en rampant, beaucoup de parents optent pour un parc, qui a l'avantage de leur donner un peu de liberté, en toute sécurité pour le bébé. Certains bébés s'accommodent très bien du parc, se mettent debout en s'accrochant aux barreaux et apprécient d'avoir leurs jouets à portée de main. D'autres, au contraire, supportent mal cette barrière entre leur petite personne et vous et feront tout pour attirer votre attention en pleurant, en jetant leurs jouets en dehors du parc pour les réclamer en criant. Ce petit jeu peut durer assez longtemps et, si vous vous y prêtez, vous vous lasserez fatalement et risquez de vous énerver au bout d'un moment et de vous fâcher, même si ce petit manège amuse réellement Bébé. Il aura du mal à comprendre les raisons de votre colère et peut se mettre à pleurer ou à crier pour le faire savoir. Là encore, oubliez l'autorité et remettez les jouets périodiquement dans son parc en le prévenant que vous ne jouerez plus. Répondez-lui de loin si vous êtes occupée à autre chose, mais montrez-lui que vous ne l'abandonnez pas. Si vous devez quitter la pièce de temps en temps et revenir aussitôt, profitez-en pour jouer à « coucou, me revoilà » ce qui l'amuse particulièrement à cet âge et évite en même temps votre lassitude et son exaspération.

CAPRICE OU FRUSTRATION ?

Quand, subitement, vous êtes confrontée à une véritable scène de hurlements et de pleurs sans en connaître la raison, essayez de comprendre ce qui se passe malgré votre colère ou votre étonnement.

Les caprices peuvent exprimer une forte frustration chez les enfants de moins de 12 mois. Devant l'interdit, par exemple, de toucher les boutons de la télécommande alors qu'il a le droit de jouer avec un faux téléphone portable, votre tout-petit peut se révolter. Pas facile de lui faire comprendre la différence, sinon en lui expliquant que l'un est à vous et l'autre à lui... Alors que faire d'autre que de le laisser aller au bout de ses hurlements et rester sur vos positions ? Il vous faut néanmoins essayer de comprendre la fureur de votre bébé quand, par exemple, il ne peut pas franchir la barrière qui le sépare de la cuisine où vous vous trouvez. Il n'a pas d'autre moyen pour exprimer sa frustration que ses pleurs et ses cris.

Bien des parents ont aussi du mal à accepter que Bébé s'amuse à faire valser son assiette de légumes préparée pourtant avec tant amour. Si ce petit jeu se répète souvent, exprimez-lui clairement votre désaccord, et ne remplacez plus tout de suite les légumes par un « bon biberon », attendez le prochain repas pour voir s'il a bien compris. Si vous pouvez ignorer un caprice à cet âge, vous ne pourrez certainement pas l'interdire ! Courage, ces caprices deviendront encore plus fréquents au cours de la deuxième année, mais la négociation sera alors possible même si elle n'est pas facile en public.

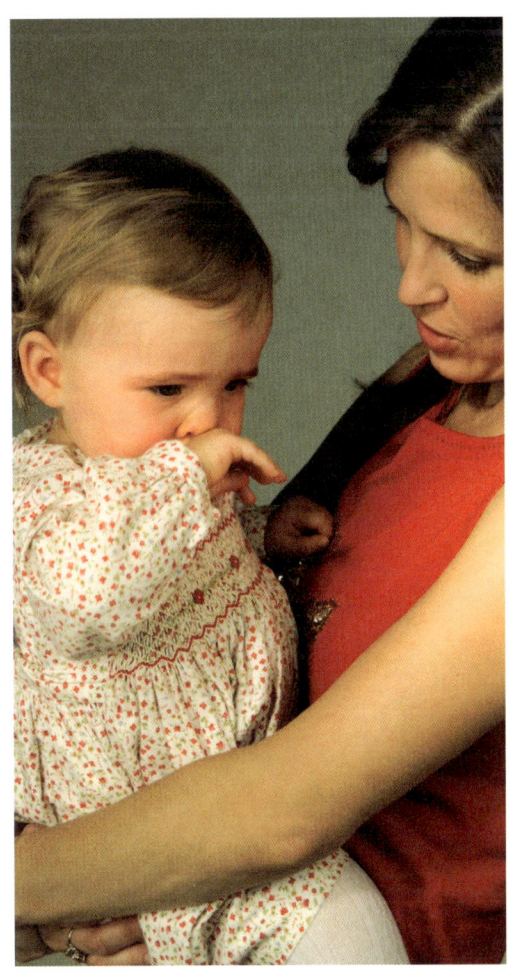

MON ENFANT • DE LA NAISSANCE À LA MATERNELLE

La sexualité des tout-petits

Avant 1 an, la sexualité de Bébé passe par la succion et l'exploration du corps. C'est aussi la découverte du plaisir et des premières frustrations. Ces expériences sont le point de départ de sa sexualité du futur.

Quand Bébé tète, c'est d'abord pour assouvir sa faim. Mais à mesure qu'il tète et se nourrit, il ressent un plaisir, auquel succède la sensation agréable de plénitude qui accompagne le fait d'être rassasié. En comblant un besoin, Bébé découvre un plaisir. Ces deux phénomènes indissociables au début, se dissocient très vite quand il comprend que les sensations agréables ressenties lors des mouvements rythmiques de la tétée, au niveau des lèvres, de la langue et de la cavité buccale peuvent être renouvelées à la demande en suçant sa main, son pied, un bout de drap, une tétine, ou encore… le mamelon de sa mère alors qu'il a fini de téter. Simultanément, la main pince, tiraille ou caresse une partie du corps, l'oreille, l'autre main ou une boucle de cheveux, ce qui accroît encore le plaisir.

LA DÉCOUVERTE DU PLAISIR

Bébé recherche le plaisir en dehors de toute sensation de faim. Ses lèvres et sa bouche deviennent de ce fait des zones érogènes, et la succion une activité autoérotique, point de départ des pulsions sexuelles futures de sa libido. C'est le « stade oral », qui est divisé en deux périodes : « oral primitif » pendant les 6 premiers mois, puis « sadique oral » quand apparaissent chez l'enfant, en même temps que les premières dents, des tendances fantasmatiques à l'agressivité, et au « cannibalisme ». Mordre en effet, au même titre que sucer, permet d'explorer le monde et aussi de rentrer en relation avec l'objet sexuel. Le fait de mettre les objets dans la bouche, et tout particulièrement le sein maternel, est une manière de se les approprier, de les incorporer.

> **CONSEIL DE BÉATRICE :**
> *N'interdisez pas à votre enfant de toucher son sexe. Certains parents, voyant leur garçon tirailler leur sexe sont impressionnés et inquiets. Ils doivent savoir qu'il n'y a aucun risque de lésion. Soyez sans crainte, laissez le faire, au bout de quelques minutes il s'arrêtera de lui-même. En revanche gardez-vous de l'empêcher ou de lui faire des remarques du style : « C'est sale », ou « Ce n'est pas bien ». Cela risquerait d'avoir des effets négatifs « castrateurs », et de perturber sa liberté d'expression et l'apprentissage de la propreté. À cet âge, pour l'enfant il n'y a aucune gêne, ni tabou, ni bien, ni mal à découvrir son corps ; tout est naturel, alors, laissez faire la nature.*

LA SEXUALITÉ DES TOUT-PETITS

> **CONSEIL DE BÉATRICE :**
> *Tous les stades de la sexualité infantile ont leur raison d'être et sont indispensables au développement psychoaffectif de l'enfant. Le premier, le « stade oral », se conclut par l'apparition du langage. L'apparition des premiers mots signe le passage au « stade anal ». L'attitude des parents vis-à-vis de l'enfant est aussi très importante au « stade anal ». C'est d'elle que va dépendre le bon déroulement de cette période qui comprend à la fois l'acquisition de la propreté et les premières expériences de masturbation aussi bien chez la fille que chez le garçon. Cette période dérange parfois certains parents que ces manifestations mettent mal à l'aise. N'hésitez pas à en parler à votre pédiatre.*

DU « STADE ORAL » AU « STADE ANAL »

C'est autour de cette libido, de cette recherche du plaisir que va se façonner au fil du temps la personnalité de l'individu selon la théorie psychanalytique de Freud.

Prégénitale et autoérotique chez l'enfant, la libido passera par différents stades avant de devenir celle de l'adulte. Avec le temps, la zone érogène de prédilection change. Au « stade oral » de la 1re année succède le « stade anal » pendant la 2e et la 3e années, au cours desquelles s'installe la propreté, puis le « stade phallique » à partir de la 3e année, quand l'enfant découvre qu'en caressant son sexe il peut éprouver du plaisir. Ces différents stades sont plus ou moins imbriqués.

SON CORPS EST SOURCE DE PLAISIR

Vient ensuite, vers 5 ans, une période de latence, qui peut durer plus ou moins longtemps, souvent jusqu'à la puberté.

La sexualité infantile n'est donc pas fixée sur les organes génitaux, on la dit « diffuse » et « polymorphe » dans la mesure où elle concerne surtout les zones buccales et anales, la peau et les autres parties du corps. Lorsque Maman le cajole, l'embrasse, le « dévore » de baisers, ou lorsqu'il caresse lui-même sa peau ou touche son sexe, Bébé découvre que tout son corps peut être source de plaisir. Cette sexualité se développe au moment où il ne se conçoit pas lui-même comme une personne à part entière. Il n'établit aucune frontière entre le dedans et le dehors, entre son corps et le sein maternel (ou la tétine), et le sein qu'il tète n'est pas rattaché par lui à sa mère. On parle de « pulsion partielle » de « clivage de l'objet », car pour l'enfant l'objet sexuel n'est pas une personne comme chez l'adulte, mais une partie de celle-ci, en l'occurrence le sein maternel, suprême objet d'amour, qui peut être tour à tour bon, quand il apporte le plaisir ou méchant, quand il se fait attendre et apporte la frustration.

C'est cette relation à l'objet qui fait évoluer l'autoérotisme vers un hétéroérotisme et conduira à une relation à l'autre.

GÉRER LES FRUSTRATIONS

L'alternance et l'opposition de la satisfaction des désirs et de la frustration, et l'apprentissage de la manière de les gérer, participent à la construction de la personnalité de l'enfant et à son autonomie.

Les théories concernant la sexualité de l'enfant, celle de Freud d'abord, mais aussi celles de Karl Abraham qui en sont issues, n'ont pas toujours été acceptées. Parler de la sexualité de nos petits chérubins si innocents, si purs, a pu choquer et continue à le faire... Pourtant, cette « sexualité » de l'enfant est bien loin de la génitalité. Et Freud est le premier à dire que la société doit apprendre aux enfants à discipliner leurs pulsions.

La scène familiale

Quel est le rôle de chacun dans la famille contemporaine et comment trouver sa place dans la famille recomposée.

Depuis sa naissance, Bébé a appris à reconnaître Maman et Papa et à les distinguer : ils n'ont pas la même odeur, ils n'ont pas la même voix, ils n'ont pas la même manière de se mouvoir, de le prendre dans les bras. Ils n'ont pas non plus le même rôle vis-à-vis de lui.

NI PATER FAMILIAS NI SECONDE MAMAN

Entre la mère et son enfant s'établit une relation symbiotique et fusionnelle, face à laquelle le père doit trouver sa place et la conquérir.

L'image classique du pater familias qui représentait l'autorité, la loi, et si nécessaire la répression, qui inspirait respect, admiration, crainte (voir, les années passant, de la haine !), est désormais révolue (voir p. 126).

Le « nouveau » père joue volontiers avec son enfant ; une relation plus proche, plus complice s'établit entre eux. Il participe dans la mesure de ses capacités (et de son bon vouloir...) à la vie de la maison et aux soins à Bébé. Il peut suppléer sa compagne, si elle doit s'absenter pour une raison ou une autre. Il est, plus que les pères d'autrefois, capable de materner. Malgré tout, il n'est pas une seconde mère et doit le savoir. Il doit éviter d'être celui qui en rajoute, celui qui veut être plus mère que la mère, l'usurpateur qui agace sa compagne. Aussi maternant soit-il, le père reste, de nos jours, dépositaire d'une certaine autorité, même si celle-ci a changé dans la forme.

C'est à lui qu'il appartient d'apporter des limites à la symbiose parfois trop fusionnelle entre Maman et Bébé. Il doit « couper le

cordon ». Il lui revient aussi d'imposer des règles, de diriger les regards de l'enfant vers l'extérieur, de favoriser sa sociabilité et, au fil du temps, de le structurer.

Vis-à-vis de l'enfant, les parents doivent être cohérents entre eux et ne pas envoyer de messages contradictoires qui risqueraient de plonger Bébé dans la perplexité, et avec le temps, de le rendre manipulateur. Ils doivent aussi, et pour les mêmes raisons, éviter de se disputer en sa présence.

QUAND ŒDIPE S'EN MÊLE

Œdipe a tué son père pour épouser sa mère. Le complexe d'Œdipe, qui selon la psychanalyse préside à la relation entre un parent et son enfant du sexe opposé, concerne théoriquement autant la relation fille-père que la relation fils-mère. Il est cependant plus marqué dans ce dernier cas de figure, pour la bonne raison que Papa n'a pas enfanté sa fille ! Maman admire son fils. Il a toutes les qualités, tout ce qu'il fait est merveilleux. Elle s'inquiète du moindre silence, de la moindre saute d'humeur, craignant à chaque instant de ne plus être aimée. L'amour inconditionnel entre le fils et la mère ressemble à un désir réciproque, indissociable du tabou qui l'encadre. C'est sans doute l'origine de la pudeur qui entoure cette relation.

> **CONSEIL DE BÉATRICE :**
> *En cas de difficultés au sein de la famille, n'hésitez pas à parler et au besoin à consulter un psychologue.*
> *Beaucoup de blessures et d'émotions du passé risquent de ressurgir à cette occasion, allez de l'avant pour le bien de Bébé.*

MÈRE-FILLE : INEXTRICABLE LIEN

Entre une mère et sa fille se tisse un lien très fort, mais complexe. La naissance de sa fille la renvoie à sa propre enfance et à sa relation à sa mère. Elle craint de ne pas être une aussi bonne mère (ou au contraire d'être une aussi mauvaise mère) que la sienne. Elle se comporte en fonction des relations qu'elle-même a eues avec sa mère : si elle a eu une mère absente, elle tâchera d'être très présente pour compenser, au risque d'être étouffante. À l'inverse, si sa mère l'a étouffée, elle essaiera d'être plus distante, au risque là encore, de l'être trop…

Le doute et l'inquiétude sont toujours présents dans la relation mère-fille ; les conflits éclatent, l'hostilité n'est jamais loin, ce qui n'empêche pas le grand amour. Intervient aussi la jalousie qui naît chez la mère en observant les jeux de séduction mutuelle entre son compagnon et sa fille, car la fille en grandissant se place en situation de rivale de la mère vis-à-vis du père.

Aux yeux de sa fille, Maman peut passer d'un moment à l'autre du statut de la plus merveilleuse des femmes à celui de mégère épouvantable. Tandis que dans le même temps elle se demande sans cesse si elle est une bonne mère.

Les papas doivent donc tâcher de trouver au mieux leur place face à cet imbroglio affectif !

PÈRE-FILS : ENTRE GARÇONS

Comme la mère vis-à-vis de sa fille, le père vis-à-vis de son fils transpose la relation qu'il a lui-même eue à son propre père, avec le même risque d'en faire trop. Bien que le papa d'aujourd'hui participe de plus en plus à la vie quotidienne de la maison et projette vis-à-vis de son fils une image moins « virile » que par le passé, il doit rester pour lui le père. Il continue à représenter l'autorité et la porte qui s'ouvre vers le monde extérieur. Il doit faire comprendre à son fils que quoi qu'en pense sa mère, il n'est pas la huitième merveille du monde. Avec Papa, Bébé apprendra les jeux physiques, les jouets qui roulent et tournent en faisant du bruit ; jusqu'aux chahuts complices parfois. Maman doit laisser père et fils jouer « entre hommes ».

PÈRE-FILLE : LE PREMIER HOMME

Vis-à-vis de sa fille, le père est le premier homme. Le modèle masculin sur lequel elle va tester ses pouvoirs de séduction. Plus encore que la relation mère-fils, la relation père-fille est une relation sexuée. La relation qu'un père aura à sa fille dépend beaucoup de la qualité de sa relation avec sa compagne. Sa relation avec sa fille sera bonne s'il aime sa femme, mais risque d'être étouffante si ce n'est pas le cas.

QUAND UNE NOUVELLE NAISSANCE S'ANNONCE

Qu'arrive-t-il quand âgé de 11 mois, encore en pleine symbiose avec Maman, votre enfant a un petit frère ou une petite sœur ? À cet âge, il a déjà conquis une certaine autonomie, se déplace, prend les objets, sait dire non et crier pour se faire comprendre, ce n'est plus un petit bébé. Le moins qu'on puisse dire est que l'arrivée d'un petit frère ou d'une petite sœur dans un tel contexte n'est pas simple : l'aîné se sent détrôné par le petit nouveau, il est jaloux, a peur de l'abandon et souffre. Il est difficile d'éviter une période d'agressivité ou de régression. Vous devrez agir avec beaucoup de diplomatie. Il faut que Bébé continue (il ne demande que ça) à se considérer comme « unique » vis-à-vis de vous. Il avait sa chambre (ou son coin) bien à lui ; il ne faut pas que l'arrivée du petit nouveau amène des bouleversements dans son espace, qu'il le considère comme un intrus. Il faut lui donner l'impression qu'il l'« invite » dans sa chambre. Si la transition se passe bien, ensuite,

> ### ■ PEUT-ON PRÉFÉRER L'UN DE SES ENFANTS ? ■
>
> Les circonstances, les ressemblances, l'histoire familiale peuvent faire que vous découvriez un sentiment difficile à avouer et qui vous perturbe : que vous préférez l'un de vos enfants à l'autre...
> Cela va contre ce que décrète la société : on doit aimer également tous ses enfants, on n'ose donc pas s'avouer qu'il n'en est pas ainsi. C'est pourtant là quelque chose que l'on ne maîtrise pas, qui ne doit pas faire culpabiliser. Simplement, il faut accepter les différences entre les enfants, avoir autant de dialogues et d'échanges avec l'un qu'avec l'autre, trouver ce que chacun a d'unique, éviter le favoritisme, ne jamais être injuste et assumer ses préférences... En sachant bien que, mêmes petits, les enfants tiennent une comptabilité rigoureuse des câlins et des douces paroles.

progressivement, tout se stabilisera, le petit idolâtrera le grand et l'imitera, et le grand inclura le petit dans ses jeux.

QUAND LES PARENTS SE SÉPARENT

Les enfants sont de plus en plus souvent des enfants de parents séparés. La vie de l'enfant est toujours bouleversée par une séparation. À 11 mois, le bébé, même s'il ne comprend pas ce qui se passe, sent très bien le grave malaise ; il observe les absences répétées ou prolongées de l'un des deux parents ; ce qui le déroute et l'angoisse — surtout si c'est la mère — et ressent douloureusement les disputes incessantes qui le plus souvent précèdent la séparation. Il perçoit très bien les états d'âme de ses parents.
Si vous avez décidé de vous séparer, il faut en parler à votre enfant, lui expliquer, ne pas penser qu'il ne comprendra pas. Il faut qu'il sache que ses parents ne s'aiment plus, qu'ils sont malheureux ensemble et doivent donc se séparer, mais que cela n'enlève rien à l'amour qu'ils lui portent. Il faut aussi qu'il sente qu'entre vous et votre ex-compagnon, la relation reste sous le signe du respect mutuel. La concertation entre les parents est d'une importance majeure pour que l'enfant n'ait pas l'impression d'être abandonné par l'un ou par

> **CONSEIL DE BÉATRICE :**
> *Les schémas familiaux sont tous très différents. Mais après la naissance, il faut trouver de nouvelles marques, chacun doit retrouver sa place. Rien ne sera désormais plus comme avant. Adoré par sa mère (trop ?), Bébé se sent tous les droits. C'est avec elle qu'il fait ses caprices, ses colères ; il essaie de la faire tourner en bourrique, même si elle-même se considère comme autoritaire ! C'est ainsi qu'il teste ses limites et apprend à grandir. Le rôle du père face à cette situation est de donner des limites, de définir la loi, d'imposer éventuellement des contraintes, qui aideront Bébé à se forger une personnalité dans sa vie future.*

l'autre. Si les parents n'arrivent pas à se parler, il s'en rendra compte. Son comportement peut en être perturbé et il peut avoir du mal à dormir, à manger ou encore pleurer sans cesse. Les tiers, qu'il s'agisse des grands-parents ou d'amis du couple, sont très utiles pour désamorcer la crise et rassurer Bébé.

PÈRE OU MÈRE EN SOLO

Le plus souvent c'est le père qui doit quitter la maison. Le papa aura, pendant son temps de garde, à la fois le rôle de père et de mère. Contraint de le faire, il assume ces deux rôles pendant le temps où il a l'enfant en charge ; il assure le ménage, les changes, les contes qu'on lit le soir, les câlins, les promenades au square, les repas, les chagrins, les bobos. Seule avec son enfant, une maman doit, elle aussi, réinventer son rôle. Elle ne doit pas céder à la tentation d'être hyperprotectrice, car cela risque d'être invalidant pour l'enfant. Bébé a besoin d'une figure paternelle de substitution, oncle, parrain ou grand-père. Cette figure paternelle peut aussi être, naturellement, le nouveau compagnon de sa mère, car maman doit penser — ne serait-ce que pour le bien de l'enfant — à refaire sa vie.

FAMILLES RECOMPOSÉES

Cela n'est pas toujours facile, car le nouveau compagnon est d'abord un intrus qui apporte dans le foyer de nouveaux rapports, de nouvelles habitudes qui bouleversent les rituels de la vie quotidienne avec Maman et peuvent perturber Bébé. Il doit définir son rôle et sa place vis-à-vis de cet enfant qui n'est pas le sien. Cela prendra du temps !

Comment va s'intégrer votre enfant au sein d'une famille recomposée avec des demi-frères ou des demi-sœurs ?

Il y a là une source de bonheur éventuel, avec une nouvelle légitimité de la famille, mais aussi l'émergence d'inquiétudes et de frustrations. Il faut veiller à ne pas trop bouleverser l'espace de Bébé à l'arrivée des nouveaux frères et sœurs, en évitant, par exemple, de donner une affectation nouvelle à la chambre qui jusque-là était la sienne. La garde alternée des uns et des autres peut aussi être source de difficultés. Si certains enfants partent pour le week-end, tandis que d'autres restent à la maison, prenez garde aux possibles sentiments d'« injustice ». Méfiez-vous aussi des préférences quand un bébé du nouveau couple vient s'ajouter aux enfants de l'un et de l'autre. Mettez-les dans la connivence, associez-les aux activités qui concernent le bébé.

Du liquide au solide

Quels sont les besoins nutritionnels de votre enfant et comment lui faire accepter une alimentation équilibrée dont les goûts lui plairont. De la théorie à la pratique…

Quand il atteint l'âge de 10 mois, Bébé commence à être un expert en mastication. Il a déjà, en principe, 6 dents : 2 incisives médianes inférieures, 2 incisives médianes supérieures et 2 incisives latérales supérieures (les latérales inférieures apparaissant en moyenne vers 11 mois). À vrai dire, il n'a pas attendu l'apparition de ses quenottes pour apprécier les différentes textures des aliments qu'ils soient homogènes ou grumeleux, et son alimentation est déjà bien diversifiée. Il commence aussi à savoir manier la cuillère avec une certaine dextérité.

LES CAPRICES AU MENU

À cet âge, Bébé sait bien faire marcher son monde. Il a bien compris que le fait de refuser un mets bouleverse les relations avec Maman et Papa et lui donne du pouvoir. C'est le pouvoir de dire « Non ! » N'en faites pas un drame, l'équilibre se fera tout naturellement. Il continue à boire pratiquement jusqu'à 1 an au moins 2 biberons de lait de suite, soit un demi-litre par jour. Des études ont en effet montré que les bébés nourris au lait de vache, sous prétexte d'une alimentation diversifiée ou d'une quantité de lait de suite insuffisante, ont souvent des carences en acides gras essentiels, mais aussi en fer et vitamine E. La crainte de cette carence dite « martiale » est une raison supplémentaire de continuer les farines enrichies en fer, bien qu'en elles-mêmes elles ne soient plus considérées comme indispensables. Elles sont même parfois décriées : on les accuse de provoquer des troubles digestifs, coliques, flatulences ou constipation, mais surtout de

> **CONSEIL DE BÉATRICE :**
> *Vive le Babycook, petit robot trois en un, certes un peu cher à l'achat, mais vraiment très pratique et utile très longtemps, même à l'hôtel ou lorsqu'on est en déplacement. C'est un cadeau utile. Passez-le à vos copines quand vous n'en avez plus l'usage, à condition qu'elles vous le rendent pour le prochain bébé.*

favoriser le surpoids de l'enfant et à long terme le développement de l'obésité.
Quand Bébé commencera à bien savoir se servir de sa cuillère, au lieu d'ajouter de la farine à ses biberons, vous pourrez lui donner des bouillies plus ou moins épaisses de tapioca, de semoule, de maïzena, de Floraline. Pour ce qui est du riz, vous attendrez encore. Les cheveux d'ange et les lettres de l'alphabet sont aussi généralement très appréciés.

VIANDES ET POISSONS
Les protéines sont apportées par les viandes, les œufs, les poissons, le lait et ses dérivés, mais aussi les légumes secs.
À cet âge, Bébé est déjà habitué aux viandes et poissons mixés. Progressivement, vous pourrez passer (plus ou moins rapidement selon les enfants, mais rien ne presse) aux viandes et poissons hachés. Les protéines et les acides aminés qui les constituent — dont certains sont indispensables au fonctionnement de l'organisme — jouent un rôle majeur dans la croissance et le développement des tissus musculaires et nerveux en particulier. Même s'il comporte assez de calories, sous forme de glucides ou de lipides, un régime pauvre en protéines, expose à de graves risques de dénutrition.
Les viandes doivent être variées : viande rouge, viande blanche, poulet. Vous pouvez aussi commencer à donner du foie de veau ou de porc, particulièrement riches en fer et en vitamine B12. Certains nutritionnistes préconisent, pour les mêmes raisons, le boudin noir.
Les poissons gras, maquereaux, sardines, saumon, hareng ou truite ont l'avantage d'être riches en acides gras oméga-3 et 6, mais sont autant source de protéines que les poissons maigres.
Faut-il privilégier la viande ou le poisson ? Les apports protéiques des uns ou des autres sont équivalents, donc vous varierez en respectant les goûts de l'enfant.

▪ MENU DE LA JOURNÉE ET ÉQUILIBRE SUR UNE SEMAINE ▪

Tous les jours, votre bébé a besoin de 4 repas et éventuellement d'un jus de fruits dans la matinée. L'équilibre en légumes, fruits et protéines se fait sur une semaine. Vous pouvez donc varier poisson, viande, jambon et œuf, ainsi que proposer yaourt, fromage blanc ou fromage en suivant les envies de votre enfant.
- **Petit déjeuner** : lait de croissance avec biscuit.
- **Collation matinale** : 1 jus de fruits (pomme, orange sans sucre ajouté).
- **Déjeuner** : viande, poisson, œuf ou jambon (20g), purée de légumes, croûton de pain, compote et/ou laitage ou fruit frais (mûr).
- **Goûter** : lait et biscuit ou fromage blanc et fruit.
- **Dîner** : purée ou potage additionné de lait de croissance, compote ou fromage.

L'ŒUF, À CONSOMMER AVEC MODÉRATION

À partir de 10 à 11 mois, vous aurez commencé à donner à Bébé de l'œuf, mais seulement le jaune (poché, coque ou dur), le blanc étant particulièrement allergisant à cet âge. Le caractère allergisant du blanc d'œuf s'estompant ensuite, il est admis qu'à partir du 11e mois (mais certains préfèrent attendre 15 mois !) on peut donner à Bébé de l'œuf entier. Cependant, il est préférable de le préparer à la coque, sinon poché ou dur, car même à cet âge, surtout chez un enfant de parents allergiques, le blanc d'œuf cru doit être évité. Vous achèterez des œufs extra-frais, ce qui signifie légalement que l'œuf a été conditionné moins d'une semaine avant la mise en vente. La consommation d'œufs commencera par 1 ou 2 fois par semaine.

LA BONNE QUANTITÉ DE PROTÉINES

Qu'il s'agisse de viande, de poisson, d'œuf ou de lait on donnera une quantité quotidienne de protéine de 1g par kilo et par jour. Sachant qu'il y a 20 g de protéine dans 100 g de viande, de poisson ou 500 ml de lait. Il ne s'agit évidemment pas de peser à chaque fois la « ration » de Bébé. Le poids du poisson ou de la viande, donné à l'achat, est un bon indicateur. En ce qui concerne les œufs, on peut considérer qu'un œuf représente 10 g.

> **CONSEIL DE BÉATRICE :**
> *Au cours des dernières années on a beaucoup retardé le moment de la diversification, pensant éviter les allergies, mais prévenir le risque d'obésité.*
> *On introduit néanmoins les nouveaux aliments l'un après l'autre, progressivement pour vérifier si Bébé les tolère bien.*
> *À 1 an, il peut tout goûter, sauf les crustacés, les huîtres, et surtout les fruits à coque : noix, noisettes, arachides.*

INDISPENSABLES PRODUITS LAITIERS

Dans la quantité de protéines absorbées chaque jour, il faut naturellement tenir compte de celles qui proviennent du lait et des produits laitiers, et qui constituent encore une part très importante de l'alimentation : yaourts, petits-suisses, fromage blanc, fromage râpé, qui accompagnent le plus souvent le repas de midi, et sont souvent proposés aussi au goûter.

Même si le lait et ses dérivés apportent du calcium en grande quantité, variable selon qu'il s'agit de fromage blanc (80 mg/100g) ou de pâtes cuites comme le gruyère râpé (1000 mg/100 g), leurs apports en protéines sont équivalents. Ils apportent aussi des lipides vecteurs de vitamine A.

La teneur en lipides d'un laitage est calculée en pourcentage du poids sec, ce qui signifie qu'un taux de lipides de 30 % ne signifie pas la même chose selon la richesse en eau du produit. Il y a, par exemple, plus de lipides (et donc de vitamine A) dans un fromage étiqueté « 30 % de matières grasses » s'il s'agit d'un fromage sec, type gruyère, que s'il s'agit d'un fromage plus hydraté, type camembert. Rien n'interdit en effet de donner à un bébé de cet âge, s'il les apprécie, des fromages à goût fort type camembert !

FRUITS, LÉGUMES ET BISCUITS POUR NOURRISSONS

En ce qui concerne les légumes et les fruits, il n'y a pas de nouveautés particulières, sinon que leur proportion dans le régime alimentaire des enfants est aujourd'hui plus importante que par le passé. On peut donc les varier (presque) à l'infini, en les écrasant plus ou moins ou en les coupant en fines tranches pour habituer Bébé à mâcher.

Un autre moyen d'habituer Bébé aux aliments solides et de lui apprendre à mâcher, consiste à lui donner des croûtes de pain, des biscuits pour nourrissons, l'essentiel étant qu'ils fondent facilement dans la bouche, sans faire de miettes ni morceaux susceptibles de provoquer une fausse route. Bien entendu, il n'est pas question que ce genre d'expérience ait lieu hors de votre présence !

▪ FAUSSE ROUTE ▪

Toute maman devrait apprendre les techniques qui peuvent lui permettre de sauver son enfant en cas de fausse route. On n'est jamais à l'abri d'un tel accident... Adressez-vous à votre pédiatre ou choisissez des cours de premier secours. La première de ces techniques est celle de Mofenson : vous vous asseyez sur une chaise, Bébé couché sur le ventre reposant sur votre main ouverte, sa tête tournée vers le bas, de l'autre main vous tapez de façon ferme, à plusieurs reprises rapidement dans le dos de Bébé, entre les omoplates. En cas d'échec, l'autre technique possible est celle d'Heimlich. Elle consiste à placer votre enfant, assis sur vos genoux, son dos contre vous, à exercer une pression très ferme avec votre poing fermé au niveau de son estomac, c'est-à-dire, entre les côtes et le nombril, tout en tirant vers vous et en remontant légèrement. Si nécessaire, vous répéterez la manœuvre trois ou quatre fois (voir annexes « Urgences, premiers soins et manœuvre » p. 378).

Champion à quatre pattes

Bébé se déplace et s'exerce tout au long de la journée à quatre pattes, sur les fesses ou en rampant. Comment l'aider à maîtriser son équilibre et prévenir les chutes.

Après une vie « couchée » et totalement dépendante, votre bébé réalise avec bonheur qu'il peut se déplacer. Au cours de cette période qui s'étend de 7 à 12 mois, il découvre progressivement l'indépendance et perfectionne sa marche à quatre pattes. Pour vous, il s'agit de l'accompagner, de l'encourager et de redoubler d'attention en le surveillant en permanence. Il vous suit partout, mais dès qu'il est dans vos bras, il repère les endroits qu'il souhaite explorer. Une fois les pieds sur terre, il n'hésite pas à partir à l'aventure pour les voir. Tous ces efforts contribuent à le faire grandir harmonieusement.

> **CONSEIL DE BÉATRICE :**
> *Ayez toujours des jolies balles colorées et bondissantes près de Bébé, participez à ses rires et à ses jeux, applaudissez, faites des roulés-boulés avec lui sur le lit.*

PRENDRE CONSCIENCE DE SON CORPS

Continuez à encourager tous les mouvements et positions qui aident Bébé à trouver son équilibre. Sa tête est toujours très lourde par rapport au reste de son corps ; pour l'aider à renforcer les muscles du cou, faites-lui faire de petits exercices. Couchez-le sur le dos, installez-vous par terre face à lui, prenez ses mains et tirez-les vers vous plusieurs fois de suite pour qu'il s'entraîne à bien tenir sa tête. Puis, mettez vos mains sous ses fesses et soulevez-les trois ou quatre fois. Cela l'aidera à prendre conscience de sa colonne vertébrale qui se courbe et se redresse. Tandis qu'il est toujours allongé sur le sol, mettez-le sur le côté et faites-le rouler du dos sur le ventre, et inversement, en lui faisant faire des tours complets. Vous verrez qu'il adore ces mouvements qui lui massent les intestins et le ventre, et s'il est un peu ballonné, le soulagent.

ACCOMPAGNER SES EXPLOITS

En marchant à quatre pattes, Bébé exerce les muscles de son dos, de ses bras et de ses jambes. Il apprend à maîtriser son corps et aura vite fait de découvrir comment il peut

avancer le plus rapidement. Il coordonne alors ses mouvements. Une fois son but atteint, il cherche l'équilibre pour saisir l'objet convoité. Tendez-lui vos mains pour qu'il prenne appui ou placez un petit tabouret stable à un endroit stratégique pour lui permettre de se mettre debout tout seul. N'ayez pas peur de ses échecs. Les essais successifs l'aident à renforcer ses muscles et à contrôler de mieux en mieux la station debout. Se redresser est un besoin constant pour lui, il lui permet de satisfaire sa curiosité et de participer à la vie des grands. Enfin, il est debout et se sent un peu plus à la hauteur par rapport au monde qui l'entoure.

TOUS LES MOYENS SONT BONS

La plupart des bébés adoptent la classique marche à quatre pattes. Certains choisissent d'avancer assis en se servant de leurs talons et de leurs mains pour se propulser en avant et en arrière. Cela leur permet d'avoir un bon champ visuel et de garder les mains libres pour saisir jouets et objets. D'autres utilisent surtout leurs avant-bras pour ramper à toute allure. D'autres enfin, pratiquent la marche de l'ours, fesses en l'air et les quatre membres bien tendus. Toutes ces méthodes font appel à une bonne coordination des quatre membres et à un bon tonus musculaire. Inutile donc d'essayer de lui imposer de se déplacer à quatre pattes.

> **CONSEIL DE BÉATRICE :**
> *Méfiez-vous des chutes depuis la chaise haute, la table à langer, la poussette, liées à cette mobilité nouvelle de Bébé qui peut être parfois surprenante.*
> *Si à cet âge votre enfant ne se déplace encore qu'à quatre pattes, il ne faut pas parler de retard, l'essentiel est qu'il puisse se déplacer pour atteindre ses buts ; il a bien le temps de se mettre debout !*
> *Ne surstimulez pas Bébé, même si comme toute mère vous le trouvez très « doué », laissez-le aller à son rythme et félicitez-le encore et encore pour lui donner confiance.*

• UN GROS BALLON, À QUOI ÇA SERT ? •

Les gros ballons d'environ 65 cm de diamètre (faciles à trouver sur Internet ou dans des boutiques de sport) sont utilisés pour lutter contre le mal de dos, mais aussi dans les maternités pour faciliter le travail d'accouchement et pour une gym « maman bébé ». Placez le ballon au milieu de la pièce et laissez le temps à votre bébé de le découvrir. Couché par terre, votre enfant aime bien plaquer sa colonne vertébrale contre le sol pendant que vous faites doucement rouler le ballon sur lui. Quand vous le sentirez bien rassuré, posez-le à plat ventre sur le ballon bras et jambes écartés. Aidez-le à trouver son équilibre dans le mouvement. C'est ainsi qu'il exerce tous les muscles de son corps.

Votre bébé est en plein progrès et prend de plus en plus de plaisir à se déplacer.
Au cours de ses courses à quatre pattes, il aime parfois se cacher, derrière une porte par exemple, et réapparaître ensuite. Ne manquez pas de le chercher, de l'appeler ; montrez-lui que ses exploits vous intéressent.

NE VOUS INQUIÉTEZ PAS, IL MARCHERA !

Certains enfants sont plus toniques et réussissent à faire leurs premiers pas vers 10 mois. D'autres, devenus experts en marche à quatre pattes, sont moins pressés de marcher. On constate aussi qu'un bébé plus léger parviendra plus facilement à marcher qu'un enfant plus potelé, ce qui est bien normal (ne vous inquiétez pas, dès que votre bébé marchera, il perdra ses rondeurs superflues).
Les plus placides peuvent être stimulés par un jouet ou par les encouragements et les félicitations. Dans un coin du salon, installez quelques jouets et un ou deux tabourets stables et ne comportant pas d'angles pour créer un but à ses déplacements. Vous pouvez aussi parsemer son parcours de coussins fermes qu'il escaladera ou contournera. Sachez que tous les déplacements, quelle que soit la méthode employée, améliorent son tonus musculaire et sa coordination.

FAQ

Questions à poser :
10 à 11 mois

[+] FAUT-IL NETTOYER LES OREILLES DE BÉBÉ EN PROFONDEUR ?

Les oreilles des bébés sécrètent souvent beaucoup de cérumen, cela a l'air sale, et les mamans résistent mal à la tentation de nettoyer les conduits auditifs en profondeur. Or c'est précisément ce qu'il faut éviter...

On ne doit jamais enfoncer un coton-tige dans l'oreille de Bébé, cela ne fait que pousser le cérumen au fond du conduit où en séchant il forme un bouchon, source potentielle d'infection, voire de baisse de l'acuité auditive et nécessitera pour l'enlever l'intervention du pédiatre. Le mieux est de profiter du bain pour immerger les oreilles, ensuite le cérumen sera un peu ramolli, aura tendance à couler à l'extérieur (lorsque vous mettrez la tête de Bébé sur le côté). Ensuite, avec un coin de compresse sèche roulée, vous nettoierez bien l'extérieur du conduit sans y pénétrer. S'il y a vraiment beaucoup de cérumen, vous pouvez demander au pédiatre de l'enlever avec un instrument spécial, à chaque consultation.

En revanche, il faut bien nettoyer le pavillon de l'oreille, dans tous ses replis, et surtout derrière, car avec la transpiration et les petites pellicules du cuir chevelu, si l'on ne nettoie pas assez souvent et soigneusement, on risque fort une certaine odeur de munster, qui chez un charmant bambin peut surprendre !

[+] EST-IL VRAIMENT NÉCESSAIRE DE DÉCALOTTER LE ZIZI DE MON GARÇON ?

Entre le prépuce et le gland, à la naissance il existe la plupart du temps des adhérences et le prépuce est serré, ne laissant qu'un petit orifice, toutefois suffisant pour laisser passer les urines sans difficulté.

Au fil du temps ces adhérences vont se libérer progressivement, et le prépuce sera moins serré, mais cela peut prendre du temps, 6 mois, 1 an, parfois plus. Doit-on décalotter l'enfant un petit peu chaque jour au moment du bain, ou le faire faire par le pédiatre ?

La réponse est clairement non. Ces décalottages intempestifs peuvent être traumatisants, provoquer fissures et saignements, suivis de rétraction des tissus lors de la cicatrisation et risquent de rendre les décalottages suivants encore plus traumatisants... Sachant que chez la plupart des enfants il sera possible de décalotter sans effort vers l'âge de 1 an, on ne voit pas trop pour quelle raison il faudrait les faire souffrir ! (Voir p. 264). En attendant, on se contentera de maintenir à ce niveau la meilleure hygiène possible sans essayer de décalotter....

[+] MON FILS A MORDU UN CAMARADE À LA CRÈCHE, DOIS-JE M'EN INQUIÉTER ? COMMENT DOIS-JE RÉAGIR ?

Mordre Maman, ses frères et sœurs ou ses petits camarades de crèche, est une étape normale du développement de l'enfant vers les 10 à 11 mois, cela marque le passage au stade « sadique oral » (voir chap. VII p. 196) et peu d'enfants y échappent, même si les mamans s'en offusquent (un enfant si mignon !). Il faut néanmoins gérer la situation d'une manière ou d'une autre. Même si — il faut le savoir —, il ne s'agit pas d'agressivité le plus souvent, mais d'amour « J'ai envie de te croquer », « Je te mangerais », il y a beaucoup d'expressions qui l'expriment. Il faut résister à l'envie de sortir de ses gonds et de punir, il ne comprendrait pas, alors qu'il ne sait même pas que c'est mal et qu'il n'est pas conscient du fait qu'il se comporte agressivement. Il faut lui expliquer le plus calmement et fermement possible que cela ne se fait pas, et cela autant de fois qu'il sera nécessaire.

La situation est plus délicate lorsqu'elle survient en dehors de la maison : votre enfant mord, à la crèche, un petit camarade. Il faut dans ce cas le gronder fermement et lui expliquer que ce n'est pas bien, que son petit camarade a eu mal..., là encore, il ne faut pas pour autant lui en vouloir, ni perdre votre sérénité. Et encore moins le mordre en retour !

[+] COMMENT FAIRE POUR QUE MA PETITE FILLE VIVE DANS UN ENVIRONNEMENT SAIN À LA MAISON, ÉTÉ COMME HIVER ?

Nous passons plus des trois quarts de notre vie à l'intérieur, et Bébé dans ce domaine est un champion. Il convient de lui assurer un environnement intérieur aussi sain que possible.

Première mesure, valable en tout temps et en tout lieu : il faut ouvrir les fenêtres environ 10 minutes un quart d'heure par jour, deux fois, matin et soir, même l'hiver.

Contrairement à ce qu'on pense, (et des études récentes l'ont bien montré), l'air intérieur des appartements est plus pollué que celui des rues les plus passantes ! Aérer les pièces, ouvrir les lits, cela chasse les polluants, mais surtout l'humidité propice aux acariens, moisissures et champignons divers, sources d'allergies surtout en atmosphère chaude, raison pour laquelle il ne faut pas chauffer les appartements au-dessus de 20 °C.

Dire qu'il ne faut pas fumer dans l'appartement est un truisme. S'il y a un fumeur dans la maison, faire la chasse à d'autres polluants paraît presque futile ! Donc pas de tabac dans l'appartement, quelles que soient les circonstances.

Évitez aussi (autant que possible) tous les produits ménagers qui dégagent des vapeurs toxiques (décapants ou désinfectants divers, nettoyants de sols et de surfaces, insecticides divers, etc.). Même si vous ne vous en servez pas, les flacons qui les contiennent, une fois ouverts, (même si vous les rebouchez soigneusement), dégagent des vapeurs toxiques dans l'atmosphère. Ils doivent être entreposés dans une zone bien ventilée.

Recherchez de préférence des produits bio qui ont la même efficacité sans avoir (ou en tout cas moins) ces inconvénients.

[+] LE SOIR IL NE VEUT PAS S'ENDORMIR ET FAIT DES COMÉDIES, JE N'AIME PAS L'ENTENDRE PLEURER, MAIS JE NE VOUDRAIS PAS NON PLUS QU'IL ME FASSE MARCHER...

Laisser pleurer un enfant la nuit, même un peu est très mal ressenti par les parents. Le malheur est que Bébé le sent, et peut s'en servir pour des « bénéfices secondaires » : « Si je pleure suffisamment ils vont revenir, me prendre dans les bras... »

Alors comment faire ? D'abord, précisément, le laisser pleurer pendant 5 minutes, puis venir le voir, lui parler, lui faire un petit câlin, lui raconter une histoire ou lui chanter une petite chanson mais... sans le prendre dans les bras !

Si, après votre départ, il recommence à pleurer, attendez 10 minutes avant d'aller le voir de nouveau, puis expliquez-lui doucement mais fermement que ça suffit ; parlez-lui un petit peu, et ainsi de suite en le laissant pleurer un petit peu plus longtemps chaque fois. Si vous êtes suffisamment calme et ferme et qu'il le sent, Bébé cessera bientôt de pleurer au moment du coucher.

1 an : premiers pas et premières chutes

- Il pratique la « marche de l'ours » à quatre pattes avec aisance.

- Il fait ses vrais premiers pas, tenu par la main derrière un déambulateur ou dans un youpala ; bientôt, il saura marcher sans se tenir.

- La marche va lui apporter des possibilités accrues ; il va pouvoir vous suivre, explorer l'appartement... grimper sur les fauteuils.

- Il sait se mettre debout. Dans cette position, il peut se pencher et se redresser facilement pour ramasser un objet au sol.

- Il sait montrer quelque chose du doigt.

- Il peut boire au verre sans trop renverser.

- Il peut prononcer, outre « Papa » et « Maman », 5 ou 6 mots. Il commence à parler par association d'idées : « Tombé Bébé » ou « Bébé bobo ».

- Il s'exprime par gestes avec une certaine aisance.

Poids : environ 8,5 à 9 kg
Taille : environ 75 cm
Alimentation : 4 repas par jour, 30 à 40 g de viande et 400 g de légumes, féculents, yaourts, fruits frais

Je me lâche et je marche

Ses premiers pas sont toujours une grande joie à partager en famille. Inutile de brûler les étapes, votre bébé sait quand il est prêt. Il est programmé pour la bipédie, mais les muscles de son cou et de ses bras deviennent performants bien avant ceux de ses jambes…

Même si certains bébés progressent plus vite que d'autres, le développement de l'enfant est toujours identique et se fait depuis la tête vers les membres. Le tonus musculaire joue un rôle important dans ses progrès. Les muscles cervicaux sont les premiers à se tonifier, avant ceux du dos, des bras et des mains. Votre bébé sait s'asseoir et faire beaucoup de choses de ses doigts avant de pouvoir se mettre debout. Le jour où il essaiera de se dresser sur ses deux jambes et retombera aussitôt sur ses fesses, inaugurera une nouvelle phase qui le conduira à la marche.

PREMIERS PAS

Votre bébé va avancer pas à pas en s'accrochant aux meubles, découvrir l'équilibre en agitant les bras et enfin se lâcher… mais avant de pouvoir faire ainsi quelques pas, il va devoir multiplier les tentatives ! Cet événement peut se produire vers 10 mois pour les enfants très toniques, vers 15 mois pour les autres, l'âge moyen des premiers pas se situant en général entre 13 et 14 mois. Ne vous inquiétez pas si votre bébé tarde à marcher car les enfants les moins toniques compensent en développant d'abord la précision des gestes. Toutefois, si vers 18 mois à 20 mois, votre bébé ne marche pas encore, il conviendra d'en parler à votre pédiatre.

> **CONSEIL DE BÉATRICE :**
> *Ne l'obligez pas à marcher, car c'est à lui de décider du bon moment. En revanche, vous pouvez le solliciter en lui proposant des objets roulants à pousser, comme des camions…*

L'AIDER OU LE LAISSER FAIRE ?

Après les premiers pas hésitants, certains bébés laissent passer plusieurs jours ou semaines avant une nouvelle tentative. Bébé commencera à marcher tout seul, souvent 3 semaines à 1 mois après ses tout premiers pas. Certains enfants aiment qu'on leur tende la main pour réitérer leur premier exploit : ce léger soutien rassure l'enfant d'autant plus qu'il vous sent disponible pour l'accompagner. D'autres aiment s'élancer tout seuls pour s'effondrer dans vos bras quelques pas plus loin. D'autres enfin préfèrent faire le tour de la pièce en s'agrippant à tout ce qui est à portée de main.

C'est pourquoi il est urgent de réaménager la pièce en fonction des nouvelles possibilités de votre tout-petit. Enlevez tout ce qui le met en danger et expliquez-lui pourquoi vous agissez ainsi. Au début, il s'élancera sans regarder où il va. Son équilibre restera fragile pendant plusieurs semaines et il marchera les jambes écartées, les pieds tournés vers l'extérieur pour plus de stabilité. Les chutes seront fréquentes et mieux vaut ne pas s'affoler en permanence. Tout s'harmonisera entre 18 mois et 2 ans.

L'ENCOURAGER EN JOUANT

Si vous sentez Bébé prêt à marcher, organisez un va-et-vient entre vous et son père ; il sera ravi d'être le centre d'intérêt et vous vivrez ces moments délicieux en couple. Si Papa le soutient au départ, Maman le réceptionnera, les bras ouverts, à l'arrivée. Au fur et à mesure qu'il prendra confiance, vous vous écarterez en lui permettant de faire progressivement un pas de plus.

Si Bébé est encore un peu hésitant, tendez un foulard entre vos mains (vous aurez moins mal au dos) — il s'appuiera dessus pour maintenir son équilibre —, puis détendez le foulard progressivement jusqu'à ce que Bébé ne s'en serve plus comme appui, mais se contente de votre présence rassurante.

Vous pouvez aussi l'aider en glissant le foulard sous ses deux bras et en le maintenant derrière son dos. Il aura moins peur de tomber et ses pas seront moins hésitants.

Ne lui imposez rien et n'essayez pas de le stimuler s'il n'est pas prêt pour la marche.

COORDONNER LES MOUVEMENTS

Ce n'est pas parce qu'il a fait ses premiers pas qu'il abandonnera du jour au lendemain la marche à quatre pattes. Vous pouvez profiter de ces moments pour l'aider à mieux coordonner ses mouvements.

> ### ▪ QUELLES CHAUSSURES POUR BIEN MARCHER ? ▪
>
> Avec le début de la marche, l'achat de bonnes chaussures à la juste taille s'impose. Mieux vaut les choisir en cuir et doublées cuir pour un meilleur confort. Il n'est pas toujours facile de chausser les petits pieds de Bébé qui sont plats et ronds. Les podologues recommandent généralement, entre 12 et 36 mois, le port de chaussures appelées « premiers pas ».
>
> La chaussure comportera une tige suffisamment haute pour bien maintenir le pied. Les contreforts devront être asymétriques pour respecter l'anatomie du pied. D'une manière générale, les chaussures devront être légères avec une semelle extérieure en caoutchouc pour éviter les dérapages.
>
> Préférez les lacets, qui s'ajustent mieux à la largeur du pied, aux scratchs. Veillez à ce que la pointure laisse assez d'espace au bout pour que les orteils puissent se mouvoir aisément. Le pied grandit vite à cet âge, et il convient de vérifier régulièrement ses dimensions avec une toise pour ne pas le faire souffrir avec des chaussures trop petites.

Votre enfant est très habile des bras et des mains. Quand il traverse le salon à toute allure à quatre pattes, arrêtez son élan et proposez-lui un autre jeu. Saisissez le haut de ses cuisses et soulevez-les. Attendez pour voir ce qu'il fait. Certains enfants se mettent tout de suite sur les mains, bras tendus. S'il se met sur ses coudes, dites-lui de pousser sur ses bras et expliquez-lui que vous voulez faire la brouette. Il comprendra très vite et avancera avec ses mains tandis que vous suivrez en tenant ses cuisses. Ce petit jeu muscle le dos et les abdominaux et, bien sûr, les bras. De plus, il apprend à votre enfant à coordonner les mouvements des bras et du tronc. Pour bien le préparer aux chutes, inévitables au début de la marche, apprenez-lui à se mettre en boule. Pour cela, mettez-vous à quatre pattes à côté de lui pour lui faire faire des galipettes en veillant à ce qu'il rentre bien le menton. Poussez sa tête vers l'intérieur et ses fesses vers le haut. Aidez-le à se réceptionner en douceur sur le dos. Les enfants adorent faire des acrobaties et les galipettes renforcent leurs réflexes de protection.

Tout doucement, vous pouvez aussi essayer la roulade arrière tout en le soulevant légèrement. Cela renforce les muscles de la colonne cervicale et assouplit le dos.

> **CONSEIL DE BÉATRICE :**
> *Pendant cette période, votre enfant aura bien des occasions d'entendre « Non ! », « Ne touche pas ! », « Ne va pas par là ! ». Pour éviter les colères, expliquez-lui que vous êtes bien consciente que ce n'est pas facile de grandir et qu'à cet âge les enfants souffrent de nombreux interdits. Faites-lui comprendre que c'est parce que vous l'aimez et que vous cherchez à le protéger des dangers qui le guettent.*

PETITS EXERCICES POUR PRÉPARER LA MARCHE

Pour pouvoir marcher, Bébé doit trouver le bon équilibre statique pour sa colonne vertébrale. Les tout-petits ont souvent tendance à creuser le bas du dos et à pousser le ventre vers l'avant. Pour l'aider à prendre conscience de sa colonne vertébrale, faites-lui faire le chat. À quatre pattes, montrez-lui comment faire le dos rond en rentrant la tête et, ensuite, le dos creux en levant la tête. Il sera encore plus content si vous accompagnez cet exercice de miaulements !

Installez-vous debout devant un grand miroir. Montrez à Bébé qu'on peut grandir en basculant le bassin vers l'avant, en levant la tête et rapetisser en le basculant vers l'arrière, en baissant la tête. Pour cela, appuyez sur ses fesses et son ventre et jouez à basculer le bassin d'avant en arrière. Il sent ainsi sa colonne vertébrale et renforce durablement son dos. Votre enfant fait la même chose, tout seul en respirant. Lors de l'inspiration, le dos se creuse, le diaphragme descend et la tête se redresse. Pendant l'expiration, le dos s'arrondit, le diaphragme remonte tandis que la tête s'incline vers le bas. Le simple fait de respirer masse le corps de votre bébé. Faites-en un jeu en levant les bras en même temps que lui en inspirant et en les descendant le long du corps en expirant. Une bonne respiration l'aide également à mieux digérer puisque le diaphragme masse les intestins. Ces petits exercices aideront votre enfant à mieux aborder la marche. Le mouvement stimule la circulation sanguine et tous les organes internes. Plus le corps est souple, plus il bouge en harmonie.

L'ÉQUILIBRE, LE VRAI DÉFI

Au début, quand il perd l'équilibre, il s'agrippe à tout ce qu'il peut attraper. À vous de lui créer un environnement qui le stimule et le rassure sans pour autant le contraindre. Quelques jeux l'aideront à se sentir plus stable et plus en confiance. Pour cela, commencez par le

---

■ IL A FAIT SES PREMIERS PAS À LA CRÈCHE ■

Les installations adaptées et la stimulation par les autres enfants font de la crèche un endroit particulièrement adapté pour l'inciter à la marche.
Ne soyez pas frustrés si l'auxiliaire de puériculture vous annonce que Bébé s'est lâché et qu'il a fait ses premiers pas. La marche est un phénomène progressif et les tentatives seront nombreuses avant qu'il ne marche réellement.
Considérez-les comme des signes annonciateurs et préparez-vous à accompagner Bébé quand viendra le grand moment des premiers pas.

déséquilibrer. Quand on le déstabilise en le poussant légèrement, il actionne ses muscles dorsaux et abdominaux pour maintenir sa colonne vertébrale, mais il cherche aussi à retrouver sa vision horizontale. Reprenez aussi les jeux avec le gros ballon pour l'y installer debout en le maintenant sous les aisselles. Même si ce n'est pas très facile, tenez Bébé en équilibre sur le ballon par les mains. Vous pouvez aussi le faire tenir en position de « marche de l'ours » (à quatre pattes) toujours sur le ballon. Cet autre défi lui plaira peut-être. Sur un ballon, il apprend à contrôler ses muscles en permanence comme s'il était en mouvement perpétuel.

IL FAIT SES PREMIERS PAS DANS… LA MER

Quand la saison s'y prête, pourquoi ne pas le laisser faire ses premiers pas dans l'eau de mer. Il s'enfoncera moins dans le sable mouillé qui est un très bon support pour ses petits pieds. Équipé d'un tee-shirt, d'un bob et de lunettes de soleil, tenant les mains de ses parents, il se sentira en confiance pour la marche et son premier contact avec la mer. Faites en sorte qu'il voie ses pieds sous l'eau et n'insistez pas s'il n'est pas rassuré. En revanche, s'il apprécie, quel souvenir merveilleux pour vous et quelle expérience extraordinaire pour lui !

1 AN

JE ME LÂCHE ET JE MARCHE

Se servir de tous ses sens

Un an, c'est le grand tournant de la marche et de tous les dangers dont il faut le préserver, mais aussi des premiers mots, du langage et de l'apprentissage des gestes. Comment accompagner ses exploits ?

Un beau jour, enfin, Bébé s'est lancé et a fait ses premiers pas sans se tenir. Sa démarche au début est assez comique, il lève les genoux plus haut que nécessaire, titube en battant des bras et, après quelques pas tombe sur les fesses, heureusement bien protégées par sa couche… Il se relève plein d'enthousiasme, recommence, chute à nouveau.

L'ÂGE DE TOUS LES DANGERS

Maman et Papa sont évidemment là, manifestant leur admiration, prêts à consoler, à encourager, mais surtout à anticiper les obstacles et les dangers sur l'itinéraire de Bébé, et à intervenir si nécessaire. Il faut en effet éviter à tout prix la chute ou le traumatisme un peu sévère qui risquerait de retarder les progrès de Bébé de plusieurs semaines.

Avec la marche, Bébé accroît considérablement le champ de sa liberté. Il peut se déplacer selon ses envies : aller vers ses parents ou s'en éloigner, s'il veut manifester son indépendance ou s'il a trouvé dans son environnement quelque chose de particulièrement intéressant. Il peut, par exemple, aller jusqu'au canapé, grimper dessus, tirer sur une chaise et la faire tomber. Maman et Papa devront donc, tout en respectant l'indépendance de Bébé, veiller au grain et lui apprendre les divers dangers.

> **CONSEIL DE BÉATRICE :**
> *Pendant cette période de progrès extraordinaires de votre bébé, accompagnez-le avec patience, félicitez-le, riez avec lui. Plus vous l'encouragerez, plus il aura confiance en lui. Fermez à clef les portes des placards contenant des objets ou des produits dangereux. Mettez l'armoire à pharmacie en hauteur. Ne laissez pas traîner votre sac à main, condamnez l'accès aux escaliers par des barrières de sécurité, et surtout nommez les dangers. N'hésitez pas à répéter car Bébé testera certainement vos réactions en bravant vos interdits.*

EXPLORATEUR TOUT EN FINESSE

La dextérité de Bébé se renforce : sur le sol, désormais, aucune miette ou aucun objet, aussi petit soit-il ne lui échappe. Il faudra donc le surveiller étroitement pour éviter qu'il ne mette directement dans sa bouche tout ce qu'il ramasse. Avec le bout de l'index, il adore explorer le trou ou la fente des objets et y déposer de petits objets (comme une clé). Si vous ne retrouvez plus certains objets, pensez à chercher dans les endroits les plus improbables. Par exemple, la carte bleue peut être retrouvée dans la fente du lecteur de DVD : un grand classique !

Bébé sait aussi désormais tenir un crayon ou un feutre et faire des gribouillages, de préférence sur les murs ou les fauteuils…

Les cubes l'intéressent beaucoup : il les frappe avec enthousiasme l'un contre l'autre, les empile et essaye de construire des châteaux, hauts de 2 cubes ! Il aime les mettre dans quelque chose, panier ou récipient quelconque. C'est le moment de lui acheter des boîtes qui s'encastrent les unes dans les autres comme des poupées russes. Le ballon lui plaît également ; il aime le jeter. Jouer au ballon deviendra d'ailleurs vite un moyen d'échange avec l'entourage.

Quand un de ses jouets est hors d'atteinte, Bébé sait désormais le chercher.

MOI TOUT SEUL

À table, Bébé a encore besoin de beaucoup d'aide. Il commence à se servir seul de la cuillère et à boire au verre, mais il est encore très maladroit, et c'est dans l'ensemble assez salissant !

Quand on l'appelle, il tourne la tête vers son interlocuteur sans se tromper. Il suit très bien du regard un objet qui bouge, à condition toutefois qu'il ne se déplace pas trop rapidement.

Face à un miroir, Bébé essaiera probablement d'en faire le tour pour retrouver le bébé qui est derrière. C'est seulement à 18 mois qu'il comprendra que le miroir lui renvoie une image de lui-même et qu'il sera capable de se reconnaître sur les photographies.

DANS LES JUPES DE MAMAN

À cet âge, Bébé est particulièrement attaché à Maman. Il supporte mal de devoir quitter le confort et la protection de ses bras. Il ne supporte pas d'être loin d'elle et l'on dit volontiers qu'il est « crampon ».

Il reconnaît les familiers, même ceux qu'il ne voit pas tous les jours. Leur présence ne l'inquiète pas, il leur sourit quand ils arrivent. En revanche, lui qui était auparavant sociable et autonome, a maintenant souvent peur des étrangers. En leur présence, il tourne la tête, baisse le regard, se blottit contre Maman, se met à pleurer… Presque tous les enfants, qu'ils soient en crèche, en nourrice ou à la maison, passent par une phase de peur des étrangers à des degrés divers ; c'est moins vrai pour les enfants en crèche. Il s'agit d'une étape normale du développement affectif de l'enfant et cette peur disparaît en quelques semaines ou mois.

> ### ▪ LUI APPRENDRE LE MONDE… ▪
>
> Aidez Bébé à apprendre le monde qui l'entoure.
> Apprenez-lui les parfums, les couleurs, le chaud et le froid, le lisse et le rugueux, le mou et le dur.
> Montrez-lui des objets, faites des promenades commentées, nommez en les montrant fruits, légumes, fleurs, pour accroître son vocabulaire.
> Mais n'essayez pas d'en faire un surdoué sous prétexte qu'il vivra dans un monde encore plus concurrentiel que le vôtre. Bébé ne se laissera pas faire, et vous aboutirez à un rejet voire, si vous insistez trop, à un état dépressif.
> Les retards en termes de langage et de motricité n'impliquent nullement à cet âge, une déficience intellectuelle.
> Chaque enfant se développe à son rythme.

Enfin, Bébé a appris à dire « Non ! » et ne va pas tarder à se servir de ce pouvoir pour manifester son indépendance vis-à-vis de vous : refus des baisers, refus des bras de Maman… de temps en temps, rien que pour le principe ! Surtout ne vous en offusquez pas et acceptez avec le sourire !

DES PREMIERS PAS AUX PREMIERS MOTS

Outre la marche, à 1 an, le développement du langage, tant oral que gestuel est très impressionnant. Bébé désigne du doigt ce qu'il désire en grognant. Il comprend déjà une trentaine de mots et de nombreuses situations.
Il saisit l'objet qu'on lui propose en disant « Tiens » et donne celui qu'on lui réclame, sauf précisément quand il a décidé de manifester son opposition. Il agite la main en réponse à « Bonjour », bat des mains quand on dit « Bravo » et agite la main pour dire « au revoir ». Dans ces circonstances, il rit souvent aux éclats et est prêt à recommencer un certain nombre de fois sans se lasser.
Quand plusieurs enfants sont mis en présence, ils se regardent, se touchent, s'imitent, babillent et jargonnent, agitent bras et jambes en réponse aux uns et aux autres. Si l'un des enfants est distrait par quelque chose, son camarade de jeux essayera de capter son attention.

1 AN — SE SERVIR DE TOUS SES SENS

> **CONSEIL DE BÉATRICE :**
> *Évitez de pousser un cri quand Bébé tombe, vous lui feriez peur et aggraveriez la situation. Dites-lui plutôt : « Sois prudent, j'ai confiance en toi, je suis là pour t'aider… je suis fière de toi, bientôt tu le feras tout seul. » Regardez-le dans les yeux et souriez-lui.*
> *Tous ces moments inoubliables passent malheureusement bien vite. N'oubliez pas d'immortaliser ses premiers exploits par des photos ou des films, ils seront irremplaçables pour vous et votre enfant plus tard !*
> *Libérez un placard rien que pour lui, rempli d'objets divers, amusants et sans danger : serviettes et récipients colorés, boîtes.*
> *À cet âge des grandes découvertes, il est difficile de dire non à Bébé sans avoir en représailles des crises de grande frustration ; c'est légitime et inévitable !*
> *Tâchez le plus possible de négocier pour éviter à Bébé (et à vous !) de perdre la face ! Pas facile d'être parent ne trouvez-vous pas ?*

IL SAIT CE QU'IL DIT

À 1 an, un bébé peut généralement prononcer 5 ou 6 mots parmi lesquels « Pa-pa » et « Ma-man ». Alors que ces syllabes redoublées n'avaient aucune signification au cours des mois précédents, désormais elles désignent clairement son père et sa mère.

Les quelques mots qu'il connaît sont mêlés à un jargon, une sorte de pseudo-langage qui reproduit les sons et intonations de son entourage. En attendant de pouvoir parler réellement, Bébé « singe » le langage pour communiquer…

À force d'entendre ses parents prononcer et répéter des mots en langage simplifié, qui concernent plus particulièrement sa petite vie quotidienne (« dodo », « manger », « bobo »…) le bébé arrive à en cerner la signification par recoupement et les répète à la hauteur de ses capacités, avec plus ou moins de succès… « bobo », par exemple, signifie à la fois l'écorchure, la douleur, l'objet agresseur…

Parfois, le mot est méconnaissable, mais les parents qui ont réussi à le décrypter, imitent à leur tour la prononciation de l'enfant : un néologisme est ainsi créé pour le seul usage de Bébé et de son entourage. Bien entendu il faudra dans ce cas, tout en rentrant dans son jeu, l'amener doucement à la prononciation correcte, mais sans le presser. Plus on nommera les choses qui l'entourent, plus il apprendra de vocabulaire, et plus rapidement il progressera dans l'acquisition du langage.

IL AIME LES LIVRES D'IMAGES

Pour aider cet apprentissage, un livre d'images sur lequel figurent des animaux est un support merveilleux. « C'est quoi cet animal ? » « Un canard. » « Comment il fait le canard ? » « Coin coin »…

Les échanges avec l'entourage, et plus particulièrement avec sa mère, jouent un rôle fondamental dans le développement affectif du bébé. De leur qualité dépendent sa confiance, sa sérénité, mais aussi sa sociabilité. Tout peut être prétexte à échanges et à jeux : paroles, gestes, mimiques, sourires, caresses comme chaque moment de sa vie quotidienne : repas, bain, habillage, coucher.

Trouver le bon rythme entre siestes et sommeil nocturne

Entre 6 mois et 2 ans, le sommeil de Bébé évoluera relativement peu. À 1 an, il s'agit surtout d'instaurer un rituel d'endormissement et de trouver le bon équilibre entre siestes et sommeil nocturne.

Aller se coucher doit être pour votre bébé un plaisir. Il faut tout faire pour qu'il n'appréhende pas ce moment. La durée du sommeil change peu entre 6 mois (15 heures) et 2 ans (13 à 14 heures), et tourne autour de 14 heures à 1 an. Les cycles du sommeil passent progressivement de 70 à 90 minutes.

Comme chez l'adulte, une phase de sommeil lent suit désormais l'endormissement ; la part du sommeil lent profond, en début de nuit augmente, tout comme celle du sommeil lent léger et du sommeil paradoxal, en fin de nuit. À cet âge, l'endormissement de Bébé devient plus difficile. Il lui faut parfois plus de 40 minutes pour trouver le sommeil. Et pour cause : ses journées, consacrées à l'apprentissage de la marche sont plus fatigantes et excitantes ; il revendique son indépendance en refusant de dormir ; la peur de la séparation, l'envie de rester avec Maman et Papa contribuent à cette attitude.

RECONNAÎTRE LES SIGNES DE L'ENDORMISSEMENT

Quand vient l'heure du sommeil, on observe que l'activité de Bébé ralentit, qu'il cherche son doudou ou suce son pouce, se réfugie dans un coin un peu à l'écart, se pelotonne sur lui-même, bâille... Paradoxalement, il peut aussi devenir soudainement très excité, se mettre à crier, à s'agiter ; signes qu'il lutte contre son envie de dormir...

Dans les deux cas, c'est le moment de l'amener doucement vers son lit (même s'il n'a pas complètement fini de manger son repas du soir), de créer autour de lui une ambiance calme, silencieuse, doucement éclairée, propice à la venue du sommeil.

INSTAURER UN RITUEL

Le rituel du coucher doit être sensiblement le même chaque soir.
Quels qu'en soient les éléments constitutifs, il doit commencer bien avant l'endormissement,

---

■ TERREURS NOCTURNES ■

À l'heure où il découvre que sa mère et lui sont deux entités séparées, Bébé peut avoir peur de l'abandon. Ceci peut expliquer la survenue de terreurs nocturnes.

Elles sont fréquentes au cours des deux premières années, avec un pic vers 9 à 10 mois. Elles surviennent le plus souvent vers le début de nuit, au cours de la phase de sommeil lent profond.

Elles sont souvent spectaculaires : l'enfant se met à hurler, à s'agiter ; il semble terrifié et ne peut être calmé. On ne peut communiquer avec lui, même si parfois il semble répondre. Il est en effet inconscient, et il ne faut pas le réveiller, car cela pourrait susciter des angoisses.

Au bout de quelques minutes il se rendort normalement comme si de rien n'était.

Aussi spectaculaires qu'elles soient, ces terreurs nocturnes sont sans gravité et ne nécessitent aucune mesure particulière ; elles sont même nécessaires à son bon équilibre psychologique.

> **CONSEIL DE BÉATRICE :**
> *Le sommeil d'un bébé peut être perturbé pour des raisons multiples : douleurs d'otites ou de reflux, troubles digestifs, bronchites, poussées dentaires… ou encore, plus psychologiques, absence d'un parent, déménagement, maladie d'un proche. Souvent, ce sont tout simplement ses fulgurants progrès qui viennent ponctuellement troubler son sommeil. En cas de problèmes de sommeil persistants, consultez votre pédiatre, il pourra vous orienter vers des écoles de sommeil.*
> *Il est désormais bien démontré que l'on ne doit pas laisser pleurer très longtemps un enfant pendant la nuit, sous prétexte qu'il doit s'endormir seul. Cette manière d'agir est très anxiogène pour le bébé. Bien au contraire, pour se rendormir, Bébé doit se sentir en sécurité.*

afin de signifier à Bébé que c'est le moment du coucher.

Le bain en fin de journée est une bonne manière d'inaugurer ce rituel, mais aussi les câlins, les douces paroles, les comptines ou la lecture d'histoires, les échanges de regards et de mimiques, la petite boîte à musique, le « bonne nuit à la lune ».

Après les excitantes activités de la journée, Bébé a souvent un sommeil agité et se réveille facilement. Des réveils nocturnes surviennent chez 30 à 40 % des enfants de cet âge, le plus souvent entre deux cycles de sommeil. C'est un phénomène normal. Souvent, Bébé reste tranquillement dans son lit, les yeux grands ouverts, puis se rendort. Mais parfois, il n'y parvient pas et pleure. Il faut le rassurer, le calmer en évitant si possible de le prendre dans vos bras et surtout ne pas lui donner un biberon pour parer à toute habitude.

COMPRENDRE SES BESOINS DE SIESTE

Bébé fait en principe 2 siestes par jour d'environ 2 heures chacune, l'une le matin, l'autre l'après-midi (généralement plus longue). Mais, à âge égal, le besoin de sieste varie beaucoup d'un enfant à l'autre et peut se réduire à la seule sieste de l'après-midi. Pour connaître ses besoins en sommeil, le mieux est d'observer votre bébé. Toute susceptibilité, irritabilité ou arrêt des jeux en fin de journée est signe d'une grande fatigue et impose une sieste supplémentaire.

Il faudrait, dans l'idéal, que le temps de sieste dure l'équivalent d'1 ou 2 cycles de sommeil. Si la sieste dure trop longtemps, Bébé risque de ne pas trouver le sommeil le soir. Il faut donc le réveiller, avec beaucoup de ménagement bien sûr !

Si Bébé ne veut pas faire la sieste, laissez-le se reposer dans son lit, dans une ambiance calme, si toutefois il l'accepte sans protester. Un bon sommeil est pour Bébé le gage d'un bon équilibre.

> **CONSEIL DE BÉATRICE :**
> *Il est impératif d'instaurer un rituel du coucher. L'heure du sommeil est celle du rêve, ce doit être du bonheur et pas une punition ! Les signes d'endormissement se manifestent durant 10 à 15 minutes, si vous les ratez, vous ratez aussi le « train du sommeil », qui ne reviendra que 90 minutes plus tard.*

Que lire à nos petits ?
Une bibliothèque pour Bébé

Complicité, moments de tendresse et transmission du goût pour les livres s'installent dès la première année, tout comme l'amour des mots et la rencontre avec un langage différent de celui de la vie quotidienne.

Avec le livre, Bébé apprend un nouveau rapport au monde. Le livre est un objet concret et infiniment varié avec ses différentes matières (carton épais, tissu), ses couleurs, ses papiers, ses odeurs. Il devient aussi très vite, par l'intermédiaire des adultes qui les lisent à l'enfant et commentent les images, une porte ouverte sur un monde imaginaire.

Il existe toutes sortes de livres adaptés aux enfants de 1 an. Les images en sont aisément « lisibles ». Des volets mobiles permettent parfois d'en montrer ou d'en occulter une partie, soit un personnage soit un objet. En appuyant sur les pages de certains livres, on peut obtenir des sons, des textures et des matières de consistances différentes (rugueuse, lisse, douce, molle...). Tout cela fait du livre un objet attrayant. Mais, la lecture à voix haute d'histoires en rapport avec des images permet aussi à Bébé d'aborder des mondes abstraits et de développer son imaginaire.

> **CONSEIL DE BÉATRICE :**
> *Choisissez de beaux livres colorés aux textures changeantes, traitez-les avec respect même si Bébé en grignote les coins (avaler un peu de papier ou de carton est sans inconvénient majeur).*
> *Pour lire, soyez bien assise, Bébé bien calé sur vos genoux, choisissez un moment pendant lequel vous êtes vraiment disponible, tout en sachant que l'attention peut être de très courte durée.*
> *Vous pouvez aussi aller à la bibliothèque pour y choisir des livres et être conseillée. Ne craignez pas d'abuser de la répétition de la lecture des mêmes livres.*
> *Enfin rappelez-vous que la voiture est un endroit génial pour dire ou réciter contes et comptines.*

LAISSEZ-LE MANIPULER LES LIVRES

Mettez entre les mains d'un enfant de 1 an un livre d'images, ou mieux, regardez-le se saisir d'un livre qui traîne près de lui. Il va peut-être le porter à sa bouche, mordiller l'un de ses coins. Il peut aussi l'ouvrir et regarder les images colorées, les unes après les autres, tourner les pages, revenir en arrière à la recherche de ses images favorites. Il commence à se comporter en lecteur. Certains livres lui plaisent déjà plus que d'autres, certaines images ont sa préférence, et il va essayer de les retrouver.

Installez-vous maintenant à côté de lui, et d'une voix bien articulée, bien rythmée, commentez-lui les images ou lisez le texte qui les accompagne et interrogez-le. « Regarde le petit canard. Il est jaune, comment il fait le canard ? » Au bout de quelques lectures, Bébé, fier de lui répétera après vous « coin coin ! » Il saura désormais que ce dialogue est dans ce livre, pas dans un autre. Il va commencer à ancrer sa vie imaginaire à ces images et ces commentaires. Une nouvelle complicité s'établit ainsi entre Bébé et vous, qui aura pour support les livres : ceux qu'on aime ou qu'on n'aime pas, celui qu'on préfère

▪ IMAGINAIRE ET INTELLIGENCE ▪

Bébé ne comprend pas tous les propos, toutes les histoires, mais de lecture en lecture, il apprend : sa compréhension du langage s'accroît, en même temps que son vocabulaire et avec eux son esprit de déduction et son intelligence. Il aura aussi envie de continuer à lire, à découvrir des univers imaginaires, à les explorer, et deviendra un lecteur passionné.
Qu'il s'agisse de musique ou de livres, plus tôt ils imprégneront sa vie de Bébé, plus ils le nourriront. À vous de le guider et de l'accompagner dans cette quête.

regarder rituellement, le soir, au moment du coucher. Le livre devient un objet de partage et d'échange de joie et de gaieté avec les parents.

LE PLAISIR DE LA LECTURE À VOIX HAUTE

Observez Bébé quand il est seul, un livre sur les genoux ; peut-être le surprendrez-vous en train d'imiter dans son jargon le processus de la lecture à voix haute. Peut-être a-t-il compris que ces petits signes bien alignés qu'il n'a pas encore les moyens d'interpréter ont une signification ?

■ QUELQUES ADRESSES OÙ TROUVER DE LA LECTURE ENFANTINE ■

WWW.LIVRE-ENFANT.COM
Ce site Internet propose une sélection de livres pour enfants : livres d'éveil, illustrés, bandes dessinées, romans pour enfants, livres interactifs. Chaque mois est présentée une sélection « coup de cœur ».
Pour les tout-petits, les livres d'éveil sont bien représentés. On les trouve sous différentes rubriques comme « Apprentissages malins », « Livres animés » ou « Imagiers ». La couverture de chaque ouvrage est présentée, acompagnée de quelques lignes de description et de critique (livres à toucher, livres avec découpes, jeux d'ombres...). L'achat en ligne est proposé.

LA JOIE PAR LES LIVRES
Ce service de la Bibliothèque nationale de France, qui dépend du Centre national de la littérature pour la jeunesse a pour mission de sélectionner les meilleurs ouvrages de la production jeunesse et de promouvoir une littérature enfantine de qualité afin d'encourager l'accès des enfants au livre et à la lecture.
La Joie par les livres abrite tous les ouvrages français pour la jeunesse publiés depuis les années 1960 et une bonne partie de la production francophone ainsi qu'un fonds spécialisé sur le conte. Le tout représente plus de 190 000 documents, dont 20 000 en libre accès. Le centre est ouvert à tous ceux qu'intéresse la littérature enfantine. L'inscription est gratuite.
La joie par les livres 25 boulevard de Strasbourg 75010 Paris / Tél. 01 55 33 44 44 / contact@lajoieparleslivres.com / www.lajoieparleslivres.com

WWW.STEPHYPROD.COM
Ce site Internet est destiné aux parents, aux enfants et aux enseignants. Stéphy et son équipe y proposent des chansons d'enfant à écouter ou télécharger gratuitement (en MP3) ainsi que des petits films d'animation construits autour de ces chansons que l'on peut également regarder gratuitement sur le site. On peut aussi y trouver des dessins à colorier et à imprimer, des livres d'images à feuilleter et à écouter. Stéphy donne aussi des spectacles jeune public (du conte musical au concert), accompagnée de ses musiciens, dans tous les pays francophones. Des CD de contes et chansons pour enfant sont également proposés à la vente sur le site.
Stéphyprod 180, avenue de Choisy 75013 Paris / Tél. 01 74 44 31 31 - 06 72 09 65 26

> **CONSEIL DE BÉATRICE :**
> *Il n'est jamais trop tôt pour faire la lecture à Bébé. Prenez-y du plaisir, modulez votre voix. Si vous bâillez sans cesse, mieux vaut peut-être reporter la lecture à un autre moment !*
> *La lecture doit être un plaisir partagé, certains enfants ne découvrent les livres qu'à l'entrée en cours préparatoire. Elle devient alors synonyme de contrainte et de devoirs. Laissez-vous guider par les réactions de votre enfant quand vous lui faites la lecture. Soyez fidèle au texte, ne changez pas les mots pour qu'il vous comprenne mieux, accompagnez plutôt vos paroles de gestes.*

Il peut arriver aussi (très souvent !) qu'en pleine lecture Bébé décide de s'intéresser à quelque chose d'autre et s'en aille délibérément. Cela ne signifie pas nécessairement que la lecture l'ennuie (ou qu'il n'aime plus sa maman !). Simplement, sa faculté d'attention est encore limitée. Il écoute d'une oreille distraite ou n'écoute plus. Il peut revenir très vite vers vous et la lecture, sinon ce ne sera que partie remise !
Bébé distingue rapidement le langage employé dans la vie de tous les jours de celui de la lecture et des contes.

SES LIVRES FÉTICHES
Vous avez raconté une même histoire à Bébé plusieurs fois de suite, et il la connaît par cœur, il sait ce qui se passe à chaque page, et pourtant c'est ce livre qu'il veut que vous lui lisiez et pas un autre. Il cherche sans doute à retrouver les commentaires que vous avez pu faire, vos intonations, vos mimiques, vos échanges de sourires et de regards, et les grands moments de complicité qu'il a perçus et veut retrouver.
La lecture sert aussi à cela. Gare à vous si vous avez le malheur de changer quelque chose dans le texte ou dans votre manière de lire !
Créez pour Bébé un « coin livres » auquel il

pourra accéder facilement. Laissez-le jouer avec ces livres à sa manière : choisir et prendre, hésiter et reposer, reprendre...
Quand Bébé doit être loin de vous, tâchez qu'il ait à sa disposition un livre qui lui est familier et qu'il associera à vous et aux moments de lecture partagés. Ce livre deviendra un objet transitionnel au même titre que son doudou.

QUE LUI RACONTE LA MUSIQUE ?
Dans la vie de Bébé il est aussi question de musique : celle de la voix de Maman qui chantonne une comptine ou récite, celles que Maman et Papa écoutent, dont certaines semblent attirer son oreille chaque fois qu'il les entend, ou qui le font bouger en rythme. Quelle histoire lui raconte-t-elle cette musique ? Quelles sensations, quels fantasmes suscite-t-elle ? On ne le saura pas, mais plus tard, l'inconscient de Bébé s'en souviendra peut-être.

- **MES LECTURES PRÉFÉRÉES**
- *Le livre des bruits*, Soledad Bravi, L'École des Loisirs, collection « Loulou & Cie ».
- La série des livres de Mimi, Lucy Cousins, Albin Michel Jeunesse, collection « Premiers héros ».
- La revue *Papoum*, Fleurus.
- La collection « Les tout-doux Usborne », Usborne.
- Collection « La vie de tous les jours », Éditions Hemma.
- La collection *Ozie Boo*, Albin Michel.
- Babimagier, Catherine Dolto-Tolitch et Joelle Boucher, Gallimard jeunesse, collection « Giboulée ».
- Livres d'éveil Tinylove.
- La collection « Peppa Pig », Albin Michel.

Ainsi que les livres de comptines avec images et CD réalisés par divers éditeurs.

MON ENFANT · DE LA NAISSANCE À LA MATERNELLE

Les bienfaits du bain

C'est en conjuguant hygiène avec plaisir que vous ferez du bain un moment de détente pour vous et votre bébé. Voici comment prendre les bonnes habitudes dès le départ.

À 1 an, l'enfant aime particulièrement patouiller et se salir. Comme il passe sa vie à quatre pattes, il est important de le laver tous les jours à fond, mais il n'est pas indispensable de lui faire prendre un bain quotidien.
Le bain doit être un moment de retrouvailles et de détente ; pris au bon moment, il rétablira le calme et permettra à votre enfant d'apprendre les bons gestes d'hygiène et de propreté. Mais attention, c'est l'âge où les enfants adorent jouer dans l'eau sans pour autant se rendre compte des dangers. Il suffit de 20 cm d'eau pour qu'un bébé risque de se noyer. Il ne doit donc pas rester une seule seconde sans surveillance quand il est dans son bain.
Souvent, les pères aiment partager ce moment avec leur enfant quand ils rentrent du travail.

" CONSEIL DE BÉATRICE :
Pour rincer les cheveux de Bébé, faites lui regarder le plafond en inventant par exemple un oiseau ou une mouche qui vole... Profitez du fait qu'il lève la tête pour rincer. Vous pouvez aussi utiliser des petits gobelets et, en imitant le bruit de l'eau qui coule, transformer ce moment en jeu. "

TOUT SE PRÉPARE À L'AVANCE

Votre disponibilité doit être totale si vous envisagez de baigner Bébé. Tout doit être préparé d'avance. La température de la salle de bains doit être, dans l'idéal, de 22 °C et celle de l'eau de 36 à 37 °C ; vous le vérifierez à

l'aide d'un thermomètre. Serviette de bain, vêtements de rechange ou pyjama, couches, crème de soin ou huile de massage, tout doit être bien en place. Pour économiser l'eau, mais aussi pour la sécurité de votre enfant, utilisez une petite baignoire en plastique que vous poserez dans la grande. Votre enfant y sera plus en sécurité et mieux maintenu pour jouer. Si vous utilisez la baignoire familiale, ne mettez pas plus de 20 cm d'eau et servez-vous d'un anneau de bain pour la sécurité de l'enfant. Il sera plus à l'aise pour jouer avec ses mains.

LES JEUX DANS L'EAU

Laissez-lui le temps de jouer avant de le laver. À cet âge, les petits adorent vider et transvaser l'eau. Des moulins à eau qui font tourner un mécanisme simple quand on les remplit, leur plaisent beaucoup. Un ensemble de petites bassines et de coupelles en plastique de toutes les couleurs est également apprécié. Évitez les jouets qui se remplissent d'eau par de petits trous car ils sont difficiles à nettoyer. Bébé aime le bruit de l'eau et les éclaboussures. Faites-lui aussi des démonstrations plus fines, par exemple une goutte qui tombe et produit des ronds dans l'eau. Le bien-être que procure le bain tiède est aussi propice à des jeux plus calmes.

LE LAVER EN DOUCEUR

La peau des bébés reste fragile jusqu'à l'âge de 4 ans. Il est important d'utiliser des produits hypoallergéniques au ph neutre ne

> **CONSEIL DE BÉATRICE :**
> *L'hygiène est aussi une question de douceur, de patience et de bon sens. Pour nettoyer les oreilles, on respecte le cérumen en passant un coton sec juste au bord de l'oreille.*
> *Aider son enfant à devenir propre lui permet d'être plus vite autonome. Ne paniquez pas s'il boit l'eau du bain, mais ne l'encouragez pas non plus à le faire. Mieux vaut l'habituer au brossage de dents tôt, surtout après le dîner.*

• LE LAVAGE DES MAINS •

C'est un geste indispensable qu'il vous voit faire avant de vous occuper de lui, avant de passer à table, en sortant des toilettes, en rentrant à la maison, le lavage des mains fait partie de sa vie quotidienne. Il sera ravi de vous imiter dès qu'il tiendra sur un petit tabouret que vous placerez devant le lavabo. Mieux vaut utiliser une mousse lavante qu'il voit sur ses mains potelées. Vous l'aiderez à bien se savonner et bien se rincer. C'est une habitude à lui faire prendre dès le plus jeune âge pour créer un automatisme qui évitera bien des maladies et des transmissions de germes.

contenant pas de savon. On trouve ces gels pour bébés dans toutes les grandes surfaces. Ils permettent le lavage du corps et le shampoing en même temps.

Vous savonnerez Bébé avec votre main nue ou un gant de toilette que vous laverez régulièrement à la machine. Il suffit de faire un shampoing deux fois par semaine en prenant soin de rincer les cheveux à l'aide d'un gobelet, la tête bien penchée en arrière pour éviter de faire couler la mousse dans ses yeux. Vous pouvez inventer une chanson pour citer toutes les parties du corps que vous lavez, sans oublier de nettoyer derrière les oreilles, et tous les petits plis entre les doigts et les orteils.

DE L'ACTIVITÉ VERS LE CALME

Il est plus facile de sortir Bébé du bain quand il a joué avant d'être lavé. Il se sent détendu et propre, comme nous après un bon bain. Il aime qu'on le prenne dans les bras et qu'on l'enveloppe d'une grande serviette. On l'essuie en tamponnant et non en frottant. Il faut toujours commencer par lui mettre une couche avant de le masser avec un lait ou une crème hydratante pendant quelques petites minutes. Il aime enfiler son pyjama car il sait que l'heure du coucher n'a pas encore sonné et que vous resterez un moment pour jouer avec lui avant de dîner. Puis, quand la fatigue viendra, Maman ou Papa l'installera dans son lit avec son doudou et un livre. Fatigué, il sera prêt à dormir.

Grands-parents réels ou d'adoption

À 1 an, les habitudes sont prises et la relation avec les grands-parents est bien établie. C'est aussi le moment de confier l'enfant pour des séjours un peu plus prolongés ou de s'adresser aux arrière-grands-parents ou à des grands-parents d'adoption si les grands-parents réels ne peuvent pas jouer leur rôle.

Les grands-parents d'aujourd'hui sont bien différents de ceux de jadis. De nos jours, on devient grand-mère ou grand-père jeune, souvent vers la cinquantaine (les trois quarts des grands-parents ont moins de 60 ans). Encore en pleine activité, dans la force de l'âge, ils font du sport, ont un agenda bien rempli et, s'ils sont en retraite, veulent en profiter pleinement pour faire tout ce qu'ils n'ont pas pu faire jusque-là ! Ils peuvent éventuellement être en cours de divorce ou avoir un nouveau partenaire. Souvent leurs propres parents, octogénaires ou nonagénaires, sont encore vivants et ils doivent aussi leur consacrer du temps, leur apporter aide et soutien, surtout s'ils sont en mauvaise santé.

LES GRANDS-MÈRES « SOIXANTE-HUITARDES »...

Les grands-mères actuelles ont connu les mouvements féministes et la contraception, et font partie de la génération pour laquelle devenir mère était un choix. Maintenant, elles veulent aussi choisir d'être grands-mères. Elles adorent prendre en charge leurs petits-enfants, mais en fonction de leur agenda. Tout doit être planifié ! Elles n'entendent pas être grand-mère à plein-temps !

LES ARRIÈRE-GRANDS-PARENTS

De nos jours, avec l'allongement de la durée de vie (83,8 ans pour les femmes, 76,7 ans pour les hommes), on compte de plus en

> **• GRAND-MÈRE CHERCHE ENFANT À GARDER, ENFANT DEMANDE GRAND-MÈRE POUR LE GARDER. LES GRANDS-PARENTS D'ÉLECTION •**
>
> Il existe un certain nombre d'associations tant à Paris qu'en province qui cherchent à favoriser la rencontre entre des personnes qui se sentent une âme de grand-mère et des enfants qui n'ont pas la chance d'avoir de grands-parents.
> La plus connue est l'École des grands-parents européens. Cette association organise des ateliers, des sorties le mercredi, mais aussi d'autres activités, qui ont en commun de faire participer conjointement des seniors et des enfants. D'autres associations existent, comme celle des Grands-mères occasionnelles, orientées vers les gardes du mercredi d'enfants de moins de 5 ans. Le nombre de demandes de grands-mères du mercredi sur Internet témoigne de l'ampleur de la demande. Heureusement les offres de grands-mères bénévoles sont elles aussi nombreuses...

plus de personnes âgées de 80 ans voire plus. Un enfant de 1 an a donc toutes les chances de connaître ses arrière-grands-parents pendant quelques années. S'ils sont en bonne santé, ce qui est souvent le cas, ils peuvent eux aussi s'occuper de Bébé, et leur disponibilité est plus grande que celle des grands-parents. En outre, ils savent que la vie est courte et qu'ils ne les suivront vraisemblablement pas jusqu'à l'âge adulte !
Ils représentent les temps anciens et sont plus profondément inscrits dans l'histoire familiale et l'histoire tout court ; à ce titre, ils incarnent, mieux que les grands-parents, la filiation et la stabilité.

UNE PLUS GRANDE SÉRÉNITÉ
Grands-parents où arrière-grands-parents apportent aux enfants une certaine sérénité. Leur autorité est souvent mieux acceptée que celle des parents, ils sont moins à cheval sur la discipline et sont moins en situation de responsabilité vis-à-vis des petits-enfants, donc moins stressés. Essayez de trouver un rythme de jours réservés aux grands-parents. Si vous confiez votre petit de 1 an à vos parents pour plusieurs jours, ils retrouveront un peu de leur propre jeunesse et se rappelleront leurs enfants au même âge, et votre bébé connaîtra la tendresse que vous avez connue enfant vous-même.
À travers les récits de ses grands-parents, les vieux albums photos, les vieux films familiaux, l'enfant apprend à se situer, à connaître les traits de ses parents quand ils étaient eux-mêmes enfants.

LES INSCRIRE DANS L'HISTOIRE FAMILIALE
Cette exploration du passé enracine l'enfant, le fait grandir. Il découvre que Maman enfant faisait parfois des choses (par exemple dire des gros mots) qui lui sont interdites. Cela aussi fait partie de l'apprentissage ! Plus tard, il y aura aussi l'inévitable : « Mais chez Mamie j'ai le droit !!! » Là encore, il faudra assumer et rappeler que les règles sont différentes chez les grands-parents et les parents.
De ce qu'il a vécu avec ses grands-parents et arrière-grands-parents, le bébé de 1 an qui pourtant les reconnaît, leur sourit, se blottit dans leurs bras, ne gardera aucun souvenir. Si l'on en croit Winnicott, dans son subconscient persistera cependant le souvenir d'un état psychique, laissé par les grands-parents, dont dépendra en partie la manière dont il se sentira appartenir au monde.
Plus tard, il pourra rêver en regardant les photos sur lesquelles on voit les parents, les grands-parents et arrière-grands-parents, ceux qui sont encore vivants et ceux qui depuis ont disparu.

> **❝ CONSEIL DE BÉATRICE :**
> *Les grands-parents et surtout les arrière-grands-parents sont les gardiens de la mémoire familiale. Même les plus autoritaires d'entre eux deviennent des papys et mamies gâteau sereins et peu stressés. Ils sont adorés des enfants qui se régalent de belles histoires et de gâteaux au chocolat tout chaud. Parfois les enfants ont du mal à se retrouver dans la lignée familiale ; les arbres généalogiques accompagnés de photos sont les bienvenus.* ❞

Son premier anniversaire

Déjà 1 an ! Ça se fête même si votre bébé n'en profite pas encore pleinement.
Il sentira qu'on l'aime et qu'il est au centre de toutes les attentions.
C'est un événement pour toute la famille.
À vous d'en garder des traces qu'il découvrira plus tard...

Pour votre enfant, pour vous et pour toute la famille, le premier anniversaire est un moment important. Alors choisissez un jour qui permettra de réunir tous ceux que vous aimez et qui sont importants pour lui. Ce sera donc une vraie petite fête que vous devrez d'autant plus préparer qu'elle doit vous permettre de présenter votre petit dernier sous son meilleur jour. En organisant ce premier anniversaire, vous fabriquez son histoire.

ÉTABLIR LA LISTE DES INVITÉS

Inutile d'inviter ses petits copains de la crèche. C'est la famille qui compte lors de cet événement. Grands-parents et arrière-grands-parents, oncles et tantes, avec leurs familles respectives, parrains et marraines et, bien sûr, les amis qui étaient très proches de vous au moment de la naissance de cet enfant. Faites une liste pour n'oublier personne et discutez-en en couple pour ne blesser aucun de vos proches. Oubliez les querelles avec votre belle-mère ou votre mère ; cet événement permet souvent de mettre tout le monde d'accord. Pour les parents qui ne souhaitent pas baptiser leur enfant, ce premier anniversaire est souvent l'occasion d'une présentation du bébé à la famille un peu plus éloignée. Vous serez fière de montrer ses premiers exploits, de raconter cette première année avec ses étapes importantes, de remercier ceux qui vous ont soutenu dans des situations parfois difficiles. Mais le centre de toutes les attentions, c'est votre bébé, c'est lui que vous souhaitez montrer sous son meilleur jour.

PRÉPARER UNE LISTE DE CADEAUX

Votre bébé n'a pas besoin d'une quantité infinie de jouets. Pour ne pas être débordés par des cadeaux inutiles, préparez une liste et parlez-en aux proches et à ceux qui vous le demandent. Ne soyez pas trop restrictifs et permettez à ceux qui aimeraient choisir selon leur idée de le faire. Pensez aussi aux vêtements et aux objets de puériculture dont vous pourriez avoir besoin. C'est, par exemple, souvent à cette période que l'on change de siège auto ou de poussette.

> **CONSEIL DE BÉATRICE :**
> *Un gâteau spécial Bouboune (voir annexes « Alimentation » p. 367). Adapté au goût et à l'âge de l'enfant, ce gâteau plaira à tout le monde. Prévoir la super-bougie magique qui se rallume quand on la souffle pour le plaisir de tous.*

| PREMIERS JOURS | LE 1er MOIS | 2 à 3 MOIS | 4 à 5 MOIS | 6 à 7 MOIS | 8 à 9 MOIS | 10 à 11 MOIS | **1 AN** | 1 AN ½ | 2 ANS | 2 ANS ½ | 3 ANS |

UN GÂTEAU ET L'INDISPENSABLE BOUGIE

Il est important de préparer un gâteau. Pour que Bébé puisse en manger, on peut confectionner une charlotte aux fruits cuits ou une génoise toute simple dans laquelle on plantera sa bougie. Il est important que l'enfant goûte son gâteau d'anniversaire. Rien ne vous empêche de prévoir également des gâteaux au goût des plus grands.

CONSEIL DE BÉATRICE :
Après avoir fêté tous les « moisiversaires » avec la bougie symbolique sur le petit-suisse, voici le premier anniversaire, le plus mémorable et le plus émouvant, en présence de toute la famille. Fabriquez un classeur avec les petits mots de chacun, rappelez les événements joyeux du jour de sa naissance, par exemple les médailles des Jeux olympiques, les résultats du foot, les chansons du moment, etc.

CHOISIR L'HEURE SANS LE PERTURBER

Ne bouleversez pas sa journée et respectez ses heures de repas et de sommeil. N'oubliez pas que votre bébé a besoin de sa sieste et choisissez un moment où il est habituellement en forme. Cela lui permettra d'apprécier d'autant mieux la surprise de voir tant de monde autour de lui. Si vous décidez de faire un déjeuner ou un buffet, demandez à vos invités d'arriver à l'heure de sa sieste. Vous pourrez ainsi discuter tranquillement avec eux et leur raconter, pendant qu'il dort, où Bébé en est de ses exploits.
Décider d'avance comment se fera la distribution des cadeaux est également utile. Au moment où Bébé se réveillera, expliquez-lui au calme qu'on est réuni pour fêter son anniversaire, et laissez-lui le temps de s'habituer à tous ces visages qui l'entourent et de dire bonjour, d'abord à ceux qu'il connaît le mieux, pour élargir ensuite le cercle. Quand il aura retrouvé sa sérénité, la magie de la bougie et du gâteau d'anniversaire seront prêts à opérer. Aidez-le à souffler sa première bougie s'il n'y arrive pas tout seul et

• QUELS JOUETS OFFRIR À 1 AN •

- Les jouets à tirer et à pousser (pour accompagner la marche).
- Les jouets d'encastrement (boîte avec fentes pour clés, etc.).
- Les jeux de construction.
- Les petites percussions (maracas, tambour, xylophone).
- Les jeux pour imiter les adultes (téléphone, garage, petites voitures).
- Et bien sûr, des livres (voir p. 226).

Si vous achetez des jouets, veillez à ce qu'ils portent le marquage CE et respectez aussi les âges indiqués sur l'emballage. Préférez les jouets où le nom du fabricant est clairement indiqué et évitez ceux dont on ne connaît pas la provenance. Si un jouet est étiqueté comme « ne convenant pas aux enfants de moins de 36 mois », cela signifie clairement qu'au-dessous de cet âge le jouet peut représenter un danger (même si vous pensez que votre enfant est un petit génie !).

n'hésitez pas à la rallumer un certain nombre de fois si l'opération lui plaît. Applaudissez, car les bébés comprennent très vite les bravos qui leur sont adressés. Puis, c'est l'heure des cadeaux. Il ne pourra pas tout apprécier en même temps et mieux vaut le laisser jouer quand il a élu un objet qui lui plaît particulièrement. Vos invités comprendront et vous leur enverrez un petit mot quand il aura eu la disponibilité de découvrir le cadeau de chacun.

PRENEZ DES PHOTOS !

Vous ne pouvez pas tout faire en même temps. Décidez avec votre compagnon de qui prendra les photos ou demandez à l'un de vos invités de le faire. Mieux vaut demander à deux personnes différentes pour être sûr d'en avoir à l'arrivée. N'oubliez pas de prendre aussi l'assemblée et pas uniquement votre bébé. Plus tard, il sera ravi de savoir qui était présent à son premier anniversaire. Vous pouvez suggérer aux autres enfants présents de faire des dessins pour illustrer l'anniversaire. Le premier chapitre de son histoire familiale est ainsi écrit.

Le nourrir sainement : les bons principes

Il participe de plus en plus aux repas familiaux. Il a, bien sûr, sa petite purée avec de la viande et du poisson en petites quantités, mais il découvre aussi ses premiers fruits et légumes crus, et surtout, il aime goûter aux plats des autres et montre ses préférences…

C'est l'âge idéal pour former son goût. Il est de plus en plus capable de manger tout seul et il est important de faire du repas un moment de plaisir. Désormais, tous les légumes lui sont permis et rien n'est plus normal que de se préoccuper de la qualité des produits qu'on lui propose. Certaines familles sont depuis toujours consommatrices convaincues de légumes issus de l'agriculture biologique, d'autres commencent à s'intéresser à la qualité au moment d'élever leur premier enfant.

> **CONSEIL DE BÉATRICE :**
> Les surgelés bio ont de grandes qualités nutritives, leur goût et leurs qualités sont généralement supérieurs à ceux des surgelés « classiques ».
> Faites participer votre enfant au marché, au lavage et à l'épluchage des légumes ainsi qu'à la préparation des plats. Il appréciera encore plus de les manger.

QUELS SONT LES BESOINS DES ENFANTS

À partir de la diversification, le problème des apports nutritionnels nécessaires se pose. Bien entendu, le meilleur équilibre alimentaire s'obtient en incitant Bébé à manger de tout. À 1 an, il consomme encore environ un demi-litre de lait par jour ce qui couvre ses besoins en calcium. Mieux vaut choisir du lait de croissance pour assurer un apport suffisant en acides gras essentiels et notamment en oméga-3, 6 et 9 (voir p. 182) sans trop de protéine et enrichi en fer. Aujourd'hui, la prévention de l'obésité commence très tôt avant même que les vrais dangers surviennent, au moment où l'enfant risque de consommer trop d'aliments sucrés et gras disponibles universellement dans le commerce.

À côté des oméga-3, 6 et 9 nécessaires au développement du cerveau — qu'on trouve aussi dans les huiles vierges non raffinées de première pression à froid et, bien sûr, dans les poissons gras — votre bébé a également besoin de fer, de magnésium et de zinc. Les apports en vitamines se font naturellement en prenant soin désormais de proposer à l'enfant des fruits et des légumes crus.

LES BONS PRINCIPES POUR VARIER FRUITS ET LÉGUMES

De préférence de saison, locaux, bio À 1 an, la curiosité alimentaire se manifeste chez la plupart des bébés, et il est temps d'en profiter puisque son tube digestif est arrivé à maturité. Mais ne confondez pas variété avec exotisme et proposez-lui des produits locaux et de saison. En effet, nous disposons toute l'année d'une grande variété de pommes et de poires et, en saison, d'abricots et de pêches, etc. On peut, bien sûr, ajouter des oranges et des bananes mais recherchons plutôt des produits issus de l'agriculture biologique (voir p. 176). Si vous lui donnez des fruits crus, veillez à ce qu'ils soient parfaitement mûrs.

Frais et bien préparés Les premières crudités seront des carottes épluchées et finement râpées, des tomates également épluchées, coupées en petits dés et assaisonnées d'un filet d'huile d'olive de première pression à froid et de quelques gouttes de jus de citron. Très vite, on peut ajouter un petit concombre, vidé de ses graines, râpé et mis à dégorger dans une

passoire avec une petite pincée de sel. Servez-le avec un peu de crème fraîche ou un filet d'huile d'olive. Bébé aimera la fraîcheur de ces aliments et le goût un peu plus acide.

Des saveurs variées Haricots verts, courgettes, poireaux, petits navets, artichauts, céleri, betterave, potiron et pommes de terre bien sûr.

Préserver les vitamines La meilleure façon de préserver la teneur en vitamines des fruits et des légumes est la cuisson à la vapeur. N'oubliez pas de récupérer l'eau de cuisson toujours riche en vitamines et sels minéraux pour allonger ses purées.

VIANDE ET POISSON : EN PETITES QUANTITÉS

Viande À 1 an, votre bébé aura besoin de 30 à 40 g de viande par jour, soit la valeur de 2 à 3 cuillères à soupe. Vous commencerez par lui proposer le plus souvent du poulet ou de la dinde, puis, très rapidement, vous lui ferez goûter du jambon, du veau, de l'agneau et le fameux steak haché que tous les enfants aiment. Vous servirez la viande généralement au repas de midi. Quand vous composerez son menu, tenez compte de la journée entière. Attention à ne pas oublier les œufs, autre source de protéines, qui peuvent se cacher dans un dessert. L'équilibre se fera mieux ainsi.

▪ LES USTENSILES INDISPENSABLES ▪

Une série de pots de yaourt en verre vous permettra de congeler de petites purées déjà mélangées à la viande ou au poisson et de cuisiner quand vous disposez d'un peu de temps.

Pour la cuisine plus individuelle, il est pratique de disposer d'une petite poêle de 16 à 18 cm de diamètre, d'une petite casserole de 14 cm, d'un verre gradué, d'une râpe et d'une mesurette.

Un mini-robot de type Babycook permet de cuire à la vapeur légumes et viande et de tout mixer en même temps (on peut y préparer l'équivalent de 2 repas pour un enfant de 1 an).

Un cuit-vapeur est utile pour préparer des quantités de légumes plus importantes tout en respectant la teneur en vitamines des aliments.

Poisson Vous commencerez par des filets de poisson blanc (sole, limande) avant de proposer des maquereaux, du saumon ou autres poissons gras, plus goûteux, mais aussi plus riches en oméga-3. S'il consomme 2 à 3 fois par semaine du poisson, c'est une bonne moyenne. Assurez-vous toujours avant d'en servir à Bébé d'avoir bien éliminé toutes les arêtes ; pour cela, écrasez bien le poisson poché à la fourchette.

DESSERTS ET LAITAGES

En ce qui concerne les desserts, on varie entre les fruits crus, cuits et les laitages. Bien entendu, les laitages constituent un apport en calcium supplémentaire et permettent de diminuer le lait à condition de ne pas proposer des produits trop sucrés.

Toujours plus de variété Pour satisfaire sa curiosité et pour savoir s'il est mûr pour de nouvelles aventures culinaires, permettez-lui de goûter les plats des grands et faites-le participer peu à peu aux repas familiaux tout en veillant à répondre aux besoins alimentaires d'un enfant de 1 an.

❝ **CONSEIL DE BÉATRICE :**
Profitez du jardin des grands-parents et de leur potager pour cueillir et grignoter framboises ou tomates... bonheur partagé garanti. ❞

1 AN — LE NOURRIR SAINEMENT : LES BONS PRINCIPES

FAQ

Questions à poser : 1 an

[+] MON ENFANT NE MARCHE PAS ENCORE, DOIS-JE M'INQUIÉTER ?

Il y a les aventuriers qui, debout dans leur parc, lâchent les barreaux et se lancent en toute insécurité ; il y a ceux qui se déplacent avec une telle aisance à quatre pattes qu'ils ne voient aucune raison de se déplacer autrement ; il y a les placides qui se trouvent bien là où ils sont, assis sur leur derrière, et ne cherchent pas à se déplacer, il y a... Tous les comportements sont possibles et le fait qu'à 1 an un enfant ne marche pas encore n'a pas de signification. Il faudra attendre au moins l'âge de 18 mois pour commencer à se poser des questions.

[+] EST-CE NORMAL QU'UN ENFANT DE 1 AN NE VEUILLE PAS JOUER AVEC D'AUTRES ENFANTS ?

Un an n'est pas encore vraiment l'âge de la socialisation. Pour qu'il consente à jouer avec d'autres enfants, il faut le plus souvent attendre qu'il ait 18 à 24 mois. Pourtant, généralement, quand vous placez 2 enfants de 1 an (ou moins), l'un à côté de l'autre, ils s'observent, sont très curieux l'un de l'autre, mais ne cherchent pas à communiquer. Tout au plus parfois, s'aperçoit-on qu'ils cherchent à s'imiter. Le fait qu'ils se soient rencontrés à plusieurs reprises auparavant n'y change rien ; il n'y a pas de signes de reconnaissance, du moins perceptibles.
Enfin un beau jour, la communication commencera avec force sourires et battements de bras enthousiastes, échanges de jouets....

[+] IL COMMENCE À MARCHER, DEVRAIS-JE LUI METTRE DES CHAUSSURES ?

Tant qu'il apprend à marcher, dans l'appartement ou dans le sable au bord de la mer, rien de mieux pour qu'il muscle ses pieds et explore son équilibre que la marche nus pieds. Il sera toujours temps de lui mettre des chaussures quand il marchera vraiment à l'extérieur.
Quelles chaussures ? Elles seront non rigides avec une semelle qui ne glisse pas, et surtout bien ajustées à sa pointure, ce qui n'est pas si facile car Bébé sera bien en peine pour exprimer une opinion ! Pour un meilleur équilibre, ces chaussures devront être choisies avec des semelles larges. On choisira des chaussures montantes assez grandes pour y mettre des chaussettes un peu épaisses pour l'hiver, des sandales couvrant bien le bout du pied pour l'été.
Faire porter à Bébé des chaussures que son frère a portées au même âge est une très mauvaise idée, même si elles vous paraissent en bon état !

[+] DEPUIS QUELQUES JOURS, MA FILLE RÉPOND « NON ! » À TOUT CE QUE JE LUI DIS. COMMENT DOIS-JE RÉAGIR ?

Elle commence juste un peu tôt sa phase d'opposition, qui survient d'ordinaire plutôt vers 18 mois. Cela va durer un certain temps, il va falloir vous y faire. Depuis qu'elle est née, elle vous entend lui dire : « Non, ne fais pas ceci ! » ; elle a donc été à bonne école et a compris le pouvoir qu'apportait le fait de dire «Non !». C'est maintenant à son tour, juste retour des choses ! Maintenant, quand vous lui proposez quelque chose, elle dit « Non ! », pour le plaisir d'observer votre dépit (si vous le laissez paraître), mais parfois aussi par plaisir de se l'entendre prononcer ! Néanmoins, il faut trouver une stratégie si vous voulez éviter les conflits d'autorité, les cris et les pleurs : la clef est dans la négociation et le compromis, mais au fil du temps, elle comprendra qu'il y a des limites à ne pas dépasser sans risquer de se heurter à un « Non ! » définitif de ses parents. Cela lui permettra d'acquérir une certaine sérénité qui l'aidera à accepter les contraintes avec plus de calme, et fait donc partie de l'éducation de la vie en société.

[+] IL NE DIT PAS ENCORE UN SEUL MOT À 1 AN, EST-CE NORMAL ?

Habituellement bébé prononce son premier mot vers 10 mois ; à 1 an, il en prononce 4 ou 5 et en comprend une trentaine. Le développement du langage varie selon les enfants et il n'est pas étonnant qu'un enfant ne parle pas avant 1 an.

Certains bébés comprennent tout ce qu'on dit mais ne parlent pas, d'autres ont un riche vocabulaire, d'autres enfin ont déjà commencé à faire des « phrases » de 2 mots. Le fait qu'à 1 an, il ne parle pas, ne préjuge pas de l'avenir linguistique et culturel de l'enfant. La question d'un trouble de langage ne mérite pas d'être posée avant l'âge de 2 ans, et aucun orthophoniste ne pourra dire si l'enfant souffre d'un simple retard ou d'un réel trouble du langage avant l'âge de 3 ans. Le fait qu'il ne parle pas est une raison supplémentaire pour lui parler, en articulant bien et en le regardant bien dans les yeux. Un beau matin il va s'y mettre et aura rapidement un riche vocabulaire !

[+] MON GARÇON QUI A 1 AN PÈSE UN PEU PLUS DE 11 KG 500, N'EST-CE PAS UN PEU TROP POUR SON ÂGE ?

À 1 an, Bébé doit peser normalement entre 8 et 10 kg s'il s'agit d'un garçon, entre 7 et 9 kg s'il s'agit d'une fille, mais l'important est son IMC (indice de masse corporelle). Il convient aussi de prendre en compte si l'enfant est marcheur ou non. En général, lorsque les enfants commencent à bien marcher, ils perdent du poids. Donc, si votre enfant marche déjà depuis un moment et garde son embonpoint, il faudra consulter votre pédiatre pour qu'il vous conseille sur le plan de la diététique, pour prévenir une éventuelle surcharge pondérale de l'âge adulte et avoir de bonnes habitudes alimentaires.

En revanche, si votre enfant n'a pas encore commencé à marcher, attendez qu'il le fasse pour voir si sa courbe de poids se normalise.

[+] ON M'A DIT QU'IL NE FALLAIT PAS QUE JE LAISSE MON ENFANT JOUER DANS LE BAC À SABLE DU SQUARE, CAR CES BACS SONT TOUJOURS SALES ?

Quand arrive l'été, quoi de mieux pour Bébé qu'un petit séjour dans le bac à sable du parc ou du square, avec ses jouets et d'autres bébés ?

Le malheur est que Bébé n'est pas le seul à apprécier les bacs à sable, il y a aussi les chats, les chiens, les oiseaux et autres écureuils. Et l'analyse en laboratoire montre que dans le sable des bacs on trouve toutes sortes d'œufs de parasites intestinaux animaux qui provoquent aussi des maladies chez les humains, ainsi que des colibacilles et d'autres germes.

Face à ce problème, certaines municipalités ont décidé tout simplement de supprimer les bacs à sable, d'autres ont choisi de... ne rien faire, d'autres enfin utilisent pour le nettoyer un dispositif à micro-ondes qui permet de stériliser le sable en profondeur.

Si vous craignez pour votre bébé renseignez-vous auprès de la mairie de votre commune pour savoir comment elle traite ce problème.

1 an et demi : il pense et il est conscient

- Il marche sans aide et monte les escaliers à quatre pattes.

- Il commence à savoir shooter dans un ballon.

- Il se met debout ou à genoux tout seul, passe aisément de la position assise à la position debout.

- Il sait montrer son nez, ses oreilles ou d'autres parties de son corps.

- Il sait enlever ses vêtements, mais les met avec moins de succès.

- Il gribouille spontanément, construit une tour de 4 cubes, tourne les pages de son livre d'images, introduit des objets dans le goulot d'une bouteille et sait la retourner pour les en faire sortir.

- Il sait manger à la cuillère et boire à la tasse proprement.

- Quand Maman s'active à la cuisine, il aime l'imiter et « l'aider ».

- Il prononce des phrases de 3 ou 4 mots comme « Tombé gâteau Bébé ». Il prononce (plus ou moins bien) un nombre variable de mots, outre « Maman » et « Papa », mais en comprend beaucoup plus !

Poids : environ 10 à 11 kg
Taille : environ 80 cm
Alimentation : il prend ses repas avec le reste de la famille

MON ENFANT • DE LA NAISSANCE À LA MATERNELLE

Pas une seconde sans surveillance

Les risques augmentent avec l'autonomie de votre bébé. Comment sécuriser la maison et ses sorties pour mieux accompagner le temps des découvertes.

Maintenant votre enfant marche sans problème et sait monter les marches à quatre pattes, et même debout, si on le tient par la main. Il est capable de gribouiller, de construire une tour avec 4 cubes, de shooter dans un ballon, de lancer une balle. Dans la maison, les dangers ne sont pas très différents de ceux qui le menaçaient quand il était plus jeune, mais maintenant qu'il a renoncé à la quadrupédie au profit de la bipédie, ils ne se situent plus à la même hauteur, et les produits et objets dangereux, s'ils ne sont pas sous clef, doivent être placés plus haut pour être inaccessibles.

SAVOIR ANTICIPER LES DANGERS
Il grignote tout ce qu'il trouve Pour éviter tout risque de fausse route, évitez de laisser traîner cacahuètes et autres noisettes sur la table basse lors des apéritifs entre amis. Méfiez-vous aussi des fonds de verre d'alcool, des mégots de cigarettes, de la monnaie et des petites clés…

> **CONSEIL DE BÉATRICE :**
> *Il peut être bon de placer une barrière à hauteur des trois dernières marches de l'escalier pour que Bébé puisse apprendre à monter et descendre quelques marches sans prendre trop de risques.*

L'escalier, le danger majeur En grandissant, Bébé apprécie de plus en plus l'escalier, sans se rendre compte du danger qu'il

représente. Comme au cours des mois précédents, la barrière s'impose. Mais la sécurité ne se résume plus à cette mesure. Bébé est désormais assez grand pour commencer à comprendre et à apprendre. Expliquez-lui avec des mots simples qu'il ne doit pas monter ou descendre seul l'escalier, que c'est dangereux et interdit. N'hésitez pas à le lui répéter. En le tenant par la main ou en vous plaçant juste derrière lui, entraînez-le à monter l'escalier et à se tenir à la rampe. Exercez-le aussi à descendre l'escalier, mais à ce stade, ce sera encore à quatre pattes et dos à la pente (faites de même pour le canapé). Il lui sera plus facile de gérer une situation dangereuse s'il la connaît.

LE LAISSER « AIDER » EN CUISINE SOUS HAUTE SURVEILLANCE

La cuisine est l'autre lieu dangereux dont l'accès doit toujours être condamné. Là encore, il faudra jouer subtilement entre l'interdit et l'apprentissage. Il ne suffit pas en effet d'interdire, mais encore d'enseigner à connaître les dangers. La barrière de sécurité s'impose certes, mais elle doit de temps en temps s'ouvrir, sous votre surveillance étroite bien entendu, pour que Bébé apprenne les risques tout en regardant Maman ou Papa en train d'officier ou en les « aidant ».

Maman doit expliquer et répéter à Bébé que les plaques électriques peuvent brûler, qu'on ne touche pas à la porte du four, que les liquides dans les flacons en plastique sont toxiques, que les couteaux coupent et que les sacs en plastique ne doivent jamais être mis sur la tête, au risque que Maman se fâche...

❝ **CONSEIL DE BÉATRICE :**
Rappelez-vous que trop d'interdits donnent l'envie à Bébé de les transgresser. Il faut l'accompagner dans toutes ses découvertes, et — sous haute surveillance bien entendu — lui permettre d'explorer des lieux à risque en lui répétant encore et encore les consignes de vigilance. ❞

▪ COMMENT LIMITER LES RISQUES ▪

Le risque zéro n'existe pas dans une maison, mais cela ne vous dispense pas d'aménager l'espace pour réduire les risques.
La pose de barrières en haut des escaliers et à l'entrée de la cuisine est la mesure la plus évidente. Mais vous pouvez aussi réaménager la cuisine en plaçant le four en hauteur, vous équiper d'un four à porte froide ou encore poser des protections devant les plaques de cuisson pour que les mains de Bébé ne puissent les atteindre. L'ouverture des tiroirs peut être condamnée avec des bloque-tiroirs. Les produits et objets toxiques ou dangereux doivent être mis sous clef ou rendus inaccessibles. Sécurisez aussi la fermeture des fenêtres, les balcons... avec des bloque-portes.

JOUER AU SQUARE

Vous allez désormais emmener Bébé jouer au square de plus en plus souvent ; là encore, vous devrez sans cesse le surveiller, lui expliquer les risques et répéter vos recommandations. Le square n'est pas sans danger. Certes, les équipements et le sol des aires de jeu répondent à des normes exigeantes, mais cela n'élimine pas tous les risques, surtout si le jeu n'est pas adapté à son âge. Les chutes peuvent être brutales, et Bébé peut être bousculé par inadvertance par les « grands ». Les balançoires constituent également un danger s'il se promène trop près car il risque d'être heurté très violemment. Ne l'habillez pas de vêtements comportant des cordons et évitez les écharpes ; ils risquent de s'accrocher dans les équipements et d'étrangler Bébé.

Au square, il faut surveiller Bébé à chaque instant en l'accompagnant dans ses aventures. Il faut qu'il apprenne et comprenne les limites à ne pas franchir et les interdits fixés par Maman. Faites donc avec lui des pâtés dans le bac à sable, accompagnez-le sur le toboggan... et évitez de vous affoler à la moindre chute.

Rappelez-vous toujours qu'à cet âge votre enfant n'est pas conscient du danger ! Raison pour laquelle il ne faut pas le quitter du regard un seul instant tant qu'il n'est pas dans une zone que vous savez sans risque.

1 AN ET DEMI

PAS UNE SECONDE SANS SURVEILLANCE

Il parle et répète tout

L'explosion du langage commence par la répétition des mots, les réponses aux questions et le plaisir de communiquer. Et s'il apprenait une seconde langue dès le début ?

À 12 mois, votre enfant possédait à peine quelques mots à part « Maman » et « Papa ». À 18 mois, il peut en prononcer plus ou moins bien un certain nombre, mais il en comprend environ 200. Il lui a donc fallu près de 6 mois pour acquérir et organiser ce premier vocabulaire.
Pendant cette première période, ses mots sont encore souvent difficiles à comprendre et seuls ses parents ou ses proches en sont capables. Les consonnes, plus difficiles à prononcer que les voyelles, l'obligent à simplifier allègrement les mots en plaçant, certes les bonnes voyelles, mais une seule et même consonne pour deux syllabes ; ce qui peut donner « nanane » pour « banane » et « dado » pour « cadeau ». À force d'imiter, il élabore son propre système de prononciation, pas toujours orthodoxe même si les voyelles et l'intonation sont bien placées. Si vous essayez de le corriger, il aura du mal à comprendre ce que vous voulez. Laissez-le faire ses expériences en n'omettant pas de répondre. N'hésitez pas à entrer dans son jeu, sans pour autant parler systématiquement « bébé ».

IL CONSTRUIT SON VOCABULAIRE

Il adore les imagiers Ces petits livres, véritables inventaires de la vie quotidienne, qui mélangent souvent photos et dessins, vous permettront d'instaurer un dialogue avec votre enfant et d'enrichir son vocabulaire en les commentant. Il ne se lassera pas de tourner les pages et d'écouter les mots que vous mettrez sur chaque image. Il les répétera à sa manière et fera rapidement le rapprochement avec les objets qu'il connaît.
Il crée des mots-valises Ne vous étonnez pas si certains mots lui servent à désigner plusieurs choses. Ce sont les mots-valises. C'est ainsi que « dodo » désignera en même temps le lit, le fait de dormir ou la nuit et parfois le mot « Papa » sera attribué à tous les hommes. Acceptez-les et interprétez-les comme vous pouvez.
Il joue à nommer Quand vous baignez ou habillez Bébé, instaurez un véritable jeu en touchant son nez, ses oreilles, sa bouche, ses bras, ses pieds etc. À tour de rôle, dites-lui un mot puis faites-le répéter en lui montrant les parties du corps qui sont concernées. C'est un échange qu'il adore et qui lui permet de comprendre et d'intégrer son schéma corporel.

EST-CE QU'IL COMPREND ?

Difficile de savoir s'il comprend et à partir de quel moment. Avant 1 an, sans savoir les prononcer, il comprend un certain nombre de mots tels que « biberon », « tétine », d'autant plus s'ils sont liés à des sensations de plaisir et qu'on les lui répète en montrant les objets. Il entend fort bien la prosodie et détecte parfaitement l'intonation et l'accentuation. L'enfant est capable d'enregistrer les spécificités d'une langue. C'est au cours de sa 2e année que la compréhension du langage et l'acquisition du vocabulaire s'accélèrent. Vers 14 mois environ, il sait faire la relation entre un mot et un objet, qu'il soit visible ou non. Entre 16 et 19 mois, il possède entre 50 et 200 mots. À partir de cette période, il apprend et retient 4 à 5 nouveaux mots chaque jour ! Un nouveau champ lexical apparaît avec des qualificatifs, par exemple : « gâteau bon » ou « bébé pas beau ».

IL COMMENCE À FAIRE DES PHRASES

Les enfants ne peuvent pas se concentrer sur tout en même temps. Chacun suivra sa voie. Certains font des phrases relativement tôt. D'autres accumulent du vocabulaire. Ceux qui disent beaucoup de mots très tôt n'en comprennent pas forcément plus que ceux qui sont peu bavards. Inutile de vous inquiéter ou de crier au génie. Généralement, le niveau de compréhension est le même, que les enfants disent beaucoup ou peu de mots. Certains se lancent dans des phrases longues et chaque mot reste peu compréhensible, d'autres prononcent correctement un grand nombre de mots avant de se lancer dans une phrase. Bien sûr, les enfants sont aussi influencés par leurs parents. Ceux qui désignent volontiers les objets encourageront leurs enfants à acquérir du vocabulaire. Ceux qui aiment expliquer et raconter verront leurs enfants s'attaquer relativement tôt à la construction des phrases.

Les premières phrases sont toujours en style télégraphique. Elles se composent d'un nom et d'un adjectif ou adverbe, par exemple : « Maman pas là » ou « Encore biberon. » Cependant, la construction des phrases, même s'il manque des éléments, suit l'ordre logique de la langue pratiquée. Par exemple quand Bébé dit : « Maman partie » ou « Veux pas ». Il respecte ainsi la syntaxe : il place le sujet avant le verbe et la négation après. On parle de langue maternelle, parce que c'est le plus souvent la mère, en contact constant avec son enfant, qui lui transmet sa langue.

> **CONSEIL DE BÉATRICE :**
> *Soyez attentive aux facultés auditives de votre enfant. La première cause de trouble du langage est en effet le déficit auditif.*

■ UNE SECONDE LANGUE EN *MINI-SCHOOL* ■

Les parents qui souhaitent que leur enfant apprenne une seconde langue dès le plus jeune âge ont la possibilité de les inscrire en *mini-school* ou dans un jardin d'enfants bilingue. Bien entendu, il s'agit là de l'apprentissage précoce d'une seconde langue et non de bilinguisme à proprement parler. Mais, l'enfant pourra y acquérir facilement un bon accent. Si les efforts ne sont pas prolongés à la maternelle et à l'école primaire, et soutenus éventuellement par une jeune fille au pair ayant pour langue maternelle la langue choisie, les bénéfices seront minimes.

COMMENT STIMULER LA PAROLE ?

On sait qu'entre 12 et 18 mois l'enfant a de grandes facilités pour apprendre. Pour favoriser l'enrichissement du langage de votre enfant, nommez les objets que vous rencontrez en répétant. Cela demande une grande disponibilité de votre part, car il ne s'agit pas non plus de surstimuler votre enfant en lui proposant un nombre de mots trop important, mais de répondre à ses attentes. Vous pouvez désormais, en utilisant l'imagier, lui demander « Où est le chat ? » et il va chercher la page sur laquelle se trouve le chat car il sait ce que ce mot signifie. Cette nouvelle compétence met en œuvre un grand nombre de circuits du cerveau, puisqu'elle s'appuie sur la mémoire et l'imaginaire. Certains enfants enregistrent plus facilement alors que d'autres parlent plus volontiers.

A-T-IL UN RETARD DE LANGAGE ?

Vers 18 mois, tous les enfants ont un don particulier pour l'imitation. Si votre enfant n'imite pas vos paroles, même imparfaitement, entre 9 et 15 mois, il est nécessaire de vous interroger sur son audition. Un retard de langage est difficilement perceptible et passe toujours par des difficultés de compréhension. Les enfants qui comprennent correctement mais parlent peu entre 12 et 18 mois ont généralement rattrapé le niveau des autres vers 3 ans. On estime qu'entre 24 et 36 mois, un enfant acquiert 4 à 5 mots par jour. Son vocabulaire est composé en majorité de noms désignant des objets, des animaux, des choses concrètes.
Dans ses premières phrases comportant des verbes, ceux-ci sont à l'infinitif. Il est donc inutile de s'inquiéter avant l'âge de 3 ans

si votre enfant comprend les mots et sait exécuter des ordres simples. Si vous avez des doutes, parlez-en à votre pédiatre lors de vos visites régulières.

VOTRE ENFANT SERA-T-IL BILINGUE ?

Selon le pays d'origine de leurs parents, les enfants entrent dans le langage différemment. C'est ainsi que les enfants français utilisent plus de verbes que les enfants américains, qui, en revanche, sont plus portés sur la désignation des objets.
Si les deux parents n'ont pas la même langue maternelle, il est désormais admis que le fait de commencer à parler les deux langues en même temps n'apportera que des bénéfices à leur enfant. Entre 12 et 18 mois, l'enfant est à une période ou l'apprentissage est particulièrement facile. Cela vaut pour les langues et particulièrement pour l'acquisition du « bon accent ». On conseille généralement à chaque parent de n'utiliser que sa propre langue avec son enfant, qui s'adaptera très bien et n'aura aucune difficulté de prononciation dans une langue comme dans l'autre. Pour ne pas faire de la seconde langue un moyen de communication à usage exclusivement familial, il est bon que l'enfant puisse avoir des échanges avec d'autres enfants ou adultes parlant cette langue, en dehors de ces proches.
Il existe des jardins d'enfants bilingues anglais, allemand, italien et chinois, qui s'efforcent également de transmettre la culture de la langue en question. Ces jardins d'enfants se cantonnent à l'expression orale et conseillent l'apprentissage de la lecture dans la langue du pays où l'enfant est scolarisé. Livres, comptines, chansons et jeux complètent les liens avec cette culture.
Même s'il arrive à l'enfant de mélanger parfois les deux langues, à l'âge de 3 ou 4 ans, il les distinguera parfaitement l'une de l'autre. C'est souvent par jeu qu'il confond volontairement les deux langues, choisissant le mot le plus facile de chaque langue.
Les enfants bilingues ont généralement une langue privilégiée ou « dominante » (qui n'est pas nécessairement la langue maternelle) et, surtout, ils ont beaucoup de facilité pour l'apprentissage d'autres langues.
Quand les parents ne parlent pas la langue du pays de résidence et que l'enfant est scolarisé en maternelle ou en primaire, il aura dans un premier temps plus de difficulté que les autres à maîtriser l'expression orale et la lecture. Dans ce cas, il est conseillé de le scolariser dès l'âge de 2 ans à la maternelle ou de lui faire fréquenter la grande section d'une crèche pour lui permettre de se familiariser autant que possible avec la langue du pays avant d'aborder la lecture.

> **CONSEIL DE BÉATRICE :**
> *Parlez le plus possible à votre enfant en face à face pour lui montrer combien vous êtes attentive à ses propos et aimez sa conversation. Cela l'encouragera à communiquer. Chantez-lui des comptines et accompagnez-les de gestes.*
> *Pour la seconde langue, pensez à utiliser des DVD dont vous pourrez facilement changer la langue. Par exemple, la série animée Dora l'exploratrice est idéale pour l'initier en douceur à la langue anglaise. Bien sûr, utilisez également les livres.*

Comment fonctionne son cerveau ?

Mieux comprendre le développement de son cerveau, c'est aussi mieux accompagner ses progrès. C'est l'art de stimuler sans surstimuler.

Bébé naît avec un cerveau encore inachevé dont le développement va se poursuivre pendant plusieurs années. Pourtant, le nombre de neurones est au maximum à la naissance pour décroître ensuite : de 200 milliards de neurones à la naissance, il passe en effet à 120 milliards à 1 an, 100 milliards à 2 ans, 30 milliards à l'âge adulte. C'est ce que l'on appelle l'« élagage » des neurones ! Ce phénomène permet dans le même temps la multiplication à l'infini des connexions (synapses). L'organisation des neurones se complexifie et la combinaison de ces deux processus inverses de construction et de destruction permet le développement progressif du cerveau. Les circuits peu utilisés se raréfient au point de disparaître tandis que ceux qui sont le plus souvent utilisés se développent. C'est le « modelage » du cerveau. Ce dernier obéit en partie à un programme génétique transmis par les parents, qui détermine l'âge d'acquisition de telle ou telle compétence. Mais il obéit aussi en grande partie aux stimulations et apprentissages auxquels l'enfant est soumis après sa naissance, de la part de ses parents et de l'environnement.

Ainsi, des connexions se forment ou se défont en fonction du programme génétique (l'inné) d'une part, des expériences vécues par l'enfant d'autre part (l'acquis) (voir p. 108). De ce double mécanisme, on peut déduire deux conséquences. La première est qu'il est vain d'essayer de stimuler un enfant pour lui faire accomplir une tâche (marcher, par exemple) tant que son programme génétique ne lui a pas donné les moyens de cette compétence. Il ne s'assiéra (généralement) pas avant 6 mois, ne marchera (généralement) pas avant 1 an, et à cela les sollicitations enthousiastes et bienveillantes de Maman et Papa ne pourront rien changer. En revanche, dans la mesure où tout n'est pas génétique et inné, il convient de stimuler Bébé pour qu'il puisse développer au mieux une nouvelle compétence une fois qu'il l'a acquise. Et c'est à vous que cette tâche incombe.

UN CERVEAU EN TROIS PARTIES

Au cours de l'évolution des espèces, du reptile primitif à l'homme, le cerveau s'est beaucoup perfectionné, mais le cerveau de l'homme actuel garde encore la trace de ce parcours. L'homme a en effet non pas un, mais trois cerveaux superposés, chacun de ces cerveaux reflétant un stade de l'évolution. Le premier cerveau dit « primitif » ou

> **CONSEIL DE BÉATRICE :**
> *La tête de Bébé est lourde, les muscles de son cou sont frêles, les structures qui entourent son cerveau sont fragiles : méfiez-vous des gestes brusques quand sa tête n'est pas tenue, attachez bien Bébé dans la voiture, et surtout ne le secouez sous aucun prétexte !*
> *(Voir encadré p. 79)*
> *L'hémisphère droit du cerveau est en charge de la partie gauche du corps et inversement. La prédominance de l'hémisphère droit dans l'expression des émotions pourrait expliquer une certaine asymétrie parfois observée dans le sourire des bébés...*

• L'AMNÉSIE INFANTILE •

Essayez de vous remémorer vos plus vieux souvenirs, ceux dont vous êtes sûrs et qui ne découlent pas de récits reconstruits par la famille et les proches. Demandez à vos connaissances d'en faire autant. Vous constaterez que les premiers souvenirs remontent à 2 ans et demi, 3 ans. Avant il n'y a rien ! Pourtant, il s'en est passé des choses pendant ces 2 ou 3 années ! Et en regardant vivre votre enfant entre 1 an et demi et 2 ans, il vous est sans doute difficile d'admettre que de ce qu'il vit là et maintenant, il n'en gardera pas la mémoire (du moins au niveau du conscient...), alors même qu'il se souvient de certains détails qui ont eu lieu quelques mois plus tôt (voir p. 284).
Peut-être que les événements au cours de ces premières années sont si nombreux et intenses que la mémoire de l'enfant a besoin de s'en débarrasser pour se construire une mémoire d'adulte. Peut-être aussi que ces souvenirs « effacés » sont encore là, bien présents dans l'inconscient et continuent à agir tout au long de notre vie.

« reptilien » est recouvert par le cerveau « mammalien », lui-même recouvert par le « néocortex ».
Ces trois cerveaux sont connectés entre eux et ont gardé leurs caractéristiques d'origine. Le cerveau reptilien, resté inchangé au cours de l'évolution, est celui des instincts vitaux : la faim, la posture, la régulation de la température, de la respiration, du rythme cardiaque, l'instinct d'attaque ou de fuite. Au-dessus de lui, le cerveau mammalien est essentiellement celui des émotions, telles qu'elles s'expriment chez les mammifères : la colère, la peur, l'affectivité, la sociabilité, le désir sexuel. Au-dessus des deux premiers, le néocortex est le cerveau le plus développé. C'est celui de la pensée rationnelle telle qu'on la connaît chez l'homme.
Dès la naissance, ces trois cerveaux se développent, mais à des rythmes différents : le cerveau reptilien est le premier à être rapidement fonctionnel, ensuite se développe le cerveau mammalien et enfin le néocortex. À mesure qu'ils se développent, une hiérarchie s'établit entre eux ; le néocortex va comman-

der et réguler le cerveau mammalien (en cela, le cerveau rationnel va contrôler les émotions), qui lui-même va réguler petit à petit le cerveau reptilien. Selon la maîtrise plus ou moins grande qu'aura l'un des cerveaux sur l'autre, se manifesteront plus ou moins l'agressivité, la peur ou la colère…

L'AIDER À CONTRÔLER SES ÉMOTIONS

Pendant les premiers mois de sa vie, ce sont les instincts et les émotions qui commandent la vie de Bébé, son néocortex n'ayant pas encore acquis un développement suffisant. C'est plusieurs fois par jour que Bébé est submergé par ses émotions : la peur du noir ou des inconnus, la colère lorsqu'il est frustré, l'angoisse s'il voit Maman sortir de la maison. Et pour cause : son néocortex encore trop immature est incapable d'exercer une action régulatrice sur ses émotions. Par conséquent, c'est à Maman et Papa que

> **CONSEIL DE BÉATRICE :**
> À la naissance, le cerveau pèse 330 g et à 6 mois 650 g, pour atteindre environ 1,3 kg à l'âge adulte. Sa croissance est possible grâce à la soudure progressive des fontanelles.
> Pour un bon développement du cerveau du fœtus pendant la grossesse, il va de soi que drogues et alcool doivent être totalement proscrits, car ils constituent la première cause de déficit mental non génétique.
> Une grossesse paisible privilégiant un bon sommeil, puis l'allaitement au sein et des apports équilibrés en oméga-3 et 6 contribuent aussi à un développement harmonieux du cerveau de Bébé.
> Ce dernier suit son propre rythme, rien ne sert de vouloir anticiper par un apprentissage trop intensif.
> En revanche, le rôle des émotions et de l'affectivité dans les apprentissages et la mémorisation a été démontré, ne nous privons pas d'en jouer…

reviendra la charge de les canaliser. Quand Bébé est débordé par ses émotions, le fait que vous soyez toujours là au bon moment pour l'apaiser, ou au contraire, que vous restiez trop lointains, a une influence certaine et durable sur son devenir. Votre présence et votre réconfort lui apporteront détente et sérénité, et il apprendra à contrôler ses émotions. Mais si vous êtes trop lointains, il deviendra au contraire peureux, colérique ou émotif.

UN APPRENTISSAGE PERMANENT

Depuis sa naissance, Bébé recueille sans cesse des informations par l'intermédiaire de ses cinq sens, et ce d'autant plus qu'il avance en âge et que s'accroissent ses capacités motrices et intellectuelles. À 1 an et demi, ses performances en termes d'acquisition du langage sont surprenantes et remarquables. À cet âge, il connaît généralement plus d'une cinquantaine de mots et sait nommer différentes parties de son corps en les montrant. Il peut donner le nom de différentes personnes, de différents objets. Il peut comprendre des demandes et s'y conformer... et cet apprentissage sollicite beaucoup sa mémoire.

On devrait dire plutôt « ses mémoires », car la mémoire de l'homme fonctionne un peu comme celle d'un ordinateur, avec une « mémoire vive », très malléable et fragile, mais immédiatement accessible, et une mémoire stable, dont les données sont stockées et classées sur « le disque dur » et ne sont accessibles que sur sollicitation.

Aussi existe-t-il une « mémoire à court terme », liée aux sens et immédiatement accessible, mais dans laquelle les données ne sont pas conservées au-delà de quelques instants. Si le cerveau (conscient ou non) juge qu'elles peuvent être utiles, il les transmet à la « mémoire à long terme » dans laquelle elles sont conservées, sinon elles sont effacées de la mémoire à court terme. Chaque fois qu'au cours de sa vie, l'enfant recueillera des données nouvelles dans sa « mémoire à long terme », elles seront confrontées aux données anciennes, traitées, puis classées à leur côté. Ainsi se façonne l'intelligence de Bébé : plus nombreux seront les stimulations, les sollicitations et les échanges, plus vive elle sera.

Des jouets pour mieux grandir

Depuis 9 mois, votre bébé n'a pas cessé de faire des progrès, de coordonner ses gestes, de se déplacer à quatre pattes et, enfin, de marcher... quels jouets lui proposer à 18 mois ?

Jusqu'à 18 mois, vous serez les meilleurs partenaires de jeu de votre enfant. Vous pourrez l'aider à préciser ses gestes et l'encourager, tout en améliorant sa coordination oculo-manuelle. Certains jouets vont développer sa mémoire et son imagination, d'autres sa dextérité, ses déplacements à quatre pattes et la marche.

JEUX DE CONSTRUCTION ET TRIEURS DE FORMES

Il a commencé par empiler des anneaux sur une tige dans le désordre, maintenant il commence à les ranger par taille. Il réussit de mieux en mieux à encastrer les trieurs de formes dans les emplacements prévus. Il sait se servir d'outils tels qu'un petit marteau pour enfoncer de petits cylindres dans un établi.

> **CONSEIL DE BÉATRICE :**
> *Faites confiance aux mentions d'âge sur les jouets. Gardez des jouets en réserve à Noël ou à son anniversaire, ou rangez de temps en temps ses jouets, il sera content de les redécouvrir ultérieurement.*

Désormais, proposez-lui des blocs de construction en mousse ou en bois, de couleurs vives. Il peut, avec votre aide, les empiler correctement et construire de véritables châteaux. Peu à peu, il est aussi capable d'installer dans son édifice son doudou ou de petits personnages ou des jouets pour le bain qu'il ne faut donc pas choisir plus petits que la taille de son poing. Tout cela vous donne l'occasion de faire des échanges en lui demandant de vous donner les objets, de les déplacer ou de leur faire jouer des rôles. Vous remarquerez qu'il manipule facilement 2 cubes d'une seule main et qu'il les fait passer d'une main à l'autre. Il est peut-être prêt pour son premier garage ou sa première ferme !

POUPÉES D'ÉVEIL, DE CHIFFON OU BAIGNEURS

Une poupée ou un baigneur est important pour le développement psychoaffectif de l'enfant, quel que soit son sexe. Vers 18 mois, il peut, en effet, apprécier une poupée qui l'incitera à simuler ce que font les autres et à comprendre son schéma corporel. Ne vous étonnez pas s'il la lance à travers la pièce, comme il le fait avec pas mal d'objets ! Choisissez donc de préférence une poupée de chiffon qu'il pourra lancer ou attraper sans risque ! Il existe aussi des poupées d'éveil

| PREMIERS JOURS | LE 1ᵉʳ MOIS | 2 À 3 MOIS | 4 À 5 MOIS | 6 À 7 MOIS | 8 À 9 MOIS | 10 À 11 MOIS | 1 AN | **1 AN ½** | 2 ANS | 2 ANS ½ | 3 ANS |

1 AN ET DEMI — DES JOUETS POUR MIEUX GRANDIR

avec lacets, boutons et fermetures éclair qui l'aideront à développer sa dextérité.
Achetez-lui également une petite balle en tissu qui roule bien et ne risque pas de le blesser.
Il est de plus en plus précis quand il lance un objet et sait le retrouver lui-même.

JOUETS MUSICAUX
Les tambourins, les maracas et les xylophones l'amusent déjà depuis longtemps. À 18 mois, il cherche à frapper pour faire de la musique. Si vous lui jouez une petite mélodie sur le xylophone, il cherchera à vous imiter.

PUZZLES
Désormais, bébé réussit relativement vite à assembler des puzzles de 5 à 6 pièces. Pour les puzzles plus compliqués, aidez-le pour éviter qu'il ne se décourage. Placez les pièces dans le bon sens, pas trop loin de leur emplacement et félicitez-le quand il réussit.

JOUETS DE BAIN
À cet âge, Bébé adore toujours les gobelets et autres jouets pour transvaser l'eau. Évitez les éponges, même celles qui ressemblent à des jouets, elles se désintègrent, et l'enfant les mordille et risque d'en avaler de petits bouts ou de les mettre dans le nez. À 1 an et demi, il aime les bateaux avec des personnages pas trop petits et s'amuse aussi avec des poissons ou canards qu'on remonte avec une clé pour les faire nager. Même s'il est bien installé dans son anneau de bain, ne le laissez jamais, même une seconde, seul. Si vous ne pouvez pas être totalement disponible, mieux vaut remettre le bain au lendemain.

POUSSER ET TIRER
Vers 1 an, vous lui avez peut-être offert un chariot à pousser. Désormais, il va le remplir de ses objets préférés et le promener d'une pièce à l'autre.
Il aime les jouets sonores comme le téléphone, pour vous imiter, ou les voitures et animaux à traîner. Il est peut-être prêt pour son premier porteur ou camion. Mieux vaut le choisir solide et stable pour qu'il puisse durer et que Bébé puisse l'emmener au parc.

▪ COMMENT LUI PERMETTRE DE JOUER ▪

Votre petit de 18 mois est débordant d'activité. Ne vous étonnez pas si ses jouets et ses habits passent d'une pièce à l'autre et sont difficiles à retrouver. Il sait enlever ses chaussures et ses chaussettes et les mêle allègrement à ses jouets. Ne laissez pas tous les jouets sortis en permanence et incitez-le à vous aider à les ranger. Jouez avec lui ou entrez dans son jeu quand il semble s'ennuyer.
Les échanges avec vous le valorisent et le feront progresser. Lancer et rattraper des balles en chiffon est bon pour son équilibre et la précision de ses gestes. Riez avec lui et montrez-lui que vous vous amusez bien. Quand, jouant tout seul, il est absorbé par son jeu, laissez-lui le temps de rêver et de développer son imagination.

CRAYONS, PEINTURE, FEUTRES... ET GRIBOUILLIS
À 18 mois, ses gribouillis lui plaisent même si ce ne sont pas encore des chefs-d'œuvre. Alors commentez-les et demandez-lui ce qu'il a dessiné. Une petite table à sa taille et une chaise adaptée lui permettront de s'installer correctement pour dessiner. C'est aussi l'âge de la peinture aux doigts — salissante — mais tellement épanouissante pour votre petit. Vous pouvez éventuellement acheter un petit chevalet avec un tableau noir d'un côté et une surface blanche de l'autre. Il l'utilisera durant de longues années. Bien entendu, crayons et feutres doivent être non toxiques, adaptés à son âge et surtout lavables.

> **CONSEIL DE BÉATRICE :**
> *Il y a des jouets idiots, mais pas de façon idiote de jouer. N'offrez pas de jouets trop en avance pour son âge car il perdrait confiance en lui.*
> *Les jouets que vous allez acquérir entre 1 et 2 ans vont l'accompagner au moins jusqu'à 3 ans. Bien sûr, ils doivent tous porter les marquages CE et NF (norme européenne et norme française) garantissant leur sécurité et le respect de règles de fabrication.*

La halte-garderie

À partir de 18 mois, les enfants apprécient la compagnie des autres. Si vous gardez votre enfant vous-même ou s'il est gardé à domicile, une première socialisation est bénéfique.

Les premières haltes-garderies ont vu le jour en mai 1968. On les appelait « crèches sauvages ». Leur esprit s'est beaucoup assagi depuis, mais il continue d'y subsister une certaine souplesse dans l'organisation, même si leurs horaires sont désormais calqués sur ceux des crèches.

> **CONSEIL DE BÉATRICE :**
> La halte-garderie, une bonne transition avant l'école.
> *Trente-neuf pour cent des parents seraient prêts à mettre leur enfant à l'école dès 2 ans. Selon moi, à cet âge, l'enfant n'est pas prêt car il est en pleine période d'acquisition et doit prendre confiance en lui. Il n'est pas parfaitement autonome et est confronté trop tôt à un univers de grands de 3 ans !!! Il est mis alors en compétition et il risque soit de devenir agressif, soit de s'isoler et de ne plus supporter d'aller à l'école. Tout cela peut à la longue conduire à un échec scolaire.*

UNE GARDE OCCASIONNELLE

La halte-garderie assure une garde occasionnelle, encadrée par un personnel diplômé, que ce soit des éducatrices pour jeunes enfants ou des auxiliaires de puériculture. On y accepte les bébés à partir de 2 mois et jusqu'à l'âge de 4 et 6 ans.

Comme pour toute structure accueillant des enfants, leurs locaux doivent répondre à des normes précises en matière d'hygiène et de sécurité. L'équipement est également adapté pour offrir un bon choix d'activités aux jeunes enfants.

La halte-garderie peut être municipale ou privée et proposer des activités très variées. Dans le premier cas, le coût est peu élevé et dégressif selon le quotient familial et les revenus. Dans le second cas, le coût varie en fonction des activités proposées et du nombre d'enfants acceptés, mais si elle est agréée, vous pouvez bénéficier d'avantages fiscaux.

1 AN ET DEMI — LA HALTE-GARDERIE

COMMENT FONCTIONNE-T-ELLE ?

Une halte-garderie accueille généralement une vingtaine d'enfants au maximum. On peut y inscrire son enfant pour la journée, la demi-journée, plus rarement pour quelques heures. Les activités sont identiques à celles des crèches, avec un objectif pédagogique, éducatif et ludique, orienté vers l'éveil des enfants.

Certaines haltes-garderies disposent d'un jardin et d'équipements de jeux en plein air. La palette d'activités est toujours très large. L'offre des haltes-garderies privées est souvent axée sur des activités artistiques, sportives, linguistiques ou autres.

Il n'est pas rare qu'on y propose des activités de peinture, bébé gym, lecture, contes. Généralement, l'inscription se fait directement auprès de la directrice qui privilégie les personnes habitant dans le secteur.

Dans la plupart des haltes-garderies, vous pourrez rencontrer périodiquement un psychologue pour parler du développement ou des problèmes de votre bébé. Il ne faut pas confondre les haltes-garderies avec la Maison verte ou les structures qui s'en inspirent (voir p. 124) qui accueillent les enfants en présence de leurs parents et offrent une écoute permanente en présence d'un psychologue.

EN ROUTE VERS LA VIE COLLECTIVE

Cette solution est idéale pour une maman au foyer qui a besoin de souffler un peu, de prendre du temps pour elle, mais aussi pour celle qui a du mal à s'habituer aux premières séparations. Après un congé parental, certaines mamans peuvent se préparer ainsi à un retour progressif à leur activité professionnelle avant l'entrée en maternelle de leur bambin. Pour les parents à la recherche d'un travail, cette formule est également précieuse. En ce qui concerne l'enfant, la halte-garderie permet les premiers contacts avec la vie collective. Elle peut être aussi un bon relais à une garde à domicile ou à une assistante maternelle pour mieux préparer l'enfant à l'entrée en maternelle.

▪ LES JARDINS D'ENFANTS ▪

Le monde entier admire le système scolaire français et notamment l'école maternelle. Son utilité a pourtant été récemment discutée en haut lieu ce qui a provoqué une levée de boucliers de la part des jeunes parents. Les pays voisins disposent d'autres modes de garde, notamment le jardin d'enfants qui existe en Angleterre et en Allemagne. On y accueille les enfants entre 2 et 5 ans pour créer une transition entre la vie au foyer familial et la scolarisation. Les enfants y bénéficient d'une éducation créative moins formelle. Ils rencontrent d'autres enfants et apprennent à communiquer avec eux. Certains spécialistes de l'éducation prônent un accueil qui se situerait entre la crèche et la deuxième année de maternelle. On parle alors de préscolarisation.

UN MODE DE GARDE À DÉVELOPPER ET À AMÉLIORER

En ville, on en trouve en principe dans tous les quartiers. La halte-garderie est certes un bon intermédiaire, mais il existe encore trop peu de structures et c'est souvent cher. Par ailleurs, le personnel est parfois trop peu nombreux pour s'occuper convenablement des enfants qui demandent beaucoup d'attention. Aux professionnels de la petite enfance et aux politiciens de s'unir pour trouver des solutions et agir pour le bien des enfants. Renseignez-vous et allez visiter la halte-garderie de votre choix avant de décider d'y inscrire votre enfant. Les conditions d'admission sont beaucoup plus souples que celles des crèches. Une fois votre choix arrêté, il sera bon d'instaurer une certaine régularité pour que votre petit puisse bénéficier des activités et retrouver régulièrement un même groupe d'enfants.

> **CONSEIL DE BÉATRICE :**
> *Les ateliers de musées*
> *De nombreux musées offrent des ateliers de découverte pour tout-petits. Ce sont généralement des animations qui durent 2 heures. Vous pourrez, pendant ce temps, visiter une exposition.*

Chansons et rimes, le faire rire et danser

On chante quand on est heureux, on chante pour l'amuser, pour l'endormir et le consoler... Les comptines, un langage qui passe entre vous et votre enfant.

C'est tout naturellement que vous avez trouvé le langage de la musique pour communiquer avec votre bébé. Dès que vous le teniez dans vos bras pour l'endormir, les berceuses vous sont venues comme des bribes de votre enfance, des moments de bonheur que vous souhaitiez transmettre inconsciemment. La berceuse agit comme un chant d'amour qui vous rapproche de votre enfant, le réconforte et le console. A-t-il alors trouvé le sommeil à cause du rythme de la chanson ou parce qu'il se sentait en sécurité et aimé ? Vous ne le saurez pas, mais ces moments restent liés au bonheur de chanter et à la musique. Bien sûr, les boîtes à musique, les lanternes magiques et les mobiles ont également contribué à ce climat affectif qui a entouré son endormissement. À vos chansons, dès les premiers mois, votre bébé a répondu par des gazouillis, des petits cris et des sourires. Entre 9 mois et 1 an, il a tapé des mains pour vous accompagner ; à 18 mois, il essaie d'imiter chansons et danses.

CHANTEZ ET DANSEZ POUR VOTRE ENFANT

Vers 1 an, quand votre bébé a commencé à prononcer quelques mots, vous avez remarqué qu'il appréciait vos chansons, surtout quand elles étaient accompagnées de mimes et rythmées par des gestes. Peut-être avez-vous alors cherché à réviser votre répertoire de comptines. Si vous ne l'avez pas fait ou si votre mémoire a trop de lacunes, procurez-vous un livre de comptines accompagné d'un CD et de suggestions de « mises en scène ». Vous pourrez lui faire écouter le CD, mais il sera bien plus attentif encore si c'est vous qui chantez en le regardant et en marquant le rythme de la chanson de vos mains et de vos doigts. Depuis l'âge de 15 mois, il imite vos activités au quotidien et va adorer chanter et danser avec vous. Faites-lui faire la ronde et introduisez son nom dans les paroles des chansons pour mieux le captiver. Soignez votre répertoire et laissez-vous prendre au jeu.

POURQUOI LUI CHANTER DES COMPTINES

Les comptines et les chansons familiarisent votre bébé avec le rythme et la musicalité de la langue et élargissent son vocabulaire. Vos mimiques et gestes délibérément outrés, l'amuseront et l'aideront à mieux comprendre les paroles. Vous pouvez souligner le rythme en le faisant sauter sur vos genoux. N'hésitez pas à chanter toujours les mêmes comptines ; il les retiendra d'autant mieux et se les appropriera. Comme vous, il sera content de s'entendre

> **CONSEIL DE BÉATRICE :**
> *Même si vous chantez faux et n'avez aucun rythme, n'hésitez pas et lancez-vous quand même ! Les fous rires et les bons souvenirs sont garantis. Toutes les chansons sont bonnes à chanter d'Henri Dès à Henri Salvador, d'Anne Sylvestre au rock, au folk et à la soul. C'est de la gaîté que vous transmettez et non un apprentissage forcé.*

chanter. Chanter est une activité créative et en même temps une activité physique qui sollicite un effort musculaire de la langue. Le chant fait appel à l'hémisphère droit du cerveau pour l'effort musculaire et à l'hémisphère gauche pour le sens créatif. Le rythme, la rime et la répétition aident l'enfant à se souvenir des mots et de phrases entières.

UNE COMPTINE POUR TOUTE CHOSE

Il existe des comptines pour presque toutes les activités. Faites jouer votre imagination et inventez vos propres textes sur la musique des comptines que vous connaissez bien. Mais ne vous privez pas pour autant de la richesse du répertoire existant. Vous pouvez les trouver et les écouter facilement sur Internet et choisir celles que vous préférez (voir encadré p. 228). Le choix est immense.

Privilégiez celles qui permettent le plus d'interactivité quand vous souhaitez jouer avec votre petit comme, par exemple, « Dansons la capucine » ou « Alouette » pour introduire les différentes parties de son corps, ou, quand vous souhaitez le coucher, des plus calmes comme « Fais dodo Colas mon p'tit frère » ou encore, pour le bain « Bateau sur l'eau ». Essayez de retenir toutes les paroles de celles qu'il aime le plus pour pouvoir les lui chanter jusqu'au bout.

Faites commencer la journée de Bébé par une chanson et ponctuez de comptines ses différentes activités. Il aimera bien ce rituel qui lui permettra de trouver un rythme quotidien qui le rassure. Permettez-lui d'apprendre celles qu'il aime réellement en les chantant fréquemment avec lui avec gestes et mimiques à l'appui pour l'aider à mieux les mémoriser.

▪ ALOUETTE ▪

Voilà une merveilleuse comptine pour réviser le vocabulaire des parties du corps, tout en soulignant la différence entre l'oiseau et l'humain...

Refrain :
*Alouette, gentille alouette,
Alouette, je te plumerai.
Alouette, gentille alouette,
Alouette, je te plumerai.*

*Je te plumerai la tête.
Je te plumerai la tête.
Et la tête ! Et la tête !
Alouette, Alouette !
Aaaah...*
   (Refrain)
*Je te plumerai le bec.
Je te plumerai le bec.
Et le bec ! Et le bec !
Et la tête ! Et la tête !
Alouette, Alouette !
Aaaah...*
   (Refrain)
*Et les ailes ! Et les ailes !
Et le cou ! Et le cou !
Et les yeux ! Et les yeux !
Et le bec ! Et le bec !
Et la tête ! Et la tête !
Alouette, Alouette !
Aaaah...*
   (Refrain)
*Je te plumerai la queue.
Je te plumerai la queue.
Et la queue ! Et la queue !
Et les ailes ! Et les ailes !
Et le cou ! Et le cou !
Et les yeux ! Et les yeux !
Et le bec ! Et le bec !
Et la tête ! Et la tête !
Alouette, Alouette !
Aaaah*

> **CONSEIL DE BÉATRICE :**
> *Il sera parfois plus facile de faire passer une invitation à passer à table ou un ordre... en le chantant !*

1 AN ET DEMI

CHANSONS ET RIMES, LE FAIRE RIRE ET DANSER

Apaiser ses grandes colères

Vous êtes confrontée à de véritables scènes qui prennent des allures impressionnantes. Comment calmer ces crises et faut-il s'en inquiéter ?

Le cerveau supérieur (néocortex, voir p. 248), régulateur des émotions, est encore immature chez un bébé de 1 an et demi. Ses colères sont donc fréquentes et souvent très intenses.

La deuxième année est véritablement la période des grandes colères. Cette phase normale est un passage obligé dans le développement de l'enfant sur le plan affectif. Certaines crises de colère sont de véritables crises de rage : Bébé trépigne, hoquette, se roule par terre, hurle, frappe le sol avec ses jouets, les jette...

Pendant de telles crises, des modifications physiologiques et biologiques ont lieu : le taux d'adrénaline (l'hormone du stress), augmente dans le sang, le cœur se met à battre vite et fort, la respiration s'accélère, le visage devient rouge et se couvre de transpiration. Une telle colère peut parfois aller jusqu'au « spasme du sanglot ».

> **CONSEIL DE BÉATRICE :**
> *La colère est juste une réaction de l'enfant à un problème insoluble pour lui à un moment précis de sa vie. Il faut garder votre calme, rester compréhensive, ce qui n'est pas toujours facile quand on est pressée ou fatiguée. Attendez que la crise passe, vous reprendrez la situation en main plus tard.*
> *Dites-lui que vous n'avez pas compris son message, mais que son point de vue vous intéresse, qu'il peut vous exprimer son mécontentement autrement, que vous l'aimez très fort même quand il fait ses grosses colères.*

POURQUOI CES COLÈRES ?

Les motifs des colères de Bébé sont multiples. La frustration est le premier d'entre eux ; elle survient typiquement lorsqu'on lui refuse quelque chose ou quand il ne peut attraper un jouet qu'il voit. Mais sa colère peut aussi être liée à un événement inhabituel ou provoquée par la fatigue, notamment le soir. Enfin, elle peut être le moyen pour Bébé de vous signifier qu'il a faim, quand vous tardez à le comprendre.

L'ESCALADE : LA COLÈRE FROIDE

Certaines colères peuvent être qualifiées de « théâtrales ». Elles sont délibérées, froides, afin d'obtenir ce que l'on veut de l'entourage ! La colère est un moyen de s'opposer aux parents. Ces colères d'opposition commencent vers l'âge de 18 mois et se prolongent généralement jusqu'à 3 ans. Elles permettent au bébé de voir jusqu'où il peut aller avant de rencontrer le refus parental. Il apprend les li-

« LE SPASME DU SANGLOT »

Le « spasme du sanglot » est une manifestation de colère qui intervient souvent suite à un refus ou une réprimande. Ce phénomène peut se traduire par une pâleur ou une coloration bleue des lèvres et du visage due à un blocage de la respiration. Dans la forme classique, l'enfant est en apnée, ses yeux se révulsent et parfois s'ensuit une très brève perte de connaissance. Ensuite, sa respiration reprend une fréquence « normale » et l'enfant se calme peu à peu.
La forme « pâle », moins fréquente, se caractérise par l'absence de cris et une perte de connaissance liée à un ralentissement du rythme cardiaque. Les deux formes se confondent souvent. La durée d'un épisode de « spasme du sanglot » n'excède jamais quelques secondes et est sans gravité. L'enfant, souvent moins innocent qu'on le pense, fait plus souvent un « spasme du sanglot » en présence d'une personne très réceptive et sensible, souvent la même. Le « spasme du sanglot » disparaît généralement spontanément entre 3 à 5 ans. Pour vous rassurer, mieux vaut consulter votre pédiatre et éviter de surprotéger le petit ange, car plus vous montrerez votre inquiétude plus il aura tendance à recommencer...

mites à ne pas franchir et à accepter les frustrations avec philosophie, à négocier et à transiger... c'est le début de la socialisation. C'est ainsi qu'il se construit.

LA COLÈRE LIÉE À L'ANGOISSE

On doit aborder la colère du bébé avec beaucoup de douceur et de compréhension lorsqu'elle est liée à l'angoisse. Il s'agit avant tout de le rassurer. Prenez-le dans vos bras, parlez-lui très doucement en le regardant dans les yeux... si sa détresse vous perturbe émotionnellement, il ne faut pas qu'il le sente, c'est une réassurance qu'il vous demande, et si vous êtes inquiète et ne parvenez pas à garder l'apparence de la sérénité, il ne se calmera pas.

RESTEZ FERME

Quand Bébé fait une colère d'opposition, il teste ses pouvoirs pour se construire et être autonome. Il coupe le cordon ! Souvent la meilleure attitude consiste à ignorer cette colère, ce qui n'est pas toujours facile, surtout quand soi-même on sent la colère monter ! Qu'il refuse de s'habiller ou de quitter le square, parlez-lui, expliquez-lui, calmement, doucement. Selon vos envies et vos impératifs, restez ferme ou cédez selon les situations.

COMMENT RÉAGIR ?

Il faut comprendre la raison des colères de Bébé et y remédier dans la mesure du possible. Par exemple, s'il hurle car il ne peut atteindre l'un de ses jouets, aidez-le à l'attraper, il se calmera immédiatement. Si vous ne pouvez remédier aux causes de sa frustration, essayez de détourner son attention. Bien souvent, sa curiosité naturelle lui fera oublier sa contrariété.
Quand la colère le submerge, il est important de lui expliquer par des mots simples que vous le comprenez. Prenez-le dans vos bras, câlinez-le. La frustration est réellement ressentie et la bouffée émotionnelle à laquelle elle donne lieu doit être respectée, il n'y a qu'à ce prix qu'on obtiendra que Bébé se rassure, se sente en sécurité et se calme. Alors seulement, vous pourrez tenter de lui expliquer qu'il doit apprendre à accepter certaines frustrations qui font partie de la vie.

> **CONSEIL DE BÉATRICE :**
> *Les colères de Bébé se manifestent lorsqu'il y a une inadéquation entre ses désirs et ses possibilités réelles, ou entre vos désirs et ce qu'il peut réellement faire... Plutôt que de crier et de le forcer s'il ne veut pas faire quelque chose, parlez-lui, expliquez-lui pourquoi il en est ainsi. Rassurez-le sur la nécessité de cette activité (changement de couche, obligation de partir) et sur le rôle nécessaire des parents.*
> *Parfois, il peut aussi être contrarié parce que vous voulez qu'il « se comporte comme un grand » et obéisse alors qu'il veut « rester petit » ; votre demande le trouble sur le plan émotionnel.*

1 AN ET DEMI
APAISER SES GRANDES COLÈRES

L'armoire à pharmacie familiale

Répondre aux petites urgences, aux premiers accès de fièvre, aux rhumes, c'est la raison d'être d'une pharmacie familiale.

La pharmacie familiale doit s'adapter au bébé qui a des besoins très différents de ceux de l'adulte. Lors de votre première visite chez le pédiatre, demandez-lui ce qu'elle doit contenir.

QUELQUES PRÉCAUTIONS
- Il est bon que la pharmacie familiale soit facile à nettoyer, de préférence opaque, car certains produits sont altérés par la lumière.
- Elle sera placée dans un endroit sec, éloigné des sources de chaleur et surtout inaccessible aux enfants et fermée à clé.
- Elle devra être révisée régulièrement (tous les trimestres) afin d'éliminer les médicaments périmés ; il faudra vérifier également qu'aucun produit de la liste proposée ci-dessous ne manque.
- Médicaments pour adultes et enfants seront clairement séparés.

Son contenu se classe sous différentes rubriques :

> **CONSEIL DE BÉATRICE :**
> À mettre en évidence
> dans la pharmacie familiale :
> • la liste de numéros de téléphone d'urgence (voir annexes « Urgences, premiers soins … » p. 378)
> • la liste (à jour !) de ce que contient la boîte à pharmacie.

POUR DÉSINFECTER UNE PLAIE
- Utilisez un antiseptique cutané type chlorhexidine. L'alcool à 70° est un excellent désinfectant, mais pique sur la plaie.
- L'éosine aqueuse assèche bien les fesses irritées de Bébé, mais sa très jolie couleur rouge est moins appréciée qu'autrefois.
- Une crème ou une lotion cicatrisante pour calmer les rougeurs et irritations de la peau.
- Un ammonium quaternaire, sorte de savon liquide, est pratique pour laver une plaie avant de la désinfecter.
- Le coton hydrophile a naturellement sa place dans une pharmacie.

POUR LES PANSEMENTS
- Des compresses stériles.
- Du pansement adhésif.
- Du sparadrap.
- Des bandes Velpeau (5 cm de large).
- Les stéristrips peuvent avantageusement remplacer les points de suture quand la plaie est bien nette et de petite taille.
- Le tulle gras est utile en cas de brûlure superficielle du premier degré.

> **CONSEIL DE BÉATRICE :**
> Vous devrez apprendre, avec l'aide
> de votre médecin à savoir réagir devant
> les petites maladies.
> La constitution d'une pharmacie
> de base est indispensable.
> Pour éviter une automédication sauvage,
> il ne faut pas hésiter à demander conseil
> au pédiatre qui connaît bien votre enfant.
> Dans le cas d'une petite maladie,
> un interrogatoire soigneux permet
> de se faire une idée de la pathologie,
> et un traitement pourra être prescrit
> par téléphone si vous avez les médicaments
> nécessaires dans votre pharmacie familiale.
> Bien sûr, au moindre doute,
> une consultation s'impose.

| PREMIERS JOURS | LE 1er MOIS | 2 À 3 MOIS | 4 À 5 MOIS | 6 À 7 MOIS | 8 À 9 MOIS | 10 À 11 MOIS | 1 AN | **1 AN ½** | 2 ANS | 2 ANS ½ | 3 ANS |

1 AN ET DEMI
L'ARMOIRE À PHARMACIE FAMILIALE

MATÉRIELS DIVERS MAIS INDISPENSABLES
- Des ciseaux.
- Une pince à épiler.
- Un thermomètre électronique rectal, éventuellement un thermomètre auriculaire ou cutané.
- Un mouche-bébé.
- Des épingles à nourrice (ça sert toujours).

LES MÉDICAMENTS
- Le sérum physiologique est nécessaire quand Bébé est enrhumé ou souffre d'une conjonctivite.
- Des granules de chamomilla ou du gel Delabarre® calme les poussées dentaires.
- Hémoclar® est un grand classique pour prendre en charge bleus, bosses, coups et traumatismes fermés.
- Pour les allergies cutanées, démangeaisons, piqûres d'insectes, une crème antihistaminique est nécessaire avec, si besoin, un sirop antihistaminique (qui devra être prescrit par un pédiatre et dosé en tenant compte du poids de l'enfant) ainsi qu'un corticoïde en cas de laryngite soudaine.
- Biafine® pour les brûlures superficielles (premier degré).
- En cas de fièvre on aura du paracétamol et de l'ibuprofène.
- En cas de diarrhée ou de gastroentérite, du soluté de réhydratation (diluer 1 sachet pour 200 ml d'eau), du Tiorfan®, des pansements intestinaux, du Lactéol® ou du Smecta®.
- Des antivomitifs contre nausées et vomissements.
- Un collyre non ouvert.

" CONSEIL DE BÉATRICE :
Je conseille d'élaborer la pharmacie familiale avec le pédiatre, au fil du temps, en fonction des conseils donnés, des petites maladies rencontrées. Ainsi, la boîte à pharmacie familiale sera réactualisée en permanence et les posologies ajustées constamment au poids de l'enfant.
ATTENTION :
certains médicaments doivent impérativement être conservés au réfrigérateur ! **"**

• QUELLE PHARMACIE POUR LES VACANCES ET LES VOYAGES ? •

On choisira une boîte étanche, incassable, opaque à la lumière, facilement lavable et fermant à clé.
Sous une forme compacte, son contenu de base ne sera pas différent de celui de la pharmacie de la maison. Cependant, selon le climat et les pays, il faudra compléter par certains médicaments prescrits ou recommandés par le médecin.
C'est le cas, par exemple, pour les antipaludéens dans les pays tropicaux. Dans ces pays, on recommande avant tout l'utilisation d'une moustiquaire.
Récapitulez avec votre pédiatre ce qu'il convient de prévoir pour votre enfant en fonction de la destination, notamment en termes de vaccins.
Revoyez aussi avec lui les posologies des différents médicaments emportés, en fonction du poids de l'enfant.
Vous devrez toujours naturellement conserver avec vous le carnet de santé de Bébé.

L'HOMÉOPATHIE
Nombreux sont les médicaments homéopathiques qui ont leur place pour les bébés dans une pharmacie familiale.
On citera : Calendula pour les blessures ; Chamomilla pour les poussées dentaires ; Arnica pour les bosses et coups ; Arsenicum album et Apis pour les brûlures et piqûres ; Nux vomica pour les nausées et les vomissements ; Allium cepa pour la toux ; Apis, Belladona, Aconit pour la fièvre ; Occillococcinum pour la grippe ; Podophyllum peltatum contre la diarrhée...

ILS ONT AUSSI LEUR PLACE DANS UNE PHARMACIE FAMILIALE :
Les boîtes de médicaments antérieurement prescrits par votre médecin. Ils pourront être utilisés si nécessaire, avec accord du pédiatre. Il convient de se méfier de l'automédication pour une maladie que l'on croit connaître. Demandez toujours conseil à votre médecin avant de commencer un traitement. Quant aux médicaments périmés ou ceux dont vous avez perdu la notice, ils ne doivent en aucun cas être utilisés et vous devez les rapporter en pharmacie.

Vision : l'heure du bilan

1 enfant sur 5 a un problème de vision. Dépister et traiter toute anomalie mais aussi protéger et prévenir est le souci de tous les parents. Comment surveiller la vision de votre enfant.

À mesure que l'enfant grandit, son système nerveux s'adapte et évolue, les circuits peu utilisés se raréfient au point de disparaître tandis que ceux qui sont le plus sollicités se développent. Ainsi, des connexions nerveuses se font ou se défont au fil du temps en fonction des expériences vécues par l'enfant.

Ces mécanismes concernent en premier lieu la vision : un œil normalement constitué anatomiquement, mais qui n'est pas suffisamment sollicité perd progressivement sa fonction. Si elle est prise en charge trop tardivement, cette perte de fonction risque d'être définitive, bien que l'anatomie de l'œil reste normale. C'est ce que l'on appelle l'amblyopie (voir p. 138) ou encore la « paresse de l'œil » selon la définition du professeur François Vital-Durand. Elle est le plus souvent unilatérale. Si elle n'est pas traitée à temps, elle devient irréversible et impossible à corriger par le port de verres. Pour éviter une telle évolution, il convient de dépister et traiter les troubles de la vision quels qu'ils soient, le plus tôt possible.

UNE PÉRIODE SENSIBLE

Parmi les enfants de moins de 6 ans, environ 1 sur 5 présente des anomalies de la vision. Il existe une période « sensible », correspondant aux premières années de la vie (surtout avant 18 mois) pendant laquelle le traitement de ces troubles de la vision donne les meilleurs résultats. Le dépistage doit donc être le plus précoce possible, de préférence avant 1 an.

DES SIGNES À SURVEILLER

Certains symptômes doivent vous alerter :
- si Bébé ne montre pas du doigt ce qu'il veut ;
- s'il a un strabisme de temps en temps ;
- s'il a parfois les conjonctives rouges ou se frotte souvent les yeux ;
- s'il se plaint de la tête ;
- s'il tombe souvent ou paraît maladroit ;
- s'il est obligé de regarder les objets de très près.

Quatre visites de dépistage sont obligatoires au cours desquelles la vision doit être examinée : elles ont lieu à 8 jours, 4 mois, 9 mois et 2 ans. Entre 2 et 6 ans, deux autres examens de la vue sont recommandés.

> **CONSEIL DE BÉATRICE :**
> *Si votre enfant doit porter des lunettes, ne le vivez pas mal et pensez plutôt au bonheur qu'il ressent de redécouvrir le monde et ses détails. Les enfants tolèrent généralement bien leurs lunettes, mais laissez-leur le choix de la monture. Pensez à choisir une bonne mutuelle car la Sécurité sociale prend les frais à 65 % et ceux-ci sont souvent très élevés. Choisissez un opticien proche de votre domicile ; c'est plus pratique en cas de réparations urgentes.*

LES TROUBLES RECHERCHÉS

L'hypermétropie est caractérisée par une mauvaise vision de près, mais une bonne vision de loin, au prix d'efforts d'accommodation importants. L'hypermétropie provoque maux de tête et fatigue oculaire.

L'astigmatisme est caractérisé par une vision floue à n'importe quelle distance. Les objets paraissent déformés, les lignes sont éventuellement dédoublées, la distinction entre lignes verticales et horizontales ou obliques devient difficile. L'astigmatie provoque des conjonctivites à répétition.

Le strabisme : un certain degré de strabisme peut être normal chez l'enfant de moins de

3 mois, mais pas au-delà. Il peut être provoqué par une hypermétropie.

Pour garder une vision nette, malgré ces anomalies, l'enfant peut être amené inconsciemment à privilégier la vision d'un œil, dit dans ce cas « dominant », et à « supprimer » la vision de l'autre, qui de ce fait va rapidement perdre sa fonction.

La myopie est caractérisée par une mauvaise vision de loin, mais bonne de près. L'enfant cligne des yeux lorsqu'il regarde de loin et approche les objets très près de ses yeux pour jouer avec.

> CONSEIL DE BÉATRICE :
> Faites régulièrement des tests, évitez que votre enfant ne soit trop près de la télévision, attention à votre éclairage, soyez vigilant à certains signes : il se frotte les yeux, plisse le front…
> Si vous avez des doutes, consultez.
> Sachez qu'il existe une hypermétropie physiologique vers 2 à 3 ans.
> Elle disparaît avec le temps. Les souffrances fœtales, les infections sévères, une longue oxygénothérapie à la naissance, augmentent les risques de troubles de la vision.

UN CACHE SUR L'ŒIL DOMINANT

Parmi les solutions thérapeutiques applicables dès le plus jeune âge, il y a d'abord la rééducation de l'œil inutilisé en cas d'amblyopie. Elle consiste à faire porter à l'enfant un cache sur l'œil dominant, ce qui le force à utiliser son autre œil. Ce cache doit être porté pendant un temps déterminé par l'ophtalmologue. Des séances d'orthoptie peuvent être nécessaires. Dans 10 % des cas, une intervention chirurgicale (voire plusieurs) est nécessaire, pour retrouver un réalignement parfait des yeux.

LE PORT DE LUNETTES

Autre approche thérapeutique, le port de lunettes, possible dès 2 mois, est généralement bien accepté par les enfants quand ils ont moins de 1 an. Il existe des opticiens spécialisés pour équiper les bébés qui ont un tout petit nez et des oreilles fragiles.

Bien entendu, pour faire accepter les lunettes à leur enfant, les parents devront être de fins stratèges : insister auprès de Bébé sur le fait que ses lunettes sont très belles, et qu'il verra mieux. Les verres devront être légers, incassables et protégés des rayures.

Bien entendu, Bébé doit être impliqué dans le choix de la monture, de sa forme et de sa couleur…

▪ LES LUNETTES DE SOLEIL UNE PROTECTION INDISPENSABLE ▪

Les yeux des enfants, plus encore que ceux des adultes, sont sensibles et vulnérables aux rayons ultraviolets.

Lorsqu'il est exposé au soleil, Bébé doit donc avoir les yeux protégés par une visière ou une ombrelle (difficile à maintenir en place), mais aussi, surtout à la neige ou à la mer où la réverbération est très forte, le port des lunettes de soleil est indispensable. Il faudra bien les choisir. Elles devront être certifiées aux normes européennes et protéger à 100 % contre les ultraviolets.

Une exposition précoce non protégée augmente le risque de cataracte.

Soins de l'appareil génital (phimosis, etc.)

Quand Bébé est encore dans l'utérus maternel, prépuce et gland, d'abord collés l'un à l'autre sur presque toute leur surface, se décollent ensuite progressivement. Ce processus n'est généralement pas achevé au moment de la naissance, et chez la grande majorité des nouveau-nés des adhérences persistent.

Chez le petit garçon nouveau-né, l'orifice du prépuce est généralement serré au point de ne pas pouvoir distinguer le méat urinaire sur le gland. C'est ce que l'on appelle un « phimosis ». Il est normal d'avoir un phimosis à la naissance, mais sa persistance au-delà de 4 à 6 ans implique un traitement. Les adhérences résiduelles et l'étroitesse de l'orifice du prépuce contribuent à rendre difficile voire impossible un décalottage en douceur du gland, du moins pendant les premiers mois voire les premières années. Que doit-on faire ?

RIEN NE JUSTIFIE LA PRÉCIPITATION…

Certains médecins recommandent à la mère d'essayer régulièrement, pendant son bain, de décalotter Bébé, mais d'autres sont d'un avis contraire, au moins jusqu'à 6 mois. Il est vrai que les efforts pour libérer les adhérences résiduelles entre prépuce et gland sont douloureux et laissent parfois au niveau du prépuce un tissu cicatriciel rétractile qui rend encore plus difficile et douloureux les décalottages suivants. À l'inverse, si l'on attend que les adhérences se soient libérées et l'orifice préputial élargi, généralement entre 6 mois et 1 an, le décalottage peut être fait par le pédiatre sans effort ni douleur dans la plupart des cas.

Dans les autres cas, on devra encore attendre. Rien ne justifie la précipitation dans ce domaine, alors pourquoi faire souffrir le bébé si on peut l'éviter ?

Si le prépuce est serré, le décalottage peut se solder par un paraphimosis. Le prépuce se resserre alors comme un élastique à la base du gland et reste bloqué à cet endroit rendant le décalottage impossible. Il s'agit alors d'une urgence chirurgicale, car la circulation sanguine entravée par l'anneau préputial gonfle le gland, un œdème se forme, l'enfant souffre beaucoup et il faut libérer au plus vite, sous anesthésie, ce « garrot ».

 **CONSEIL DE BÉATRICE :**
Les parents sont souvent impressionnés par les érections de leur enfant et s'étonnent de le voir attraper son sexe et tirer vigoureusement dessus. N'ayez aucune crainte, il ne risque pas de se faire de mal. Laissez-le faire sans le gronder ni non plus l'encourager. « C'est la nature ! ».

• AUTRES PATHOLOGIES POSSIBLES AUXQUELLES IL FAUT PENSER •

La torsion du testicule se traduit par des bourses rouges très douloureuses. La torsion du testicule constitue une urgence chirurgicale (voir annexe « Chirurgie d'urgence » p. 381)

L'hydrocèle est un épanchement de liquide dans une bourse, ce qui lui donne un volume parfois impressionnant. C'est sans gravité, indolore, et se résorbe tout seul, donc ne vous inquiétez pas. Il faut cependant se méfier d'une possible hernie associée. Le pédiatre vérifiera que ce n'est pas le cas (voir glossaire).

SOINS DE L'APPAREIL GÉNITAL (PHIMOSIS, ETC.)

1 AN ET DEMI

▪ MYCOSES DU SIÈGE ▪

Les couches humides de Bébé, même avec les soins les plus attentifs, favorisent inévitablement l'apparition de rougeurs du siège. Ces rougeurs doivent être distinguées d'autres rougeurs du siège, moins fréquentes, provoquées par une mycose c'est-à-dire un champignon. Elles ont pour caractéristique de former des plaques au pourtour irrégulier, « en carte de géographie », bordées par un léger relief.

Le champignon le plus souvent en cause est le *Candida albicans*, nommé « muguet » quand il est situé au niveau de la bouche. Pour l'éradiquer, il existe des pommades efficaces dites « antifongiques ».

Sous traitement, les rougeurs régressent rapidement mais le traitement doit être prolongé une quinzaine de jours.

Autres caractéristiques des mycoses : elles se propagent facilement. Une mycose du siège peut être associée à une mycose de la bouche, qui devra elle aussi être traitée.

DES APPLICATIONS DE CORTISONE

Si le phimosis physiologique de la naissance ne se résout pas spontanément, on admet qu'il est préférable d'intervenir, vers l'âge de 3 ans. Il existe différentes manières de le traiter. Le traitement classique consiste en une chirurgie réparatrice.

Certains médecins ont, par ailleurs, mis au point une autre technique, médicale cette fois, consistant à assouplir progressivement le prépuce par des applications locales quotidiennes de cortisone pendant 1 à 2 mois. Ce traitement efficace, ne fait pas l'unanimité.

La troisième possibilité reste la circoncision vers 4 à 5 ans. Des arguments médicaux existent en sa faveur, toute considération religieuse mise à part. Des études ont en effet montré que la circoncision diminuait notablement le risque d'être infecté par certains virus, comme le virus de l'herpès, le papillomavirus, mais surtout le virus du sida, ou de les transmettre à ses partenaires.

Lorsqu'elle est médicalement indiquée, on recommande habituellement de la pratiquer vers l'âge de 6 ans.

LA COALESCENCE DES PETITES LÈVRES

Chez les petites filles, la coalescence, c'est-à-dire l'accolement du bord des petites lèvres est relativement fréquente. Cet accolement n'est pas inné, mais apparaît généralement vers la fin de la première année. Il peut être plus ou moins complet, mais en aucun cas n'entrave la miction ni ne provoque d'infection des urines ou du vagin. Cette affection bénigne, qui ne donne lieu à aucun symptôme peut persister plus ou moins longtemps, parfois jusqu'au commencement de la puberté, mais guérit toujours spontanément. En toute logique, aucun traitement n'est nécessaire.

Pourtant bien des traitements ont été proposés, les uns non traumatisants, à base de pommades aux œstrogènes, les autres plus agressifs, par décollement manuel ou instrumental. Dans les deux cas, la coalescence est le plus souvent vouée à la récidive à plus ou moins brève échéance. Le traitement de choix reste donc l'abstention thérapeutique !

> **CONSEIL DE BÉATRICE :**
> *Les parents demandent parfois au pédiatre si le zizi de leur petit garçon n'est pas « trop petit ». Si la question se pose, c'est qu'en fait, il peut être enfoui dans un coussinet adipeux chez un bébé potelé, ce qui le fait apparaître plus petit qu'il n'est réellement. À mesure que bébé grandira et perdra son embonpoint, le zizi reprendra des proportions normales pour l'âge, au grand soulagement de Maman et Papa. Si le pénis apparaît réellement petit pour l'âge, un bilan endocrinien sera nécessaire. Au cours de la première année, il convient de vérifier que les deux testicules ont effectué leur descente et sont présents dans les bourses. Parfois leur migration tarde ou s'interrompt en chemin. S'ils sont impalpables à l'examen, une échographie permet de les rechercher au niveau de l'abdomen et nécessite de faire des injections hormonales, voire de les abaisser et de les fixer chirurgicalement.*

FAQ

Questions à poser : 1 an et demi

[+] J'ESSAIE DE FAIRE BOIRE DE L'EAU À MA FILLE, MAIS ELLE REFUSE SYSTÉMATIQUEMENT, DOIS-JE INSISTER ?

À partir du moment ou Bébé a une alimentation essentiellement solide, il est important qu'il consomme l'équivalent d'un demi-litre de lait par jour sous une forme ou une autre (lait, yaourt, fromage blanc, petit suisse...). Mais il n'est pas nécessaire qu'il dépasse cette ration quotidienne. En revanche, il doit boire de l'eau régulièrement, à chaque repas et entre les repas, pour que son hydratation soit suffisante, surtout en été, ou l'hiver quand l'appartement est très chauffé. Boire de l'eau contribue aussi à prévenir la constipation. C'est donc une bonne habitude à prendre. En aucun cas les jus de fruits (pomme, orange...) ne sauraient remplacer l'eau, car ils apportent des calories qui viennent s'ajouter à celles qui proviennent des repas.
Les jus de fruits font naturellement partie du petit déjeuner ou du goûter de bébé, mais en dehors de ces circonstances, ils n'ont pas leur place, car ils risquent d'être à l'origine de mauvaises habitudes alimentaires et de favoriser l'excès de poids les années passant.
Quelle eau ? Si vous êtes sûre qu'elle soit potable, l'eau du robinet convient parfaitement, sinon une eau minérale plate.
Rassurez-vous si votre enfant refuse de boire de l'eau c'est qu'il n'en a pas besoin.

[+] MON FILS A 18 MOIS, DOIS-JE COMMENCER À LUI LAVER LES DENTS AVEC UNE BROSSE ET DU DENTIFRICE COMME UN GRAND ?

À cet âge, Bébé a entre 12 et 16 dents de lait, qu'il va falloir entretenir soigneusement bien qu'elles soient appelées à tomber un jour... Bien sûr, depuis qu'il a eu ses 2 premières dents, vous les nettoyez déjà régulièrement avec une compresse et de l'eau, mais ce n'est plus la même chose. Il va falloir instaurer un rituel qui va durer toute la vie de votre enfant : brossage des dents, au moins deux fois par jour, matin et soir après le repas.
Pour motiver Bébé, achetez la brosse à dents avec lui, laissez-le choisir et expliquez-lui que c'est la sienne et que personne d'autre n'a le droit de s'en servir.
Achetez aussi, toujours avec lui, un joli verre à dents qui lui plaise.
Autre accessoire indispensable : le petit marchepied bien stable pour être à la hauteur du lavabo...
Pour ce qui est du dentifrice, à cet âge il y a de fortes chances qu'il l'avale, ce qui n'est pas souhaitable. Pour l'instant contentez-vous donc de l'eau sur la brosse, vous verrez plus tard pour le dentifrice.
La technique du brossage des dents (verticalement, de la gencive vers le tranchant de la dent, sans oublier la face postérieure), n'est pas évidente pour un petit. À chaque fois, vous le laisserez commencer la séance pour l'entraîner, mais vous prendrez le relais pour que les dents soient propres. La « cérémonie » doit durer au total 2 à 3 minutes ! Respectez le rituel intégralement à chaque fois, afin qu'il devienne un automatisme pour Bébé.

[+] COMMENT FAIRE QUAND BÉBÉ A PERDU SON DOUDOU ET QUE C'EST LA PANIQUE ?

Pas facile. Pour Bébé le doudou a une très grande importance, et le chagrin qu'il éprouve quand il le perd est immense et réel. Le doudou est ce que l'on appelle un « objet transitionnel », c'est-à-dire quelque chose qui remplace Maman quand elle s'éloigne, et lui permet d'être autonome. À ce titre, il est irremplaçable, il n'y a pas de substitut valable (à part vous !). Quand le doudou est perdu, finie l'autonomie de Bébé, il a besoin de vous à chaque instant… il n'y a plus rien pour vous remplacer. C'est là l'un des grands chagrins de son existence, dont il se souviendra longtemps. Vous devrez donc le soutenir dans ces pénibles circonstances, par vos douces paroles, vos câlins, jusqu'à ce que son chagrin s'estompe (ce qui peut prendre un certain temps). Compatissez, dites que vous comprenez, aidez-le à exprimer son chagrin. C'est la seule solution. La crise passée, Bébé aura accompli un grand pas en termes d'autonomie !

C'est la raison pour laquelle certains parents achètent les doudous par trois pour en avoir toujours un de rechange !

[+] SUITE À UN DÉMÉNAGEMENT J'AI CHANGÉ DE MODE DE GARDE, J'AI CONTACTÉ UNE NOUNOU, MAIS J'AI L'IMPRESSION QUE LE COURANT NE PASSE PAS TRÈS BIEN…

Le choix d'une nounou est toujours délicat, d'où l'importance du premier entretien, qui doit être franc et direct pour qu'une relation de confiance puisse s'établir. Commencez par interroger la nounou sur l'idée qu'elle se fait de son rôle et présentez-lui votre bébé. Observez comment la relation s'établit entre eux, comment elle le tient, comment elle lui parle, comment elle le regarde, comment il réagit. A-t-il l'air détendu, contraint ?

Observez aussi les autres enfants que la nounou a en garde, ont-ils l'air contents, sereins ? Ont-ils l'air bien tenus ? Demandez si vous pouvez visiter l'appartement pour voir comment et où Bébé fera sa sieste, où il mangera, jouera. Observez l'environnement ; y a-t-il des dangers potentiels : objets qui traînent, zones dangereuses non protégées ? Si la nourrice a elle-même un conjoint, des enfants, il serait bon que vous les rencontriez aussi. Si vous pensez choisir cette nourrice, expliquez-lui comment vous éduquez Bébé, ce que vous faites s'il ne finit pas son biberon, s'il ne veut pas dormir. Parlez-lui de ses habitudes… Avec le plus de diplomatie possible, exprimez clairement et franchement vos souhaits et votre vision des choses. Il ne peut y avoir de relation satisfaisante sans confiance réciproque. Or cette confiance est nécessaire pour le bien-être de Bébé.

Si vous ne vous sentez pas en confiance et pensez devoir changer de nounou, sachez que pendant les trois premiers mois vous pouvez mettre fin au contrat du jour au lendemain sans indemnité ni préavis. Au-delà ce sera plus difficile : un préavis de 15 jours sera nécessaire ainsi que le versement d'une indemnité correspondant à 15 jours de salaire.

[+] IL A DÉJÀ UN CERTAIN VOCABULAIRE MAIS IL PRONONCE MAL, DOIS-JE LE CORRIGER ?

À cet âge, cela ne servirait à rien et surtout il ne comprendrait pas. En revanche, pour favoriser son apprentissage, n'ayez pas peur de lui parler avec des gestes et des mimiques d'acteur de théâtre (comique !), n'hésitez pas à susciter des interactions sur le plan du langage. Tout est bon pour cela : chansons, comptines, lecture, images commentées… Une question reste ouverte cependant : lorsqu'il commence à combiner trois mots pour en faire des petites phrases (sujet, verbe, complément), est-ce qu'il vous imite ? Certains linguistes (Chomsky), pensent que non, que pour cela bébé se servirait d'un schéma intellectuel inné, qui par conséquent préexiste au langage. Mais surtout veillez à ce qu'il ne garde pas la tétine dans la bouche lorsqu'il parle.

2 ans : il découvre le « NON ! »

- Entre le 18ᵉ et le 24ᵉ mois, il apprend à monter les escaliers sans alterner (en posant les 2 pieds sur chaque marche), à lancer une balle.

- Il reconnaît les animaux dans son livre d'images et les nomme.

- Il imite les gestes des adultes accomplissant des tâches ménagères, comprend des ordres simples.

- Il s'oppose pour vous tester et fait des colères.
Il est moins timide que les mois précédents.

- Il commence à être propre le jour, mais les accidents sont encore fréquents.

- Il parle beaucoup, son vocabulaire est exponentiel et le « Non ! » est en bonne place. Il commence à faire de vraies phrases avec verbe et distingue le « tu » du « je ». Il commence à utiliser le pluriel.
Il s'appelle par son prénom

- Il apprend à laver et sécher ses mains et à enfiler ses vêtements.

- Il sait construire une tour avec des cubes.

- Il accepte plus qu'au cours des mois précédents d'être séparé de sa mère. C'est le début de l'autonomie !

Poids : environ 12 kg
Taille : environ 85 cm
Alimentation : 4 repas en veillant à son équilibre alimentaire.
Fruits et légumes crus sont au menu

Demain, je jette mes couches

Certains enfants sont propres à 2 ans, d'autres ont besoin de leurs couches plus longtemps. Inutile de les bousculer avant qu'ils ne soient prêts…

La propreté est avant tout une question de maturation physique et cérébrale. L'enfant doit être suffisamment développé pour sentir que sa vessie ou ses intestins sont pleins. En outre, il doit être capable de contrôler ses sphincters. Il a été observé (est-ce une coïncidence ?) que les enfants étaient prêts pour la propreté quand ils savaient monter un escalier. Cette période se situe entre 18 et 24 mois. Les petites filles sont généralement prêtes plus tôt que les petits garçons. Même si vous êtes pressée de voir votre enfant propre, n'en faites pas un enjeu entre vous et lui. Signalez à la nounou ou la crèche quand vous pensez qu'il est prêt pour le pot. Il est important d'être disponible pour l'accompagner dans son long apprentissage.

L'été se prête mieux à ce projet puisqu'on peut l'habiller de vêtements faciles à enlever et à laver…

> **CONSEIL DE BÉATRICE :**
> *Ne laissez pas l'enfant sur le pot plus de 5 minutes et ne permettez aucun jeu ou livre pendant ce moment ;*
> *pour l'instant, il faut qu'il sache qu'il est sur le pot pour une seule et unique raison !*
> *Tâchez de trouver un pot qui soit stable.*
> *Quand il fait caca, videz le pot et dites avec lui « au revoir » au caca.*
> *S'il salit ses vêtements, rassurez-le « un petit accident ce n'est pas grave ». Versez de l'eau gazeuse sur les taches et laissez agir 30 minutes.*
> *Pour la nuit, préparez des draps et des alèzes en « mille feuilles » plus faciles à changer en cas d'accident.*

CHOISIR SON POT AVEC LUI

Pourquoi ne pas acheter son pot avec lui ? C'est un objet qui lui appartient. Pour un garçon, choisissez un modèle qui remonte devant, pour que Bébé n'arrose pas le sol. Installez-le dans un coin accessible pour l'enfant, permettant une certaine intimité et proche des toilettes pour qu'il fasse l'association. Évitez de changer le pot de place trop souvent. Si lors de votre première tentative, votre enfant refuse catégoriquement de l'utiliser, remettez-lui sa couche et tentez un nouvel essai une semaine plus tard. Expliquez-lui que le pot, c'est comme les toilettes pour les grands. N'hésitez pas à lui répéter qu'on y fait caca et pipi.

COMMENT SAVOIR S'IL EST PRÊT

Entre 18 et 24 mois, Bébé commence à se rendre compte de ce qui se passe dans son ventre. Quand il est en train de faire caca, son attitude change et il se tient souvent accroupi ou fait des grimaces. C'est le moment de lui proposer le pot ou de le placer à sa portée. N'hésitez pas à lui répéter à chaque fois son utilité et à instituer une certaine régularité. Vous pouvez lui proposer de s'asseoir dessus après les repas par exemple. Pas question de l'y laisser très longtemps, 5 minutes suffisent largement. Laissez-le se lever s'il le souhaite et permettez-lui de déambuler les fesses à l'air et, éventuellement, de se remettre sur le pot s'il en éprouve le besoin. L'acquisition de la propreté ne doit pas être une contrainte. Ne le forcez pas et ne perdez pas votre sang-froid.

> **CONSEIL DE BÉATRICE :**
> *On ne rend pas propre un enfant, c'est lui qui le devient, et seulement quand il est prêt. Alors ne paniquez pas, un jour ou l'autre il y parviendra. Surtout, évitez moqueries, punitions ou humiliations en cas d'accident. Encouragez-le, montrez-lui votre satisfaction, mais n'en faites pas trop non plus, un cadeau à chaque caca dans le pot serait excessif !*

DOIT-ON LE FÉLICITER ?

Dès qu'il a réussi à faire pipi ou caca dans son pot, félicitez-le, mais sans exagération. Montrez-lui que vous déposez ensuite le contenu du pot dans les toilettes pour grands. Habillez-le de préférence de vêtements faciles à mettre et à enlever et attendez-vous à des « accidents » si vous lui permettez de gambader sans couche dans la maison. Cela fait partie de l'apprentissage et il est important de ne pas le gronder en cas d'accident inévitable. Demandez-lui de vous prévenir, mais ne vous fâchez pas s'il a prévenu trop tard. Certains enfants examinent avec curiosité leur caca, voire, cherchent à vous l'offrir. Là non plus, pas de panique, c'est tout à fait normal puisqu'il s'agit d'un produit issu de son corps et que votre enfant ne connaît pas encore le dégoût. Restez zen et montrez-lui que les excréments vont dans le pot et ensuite dans les toilettes.

▪ UN PEU D'HYGIÈNE ▪

Le lavage des mains doit être systématique après utilisation du pot pour éviter la transmission des germes fréquemment présents dans la matière fécale. Lavez-vous aussi les mains en même temps que votre enfant, après l'avoir essuyé et avoir vidé le pot et l'avoir nettoyé à l'eau savonneuse.
Profitez-en pour bien montrer à votre enfant comment on doit se laver les mains : on mouille ses mains sous l'eau, on les frotte avec du savon liquide en insistant sur chacun des petits doigts et entre les doigts, sur la paume et le dos des mains et l'on rince soigneusement. La serviette qui sert à essuyer les mains doit être changée fréquemment.

PROPRE LE JOUR, MAIS PAS LA NUIT

Peu à peu, votre enfant se servira tout seul du pot. Bien qu'il soit propre le jour, il n'en va pas pour autant de même la nuit. Continuez à lui mettre une couche le soir. Vous pourrez tenter de la lui supprimer lorsque vous trouverez une couche propre plusieurs matins de suite. Bien sûr, vous risquez encore des accidents, car la propreté nocturne n'est que rarement atteinte avant 3 ans, voire plus tard.

QUAND PEUT-IL UTILISER LES TOILETTES ?

Même si certains enfants sont rapidement familiarisés avec les toilettes, ces dernières, même équipées d'un siège adaptable, sont souvent très impressionnantes pour l'enfant au début de l'apprentissage. En outre, voir disparaître ses excréments dans la cuvette peut l'effrayer.
Les petits garçons font généralement pipi assis jusqu'à 2 ans et demi et n'adoptent la position debout que lorsqu'ils entrent en maternelle. Quand ils manifestent le désir d'uriner debout, les toilettes sont plus adaptées, à condition d'utiliser un marchepied.

Sommeil et rêves : comprendre le mécanisme

Ses habitudes changent et l'autonomie prend le dessus.
L'aider à s'endormir est une négociation au jour le jour.

Le sommeil d'un enfant de 2 ans n'est plus celui d'un bébé ; il est déjà proche de celui de l'adulte. En général, à cet âge, Bébé dort encore 13 à 14 heures par jour et ne fait plus qu'une seule sieste dans l'après-midi (il en sera ainsi jusqu'à ses 5 ans).
Chaque cycle commence en sommeil lent, se termine en sommeil paradoxal et dure environ 70 minutes, avec une période d'éveil entre chaque cycle. Généralement très brefs, ces éveils peuvent passer inaperçus, mais parfois il leur arrive de durer un certain temps. Souvent, ils n'affectent pas l'enfant qui reste tranquillement dans son lit, les yeux ouverts ; mais ce n'est malheureusement pas toujours le cas, et le bébé le fait savoir. Le soir, il devra être couché, en moyenne, aux environs de 21 heures.

> **CONSEIL DE BÉATRICE :**
> *Il n'est jamais trop tard pour apprendre à un enfant à s'endormir tranquillement. Réinstaurez des rituels. Le doudou, la tétine, ou le pouce sont importants. Ils ont pour fonction de remplacer les parents quand il s'agit de faire face à de petits ennuis. En l'absence de doudou, c'est vous qui en ferez office. Votre bébé aura besoin de vous lors de ses microréveils nocturnes et ce sera vite l'escalade. Attention à ne pas utiliser le lit comme punition : dormir est et doit rester un plaisir. Résistez à la tentation de donner des somnifères, cela altère la qualité du sommeil et ne résout pas les problèmes. Vous pouvez craquer parfois et prendre Bébé dans votre lit, mais évitez que cela ne devienne une habitude. En revanche, s'il est malade, il est normal qu'il dorme à côté de vous (qui ne l'a pas fait ?), ne serait-ce que pour que vous puissiez surveiller sa respiration.*

IL A DU MAL À S'ENDORMIR

Il est énervé L'endormissement est souvent difficile. L'enfant est encore tout excité en repensant aux événements de sa journée. Il faut dire qu'il lui arrive tant de choses pendant cette période ; il sait marcher, grimper, courir, sauter, danser... il découvre le monde, qui lui devient de jour en jour plus intelligible et donc plus intéressant ; il change physiquement, et tout cela à grande vitesse. Quand arrive le soir, il n'a pas envie de se coucher.

Il est angoissé Sa vie quotidienne est source de joie, de plaisir, mais aussi d'angoisse. La peur est une bonne raison de perdre le sommeil. Elle est toujours très présente dans le vécu d'un enfant de 2 ans, et cela contribue aussi à rendre le coucher difficile. Il a peur d'être séparé de ses parents, il redoute d'avoir à les « quitter » le soir. Il peut aussi avoir peur en repensant à un événement de la journée qui l'a perturbé. Il faut le rassurer, lui faire comprendre que ses parents sont toujours là.

Il fait des cauchemars C'est aussi l'âge des premiers cauchemars, et Bébé peut avoir du mal à s'endormir parce qu'il en craint la survenue. Faites-lui raconter sa peur.

Il adore dire « Non ! » Autre obstacle possible au coucher de Bébé : ce nouveau pouvoir qu'il vient de se découvrir, qui lui procure bien du plaisir et lui donne l'occasion d'affirmer sa personnalité : dire « Non ! »

POUR QUE LE COUCHER SE PASSE BIEN

D'abord il faut une rassurante régularité : le coucher sensiblement à la même heure chaque soir, dans un environnement stable qui est le sien, avec son doudou, un ou deux objets familiers, selon un rituel quasi immuable et commencé bien avant l'heure du coucher dans le calme, pour que l'enfant ait le temps de se détendre et de se préparer psychologiquement : ce peut être un dessin animé ou une histoire (parfois la même plusieurs soirs de suite), une fois couché, ce peut être « Remets-moi la couverture », « Ferme les rideaux », « Laisse la lumière allumée »... mais attention au chantage, aux abus de pouvoir de Bébé ! Ne vous laissez pas déborder par ce charmant manipulateur... Il faut savoir bien doser la fermeté, céder un tout petit peu pour pouvoir ensuite dire doucement mais fermement : « Non ! »

> **CONSEIL DE BÉATRICE :**
> Attention aux erreurs diététiques !
> Trop de protéines ou de farines
> le soir peuvent donner soif,
> et cette soif peut réveiller Bébé.
> Le soir, privilégiez donc féculents
> et fibres avec un peu de beurre ou
> de parmesan et un laitage.
> Si votre enfant aime toujours son biberon,
> il n'y a aucune urgence
> à le supprimer. Il a un pouvoir
> apaisant certain.

▪ CAUCHEMAR OU TERREUR NOCTURNE ? ▪

Il ne faut pas confondre cauchemar et terreur nocturne. La terreur nocturne survient en début de nuit, souvent avant minuit et n'éveille pas l'enfant. Il peut avoir les yeux grands ouverts, parler, être debout dans son lit. Il ne se souviendra de rien le lendemain matin. Le cauchemar survient le plus souvent en fin de nuit, après 2 heures du matin, et le réveille.
Le cauchemar est un rêve qui fait peur à l'enfant dans son sommeil. Il s'éveille en pleurant, en criant, il vous reconnaît quand vous arrivez ; il peut vous raconter son rêve et s'en souviendra parfois longtemps, ce qui explique qu'ensuite il redoute parfois de se coucher. Apaisez-le, rassurez-le doucement en prenant votre temps, il se peut qu'il se rendorme assez vite, mais ce n'est pas la règle. S'il a l'air de vouloir parler de son cauchemar, encouragez-le à le faire et écoutez-le. Par la suite, vous pourrez lui faire raconter son rêve pour chasser les « monstres » qui l'ont assailli pendant son sommeil. Les contes de fées sont aussi un bon moyen de dédramatiser.

LE RESPECTER ET NE JAMAIS TRAHIR

Maintenant qu'il est très libre de ses mouvements et peut aisément sortir de son lit, vous pouvez vous attendre à ce qu'il se lève la nuit et vous rende visite.
S'il découvre alors que vous n'êtes pas là et qu'une baby-sitter qu'il ne connaît pas a pris le relais sans qu'il en ait été prévenu, il peut vivre cela de manière dramatique. Une telle trahison, car c'en est une, doit être absolument évitée. Vous devrez toujours le prévenir et, si possible, lui présenter la baby-sitter avant de vous absenter, en lui précisant où vous allez et quand vous allez revenir...

Il fait des bêtises

Pas une seconde de répit pour les parents d'un bébé de 2 ans... Expériences ou bêtises, comment réagir ?

Avant l'âge de 2 ans, on ne peut pas parler réellement de bêtises. Votre enfant n'a pas encore conscience du bien et du mal. S'il est curieux et particulièrement éveillé, il a besoin de faire des expériences pour grandir et s'affirmer. Seulement, son développement psychomoteur est loin d'être achevé et ses maladresses sont difficiles à prévoir et à éviter. Bien sûr, il comprend vos mises en garde, mais son besoin d'expérimenter est plus fort. Pour vous, c'est une tension constante et une surveillance sans relâche.

> **CONSEIL DE BÉATRICE :**
> *Votre enfant vous teste et fait des bêtises, c'est normal. Rien ne m'inquiète plus qu'un enfant trop sage, trop discipliné. Mais c'est une période difficile pour les parents, qui ne reconnaissent plus leur enfant si tranquille et si gentil auparavant. La période des bêtises est transitoire, mais a tendance à se répéter. Plutôt que de pester rassurez-vous et félicitez-vous, c'est un signe de bon développement psychoaffectif. Votre enfant vous teste et cela lui donne confiance.*

IL DEVIENT UNE PERSONNE

Le mot magique Votre enfant a découvert qu'il est différent de vous et qu'il a sa propre volonté. Le « Non ! » devient le mot magique qui lui permet de s'affirmer : il est entré en phase d'opposition. Faire le contraire de ce qu'on lui demande pour tester ses parents devient son jeu préféré. Il a besoin de connaître ses limites et c'est à vous de les lui montrer. Les interdits deviennent indispensables pour le protéger des dangers, mais aussi pour lui apprendre à respecter les autres et pour lui permettre de s'intégrer dans une collectivité.

Il est urgent d'exercer votre autorité parentale En fait, votre enfant a besoin que vous instauriez des limites pour se sentir en sécurité. Chaque transgression doit être marquée et, si nécessaire, sanctionnée. Ces sanctions n'ont que peu de valeur tant que votre enfant ne comprend pas leur sens. Soyez patient(e) et expliquez-lui à chaque fois pourquoi il ne fallait pas agir ainsi. Dites-lui pourquoi il ne doit pas monter l'escalier

tout seul, se mettre debout sur une chaise, jeter son jouet à la tête de quelqu'un, etc. Ces interdits qu'il essaie à chaque fois de transgresser sont des défis qui finiront par le lasser, et il acceptera peu à peu certaines limites. Vos explications ont une valeur pédagogique payante avec le temps.

EXPÉRIENCES NÉCESSAIRES ET DANGERS

À 2 ans, votre enfant se déplace de mieux en mieux. Il découvre cette autonomie avec un réel plaisir. Et bien sûr, il veut faire comme les grands, puisqu'il est un imitateur de talent.
Il n'a généralement pas la notion du danger et parfois il est fier de son exploit. Même s'il sait que ce qu'il fait est interdit, il n'a pas les moyens de comprendre pourquoi. Alors, ne réagissez pas trop violemment si le danger n'est pas réel. En fonction de sa vitalité, votre rôle sera plus ou moins difficile ; il est impossible de lui épargner toutes les plaies, bosses et égratignures.
Les interdits absolus Mettre ses doigts ou des objets dans une prise, tenter de descendre l'escalier seul ou refuser de donner la main quand vous êtes dans la rue, sont des bêtises qui mettent sa sécurité en jeu et qui doivent être punies immédiatement. C'est vous qui devez assurer sa protection et la réprimande doit être systématique.

IL VEUT SE FAIRE REMARQUER

Certains enfants font des bêtises pour attirer l'attention d'autrui. Pas encore capables de communiquer efficacement grâce au langage, ils cherchent à se faire remarquer en transgressant des interdits. Quand votre petit, tranquillement dans son coin, déchire un livre, casse un objet ou lance ses jouets autour de lui, demandez-vous si vous lui portez toute l'attention nécessaire. S'il se calme et cesse ses bêtises, dès que vous vous occupez de lui, expliquez-lui tranquillement que vous n'avez pas toujours le temps de vous consacrer exclusivement à lui. Dites-lui aussi qu'il n'a pas le droit de déchirer des livres, ni de casser quoi que ce soit, mais que vous l'aimez, même si vous êtes occupé(e) à autre chose.

• ANTICIPEZ LES RISQUES •

• Ne le laissez jamais seul même pour quelques instants.
• Pas de fenêtre ouverte en dehors de votre présence et pas de table ni de chaise ou de fauteuil à côté de la fenêtre. Celle-ci doit être munie d'un dispositif de blocage.
• Condamnez l'accès à la terrasse ou au balcon si nécessaire et posez des grillages.
• Méfiez-vous des meubles ou objets qui pourraient s'empiler : tabouret, gros coussins, coffre, boîtes, etc.
• Apprenez-lui les dangers en l'accompagnant, en montant et descendant l'escalier avec lui, par exemple.
• Rangez systématiquement les objets dangereux.

COMMENT RÉAGIR EN TANT QUE PARENTS ?

Discutez avec votre compagnon de l'attitude à adopter face aux bêtises de votre enfant et mettez-vous d'accord. Tous les enfants ont besoin de limites et mieux vaut avoir des principes solides et communs. Refusez catégoriquement un certain nombre de choses, mais laissez à votre enfant un espace de liberté et de négociations.
Quand vous sanctionnez, réagissez immédiatement en évitant de hurler. La punition doit sanctionner la bêtise et non humilier l'enfant ce qui, naturellement, exclut le châtiment corporel. Sachez que votre enfant ne peut se développer harmonieusement dans un monde qui n'est fait que d'interdits, même si cela peut être efficace sur le moment.

> **CONSEIL DE BÉATRICE :**
> *Rien de ce qui touche à la sécurité ne peut être discuté : donner la main dans la rue ou pour descendre l'escalier, s'attacher dans le siège auto…*
> *Rappelez-lui que vous l'aimez tellement que vous craignez pour sa sécurité et que ça ne vous gêne pas de lui dire non, qu'il n'y a pas de négociation possible.*
> *La fermeté de votre voix et votre conviction le rassureront et il obéira d'autant mieux.*

Père : entre tendresse et autorité

Quand l'enfant atteint l'âge de 2 ans, la présence du père doit se renforcer, que ce soit pour forger avec la mère un modèle d'éducation et affronter l'âge de l'opposition ou pour jouer enfin au foot…

Un enfant se fait à deux et, en principe, il s'élève à deux aussi. Même si vous avez l'impression que votre compagne est une mère toute-puissante qui joue un rôle immense auprès de votre enfant qui ne jure que par elle, sachez que vous êtes toujours présent dans son esprit de mère : combien de fois aura-t-elle dit à votre bébé : « Papa ne serait pas d'accord… », « Papa ne sera pas fier de toi… », « On verra avec Papa si tu peux… », etc.

DES VALEURS COMMUNES

Un père, même absent, est toujours présent dans l'esprit de la mère. Un père réellement présent, c'est encore mieux. Si vous ne l'avez pas déjà fait, il est grand temps de vous mettre d'accord sur les grands principes de l'éducation. Souvent, vous n'avez pas subi les mêmes influences, n'avez pas été éduqués avec les mêmes valeurs et il s'agit maintenant d'établir vos principes d'éducation communs. Cela se fait en discutant, en s'enrichissant de la culture et des opinions du partenaire et en se mettant d'accord pour établir les limites nécessaires pour faire grandir votre petit harmonieusement. C'est seulement si vous avez trouvé des valeurs communes, que vous serez capables d'instaurer un cadre rassurant pour élever votre enfant. Votre compagne pourra alors dire : « Papa et moi nous sommes d'accord sur le fait qu'il faut mettre un casque pour faire de la bicyclette… »

Entre 18 mois et 2 ans, le père représente une autorité aimante face à un enfant qui cherche ses limites. Mieux vaut alors que l'enfant se forge grâce aux principes que vous avez élaborés ensemble. Si l'enfant ne rencontre pas de limites au début de sa vie, ses frustrations seront d'autant plus grandes quand il devra, plus tard, se plier à certains interdits.

> **CONSEIL DE BÉATRICE :**
> *Écoutons Jacques Lacan qui insiste sur le meilleur service qu'un père puisse rendre à son fils : lui montrer qu'il aime et désire sa propre femme. Cela est tout aussi important pour la fille qui pourra ainsi devenir une femme aimante.*

2 ANS — PÈRE : ENTRE TENDRESSE ET AUTORITÉ

> **CONSEIL DE BÉATRICE :**
> *Petit, l'enfant croit en sa toute-puissance infantile ce qui explique ses caprices et ses exigences qui, nous l'avons vu, sont indispensables et de bon augure.*
> *Il est nécessaire qu'il s'autorise à tester ses parents. C'est ainsi qu'il prendra confiance en lui et gagnera en autonomie.*
> *Le bébé et sa maman sont fusionnels, et c'est tout à fait normal, mais le père a pour rôle de rompre cette unité.*
> *Du haut de la relation triangulaire (Bébé et Maman représentant la base), il permet à l'enfant de se construire en tant que personne à part entière.*

ÊTRE PÈRE AUJOURD'HUI

Quel père a encore envie de représenter uniquement l'autorité ? On est loin de la définition du père selon Freud qui voit en lui un référent social incarnant la loi. Aujourd'hui, 80 % des pères souhaitent assister à la naissance de leur enfant ; ils sont plus de 60 % à prendre un congé de paternité ; en cas de séparation, ils peuvent revendiquer une garde partagée et sont capables de l'assumer. Sont-ils pour autant tous devenus papas poules ? Ce n'est pas parce qu'ils changent une couche ou nourrissent l'enfant qu'ils perdent pour autant leur autorité. Il n'est pas nécessaire de jouer les durs en permanence pour garder son statut d'« homme ».

PÈRE D'UN GARÇON

À 2 ans, le développement psychomoteur de votre enfant permet des jeux physiques dont vous rêviez peut-être dès les premières heures de grossesse de votre compagne. Jouer au foot avec son petit garçon rappelle peut-être aussi des moments heureux qu'on a connus avec son propre père ou qu'on aurait voulu connaître avec lui. Et votre garçon sera fier de vous et de votre savoir-faire. Du statut de rival, face à la mère, vous passerez à celui de héros que l'on souhaite imiter. De nouvelles habitudes seront prises, des moments qui instaureront la complicité père-fils. Sachez que votre enfant a besoin de vous admirer pour sa propre construction narcissique. L'exemple de votre comportement a autant sinon plus de valeur que vos paroles. Devenir comme son père, prendre les mêmes attitudes, comprendre qu'on a les mêmes attributs sexuels, tout participe à la future identité. Les paroles du père confortent l'enfant et le rassurent et ce serait désastreux si ces paroles étaient humiliantes.

PÈRE D'UNE FILLE

La relation du père à sa fille sera teintée de ce que lui-même a vécu avec sa propre mère. Qu'il cherche à retrouver cette relation ou au contraire qu'il la rejette, ce qui importe c'est d'inventer une nouvelle relation à sa fille. Comme pour le fils, le père permet à sa fille de s'évader de l'emprise maternelle et d'aller vers les autres. Sauter, courir, apprendre à faire de la bicyclette peut se faire idéalement avec le père. La petite fille a besoin d'être confirmée et admirée par son père pour exister socialement. La séduction qu'elle cherchera à exercer sur son père doit être canalisée par celui-ci, qui lui expliquera que c'est Maman qui est sa femme. À partir de 2 ans, le père ne devrait plus se montrer nu devant sa fille, ni l'embrasser sur la bouche pour écarter toute ambiguïté. L'interdit doit être formellement posé pour ne pas entraver l'attirance vers d'autres hommes à l'âge adulte.

▪ LE COMPLEXE D'ŒDIPE ▪

Selon Freud, l'enfant désire le parent du sexe opposé et manifeste une certaine hostilité envers le parent du même sexe, considéré comme un rival. Ce phénomène apparaît entre 2 et 3 ans. Tout s'arrange à partir du moment où l'enfant s'identifie au parent du même sexe. Cela lui permettra de comprendre les principes de l'interdit de l'inceste et d'intégrer son image sexuelle, indispensable pour sa sexualité de futur adulte. Pour les filles et les garçons, le premier objet d'amour est la mère. Les garçons s'accrochent intensément à leur mère alors que les filles la considèrent comme une rivale et cherchent à séduire le père. La peur de la castration, selon Jacques Lacan, existe pour les deux sexes.

L'école à 2 ans ?

La scolarisation à 2 ans est une possibilité en France. Elle est loin de faire l'unanimité parmi les professionnels de l'éducation. Comment savoir si votre enfant est prêt ?

QUEL EST LE RÔLE DE LA MATERNELLE ?

Même si la maternelle de votre quartier dispose d'un accueil pour les plus petits, l'école n'a pas pour vocation première d'assurer la garde des bébés, mais d'assurer leur éveil et leur développement. Par conséquent, on attend de l'enfant une certaine autonomie.

La maternelle, fondée par Pauline Kergomard à la fin du XIXe siècle, est une structure scolaire que nous envie le monde entier. Y entrer à 2 ans n'est certainement pas à recommander pour tous les enfants. La plupart d'entre eux sont alors en pleine phase d'opposition, ne jouent pas encore avec les autres, mais à côté des autres, et n'ont pas encore dépassé le stade du « Moi je ». En outre, de récentes études n'ont pas réussi à démontrer qu'il y a de réels avantages à scolariser les enfants de cet âge.

Toutes les maternelles ne peuvent pas non plus accueillir de si jeunes enfants dans de bonnes conditions. Pour permettre l'accès

aux enfants de 2 ans, plusieurs conditions sont nécessaires. Le nombre d'enfants par classe ne devrait pas dépasser 10 à 15 et l'encadrement devrait y être assuré par 2 adultes au moins, dont un enseignant et un agent spécialisé d'école maternelle (En crèche, une auxiliaire de puériculture s'occupe de 5 à 8 enfants). Or, en règle générale, une classe de maternelle reçoit environ 25 enfants âgés de 2 à 3 ans.

POURQUOI LE SCOLARISER À 2 ANS ?

C'est gratuit Il faut bien avouer que l'argument économique est de taille. Les frais de garde pour un enfant en crèche ou chez une assistante maternelle sont relativement élevés malgré les aides et la possibilité de réduction d'impôt. L'école publique est gratuite et assure une garde après 16 h 30 jusqu'à 18 h. En outre, les enfants sont encadrés par un personnel bien formé. Renseignez-vous pour savoir si la maternelle de votre quartier propose une structure adaptée aux plus petits et demandez à visiter les lieux.

Des maternelles adaptées Certaines écoles maternelles ont beaucoup amélioré leur accueil des enfants de 2 ans et disposent de structures spécifiques. Ces classes à plus petit effectif sont organisées par ateliers, respectent le rythme du jeune enfant et disposent de véritables petits lits pour faire la sieste. Quand toutes ces conditions sont réunies, les institutrices ont la possibilité d'exercer leur

> **CONSEIL DE BÉATRICE :**
> *Observez les comportements de votre enfant. S'il se renferme, régresse, dort mal, pleure tous les matins, c'est que l'école ne lui convient pas.*
> *Ne vous inquiétez pas, mais trouvez une autre structure de garde ou, si l'établissement le permet, mettez-le 2 demi-journées seulement à l'école.*
> *L'important est que votre enfant soit épanoui. Une entrée précoce en maternelle ne garantit pas de meilleurs résultats scolaires pour l'avenir.*

▪ LA PÉDAGOGIE MONTESSORI ▪

Maria Montessori, première femme médecin en Italie, exerçait dans la banlieue de Rome où elle fut en contact avec des « cas sociaux ». Elle créa en 1907 La Maison de l'enfant. Son système pédagogique s'articule autour de sa volonté de donner à l'enfant un cadre rassurant lui permettant de faire la paix avec lui-même et de se concentrer sur les objets favorisant l'apprentissage. L'espace matériel de la classe, par exemple, est conçu en harmonie avec la taille de l'enfant : réduction du mobilier scolaire et fabrication d'objets pédagogiques à la taille de l'enfant. L'enseignant n'est pas un dominateur vis-à-vis de l'enfant, mais un médiateur. On respecte le rythme de chaque enfant qui apprend à se concentrer autour d'une tâche à sa portée, le but étant de lui faire acquérir son autonomie. Suivant le principe selon lequel l'enfant a besoin d'un espace à investir et que l'ordre lui est nécessaire, des ateliers consacrés à différentes activités sont créés pour lui : il s'y sent protégé dans ses expériences.

Les méthodes de Maria Montessori ont très largement inspiré les petites sections de nos écoles maternelles et des écoles Montessori existent dans de nombreuses villes en France et dans le monde.

http://www.montessorienfrance.com

métier avec passion et talent et chaque enfant peut bénéficier d'une attention suffisante pour développer son langage et acquérir de plus en plus d'autonomie. Il est ainsi stimulé par la richesse des activités, mais aussi par le fait de côtoyer d'autres enfants, et rassuré par une présence adulte. Si votre enfant est prêt, la maternelle à 2 ans peut, dans ces conditions, lui être bénéfique.

COMMENT SAVOIR S'IL EST PRÊT ?

• Votre enfant doit pouvoir suivre un certain rythme, respecter des consignes, comme lever le doigt avant de parler et rester assis tranquillement. Dans la cour, il est exposé aux bousculades des plus grands. Il va de soi aussi qu'il doit être capable de parler et d'écouter les explications des adultes. S'il n'y parvient pas encore, les psychologues estiment que la scolarisation peut avoir sur lui un effet négatif.

- L'objectif de cette première année est le respect mutuel : s'écouter, se prêter des jouets, ranger, ne pas se battre, attendre son tour et obéir aux adultes. Pas facile pour un tout-petit qui est encore en pleine phase égocentrique.
- Votre enfant doit être capable de se séparer de vous sans trop de peine et se sentir à l'aise dans un groupe d'enfants.
- Il doit être propre et savoir faire pipi tout seul, être capable de s'habiller et de mettre ses chaussures.
- S'il s'ennuie chez la nounou ou à la crèche et cherche la compagnie d'autres enfants, il est probablement prêt pour l'école ou aurait besoin d'une structure intermédiaire.
- Au terme du bilan de santé des 24 mois, le pédiatre peut vous aider à estimer s'il est prêt à aller à l'école.
- Enfin, le fait qu'il demande de lui-même à aller à l'école est un argument majeur.

N'essayez pas de l'inscrire à l'école s'il ne parle pas ou si ses paroles sont incompréhensibles. Il risque de se sentir exclu. S'il est collé à vous et s'il n'a jamais connu de collectivité, envisagez une solution intermédiaire. Si vous l'inscrivez, n'envisagez pas une journée complète plus la garderie du soir.

POUR UN BON DÉBUT EN MATERNELLE

Certaines maternelles acceptent, pour commencer, d'accueillir votre enfant seulement à mi-temps. Si cette solution peut vous convenir, votre enfant pourra s'adapter en douceur. C'est moins fatigant pour lui qu'une journée continue avec cantine, sieste et éventuellement garderie pour la soirée. En revanche, il n'aura pas, à mi-temps, la même continuité dans les activités que les autres enfants et il aura plus de mal à s'intégrer et à se faire des amis.

Ne scolarisez pas votre enfant à plein-temps à l'âge de 2 ans si votre maternelle n'offre pas un accueil adapté aux plus petits. Si vous n'avez pas d'autre choix que le plein-temps, cherchez à décrypter ses réactions après quelques jours de fréquentation. S'il se renferme et se replie sur lui-même ou s'il fait des cauchemars, s'il régresse, a beaucoup d'accidents de pipi dans la journée, parle bébé, est anormalement fatigué et pleure chaque matin, c'est qu'il a vraiment du mal à s'adapter à l'école. Discutez-en avec son institutrice pour savoir ce qu'elle en pense et essayez de trouver une solution intermédiaire si elle pense qu'il n'est pas encore mûr pour l'école.

> **CONSEIL DE BÉATRICE :**
> *Selon moi, l'école n'est pas adaptée actuellement aux tout-petits de 2 ans. Ils ont encore un grand besoin d'être maternés et cela n'est pas compatible avec les classes surchargées.*
> *Entre 2 et 3 ans, l'enfant est en pleine acquisition et il doit prendre confiance en lui. Pour cela, il a beaucoup plus besoin d'être écouté que d'écouter ! Il doit apprendre à devenir autonome et non se plier à une discipline exigée, comme celle à laquelle on soumet d'ordinaire les enfants en toute petite section. Il a encore souvent besoin de 1 ou 2 siestes par jour.*
> *Si votre enfant est mis en compétition trop tôt avec d'autres enfants, il peut devenir agressif ou s'isoler et rejeter l'école. Il peut alors développer une vraie phobie avec un risque d'échec scolaire à moyen ou long terme.*

ET SI LA MATERNELLE À 2 ANS ÉTAIT UNE CHANCE

La scolarisation précoce dans une petite structure peut présenter des avantages pour l'apprentissage de la langue et la familiarisation avec les livres d'un enfant dont la langue maternelle n'est pas le français ou qui évolue dans un milieu peu favorisé. Il pourra s'approprier le langage progressivement et aborder la lecture en cours préparatoire avec des chances de réussite comparables à celles des autres enfants. Dans ces cas, 4 ans de maternelle peuvent représenter un réel avantage.

UNE SOLUTION INTERMÉDIAIRE

Certains pédagogues et pédiatres estiment qu'une solution intermédiaire entre la crèche et la maternelle manque, comme le jardin d'enfants (voir encadré p. 255) qui pourrait accueillir les enfants entre 2 et 4 ans en proposant un programme d'éveil et l'apprentissage précoce d'une seconde langue. Pour l'instant, des structures privées offrent déjà ce type d'accueil et certaines bénéficient même d'un agrément permettant aux parents de recevoir des aides ou des réductions d'impôts, mais leur nombre est insuffisant. Certaines haltes-garderies mettent également l'accent sur l'éveil de l'enfant.

PUBLIC OU PRIVÉ ?

Public Pour inscrire votre enfant dans une école publique, il vous suffira de vous rendre au service des inscriptions scolaires de votre mairie, munie d'un justificatif de domicile, d'une fiche d'état civil et du carnet de santé de votre enfant. Selon votre lieu de résidence, vous dépendez d'un secteur scolaire. Prenez rendez-vous avec la direction de l'école et renseignez-vous sur l'accueil prévu pour les tout-petits. Si cet établissement ne vous convient pas, et si vous avez connaissance d'une autre école qui offre l'accueil souhaité, vous pourrez, sous certaines conditions, obtenir une dérogation (par exemple, si l'un de vos enfants est déjà inscrit dans cet établissement, si celui-ci se trouve près de votre lieu de travail, si des places y sont disponibles, etc.). Dans ce cas, vous devrez retirer un formulaire auprès de votre mairie dès le mois d'avril.

Privé Si vous optez pour une école privée, sachez que certaines, très demandées, ont des listes d'attente. Prenez rendez-vous avec la direction le plus tôt possible et renseignez-vous régulièrement pour savoir si votre enfant sera accepté.

L'animal de compagnie : une décision qui ne doit pas être prise à la légère

Une famille sur deux environ possède un animal de compagnie, le plus souvent bien sûr, un chien ou un chat... mais on peut tout voir, du poisson rouge au cochon d'Inde en passant par le hamster ou la gerbille, voire la perruche...

Avec son animal, qu'il devra nourrir, surveiller, l'enfant apprendra la responsabilité. Il apprendra aussi la communication ainsi que le respect de « l'autre » et de son territoire.

C'est en général l'enfant qui réclame un animal et il convient de bien réfléchir avant de s'engager pour un certain nombre d'années (3 ans en moyenne pour un cochon d'Inde, une quinzaine d'années pour un chien).

À son chien, toujours prêt à l'écouter, un enfant peut parler, se confier, faire un câlin ; il aura toujours droit à des témoignages d'affection en retour.

> **CONSEIL DE BÉATRICE :**
> *Au moment de choisir un chiot, choisissez-en un qui ne mordille pas les mains et qui ne semble ni trop timide ni trop expansif.*
> *S'il s'agit d'un chat, prenez-le par la peau du cou, puis mettez-le sur le flanc et gratouillez-lui le ventre ; s'il se laisse faire, c'est qu'il accepte les contraintes et sera « gentil »,*
> *en revanche, s'il se rebiffe méfiez-vous : il ne sera pas docile !*

LA RELATION ENTRE L'ENFANT ET L'ANIMAL

La relation entre l'enfant et l'animal est différente en fonction de leur ordre d'arrivée respectif dans la maison. Si l'animal était présent avant l'enfant, il risque d'être rendu jaloux par l'arrivée de cet intrus ; il faudra les présenter l'un à l'autre et surveiller étroitement les premiers contacts. C'est beaucoup moins vrai avec un chiot qui arrive dans la maison en même temps que l'enfant ou après lui ; la fraternisation est beaucoup plus aisée et une certaine complicité s'instaure.

Quel que soit le cas de figure, un enfant de 2 ans ne doit jamais être laissé seul avec un animal ; il ne comprend pas encore assez ses réactions. Le chien notamment n'est pour l'enfant de cet âge pas beaucoup plus qu'un objet de transition, une sorte de doudou un peu remuant, qui lui apportera une certaine sécurité affective.

Ce qui vaut pour le chien vaut, dans une large mesure, pour le chat (moins chaleureux et plus indépendant) et pour le cochon d'Inde.

COMMENT CHOISIR SON CHIEN ?

Le mieux est d'adopter un chiot d'environ 3 mois, d'une race non dominante et de petite taille.
Ne l'achetez pas n'importe où, adressez-vous à un éleveur agréé qui pourra vous conseiller. Au moment d'acheter, ne cédez pas à vos impulsions, observez bien si l'animal a l'air en bonne santé, si son comportement et son contact avec les enfants paraît normal. Dès l'achat, prenez contact avec un vétérinaire pour un bilan de santé et la mise en route des vaccins.

C'est beaucoup moins vrai pour le hamster ou autre gerbille, le poisson rouge et le canari. Avec le cochon d'Inde qui ne vit en moyenne que 3 ans, votre enfant apprendra aussi sans trop de douleur, ce qu'est la mort.

DU BONHEUR...
MAIS AUSSI DES CONTRAINTES

S'occuper d'un animal demande du temps, mais aussi un budget non négligeable, qu'il s'agisse de la nourriture, des frais de vétérinaire, des soins d'hygiène divers.
Avant de décider l'adoption d'un chien, par exemple, il faut donc penser aux contraintes que cela implique ; aussi charmant que soit l'animal, il vivra une quinzaine d'années, ou plus, et pendant toutes ces années, si vous ne disposez pas d'un grand jardin, qu'il pleuve ou qu'il vente, il devra être promené plusieurs fois par jour. Au début, ce sera vous qui le sortirez et qui vous en occuperez, ensuite il vous est permis d'espérer que votre enfant, quand il aura l'âge de le faire, s'en chargera, mais l'expérience semble montrer qu'il en va très rarement ainsi...

> **CONSEIL DE BÉATRICE :**
> *Un animal n'est pas un jouet vivant. Ne cédez pas à la demande de votre enfant trop rapidement, réfléchissez bien avant. Les refuges pour animaux sont pleins d'animaux achetés impulsivement pour satisfaire un caprice d'enfant et délaissés ensuite.*

DES RISQUES À GÉRER

La cohabitation d'un enfant et d'un animal comporte des risques dont vous et lui devrez être bien conscients.
L'enfant doit respecter l'animal Il faudra apprendre à l'enfant comment se comporter avec l'animal : ne pas le déranger pendant son sommeil, son repas, ne pas toucher sa gamelle (même quand il n'est pas en train de manger), ne pas l'agacer, le menacer ou lui faire peur, et évidemment ne jamais le frapper.
Morsures et coups de griffes Rappelez-vous qu'un tiers des accidents de morsure ont lieu à la maison et mettent en cause le chien de la famille. Les enfants entre 1 et 5 ans en sont les premières victimes. Les conséquences de telles blessures peuvent être gravissimes.
Le chat pose moins de risque de morsure que le chien, mais ses coups de griffes sont douloureux. Ils sont aussi vecteurs de maladies spécifiques : allergies et asthme liés aux acariens qui habitent ses poils.
Il faut aussi penser aux maladies (vers intestinaux, mycoses) que peuvent transmettre par la salive et les selles les chiens et autres animaux de compagnie quand ils lèchent le nez ou la bouche de l'enfant. Les risques de transmission diminuent fortement si l'animal est régulièrement suivi, vacciné et traité par le vétérinaire. Attention, les tiques non fixées peuvent passer du chien à l'humain.

Comment l'enfant construit sa mémoire ?

Comment pourrait-il se développer sans mémoire, quand on considère ce qu'il doit apprendre au cours de ses premières années ? Comment ferait-il pour marcher si chaque jour il devait réapprendre la technique ? C'est en interaction avec ses proches et son environnement que Bébé va construire sa mémoire !

Il n'existe pas dans le cerveau à proprement parler un « centre » de la mémoire, mais un certain nombre de structures et de zones reliées entre elles et avec l'ensemble du cerveau de manière complexe, car la mémoire est affaire d'associations et de recoupements des données recueillies par les différents sens ou déjà présentes dans la mémoire.

UNE MÉMOIRE DOUBLE

Comme dans un ordinateur, il existe chez l'humain, dès l'enfance, deux sortes de mémoire : l'une à court terme, l'autre à long terme. La première, immédiatement accessible, mais très labile, permet de se rappeler, quelques minutes seulement, une information qui ne sera utile qu'un bref laps de temps (« Où ai-je mis mon doudou ? »). Ensuite, le souvenir de cette information s'effacera pour ne pas encombrer la mémoire qui, comme celle de l'ordinateur, a des capacités limitées.

> **CONSEIL DE BÉATRICE :**
> *La mémoire se développe grâce au sens de l'observation et aux réalisations de l'enfant. Ses cinq sens sont indispensables. Certains enfants ont une mémoire plus visuelle, d'autres plus auditive, d'autres enfin ont besoin d'écrire ou de dessiner. La mémoire est intimement liée au développement psychomoteur quand l'enfant est petit, puis elle s'éduque, sous l'influence stimulante et bienveillante de ses parents.*

La mémoire à long terme est son opposé. Moins immédiatement accessible, mais très durable, elle concerne des moments de l'existence, des épisodes complexes, éventuellement étalés dans le temps (l'entrée à la crèche, le départ en vacances...). Les informations ainsi emmagasinées persistent très longtemps, toute la vie pour certaines d'entre elles. Pour retrouver ces vieux souvenirs, il faut les solliciter, à moins qu'un incident inopiné nous les remette brusquement en mémoire (la célèbre madeleine de Proust).

Un enfant de 2 ans a déjà une bonne mémoire. Si vous changez les mots d'une histoire ou d'une comptine que vous lui lisez plusieurs soirs de suite, il s'en aperçoit aussitôt. Il peut très bien se souvenir de ce qu'il a fait la veille ou l'avant-veille et même se rappeler clairement des événements qui ont eu lieu plusieurs mois auparavant...

L'AMNÉSIE INFANTILE : MYTHE OU RÉALITÉ

Pourtant, curieusement, en grandissant, votre enfant perdra définitivement le souvenir de sa vie durant ses 2 voire 3 premières années ! Même à 5 ans, quand vous l'interrogerez sur des épisodes « marquants » survenus au cours de ses 2 premières années, il ne s'en souviendra vraisemblablement pas. Ce phénomène aussi connu qu'inexpliqué est appelé « amnésie infantile » et pourrait avoir pour but de désencombrer la mémoire de l'enfant de l'énorme quantité de données emmagasinées au cours de son développement, mais qui à mesure que les années ont passé, ont perdu leur utilité. Bien entendu il ne s'agit là que de la mémoire consciente, car la psychanalyse a bien montré que dans l'inconscient, des souvenirs très anciens mais « oubliés » peuvent laisser des traces.

LA MÉMOIRE TOUCHE TOUS LES SENS

La mémoire se développe progressivement ; tous les sens sont mis en jeu dans son acquisition : la vue, le toucher, l'audition, l'odorat, le goût. C'est par l'association des données recueillies et mémorisées par les différents sens que se bâtissent progressivement les capacités de l'enfant. Dès le début, il est capable d'emmagasiner des données, mais n'a pas réellement les moyens de les organiser avant 5 ou 6 ans.

La mémoire se construit en très grande partie pendant le sommeil, en particulier pendant la phase de sommeil paradoxal (le sommeil des rêves). Pendant cette phase très caractéristique, les données et informations de tous ordres recueillies pendant la journée sont triées. Les unes, considérées inutiles par la mémoire, sont rejetées tandis que les autres sont répertoriées, classées, et même « revécues » au cours des rêves, même si ceux-ci n'ont laissé aucun souvenir conscient le lendemain. C'est à cela que servent le sommeil paradoxal et ses rêves, d'où la nécessité d'un bon et long sommeil chez l'enfant, et ce d'autant plus qu'il est jeune et en plein développement.

> **CONSEIL DE BÉATRICE :**
> *Pour favoriser le développement de la mémoire, privilégiez un bon sommeil et une bonne alimentation, mais surtout incitez votre enfant à jouer et rire, inventez une multitude de jeux et d'activités sportives. La lecture, le dessin, tout est bon pour stimuler la mémoire. N'oubliez jamais de féliciter et d'encourager votre enfant dans ses activités. La confiance en soi favorise aussi le développement de la mémoire !*

▪ PEINDRE ET GRIBOUILLER ▪

Bébé ne tarde pas à faire de magnifiques gribouillis en forme de pelotes de fil ou de bâtons. Pour l'instant, c'est le geste qui l'intéresse ; il n'a pas encore la notion de représentation mais il exerce déjà sa mémoire. Souvent, il dessine encore indifféremment de l'une ou l'autre main, en tenant le crayon à plein poing. Avec la main droite, les traits partent vers la droite et les pelotes tournent dans le sens des aiguilles d'une montre, l'inverse avec la main gauche. Le cercle fermé sera pour plus tard, quand il aura 3 ans environ. Il aime aussi les couleurs et en change volontiers.

Mettez Bébé dans un endroit et avec des vêtements qu'il peut salir tranquillement, donnez-lui de grandes feuilles de papier et des crayons de couleur ou des feutres à l'eau, et laissez libre cours à sa créativité, encouragez-le. C'est excellent pour son développement !

MON ENFANT ▪ DE LA NAISSANCE À LA MATERNELLE

Le supermarché et le bus : petit guide de survie parentale

Pas facile de faire ses course avec un enfant. Qui n'a pas connu une scène mémorable au supermarché, dans le bus ou dans le métro ?

Vous n'avez pas toujours la possibilité de faire garder votre enfant quand il s'agit de faire les courses au supermarché. C'était relativement facile quand il était encore dans son porte-bébé tout contre vous. À 2 ans, une telle sortie peut tourner au cauchemar, si votre bébé a du mal à tenir en place et est en pleine phase d'opposition. Il est vrai que les caddies disposent d'un emplacement pour faire asseoir l'enfant, mais sa sécurité et son confort n'y sont pas assurés. Quelques rares supermarchés proposent un siège bébé avec des attaches fiables ou des bretelles à fixer sur le caddie. C'est donc à vous d'assurer la sécurité de votre enfant tout en remplissant votre caddie sans rien oublier.

> **CONSEIL DE BÉATRICE :**
> *Et si vous faisiez vos courses sur Internet ?*

LES COURSES AVEC BÉBÉ : PETITES RUSES

Avant d'entrer dans le magasin, expliquez à votre enfant que vous faites les courses pour la maison, que c'est indispensable et qu'il doit rester tranquille. Si vous n'avez que peu de choses à acheter, il est préférable de le garder dans sa poussette et d'utiliser un panier pour vos achats. Sinon, même si votre bébé marche, installez-le sur le siège du caddie et essayez d'assurer son confort en le calant à l'aide d'une petite couverture que vous glisserez derrière son dos. N'oubliez pas non plus qu'il fait souvent assez froid dans les grandes surfaces et habillez-le d'un pull. Si des attaches de sécurité sont proposées, utilisez-les. Pensez aussi à un biberon d'eau et à quelques jouets que vous cliperez sur la poignée ou sur la chaînette du caddie. Parlez-lui de ce qu'il faudra acheter ou récitez votre liste en chantant pour l'amuser. Dans la mesure du possible, ne l'approchez pas des rayonnages pour qu'il ne puisse pas déposer n'importe quoi dans votre caddie dès que vous avez le dos tourné. Ayez un regard vigilant avant de vous engager dans les rayons, car il pourrait se blesser avec des articles qui dépassent et risquent de les faire tomber.

> **CONSEIL DE BÉATRICE :**
> *Il est préférable de ne pas faire les courses avec son enfant de 2 ans, mais si vous ne pouvez faire autrement, soyez organisée et ne laissez aucune place à l'improvisation. Choisissez votre magasin habituel, celui dont vous connaissez tous les emplacements. Évitez les heures de grande affluence. Quand Bébé s'énerve, faites diversion, chantez, montrez-lui des couleurs. S'il fait tout tomber ou casse quelque chose, ne vous offusquez pas des gros yeux des passants, ça peut arriver. Restez calme et ferme.*

COMMENT GAGNER DU TEMPS

Organisez votre parcours pour passer le moins de temps possible à faire vos courses et, évidemment, évitez le rayon des jouets ! N'hésitez pas à lui donner des explications et à nommer les fruits et légumes, à lui demander de nommer les couleurs qu'il voit, les fruits qu'il reconnaît. Avant de passer en caisse, vérifiez si votre caddie ne contient pas des articles qu'il aurait ajoutés et expliquez-lui qu'on n'achète que les produits nécessaires. Si vous souhaitez lui offrir un petit cadeau, parlez-en avec lui avant d'entrer dans le magasin. Et tenez bon s'il vous fait une scène parce que vous refusez d'acheter ce qu'il demande. Les personnes qui vous fixent avec désapprobation ont sûrement connu ce problème un jour. Au moment de payer vos achats, méfiez-vous des derniers rayons près des caisses, particulièrement accessibles aux enfants. Si votre caddie contient quand même des produits ajoutés par Bébé parce qu'ils lui plaisaient particulièrement, mais que vous n'envisagez pas d'acheter, excusez-vous auprès de la caissière et déposez-les à la caisse ou à l'accueil, mais ne retournez pas les remettre en rayon. Une fois près de votre voiture, commencez par installer Bébé dans son siège et attachez-le correctement. Il sera content de retrouver son confort et vous pourrez ranger vos affaires tranquillement. Mettez les produits frais dans un sac à part pour les ranger rapidement dans votre réfrigérateur. Le reste pourra attendre, par exemple jusqu'au retour de votre compagnon ! Vous pouvez aussi vous faire livrer !

DANS LES TRANSPORTS PUBLICS

Si vous devez utiliser le bus, le tramway, le RER ou le métro, aucun problème, sauf bien entendu lors des périodes de grippe. Si cela vous est possible, choisissez les heures creuses pour pouvoir transporter votre bébé dans sa poussette. Vous éviterez ainsi qu'il touche sièges et autres surfaces exposés à des milliers de contacts chaque jour. Dans le métro comme dans l'autobus, il existe des places centrales prioritairement réservées aux poussettes. Si l'affluence le permet, asseyez-vous à côté de votre bébé pour lui parler doucement tout au long du trajet. Expliquez-lui qu'il ne faut pas crier pour ne pas gêner les autres passagers. Si vous devez plier la poussette en raison de l'affluence, préférez prendre votre enfant dans vos bras plutôt que de l'installer sur un siège sur lequel il risque de se mettre debout et de tomber (collez une étiquette avec votre numéro de téléphone sur la poussette pour avoir une petite chance de la récupérer si vous l'oubliez). Pensez à emporter un biberon d'eau, des couches et des lingettes.

• **LES AIRES DE JEU DANS LES MAGASINS** •

Certains grands magasins proposent des aires de jeu pour les petits. Il n'est pas envisageable d'y laisser un enfant de moins de 4 ans, d'autant plus qu'il est très difficile d'assurer l'hygiène dans ce genre d'espace. Récemment, on a pu constater qu'on y trouvait de tout, du sandwich avarié à la couche perdue au gré d'une galipette, sans oublier les petits vomis. À vous de juger si vous souhaitez vraiment y laisser jouer votre enfant... Après avoir terminé vos courses, cherchez plutôt à vous détendre avec votre petit dans un square pour bénéficier tous les deux des jeux en plein air.

Ses premières sorties

Guignol, zoo, square et musées feront d'excellentes sorties pour Bébé. Ne soyez pas déçu(e) si l'enthousiasme n'est pas toujours au rendez-vous, il fera des découvertes.

LES SURPRISES DU GUIGNOL

L'ambiance de Guignol tout le monde connaît : la lumière, la musique, les décors, les costumes, les couleurs ; Guignol qui bat le méchant voleur de bijoux puis demande aux petits où il a bien pu passer, et tous les enfants qui crient pour dénoncer le méchant... Comment réagit un enfant de 2 ans devant un tel spectacle ? Souvent, la première réaction est la peur, la vraie, et Maman et Papa sont obligés de sortir de la salle avec Bébé. Parfois, la peur se transforme en fascination : Bébé n'est pas détendu, il ne veut pas quitter les genoux de Maman ou Papa, mais il a la bouche ouverte et les yeux écarquillés. C'est gagné ! Il est fasciné par les personnages, il réagit émotionnellement à leurs états supposés, aux questions posées aux spectateurs, aux cris des enfants en réponse... son visage exprime ses émotions. C'est comme la lecture d'un conte, mais en mieux. Il « tiendra » probablement pendant la demi-heure que dure le spectacle et sera content d'y retourner.

Mais un revirement de situation est toujours possible : Bébé est content, captivé par l'histoire, mais soudain un personnage, généralement le méchant, lui fait peur ; les cris commencent et vous devez sortir. Il faudra alors plusieurs mois avant d'assister à un nouveau spectacle.

Quel que soit le caractère de Bébé, un premier essai de Guignol mérite d'être tenté. Vous devrez bien entendu mettre toutes les chances de votre côté : ayez quelques biscuits en cas de faim (ou d'ennui) ainsi qu'un biberon d'eau... mais aussi un vêtement chaud à cause des courants d'air.

L'AVENTURE DU ZOO

Autre ressource pour distraire et « instruire » un enfant de 2 ans : le zoo. On passe devant les cages, Bébé reconnaît les animaux qu'il a vus dans ses livres d'image ; l'ours, l'hippopotame, la girafe, l'autruche... Tout cela est l'occasion de commentaires et lui permet de développer son langage. Certains animaux comme le lion, le serpent ou la tarentule lui feront peur ; d'autres, comme les singes, l'amuseront.

> **CONSEIL DE BÉATRICE :**
> *La visite d'un zoo est toujours magique. Les enfants ne perçoivent pas comme nous le côté si triste de la captivité et ils s'imprègnent des messages que vous pouvez leur transmettre : le respect de la nature, des animaux...*

Là encore, avant d'entreprendre cette expédition, il faut prendre des précautions : imperméable en cas de pluie, chapeau si le soleil tape, biberon d'eau, petit en-cas, poussette. Surtout ne projetez pas de lui montrer, dans votre enthousiasme de mère et d'éducatrice zélée, « tout » le zoo ; il est fort probable qu'il demandera à retourner à la maison au bout

---

■ L'ENFANCE DE L'ART ■

On peut penser qu'il est trop tôt pour emmener un bébé de 2 ans au musée, c'est vrai, mais moins qu'autrefois. De plus en plus souvent, les musées ont une politique d'accueil des enfants avec visites ludiques, guides spécialisés, ateliers de peinture... (voir p. 332). Cependant, en général, leur programme s'adresse plutôt aux enfants de 3 à 4 ans.

> **CONSEIL DE BÉATRICE :**
> *Et pourquoi ne pas l'emmener au cirque voir les animaux et les clowns ?*
> *Mais, comme pour le zoo ou pour d'autres découvertes, votre enfant peut avoir peur et vouloir partir.*
> *La peur est un sentiment bénéfique et nécessaire qui permet de protéger l'enfant des dangers. Tous ces événements inconnus lui font mélanger réel et imaginaire.*
> *Un clown, avec son gros nez rouge et ses grandes chaussures, est aussi impressionnant pour un enfant de cet âge que le serait un extraterrestre pour un adulte.*
> *Pour surmonter cette peur, votre enfant, sécurisé par votre présence, va mettre en place des défenses et des protections qui lui permettront ultérieurement d'appréhender l'inconnu. Dans tous les cas, ne vous moquez pas de lui, mais ne le surprotégez pas non plus. C'est en lui qu'il doit trouver les ressources pour rire comme les autres enfants… il sera alors fier de s'être montré courageux.*

d'une demi-heure ou s'endormira dans sa poussette. N'oubliez pas l'appareil photo pour garder quelques images en souvenir…
Avant d'emmener Bébé au zoo (ou pour toute autre sortie) vous lui expliquerez au préalable votre projet pour susciter son enthousiasme. Une précaution importante s'impose : renseignez-vous sur les jours et les heures d'ouverture. Sinon, vous risquez une véhémente crise de Bébé devant la porte close.

ET TOUJOURS LE SQUARE
Le square reste une valeur sûre. Il est plein de ressources, entre les toboggans, les tourniquets divers, les balançoires et les bacs à sable.
Les aires de jeu et les squares sont rigoureusement contrôlés en termes de sécurité et obéissent à des normes françaises et européennes strictes pour en limiter les dangers potentiels. Malgré tout, il n'est pas question de laisser Bébé un instant sans surveillance ou de le faire jouer sur des appareils qui ne sont pas de son âge. Avant de laisser jouer Bébé sur un appareil, assurez-vous d'un coup d'œil rapide qu'il est en bon état, qu'il n'y a pas d'écharde ou de pointe qui dépasse, que la glissière du toboggan est en bon état, de même que les cordes des balançoires.
Si c'est un tiers qui emmène Bébé au square, une visite impromptue peut être utile, elle vous permettra de vérifier que tout se passe bien.
Deux ans, c'est le bel âge pour essayer les petits manèges de quartier. Parfois pourtant ces manèges tournent vite, Bébé surpris a les yeux agrandis par la terreur. Essayez de choisir un manège sur le plateau duquel vous pouvez rester à côté de lui tandis qu'il tourne, cela le rassurera.

Il doit être hospitalisé : comment préparer la séparation ?

On sait de plus en plus qu'il faut tout faire pour ne pas rompre le lien avec la famille lors de l'hospitalisation d'un bébé. Comment accompagner les jeunes enfants ?

L'hôpital est devenu un lieu ouvert et les parents y sont admis pour accompagner leur enfant. De nombreux services disposent de chambres mère-enfant ou d'une maison de parents. Selon une récente enquête de l'association Sparadrap, 57 % des parents souhaitent passer la nuit auprès de leur enfant, mais cette demande n'est satisfaite que dans 27 % des cas. Il reste encore beaucoup de progrès à faire. De plus en plus d'opérations se font d'ailleurs en hôpital de jour pour éviter la séparation et l'interruption de la vie familiale.

En outre, les services de pédiatrie ont désormais l'habitude d'accueillir des clowns, des musiciens, des conteurs, pour rendre le séjour à l'hôpital moins angoissant — une pratique venue des pays nordiques et d'Outre-Atlantique.

COMMENT PRÉPARER SON ENFANT

Malgré les efforts pour dédramatiser l'hospitalisation, elle reste un moment difficile dans la vie de l'enfant et des parents. L'enfant est anxieux de quitter le cadre familial pour un lieu inconnu. Pour les parents, l'inquiétude quant à l'état de santé de leur enfant et, souvent, l'absence de diagnostic sont difficiles à supporter.

Si votre enfant doit être hospitalisé, informez-vous le mieux possible sur sa maladie ainsi que sur le traitement ou l'opération envisagés auprès du médecin ou du chirurgien qui a décidé l'hospitalisation. Prenez rendez-vous dans le service qui l'accueillera et organisez au mieux son séjour.

> **CONSEIL DE BÉATRICE :**
> *Le séjour à l'hôpital ne doit pas être pris à la légère ; pour les parents et l'enfant, en parler permet de désamorcer les angoisses. En tant qu'ancienne pédiatre réanimatrice, j'ai toujours été impressionnée de constater à quel point les enfants savent que l'équipe soignante est là pour leur bien et combien, spontanément, ils lui font confiance. Quant à la présence des parents, elle est essentielle et accélère la guérison de l'enfant.*

Demandez si vous pouvez rester dormir auprès de lui ou si une hospitalisation de jour est possible. Demandez également si le service dispose d'une brochure pour préparer les enfants, s'il existe une salle de jeu ou des distractions. Informez-vous sur ce qu'il faut emporter pour votre enfant et pour vous. Essayez de prévoir le lieu de vos repas. Tous ces renseignements seront précieux, car ils vous aideront à rassurer votre enfant.

UN SENTIMENT DE CULPABILITÉ

Votre enfant a besoin de savoir pourquoi il doit aller à l'hôpital et ce qui va se passer. Le jeune enfant interprète souvent la maladie ou l'hospitalisation comme une punition « parce qu'il a été méchant ». Expliquez-lui au mieux ce qui se passe et montrez-lui que vous avez confiance dans les médecins qui le soignent. Sachez qu'un enfant de moins de 3 ans n'a pas réellement la notion du temps. Mieux vaut ne l'informer que quelques jours avant son hospitalisation et lui expliquer son problème de santé aussi clairement que possible. Pensez aussi à en parler à ses frères et sœurs et à ses grands-parents.

La veille du grand jour, préparez les bagages avec lui et, mis à part les affaires de toilette, pyjama, chaussons et sous-vêtements, vêtements confortables pour jouer, n'oubliez pas son doudou, sa tétine et ses jouets préférés.

VOTRE PRÉSENCE EST BÉNÉFIQUE

Sachez que votre présence et votre attention ne pourront lui être que bénéfiques. Si vous n'êtes pas là en permanence, transmettez à l'équipe soignante toutes les informations qui lui permettront de bien s'occuper de votre enfant. Quand vous serez là, vous participerez aux soins en discutant avec l'équipe de ce que vous pouvez faire. Les services pédiatriques acceptent de mieux en mieux les parents de jour comme de nuit. Vous pourrez prendre des nouvelles en permanence par téléphone. Si votre enfant pleure à votre arrivée, c'est sans doute qu'il libère ses émotions.

Si, pour des raisons professionnelles ou d'éloignement, vous ne pouvez pas être là en permanence, demandez à un membre de votre famille de vous remplacer. Ce qui est important, c'est d'être là quand vous l'avez promis à votre enfant. Prévenez-le en cas de retard ou d'indisponibilité, par le biais de l'équipe. Avertissez-le toujours quand vous partez. Rester jour et nuit n'est pas toujours facile ni pour vous, ni pour l'équipe. Essayez de vous adapter aux habitudes du service. Les équipes se succèdent et à chaque changement (2 fois par jour et 1 fois par nuit) il y a une transmission. Ne dérangez pas les équipes durant ces moments. Dans un service spécialisé, votre enfant peut avoir affaire à 30 personnes différentes chaque jour. Essayez de lui expliquer que tous ces gens sont là pour s'occuper de lui.

Quand le jour de la sortie arrive, assurez-vous d'avoir tous les renseignements nécessaires à la prise en charge de votre enfant de retour à la maison et de disposer d'un traitement efficace contre la douleur en cas de nécessité. Certaines consignes concernant les voyages en train ou en avion peuvent être utiles. Munissez-vous aussi, bien sûr, du numéro de téléphone à appeler en urgence en cas de problème.

▪ LE RETOUR À LA MAISON ▪

Au retour, prenez contact avec votre médecin traitant et faites-vous aider si vous êtes débordés par les soins. Votre enfant peut avoir un comportement inhabituel, avoir des réveils nocturnes, faire des colères et s'accrocher à vous plus que de coutume.
Soyez patients. Ces comportements sont normaux et s'estomperont progressivement.

> **CONSEIL DE BÉATRICE :**
> *N'oubliez pas, une fois de retour à la maison, d'écouter les angoisses de votre enfant. Redites-lui combien vous avez eu peur pour lui, que vous êtes rassurés maintenant et fiers de son courage. Pensez aussi à rassurer ses frères et sœurs. Ils se sont peut-être sentis délaissés et parfois même coupables de la maladie de leur frère ou de leur sœur parce qu'ils ont pu souhaiter, par jalousie, sa disparition.*

MON ENFANT ■ DE LA NAISSANCE À LA MATERNELLE

Accepter qu'il mange « comme un grand »

Vos purées qu'il aimait tant ne font plus recette. Il veut goûter de tout mais n'aime pas forcément ce qui est bon pour lui. Que faire ?

À 2 ans, Bébé commence à manger seul de manière à peu près contrôlée, mais il peut encore avoir des gestes brusques et envoyer au loin une assiette ou un gobelet plein...
Sa nourriture va ressembler peu ou prou à celle de l'adulte. Mais, comme l'adulte, il prétend désormais choisir ce qu'il aime et ce qu'il n'aime pas, et ses choix ne l'amèneront vraisemblablement pas vers une alimentation des plus équilibrées...
Dans tous les cas, le rituel du repas doit être respecté. Les repas doivent être structurés, pris dans le calme, sans précipitation, à heures régulières, et l'on évitera le grignotage en dehors des repas.

> **CONSEIL DE BÉATRICE :**
> *Certains parents trouvent leur enfant trop gros et souhaitent le « mettre au régime ». Il faut savoir que l'enfant de 2 ans va s'affiner et l'on constate sur sa courbe d'IMC une nette inflexion à cet âge.*
> *Respectez l'appétit de l'enfant de 2 ans qui sait encore naturellement ce qui est bon pour lui. Ne diabolisez pas les sucreries car l'interdit risque d'engendrer frustration et surcompensation boulimique.*

ÉQUILIBRER SON ALIMENTATION

Donner à Bébé une alimentation équilibrée est un défi pour Maman, surtout si à midi Bébé déjeune à la crèche ou chez la nourrice. Il va falloir s'enquérir de ce qu'il y mange pour organiser vos menus.
À 2 ans, il commence à manger des aliments en petits morceaux (viande, poisson...), il n'est donc plus nécessaire de les mixer, mais Bébé n'a pas encore pour autant les capacités de l'adulte en termes de mastication. Il commence aussi à apprécier le riz et les légumes secs. Mieux vaut choisir des produits issus de l'agriculture et de l'élevage biologiques.
• À chaque repas, y compris au goûter, vous lui donnerez un produit laitier : yaourt, fromage ou lait. Quelle qu'en soit la forme, la quantité quotidienne doit être de l'ordre de 400 g.

- Chaque jour, à un repas, il doit consommer de la viande ou du poisson, environ 30 à 40 g ou un œuf (pas plus de 2 par semaine).
- Deux fois par jour, des fruits (jus de fruits frais au petit déjeuner par exemple) ou des légumes crus.
- À tous les repas, des légumes cuits ou des féculents (légumes secs, céréales, pommes de terre sous une forme ou une autre).
- Les matières grasses doivent être variées. Avec les aliments, on peut donner, par exemple, une noix de beurre ou 1 cuillère d'huile (d'olive ou de colza de préférence) vierge et de première pression à froid ou encore 1 à 2 cuillères à café de crème fraîche. La consommation de lipides doit être limitée compte tenu des graisses dites « cachées » que l'on trouve dans les viandes, charcuteries, viennoiseries...

" CONSEIL DE BÉATRICE :
Deux ans est l'âge typique de la néophobie : Bébé ne veut rien goûter de nouveau et surtout pas de légumes verts. Plus vous insisterez, moins il cédera. N'oubliez pas que l'équilibre alimentaire se fait sur la semaine.
Par conséquent, s'il mange tous ses légumes avec la nourrice ou à la crèche, mais refuse avec vous, c'est plutôt un message qui vous est adressé. Peut-être travaillez-vous trop et l'ambiance à la maison en souffre-t-elle. Peut-être attendez-vous un nouveau bébé et vous culpabilisez de ne pas être assez disponible pour lui. Essayez de prendre du recul par rapport à son refus de nourriture. **"**

ATTENTION AUX SUCRERIES !

Les sucreries doivent être données en petite quantité et juste pour lui faire plaisir. Évitez surtout le chantage aux friandises et aux bonbons du type « Fais ça... tu auras un bonbon » ou à l'inverse : « Ne fais pas cela sinon je ne te donne pas de bonbon ! »
Les viennoiseries et pâtisseries doivent être rares (mais pas absentes). Elles servent aussi à marquer les fêtes et anniversaires !

ÉVITER QUE LE REPAS NE TOURNE AU PUGILAT

Voilà, Bébé est à table, mais il ne veut pas manger. Vous insistez un peu, puis de plus en plus, et il refuse toujours. C'est la colère et vous êtes vous-même au bord de la crise de nerfs. Tout cela n'est pas sain ! Autre cas de figure, Bébé refuse de varier son alimentation et mange toujours la même chose. Par exemple, du pain trempé dans du yaourt ou du ketchup. Gardez votre calme, essayez de lui préparer des plats joliment présentés, avec de belles couleurs ; s'il ne veut pas manger, n'insistez pas. S'il ne mange que du pain dans du yaourt, laissez le faire. Il sait très bien gérer son alimentation (du moins à court terme), alors pas de panique. S'il s'aperçoit que vous craquez chaque fois qu'il refuse de manger, il ne se privera pas de vous manipuler. En revanche, votre indifférence souriante le déstabilisera.
Demandez-lui plutôt de vous aider à préparer le repas ou à mettre la table. Choisissez des assiettes incassable décorées de dessins qu'il aime ou bien des assiette auxquelles vous ne tenez pas trop.

IL DOIT BOIRE DE L'EAU

La boisson à table doit être exclusivement l'eau ; eau du robinet, si elle est potable, sinon eau minérale. En dehors des repas, elle constitue la boisson principale, mais les jus de fruits sont acceptés, de préférence en dehors des repas.
On doit laisser l'enfant gérer lui-même sa consommation d'eau, sans le forcer à boire ni le restreindre.

UN BON PETIT DÉJEUNER

Le petit déjeuner est un repas très important. La famille est réunie autour de la table après une longue nuit de séparation. Rien de plus mauvais qu'un petit déjeuner pris à la sauvette ! Mieux vaut donc se lever un peu plus tôt !
À cet âge, le petit déjeuner de Bébé devra se composer d'un biberon de lait de croissance de préférence, d'un jus de fruits frais (si possible), ou d'un produit laitier entier bio avec des céréales (de préférence sans sucres ajoutés) ou du pain avec du beurre et éventuellement du miel ou de la confiture.

Le bilan des 2 ans

Souvent les parents s'inquiètent lors des examens obligatoires.
Or, votre pédiatre connaît votre enfant, son développement et son état de santé.
Assistez donc en toute confiance à ce bilan.

L'examen médical des 2 ans est un examen obligatoire. Il est gratuit s'il est réalisé dans une PMI et remboursé à 100 % quand il est pratiqué au cabinet d'un médecin de ville. Intervenant à un stade clé du développement, il doit impérativement avoir lieu entre le 23e et le 25e mois. Il porte sur le développement tant physique, que sensoriel et psychoaffectif de l'enfant. Pour ces raisons, il est naturellement indispensable d'emmener le carnet de santé avec vous à cette occasion (comme à chaque consultation d'ailleurs) ainsi que tous les résultats d'examens, d'imagerie ou de biologie, et les éventuels comptes rendus d'hospitalisation pour que le bilan soit complet.

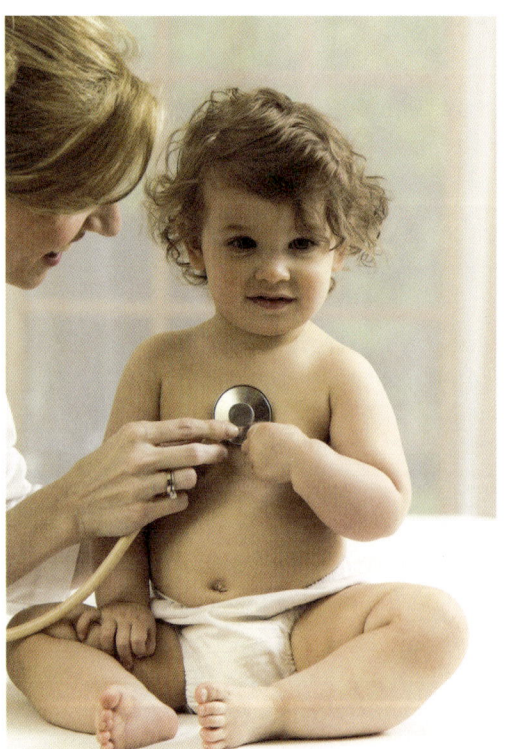

> **CONSEIL DE BÉATRICE :**
> *Les réactions de votre enfant durant cet examen ont pu être perturbées par la fatigue ou l'anxiété. Au moindre doute, refaites un bilan quelques mois plus tard.*
> *À 2 ans, Bébé sait ce qu'il veut et sait le dire. Il sait quand il fait une bêtise et il aime ça. Il sait imiter les cris d'animaux, comprend quand on lui parle et aime faire ce qu'il veut.*

LA COURBE DE POIDS ET DE TAILLE

À 2 ans, un garçon pèse environ 12 kg et mesure en moyenne 86 cm et une fille environ 11 kg et 84 cm. Le périmètre crânien est de 48 cm.
Comme au 9e mois, le pédiatre calculera, à partir des données de poids et de taille, l'indice de masse corporelle (IMC). Rappelons que celui-ci permet de se faire une idée précise de la tendance au surpoids de l'enfant. Habituellement à cet âge, du fait que l'enfant a une vie beaucoup plus active qu'auparavant, sa courbe d'IMC s'infléchit donc ; elle ne remontera qu'à partir de sa 6e année.

LA RÉVISION GÉNÉRALE

L'examen du pédiatre se déroulera selon les mêmes étapes que lors des examens précédents, mais il y a une différence importante : Bébé ne crie plus (en général) et n'a plus besoin d'être tenu dans les bras.
Plus « grand », il est moins sauvage et craintif, plus détendu aussi, et se laisse examiner plus facilement par le médecin.
Le médecin écoute le cœur et les poumons, prend la pression artérielle et palpe l'abdomen pour vérifier le volume de la rate, du foie et des reins. Il teste les réflexes de l'enfant, à

la recherche d'éventuelles anomalies neurologiques. Il examine aussi les tympans, la gorge, la dentition. Bébé a désormais entre 16 et 20 dents. Les dernières à apparaître, entre 24 et 30 mois, sont les 4 secondes molaires (2 supérieures et 2 inférieures).

Le médecin palpe les bourses du garçon pour s'assurer que les testicules sont bien descendus, car si à 2 ans, l'un des deux ou les deux ne le sont pas encore, un traitement doit être envisagé.

À 2 ans, il arrive que le gland de l'enfant se décalotte naturellement, mais ce n'est pas la règle ; dans ce cas, le pédiatre peut éventuellement le faire sans trop de difficultés ni d'inconfort pour l'enfant on dépistera un possible phimosis.

> **CONSEIL DE BÉATRICE :**
> *Il existe un bilan à 2 ans certes mais le plus important est le suivi et l'évolution de Bébé, car plus un problème est diagnostiqué tôt, plus sa prise en charge a des chances de donner de bons résultats.*

LA VISION, L'AUDITION ET LE DÉVELOPPEMENT PSYCHOMOTEUR

Le médecin contrôle la vision et l'audition. À partir de différents tests, il regarde vivre l'enfant : sa marche, ses jeux, son niveau de language, ses réactions. C'est ainsi qu'il apprécie au mieux son développement sensoriel, moteur et psychoaffectif…

Généralement, à cet âge, Bébé peut sauter, monter et descendre les marches, faire du tricycle, shooter dans un ballon, enlever ses souliers, aligner et empiler des cubes, encastrer des objets, nommer des objets sur des images et les parties de son corps. Il commence à dire « je » et connaît une centaine de mots et aime s'appeler par son prénom.

MALADIES, VACCINS ET ALIMENTATION

Le médecin vous interrogera sur les maladies de Bébé et ses vaccinations. Il s'enquerra de sa propreté (Bébé commence généralement à être propre de jour et même

▪ LA DESCENTE DU TESTICULE ▪

Si l'un des testicules n'est pas encore complètement descendu, le médecin vérifie le diagnostic par échographie et une intervention doit impérativement être envisagée. Elle sera généralement pratiquée vers l'âge de 2 à 3 ans.

Si l'on attend au-delà de cet âge, on expose l'enfant à un risque d'infertilité, car la physiologie du testicule implique qu'il soit à une température plus basse (2 °C environ) que la température corporelle. Il existe aussi un traitement médical, mais son efficacité est contestée à cet âge.

parfois de nuit), de son sommeil, de son comportement en général, de son humeur, de son alimentation, des changements ou événements dans la vie de la famille qui ont pu l'affecter.

PRÉPAREZ VOS QUESTIONS

À l'occasion de cet examen des 2 ans, n'hésitez pas à poser au pédiatre toutes les questions qui vous tracassent au sujet de votre enfant. Il est là pour ça et s'y attend. Vous pouvez noter ces questions sur un papier avant la consultation si vous avez peur de les oublier…

FAQ

Questions à poser : 2 ans

[+] À 2 ANS PUIS-JE ESSAYER DE FAIRE MANGER BÉBÉ AVEC NOUS À TABLE ?
Dès l'âge de 2 ou 3 ans, Bébé commence généralement à manger à table avec les grands en étant installé sur un petit coussin ou un rehausseur pour qu'il soit à la bonne hauteur, Maman ou Papa à côté de lui pour parer aux catastrophes. Surtout, restez attentive et calme, dans la mesure du possible ! Il est bon de préparer Bébé à manger à votre table en lui lavant les mains, en lui demandant de rester assis bien sage à table et de manger le plus proprement possible. Ainsi s'institue un rituel. Vous devrez vous aussi respecter certaines règles, notamment ne pas manger en regardant la télévision, mais, en revanche, faire participer Bébé aux conversations.

[+] SES CHEVEUX SONT TRÈS LONGS, DOIS-JE LES COUPER MOI-MÊME OU L'EMMENER DANS UN SALON DE COIFFURE SPÉCIALISÉ ?
Coiffer Bébé donne lieu à un moment d'intimité, de convivialité, d'échange, parfois par miroir interposé. Vous le coiffez, vous lui dites que ses cheveux sont beaux, il ressent cela comme un câlin…
Quand arrive l'âge de 18 mois à 2 ans, ses cheveux ont commencé à s'allonger, c'est le moment des premières coupes, que vous devrez par la suite renouveler tous les 2 ou 3 mois. Vous pouvez choisir de le faire vous-même — ce n'est pas si difficile — moyennant quelques précautions. Asseyez-le en hauteur et placez-vous debout derrière lui pour pouvoir tourner autour de lui et avoir une vue d'ensemble. Le mettre face à l'écran de la télévision sur laquelle vous aurez sélectionné au préalable un dessin animé peut contribuer à ce qu'il se tienne tranquille. Utilisez des ciseaux à bouts ronds. Si vous ne vous sentez pas capable de le faire ou si vous avez peur de manier des ciseaux si près de votre chérubin, adressez-vous à un pro. Il existe désormais un peu partout des salons de coiffure spécialisés pour les enfants. Spécialement décorés pour les petits, ils mettent en outre des jouets à leur disposition pour qu'ils patientent tranquillement en attendant leur tour ; une attention unanimement appréciée !!!

[+] QUELLES LUNETTES DE SOLEIL POUR PROTÉGER AU MIEUX MON BÉBÉ ?
Les yeux des petits enfants sont encore plus sensibles aux rayons ultraviolets que ceux des adultes (voir encadré p. 262). Pourtant, si l'on voit très souvent des adultes arborer de splendides lunettes de soleil, c'est beaucoup plus rare chez les enfants. C'est pour le moins curieux !
Si le soleil vous frappe dans les yeux vous savez vous en protéger : vous détournez la tête, mettez vos mains en visière… Bébé a beaucoup plus de mal à le faire et n'a pas le moyen de vous signaler que le soleil le gêne, si ce n'est en pleurant… et il vous reste alors à analyser la cause de ses pleurs.
Les yeux de Bébé ont une pupille très ouverte, il y a moins de pigments au niveau de la rétine et celle-ci est donc plus exposée aux ultraviolets que celle de l'adulte.
Il est désormais prouvé que l'exposition excessive au soleil dès la petite enfance favorise la survenue chez l'adulte de la dégénérescence maculaire rétinienne. La réverbération du soleil sur la neige ou sur le sable est une autre agression pour l'œil de Bébé, qui atteint cette fois la cornée. Les yeux deviennent rouges, irrités, c'est l'« ophtalmie des neiges ». Si elle se répète trop souvent, elle risque à long terme de favoriser la survenue d'une cataracte. Il faut donc veiller à chaque instant à ce que Bébé ne soit pas trop exposé au soleil, et lui acheter des lunettes protec-

trices. Il faut être exigeant sur les verres : polycarbonate incassable, norme CE, filtre indice 3 voire 4, avec des montures aussi souples que résistantes. On peut trouver ce type de lunettes chez un opticien ou dans un magasin de sport.

[+] MA FILLE A 2 ANS, EST-ELLE DÉJÀ À L'ÂGE DU GRAND LIT ?

Il est vrai qu'habituellement le passage du petit lit au grand se fait entre 24 mois et 3 ans, le plus souvent vers 3 ans.

C'est une étape qui n'est pas toujours facile à négocier : certains enfants ne veulent pas quitter leur lit à barreaux, tandis que d'autres ne rêvent que de cela…

Intervient aussi le fait que, bien souvent, on couche Bébé dans un grand lit à l'arrivée du petit frère. Il peut le prendre mal et penser qu'on le déloge pour donner son lit au petit. Dans tous les cas, rien ne presse ; la transition doit se faire en douceur, en n'hésitant pas à remettre l'opération à plus tard si elle paraît difficile à un moment donné.

Une fois la décision prise et acceptée, Bébé est désormais libre de quitter son lit à tout moment. Cela nécessite donc de sécuriser la maison au maximum en tenant compte de cette donnée nouvelle.

[+] DE TEMPS EN TEMPS IL NOUS ARRIVE DE FUMER DANS L'APPARTEMENT… ET DE CULPABILISER !

Lorsque vous fumez dans l'appartement, Bébé tousse parce que la fumée de tabac qui se dégage dans l'atmosphère irrite ses bronches et aussi son nez, sa gorge… Plus il est jeune, moins son système immunitaire est efficient et donc plus il est sensible à la fumée du tabac. On trouve, dans l'urine des bébés soumis au tabagisme passif, des dérivés de la nicotine dont le taux reflète fidèlement la gravité de l'exposition au tabac. Sous l'influence du tabagisme passif, bronchites, otites, bronchiolites, rhinopharyngites augmentent en fréquence…

Bien entendu, les conséquences sont encore plus graves chez un enfant asthmatique ou qui souffre d'allergies.

Alors, si vous fumez, ne vous étonnez pas si les visites chez le médecin se multiplient. Surtout ne pensez pas qu'aérer les pièces de temps en temps ou aller fumer sur le balcon suffise. Il faut systématiquement aller dehors pour fumer ou mieux encore (pourquoi pas ?) arrêter de fumer… et de culpabiliser !

[+] COMMENT GÉRER UNE GROSSE COLÈRE EN PLEIN SUPERMARCHÉ ?

Ce n'est pas toujours facile… et personne n'a vraiment la recette : Bébé sait en effet qu'il est devant un public, et à sa manière dans sa colère « il le prend à témoin », et veut lui montrer qu'il est très malheureux et que vous êtes très méchante. Ne vous laissez pas impressionner même si vous croisez des regards noirs ou ironiques. Prenez Bébé dans les bras, même s'il proteste et se débat et emmenez-le vers un coin du magasin où il n'y a personne. Essayez de conserver votre calme, parlez lui doucement mais fermement et solennellement, pour qu'il sente que vous respectez sa colère, que vous savez que c'est une émotion normale, que tout le monde fait une colère un jour ou l'autre. Câlinez-le, bercez-le (tenu dans vos bras, il risque moins de faire une bêtise du genre renverser une pile de produits sur une étagère…). Exprimez-lui aussi clairement que vous n'êtes pas impressionnée et que finalement, cette colère a assez duré.

Ce n'est qu'une fois rentrés à la maison, le calme revenu, que vous pourrez reparler tranquillement de l'épisode, essayer de trouver la cause du désarroi de Bébé et le contexte dans lequel il est apparu. Faites-lui comprendre que vous acceptez mal ces colères en public.

2 ans et demi : en route vers l'autonomie

- Votre bébé apprend à monter les escaliers en « alterné » (sans mettre les 2 pieds sur la même marche) et à attraper une balle au bond.

- Il est le roi pour empiler ou encastrer des objets et commence à assembler des puzzles de 5 à 6 pièces.

- Il s'habille, sait parfois même boutonner ses vêtements et commence à se laver les mains tout seul.

- La journée, il commence à être propre régulièrement.

- Il sait porter des objets encombrants.

- Il sait se servir d'une fourchette de manière efficace.

- Il gribouille, imite un trait vertical ou horizontal, trace des ellipses approximatives.

- Il emploie des articles avec les noms communs ainsi que des verbes, même s'il se trompe dans les temps.

- Il connaît les parties du corps et sait les désigner ; il sait nommer des objets usuels, des pièces de vêtements. Il sait aussi répondre à des ordres simples.

- Il sait dire « Non ! » sur tous les tons. Il est en pleine phase d'opposition !

Poids : environ 13 kg
Taille : environ 90 cm
Alimentation : 4 repas en veillant à son équilibre alimentaire. Il goûte à tout, adore les féculents et peut manger 3 œufs par semaine

Il découvre son corps : fille ou garçon, quelle différence ?

À 2 ans et demi, grâce à l'acquisition de nouvelles capacités d'exploration et d'appréhension du monde (la marche, le langage...), il prend conscience de l'espace que son corps y occupe (suis-je petit ou grand ?), de son équilibre (je cours, je saute, je danse), de son image (mes cheveux sont blonds, mes yeux sont marron...).

Il savait déjà, depuis ses 18 mois (voir p. 200) qu'il avait un sexe, maintenant il découvre que parmi les enfants (et aussi les adultes), certains ont un sexe comme le sien, mais que d'autres ont un sexe différent, que tout le monde n'est pas fait de la même façon à ce niveau. C'est là une nouvelle étape dans le développement de sa sexualité.

LES STADES DE LA SEXUALITÉ DE L'ENFANT

De l'enfance à l'âge adulte, la libido passe par différents stades. Elle commence par être prégénitale et autoérotique avant de devenir, à l'âge adulte, génitale et hétéroérotique. Cette évolution passe par différents stades qui ont été décrits par Freud.

Il y a eu successivement au cours de la première année le « stade oral » qui a vu se succéder la phase « orale primitive », puis à partir de 6 mois et de l'apparition des dents, la phase dite « orale sadique ». Le « stade oral » est caractérisé par le fait que la source de plaisir se situe au niveau de la bouche et concerne l'acte de téter. La bouche est de ce fait la zone érogène principale.

À la 2e année correspond le stade dit « anal », en rapport étroit avec l'installation de la propreté, au cours de laquelle l'anus devient la zone érogène principale. L'ensemble de ces phases successives des deux premières années constitue la période prégénitale du développement de la sexualité.

À partir de la 3e année commence le « stade phallique », lorsque l'enfant découvre le plaisir qu'il peut se donner en caressant son sexe. Avec l'apparition du « stade phallique », la libido de l'enfant devient génitale. Au stade phallique succédera, vers l'âge de 5 ans, une période de latence qui durera jusqu'à l'adolescence.

IL DÉCOUVRE LA DIFFÉRENCE

À 2 ans et demi, votre enfant aime se promener tout nu. Votre petit garçon remarque que la petite fille n'a pas de zizi. La petite fille, pour sa part, découvre que le petit garçon a un zizi et pas elle, mais se console en pensant qu'il va certainement pousser bientôt.
Tant le petit garçon que la petite fille se posent des questions ; ils sont très curieux et observent les autres enfants, mais aussi leurs

> **CONSEIL DE BÉATRICE :**
> *Que l'enfant touche son sexe perturbe souvent les parents, qui ne savent comment réagir. Cette curiosité infantile n'est pas innée ; si l'érection est spontanée, le plaisir qu'apporte la masturbation est souvent de découverte fortuite, lorsqu'un jouet ou l'attache d'un siège est en contact avec le sexe de l'enfant.*
> *Il s'aperçoit alors que cette stimulation apporte plaisir et apaisement, et a donc envie de recommencer.*
> *Comment doivent se comporter les parents ? Ils doivent éviter les mises en garde de type : « Ne fais pas ça, c'est sale » ou a fortiori : « Cela rend sourd », ce qui bien entendu est faux ! En revanche, il peut être utile de rappeler à l'enfant que son sexe lui appartient, que personne d'autre que lui n'a le droit d'y toucher, et aussi que caresser son sexe en public ne se fait pas.*

parents quand ils sortent du bain. Bientôt vont naître beaucoup de questions auxquelles les parents devront répondre avec la plus grande sagesse possible, car ces premières questions et les réponses qu'ils y apporteront constitueront les bases sur lesquelles la sexualité de l'enfant va se construire.

> **CONSEIL DE BÉATRICE :**
> *L'ennui, le stress, l'envie de se sentir bien peuvent donner envie à l'enfant de se caresser le sexe. Cela est parfaitement naturel et normal. C'est seulement si ce comportement commence à paraître addictif qu'il convient de se demander s'il n'existe pas un gros stress ou un problème psychologique sous-jacent.*

PUDEUR, INTIMITÉ ET JALOUSIE

Votre enfant explore son propre sexe, le regarde, le caresse, le tiraille, et découvre qu'il peut en tirer du plaisir.

Deux ans et demi, c'est aussi l'âge auquel un petit garçon demandera parfois qu'on l'habille comme sa sœur ou l'inverse. Il rêve parfois qu'il appartient au sexe opposé. C'est enfin l'âge de jouer au docteur ou au papa et à la maman... avec un autre enfant du même sexe, mais de préférence du sexe opposé. Quand on les surprend au cours de ces jeux, il n'est pas rare qu'ils « piquent un fard » et essaient de se cacher : ils ont donc compris d'une manière diffuse qu'un tel jeu avait quelque chose de particulier, de privé. Ils découvrent la pudeur ! C'est sans doute le moment où les parents doivent cesser de prendre leur bain en présence de l'enfant et préserver leur propre intimité. L'enfant n'aime pas non plus que Maman et Papa s'embrassent de manière trop affectueuse, cela le déroute. Difficile de dire ce qui se passe dans sa tête à ce moment-là. Serait-ce déjà de la pudeur ? une certaine peur ? de la jalousie ?

La construction de l'identité sexuelle de l'enfant est très influencée, même s'ils en sont inconscients, par le comportement des parents, et cela depuis le plus jeune âge. D'une part parce que les enfants ont tendance à imiter le parent du même sexe qu'eux dans leur comportement, d'autre part parce que les parents ne se comportent pas de la même manière avec leur enfant selon que celui-ci est une fille ou un garçon.

▪ MIROIR, MON BEAU MIROIR... ▪

Qui n'a pas joué à prendre Bébé dans ses bras face à un miroir pour voir comment il réagit, et constaté combien sa réaction change de mois en mois tandis que se construit son identité ?

Jusqu'à 6 mois, Bébé ne réagit pas ou peu, tout au plus perçoit-il des lumières et des formes. À partir de 6 mois, il reconnaît votre visage. L'autre visage ne l'intéresse pas encore parce que, bien qu'il soit habitué à le voir dans des miroirs et qu'il lui soit donc familier, il ne sait pas encore que c'est le sien.

Vers 16 mois, après avoir essayé vainement de toucher cet autre qui fait les mêmes mouvements en même temps que lui, de le chercher derrière le miroir, il intègre l'idée qu'il est devant une image, et non devant un être réel.

À partir de 18 mois enfin, quelquefois plus tard, si l'on place une gommette sur son visage sans qu'il s'en rende compte et si ensuite on le place devant un miroir, en voyant la gommette il essaiera, sans hésitation, de l'enlever, non du miroir, mais de son visage. Il sait que cette image est la sienne propre ! C'est une très importante étape de son développement. Il atteint une autre étape cruciale, quand, vers 2 ans, il commence à se reconnaître sur les photos ou les vidéos parmi d'autres enfants. À cet âge, il fait très bien la relation entre la personne et son reflet dans toute sa complexité. Quand, étant avec lui face au miroir, vous lui parlez, il sait très bien suivre en regardant alternativement vous et votre reflet. Il sait aussi jouer à se faire des grimaces dans le miroir.

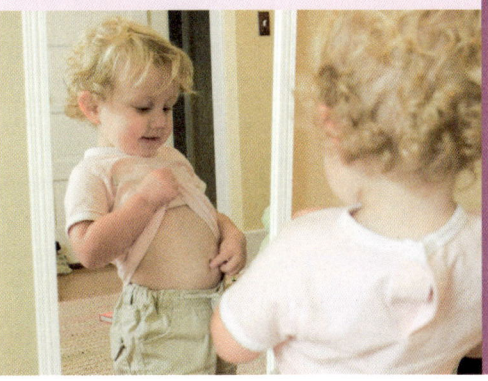

L'arrivée d'un petit frère ou d'une petite sœur

Comment préparer une nouvelle naissance et rassurer l'aîné face à l'intrus. Un chemin à parcourir en famille en partageant la joie et en multipliant l'amour.

Pour un enfant de 2 ans et demi, l'arrivée d'un petit frère ou d'une petite sœur est, dans le meilleur des cas, un bouleversement. Il était l'enfant unique, objet de toutes les attentions, câliné, écouté, choyé, admiré pour ses prouesses (ses premiers pas par exemple), ses parents n'étant là que pour lui, et voilà que du jour au lendemain tout change. Il doit désormais partager et rien ne sera plus comme avant.

On comprend qu'un tel événement doit être préparé longtemps à l'avance. Passé 3 ou 4 mois, une fois que le risque de fausse couche a diminué, quand le ventre de Maman commence à s'arrondir, il faudra expliquer au futur aîné que c'est là qu'est le petit frère ou la petite sœur. Dès qu'on le sent bouger, on peut proposer au grand de toucher le ventre de Maman pour qu'il perçoive les mouvements, Si tout est calme, on lui expliquera que le petit dort. Neuf mois, c'est très long pour un enfant de 2 ans et demi, raison de plus pour ne pas lui en parler avant que la grossesse ne se voie, sauf bien entendu si son comportement vous suggère qu'il a déjà tout compris.

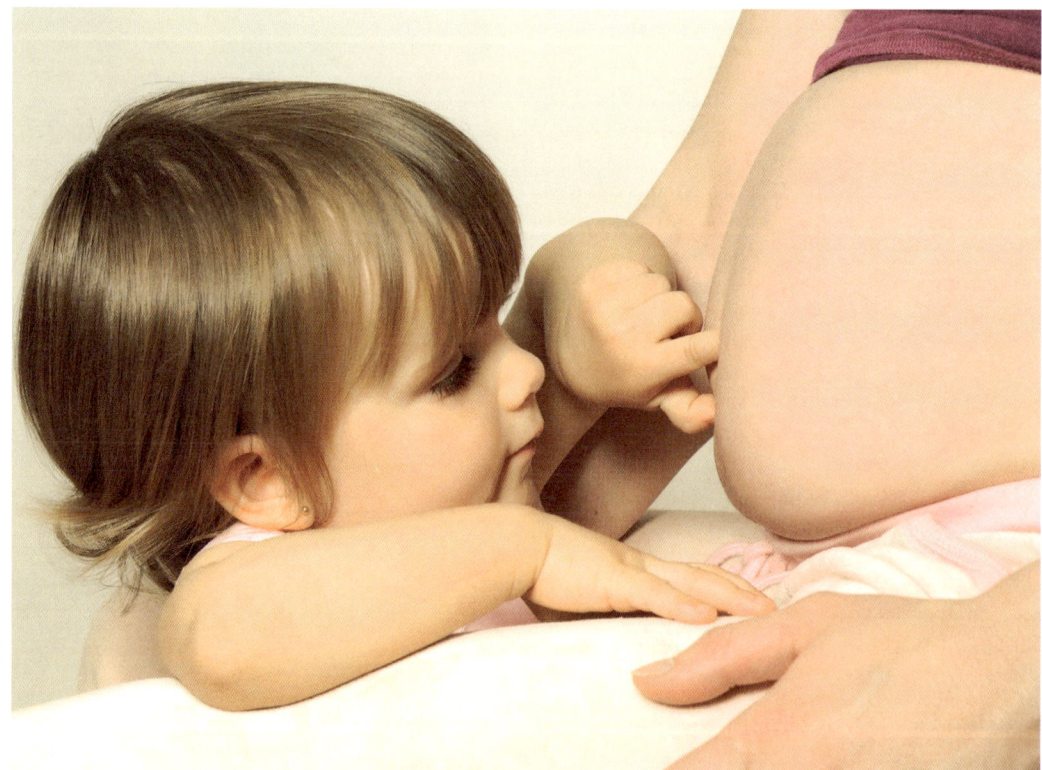

UN NOUVEL ENFANT POUR TOUTE LA FAMILLE

Il faut faire en sorte que votre enfant se sente associé aux préparatifs de la naissance. On ne fait pas une petite sœur ou un petit frère, mais un nouvel enfant, et cela concerne toute la famille, et pas seulement Maman et Papa. À ce titre, le premier enfant doit participer à certaines décisions concernant le bébé à venir : où mettra-t-on son lit, quels vêtements va-t-on lui acheter, de quelles couleurs, « Celui-là avec un petit canard dessus ? ou celui-là ? Lequel est le mieux ? » pour qu'il se sente concerné et actif dans ce grand changement qui s'annonce dans la famille.

Des sentiments confus vont naître en lui, mélange d'angoisse et de curiosité. Le bébé est dans le ventre de Maman, comme moi je l'ai été avant, moi qui me croyais irremplaçable... Vient le jour où l'on annonce si « c'est » une fille ou un garçon. Selon qu'il sera du même sexe ou du sexe opposé, la perspective de son entrée dans la famille peut se dessiner de manière différente pour l'aîné (ou l'aînée).

• IL RÉGRESSE •

À l'arrivée de Bébé à la maison une certaine régression de l'aîné est fréquente ; c'est une des manifestations de sa jalousie : il va certainement redemander le biberon, faire son bébé, sucer son pouce (s'il avait cessé), faire des caprices, pleurer pour un rien.
Ces phénomènes de jalousie et de régression sont peu marqués quand il n'y a qu'un an d'écart entre les deux, beaucoup plus au-delà. Si l'enfant a été suffisamment préparé au cours de la grossesse à cet événement, cette phase de régression ne devrait pas durer.

UN SCÉNARIO À PRÉVOIR

Vient la période de grande instabilité, du moment où Maman doit partir à l'hôpital jusqu'à son retour avec le petit nouveau : Maman n'est pas là et le rythme de la vie à la maison change, on dit que Maman n'est pas malade, mais pourtant elle est à l'hôpital. Il faut tout faire pour que « numéro 1 » ne soit pas trop perdu dans ce remue-ménage. Mieux vaut lui expliquer ce qui est prévu, que sa grand-mère ou une autre personne le gardera pendant ces quelques jours ou viendra habiter à la maison avec Papa. Il est bon de ne pas l'éloigner et de lui permettre de voir le bébé ou au moins sa photo aussi vite que possible, (on peut aussi lui faire visiter la maternité).

Il est important aussi qu'il sache que sa maman reste sa maman et pour cela il est préférable que, pour lui présenter le petit dans son berceau transparent, vous le preniez dans vos bras. Il pourra lui faire un petit cadeau, un dessin et des caresses. Ainsi, il pourra attendre, à la maison, le plus sereinement possible, l'arrivée du bébé qui lui aussi lui aura apporté un cadeau.

> **CONSEIL DE BÉATRICE :**
> *Il existe aussi, pour les enfants de cet âge, bien des livres, qui parlent de ce sujet à travers de jolies images.*

> **CONSEIL DE BÉATRICE :**
> *Arrêtez de dire au grand qu'il est grand.*
> *Dites plutôt qu'il y a maintenant un grand bébé*
> *et un petit bébé, parfois cela suffit à le rassurer.*
> *C'est le moment de montrer à l'aîné l'album*
> *de photos de sa naissance, prises à la maternité*
> *ou à la maison, de ressortir ses layettes et de lui*
> *raconter le film de ses premiers mois :*
> *comment il mangeait, comment il jouait…*
> *Si la jalousie perdure ou si l'arrivée*
> *du cadet amène trop de perturbations*
> *au sein de la famille, n'hésitez pas à en parler*
> *à votre pédiatre qui, si nécessaire,*
> *vous conseillera un psychologue.*

LE RETOUR À LA MAISON

Et puis voilà, le petit frère ou la petite sœur est à la maison. Toute la famille est en extase devant le petit intrus, qui pourtant ne sait rien faire d'autre que pleurer et dormir, et tout le monde s'active, passe devant l'aîné sans presque le voir, lui qui la veille était la petite merveille unique. Avouez qu'on serait jaloux à moins ! Et effectivement il est jaloux. Il faut en tenir compte, mais aussi respecter cette jalousie et surtout ne pas en nier l'existence. Maman ou Papa feront un petit tour dans la maison avec le nouveau-né, lui montrant les lieux et les personnes sans oublier le grand, sa chambre, ses jouets et en expliquant au bébé qu'il a un grand frère ou une grande sœur qui l'a vraiment attendu.

UNE JALOUSIE INÉVITABLE

Si vous vous trouvez dans cette situation, il faut prendre garde à la jalousie possible de votre aîné. Lorsque les deux enfants sont en présence et que l'aîné pense qu'on ne le voit pas, il peut arriver qu'il manifeste sa jalousie par des agressions physiques plus ou moins marquées à l'égard de son petit frère ou de sa petite sœur.

Pour essayer d'éviter de telles réactions, vous pouvez donner au grand un peu plus de responsabilités, s'il le souhaite, lui montrer que vous appréciez son aide et surtout (même si vous êtes très prise par les soins au petit dernier), vous ménager des moments d'intimité en toute complicité rien qu'avec lui, pour qu'il puisse s'exprimer et se faire câliner comme avant.

Demandez-lui de vous aider à organiser l'espace pour qu'il ait son coin bien à lui et que son petit frère ait le sien aussi (à moins qu'ils ne soient dans des chambres différentes). Les vêtements et jouets de l'un et de l'autre se trouveront dans des endroits bien distincts, et vous concevrez l'aménagement des lieux en prenant soin de respecter l'espace de l'aîné et en le consultant très fréquemment sur ses préférences. Il ne faut surtout pas en effet qu'il ait l'impression d'être tenu à l'écart.

VALORISEZ-LE

Faites participer votre enfant aux soins du petit dernier ; au coucher, donnez-lui des missions à accomplir pour le valoriser, lui qui est maintenant un « grand ». Montrez-lui qu'il y a tant de choses que vous pouvez faire avec lui auxquelles le « pauvre » petit frère ne peut participer parce qu'il est trop petit pour comprendre Cependant, il importe que vous lui laissiez aussi le droit de rester « un petit » s'il en a envie, sans se sentir obligé de

> **CONSEIL DE BÉATRICE :**
> *Des manifestations de jalousie de la part*
> *de l'aîné sont normales. Il vaut mieux qu'elles*
> *s'expriment le plus tôt possible. Il ne faut*
> *pas cependant qu'elles durent trop longtemps.*
> *Ne lui demandez pas sans arrêt s'il est content*
> *d'avoir un petit frère ou une petite sœur.*
> *Autorisez-le au contraire, à dire*
> *qu'il ne l'aime pas, qu'il voudrait bien*
> *qu'il retourne à la maternité.*
> *Il doit savoir que la venue de ce bébé*
> *est la décision de ses parents ; que s'il n'est*
> *pas content il doit le dire, mais qu'en revanche*
> *il n'a pas le droit de lui faire du mal.*
> *Laissez faire le temps.*
> *Le petit admirera le grand*
> *et finira bien par l'apprivoiser même*
> *si la rivalité est inévitable.*

devenir le grand garçon « qui maintenant qu'il a un petit frère doit être raisonnable ». Montrez-lui que Bébé et lui sont des personnes différentes, qu'il a tout à fait le droit de ne pas être content d'avoir un petit frère et de ne pas aimer ce petit intrus qui lui a été imposé. Montrez-lui aussi que vous, leurs parents, les aimez autant l'un que l'autre, chacun pour ses caractéristiques propres. Et si vous craignez de ne pas pouvoir aimer votre second autant que le premier, ne vous inquiétez pas, l'amour ne se partage pas, il se multiplie.

L'ÉCART IDÉAL

La plupart des psychologues pensent qu'il n'y a pas d'écart idéal qui limiterait les rivalités entre l'aîné et le cadet. Le fait d'avoir des enfants très rapprochés (entre 12 et 24 mois) ne garantit pas forcément une meilleure entente. Mais ils joueront plus facilement ensemble et se suivront de près sur le plan du développement psychomoteur. Ils auront un lien de compagnonnage. Si l'écart est supérieur à 5 ans, l'aîné aura tendance à se sentir plus proche de ses parents et adoptera une attitude « parentale ». Les deux enfants ne partageront pas leurs jeux, mais cela n'empêchera pas un lien fort de s'établir entre eux, ni leurs rivalités de s'exprimer. Bien entendu, plus l'écart est grand, plus l'aîné s'est habitué à être l'enfant unique des parents. Dans ce cas, les parents devront être très attentifs à se ménager des moments privilégiés avec l'aîné en confiant parfois le bébé aux grands-parents, mais aussi en instaurant du temps et des activités tantôt entre la maman et l'aîné, tantôt entre le père et l'aîné. Sinon, il risque de se sentir « volé » et la relation avec le cadet aura du mal à s'établir.

En cas de fratrie réellement rapprochée (moins de 15 mois d'écart), le rôle de l'aîné sera moins marqué, mais l'épuisement des parents peut être plus important et la rivalité de l'aîné exacerbée puisqu'on lui demande d'être grand alors qu'il ne l'est pas encore. Malgré la fatigue, il faudra éviter au maximum de lui faire jouer ce rôle de grand. Mais les petits finiront bien par jouer ensemble et le lien s'établira.

Son langage : il parle peu et prononce mal

Quand faut-il s'inquiéter si votre enfant a des troubles du langage et quels sont les signes à surveiller ?

À 18 mois habituellement, un enfant prononce une cinquantaine de mots, et en comprend aux environs de 150 à 200. À 2 ans, il en prononce plus de 150 et en comprend plus de 1000. Il commence même à construire des phrases et à se soucier de grammaire et de prononciation. Cela fait beaucoup de choses à apprendre en même temps, et selon son caractère et ses aptitudes, l'enfant va opérer des choix ; les uns prononceront bien avec un piètre vocabulaire et sans pouvoir faire de phrases, d'autres auront un très riche vocabulaire, d'autres enfin feront de belles phrases avec peu de vocabulaire… sans que l'on puisse pour autant parler d'avance ou de retard du langage.

Le comportement des parents a aussi une grande importance : certains mettent plus que d'autres l'accent sur le langage en lisant beaucoup de livres à leur enfant, en lui ra-

contant des histoires avec un parler bien articulé. Nul doute qu'un tel comportement va stimuler le développement de l'enfant sur le plan du langage.

UN APPRENTISSAGE PROGRESSIF

Mais quel que soit son environnement, en fin de compte, chaque enfant évolue à son propre rythme. Il peut très bien refuser de parler pendant un long moment alors que tout son comportement démontre qu'il comprend tout ce qu'on lui dit, puis du jour au lendemain, commencer à parler.

À 2 ans et demi, Bébé est encore en plein apprentissage de la langue. Il n'a eu aucun mal à apprendre les voyelles, qu'il connaissait dès l'âge de 1 an. Pour les consonnes, c'est bien plus difficile. Les premières qu'il prononce, vers 18 mois, sont ce que l'on appelle les occlusives, d, t, p b, avec une confusion fréquente entre les occlusives sourdes (d et b) et les sonores (t et p).

Viennent ensuite les constrictives, f, v, s, z ;

CONSEIL DE BÉATRICE :

Avant 2 ans, si l'on soupçonne un trouble du langage, la seule démarche utile sur le plan diagnostic est de consulter un ORL pour qu'il s'assure par différents examens (audiogramme et potentiels évoqués) (voir encadré p. 139) que l'enfant ne souffre pas de troubles de l'audition. Ce n'est que vers 3 ans que l'orthophoniste pourra, dans un premier temps, étudier un à un les phonèmes prononcés par l'enfant pour voir s'il existe chez lui un trouble articulatoire et, dans un second temps, se pencher sur les défauts de construction des mots et des phrases et explorer tous les niveaux du langage,
de l'articulation à la compréhension en passant par le vocabulaire et la syntaxe.

Bébé zozote volontiers quand il s'agit de les prononcer. Elles sont généralement acquises vers 2 ans et demi. Même quand il est capable de les prononcer, Bébé les oublie souvent quand elles sont finales.

Il faudra attendre plus longtemps encore pour les occlusives vélaires : k et g, vers 3 ans et demi, mais surtout pour j, l, r ainsi que pour [ch], vers 5 ans.

Contrairement à ce que l'on croit, le frein de la langue est très rarement en cause dans les difficultés de prononciation des consonnes.

Bébé, quand il parle, essaie de simplifier les mots, en omettant des parties de mot et des consonnes en milieu ou en fin de mot (« cotère » pour « hélicoptère »), ou substitue une consonne qu'il pratique facilement à une autre qui lui pose des problèmes (« dateau » pour « gâteau »). Il lui arrive aussi de se méprendre sur la place d'une consonne qu'il a bien repérée (« glonfer » pour « gonfler »). La mise en place du langage prendra du temps... Il ne faut donc pas se précipiter et conclure que Bébé a un retard de langage, mais cela n'empêche pas toutefois de se poser la question sachant que si un traitement s'avérait nécessaire, il ne faudrait pas qu'il intervienne trop tardivement.

RETARD DE LANGAGE OU DYSPHASIE

On peut penser à un trouble du langage si l'enfant ne parle pas à 2 ans et demi (les premiers mots apparaissant habituellement vers 10 mois) ou si, possédant déjà un vocabulaire, il est incapable d'associer les mots,

❝ CONSEIL DE BÉATRICE :
Prenez le temps d'écouter le discours de votre enfant, ne parlez pas à sa place et ne montrez pas d'impatience. Favorisez les jeux et la vie en collectivité qui stimuleront son élocution. Ne le laissez pas parler avec une tétine dans la bouche ! Certains orthophonistes pensent en effet que 50 % des troubles articulatoires disparaîtraient spontanément si on supprimait la tétine en dehors du dodo. La tétine empêcherait l'acquisition d'une bonne prononciation. ❞

• QUAND CONSULTER ? •

Si vous êtes la seule capable de traduire les phrases de votre enfant de 2 ans, il faut considérer qu'il y a probablement un problème. N'hésitez pas, dans ce cas, à consulter un orthophoniste.

S'il a des troubles articulatoires, si par exemple il zozote ou avale les sons, un mauvais positionnement de la langue peut être en cause. Entraînez votre enfant à souffler en gonflant les joues.

S'il bave beaucoup en parlant, un ostéopathe peut tenter de repositionner la mâchoire.

Le bégaiement concerne 1 % des Français. Une prise en charge précoce associant psychologue orthophoniste et relaxation permet le plus souvent d'atténuer ou de faire disparaître ce trouble.

Si votre enfant fait des inversions de consonnes, des rajouts, des confusions, il présente peut-être une immaturité de la perception temporo-spatiale. Cette forme d'immaturité peut souvent traduire une peur de grandir. Des séances de psychomotricité sont alors à conseiller pour lui redonner confiance.

S'il semble avoir des difficultés de compréhension des mots et des phrases, s'il les ordonne mal, un examen neurologique peut être nécessaire.

ce qu'il fait habituellement entre 12 et 15 mois. Cependant, à ce stade, même si l'on soupçonne un trouble du langage, il faut savoir qu'il est en pratique impossible de l'explorer de manière fiable. Il faudra attendre pour cela au moins l'âge de 3 ans. Ce n'est qu'à partir de cet âge en effet que l'on pourra commencer à faire la différence entre un véritable trouble structurel du langage (dysphasie) et un simple retard, par toute une série d'examens standardisés.

Le diagnostic entre les deux est en effet difficile ; les difficultés langagières ne sont pas très différentes dans les deux cas. Un des facteurs discriminants est le fait que, dans le retard de langage, ce sont les troubles de l'expression qui dominent, la compréhension étant rarement atteinte ou, si elle l'est, le trouble ne concerne que les phrases, les mots isolés étant bien compris. Dans la dysphasie, au contraire, les troubles de la compréhension sont fréquents et concernent non seulement les phrases, mais aussi les mots isolés.

Jouer avec son enfant

Il marche et court, tape dans le ballon, imite, chante,
parle de mieux en mieux et participe à la vie familiale. Pour lui, jouer
c'est apprendre en étant heureux.

À 2 ans et demi, votre enfant s'intéresse à la plupart de vos occupations domestiques. Ne pensez pas qu'il s'ennuie avec vous. Il adore vous imiter et, avec un peu d'attention de votre part, transforme en jeu tout ce que vous faites. Pour autant, il ne faut pas négliger des activités plus spécialement prévues pour lui. Si votre enfant est à la crèche, en halte-garderie ou en petite section de maternelle, on lui proposera toute une panoplie de jeux d'éveil adaptés à son âge : assembler des objets, imiter des gestes, faire des constructions, dessiner et jouer en reproduisant la vie des grands... Bien sûr, vous pouvez prolonger et réinterpréter la plupart de ces jeux chez vous. Pour lui communiquer votre plaisir de jouer avec lui, choisissez parmi ces activités celles qui vous plaisent le plus.

Il marche bien et tient son équilibre même en courant. Développez ses muscles en l'incitant à bouger avec vous au rythme d'une musique que vous aimez tous les deux. Marchez à grands pas, l'un derrière l'autre à travers la plus grande pièce, en balançant les bras d'une manière exagérée. Changez brusquement de direction et courez de plus en plus vite. Pour finir, laissez-vous tomber sur le canapé ou roulez par terre dans les bras l'un de l'autre. Sur le dos, enchaînez dans

le bon rythme en pédalant avec vos jambes. Ensuite, sortez le grand ballon (voir p. 216), si vous en possédez un. Faites tenir Bébé à quatre pattes sur le ballon en le faisant bouger au rythme de la musique. Puis, toujours sur le ballon, essayez de le faire tenir debout en le tenant légèrement par les mains et en l'incitant à trouver son équilibre ; donnez-lui un petit frisson en le lâchant un petit instant. Puis, mettez-le à plat ventre, il saura tenir tout seul. Pour trouver son équilibre, il utilise tous ses muscles et il s'amuse beaucoup. Mettez vos mollets sur le ballon, et si votre petit essaie de vous le prendre, retenez-le un instant avec vos jambes avant de le relâcher, cela aussi l'amusera. Pour finir, demandez-lui ce qu'il a envie de faire. Vous pouvez inventer tous les matins un scénario un peu différent pour le faire bouger en musique.

>
> CONSEIL DE BÉATRICE :
> Comment l'aider à se concentrer ?
> Quand vous jouez avec lui, essayez de maintenir son attention, mais quand il devient moins attentif n'insistez pas, il reviendra de lui-même plus tard.
> Pour accroître ses capacités d'attention, laissez-lui du temps pour rêver. Ainsi, il se détend et développe son imaginaire. Son cerveau a besoin de repos pour être efficace !

CONSTRUIRE ET FABRIQUER

Ne sortez qu'un jeu de construction à la fois. Il en existe de toutes sortes. Les couleurs, les matières, les formes, mais aussi les dimensions de chaque élément ont leur importance. Veillez à ce que les petites pièces aient au moins la taille de son poing pour qu'il puisse mieux les tenir en main. Persévérance et concentration s'accroissent avec le temps et l'incitent à construire des tours plus stables et plus complexes. Laissez-le chercher tout seul les constructions possibles, mais n'omettez pas d'admirer ses œuvres. Étonnez-le en lui montrant comment construire un pont ou un porche pour introduire des personnages. Commencez à lui suggérer qu'on peut construire des rues, voire des villes.

> **CONSEIL DE BÉATRICE :**
> *Recette pour bien jouer : un quart de jeu physique, un quart de lecture, un quart d'électronique, un quart de rêve et une pincée de télévision seulement !*

COMME LES GRANDS

Il adore vous imiter ; il est temps de lui offrir des jeux qui lui permettent d'avoir les mêmes activités que vous. C'est ainsi qu'il va adorer jouer avec une station-service ou un garage, une boutique avec des paniers, des boîtes et des légumes en plastique ou en bois. Vous devenez un partenaire indispensable pour jouer à la marchande ou au garage. Alors armez-vous de patience et faites vos « achats », interprétez avec conviction votre rôle de cliente. Une petite batterie de casseroles lui permettra de suivre vos activités en cuisine. Confiez-lui de temps en temps un objet précieux (un peu !) pour mettre le couvert, par exemple, et montrez-lui que vous lui faites confiance quand vous lui demanderez de mettre la table. Un baigneur ou une poupée est indispensable à cet âge. S'il n'a pas encore un petit frère ou une petite sœur, il imitera le comportement que vous avez envers lui en étant encore plus sévère que vous avec son « bébé ».

• IL DEVIENT SOCIABLE •

À 2 ans et demi, il s'intéresse aux autres et est capable de guetter les expressions de leur visage et d'y adapter son comportement. Il réalise quand un autre enfant pleure et s'intéresse à sa peine. Il essaie même de se mettre à la portée des autres et parlera différemment à un bébé et à un enfant de son âge. Il faudra attendre 3 ans pour qu'il soit réellement capable de partager ses jouets avec les autres ou d'attendre son tour. Ses crises de colère deviennent moins fréquentes car il sait s'exprimer pour dire ce qui ne va pas. Bien sûr, il ne contrôle pas toujours ses réactions, mais il se rend compte de ses colères et on peut en discuter avec lui. Il traite les animaux avec plus de gentillesse même si, de temps en temps, il ne résiste pas au plaisir de tirer la queue du chat. En somme, votre petit devient sociable.

À VOS CRAYONS

À 2 ans et demi, votre enfant tient généralement son crayon ou son pinceau avec le poing. Il essaie de tracer des cercles, mais à ce stade ils sont encore bien imparfaits.
Pour lui faire dessiner un « vrai » cercle ou essayer de lui faire dessiner un bonhomme ou une maison, il faudra attendre ses 3 ans. Vous pouvez investir dans un tableau où vous pourrez « travailler » tous les deux côte à côte. Même s'il ne réussit pas à dessiner réellement, il adore faire comme vous. Et il saura reconnaître une fleur, un chat ou une voiture que vous dessinerez.

JOUER SÉRIEUSEMENT

Pour les adultes, le jeu est forcément un loisir. Pour les enfants, tout jeu est en même temps plaisir et apprentissage. La mémoire de votre petit s'améliore et lui permet d'identifier les différents groupes d'objets. Il existe des jeux d'assemblage qui consistent à attribuer, par exemple, la soucoupe à une tasse ou la chaise à une table, ou encore à regrouper tous les fruits, toutes les fleurs, tous les animaux, etc. Les lotos ou *memory* qui l'incitent à faire des couples d'images aiguisent aussi son sens de l'observation. Des dominos simples peuvent le familiariser avec les chiffres. Ce sont des jeux qui lui demandent un certain effort de raisonnement ; les félicitations sont indispensables.

MON ENFANT • DE LA NAISSANCE À LA MATERNELLE

Grandir entre télévision et DVD

Omniprésente dans la vie quotidienne, la télévision ne se regarde qu'en présence d'un adulte et au compte-gouttes.
Plus adaptés pour les petits, les DVD se dégustent comme des livres.

La télévision et les DVD font désormais partie de la vie quotidienne de l'enfant depuis son plus jeune âge, et très vite il connaît les boutons qui permettent de mettre en route, d'arrêter et surtout de « mettre sur pause » quand il regarde un DVD. Ce qui est bien pratique quand on doit aller faire pipi ou manger… Fort de ce qu'il aura vu dans ces conditions, l'enfant pourra en parler plus tard avec les autres enfants, qui auront vu les mêmes programmes avec les mêmes héros qu'ils intégreront dans leurs jeux.
Doit-on s'en plaindre ou s'en réjouir ? La question reste posée. En revanche, si l'on admet que dès l'âge de 2 ans et demi, voire moins, un enfant peut regarder la télévision ou un DVD, ce qui est le plus souvent le cas (mais peut se discuter !) les questions à se poser sont : que peut-il regarder ? et comment le regarder ?

LES PROGRAMMES DESTINÉS AUX ENFANTS

Il existe désormais en grand nombre des programmes spécialement destinés aux enfants même très jeunes. Ils leur proposent des dessins animés, des séries éducatives qui leur apprennent des mots nouveaux, leur parlent de leur vie quotidienne, des animaux du zoo et de la ferme, leur proposent des héros à leur échelle qu'ils retrouvent chaque jour, les font danser, chanter, leur disent des contes. Ces programmes sont faits, en principe, pour les distraire, développer leur intelligence, leur sensibilité, faire travailler leur mémoire.
Ils peuvent certes avoir éventuellement ces qualités, mais à une condition : que l'enfant ne soit pas livré à lui-même, seul devant le petit écran, mais qu'il soit en compagnie d'un adulte avec lequel il puisse partager ses enthousiasmes et qui le rassure quand un personnage lui fait peur, un adulte qui lui commente et lui explique si nécessaire, et qui, au bout d'un moment, même si l'enfant a l'air détendu et content, sache lui dire que ça suffit, qu'on a assez regardé la télévision pour le moment.

JAMAIS SEUL DEVANT LA TÉLÉVISION

Il faut qu'entre l'écran et l'enfant, comme entre le livre et l'enfant, existe une distance, que l'enfant soit « devant » et non « dedans ». C'est cette distance qui lui permet de com-

| LE GRAND JOUR | LE 1er MOIS | 2 À 3 MOIS | 4 À 5 MOIS | 6 À 7 MOIS | 8 À 9 MOIS | 10 À 11 MOIS | 1 AN | 1 AN ½ | 2 ANS | **2 ANS ½** | 3 ANS |

2 ANS ET DEMI — GRANDIR ENTRE TÉLÉVISION ET DVD

prendre que les malheurs qui arrivent à un personnage de dessin animé ne lui arrivent pas dans la réalité, que si on lui tape sur la tête avec un bâton, il n'a pas mal puisqu'il n'existe pas « pour de vrai » ! Tout ce que fait ce personnage peut être jugé et critiqué.

Seule la présence d'un adulte peut permettre à l'enfant de créer cette distance entre ce qu'il voit et ce qui existe réellement. Si on le laisse seul devant la télévision, Bébé est captivé, ne bouge pas, son regard est rivé sur l'écran, il n'entend pas quand on lui parle. Plongé dans une sorte de magma sensoriel informe, il a quitté le monde et ne sent pas le temps passer, il ne sait même pas vraiment quand il s'ennuie. Maman et Papa, heureux de n'avoir plus pendant un moment de surveillance étroite à exercer, appréciant d'avoir (enfin !) un peu de silence et de calme, pensent (parce que cela les arrange), que la télévision, qui en l'occurrence joue le rôle de « nounou cathodique », a sur Bébé un effet sédatif, qu'elle le détend. Ce qui est faux. En fait, Bébé, faute d'un adulte à son côté pour le ramener sur terre, sort du monde réel. Il est fasciné, subjugué, dépassé par ce déluge d'images, de couleurs, de sons et de mouvements qu'il est incapable d'analyser en l'absence de commentaires et d'explications de la part d'un adulte, mais dont il ne peut se détacher si on ne l'y oblige. Son cœur

66 CONSEIL DE BÉATRICE :
Pour que télé ne devienne pas enfer :
• pas de télé allumée en permanence ;
• télé du matin chagrin ; restez vigilante quand vous sentez l'accoutumance gagner ; posez des limites strictes pour éviter crises et surenchères ;
• jamais de télé dans la chambre des enfants ;
• pas de télé pendant les repas (si possible) ;
• pas de télé alibi ni de télé nourrice.
Convaincre l'enfant qu'il est préférable de jouer dehors plutôt que de rester en permanence devant la télé n'est pas facile, tant sa force d'attraction est grande.
On pousse bien souvent un grand ouf de soulagement en l'éteignant. **99**

▪ LA VIOLENCE À LA TÉLÉVISION ▪

Quand la télévision fait très intimement partie de la vie de famille, le risque est grand que par hasard, inadvertance ou accident, l'enfant soit confronté à des spectacles violents, aux informations ou dans un film d'action. Bagarres, sang qui coule, membre arraché… il en existe une infinie variété. La violence à la télévision délivre à l'enfant des messages néfastes ; il tient pour vrai tout ce qu'il voit sur l'écran et qui l'imprègne, et cela risque de développer chez lui de l'agressivité. D'ailleurs il suffit de voir comment un enfant réagit devant une scène violente à la télévision, pour percevoir son désarroi. Quand cela arrive, il faut lui faire des câlins, l'écouter, le laisser s'exprimer, lui expliquer longuement, calmement, le rassurer, et surtout éviter le plus possible de l'exposer à de tels spectacles !

s'accélère, il est concentré au maximum, stressé… Une fois la télévision éteinte, après un petit moment d'hébétude, il se peut fort bien qu'il soit tout excité et que, le moment du coucher venu, il ne puisse plus s'endormir…

L'ÉCHANGE PLUTÔT QUE LA FASCINATION

Pour toutes les raisons qui viennent d'être énumérées, il faut faire une grande différence entre le DVD et la télévision, qui ne sont pas équivalents.

Maman et Papa ont choisi le DVD en fonction de l'âge de Bébé et de ses goûts, qu'ils connaissent. Bébé lui-même peut choisir, parmi ceux qu'il possède, celui qu'il a envie de regarder là et maintenant. Il peut mettre sur pause quand il le veut et se faire expliquer ou commenter par Maman ou Papa ce qu'il vient de voir, échanger ses impressions avec eux… Il peut regarder le DVD autant de fois qu'il en a envie, pour bien le comprendre et bien le connaître.

Rien de semblable avec la télévision ; c'est un flux d'images qui ne cesse jamais, que l'on ne peut pas vraiment choisir, face auquel le temps de se poser une question on est déjà passé à l'image suivante. On n'a pas le temps de reconstruire l'histoire, si on ne l'a pas comprise c'est trop tard, une autre a déjà commencé.

Affronter ses colères sans guerre

Difficile de rester calme quand votre enfant met tout en œuvre pour vous faire craquer. Vraies ou fausses colères, comment faire la part des choses ?

Les colères sont particulièrement fréquentes. C'est la période où il explore et découvre sa propre personnalité. Il dit volontiers « Non ! » et aime bien constater l'effet que cela produit sur l'entourage, mais il accepte mal de se voir refuser quelque chose qu'il désire. Lui qui jusque-là obéissait avec le sourire (le plus souvent !), refuse désormais de s'habiller le matin ou de manger, il refuse aussi de marcher et veut qu'on le porte… on dirait qu'il le fait exprès pour vous provoquer. À cet âge, les émotions sont encore mal contrôlées par le cerveau supérieur (voir p. 248). L'enfant est frustré pour un rien, et à la moindre contrariété c'est la grande colère ; votre petit hurle, bave, trépigne, vire au cramoisi, transpire, se roule par terre, tape des pieds, jette des objets. Il est incapable d'articuler clairement.

Parfois, la colère est différente : votre bambin a découvert que lorsqu'il disait « Non ! » avec assez de conviction, il impressionnait son entourage qui du coup lui cédait sur tout ! Fort de cette découverte, il entend prendre le pouvoir et s'affirmer. Il se sert de ses colères quand il veut quelque chose. Dans ce cas, sa colère est calculée et théâtrale. Cela ressemble à une « vraie » colère sauf qu'il n'y a pas de larmes et que l'élocution de votre enfant n'est pas perturbée par l'émotion.

> ❝ **CONSEIL DE BÉATRICE :**
> *Il faut que votre enfant sache que malgré ses colères vous l'aimez toujours et êtes fière de lui. Surtout tenez bon, ce n'est pas la dernière crise d'opposition ; vous assisterez à bien d'autres colères : il y aura une autre crise entre 7 et 9 ans, puis viendra l'adolescence…* ❞

RESTER CALME FACE À SA COLÈRE

Il faut gérer avec finesse chaque colère. Ce n'est pas toujours facile. Il faut bien distinguer la vraie colère de la colère chantage, car on ne doit pas réagir de la même manière face à l'une ou l'autre, mais dans les deux cas il faut être capable de se contrôler soi-même et de ne pas ajouter ses propres émotions à la crise !

Dans le premier cas, l'enfant est submergé par ses émotions, il est incapable d'exprimer son malaise et d'entendre ce qu'on lui dit. Il

> **CONSEIL DE BÉATRICE :**
> *Ces colères, aussi impressionnantes soient-elles, sont indispensables à la bonne construction psychoaffective de votre enfant et leur survenue à cet âge est plutôt rassurante.*
> *Néanmoins, elles peuvent être très déstabilisantes pour les parents qui ne reconnaissent plus de leur enfant.*
> *Patience douceur et fermeté permettent de passer ce cap sans trop de difficulté.*
> *Ce comportement traduit un désir d'autonomie, il veut faire « Moi tout seul ! » tout en sachant au fond de lui-même qu'il a encore grand besoin de vous. Cela le contrarie énormément. Rassurez-le, dites-lui que vous savez que ce n'est pas facile de grandir, que vous le comprenez et que bientôt arrivera le moment où il pourra tout faire tout seul !*

faut commencer par le calmer, le rassurer, le tranquilliser. Ensuite seulement, vous pourrez tenter de comprendre ce qui lui arrive et de le faire s'exprimer. Vous pourrez essayer de le prendre dans vos bras, s'il se laisse faire et si vous êtes suffisamment détendue vous-même, car si vous êtes stressée, il le sentira tout de suite et ne trouvera pas en vous le réconfort qu'il attend. Quand votre enfant commencera à se calmer un peu, vous pourrez tenter de faire diversion en attirant son attention sur un objet, une image par exemple, ou en lui chantant une chanson. Cela marche bien aussi !
Si vous restez trop à distance, si vous le laissez seul avec sa colère ou le mettez « au coin » pour le calmer, alors qu'il a besoin de soutien et d'aide, il risque de vous en vouloir (surtout si vous vous mettez vous-même en colère) et, avec le temps, de s'éloigner.

NE PAS SE TROMPER DE COLÈRE
Votre comportement face à une colère théâtrale doit être très différent, si bien entendu vous êtes sûre que c'en est bien une. Dans ce cas, l'enfant joue le rôle de l'enfant en colère ; vous devez pour votre part refuser celui du spectateur ému et inquiet ! Dites-lui que ce qu'il a à vous dire vous intéresse mais que vous ne pourrez l'écouter et discuter avec lui que lorsqu'il sera calmé. Souvent, l'enfant choisira un endroit public, que ce soit un magasin, le square ou la rue. Ne cédez pas pour autant. S'il fait sa colère à la maison, continuez à vaquer à vos occupations comme si de rien n'était. En tout cas, n'entrez pas dans son jeu, n'argumentez pas, ne discutez pas avec lui. Il ne faut pas non plus le câliner, l'embrasser... Ensuite, calmement, expliquez-lui pourquoi vous ne cédez pas.
Pour désamorcer la crise, on peut parfois tenter, avec prudence, le registre de l'humour ; mimer sa colère peut conduire l'enfant à rire de lui-même et le problème sera résolu. Mais attention à ne pas l'humilier !
Il ne faut pas céder devant une colère théâtrale, sinon un mécanisme risque de se mettre en place de colère en colère, qui, avec le temps, pourrait conduire au développement d'un véritable trait de caractère.

• EST-IL HYPERACTIF ? •
Certains enfants se font remarquer parce qu'ils ne tiennent pas en place, partent sur un projet qu'ils abandonnent aussitôt, font des colères et ont sans cesse l'air angoissé. Le phénomène est très courant et beaucoup de ces enfants pourraient être décrits comme hyperactifs. Dans les cas accentués cependant, on peut se poser la question de savoir si c'est là un trait de caractère de l'enfant (il est simplement turbulent) ou s'il souffre d'un problème nerveux : le syndrome d'hyperactivité.
Les pédiatres ont développé des moyens de faire le diagnostic de ce syndrome, qui se caractérise, outre la turbulence, par une certaine agressivité et un passage du rire aux larmes particulièrement facile. De 5 à 8 % des enfants en sont atteints, mais le diagnostic ne peut être posé avec certitude avant l'âge de 5 ans.
Les causes sont inconnues, quant à la prise en charge, elle demande beaucoup de patience de la part des parents. Il existe un traitement médicamenteux, reposant sur les amphétamines. Couramment utilisé aux États-Unis, moins volontiers en France, ce traitement est réservé aux cas les plus graves.
La psychothérapie peut donner de bons résultats à long terme.

À quoi sert la sieste ?

Pas toujours facile de lui faire faire la sieste à 2 ans et demi. Comment jongler entre le bienfait du silence et la tempête pour obtenir une sieste ?

Généralement, à 2 ans et demi, un enfant s'endort plus difficilement dans la journée que le soir. Quelle mère n'a pas soupiré devant le refus de son enfant de faire la sieste ? Quand on lui suggère qu'il doit faire la sieste, l'enfant a trop souvent le sentiment qu'on veut lui faire quitter une vie palpitante pour le mettre à l'écart dans son lit. Ce moment de calme dont il a besoin pour recharger ses batteries ne doit pas être ressenti par lui comme une punition.

Comme chez l'adulte, le repas de midi entraîne chez l'enfant une somnolence, et il importe d'en profiter pour créer une ambiance favorable autour de lui : silence, éclairage doux, mouvements lents, pour que, se sentant entouré de douceur, il s'abandonne au sommeil.

Si votre enfant dit ne ressentir aucune fatigue, ménagez-lui malgré tout un moment de tranquillité dans sa chambre, même s'il ne veut pas dormir. Installez-le dans son lit ou sur une couverture sur laquelle il pourra se lover confortablement en écoutant de la musique ou en feuilletant des livres. Que l'endormissement survienne ou non, il aura bénéficié d'un moment de calme, loin de toute excitation extérieure.

Le fait que votre enfant apprécie la sieste, ou au contraire la considère comme une punition dépend en grande partie de la manière dont vous la lui présentez. Faites-en un moment de grande douceur, de détente et de liberté.

> **CONSEIL DE BÉATRICE :**
> *Ne ratez pas le « train du sommeil ». Couchez-le dès les premiers clignements d'yeux. S'il est fatigué, ne l'obligez pas à rester attentif en lui racontant des histoires ou en le changeant. Vous risquez de le décaler dans son rythme. Profitez de cet instant magique pour vous reposer aussi. C'est merveilleusement équilibrant.*

DES CONDITIONS FAVORABLES À L'ENDORMISSEMENT

Comme chaque fois qu'il s'agit de sommeil, le soir mais aussi à l'heure de la sieste, il ne faut pas laisser passer le moment de l'entrée dans un cycle de sommeil, qui correspond au bref moment pendant lequel il bâille et cligne des yeux. C'est à ce moment qu'il faut créer les conditions favorables à l'endormissement : calme, silence, pénombre, douceur, lenteur. Évitez de rester discuter et de jouer les prolongations au milieu de toute la famille et accompagnez-le tranquillement dans sa chambre en restant quelques instants avec

---

■ LE *COSLEEPING* OU CODODO ■

De nombreux parents dans le monde pratiquent traditionnellement le *cosleeping*. Que ce soit le petit Brésilien dans le hamac de sa maman, le petit Africain fermement maintenu dans l'écharpe de la sienne et qui l'accompagne toute la journée dans ses activités ou encore le petit Esquimau protégé du froid dans la capuche de sa mère. En France, le cododo est souvent mal jugé. Qu'à cela ne tienne… Pourquoi ne pas passer un petit moment couchée tout contre votre petit, ne serait-ce que pour faciliter son endormissement au moment de la sieste ou, le soir, pour le rassurer s'il est inquiet ? Vous laisser aller à un petit somme avec votre enfant vous fera le plus grand bien et le rassurera. Peut-être vous endormirez-vous en même temps que lui tout en lui lisant une belle histoire. Il aime votre respiration régulière. Si vous l'avez allaité, cela lui rappellera des moments de grande douceur. Même si vous ne somnolez que 15 minutes auprès de lui, ce sera un moment de grande complicité et de réel repos pour vous.

lui pour qu'il se sente le plus détendu possible, s'installe confortablement et trouve doucement sa posture de sommeil favorite. Donnez-lui des jouets s'il les réclame et veillez à ce qu'il se sente réellement bien. Profitez de ce moment pour établir une communication privilégiée entre vous et lui. Parfois, c'est l'occasion de récapituler dans le calme et la sérénité les événements de la matinée, de faire des mises au point tranquilles, de répondre à des questions ou à des soucis. Chantez-lui une petite chanson ou faites-lui entendre une musique qu'il apprécie.

> **CONSEIL DE BÉATRICE :**
> *Concernant la sieste des enfants, vous pourrez entendre tout et n'importe quoi, là où le bon sens devrait prédominer. Bien sûr, il est préférable que votre enfant fasse la sieste, mais s'il s'y refuse vraiment, proposez-lui un petit temps calme de lecture-câlin-chanson. S'il s'endort, tant mieux mais s'il est bien réveillé, détendu, joyeux et actif, inutile d'insister. Trop vouloir le faire dormir le rendra surexcité et vous perdrez tout le bénéfice du repos.*

Ne laissez surtout pas s'installer cris et pleurs ! Parlez-lui calmement et expliquez-lui que c'est pour son bien qu'il est là. Dites-lui qu'il suffit de se reposer en rêvant à une belle histoire. Tamisez la lumière du jour sans pour autant faire le noir complet. Demandez au reste de la famille de baisser le ton pour garantir un certain calme. Si votre enfant n'a pas réellement envie de dormir, une petite heure dans le lit est suffisante. S'il s'endort en revanche, vous ne devrez pas le laisser dormir plus de 2 heures. Surtout, ne le réveillez pas au bout d'une heure, car c'est le moment où il entre dans une phase de sommeil paradoxal, vous risqueriez de casser ses rêves et son réveil en serait troublé.

LA SIESTE NE L'EMPÊCHE PAS DE DORMIR LE SOIR

Souvent, les parents se demandent si leur enfant dormira mieux et se couchera plus tôt s'il ne fait pas de sieste. En fait, c'est l'effet contraire que l'on obtient : l'excès de fatigue provoque chez l'enfant une excitation nerveuse qui, très souvent, l'empêche de dormir. Ne craignez surtout pas que la sieste le rende insomniaque. Au contraire, elle équilibre sa journée et lui redonne du tonus pour reprendre ses mille activités le reste de l'après-midi et s'endormir d'autant plus facilement le soir. Sachez que votre enfant bénéficie d'une sieste à la maternelle et bien sûr, en crèche. S'il est épuisé quand vous le récupérez le soir, c'est le plus souvent qu'il n'a pas suffisamment dormi pendant sa sieste.

JUSQU'À QUEL ÂGE DOIT-IL FAIRE LA SIESTE ?

On estime généralement que les enfants ont besoin d'une sieste jusqu'à l'âge de 4 ans. Il ne faut donc pas abandonner cette habitude plus tôt. En revanche, si un enfant éprouve encore au-delà de 4 ans le besoin de faire la sieste, ce qui n'est pas si rare, il n'y a aucune raison de l'en priver.

Mon enfant est trop gros, mon enfant est trop maigre

Pas de panique, tout est encore possible. C'est le bon moment d'instaurer une alimentation équilibrée. Au moins 5 parts de fruits et légumes devraient être au menu.

Normalement, un enfant prend entre 500 g et 1 kg durant son premier mois, environ 6 à 7 kg la première année, et 2 à 3 kg l'année suivante. À 5 mois, il a multiplié son poids de naissance par 2, à 1 an par 3, à 2 ans par 4. À 2 ans et demi, il pèse environ 13 à 14 kg pour une taille de 90 cm.

On peut considérer que les petits Occidentaux en général, plus particulièrement les petits Américains, et de plus en plus souvent les petits Français, ont une forte tendance à l'excès pondéral. On a calculé que le risque d'obésité s'est accru de près de 30 % au cours des 10 dernières années. Actuellement, 1 enfant sur 10 est en surpoids dès l'âge de 5 ans et l'on compte 3 % d'enfants obèses. La progression est importante et les problèmes de surpoids dans l'enfance commencent à représenter un véritable problème de santé publique. L'IMC (indice de masse corporelle) dont la courbe est représentée sur le carnet de santé au même titre que le poids ou la taille est l'index de dépistage du surpoids chez l'enfant ; il correspond au rapport du poids en kg divisé par le carré de la taille en mètres (voir p. 186). Pour savoir où en est votre enfant, calculez son IMC et reportez-le sur la courbe, dans la colonne correspondant à son âge. Si l'IMC dépasse la courbe du maximum, l'enfant est en surpoids, s'il est en dessous de la courbe du minimum, l'enfant est en insuffisance pondérale (1 enfant sur 10), s'il se situe entre la courbe du minimum et la courbe du maximum (8 enfants sur 10), il n'y a aucune raison de s'inquiéter.

Normalement, un enfant a tendance à mincir à partir de 1 an pour atteindre un minimum (son IMC diminue) à l'âge de 6 ans. Ensuite, il grossit jusqu'à l'adolescence (son IMC augmente). Un enfant en surpoids à 7 ans risque de devenir un adulte obèse.

Vers l'âge de 2 ans et demi, un surpoids n'a pas encore de réelle signification, il peut se corriger spontanément au cours des mois ou années qui suivent, mais il faut néanmoins surveiller l'évolution étroitement, car ce n'est pas la règle. En effet, si l'IMC de l'enfant commence à augmenter avant l'âge de 6 ans, il y a un risque d'obésité à l'âge adulte.

> **CONSEIL DE BÉATRICE :**
> *C'est l'évolution de l'IMC qui est importante dans le suivi de l'évolution d'un enfant.*
> *Un rebond d'adiposité avant 6 ans doit alerter.*
> *Il existe un vrai problème actuellement en ce qui concerne l'alimentation des enfants : on dirait que le bon sens a disparu !*
> *On ne respecte plus les besoins physiologiques des enfants.*
> *Quand leur enfant atteint 3 mois, les mères allaitantes veulent déjà faire leur nuit et n'acceptent plus de donner les 6 à 7 tétées par jour qui devraient être la norme à cet âge. L'enfant qui ne finit pas ses repas inquiète les parents, même s'il grossit bien et est en pleine forme. Si, au contraire, il termine complètement ses biberons, ils hésitent à augmenter les rations de peur que l'enfant ne grossisse trop. Les parents sont obsédés par la crainte que leur enfant ne soit obèse. Si parfois il veut un biberon au lieu du repas du soir, ils refusent, sous prétexte que le biberon ne constitue pas un « repas équilibré ». L'essentiel est de respecter l'appétit de son enfant.*

DU SURPOIDS À L'OBÉSITÉ

L'obésité donne lieu, dans l'ensemble, à peu de complications chez l'enfant : mis à part, parfois, un essoufflement à l'effort et des douleurs articulaires, mais mêmes minimes, ces manifestations peuvent accroître la tendance à la sédentarité, ce qui augmente la tendance à l'obésité... C'est surtout chez l'adulte que l'obésité a des conséquences potentiellement graves (hypertension, maladies cardio-vasculaires, diabète...) d'où l'intérêt d'un dépistage et d'une prévention dès l'enfance.

> **CONSEIL DE BÉATRICE :**
> *Faites confiance à votre enfant en matière d'alimentation ; il sait mieux que vous ce qui est bon pour lui en fonction de sa croissance, de sa forme et des petites maladies qu'il peut avoir.*

À QUOI EST DÛ LE SURPOIDS DE L'ENFANT ?

Un enfant qui a un parent en surpoids a 40 % de risque d'être en surpoids à son tour à l'âge adulte ; s'il a deux parents en surpoids le risque est de 80 % (contre 20 % pour un enfant dont les deux parents ont un poids normal). L'hérédité intervient aussi dans l'injustice qui fait que certains mangent beaucoup et grossissent peu alors que d'autres mangent peu et grossissent beaucoup, ce qui peut survenir, au hasard de la distribution des gènes au sein d'une même famille, entre un frère et une sœur par exemple. Mais ce n'est pourtant pas l'hérédité qui joue le rôle principal ; celui-ci revient de toute évidence au mode de vie et à son évolution au sein de la civilisation actuelle. C'est en effet l'environnement au sens le plus large du terme qui induit le surpoids et l'obésité, et ses méfaits commencent dès la petite enfance. Deux points importants sont à prendre en compte : d'un côté une dépense calorique insuffisante (la sédentarité), de l'autre une accumulation calorique excessive (grignotage, repas déstructurés, *fast food* riches en lipides et friandises terriblement sucrées).

▪ MON ENFANT EST MAIGRE ▪

Votre enfant va bien, bouge beaucoup, a l'air heureux, mais il est maigre et « ne mange rien ».
Première question à se poser : vous-même et son papa êtes-vous plutôt gros ou plutôt minces ? Étiez-vous gros ou maigre à son âge ? L'hérédité étant ce qu'elle est, il n'y a rien d'étonnant à ce qu'il vous ressemble et évolue comme vous.
Ensuite, vérifiez que les courbes de poids et de taille sont normales, calculez son IMC pour vous assurer que sa corpulence est dans la norme pour son âge. Si c'est le cas, il n'y a pas de problème, sinon parlez-en à votre pédiatre qui fera les examens nécessaires pour s'assurer qu'il est en bonne santé.
Surtout, ne le forcez pas à manger, c'est le meilleur moyen de le rendre obèse ou anorexique plus tard !
Enfin, sachez qu'un enfant « maigre » à 2 ans et demi n'est pas pour autant à l'abri de l'obésité ; si sa courbe d'IMC s'infléchit vers le haut avant l'âge de 5 ans au lieu de 6 comme ce serait normal, il est fort possible qu'il tende vers un surpoids à l'âge adulte.

Chez un enfant de 2 ans à 2 ans et demi, on peut considérer que ce sont surtout les apports qui sont en cause, et donc les parents puisque l'enfant dépend d'eux entièrement pour ce qui est de son alimentation...

PAS DE RÉGIME POUR LES PETITS

Doit-on pour autant mettre un enfant de cet âge au régime ? Certainement pas, cela compromettrait sa croissance ! Il faut, en ce qui concerne les quantités absorbées à chaque repas, lui proposer la ration correspondant à son âge, mais ne pas insister s'il n'a plus faim, même s'il a mangé « très peu ». La répartition des différentes catégories d'aliments doit être équilibrée entre lipides, glucides et protides ; entre légumes, viandes et fruits. Respectez les horaires des repas, sans en sauter aucun et arrangez-vous pour qu'ils soient le plus conviviaux possible. Évitez gâteaux, viennoiseries et desserts sucrés. À cet âge, il ne s'agit pas de « faire maigrir », mais de créer et fixer de bonnes habitudes alimentaires pour toute la vie.

Ses menus : bio et bon

Entre découvertes gustatives et néophobie, votre enfant développe ses goûts et ses habitudes alimentaires. Que lui proposer à 2 ans et demi ?

Bien entendu, désormais votre enfant peut manger pratiquement tout ce qui se présente sur la table familiale. Si vous veillez à l'équilibre alimentaire de toute la famille et si vous privilégiez l'alimentation bio, il y aura de grandes chances pour que votre enfant y trouve tout ce qu'il lui faut. Si vous tenez plus particulièrement à équilibrer les repas du jeune enfant, tout en laissant plus de liberté aux plus grands et aux adultes, le grignotage risque de se substituer à ses repas si vous n'y prenez pas garde. Difficile pour un jeune enfant de résister aux frites des autres et de se contenter de sa purée bio et peu salée. Dans ce cas, mieux vaut faire manger votre enfant avant les autres et lui permettre éventuellement de picorer dans les assiettes de la table familiale quand il a fini son petit menu pour élargir ses aventures gustatives.

> **CONSEIL DE BÉATRICE :**
> *Essayez avec finesse, tact et doigté d'éviter la guerre à table. La croissance des enfants se déroule par à-coups. Parfois, ils sont affamés, d'autres fois moins. C'est ainsi. Si votre enfant est en pleine forme et grossit régulièrement, faites-lui confiance et respectez son appétit. Certains enfants aimeraient manger toujours le même repas. S'il est bien équilibré, pourquoi vouloir en changer. Il aura bien le temps de devenir un grand gastronome plus tard. S'il a bien mangé le midi et que le soir il est fatigué, vous pouvez lui proposer un biberon au dîner sans culpabiliser !*

COMMENT COMPOSER SES REPAS

L'alimentation d'une journée type se présente de la manière suivante.
Le petit déjeuner comporte du lait et une tartine beurrée ou des céréales.
Le déjeuner se compose d'une crudité, de 50 g de poisson ou de viande ou d'un œuf, de pommes de terre et de légumes verts ou de pâtes saupoudrées de parmesan et de légumes verts, puis d'un laitage.
Le goûter se compose de lait ou d'un yaourt et d'un biscuit ou de céréales ou d'un fruit cru selon la saison ou d'une compote.
Le dîner varie en fonction du repas de midi. Si votre enfant est en crèche ou déjà en maternelle, les menus y sont affichés.
Il faut à l'enfant, au moins deux fois par jour, un fruit ou un légume cru, mais il n'y a que peu de danger à consommer beaucoup de fruits et légumes. S'il a mangé des légumes à midi, vous lui proposerez des féculents le soir et inversement, et toujours un produit laitier. N'oubliez pas dans votre répartition des féculents de comptbiliser la portion de pain que l'enfant aura grignoté en revenant de la boulangerie.

ÉVEILLER SES GOÛTS

Le système digestif de l'enfant est à maturité ; fruits et légumes crus, mais aussi fruits secs, légumes secs et céréales peuvent se côtoyer dans ses menus.
Les enfants commencent à apprécier les crudités entre 2 et 3 ans. Essayez, d'abord en petites quantités, des tomates pelées, des carottes finement râpées, des concombres, dont vous aurez ôté les graines, en bâtonnets, de petits morceaux de melon ou des radis. Choisissez des produits mûrs, frais et de saison et privilégiez le label AB (voir encadré p. 177).
En introduisant des légumes secs tels que pois cassés ou lentilles, n'oubliez pas qu'il s'agit d'excellentes sources de protéines et tenez-en compte dans l'apport quotidien en diminuant la quantité de viande. Proposez-lui aussi des céréales comme le quinoa, la polenta, le boulghour, le riz et les pâtes complètes. Ajoutez-y un peu de parmesan et 1 à

> **CONSEIL DE BÉATRICE :**
> *Mangez dans une ambiance détendue. Pas de chantage affectif du genre : « Mange tes haricots verts pour me faire plaisir. »*
> *Ne le privez pas de dessert s'il n'a pas fini son assiette. Cela n'a aucune prise sur lui. Inutile, pour le punir, de l'envoyer au lit s'il ne veut pas manger. Le lit doit rester un lieu de plaisir. Évitez les assiettes trop remplies. Cela peut le décourager. Peu importe s'il mange avec ses doigts. Ne lui demandez pas ce qu'il veut manger. À son âge, c'est trop stressant pour lui d'établir son menu, mais vous pouvez le laisser faire certains choix : yaourt ou fromage, par exemple.*

2 cuillerées à café d'huile d'olive ou de colza de première pression à froid. Pour éviter le refus des légumes verts, présentez-les mélangés à des féculents. Proposez des fromages comme le saint-nectaire ou le comté, au goût doux et très riches en calcium. Sachez que le fromage de chèvre est moins riche en graisses saturées et plus digeste. Mieux vaut donner fromages ou laitages aux repas ne comprenant pas de viande car ces deux types d'aliments sont riches en protéines et en graisses saturées. Variez les laitages en choisissant des yaourts à base de lait de chèvre ou de brebis.

COMMENT CUISINER BIO
Comme vous ne faites plus la cuisine à part avec votre Babycook, il est utile d'acquérir un cuit-vapeur pour toute la famille. Il dispose d'une minuterie pour que vos aliments ne cuisent pas trop longtemps et pour que vous puissiez vaquer à d'autres occupations pendant que la cuisson se poursuit. Respectez les temps de cuisson pour les légumes et pensez à ajouter des herbes (thym, romarin, marjolaine) pour améliorer le goût des purées. Utilisez des filtres à thé pour y placer vos herbes pendant la cuisson. Pour mesurer les quantités, récupérez des pots de yaourt en verre. Pour moudre certaines céréales, utilisez un moulin à café traditionnel.

• QUE DOIT MANGER UN PETIT DE 2 ANS ET DEMI •

Ce qu'un enfant doit manger quotidiennement se compose de plusieurs groupes d'aliments. Dans la nutrition de l'enfant, tous ces groupes doivent être présents afin de garantir son bien-être et sa croissance. On choisira de préférence des produits issus de l'agriculture et de l'élevage biologiques (voir p. 176 et p. 236).
- Produits laitiers : lait, fromage, yaourt à consommer 3 à 4 fois par jour.
- Protéines : viande, poisson et œuf, en respectant les quantités nécessaires, à consommer une fois par jour.
- Légumes et fruits crus : au moins 2 fois par jour.
- Légumes et fruits cuits : 2 fois par jour avec des féculents.
- Féculents : céréales, pommes de terre, légumes secs, pain, sont à consommer une fois par jour.
- Matières grasses (à varier) : huile, beurre, crème et margarine en quantité très raisonnable.
- Produits sucrés : peu.
- De l'eau pure à volonté.

Le riz complet ne plaît pas forcément aux jeunes enfants. Mais on peut le rendre plus attractif en le réduisant en poudre à l'aide d'un moulin à café. Pour une petite purée, il faudra 2 cuillerées à soupe de riz complet moulu que vous ferez cuire dans 2 mesures pot de yaourt d'eau, en surveillant la cuisson et en remuant avec une cuillère en bois. On obtient une purée onctueuse. Ajoutez un peu de beurre et salez légèrement. Cette purée accompagne, avec un peu de fromage de chèvre, des légumes, de la viande ou du poisson.

FAQ

Questions à poser : 2 ans et demi

[+] IL N'ARRÊTE PAS DE M'IMITER.
Imiter est un excellent moyen d'apprendre ! Votre enfant l'a bien compris. C'est comme ça qu'il apprend à parler, à s'habiller, à se servir de sa cuillère et de sa fourchette, qu'il deviendra un grand…
Tout petit (dès 6 mois), il imitait déjà les mimiques de la personne qui était devant lui, quand il était dans son babyrelax. Mais c'est surtout entre 2 et 3 ans, que sa tendance à l'imitation s'affirme : il commence à imiter Maman et Papa dans tout ce qu'ils font parce qu'il les aime et les admire. Un livre à la main, il va imiter les intonations que vous prenez lorsque vous lui faites la lecture. Le combiné contre l'oreille, il imitera aussi votre voix et vos gestes quand vous téléphonez. Et il le fera très bien. Pourquoi à cet âge surtout ? D'une part parce qu'il a acquis les capacités motrices nécessaires ainsi que la maîtrise de son corps et de ses gestes, d'autre part parce qu'il a développé cette faculté grâce à laquelle on peut « représenter ». Il devient capable d'imiter en différé et symboliquement un comportement qu'il a mémorisé. Il commence à jouer à « faire semblant » ; autrement dit il fait l'acteur !
Cela lui permet de construire son identité, il reproduit les comportements des adultes en y ajoutant ses propres émotions. Il s'en sert pour libérer ses tensions et ses angoisses. L'observation de son jeu permet de percevoir la nature de sa relation aux adultes.

[+] IL PARLE PARFOIS TOUT SEUL…
Il est dans sa chambre, seul, et vous l'entendez parler comme s'il y avait quelqu'un avec lui. Il pose des questions et donne lui-même les réponses. Il s'adresse à son doudou ou à un petit personnage en plastique qu'il tient à la main, ou même à la page d'un livre. En fait, il fait travailler son imaginaire, il construit des petits scénarios dans sa tête, les met en scène et les joue. Par ce moyen, il peut dédramatiser des situations ou des événements qui le tracassent ou vivre des désirs. Laissez-le jouer et rêver en solitaire, pendant ce temps son imaginaire se construit. Ne vous immiscez dans son jeu que si vous y êtes invitée.
Ne pensez surtout pas qu'il perd du temps à rêvasser ainsi et qu'une « activité » remplirait plus convenablement son emploi du temps. Comme dans beaucoup de domaines, il n'y a que l'excès qui soit néfaste. Si vous sentez qu'il a tendance à se replier dans ces conversations solitaires, intervenez très doucement pour le faire émerger.
S'il le fait trop souvent, c'est sans doute qu'il s'isole pour échapper au stress occasionné par le contexte familial, qu'il s'agisse de disputes des parents, de maladie grave, de chômage… N'hésitez pas à en parler à votre pédiatre, il pourra vous conseiller une consultation avec un psychologue.

[+] ELLE NE VEUT JAMAIS PRÊTER SES JOUETS AUX AUTRES ENFANTS.
À partir du moment où l'enfant commence à dire « je », vers 2 ans, en même temps qu'il se découvre en tant que personne, il développe un certain sens de la propriété et une sorte d'égocentrisme.
Ce qui est à lui fait partie de lui ! Pas question, par exemple, qu'un autre enfant lui prenne un objet qui lui appartient, il aurait l'impression qu'il s'attaque à l'intégrité de son territoire. Plus cet objet sera convoité par l'autre enfant, plus votre enfant lui attribuera de valeur, même s'il ne s'y intéressait plus depuis un moment déjà. Ce type de comportement est normal (tout comme l'affirmation de soi par le « Non ! ») et nécessaire au bon développement de l'enfant. Cela n'a rien à

voir, à cet âge, avec un quelconque égoïsme. Simplement, comme il n'a pas la notion du temps, la question du retour de l'objet se pose pour lui là et maintenant et pas dans un futur hypothétique.
Il y a de grandes chances pour que ce comportement persiste encore pendant quelques années, le temps précisément qu'il intègre la notion de temps. En attendant, il faut vous garder d'en tirer des conclusions négatives. Contentez-vous de le rassurer quant à son droit de propriété : cet objet est bien à lui, et il n'est pas question de le lui prendre (mais il ne peut pas non plus prendre l'objet du petit camarade...).

[+] J'AI L'IMPRESSION QUE MON ENFANT EST GAUCHER, DOIS-JE FAIRE QUELQUE CHOSE ?

Dans la latéralisation tout le corps intervient, et pas seulement la main. Observez quel pied votre enfant lève en premier pour monter une marche, de quel pied il shoote dans le ballon. Avec quel œil regarde-t-il dans le kaléidoscope ? De quelle oreille écoute-t-il le téléphone ? Certains enfants sont complètement latéralisés d'un côté ou de l'autre, on dit qu'ils sont droitiers (ou gauchers) « homogènes », d'autres sont latéralisés d'un côté pour certaines activités, de l'autre côté pour les autres, on les dit droitiers (ou gauchers) « croisés ».
Il arrive aussi que, quelle que soit sa latéralisation, un enfant se serve indifféremment de l'une ou de l'autre de ses mains, on dit alors qu'il est « ambidextre ».
On peut commencer à se rendre compte de la latéralité d'un enfant vers 7 mois environ, mais elle ne commence à se déterminer réellement que vers 5 ans, c'est-à-dire au moment des débuts de l'écriture.
Désormais on ne « corrige » plus les gauchers. Tout au plus intervient-on lors des débuts de l'écriture pour « préciser » la latéralité d'un enfant ambidextre (il est difficile d'apprendre à écrire des deux mains ! ou pour aider l'enfant gaucher à se débrouiller dans un monde fait pour les droitiers (ciseaux, cahiers, instruments de musique...)
Si, vers 5 ans, la latéralité n'est pas clairement déterminée, il peut être utile d'entreprendre un bilan psychomoteur pour déterminer laquelle est la main dominante.

[+] IL A PEUR DES CHATS, JE NE SAIS PAS POURQUOI, JE CRAINS QU'IL NE DÉVELOPPE UNE PHOBIE.

Quand il atteint l'âge de 2 ou 3 ans, l'enfant entre dans une période au cours de laquelle il ressentira facilement de la peur. Pour une raison inconnue, il se trouve que c'est votre chat qui est l'objet de sa peur. Mais cela peut être tout autre chose. Les sources de peurs, à cet âge, sont en effet nombreuses : visages inconnus, obscurité qui dans son imaginaire secrète des monstres, des voleurs, des loups et méchants de tous ordres — dans le fantasme, s'il est éveillé et conscient, ou dans les cauchemars. Plus enfouie en profondeur, on peut trouver la peur qu'on le quitte, qu'on l'abandonne. Toutes ces peurs, aussi difficiles qu'elles soient à vivre pour l'enfant et à apaiser pour les parents, font partie du développement normal de votre enfant et le construisent. À travers elles, il se forge les moyens d'appréhender le danger, d'affronter la peur. Pour l'aider, vous pouvez le prendre dans vos bras et parler de ce qui l'inquiète. Les contes, comme ceux de Grimm ou de Perrault, peuvent permettre à votre enfant de jouer avec les frissons de la peur et de les apprivoiser.
Ces peurs passeront avec le temps. Ce qui est certain, c'est qu'à 2 ans et demi, il est bien trop tôt pour parler de phobie !

3 ans : il se prépare à la maternelle

- Il sait se tenir sur un pied et marcher à cloche-pied.

- Sur son tricycle, il pédale bien, mais il faudra attendre qu'il aie 5 ou 6 ans avant qu'on puisse enlever les stabilisateurs.

- Il sait ouvrir et fermer une porte seul.

- Il s'habille, se déshabille et commence à délacer ses souliers en étant un peu aidé.

- Il est réellement propre le jour.

- Il mange bien seul.

- Il sait se repérer dans les lieux et distingue bien les personnes, même quand il ne les voit que rarement. Il est maintenant très sociable.

- Son vocabulaire s'est enrichi. Il identifie et nomme plusieurs couleurs, comprend où ? quand ? pourquoi ? Il distingue haut, bas, devant, derrière, petit, grand. Il peut dire s'il est un garçon ou une fille. Ne se trompe plus dans le temps des verbes.

- Il comprend les consignes et sait exécuter les ordres simples.

- Il dessine des cercles encore irréguliers mais bien fermés, des croix et fait ses premiers « bonhommes têtards ».

- Il a gagné en autonomie et est prêt pour la maternelle.

Poids : environ 15 kg
Taille : environ 95 cm
Alimentation : Il consomme entre 40 et 50 g de viande ou de poisson par jour. Veillez à l'équilibre alimentaire avec les repas pris en dehors de la maison.

L'âge de : « Moi tout seul ! » et de « Pourquoi ? »

Plus adroit, plus sûr de lui et plus autonome, il sait maintenant s'habiller, tenir sur un pied, courir et gravir les marches. Vous êtes toujours celle qu'il préfère, mais il est maintenant capable de se faire des amis et veut se sentir autonome.

Vous avez remarqué que les gestes de votre enfant ont gagné en précision et en coordination. Il grimpe les escaliers comme un grand et sait se servir des pédales de son tricycle. Il est joyeux et bavard, comprend et écoute, et ses grosses colères sont déjà loin. Ce n'est plus un bébé et il est attentif et sensible aux émotions des autres. Il ne joue plus à côté, mais avec ses camarades ; il sait partager. Il aime communiquer en permanence et sa curiosité est immense.

C'est l'âge du « Pourquoi ? », et son vocabulaire lui permet désormais de comprendre des réponses détaillées. Ne vous privez pas de ces grandes conversations où il cherche à se faire entendre malgré une grammaire encore un peu hésitante. Il adore « faire comme si », jouer au papa et à la maman, se déguiser, et votre rôle dans ces jeux est très gratifiant.

IL SE DÉBROUILLE TOUT SEUL

Depuis un certain temps déjà, il ôte ses chaussettes et ses chaussures tout seul. Vous les avez d'ailleurs parfois trouvées dans des endroits inattendus, son coffre à jouets par exemple. Désormais, il est capable de se déshabiller et de s'habiller. Avec des doigts de plus en plus agiles, il sait déboutonner un vêtement ou fermer les scratchs de ses chaussures. Pour ce qui est des lacets, il faudra encore attendre un peu. Quand il a besoin de se rendre aux toilettes, il sait trouver son pot et baisser son pantalon et son slip. Il tient à vous montrer en permanence tout ce qu'il sait faire. Encouragez-le et félicitez-le.

SON CORPS CHANGE

Les proportions de son corps changent, les os de ses jambes s'allongent et votre petit a perdu beaucoup de ses rondeurs grâce

CONSEIL DE BÉATRICE :
Le désir de vouloir faire tout, tout seul n'est pas permanent. Parfois, il aura envie de régresser et aimera que ce soit Maman qui l'habille. Respectez son choix et profitez de ces moments de bonheur avec moult bisous et chansons. Cela ne va pas durer.
Si vous êtes pressée le matin, ne refrénez pas son désir d'autonomie pour autant, jouez à « un bouton pour toi, un bouton pour Maman », etc.
S'il veut choisir ses vêtements, c'est très bien, mais limitez le choix à plusieurs tenues correspondant au climat du jour. Le laisser choisir dans l'armoire parmi toutes ses affaires est trop stressant pour lui.

• COMMENT RENOUVELER SA GARDE-ROBE •

Les bodies ne sont plus de mise, désormais il faut à votre enfant des slips ou des culottes, des débardeurs et des tee-shirts, le tout en coton bien sûr, ainsi que des chaussettes et des collants eux aussi de préférence en coton. On trouve de plus en plus des vêtements en coton bio issus du commerce équitable. Des pantalons et/ou jupes à taille élastique sont indispensables dès qu'il va à l'école car les institutrices ne peuvent pas défaire une infinité de boutons à chaque fois qu'elles doivent envoyer les bambins faire pipi. D'une manière générale, ses vêtements devront être faciles à enfiler et à boutonner. En ce qui concerne les chaussures, elles devront être bien à sa taille et protéger ses pieds sans être nécessairement hautes et rigides. Elles devront se fermer de préférence par un scratch.

à son activité physique permanente. Son squelette, encore constitué en grande partie de cartilage, commence à se calcifier peu à peu. Vous avez parfois l'impression qu'il grandit par à-coups.

Ses vêtements deviennent rapidement trop petits et surtout trop courts ; c'est le moment de renouveler une grande partie de sa garde-robe.

Ses muscles et ses ligaments se fortifient et ses pieds se creusent progressivement. Vérifiez régulièrement que ses chaussures sont bien à sa taille.

« MOI TOUT SEUL »

Parmi les quelques crises que vous allez devoir affronter, le syndrome du « moi tout seul » est en bonne place. Votre enfant est en effet très agacé quand il n'arrive pas à accomplir certaines tâches. Autant lui proposer des challenges en accord avec son développement et ses possibilités de coordination.

S'HABILLER ET SE DÉSHABILLER

Surtout, ne vous fâchez pas s'il n'arrive pas encore à s'habiller et à se déshabiller tout seul. Comme pour ses jouets, il a besoin d'ordre pour progresser. Facilitez-lui la tâche. Préparez ses vêtements et mettez-les sur une petite chaise ou un tabouret à sa hauteur. Tout sera bien plié ; posez sa culotte ou son slip sur le dessus, puis son débardeur ou son tee-shirt (évitez le body), ses chaussettes ou son collant, ensuite son pantalon ou sa jupe, son chemisier, son sweat-shirt ou sa robe. Restez à proximité tout en faisant autre chose et intervenez uniquement à sa demande ou quand vous pensez qu'un petit geste l'aiderait à réussir plus facilement.

Il devient coquet et adore se regarder dans la glace. S'il s'est bien habillé tout seul, félicitez-le chaudement.

Patience, tout ne sera pas parfait tout de suite, il y aura des petits dégâts. Si vous êtes en retard, aidez-le en lui expliquant que vous êtes fière de ses progrès, mais qu'il faut se dépêcher.

> **CONSEIL DE BÉATRICE :**
> *Votre enfant commence à s'affirmer et à revendiquer son indépendance, sans être dans l'opposition systématique. Il faut cependant guider son autonomie. Il n'est pas question, par exemple, de le laisser traverser la rue tout seul, ni gravir le toboggan qui n'est pas encore un jeu de son âge.*

MON ENFANT • DE LA NAISSANCE À LA MATERNELLE

Parler de la mort avec lui

Quand et comment lui parler de la mort sans le traumatiser. Mieux vaut attendre le moment où la question surgit...

Vous roulez sur l'autoroute la nuit, il pleut et la circulation est dense. Un accident vient d'avoir lieu, les pompiers interviennent. Dans la voiture, tout le monde est silencieux, grave, préoccupé. Soudain, sans savoir ce qui se passe, une petite voix derrière vous demande : « Maman on va pas mourir ? », preuve que l'enfant a déjà entrevu la possibilité de la mort et sa dimension tragique.

QUE COMPREND-IL DE LA MORT ?

Il n'est ni utile ni souhaitable de parler de la mort à un enfant tant qu'il ne vous interroge pas lui-même à ce sujet. Mais, au cours de ses premières années de vie, la question surgira forcément à un moment ou à un autre, à l'occasion d'une lecture, d'un film et souvent aussi suite au décès d'un proche ou à la mort de son animal de compagnie.

Jusqu'à 5 ans environ, pour l'enfant, la mort n'est qu'une autre manière de vivre. Pour lui, un mort est quelqu'un qui « dort » comme la Belle au bois dormant, sans manger, sans boire, ou qui est « ailleurs » et reviendra ou se réveillera certainement « un jour » après un baiser.

Après 5 ans, l'enfant a tendance à personnifier la mort ; c'est un fantôme, une fée ou un squelette. Si on la voit, il faut la fuir. Ce n'est que vers 10 ans qu'il comprendra la mort dans toute sa dimension, universelle, irrévocable et irréversible, ce qui, très souvent, suscitera une période d'angoisse et de cauchemars ou de tristesse.

APPRIVOISER LA MORT

La mort d'un animal est l'occasion d'expliquer à l'enfant ce qu'est la mort, dans les limites de ce qu'il peut comprendre à cet âge, mais surtout de l'écouter, de le laisser exprimer sa tristesse ou éventuellement sa peur. Il est bon d'organiser avec lui un rituel, ne serait-ce que le traditionnel enterrement au fond du jardin. C'est peut-être ce rituel qui, plus que tout, lui permettra d'apprivoiser la mort et de la replacer dans la vie. Pour couper court au chagrin de l'enfant, la tentation est grande pour les parents de lui racheter immédiatement un autre animal, au risque

> **CONSEIL DE BÉATRICE :**
> *Françoise Dolto l'a dit : concernant la mort, il faut parler vrai et simplement. Après avoir expliqué l'absence et la tristesse, il faut raconter des souvenirs heureux, parler des absents, afin de montrer que le souvenir et l'amour survivent à l'absence. Mais évitez de trop parler ; écoutez surtout votre enfant. Souvent, ses mots sont d'une grande justesse et pleins de bon sens, même si parfois ils sont difficiles à entendre en période de deuil.*

• ON NE LUI EN A JAMAIS PARLÉ, MAIS IL SAIT •

Avant d'avoir le petit Pierre, 3 ans, Maman et Papa ont eu un autre enfant qui est mort très jeune. Pour ne pas perturber Pierre, Maman et Papa ont choisi de ne rien lui dire. Mais Pierre est colérique, difficile, jette des objets, fait des cauchemars : quelque chose ne va pas. Ce qui ne va pas, c'est qu'il a remarqué que Maman est parfois triste, que certains silences sont bien lourds ou que des conversations s'arrêtent à son arrivée, bref que l'atmosphère est bizarre. En fait, c'est le fantôme du petit frère mort qui hante inconsciemment Pierre. Aidés par le psychologue, les parents expliquent à Pierre l'histoire du petit frère. Très rapidement, il redevient un petit garçon content de vivre et serein. C'est ce que l'on appelle « le cadavre dans le placard ».

> **CONSEIL DE BÉATRICE :**
> *Le plus difficile est le deuil qui bouleverse l'ordre normal des générations. N'hésitez pas à vous faire accompagner par un psychothérapeute si vous avez du mal à vous exprimer sur le sujet.*

qu'il ait l'impression que la vie et les liens affectifs sont sans valeur. Il faut donc savoir résister à cette tentation et ne pas épargner à l'enfant le « travail du deuil » et le temps d'une méditation sur la mort. Plus tard seulement, passé le deuil, vous pourrez lui acheter un nouvel animal. Les vivants avec les vivants, les morts avec les morts, chacun aura retrouvé sa place !

IL AFFRONTE LE DÉCÈS D'UN PROCHE

Malheureusement, parfois, c'est avec le décès d'un proche que l'enfant doit affronter pour la première fois la mort. La situation est autrement plus douloureuse et difficile à affronter. L'enfant ne réagit pas comme l'adulte face à un décès. Parfois la mort provoque chez lui un mouvement de colère, de révolte ou de peur. Il devient également maladroit, se blesse ou casse des objets par inadvertance. Il peut aussi manifester de l'animosité vis-à-vis du mort qui l'a « abandonné ». Souvent, un sentiment de culpabilité domine, l'enfant « pense », plus ou moins consciemment, que c'est à cause de sa méchanceté ou de sa colère que la personne est morte. Parfois c'est le déni : l'enfant se comporte délibérément comme si cette mort ne l'affectait pas. Accompagner leur enfant dans sa douleur est d'autant plus difficile pour les parents qu'ils sont eux-mêmes affectés par le décès de leur proche.

LUI DIRE LA VÉRITÉ

La tentation est forte, pour protéger l'enfant, d'éluder les questions ou de se contenter d'expédients mensongers du genre « Il est parti en voyage » ou encore de le tenir à l'écart en l'éloignant du foyer pour quelque temps. Pourtant, le premier impératif est de dire à l'enfant la vérité, sans faux-fuyant ni esquive : « Il est mort et nous sommes très tristes ; on ne le reverra plus jamais. Nous mourrons tous un jour quand on est vieux ou très malade. » Une bonne manière d'aborder le sujet peut être de feuilleter en sa compagnie un album photo, lentement, en lui laissant l'occasion de poser ses questions : « C'est grand-père avec grand-mère, maintenant ils sont morts tous les deux. Ils sont un peu avec nous quand on pense à eux, quand on regarde les photos. » Le travail du deuil va durer un certain temps pendant lequel il faudra accompagner l'enfant, le laisser exprimer ses émotions, sans lui demander d'être un « grand » raisonnable. Et surtout ne jamais penser qu'il est trop petit pour comprendre ! Quand la notion de mort et ses conséquences auront été intériorisées, apprivoisées, pacifiées par l'enfant, le deuil sera terminé.

À la conquête de son identité sexuelle

Votre enfant maintenant sait très bien qu'il est une personne à part entière. Le lien affectif qui l'attache à vous est plus qu'auparavant influencé par le développement de son identité sexuelle.

À 3 ans, il est parvenu, au « stade phallique » de l'évolution de la sexualité infantile selon Freud. Il sait désormais que son sexe peut être source de plaisir. Il connaît la différence des sexes et commence à s'identifier au parent du même sexe que lui. Dès lors se dessine le fameux complexe d'Œdipe.

ŒDIPE, PASSAGE OBLIGÉ ?

Selon la mythologie grecque, Œdipe a été conduit par le « destin » à tuer son père et à épouser sa mère, sans même savoir qu'ils étaient ses parents. Choqué en découvrant l'infamie dont il s'est rendu coupable par ignorance, il se crève les yeux. Heureusement, le complexe d'Œdipe conduit rarement à de telles extrémités.
Selon Freud, symboliquement, le garçon, comme Œdipe, veut « tuer » son père et « épouser » sa mère, la fille désirant, quant à elle, l'inverse.
Les parents perçoivent très bien le complexe d'Œdipe quand il apparaît chez leur enfant. Il se met soudain à porter un regard quasiment amoureux sur le parent de sexe opposé et repousse avec agacement l'autre parent dont il veut conquérir la place au sein du foyer et dans le cœur de son conjoint. L'enfant devient hypersensible. Il ne tolère aucune complicité ou manifestation d'affection entre ses deux parents. Il cherche sans cesse à les séparer, et même à entraver toute communication verbale entre eux en essayant de couvrir leur voix de la sienne.

JALOUSIE ET CULPABILITÉ

Ces manifestations dureront avec plus ou moins d'intensité jusqu'à l'âge de 5 ans, pour disparaître ensuite pendant la période de latence, jusqu'à l'adolescence. Au cours de celle-ci, l'enfant renonce à épouser le parent de sexe opposé et se met en quête d'un autre partenaire sexuel. La négociation de ce passage peut donner lieu à des crises difficiles... Indissociable du complexe d'Œdipe est l'angoisse de castration ressentie par le fils soumis à l'autorité du père (son rival vis-à-vis de sa mère), mais aussi par la fille qui impute à une castration son absence de pénis, mais se fait finalement une raison en se disant que si elle n'a pas de pénis, elle a au moins la capacité d'avoir des enfants...

> **CONSEIL DE BÉATRICE :**
> *C'est une période importante pour l'enfant, mais déroutante pour les parents, car elle pose la question de leur propre intimité et de leurs relations affectives et sexuelles. Il faut protéger l'enfant de votre intimité comme il faut protéger la sienne.*
> *C'est le moment de lui apprendre que son corps lui appartient, le prévenir avec douceur que personne n'est autorisé à le toucher et qu'il doit vous dire si des câlins le mettent mal à l'aise. Soyez à son écoute. Soyez honnête et si vous ne vous sentez pas capable de lui répondre, dites-lui que sa question vous intéresse mais que vous avez besoin de temps pour réfléchir avant de reprendre cette discussion très intéressante.*

Pendant l'Œdipe, la relation au parent du même sexe n'est pas simple. L'enfant se sent coupable de le rejeter alors qu'il lui témoigne de l'affection, que lui-même au fond le chérit et l'admire malgré la rivalité. Il semble d'ailleurs que ce sentiment de culpabilité soit plus souvent ressenti par la fille que par le garçon.

FREUD, AVAIT-T-IL TOUT COMPRIS ?

Cette théorie du complexe d'Œdipe a été très discutée, rejetée et révisée depuis son élaboration par Freud. Freud lui-même se posait des questions à son sujet, se disant que garçon ou fille, le premier objet sexuel est la mère, à la fois nourricière et source de plaisir. C'est donc sa mère que la petite fille devrait désirer ! La situation du couple fils-mère par rapport au couple père-fille n'est sans doute pas symétrique, et donc très compliquée. Les mouvements féministes n'acceptent pas l'analyse de Freud et les ethnologues qui ont étudié d'autres civilisations en discutent l'universalité. On peut aussi se demander ce que devient le triangle père-mère-enfant dans une famille recomposée ou monoparentale...

▪ MON ENFANT SE MASTURBE ▪

Alors que c'était totalement tabou autrefois, aujourd'hui tout le monde s'accorde à penser qu'il est normal et banal qu'un enfant se masturbe. L'exploration du corps fait partie du développement de tout enfant. Il découvre à cette occasion que certaines parties de son corps lui donnent plus de plaisir que d'autres. Entre 2 et 3 ans, les enfants se masturbent fréquemment en public. Il ne faut pas perdre sa sérénité devant une telle scène, car l'enfant risquerait de penser que ce qu'il fait est répréhensible. Sans le gronder, il faut l'inviter avec bienveillance à se retirer dans sa chambre car cette activité ne s'accommode pas du public. Si malgré tout il continue à se masturber fréquemment et ouvertement en public, on peut en parler au pédiatre pour une éventuelle consultation chez un pédopsychiatre.

COMMENT GÉRER CETTE CRISE DES 3 ANS ?

Avec tact et douceur, mais avec une grande fermeté, vous viendrez à bout de cette crise. Il n'y a pas de diversion possible : « Non ! Tu ne pourras pas nous séparer », « C'est impossible qu'un parent épouse son enfant. » Mais : « Oui nous t'aimons très fort tous les deux », « Quand tu seras grand tu pourras épouser une belle jeune fille. »

> **CONSEIL DE BÉATRICE :**
> *Vers 3 à 4 ans, l'enfant est curieux et volontiers exhibitionniste, puis vers 5 à 6 ans, il peut acquérir une certaine pudeur. Le travail des parents en matière d'éducation sexuelle est de rester à la bonne distance : ni trop pudiques ni intrusifs, mais toujours respectueux.*
> *Il est important de ne pas se moquer de lui, ni de le forcer à se déshabiller en public. C'est la période des premières curiosités sexuelles envers le sexe opposé. Cela représente pour l'enfant un intérêt anatomique rigolo qui n'a rien de malsain.*

Comment ne pas en faire un enfant roi

Le bébé est un tyran dont on accepte volontiers les exigences afin d'installer le lien mère-enfant indispensable au bon développement du petit homme. Mais quelles sont les frontières à ne pas dépasser ?

Tout bébé est un tyran qui, au début, vous réveille quatre fois par nuit et vous fait accourir dès qu'il pleure. Peu à peu, il s'habitue à son nouvel environnement, et vous, vous adaptez aussi. Certains bébés, cependant, sont « plus difficiles » que d'autres. La « tyrannie » qu'ils exercent peut passer par le refus du sommeil ou de la nourriture. C'est surtout vers 2 à 3 ans qu'ils ne supportent plus la moindre frustration.

TOUT PASSE PAR L'OPPOSITION

Les manifestations d'opposition sont un motif extrêmement fréquent de consultation chez le psychologue ou le pédopsychiatre. Les demandes de conseil sont fréquentes dès 2 à 3 ans et se poursuivent parfois jusqu'à l'adolescence. Ces manifestations sont plus fréquentes chez les garçons que chez les filles, mais sont toutes différentes. Il convient de réussir à restaurer le climat familial pour permettre une meilleure évolution de l'enfant.

> **CONSEIL DE BÉATRICE :**
> Aimer son enfant ne veut pas dire céder à tous ses caprices. Plus vous dressez des limites, plus il se sent en sécurité et plus il s'épanouit.
> À la moindre faiblesse de ses parents il cherchera à devenir le « chef de meute ».
> Comme le pense Françoise Dolto, les bébés et les enfants sont de petites personnes qu'il faut écouter et respecter, mais ce ne sont ni des petits chefs ni des petites princesses en puissance.

L'OPPOSITION EST POURTANT NÉCESSAIRE

L'opposition permet la construction de la personnalité ; les petites manifestations agressives font partie du développement normal de l'enfant et disparaissent généralement vers 5 ans. Apprenez dès le départ à négocier et à définir les limites. Une opposition mal maîtrisée empêche l'enfant de s'intégrer socialement. Une étude américaine estime qu'au-delà de 3 conflits mineurs par heure et 3 conflits majeurs par jour, le comportement de l'enfant est à sur-

DU REFUS À LA PROVOCATION

L'opposition peut se manifester par le refus dès le plus jeune âge. Les conflits sont alors fréquents et les luttes quotidiennes. De 2 à 3 ans, l'enfant manifeste son opposition en refusant de se coucher ou de ranger ses jouets. Les parents répètent alors les consignes. Ils en viennent aux menaces qu'ils n'exécutent pas. On aboutit rapidement à un conflit ouvert. Il est donc essentiel, dès le plus jeune âge, de poser des limites pour éviter tout dérapage et troubles de la conduite. Une anorexie peut naître, par exemple, d'un trouble d'opposition mal géré lors de la petite enfance.

> **CONSEIL DE BÉATRICE :**
> *Certaines situations conduisent parfois à un certain laxisme vis-à-vis de l'enfant pour ce qui est du respect et de la politesse : s'il a été désiré trop longtemps, a souffert d'une maladie à la naissance, a dû subir des conflits parentaux… Ne soyez donc ni trop laxistes ni trop sévères : dites-lui avec fermeté que vous savez dire non et que ce sont les parents qui décident et pas lui. Il est vrai que dresser des limites demande plus d'énergie que de laisser faire. Mais c'est l'âge où l'enfant doit renoncer à sa toute-puissance infantile et le rôle du père est important pour cautionner la maman.*

PEUT-ON CHANGER LE COMPORTEMENT DE SON ENFANT ?

Vous ne pouvez pas changer la personnalité de votre enfant, mais vous pouvez essayer de modifier ses comportements à problèmes. Si vous lui demandez par exemple de finir son assiette et s'il refuse, n'insistez pas. Enlevez son assiette et passez au dessert. Il doit comprendre que vous ne cherchez pas à le faire manger à tout prix, mais à le nourrir pour qu'il grandisse dans de bonnes

• POURQUOI EST-IL UN ENFANT TYRAN •

Si vous êtes des parents trop permissifs, ne posant aucune limite ou, si au contraire, vous êtes des parents hyperprotecteurs anticipant tous les désirs de votre enfant, il risque de se transformer en véritable tyran. De même, si vous l'utilisez dans vos conflits familiaux, si vous êtes inconstants dans vos attitudes ou encore si vous êtes violents.

conditions. Si vous décidez de ne jamais céder, l'opposition peut devenir trop intense et cela risque d'avoir des répercussions sur toute la vie familiale. Faites-lui comprendre que si vous cédez sur certains points, pour d'autres, telle la sécurité, vous serez intransigeante.

ÉLEVER SON ENFANT SEUL(E)

Si vous êtes mère ou père célibataire, il sera plus difficile de tout gérer et de rester disponible pour votre enfant. Il pourra adopter des comportements d'opposition pour attirer votre attention. N'hésitez pas à céder parfois pour lui montrer qu'on peut modifier les règles si le résultat est bénéfique pour tout le monde.
Si, parfois, vous ressentez le comportement de votre enfant comme une provocation (tirer la langue, etc.), essayez de réagir à froid en ignorant ce que vous voyez sur le coup. Il finira par se sentir ridicule et abandonnera ces comportements. Les enfants sont impulsifs et ne savent pas toujours gérer leurs émotions.

NE DOUTEZ PAS DE VOUS EN TANT QUE PARENTS

Imaginez que vous êtes moniteur d'auto-école et que votre enfant doive apprendre le code de la route et la conduite pour trouver sa place parmi les autres. La voiture est un moyen pour arriver au but mais il faut prendre la route en respectant les règles : les stops et les sens interdits. C'est à vous de lui montrer qu'il y a plus d'avantages dans le respect des règles que dans la transgression. Et vous y arriverez. En cas de doute, parlez-en à votre pédiatre ou à un psychologue.

Il est de sortie

Cirque, théâtre, cinéma ou parc à thème... et même restaurant ; les occasions ne manquent pas d'organiser de joyeuses sorties en famille et l'offre est considérable.

À 3 ans, les sorties sont des événements qui se préparent. Les spectacles sont de plus en plus appréciés par votre enfant qui apprend aussi à partager ses émotions avec le public qui l'entoure.

LE CIRQUE

Aller au cirque est une décision des parents fortement influencée par les enfants. Si votre enfant est facilement impressionné, commencez peut-être par lui faire visiter la ménagerie ; vous déciderez en fonction de ses réactions, si vous allez ou non à la représentation.

Si votre petit va pour la première fois au cirque, choisissez une place un peu en hauteur et raisonnablement éloignée de la piste. Il risquerait d'être effrayé lors du passage des éléphants et des tigres, lions ou autres bêtes sauvages ou à la vue des trapézistes voltigeant au-dessus de lui. Quand ce sera le tour des clowns, vous pouvez compter sur lui pour s'approcher de la piste.

 CONSEIL DE BÉATRICE :
Attention à ne pas vouloir organiser des activités à tout prix chaque week-end : ne rien faire ensemble est bien aussi. Cela ne signifie pas forcément journée télévision et DVD, mais activités laissant place à l'imagination et à l'imaginaire.

LE THÉÂTRE

Beaucoup d'enfants ont assisté à la crèche à des petits spectacles réunissant enfants et personnel autour d'une scène fictive. Dans ce cadre, les acteurs stimulent les mécanismes de l'imaginaire des enfants en utilisant un objet qu'on détourne « On dirait que, c'est un peu comme s'il pleuvait... ». Les enfants acceptent cette convention empruntée à leurs jeux, et la magie du théâtre opère.

D'autres ont assisté à leur premier spectacle dans une de ces petites salles où souvent l'on fait monter les petits sur une vraie scène pour qu'ils soient au plus près des acteurs et de l'action. Il est extraordinaire d'observer alors les enfants, qui changent d'attitude, prennent un air appliqué, presque soucieux et imitent avec un petit décalage le jeu des acteurs.

Le jeune enfant, bien sûr, ne choisit pas d'aller au spectacle. Ce sont ses parents qui doivent en prendre l'initiative. Les possibilités sont vastes, de la comédie musicale aux conteurs, en passant par les marionnettes et le théâtre pour enfants à proprement parler.

 CONSEIL DE BÉATRICE :
Laissez votre enfant choisir entre plusieurs activités et à tour de rôle entre frères et sœurs. Attention à ne pas lui faire voir des spectacles ou films qui l'impressionneraient trop. Certains Walt Disney, par exemple, ne sont pas conseillés avant 6, voire 10 ans.

Accompagner un enfant au théâtre, c'est, bien sûr, partager ce moment avec lui, mais aussi l'aider à ne pas se laisser submerger par les émotions. La peur que l'enfant peut éprouver est mise à distance par les décors, les costumes, les paroles inhabituelles. Elle se dissipera en présence de ses parents à la fin du spectacle.

LE CINÉMA

Mieux vaut acheter les billets à l'avance pour éviter de faire la queue. Il serait également préférable de choisir une salle où l'on a l'habitude de recevoir des enfants et où vous trouverez des rehausseurs pour les sièges (même s'il est probable que votre enfant va passer une partie de la séance sur vos genoux).

Expliquez à votre petit comment se déroule une séance, que la salle est plongée dans l'obscurité et que, durant le film, on ne peut pas parler, mais qu'on peut emmener son doudou et tenir la main de Maman pour se rassurer. Attendez-vous à des réactions de peur, ne serait-ce qu'en raison de l'immensité de l'écran et des personnages. En sortant du cinéma, laissez-lui le temps de digérer les images avant de l'assaillir de questions.

Sachez qu'il existe des festivals de cinéma pour enfants qui présentent des courts métrages accessibles aux petits dès 2 ans. Pour un long métrage, mieux vaut attendre 3 ans et ne pas choisir un film qui dépasse une heure et quart. Mis à part les Walt Disney, de merveilleux films d'animation et des dessins animés permettent aux enfants d'entrer dans un univers féerique.

LES PARCS À THÈME

Les différentes installations de ces parcs sont bien balisées pour chaque âge et l'offre est vaste et souvent de qualité. Vous entrez un peu dans un monde imaginaire où l'on rencontre des personnages de contes de fées grandeur nature, ce qui dépayse les enfants. Regardez bien le plan et faites un choix dès le départ pour ne pas errer pendant des heures et fatiguer l'enfant avant d'avoir vu quoi que ce soit. Décidez aussi à l'avance du programme pour ne pas être dépassés par le surcoût de l'opération et sachez qu'il y a quantité de magasins vers la sortie, susceptibles d'attirer votre petit consommateur.

L'EMMENER AU RESTAURANT

Le restaurant est un endroit où il doit manger proprement sans faire trop de bruit pour ne pas gêner les autres, certes, mais c'est aussi le lieu où il a le droit de choisir parmi les plats que vous lui décrivez ceux qu'il préfère, un lieu associé aussi bien souvent à une joyeuse sortie en famille.

QUE FAIRE LE MERCREDI

Si vous êtes disponible le mercredi, vous pouvez l'emmener à la piscine, sachant que la plupart disposent d'un petit bain réservé aux petits.

Vous pouvez aussi organiser des spectacles chez vous en mettant à la disposition de votre enfant et de ses copains une sélection de vêtements pour se déguiser et en les invitant à jouer une pièce imaginaire ou celle qu'ils ont vu récemment. Certaines petites compagnies théâtrales proposent aussi des spectacles à domicile et initient par la même occasion les enfants à cet art.

Mon enfant ment, pourquoi ?

Mentir, c'est utiliser son imagination mais aussi prendre ses désirs pour la réalité. Comment réagir sans l'humilier ?

Tout petit, Bébé avait constaté que lorsque la nuit il avait mal, ses pleurs vous faisaient accourir... Alors, même s'il n'a rien, pour la simple envie de vous voir, il se met à pleurer... Peut-on parler de mensonge ? Devez-vous considérer qu'il vous manipule ? Distinguer le réel de l'imaginaire, le vrai du faux, la vérité du mensonge, et au-delà, le bien du mal, est un processus complexe, qui, chez l'enfant, se développe par étapes au fil des ans. Avec le langage, l'imaginaire d'un enfant de 3 ans s'enrichit fortement, et il distingue alors mal le réel de l'imaginaire. Il affabule volontiers ; en même temps, il découvre qu'on peut ne pas tout dire, dire le faux ou inventer des histoires de toutes pièces.

Malgré tout, on ne peut pas dire qu'il mente, car le mensonge est un concept d'ordre moral et nécessite une connaissance du bien et du mal, qu'il n'aura qu'à l'âge de 6 ou 7 ans (l'âge de raison ?).

> **CONSEIL DE BÉATRICE :**
> *Toutes les vérités ne sont pas bonnes à dire (« Tu as vu la dame comme elle est moche ? ») et peuvent entraîner des situations ennuyeuses. Soyez donc à l'écoute de votre enfant. Inutile d'entrer dans une grosse colère quand il vous « ment » ; écoutez ses explications, sans pour autant être dupe.*
> *Le meilleur moyen pour que cette période, nécessaire pour sa construction psychoaffective, soit la plus brève possible, c'est de parvenir à instaurer un climat de confiance réciproque.*

MAGIE ET MENSONGE

Avant 6 ans, l'enfant développe une « pensée magique » par laquelle il altère la réalité inconsciemment. Ce que l'on nomme se met à exister, ce que l'on nie cesse d'exister.

Il peut altérer la réalité pour plusieurs raisons :
- pour éviter une punition : « C'est pas moi qui l'ai cassé » ;
- pour préserver son intimité ;
- pour donner de lui-même une image qui vous plaise ou pour « se faire remarquer » quand vous ne lui prêtez pas assez attention à son goût ;
- pour s'opposer à vous : vous voulez lui faire dire une chose, il en dira une autre ;
- pour préserver l'image qu'il a de vous (dont il a besoin pour grandir), lorsqu'il la sent menacée. C'est souvent le cas lorsqu'au cours d'une séparation les parents se déchirent. Il mentira pour protéger l'un du comportement ou des paroles négatives de l'autre.

Son imagination lui sert aussi à accepter les frustrations, à faire correspondre la réalité à ses désirs, à corriger ce qui lui déplaît pour

• L'AMI IMAGINAIRE •

Votre enfant parle de son ami, connaît ses actions et son nom, joue avec lui, va avec lui au square. Le problème c'est que l'ami en question n'est jamais allé au square avec votre enfant. Cet ami est imaginaire. Deux enfants sur trois, dans cette tranche d'âge, ont un ami imaginaire. En général, il est du même sexe que l'enfant et est présenté comme un ami ou comme un frère (ou une sœur). Le phénomène est normal. L'ami imaginaire permet à l'enfant d'exprimer ses émotions, de se socialiser, de communiquer les événements de sa vie et de libérer sa créativité. Il lui sert aussi d'interprète vis-à-vis de ses parents quand il s'agit de faire une demande qui risque de leur déplaire. Surtout, ne mettez pas en doute l'existence de cet ami (sans en rajouter pour autant !)
En général, l'ami imaginaire disparaît au moment de l'entrée à l'école.

obtenir des avantages ou éviter des inconvénients, etc. Elle lui sert surtout à créer un petit monde qui lui est propre, un véritable théâtre imaginaire dont il plante et change les décors à son gré, qu'il peuple de tout ce qu'il aime, le fascine ou lui fait peur. Pour égayer sa petite vie, il « se fait son cinéma ».

COMMENT RÉAGIR ?

Quelle doit être votre réaction quand votre enfant ment ou plutôt affabule ? Avant tout, évitez qu'il ne vous prenne vous-même en flagrant délit de mensonge, ce que malheureusement les adultes pratiquent avec beaucoup de constance.

> **CONSEIL DE BÉATRICE :**
> *Il est faux de croire qu'un enfant qui « ment » sera un menteur plus tard. Un enfant n'est pas « menteur » à cet âge, et ses prétendus mensonges ont une raison d'être pas toujours facile à décrypter. Ils sont un moyen de communication indirecte et peuvent cacher un lourd secret comme la maltraitance ou l'inceste.*

Il faut respecter ce qu'il dit, l'écouter attentivement et tenter de décrypter le message codé. Bien souvent, il est préférable de rentrer dans son jeu. Il faudra cependant qu'il sente que vous mettez légèrement en doute ses dires, avec bienveillance et sans insister. Si vous acceptez sans ciller toutes ses fables comme si elles étaient vraies, l'enfant risque de ne plus savoir distinguer le vrai du faux et de croire qu'il peut vous raconter ce qu'il veut.
Deux attitudes sont absolument à éviter :
• gronder l'enfant en le traitant de menteur, ce qui détruirait l'image qu'il a de lui-même sans comprendre vraiment pourquoi ;
• le harceler comme un inquisiteur pour débusquer le mensonge, au risque qu'il ne s'y enferre ou le raconte à tout l'entourage. Vous mettez ainsi en jeu sa personne et l'humiliez. L'enfant a le droit à son intimité, à son jardin secret. Il ne faut pas qu'il pense que vous pouvez lire dans ses pensées, car il n'aura alors plus confiance en vous.
On peut toujours revenir sur un mensonge qu'on n'a pas relevé immédiatement. Il suffit d'en parler avec l'enfant tranquillement, de poser des questions pour l'amener à restituer la vérité s'il le souhaite, sans insister s'il résiste.

Aménager sa chambre

Confort, sécurité, clarté et calme sont les atouts majeurs d'une chambre d'enfant. Comment équiper au mieux son univers ?

Depuis ses premiers mois, votre enfant dispose peut-être de sa chambre. C'est son univers qu'il connaît bien. Bien sûr, cet univers a subi des aménagements en fonction de l'évolution de ses besoins. À 3 ans, il est à la veille de l'entrée en maternelle ; il est temps de lui installer une chambre de « grand ».

UNE CHAMBRE FENG SHUI

Faites-le bénéficier de la sagesse ancestrale chinoise, le Feng Shui, basé sur les lois de l'harmonie et de la circulation des forces vitales. Cet art de vivre s'applique parfaitement à l'organisation d'une chambre d'enfant : pas de recoins, un grand espace au milieu et une disposition rassurante des meubles.

Le lit sera installé contre un mur, afin que l'enfant se sente protégé. Vérifiez que de ce lit, l'enfant puisse voir la porte et la fenêtre quand il est couché. Le décor qui s'offre à sa vue doit être rassurant. Son meuble favori, fauteuil confortable ou petit bureau, doit faire face à la porte pour qu'il puisse contrôler son univers.

CALME ET HARMONIE

Les enfants ont besoin d'espace pour jouer dans la journée. Pour dormir, il leur faut un lieu calme et rangé. Choisissez un mobilier clair et peu encombrant aux couleurs unies et douces où jouets et vêtements se rangent facilement. À cet âge pas de tableaux ni de posters, mais une ou deux photos de famille rassurantes. Évitez surtout les cadres accrochés au-dessus du lit. Ils constituent un danger en cas de chute. Évidemment n'installez pas de télévision ni d'ordinateur. Si vous aimez les rideaux, ne choisissez pas des tissus lourds qui sont des nids à poussière. Pourquoi ne pas utiliser plutôt des draps anciens brodés ?

▪ PENSEZ À SA SÉCURITÉ ▪

- Veillez à avoir une installation électrique aux normes et à poser des cache-prises.
- Condamnez l'accès des balcons et les terrasses. Les chutes sont très fréquentes.
- Ne placez aucun meuble devant une fenêtre. Les enfants sont très inventifs pour escalader.
- Évitez les charges lourdes en haut des armoires pour ne pas les déséquilibrer.
- Retirez les clefs des portes, car votre enfant risque de s'enfermer par mégarde.
- Fixez aux murs avec des équerres les meubles (bibliothèques, placards ou lit en hauteur) qui risquent de se renverser.
- Sécurisez le mobilier, utilisez des bloque-portes et des bloque-tiroirs.
- Placez des filets antidérapants sous les tapis qui risquent de glisser.
- Et, bien sûr, respectez les normes françaises ou européennes pour tout objet qui entre dans la chambre de l'enfant.

 **CONSEIL DE BÉATRICE :**
Il est préférable d'aménager la chambre de votre enfant et de passer au grand lit avant la rentrée à l'école.
Il est important de le faire participer au choix du mobilier voire de la literie, des draps, de la lampe de chevet, afin qu'il apprécie sa chambre et s'y sente bien. Laissez-lui un maximum d'espace pour jouer. Pensez à l'entretien et à l'hygiène ; la poussière est un vecteur d'acariens.

UN PEU DE BON SENS

Préférez des éclairages indirects plus doux et évitez les plafonniers ou le lustre suspendu dont la présence peut être source d'angoisse pendant la nuit. Sachez qu'un mi-

> **CONSEIL DE BÉATRICE :**
> • Prévoyez un lit sur roulettes, facile à déplacer.
> • Le matelas doit être de bonne qualité, c'est la garantie d'un bon sommeil.
> • Pensez à l'éclairage du bureau. Les lampes orientables ont l'avantage de ne pas faire d'ombre.
> • N'oubliez pas d'aérer la chambre pour renouveler l'air ambiant et éviter au maximum la pollution intérieure.
> • Apprenez à votre enfant à ranger sa chambre et à jeter tout ce qui est cassé et non réparable.

roir produit une énergie active qui peut empêcher l'enfant de trouver le sommeil, même s'il est par ailleurs nécessaire pour que l'enfant se voit grandir. Éloignez les appareils électriques du lit, notamment les ordinateurs, et les téléviseurs, pour prévenir les risques liés aux ondes électromagnétiques. Le quartz rose est réputé protéger contre celles-ci : installez-en un dans sa chambre.

COMMENT CHOISIR LE MOBILIER

Son grand lit peut être évolutif. Il existe des modèles en bois naturel qui « grandissent » avec l'enfant. Exigez qu'il soit conforme aux normes de sécurité. Ainsi, votre enfant se sentira grand sans être totalement perdu dans son nouveau lit. De même, pour les meubles de rangement, préférez le bois naturel à l'aggloméré, car ce dernier, fabriqué avec des copeaux de bois et de la colle, contient des polluants, les fameux COV (composés organiques volatils) que l'on trouve dans les colles, vernis, solvants, cires et désodorisants.
Pour son petit bureau, choisissez une table et une chaise séparées moins encombrantes qu'un bureau d'une seule pièce.

SI VOUS REFAITES SA CHAMBRE

Quelle que soit la peinture utilisée pour la chambre, acrylique ou à l'eau, elle contient des COV. L'acrylique dégage une odeur assez forte alors que la peinture à l'eau ne présente pas cet inconvénient. Cette dernière contient cependant des éthers de glycols déconseillés pour la femme enceinte et le petit enfant. Les colles utilisées pour la tapisserie présentent les mêmes inconvénients.
Alors, profitez des vacances pour refaire la peinture et expédiez votre petit chez ses grands-parents. De plus, en été, vous pouvez aérer un maximum. Au retour, il sera ravi de trouver une pièce aux nouvelles couleurs.
Pour l'aider à s'approprier sa nouvelle chambre, attendez son retour pour ranger ses affaires. Décidez ensemble de l'installation de ses vêtements, ses jouets, ses livres et ses CD.

UNE CHAMBRE À PARTAGER

Si votre grand doit partager la chambre avec un nouveau bébé, attendez que le nouveau-né fasse ses nuits avant de l'installer dans la chambre commune. Veillez à ce que chacun ait son coin personnalisé bien à lui et gardez un grand espace commun comme « terrain de jeu ». Même s'ils ne vivent pas au même rythme, les deux enfants apprendront à se respecter et chacun tiendra compte des besoins de l'autre.

MON ENFANT ▪ DE LA NAISSANCE À LA MATERNELLE

Où en est-il à 3 ans ?

Près de 90 % des enfants entrent à la maternelle à l'âge de 3 ans. Cette première rentrée est un très grand événement pour votre enfant, mais aussi pour vous.

Vous allez faire tout ce qui est possible pour que la première rentrée de votre enfant se passe au mieux. Pour cela, vous commencerez par une consultation chez votre pédiatre. Après avoir vérifié avec vous que l'examen (obligatoire) du 24e mois n'avait rien révélé d'anormal, et qu'il n'y a pas eu d'événement particulier depuis sur le plan de la santé, il contrôlera le calendrier des vaccinations pour s'assurer qu'il est à jour.

À 3 ans, on peut proposer le vaccin contre le meningocoque C s'il ne l'a pas déjà eu. Votre enfant est protégé durablement contre les principales maladies. Il a été vacciné et a eu les rappels contre la diphtérie, le tétanos, la poliomyélite, la coqueluche, l'haemophilus influenzae B (Hib) et l'hépatite B (Hep B) en un seul vaccin combiné. Il est aussi protégé contre le pneumocoque (Pn7) et contre la rougeole, la rubéole et les oreillons (ROR). Le BCG qui protège contre la tuberculose n'est recommandé que si l'enfant vit dans un milieu à risque (voir annexes « Calendrier vaccinal » p. 376).

UN EXAMEN BASÉ SUR L'OBSERVATION DE L'ENFANT

Votre pédiatre qui connaît bien votre enfant l'examinera ensuite sur le plan physique mais aussi sensoriel et psychoaffectif. Il s'agit de voir si, sur ces plans, l'enfant est prêt pour une entrée à la maternelle dans de bonnes conditions. Si vous avez des doutes sur certains points de son développement et de sa maturité, discutez-en avec votre pédiatre.

> **CONSEIL DE BÉATRICE :**
> *Le rôle du pédiatre est d'apprécier l'évolution de l'enfant tant sur le plan physique que psychoaffectif. En cas de troubles du langage, il faut bien sûr éliminer un trouble auditif lié à des otites séreuses, indolores et qui passent souvent inaperçues. La tétine est une autre cause fréquente de troubles du langage. C'est sans doute le moment d'un peu de rigueur...*
> *Si votre enfant n'est pas tout à fait propre, vous pouvez demander conseil au pédiatre. C'est l'occasion de vérifier si l'enfant ne manque pas de fer, de prescrire de la vitamine D et de prévoir un traitement préventif pour l'hiver.*

Si vous n'avez pas de pédiatre attitré, renseignez-vous auprès de votre mairie ou de l'école. En principe, un examen de santé, prévu par certains conseils généraux, est effectué par la PMI en début de première section de maternelle.

L'entrée à la maternelle implique que votre enfant n'ait aucun problème de vue ou d'audition : c'est une condition majeure de sa vie scolaire et de son éducation. S'il souffre de certains troubles, ils doivent être corrigés au plus tôt. Au moindre doute, le pédiatre demandera l'avis de l'ORL ou de l'ophtalmologue. En observant l'enfant et en vous interrogeant, le médecin pourra évaluer son degré de développement psychomoteur.

- À cet âge, habituellement, l'enfant est capable de courir, de sauter, de monter des marches en alternant les deux pieds. Il pédale bien sur son vélo (qui a encore ses stabilisateurs). Il ouvre et ferme une porte seul.
- Il peut se déshabiller et, si on l'aide, commence à pouvoir s'habiller. Il peut boutonner et déboutonner ses vêtements, si les boutons ne sont pas trop petits. Il peut délacer ses souliers, mais pas encore les lacer.
- Il sait se laver les mains et le visage.
- Il mange seul à peu près proprement.
- Il est propre pendant la journée, mais pas toujours la nuit.
- Habile et performant au jeu, il est capable d'enfiler au moins 4 perles sur un fil, de faire un pont avec des cubes ou d'en empiler 6. Il sait faire un puzzle de quelques pièces.
- Il commence à reconnaître quelques couleurs.

IL COMPREND ET FORME DES PHRASES
- Il sait faire des phrases de 5 mots environ, comprend presque tout ce qu'on dit et a déjà un vocabulaire conséquent, mais sa prononciation et sa grammaire sont encore approximatives.
- Il a intégré la signification de « sur » et « sous », « devant » et « derrière », « haut » et « bas », « grand » et « petit ». Il sait répondre aux « pourquoi ? » et aux « où ? ». Il sait dire s'il a froid, s'il a faim, s'il est fatigué.
- Il connaît son prénom, son nom et sait s'il est un garçon ou une fille.
- Il dit « je » et a conscience de lui-même.
- Ses spirales deviennent des cercles fermés. Il sait copier une croix et dessine aussi un « bonhomme têtard ».
- Il sait bien se repérer dans l'espace et reconnaître les personnes.
- Sur le plan affectif et social, il est toujours en phase d'opposition et le fait bien savoir ! En revanche, il est désormais capable de se socialiser, de jouer à plusieurs, de partager.

PRÉPARER L'ENFANT À LA RENTRÉE
En fait, deux critères principaux permettent une bonne entrée en maternelle. Tout d'abord, il faut que l'enfant soit déjà habitué à la société d'autres enfants, ensuite qu'il soit, et c'est le grand mot, autonome. À vous de le préparer !

Il ne suffit pas de quelques jours pour rendre l'enfant sociable et autonome. Il faut commencer tôt en l'habituant à la présence d'autres enfants dès les premiers mois de sa vie. Même s'il n'a pas l'air de communiquer avec eux, il est conscient de leur présence et n'en a rapidement plus peur. Les anniversaires, pour lesquels on invite 4 à 5 « copains », voire plus, sont aussi de bonnes occasions de rendre l'enfant sociable. Pour beaucoup d'enfants enfin, la crèche est le meilleur apprentissage de la vie en société.

• LE « BONHOMME TÊTARD » •

Trois ans, c'est l'âge du célèbre « bonhomme têtard », formé d'un cercle d'où partent deux bâtons pour représenter les jambes, parfois deux autres pour les bras, plus rarement des points ou des traits pour représenter le nez, la bouche et les yeux.

Il faudra attendre les 5 ans de l'enfant pour que le cercle de son « bonhomme têtard » se dédouble, l'un des cercles représentant la tête, l'autre le corps...

Comment accroître l'autonomie de l'enfant ? Crèche, garderie et nounou permettent de petites séparations d'avec les parents et contribuent à rendre l'enfant autonome, de même que les séjours chez les grands-parents ou des proches.

UN PASSAGE DIFFICILE

L'entrée en maternelle est un passage difficile pour l'enfant, même s'il a déjà fait connaissance avec la vie collective en crèche. Pire, aussi quand l'entrée en maternelle coïncide avec la naissance d'un petit frère ou un déménagement. Le nouveau grand régresse, se cramponne à sa mère. La rentrée en maternelle n'en est pas facilitée.

Le passage est plus facile quand l'enfant a des frères ou sœurs aînés, car ils connaissent déjà la maternelle, peuvent en parler et ainsi le préparer à la rentrée. Rien de tel quand on est enfant unique. Et ce qui est vrai pour lui vaut aussi pour les parents : ils découvrent la maternelle en même temps que leur premier enfant !

De nouvelles têtes, de nouveaux horaires
En arrivant dans ces lieux qu'il ne connaît pas, il est confronté à de nouvelles têtes : l'enseignante et l'ATSEM (agent territorial spécialisé en école maternelle), et aussi une trentaine de bambins inconnus... alors que Maman et Papa ne sont pas là !

Il devra s'habituer aux horaires, à des rythmes nouveaux, supporter de rester assis longtemps, être attentif et poli, attendre son tour, lever le doigt avant de parler, être responsable de ses affaires. Il devra s'habituer aux bousculades, aux contacts parfois brutaux avec les « grands ». La maîtresse, aussi gentille soit-elle, n'aura pas le temps de le chouchouter : ce n'est pas son rôle, car la maternelle n'est pas une garderie.

La cantine Manger à la cantine n'est pas facile non plus : on mange en public, des choses qu'on ne connaît pas toujours, sans Maman ! Comment faire ?

LA CONFIANCE, SIGNE D'AUTONOMIE

Un enfant est autonome quand il a confiance. Il acquiert cette confiance quand Maman n'est pas angoissée quand elle le quitte, mais reste détendue, souriante, affectueuse, et surtout quand elle respecte ses promesses de revenir le chercher. Il se sent ainsi en sécurité même en l'absence de sa mère. Si Maman le laisse en confiance, c'est que tout va bien. Du coup, ils peuvent se dire au revoir sans difficulté.

L'enfant autonome se reconnaît à ce qu'il s'isole parfois dans son coin, qu'il ne raconte pas volontiers ce qu'il a fait quand il retrouve sa mère (c'est son jardin secret), quand les retrouvailles ne sont pas exubérantes.

En miroir, on reconnaît une mère frustrée à ce qu'elle s'inquiète quand son enfant s'isole, qu'elle insiste pour qu'il raconte ce qu'il a fait pendant qu'il était loin d'elle, qu'elle est un

peu triste quand les retrouvailles ne sont pas assez exubérantes à son goût.
Quand l'enfant en quête d'autonomie n'y arrive pas tout seul, en général il se fâche. Maman ne doit pas se précipiter à son secours et faire à sa place, elle doit le conseiller tranquillement, l'apaiser et l'aider à faire seul, l'accompagner sans le surprotéger ! Après, il faut le féliciter.

> **CONSEIL DE BÉATRICE :**
> *Balisez le chemin vers l'école en aidant votre enfant, tout au long de ce chemin, à prendre ses repères : que ce soit la boulangerie ou la boîte à lettre jaune...*

COMPRENDRE SES DESSINS
Quand il commence à dessiner, l'enfant ne maîtrise pas encore très bien sa main, qu'il s'agisse de tenir une craie ou un crayon qu'il saisit d'abord à plein poing.
Son plaisir, à ce stade, ne tient pas à ce qu'il « représente » mais à la trace laissée sur le support.

Il faut favoriser très tôt cette activité à la fois de jeu et d'apprentissage. On a le choix entre de nombreux médiums plus ou moins salissants : crayons, feutres à l'eau, peinture lavable. Quant au support, ce sera un grand carton ou du papier à dessin, posé sur une très grande toile cirée, l'enfant étant lui-même protégé par un tablier bien enveloppant.
Vers 2 à 3 ans, l'enfant trace (en allant vers lui) des lignes verticales à peu près droites et grossièrement parallèles sur son support. Ensuite, il commence à tracer des lignes horizontales (de gauche à droite), puis des spirales qui vont ressembler de plus en plus à des cercles fermés. À ce stade, il ne cherche toujours pas à représenter, même si cela ne l'empêche pas souvent de dire *a posteriori* ce qu'il a dessiné, sans que cela ait de rapport avec le dessin.
Entre 3 et 4 ans, l'enfant commence à maîtriser le cercle et aussi la croix. Il les dessine de lui-même ou les copie. À ce stade, il cherche à représenter, il dit ce qu'il est en train de dessiner, même si la ressemblance n'est pas encore convaincante !

Le préparer au rythme scolaire

La fin des vacances est toujours teintée de nostalgie. D'autant plus que le petit dernier entre en maternelle. Comment le préparer au rythme de cette nouvelle vie qui s'annonce.

Les derniers jours de vacances, commencez à changer de rythme. Adoptez des horaires de coucher et de réveil plus proches de ceux qui seront les siens après la rentrée scolaire.
Expliquez à votre enfant ce qui l'attend. Quand les plus grands et les cousins discutent de la rentrée scolaire, votre petit tend l'oreille. Il sait que cette fois-ci, l'école, c'est aussi pour lui. Vous l'avez inscrit à la maternelle avant les grandes vacances et il l'a visitée avec vous. Encouragez-le à raconter aux grands ce qu'il a vu. Ils vont se précipiter pour lui expliquer comment se passe réellement l'école. Cramponné à son doudou, il écoutera des récits plus ou moins fantasques. Soyez à ses côtés pour rectifier le tir.

C'EST COMMENT L'ÉCOLE ?

Rappelez-lui tout ce que vous avez vu ensemble pendant la visite de l'école. Dites-lui que vous êtes contente de connaître son école et qu'il s'y plaira sûrement. Rappelez-lui les noms des enfants qu'il connaît déjà et qu'il retrouvera à la rentrée. Expliquez-lui qu'il aura une grande journée avec ses petits camarades et qu'ils seront contents de se retrouver tous les jours. Bien sûr, il faudra obéir et écouter la maîtresse, mais il jouera pendant de longs moments avec les autres enfants. Dites-lui aussi qu'il se fera de nouveaux copains qu'il pourra inviter à la maison. Et surtout, répétez-lui qu'il aura le droit d'apporter son doudou, comme tous les petits camarades.

CALMEZ LE JEU

Trouvez un livre qui montre la vie à l'école, lisez-le et commentez-le avec lui. Cherchez

CONSEIL DE BÉATRICE :
Prévenez votre enfant qu'il arrive parfois aux enfants de pleurer au moment de la séparation, afin qu'il ne soit ni surpris ni impressionné par de tels pleurs, car il risque de pleurer aussi.
Répétez le scénario avant le jour de la rentrée, on est toujours moins inquiet quand on sait ce qui nous attend !

des activités calmes et, si possible, en rapport avec sa première rentrée. Aidez-le à confectionner un cahier de vacances où il pourra coller des photos, ses petites trouvailles et ses dessins. Proposez-lui d'aller acheter un joli cartable et une petite boite pour sa tétine. C'est aussi le moment pour choisir une photo de lui, de préférence une superbe photo des vacances sur laquelle vous inscrirez son nom et qu'il pourra afficher à côté de son portemanteau ou en classe. Glissez-la dans une pochette en plastique et demandez-lui s'il veut y mettre un peu de sable de la plage ou une fleur séchée si vous êtes à la campagne. En vous promenant, décrivez-lui les journées qui l'attendent en essayant de comprendre ce qui l'inquiète. Faites en sorte de ne pas lui transmettre vos propres angoisses.

IMAGINEZ SA PREMIÈRE JOURNÉE À L'ÉCOLE

Racontez-lui votre première journée à l'école. Demandez à son père de faire de même. Si les grands-parents sont sur place, demandez-leur d'évoquer comment cela se passait autrefois. Puis, imaginez ensemble

> **CONSEIL DE BÉATRICE :**
> *Prévoyez dans votre poche un objet transitionnel que vous pourrez lui proposer au dernier moment : une petite photo de vacances ou le bandana que vous portez souvent autour du cou.*
> *Rassurez-le sur votre heure de venue, et souvenez-vous qu'il n'est pas question d'être en retard un tel jour !*
> *Parfois, la première journée se passe bien et c'est la deuxième qui pose le plus de problèmes, car l'enfant n'avait pas compris qu'il allait devoir aller plusieurs jours par semaine à l'école.*

comment cela pourrait se passer pour lui. N'hésitez pas à revoir tout en détail. L'heure à laquelle il faudra se lever, le petit déjeuner qu'il aimera prendre, les vêtements qu'il choisira. Puis, si c'est Maman ou Papa qui l'accompagnera, en voiture ou à pied. Si vous y allez à pied, décrivez le trajet et les copains qu'il pourra rencontrer en route. Si vous connaissez déjà sa maîtresse ou son maître, rappelez-lui son nom et dites-lui qu'elle ou il l'attendra dans la cour ou dans le préau. Décrivez-lui sa classe. S'il doit rester toute la journée à l'école, parlez-lui des lits ou des matelas où l'on fait la sieste et où l'on pose le doudou et éventuellement la tétine. S'il reste à la cantine, expliquez-lui son fonctionnement, parlez-lui aussi des petites tables où il déjeunera avec ses camarades. Précisez-lui clairement qui viendra le chercher et à quelle heure. Recommencez s'il aime vous entendre parler de cette journée et écoutez ce qu'il a à dire.

APPRENEZ-LUI À SE PRENDRE EN CHARGE

Rappelez-lui de laver ses mains avant de passer à table et permettez-lui autant que possible de manger seul. Donnez-lui des couverts de grand (excepté le couteau) et un vrai verre. Laissez-le se servir comme les autres et n'insistez pas outre mesure s'il ne finit pas son plat. Demandez-lui d'aider à débarrasser comme les autres. Rappelez-lui régulièrement d'aller aux toilettes (et bien sûr, de bien se laver les mains après), mais

▪ ENGAGEZ-VOUS DANS LA VIE SCOLAIRE ▪

Les associations de parents d'élèves se mettent au service de l'intérêt général et participent activement à la vie de l'école. Les parents peuvent se regrouper simplement en association ou s'affilier à une fédération nationale. Les membres élus siègent au Conseil d'école : une instance qui s'intéresse à tous les aspects du fonctionnement de l'école. Les parents élus sont donc les interlocuteurs privilégiés du directeur et des enseignants. Ils accueillent et renseignent les parents, peuvent jouer un rôle important en cas de difficultés d'un enfant ou d'une famille. Les parents d'élèves interviennent aussi dans l'organisation de classes vertes ou séjours linguistiques, sont à l'origine de bourses de livres et participent à l'organisation de spectacles, de fêtes et de sorties scolaires.

en cas d'accident ne faites pas un drame. Les institutrices demandent généralement d'apporter un change en cas de petit problème. Même si les vacances ne sont pas tout à fait finies, expliquez-lui qu'à la rentrée, il va devoir se lever entre 7 h et 7 h 30 et qu'il a besoin de 10 heures de sommeil environ. Commencez donc à le coucher entre 20 h et 20 h 30 et observez à quelle heure il se réveille. Continuez à lui lire un livre ou à lui raconter une histoire avant d'éteindre la lumière. L'entrée en maternelle n'est pas une raison pour lui supprimer ses rites de coucher. Au contraire, pendant cette période de changement important, il en a besoin pour bien dormir.

MON ENFANT • DE LA NAISSANCE À LA MATERNELLE

À quoi ressemble la petite section de maternelle ?

Il va rentrer à l'école, lieu intimidant autant pour les parents que pour l'enfant. Visite guidée.

L'époque où l'enfant découvrait l'école le jour de la rentrée est désormais révolue. Vous pouvez désormais prendre rendez-vous avec la directrice de l'école pour organiser la visite de l'établissement avec votre enfant avant sa première rentrée scolaire. Il pourra ainsi découvrir sa future classe et tous les lieux qu'il sera amené à fréquenter pendant ses 3 ans de maternelle. Même pour l'enfant qui a été habitué à la vie en collectivité par la crèche, l'entrée en maternelle est un passage difficile, qui exige de lui des efforts d'adaptation. À cet âge en effet, l'enfant est encore très centré sur lui-même, avec une maturité psychologique encore balbutiante.

VOTRE PETIT PARMI 25 AUTRES

À la crèche il y avait une auxiliaire de puériculture pour 5 à 8 enfants alors qu'en maternelle, on compte 2 personnes (la maîtresse et un agent d'école maternelle) pour s'occuper de 25 à 30 enfants. On demande par conséquent beaucoup plus d'autonomie à l'enfant en maternelle.

> **CONSEIL DE BÉATRICE :**
> *La maternelle n'est pas obligatoire mais ce n'est pas une raison pour y mettre votre enfant quand ça vous arrange… Ce n'est pas non plus une garderie où déposer votre enfant à toute vitesse. Il est très important pour votre enfant que vous ayez du respect pour l'école et les enseignants, car ils lui permettent de développer son imagination et sa créativité. Ces apprentissages sont déterminants dans le développement de sa personnalité.*

On joue beaucoup dans la première section de maternelle, mais ce jeu entre dans le cadre d'une activité scolaire avec un programme précis. On y travaille à se forger des outils. Ce n'est donc pas une garderie !

COMMENT SE PASSE LA JOURNÉE TYPE EN PREMIÈRE SECTION DE MATERNELLE ?

- L'enfant est accueilli à l'école entre 8 h 30 et 8 h 45, pendant environ une demi-heure au cours de laquelle les mamans peuvent parler aux enseignants.
- Souvent, la journée commence par l'« éphéméride » : c'est-à-dire la météorologie et la date du jour.
- Le premier atelier permet souvent de s'occuper du cahier de vie et de jouer à des activités par petits groupes de 6 à 8 enfants : cuisine, peinture, livres…
- Il est suivi par des ateliers collectifs de développement de la motricité : lancer des ballons, sauter, courir, faire de la gymnastique, pour finir par le rangement et la visite aux toilettes, qui fait elle aussi partie de l'apprentissage.
- Vers 10 h, les enfants se réunissent autour de la maîtresse pour des comptines, des chants ou un spectacle de marionnettes.
- Puis, vient le moment de la collation (qui se perd de plus en plus) et du rangement (toujours de l'apprentissage !).
- Jusqu'à la récréation de 11 h, vient le second atelier alterné : peinture, perles, collages ou une promenade-visite de différents espaces de l'école.
- Après la récréation, vers 11 h 30, les demi-pensionnaires vont se laver les mains et manger tandis que les externes attendront qu'on vienne les chercher.
- Vers 13h, après avoir déjeuné à la cantine et avoir joué pendant une petite récréation, les petits vont faire la sieste.
- 15 h : on rejoint la maîtresse pour des activités ou une histoire.
- 15 h 30 : récréation et verre de lait (ou d'eau).
- Ensuite, c'est le troisième atelier en groupes alternés, souvent selon un thème différent chaque jour : langage, lecture, peinture, « écriture » du prénom, quantités et chiffres, formes et couleurs…
- Puis vient le moment le plus attendu ; on met son manteau, on cherche son doudou et l'on attend avec impatience la très célèbre « heure des mamans ».

UN PROGRAMME À REMPLIR

Dans la petite section, l'accent est mis avant tout sur l'apprentissage du langage oral ; préalable incontournable à l'apprentissage de la lecture et de l'écriture. « Activités » au cours desquelles les enfants, tout en jouant, parlent entre eux, histoires contées, chansons, spectacles de marionnettes, discussions, voix omniprésente de la maîtresse. Tout est prétexte à l'apprentissage du langage.

Sur ce plan, une grande disparité entre les enfants est constatée : certains parlent très peu, d'autres sont de grands bavards. Cela tient au caractère et au contexte familial. Tout est organisé au cours de la première année de maternelle pour estomper ces différences en sollicitant les plus silencieux, en créant des groupes permettant de faire participer ensemble des enfants qui parlent facilement et des enfants qui ont des progrès à faire dans ce domaine.

Le cahier de vie sert de lien intellectuel et affectif entre l'école et la maison. À la maison, l'enfant y collera les photos de famille, de vacances ou autres, qui lui plaisent, et à l'école, ses dessins, ses collages ainsi que les poésies et comptines apprises. Ce cahier constitue un bon support pour l'apprentissage du langage.

RESPECTER LE RYTHME DE L'ENFANT

Pour se reposer de tout cela, il y a la sieste. Sur ce plan non plus, tous les enfants ne sont pas égaux ; il y a de petits dormeurs et de gros dormeurs, et il faut éviter que les premiers n'éveillent les seconds. Pour cette raison, les levers sont échelonnés : dès qu'un enfant se réveille, on le lève et on le reconduit dans sa classe.

> **CONSEIL DE BÉATRICE :**
> *Permettez-lui d'apporter son doudou et sa tétine pour la sieste. Votre enfant va devoir être autonome aux toilettes ; habillez-le avec des vêtements faciles à ôter.*
> *Chez les petites filles, les premiers mois coïncident parfois avec les premières mycoses, car elles n'ont pas acquis la bonne technique pour s'essuyer aux toilettes : un papier pour le pipi devant, un autre pour le caca par-derrière. Reprenez les gestes à la maison et glissez quelques mouchoirs en papier dans sa poche en cas de panne de papier toilette à l'école (surtout en moyenne section) !*

Votre enfant après 3 ans

Quelques étapes pour accompagner l'enfant après son 3e anniversaire et quelques idées pour lui faire pratiquer des activités de sports ou de loisirs.

Après l'examen des 24 mois, un bilan de santé est conseillé tous les semestres pendant les 4 années suivantes. Ces examens sont remboursés et peuvent se faire chez votre pédiatre qui connaît bien l'enfant ou en centre de PMI.

En cas de troubles du comportement de l'enfant ou d'antécédents familiaux de troubles du langage, ou encore dans un contexte familial difficile (séparation, deuil...), n'hésitez pas à consulter un pédiatre et, si nécessaire, un orthophoniste, car à cet âge une difficulté de langage a rapidement des répercussions sur la scolarité.

IL SE SOCIALISE ET SAIT S'INTÉGRER EN CLASSE

Passé 3 ans, l'enfant commence à se socialiser, à jouer et « travailler » avec les autres enfants. Il élabore des stratégies pour jouer avec eux, même si parfois il choisit de jouer seul ! C'est l'âge où les garçons comme les filles aiment jouer à « la marchande » ou à « la dînette » pour imiter les adultes : « on dirait que tu serais le papa et moi la maman... ». Mais vers 4 ans, progressivement, apparaît une séparation entre garçons et filles dans les jeux. Les garçons jouent avec les garçons, les filles avec les filles. Apparaissent aussi les amitiés sélectives de même sexe. Cela correspond à l'entrée dans la phase de latence, après l'Œdipe.

EN ROUTE VERS L'ÉCRITURE

Les activités en moyenne section de maternelle sont orientées vers l'apprentissage de l'écriture. Il s'agit d'abord de montrer à l'enfant la relation qui existe entre parole, écriture et lecture. Pour cela, l'instituteur note au tableau le récit d'un enfant, puis le lui lit. Autre préparation, le travail de la motricité fine (perles, découpage, puis dessin, peinture, pâte à modeler). Ensuite, plus proche de l'écriture, il y aura le graphisme : tenir un crayon correctement, suivre des lignes du bout des doigts, compléter des lignes entre des points, tracer des courbes, jusqu'à ce que la précision et la finesse du geste rendent l'apprentissage de l'écriture possible.

Les progrès de l'enfant sont notés par l'instituteur sur un carnet d'évaluation qu'il ne faut en aucun cas considérer comme un carnet de notes, mais seulement comme un journal de bord. Il n'est pas question, sous prétexte que les résultats ne sont pas à la hauteur des espérances de Maman et Papa, de faire faire à l'enfant des devoirs à la maison...

> **CONSEIL DE BÉATRICE :**
> *Et pour ceux que le sport rebute, pourquoi ne pas essayer l'école du cirque ? On y pratique autant d'activités physiques que dans n'importe quel sport, mais dans une ambiance de jeu, de solidarité et d'entraide Les disciplines proposées sont très nombreuses : clown, acrobate, prestidigitateur, etc.*

SES BESOINS DE SOMMEIL

Il faudra veiller à ce que l'enfant dorme suffisamment. La sieste à l'école y contribue. Il est admis qu'elle est nécessaire jusqu'à l'âge de 4 à 5 ans. La difficulté de la sieste à l'école tient au fait qu'il y a de gros et de petits dormeurs et que gérer la sieste de 25 enfants n'est pas, si l'on peut dire, de tout repos !

Si l'enfant a tendance à l'insomnie, il ne faut surtout pas penser qu'en supprimant la sieste il dormira mieux, c'est souvent le contraire que l'on observe !

Le coucher le soir doit se faire tôt, à heure

régulière et dans le calme. L'heure du réveil doit être calculée pour qu'il ait le temps de prendre un petit déjeuner tranquillement, avec ses parents, dans la détente et la convivialité. Il peut être bon que l'enfant quitte l'école à 16 h 30 s'il paraît fatigué par sa scolarité, et si votre organisation le permet.

UN BON ÉQUILIBRE ALIMENTAIRE

Les premières années de maternelle sont aussi celles durant lesquelles on doit inculquer à l'enfant de bonnes habitudes alimentaires : repas réguliers avec petit déjeuner et goûter conséquents, sans grignotage dans la journée et des sucreries et viennoiseries réservées aux moments festifs. L'enfant prend généralement son repas de midi à la cantine. La restauration scolaire gérée par la collectivité locale, obéit à des impératifs de bonne qualité nutritionnelle et d'équilibre diététique. Les menus sont contrôlés et affichés à la porte de la cantine pour permettre aux parents d'établir le menu de l'enfant le soir, en fonction du repas du midi. Dans le cadre de la lutte contre l'obésité et le surpoids, des directives ont mis l'accent sur la nécessité d'une diminution des graisses animales, l'accroissement du taux de fibre, l'augmentation des apports en fer et en calcium.

> **CONSEIL DE BÉATRICE :**
> *Pour un enfant timide et craintif, on s'orientera de préférence vers un sport collectif, foot ou basket-ball. Le judo peut avoir des effets bénéfiques sur un enfant hyperactif ou agressif. Pour un enfant maladroit ou mal dans son corps, on recommandera la danse ou la gymnastique. L'équitation peut donner de l'assurance à un enfant craintif…*

LES DIFFÉRENTES ACTIVITÉS DU MERCREDI

À l'âge de la maternelle se pose aussi le problème du mercredi et des activités, pour que les enfants ne se sentent pas contraints d'aller systématiquement au centre aéré.

▪ LE REFUS D'ACTIVITÉ ▪

Parfois l'enfant rejette *a priori* ou *a posteriori* toutes les activités qui lui sont proposées.
Avant 6 ans, le refus d'activités extrascolaires est un phénomène très courant dont il ne faut pas s'alarmer, les capacités de concentration sont encore très restreintes à cet âge. En outre, il est tout à fait en droit de préférer les activités proposées au centre de loisirs ou de ne rien faire de particulier si ce n'est s'amuser dans sa chambre ou avec des copains dans le square voisin.

Entre 4 et 5 ans, l'enfant est tout à fait apte à commencer une activité sportive telle que la natation, la gymnastique, le judo ou la danse. Tous ces sports peuvent être débutés en douceur et de manière progressive, sans brutalité, pour ménager le corps de l'enfant en plein développement.
L'enthousiasme (ou le fait qu'il soit « doué »), ne saurait être un argument suffisant pour un exercice intensif qui risquerait d'entraver la croissance et de laisser plus tard des séquelles. On ne devra jamais non plus « forcer » un enfant à pratiquer une activité s'il n'en a pas envie, ce serait le meilleur moyen pour l'en dégoûter.
La plupart des clubs demandent un certificat médical, ce qui est une excellente occasion pour discuter avec votre pédiatre du choix de l'activité.

UN BILAN EN DERNIÈRE ANNÉE DE MATERNELLE

En grande section de maternelle, une visite médicale est prévue à l'école. La présence d'un parent est généralement conseillée. Vous pouvez demander une autorisation d'absence à votre employeur en présentant la convocation. Cet examen porte sur la croissance et le développement physique et psychomoteur, la recherche d'anomalies au niveau de la vue, de l'audition, du langage, du comportement. À cette occasion, le médecin passe en revue l'histoire médicale récente, s'enquiert de l'alimentation et notamment des apports en vitamine D mais aussi du statut vaccinal et de la qualité du sommeil de votre enfant.

FAQ

Questions à poser : 3 ans

[+] IL A DES POUX. COMMENT LE TRAITER ?

La transmission des poux se fait avant tout en collectivité par contact direct, quand les enfants jouent ensemble, ou par l'intermédiaire des vêtements, des oreillers ou *a fortiori* des peignes.

Pour éradiquer les poux, il existe des produits spécifiques (spray ou lotion) en vente dans les pharmacies. On commence par un shampoing, suivi d'une application du produit sur tout le cuir chevelu, on attend le temps indiqué sur la notice (selon le produit entre quelques minutes et quelques heures), ensuite on passe méthodiquement le peigne fin imprégné d'un produit spécial, pour éliminer les poux morts et les lentes. Le même traitement sera renouvelé impérativement 8 jours plus tard. Les poux sont de plus en plus résistants et certains produits deviennent inefficaces. Mieux vaut changer de produits régulièrement. Entretemps, prévenez l'école, pour que toutes les mesures requises y soient prises, et lavez soigneusement bonnets, bandeaux, capuches, vêtements, literie, serviettes, sans oublier brosses et peignes à une température supérieure à 60°. On leur applique ensuite un produit spécial pour cet usage. Toute la famille devra être traitée de la même façon. Grand chambardement en perspective ! Et week-end bien occupé ! En prévention, vous pouvez utiliser des gouttes d'huile essentielle de lavande et une fois par semaine un rinçage additionné d'un peu de vinaigre blanc.

[+] IL EST MALADE EN VOITURE, QUE DOIS-JE FAIRE ?

Virages, freinages, accélérations, les organes de l'équilibre de l'oreille interne de l'enfant sont très sollicités lorsqu'il voyage en voiture (ou en bateau, voire en train). À cela s'ajoute la peur d'être malade, surtout s'il l'a déjà été, s'est fait gronder, par exemple parce qu'il avait vomi dans la voiture. L'appréhension n'en sera que plus grande. Les odeurs auxquelles on est particulièrement sensible dans ces circonstances — tabac, essence, nourriture — jouent aussi leur rôle.

Que faire ? D'abord conduisez ou demandez au conducteur de ne pas conduire trop « sport ». Faites manger l'enfant avant le départ, ni trop ni trop peu.

Ne le laissez pas trop lire, s'amuser avec des jeux sur ses genoux ou regarder des DVD. Il faut, au contraire, qu'il lève la tête et prenne ses repères au dehors. Racontez-lui des histoires, chantez et écoutez des CD de musique. Les médicaments préventifs du mal des transports, de la famille des antihistaminiques, sont très efficaces. Ils sont à prendre une demi-heure avant le départ et leur activité est d'environ 6 heures. Il existe aussi des médicaments homéopathiques.

[+] UNE AMIE TROUVE QUE MON FILS N'EST PAS ASSEZ AUTONOME POUR SON ÂGE PAR RAPPORT AU SIEN, DOIS-JE LE STIMULER ?

Il se trouvera toujours une bonne amie pour vous prouver que son enfant est plus précoce que le sien. En fait, l'enfant a son propre rythme de développement, et tous les enfants n'ont pas, à âge égal, les mêmes aptitudes. Contrairement à ce que dit l'adage, il peut y avoir un âge pour apprendre... À quoi servirait de pousser un enfant alors qu'il n'a pas encore les moyens d'accomplir une tâche donnée (lacer ses chaussures, faire sa toilette...). Tout au plus cela lui apportera une frustration, un sentiment d'échec... précisément le contraire du but visé !

Le culte de la performance peut provoquer des ravages chez l'enfant. Procurez-lui plutôt un environnement rassurant, un cadre dans lequel il se sentira en sécurité. Il se développera ainsi harmonieusement. Il faut avant tout lui donner confiance en lui. Donnez-lui aussi le sens des valeurs et du bonheur. Les acquisitions se font par étapes. Patience, il n'y a aucune urgence.

[+] J'AI L'IMPRESSION QUE MON FILS REÇOIT TROP DE CADEAUX DE LA PART DE LA FAMILLE.

C'est la tendance : on confond « avoir » et « être » ou l'on pense qu'on ne peut « être » sans « avoir ». La publicité nous y incite et y pousse nos enfants. Souvent, les parents offrent des cadeaux d'autant plus beaux et grands qu'ils se sentent coupables d'être absents. Dans les familles recomposées, le problème est multiplié par 2, voire plus, s'il existe une surenchère entre les parents séparés. Alors, moins de cadeaux ! Une légère frustration ne saurait nuire, le « cadeau » retrouvera sa valeur et votre enfant sera moins obsédé par le fait de « posséder », d'« avoir » et sera obligé de mettre en jeu son « être » et son imaginaire.

[+] JE VOUDRAIS FAIRE DÉCOUVRIR À MON ENFANT LES PLAISIRS DE L'EAU À LA PISCINE OU CET ÉTÉ À LA MER, COMMENT DOIS-JE L'ÉQUIPER ?

Première recommandation : tout le temps que votre enfant est dans l'eau ou à proximité, ne le quittez des yeux sous aucun prétexte ! Veillez tout d'abord à la qualité de ses équipements. Pour assurer sa flottabilité en toutes circonstances, vous pouvez choisir entre le maillot ou le gilet à flotteurs et des brassards. Ils doivent être adaptés aux dimensions de l'enfant et homologués.
L'eau de piscine peut-être agressive pour les yeux de votre enfant, rincez-les lors de la douche et mettez-y quelques gouttes de collyre antiseptique. Il faut prévoir chapeau et t-shirt anti-UV. Attention aussi au sable qui se glisse dans le maillot. À la piscine comme à la plage, ayez plusieurs maillots de rechange. On trouve aussi de véritables combinaisons de plongée pour enfants dans les magasins de sports. Elles protègent bien du froid. Si vous décidez d'en acheter une, il est préférable de la faire essayer à votre enfant et de la choisir une taille au-dessus de la sienne.
Protégez ses pieds des morceaux de verre éventuellement cachés dans le sable ou les galets par des chaussures de type « méduse ». Enfin, préservez ses yeux du soleil par des lunettes adaptées et n'oubliez pas de renouveler régulièrement les applications d'écran total. N'oubliez pas de le faire boire et surveillez que votre enfant n'ait pas froid.

[+] MON ENFANT REGARDE BEAUCOUP LA TÉLÉVISION, COMMENT RÉAGIR ?

Certains parents qui, réveillés par leur enfant à 3 heures du matin, ne trouvent rien de mieux que de les installer devant des programmes nocturnes de télévision pour enfants afin de se reposer un peu. C'est difficilement concevable ! C'est aux adultes de poser les limites, et en la matière, tout est question de bon sens, d'âge et de dosage. Trop d'images, trop de bruit, trop de messages incompréhensibles pour un si petit enfant peuvent être nocifs. Mieux vaut les DVD. En les choisissant avec votre enfant, il peut les regarder en boucle tant qu'il n'a pas compris le passage qui l'inquiète ou l'impressionne... Des programmes très courts suffisent pour que l'enfant soit content, d'autant plus que plus il est petit, plus sa faculté d'attention est limitée. Certaines vidéos, comme Citel Vidéo signalent la tranche d'âge à laquelle les programmes sont destinés, d'autres, comme Dora l'exploratrice, sont interactives et incitent l'enfant au jeu, tout en l'imprégnant de vocabulaire anglais.

Annexes

- Quand consulter un spécialiste ?
- Puériculture
- Alimentation
- Santé
- Sécurité
- Situations particulières
- Formalités administratives
- Prestations de la CAF
- Adresses utiles
- Glossaire médical
- Index

Sommaire annexes

Quand consulter un spécialiste ? — 354
Pédopsychiatre, psychologue — 354
Dentiste — 355
Ophtalmologue — 356
Kinésithérapeute — 357
Ostéopathe — 357

Puériculture — 358
Allaitement — 358
Biberons — 360
Bain, toilette et soins du nombril — 361
Sommeil — 362
Jouets — 363
Sac à dos de maman — 365

Alimentation — 367
Petit carnet pratique pour cuisiner de bons petits plats pour Bébé — 367
5 à 6 mois : je débute ma « diversification alimentaire » — 368
6 à 7 mois : je mélange plusieurs saveurs... — 369
À 8 mois : je goûte à la viande — 370
À partir de 1 an : entrée, plat, dessert. Je mange (presque) tout seul ! — 372
À partir de 18 mois : je mange un peu de tout en famille — 374

Santé — 375
Pharmacie de base — 375
Calendrier vaccinal : toutes les recommandations — 376
Urgences, premiers soins et manœuvres — 378
Chirurgie d'urgence — 381
Comprendre les examens biologiques — 384
Fièvre — 385
Que faire en cas de vomissements ? — 386
Reflux — 387
Allergies : causes et prévention — 388
Maladies respiratoires — 391

Maladies ORL 392
Maladies éruptives 394
Infections urinaires 396

Sécurité   397
À la maison 397
Au jardin 398
À la plage 399
En voyage 400
En voiture 401
Plantes toxiques 402
Piqûres d'insectes 403
Morsures d'animaux et « maladie des griffes du chat » 404

Situations particulières   406
Divorce/séparation 406
Maladie et mort d'un proche 407
Handicap 409

Formalités administratives   411
Déclaration de naissance 411
Autorité parentale 411
Adoption 412

Prestations de la CAF   415
Enfance et famille 415
Logement 417
Solidarité et insertion 417

Adresses utiles   418

Glossaire médical   420

Index   434

Quand consulter un spécialiste ?

Pédopsychiatre, psychologue

Pour un parent, il n'est pas toujours aisé de « décrypter » un changement de comportement chez son enfant. Quelque chose vous interpelle à ce sujet ?
Votre enfant vous paraît peut-être moins joyeux, il vous a parlé d'un événement particulier, ou encore il manifeste visiblement son mécontentement, sa tristesse, sa colère... depuis assez longtemps pour que cela commence à vous inquiéter. N'hésitez pas à prendre l'avis d'un spécialiste : pédopsychiatre ou psychologue ; il est là pour aider votre enfant, et surtout... vous rassurer !

QUAND CONSULTER ?

Changement de nourrice, déménagement, arrivée d'une petite sœur ou d'un petit frère, séparation provisoire ou définitive des parents, décès ou maladie dans la famille, etc. : certains événements de la vie quotidienne peuvent avoir des répercussions importantes et visibles sur le comportement d'un tout jeune enfant.

Certains symptômes qui se répètent peuvent vous alerter : troubles du sommeil (il se réveille la nuit, il ne veut plus faire de sieste alors qu'il la faisait jusque-là sans problème, il dort au contraire beaucoup plus qu'à l'accoutumée...), comportement agressif (il mord ou griffe ses copains à la crèche, il casse ses jouets...), comportement au contraire trop « timide » ou triste alors qu'il était jusque-là plutôt sociable et joyeux, problèmes à la crèche ou à l'école (la crèche ou la maîtresse vous signalent un événement particulier de la journée), troubles de la parole (soudain, il parle moins ou progresse moins bien dans l'acquisition du langage, il se met à bégayer), tendance à se « blesser » peut-être un peu trop souvent, à se mettre en danger, troubles alimentaires (il mange soudainement trop ou trop peu, refuse certains repas ou types d'aliment). En pratique, tout changement de comportement qui vous inquiète doit conduire à une consultation.

Ces manifestations transitoires sont parfaitement normales dans la vie d'un enfant qui grandit et se construit ; mais pour autant, ces symptômes, s'ils perdurent ou s'accentuent, doivent vous alerter : que s'est-il passé récemment dans la vie de votre enfant, dans votre vie familiale et/ou sociale, voire professionnelle ? Identifiez-vous un événement particulier ? Votre enfant peut-il répondre à vos questions à ce sujet ?

Pour lever toute inquiétude, et surtout pour prendre en charge précocement un trouble identifié, la consultation d'un spécialiste, pédopsychiatre ou psychologue, sera toujours utile, bien plus que le conseil d'un proche, certainement bienveillant, mais le plus souvent peu adapté.

Depuis quelques années en effet, la « pédopsy » a le vent en poupe, peut-être un peu trop parfois au regard d'une vie d'enfant qui ne se construit pas sans quelques heurts, colères et crises passagères... bien normales ! Consulter un spécialiste du comportement de l'enfant au moindre cauchemar est sans doute un peu exagéré. En revanche, le faire pour essayer de comprendre pourquoi ces cauchemars se répètent depuis quelque temps est une initiative qui permettra de lever une inquiétude légitime.

De plus, contrairement aux idées reçues, les pédopsychiatres ne traitent pas seulement des pathologies psychiatriques lourdes en milieu hospitalier comme l'autisme, les déficiences mentales, etc. Ils sont aussi là pour vous aider à mieux décoder les petits signes qui vous inquiètent chez votre enfant, qui grandit par ailleurs tout à fait normalement ! Souvent, quelques séances suffiront à l'apaiser. Consulter ces spécialistes permet de résoudre facilement et rapidement les difficultés que vous rencontrez avec votre enfant, mais aussi de prévenir leur éventuelle aggravation.

QUI SONT-ILS ?

→ **Le pédopsychiatre** est un médecin inscrit au Conseil national de l'ordre des médecins, qui a complété ses études de médecine par quatre années supplémentaires de spécialisation dans le traitement des maladies mentales et des troubles de la vie psychique du bébé et de l'enfant. En tant que médecin, il est capable de porter un diagnostic précis du trouble. Son rôle est également d'accompagner l'enfant et les parents au cours de la maladie, de s'entretenir avec eux, mais aussi de prescrire éventuellement des examens complémentaires (radios, scanners, prises de sang, etc.) et aussi des médicaments s'ils s'avèrent utiles dans le traitement de l'affection.

Le pédopsychiatre soigne des symptômes graves et divers, comme l'anorexie, les angoisses massives, le repli sur soi, un blocage du langage et de la communication avec autrui...

Les consultations sont remboursées par la Sécurité sociale et ne nécessitent pas de consultation préalable du médecin traitant.

→ **Le psychologue** n'a pas fait d'études de médecine en faculté. Il est titulaire d'un Master (équivalent de l'ancienne maîtrise et du DEA) ou d'un DESS (Diplôme d'études supérieures spécialisées) en psychologie de l'enfant qu'il a souvent complétés par une formation personnelle en psychologie du développement ou en psychanalyse.

Le psychologue assure le suivi individuel de l'enfant et/ou familial. Pour mettre des « mots sur les maux » de l'enfant, il utilise le plus souvent comme médiateurs le dessin, le jouet, la musique qui lui permettent d'entrer en contact avec lui et de laisser libre cours à sa parole (c'est un espace pour s'exprimer).

Le psychologue soigne aussi les troubles du comportement de l'enfant qui ne nécessitent pas de prise en charge médicale ni de traitement médicamenteux. Il traite ainsi les angoisses légères, les retards du langage ou du développement psychoaffectif, les troubles alimentaires, les troubles du comportement individuel ou social, les difficultés d'apprentissage, etc.

Les consultations en cabinet libéral ne sont pas prises en charge par la Sécurité sociale, mais parfois par certaines mutuelles.

OÙ CONSULTER ?

Pédopsychiatre et psychologue exercent en cabinet privé ou à l'hôpital et travaillent fréquemment ensemble, car leurs actions sont souvent complémentaires.

Certaines structures proposent également des consultations spécialisées en pédopsychiatrie et pédopsychologie : centres de protection maternelle et infantile (PMI), consultations médico-psychopédagogiques (CMPP), centres de guidance infantile... Ces derniers organisent des consultations qui sont prises en charge par la Caisse d'assurance maladie.

Dans un premier temps, votre pédiatre demeure le meilleur référent pour vous orienter en fonction des troubles de votre enfant et répondre à vos questions et inquiétudes.

POUR EN SAVOIR PLUS

Les ouvrages de référence en pédopsychiatrie et pédopsychologie sont ceux de Sigmund Freud, Jean Piaget, Donald Woods Winnicott, Françoise Dolto, Thomas Berry Brazelton, Bruno Bettelheim.

Au rayon « enfance » de votre librairie, vous trouverez également des guides complets, essais et ouvrages divers en pédopsychologie. Ces lectures vous permettront de mieux comprendre le comportement et l'évolution de votre tout-petit, sans se substituer pour autant à l'avis d'un spécialiste.

Dentiste

QUAND CONSULTER ?

Bien que les dents soient vérifiées à chaque consultation par le pédiatre, le premier contrôle chez le dentiste a lieu entre 24 et 36 mois. Au cours de cette visite, le plus souvent de routine, il vérifiera la bonne implantation des dents de lait, leur coloration, leur vitalité, et inspectera dans son ensemble la cavité buccale.

Une visite de contrôle annuelle est ensuite recommandée pour assurer le suivi dentaire et éventuellement orthodontique plus tard (traitement des malpositions dentaires, pose d'appareils dentaires, etc.).

POURQUOI CONSULTER ?

Le dentiste s'assurera de l'absence de caries sur les dents de lait, qui peuvent apparaître dès l'âge de 18 mois. Dans ce cas, un traitement spécifique sera entrepris. Si la carie est trop avancée, le dentiste devra extraire la dent abîmée.

Une carie est également un foyer de microbes et, outre la douleur qu'elle occasionne et les risques de propagation de l'infection, elle empêche l'enfant de mastiquer correctement les aliments et peut donc, à terme, troubler son alimentation et sa digestion.

Un accident est très vite survenu chez un tout-petit qui peut, en tombant ou en cognant une paroi dure, se casser, voire perdre, une dent de lait. Dans ce cas, consultez au plus vite un spécialiste qui trouvera la solution adaptée.

Le dentiste vous rappelera que, tout comme pour l'adulte, le sucre est l'ennemi juré des dents saines. Un brossage des dents le soir (pendant 2 minutes) avant de se coucher est indispensable dès 2 ans avec une brosse à dents souple et un dentifrice adapté à l'âge de votre enfant, éventuellement parfumé (bien que le dentifrice ne soit pas indispensable à cet âge).

Une aide parentale est évidemment bienvenue pour compléter les gestes de brossage encore maladroits de votre petit !

> → **Avant l'âge de 2 ans,**
> vous pouvez vous contenter de nettoyer gentiment les précieuses quenottes avec une compresse humide ! Évidemment, après le brossage des dents, votre enfant ne doit plus rien manger avant d'aller se coucher (surtout le fameux biberon d'eau sucré).

Ophtalmologue

QUAND CONSULTER ?

Afin de déceler précocement les troubles de la vision chez l'enfant et donc y remédier facilement, il est recommandé de consulter un ophtalmologue entre 9 et 18 mois. Tout accident atteignant l'œil et son orbite, toute maladie apparente de l'œil (grattage, écoulement récidivant, anomalie...) sont également du ressort de ce spécialiste, le plus souvent conseillé par votre pédiatre.

À chaque étape de la vie scolaire (entrée en maternelle et en élémentaire), le médecin scolaire contrôlera la vision de votre enfant. En cas d'anomalie détectée, il vous conseillera de consulter un spécialiste.

POURQUOI CONSULTER ?

Un enfant sur huit présente une anomalie de la vision, plus ou moins importante. La vision d'un bébé n'est pas mature à la naissance et l'acuité visuelle, faible les premiers mois, se développe progressivement pour atteindre son maximum vers l'âge de 5 ans.

Des tests visuels utilisant des dessins permettent de dépister dès le plus jeune âge les anomalies de la vision. L'enfant peut porter désormais, si besoin, des lunettes dès les premiers mois de son existence. Montrez-vous vigilants en cas d'anomalie du comportement visuel de votre enfant : absence de fixation du regard, de réaction à la lumière, plissement régulier des paupières, préhension difficile des jouets ou des aliments, grande maladresse. Testez vous-même sa vision en masquant un œil puis l'autre, et observez son comportement : s'il panique, c'est que vous masquez son « bon œil » et qu'il ne voit pas bien. Il faut alors consulter.

Les troubles de la vision (et autres maladies de l'œil) étant souvent héréditaires, soyez encore plus attentifs à ces petits signes si un autre membre de la famille en souffre. Le strabisme est également un motif de consultation. Dès son apparition ou s'il persiste après l'âge de 5 mois, sa prise en charge doit être rapide. L'œil dévié risque en effet de devenir « paresseux » par manque de stimulation visuelle et rester « faible » de manière définitive s'il n'est pas rééduqué à temps. La rééducation est très efficace si l'enfant est âgé de moins de 2 ans (90 % de cas de guérison).

> **→ Tout accident atteignant l'œil**
> ou les annexes de l'œil (paupières, conjonctive, appareil lacrymal) nécessite une visite urgente chez l'ophtalmologue. Les dégâts ainsi que les conséquences ultérieures sur la vision sont variables selon la gravité de la blessure.
> N'attendez donc pas pour prendre l'avis d'un spécialiste !

Kinésithérapeute

La kinésithérapie respiratoire (voir p. 117) s'adresse à tous les nourrissons entre 1 mois et 2 ans, en complément des traitements prescrits par le pédiatre lors de nombreuses maladies respiratoires infantiles (bronchites à répétition, asthme, mucoviscidose, bronchiolite).

Le kinésithérapeute exerce souvent en cabinet privé et les rendez-vous sont fréquemment quotidiens en période de crise.

Les séances — souvent impressionnantes pour les parents — permettent d'évacuer les sécrétions qui encombrent les bronches. Une pression exercée sur la cage thoracique et l'abdomen du bébé en phase expiratoire amène dans la trachée les sécrétions qui sont ensuite évacuées dans la cavité buccale grâce à un réflexe de toux. Peu de bébés apprécient les manœuvres du kinésithérapeute, mais les résultats sont probants et l'enfant est rapidement soulagé.

La durée de ces séances dépend principalement de l'importance de l'encombrement bronchique et de l'état de fatigue du patient. Il vaut mieux les prescrire le soir car elles facilitent ensuite le sommeil. Les séances sont remboursées par la Sécurité sociale.

Des séances de kinésithérapie sont aussi prescrite pour la rééducation des pieds et pour le torticolis congénital.

Ostéopathe

QU'EST-CE QUE L'OSTÉOPATHIE ?

L'ostéopathie considère que la correction des dysfonctionnements du squelette et des muscles permet à l'organisme de s'« autoguérir ». Des troubles d'origines très variées peuvent être traités chez le jeune enfant.

La séance se déroule en deux temps ; le praticien palpe d'abord le corps pour repérer les tensions qui empêchent la mobilité des muscles et des os, puis il manipule les différentes parties du corps afin de la rétablir.

D'une efficacité aujourd'hui attestée, mais très particulière et délicate chez le nourrisson, l'ostéopathie doit être pratiquée par un professionnel qualifié, le plus souvent un médecin titulaire d'un diplôme interuniversitaire obtenu en septième année de médecine. Il faut noter que, depuis 2002, l'ostéopathie pratiquée par des non-médecins n'est plus illégale en France, mais qu'elle est soumise à une réglementation très stricte. De nombreuses écoles se sont donc créées, toutes reconnues par l'Académie nationale de médecine.

La Sécurité sociale rembourse la consultation d'un médecin ostéopathe mais pas celle d'un ostéopathe non-médecin, qui peut l'être en revanche par certaines mutuelles.

POURQUOI CONSULTER ?

Au moment de l'accouchement, la tête du nourrisson a été comprimée, ce qui a occasionné des tensions au niveau du crâne quelques jours après la naissance. Les pédiatres préconisent donc un contrôle ostéopathique du nouveau-né, afin de parer à toute éventuelle dissymétrie de la voûte crânienne et ses conséquences ultérieures.

L'ostéopathie peut être très utile pour divers troubles non maîtrisés en médecine « classique » : reflux, otites, troubles digestifs, troubles du sommeil, agitation.

Elle pourrait avoir un effet bénéfique à plus ou moins long terme chez les enfants asthmatiques. Dans tous les cas, demandez l'avis de votre pédiatre qui vous conseillera un ostéopathe compétent.

Puériculture

Allaitement

CE QU'IL FAUT SAVOIR

Allaiter son enfant est un choix personnel, mûri ou spontané : à chaque maman sa décision ! Le lait maternel contient tous les nutriments indispensables à la bonne croissance de votre bébé. Sa composition varie au fil du temps. Le colostrum, lait maternel des tout premiers jours, est très riche en anticorps protecteurs, protéines et glucoses.

L'allaitement maternel comporte des avantages indéniables : il est pratique (pas de biberon à préparer), parfaitement adapté à votre bébé (pas de risques d'allergie), il est aussi économique ! Lors de la montée de lait, 3 jours après la naissance environ, les seins augmentent de volume, deviennent plus tendus et plus ou moins douloureux. Pour vous soulager, appliquez des serviettes chaudes durant cette période.

→ **Buvez régulièrement** de l'eau ou des tisanes en limitant le thé, le café ou les sodas à base de cola.

→ **L'hygiène locale est également importante :** lavez-vous bien les mains avant chaque tétée et nettoyez les bouts de vos seins à l'aide d'une compresse stérile (les premiers jours) et d'un brumisateur d'eau juste avant la tétée.

→ **Vous pouvez porter un soutien-gorge d'allaitement,** avec des coquilles qui recueilleront le lait qui s'écoule entre les tétées ou des coussinets qui les absorberont. Porter des chemises (celles du papa !) plutôt que des tee-shirts est également bien pratique quand on allaite un bébé !

LES POSITIONS

Pour que votre bébé tète avec bonheur et que le plaisir soit partagé, installez-vous confortablement et privilégiez les positions qui lui permettront une bonne succion au mamelon.

→ **Votre enfant, lové contre vous,** doit prendre entre ses lèvres toute l'aréole de votre sein et pas uniquement le bout du mamelon, ce qui risquerait de créer — par effet de succion — des petites crevasses douloureuses.

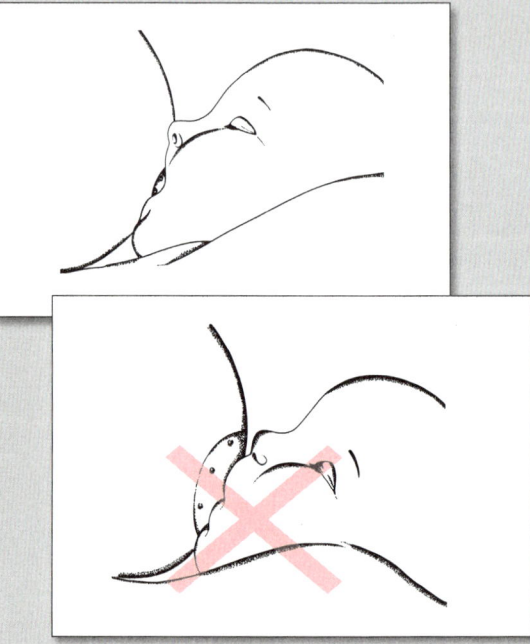

→ **Lorsqu'il tète,** le visage de votre bébé doit être collé au sein, le menton, le nez dans le sein (n'ayez pas peur, il ne court aucun risque de s'étouffer en tétant).

Dites-vous qu'allaiter n'est pas, contrairement à ce qu'on pense parfois, aussi facile qu'il n'y paraît ! Ne restez pas seule face à vos doutes et inquiétudes. Consultez votre pédiatre ou des sages-femmes spécialisées dans l'allaitement.

PUÉRICULTURE - ANNEXES

→ Les positions d'allaitement :

Assise sur une chaise ou un fauteuil, coude sur un accoudoir (vous serez également confortable) en portant votre bébé sur le côté, dans vos bras.

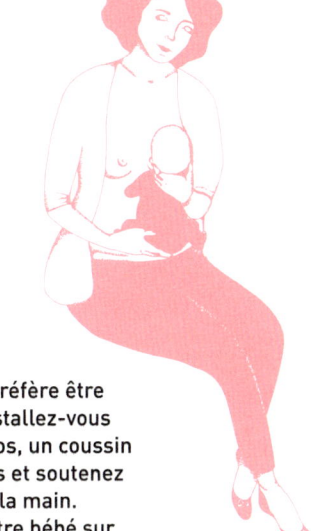

Si votre bébé préfère être face à vous, installez-vous assise à plat dos, un coussin sous votre bras et soutenez sa nuque avec la main. Posez alors votre bébé sur le ventre, la tête face au sein.

Vous pouvez aussi choisir de vous asseoir en tailleur et porter votre bébé sur le côté, coussin juste sous votre bras, en vous penchant de façon à ce que votre sein soit à portée de sa bouche.

Si la position couchée sur le côté vous paraît plus confortable, calez-vous le dos avec un coussin. Votre bébé sera lui aussi sur le côté, dans le creux de l'aisselle, soutenu par votre bras.

Biberons

PRÉPARATION DES BIBERONS

- Pour ce qui est des préparations en poudre (voir p. 50), une règle d'or : 1 mesure rase de lait en poudre (utilisez celle qui est fournie par le fabricant) pour 30 ml d'eau. Mélangez vigoureusement, en faisant rouler le biberon entre vos paumes, afin qu'il ne reste pas de grumeaux dans le lait ainsi reconstitué.
- Refermez bien la boîte de lait en poudre après la préparation du biberon et respectez la date limite de consommation après ouverture.
- Utilisez impérativement une eau minérale naturelle ou une eau de source indiquée pour les nourrissons et enfants en bas âge (vérifiez que l'étiquette porte bien la mention « convient pour la préparation des biberons »).
- Vous pouvez proposer le biberon à température ambiante ou bien réchauffé. Un biberon à température ambiante reste cependant la solution la plus pratique en toutes circonstances.

HYGIÈNE

Pour éviter les infections microbiennes, les recommandations d'hygiène sont simples.

- Lavez-vous les mains à l'eau et au savon et préparez le biberon dans un endroit propre, sur un plan de travail nettoyé.
- Ne dépassez pas un délai de 3 heures entre la préparation du biberon et sa consommation, et si votre bébé a commencé à le boire et ne l'a pas fini dans l'heure qui suit, il doit être jeté.
- Pour réchauffer le biberon, un chauffe-biberon est idéal, le micro-ondes convient également, en prenant certaines précautions indispensables : avant de vérifier en le faisant couler sur la face interne de votre poignet que le lait n'est pas trop chaud, agitez le biberon vigoureusement pour en homogénéiser la température. C'est indispensable pour prévenir tout risque de brûlure.
- Ne mettez jamais la tétine dans le micro-ondes.
- Choisissez des biberons sans bisphénol (voir FAQ p. 132).
- Après consommation, lavez bien le biberon et la tétine utilisés, à l'aide d'un goupillon, avec du liquide vaisselle et de l'eau bien chaude.
- Vous devrez stériliser les biberons jusqu'à l'âge de 3 mois, afin d'éviter toute contamination microbienne, responsable de diarrhées. Mais les avis sont partagés. La plupart des pédiatres pensent qu'une bonne hygiène suffit.
- Si toutefois vous tenez à stériliser les biberons, sachez que l'on trouve sur le marché différents modèles de stérilisateurs : électriques à vapeur, ou à mettre dans le micro-ondes ou encore chimiques utilisant du chlore en comprimés.
- Ne séchez pas les biberons après stérilisation, égouttez-les simplement avant de verser l'eau dedans. Lavez régulièrement le porte-biberon.

EN SORTIE ET EN VOYAGE

Un petit tour au parc, un voyage en voiture ne se prévoient pas sans biberon pour votre bébé ! Plusieurs fabricants d'articles de puériculture ont prévu à cet effet des boîtes à compartiments très pratiques qui permettent de stocker le lait en poudre que vous aurez préalablement dosé.

> → **Astuce :** vous pouvez emporter une bouteille d'eau minérale ou remplir directement le biberon avant de partir. L'eau devra être à la bonne température et sera gardée au maximum 12 heures dans un thermos. Au moment où votre bébé réclamera son biberon, il vous suffira de mélanger l'eau et la poudre de lait.

Bain, toilette et soins du nombril

LE BAIN

Pour votre bébé, le bain est synonyme de détente et de plaisir puisqu'il retrouve les mêmes sensations que lorsqu'il baignait dans le liquide amniotique.

On peut le baigner sans risque dès les tout premiers jours, et cela même si le bout du cordon ombilical n'est pas encore cicatrisé et tombé. N'ayez crainte, à la maternité, les auxiliaires de puériculture vous montreront les bons gestes. Au besoin, les premiers temps à la maison, faites-vous aider par le papa.

Avant de donner le bain, préparez bien à portée de main, près de la baignoire et sur la table à langer, tout ce qu'il faut pour sécher rapidement et habiller votre bébé après les petits soins de la toilette. Installez-vous aussi confortablement que possible afin de pouvoir le tenir pendant qu'il est dans la baignoire.

Lors du bain, profitez de la nudité de votre bébé pour vérifier ses mouvements et inspecter l'état de sa peau : rougeur, boutons ou desquamations inhabituelles.

Vous pouvez, selon votre emploi du temps, baigner l'enfant le matin ou le soir. Mais il est plus fréquent de baigner les nouveau-nés le matin et les jeunes enfants le soir.

Au début, le bain ne dure que quelques minutes car la température d'un bébé n'est pas stable et il se refroidit vite. Puis, votre enfant peut rester de plus en plus lonptemps et profiter de ce moment pour barboter et gazouiller de plaisir. Pour enlever les croûtes qui se forment sur son cuir chevelu, les premières semaines surtout, vous pouvez lui faire un shampooing tous les jours.

QUELQUES CONSEILS

Pendant le bain, tout comme sur la table à langer, vous ne quittez pas votre enfant ni des yeux ni des mains. C'est une règle de sécurité de base à appliquer tout au long de sa petite enfance. Les accidents sont vite arrivés chez les tout-petits !

Avant de le baigner, lavez et préparez la petite baignoire ou la bassine remplie d'eau bien propre à 37 °C. Préparez un thermomètre pour contrôler la température, un savon spécial bébé, un gant (ou une éponge) et une serviette propres et changés tous les jours, une couche et les vêtements pour le rhabiller. La salle de bain doit être chauffée à plus de 20 °C. Vous pouvez aussi utiliser un transat de bain spécial bébé et remplir la baignoire d'eau à hauteur du transat, en veillant à arrêter l'écoulement d'eau avant d'installer votre bébé.

Déshabillez votre bébé sur la table à langer et commencez à savonner tout le corps soit au gant de toilette, soit à la main sans oublier tous les plis de la peau. La toilette du cou et des aisselles doit être d'autant plus soigneuse que la transpiration est plus marquée à ces endroits et que les plis sont profonds chez un enfant potelé. Les parties intimes seront nettoyées d'avant en arrière pour éviter les infections dues aux germes des selles.

Une fois votre bébé savonné, il suffit de le rincer en le plongeant dans l'eau et en le soutenant sous la nuque et les fesses. Faites couler doucement l'eau sur sa peau en évitant le visage et les yeux.

PETITS SOINS QUOTIDIENS

Après le bain, nettoyez les orifices du nez à l'aide d'un mouchoir en papier roulé, le coin interne des yeux avec une compresse stérile imbibée de sérum physiologique unidose et le pavillon de l'oreille à l'aide d'un coton-tige, sans vous approcher du conduit auditif et sans oublier derrière les oreilles. Passez ensuite sur le visage de votre bébé une crème hydratante spécialement adaptée aux tout-petits. Avant de le rhabiller, vous pouvez aussi lui masser le corps à l'aide d'une huile pour bébé. Plaisir garanti !

DÉSINFECTION DU CORDON OMBILICAL

Lavez-vous bien les mains avant de procéder à ces petits soins quotidiens. L'ombilic devra être nettoyé trois fois par jour avec des compresses imprégnées d'un antiseptique prescrit par votre pédiatre, jusqu'à la chute. Vous devez replier le bord de la couche vers l'intérieur afin d'éviter que l'urine imprègne le cordon et ne l'infecte. Une fois sec, le cordon tombera de lui-même. Il est inutile et dangereux de tirer dessus pour l'aider à tomber.

S'il ne tombe pas spontanément dans le mois qui suit la naissance ou si vous constatez un signe d'infection (rougeur, suintement, mauvaise odeur), consultez rapidement votre pédiatre.

Sommeil

UN BÉBÉ QUI DORT BIEN EST UN BÉBÉ QUI GRANDIT BIEN

Préserver le sommeil de votre enfant est essentiel. Dès sa naissance, votre bébé alterne des phases de sommeil profond (tous ses muscles sont relâchés, il est immobile et sa respiration est régulière) et des phases de sommeil léger ou paradoxal (il rêve et remue). Les rythmes de sommeil sont variables d'un enfant à un autre : certains ont besoin de dormir beaucoup, tandis que d'autres se contentent de nuits et de siestes plus courtes, voyez comme les écarts sont grands.

→ **En moyenne, un enfant dort :**

Âge	Temps de sommeil quotidien
0 à 3 mois	de 16 à 20 heures
4 à 9 mois	de 15 à 18 heures
10 à 24 mois	de 14 à 15 heures
2 à 3 ans	de 12 à 14 heures avec 1 sieste
3 à 5 ans	12 heures avec 1 sieste
5 à 8 ans	de 10 à 12 heures
8 à 10 ans	de 9 à 10 heures

SOMMEIL RÉPARATEUR

Pour que votre bébé dorme bien, il est important de respecter quelques règles essentielles. Sa journée doit notamment être suffisamment « active » pour qu'il puisse se dépenser physiquement.

Le coucher tous les soirs à la même heure est également important, dès les premiers signes de fatigue (il bâille, se frotte les yeux, est grognon, etc.). Évitez de retarder l'heure du coucher et ne le réveillez pas lorsqu'il a commencé sa nuit.

Enfin aménagez-lui une chambre agréable, aérée la journée et à température ambiante ne dépassant pas les 20 °C, idéalement 19 °C la nuit.

LE RITUEL DU COUCHER

L'arrivée de la nuit noire, la séparation d'avec ses parents pour quelques heures : autant de raisons pour votre bébé d'exprimer son inquiétude au moment du coucher.

Une petite histoire, une chanson douce, un petit rituel instauré entre vous, répété chaque soir avant de s'endormir… voilà qui favorise la venue d'un bon sommeil !

Si cela le rassure, laissez-lui une petite veilleuse allumée, son doudou à proximité et bercez-le de paroles réconfortantes avant de lui souhaiter une bonne nuit.

PRÉVENIR LA MORT SUBITE DU NOURRISSON

La mort subite du nourrisson se produit pendant la première année, avec un pic entre le 2e et le 4e mois. Elle est plus fréquente chez les garçons et les grands prématurés. On la prévient aujourd'hui par quelques mesures à retenir :

- ne couchez jamais votre bébé sur le ventre, même s'il est sujet à des régurgitations ;
- couchez-le toujours sur le dos, sur un matelas bien ferme, aux dimensions exactes du lit, sans oreiller, ni couette, ni couverture (une turbulette ou un surpyjama sont indiqués pour couvrir votre bébé) ;
- la température de la chambre doit être inférieure à 20 °C ;
- la chambre doit être aérée tous les jours ;
- ne fumez jamais en présence d'un nourrisson et évitez le tabagisme en prévention pendant la grossesse.

Jouets

SÉCURITÉ AVANT TOUT

Si les jouets sont indispensables au développement, à l'éveil des sens — et surtout au plaisir — de votre bébé, ceux que vous achetez — ou qu'on lui offre — doivent impérativement porter le marquage CE et être adaptés à son âge (la mention doit être indiquée sur l'emballage). Si un jouet porte par exemple la mention « ne convient pas aux enfants de moins de 36 mois », cela signifie clairement que si l'enfant est plus jeune, le jouet peut représenter un danger, même si vous pensez que votre bébé est une graine de génie !

Préférez les jouets sur l'emballage desquels le nom du fabricant est clairement indiqué et évitez ceux dont vous ne pouvez identifier la provenance.

DE LA NAISSANCE À 2 MOIS

Peu d'objets sont nécessaires pour jouer avec un enfant de quelques semaines.

- Un mobile aux couleurs contrastées et aux formes nettes (avec ou sans musique), à installer au-dessus de son lit ou de la table à langer, à 50 cm de distance de son visage, pour ne pas le fatiguer. Veillez également à ce que le mobile soit bien fixé.
- Une poupée et une peluche, éventuellement musicale, pour le rassurer et l'aider à s'endormir (il faudra les laver régulièrement, car ce sont de véritables nids à poussière et à microbes).
- Une boîte à musique pour l'apaiser et l'intriguer.
- Dans le bain, des petits gobelets en plastique aux couleurs vives que vous utiliserez pour lui rincer sa tête : il sentira l'eau couler délicatement et découvrira les couleurs.

À PARTIR DE 3 MOIS

- Des marionnettes à doigts.
- Un hochet ou la célèbre girafe en caoutchouc qui permettront des échanges avec votre bébé ; il pourra sans crainte les porter à sa bouche lorsque, plus tard, les premières dents arriveront...
- Un tapis d'éveil, idéal pour l'installer par terre et lui faire découvrir bruits, matières et formes.
- Un portique comportant différents éléments colorés pourra également être installé au-dessus du tapis d'éveil, du siège auto ou du transat.
- Des cubes ou des balles en tissu pour éveiller sa curiosité.
- Des peluches à la douceur rassurante pour l'aider à s'endormir.

VERS 6 À 7 MOIS

- Un « tableau de découverte » en plastique, qu'il pourra toucher et dont il admirera les formes, tout en en testant les différentes fonctions.
- Tous les jouets que votre bébé peut frapper, empiler ou qui lui permettront d'emboîter des pièces les unes dans les autres.
- Un tapis d'éveil qui vous permettra d'installer votre bébé au sol et de le mettre sur le ventre, toujours sous votre surveillance. Il pourra ainsi passer de longues minutes à soulever des bouts de tissu, se regarder dans un petit miroir, scratcher et déscratcher des éléments, toucher différentes matières...
- Des ballons colorés en tissu qui roulent et rebondissent.

VERS 8 À 9 MOIS

Votre bébé accorde encore un certain intérêt aux peluches et aux hochets, mais il préfère désormais découvrir de nouvelles sensations à travers des jouets plus élaborés.

- Ceux qu'on empile, comme les cubes en mousse ; ils ont l'avantage de ne pas faire de bruit en tombant et de ne pas blesser votre bébé.
- Ceux qu'on emboîte : gobelets ou boîtes en plastique.
- Tout ce qui roule : petites voitures pour les petits garçons, et même les petites filles !
- Tout ce qui roule et rebondit : ballons en mousse ou en tissu, de différentes tailles et couleurs.
- Tout ce qui émet des sons : boîtes à musique, mini-instruments adaptés à son âge, etc.
- Une toupie multicolore dont les facettes changent et évoluent lorsqu'il la met en action.

→ Pour le bain :

- Tous les jouets de bain qui flottent ou peuvent être remplis d'eau. Il existe aussi des tableaux très élaborés permettant de verser, transvaser, asperger de l'eau dans des « circuits » étudiés, ce qui amuse beaucoup votre bébé.
- Tous les jouets pour vider et transvaser l'eau : des moulins à eau, de petites bassines et coupelles en plastique de toutes les couleurs. Évitez les jouets qui se remplissent d'eau par de petits trous, car ils sont difficiles à nettoyer.
- Le plus souvent, quelques pots ou bouteille en plastique feront son bonheur pendant son bain.

→ Les premiers livres

À cet âge, vous choisirez de préférence des livres d'images en tissu ou en gros carton, plus solides que les autres, et qui pourront être maltraités et mâchonnés à loisir.

VERS 1 AN

Il existe de nombreux jouets très conceptuels adaptés à chaque tranche d'âge. Mais un rien éveille la curiosité de votre bébé et l'amuse : écumoires, louches, boîtes, pots et bouteilles en plastique, vieux chiffons, porte-clés, casseroles...

Attention néanmoins à ce qu'il ne porte pas à sa bouche un objet pouvant être avalé ou qui risque de le blesser. Ne le laissez pas non plus jouer avec votre téléphone portable, en raison des ondes électromagnétiques dont on ne sait pas encore (bien que certaines études scientifiques l'affirment) si elles ont ou non des effets nocifs sur les jeunes enfants.

→ Jeux incontournables :

- Des jouets à tirer et à pousser, un déambulateur pour accompagner la marche et qui permettra à votre bébé de transporter ses jouets.
- Des jouets d'encastrement : boîte avec fentes pour clés, etc.
- Des poupées.
- Des petites percussions et des instruments de musique : maracas, tambour, xylophone.
- Des jeux de construction : premiers gros legos.
- Des jeux pour imiter les adultes : téléphone, garage, petites voitures, en respectant bien les indications d'âge.
- Et bien sûr, des livres et des puzzles très simples, composés de grandes formes.

VERS 18 MOIS

Votre bébé adore faire comme Papa ou Maman : **les jeux d'imitation** rencontrent donc toujours un grand succès !

→ Jeux de construction et trieurs de formes :

- Un petit marteau pour enfoncer de petits cylindres dans un établi. Bricoler avec Papa le dimanche, quel plaisir !
- Des blocs de construction en mousse ou en bois, de couleurs vives.
- Son premier garage ou sa première ferme.
- Une petite maison en tissu dans laquelle il peut se recréer un univers bien à lui, avec ses jouets et objets préférés.

→ Poupée d'éveil, de chiffon ou baigneur :

- Une poupée, si possible d'éveil, comportant des lacets, des boutons et des fermetures éclair, pour s'occuper (presque) en vrai d'un bébé !
- Une petite balle en tissu qui roule bien pour commencer à tirer ses premiers buts.

→ Instruments de musique qui l'amusent déjà depuis l'âge de 9 à 10 mois.

→ Puzzles Les puzzles de plus de 5 à 6 pièces représentent ses héros préférés.

→ Jouets de bain :

- Il adore toujours les gobelets et autres jouets pour transvaser l'eau.
- Évitez les éponges même en forme de jouet.
- Des bateaux avec des personnages pas trop petits, des poissons ou canards.

→ Pousser et tirer :

- Un chariot à pousser et à remplir d'objets.
- Les jouets sonores comme le téléphone.
- Son premier porteur ou camion.

→ Dessiner

- Une petite table à sa taille et une chaise adaptée à sa taille.
- Crayons et feutres doivent être lavables, à gros bouts, non toxiques et adaptés à son âge.

VERS 2 ANS

À partir de 2 ans, les enfants aiment beaucoup les jouets qui leur permettent de faire de la répétition et de l'association. À cet âge, ils savent associer les formes à une cavité, un animal à un son, une couleur à une réaction. Outre le matériel pour dessiner, faire de la pâte à modeler, les enfants apprécieront vers 2 ans de pouvoir jouer avec :
- une boîte à surprise,
- un casse-tête en bois avec des formes à empiler,
- des puzzles d'une dizaine de pièces,
- des premiers Legos et autres briques de construction.

Les petits garçons aimeront aussi beaucoup faire rouler des modèles de voitures et camions adaptés à leur âge et jouer au ballon mousse alors que les filles commenceront à s'occuper de leurs premières poupées et les deux joueront à la dînette.

VERS 3 ANS

Les maisons de poupées et autres cabanes dans lesquelles les adultes ne peuvent pas rentrer sont très prisées des petits ! Les déguisements auront aussi beaucoup de succès, de même que les jeux de mémoire, de loto, les dominos images, les grosses perles, les marionnettes et les jouets d'imitation (téléphone, cuisinière, marchande, garage, ferme etc.).

Sac à dos de maman

En voilà un qui ne quittera pas souvent les mamans ! On le sait, avec un tout-petit, il faut être prête à parer à tout : changer la couche, préparer un biberon, donner à boire ou à manger, mettre un chapeau et de la crème solaire en été, faire patienter Bébé en attendant un rendez-vous, soigner un petit bobo, etc.

À chaque saison son sac à dos : en été, il contiendra tout ce qu'il faut pour se protéger du soleil, et en hiver de quoi lutter contre le froid. Le contenu du sac évolue également en fonction de l'âge de Bébé : un nourrisson en promenade n'a en effet pas les mêmes besoins qu'un petit cavaleur sur pattes en goguette au parc !

→ **Pour changer et habiller bébé**

• **Dans une petite pochette,** mettez 2 ou 3 couches, un paquet d'échantillons de lingettes pour nettoyer les fesses de Bébé, un échantillon de crème protectrice pour les protéger et un petit sac en plastique pour jeter la couche et les lingettes usagées.

• **Prévoyez aussi** un body de rechange, voire une petite tenue toute simple, adaptée à la saison et des chaussettes.

• **En été,** prévoyez un chapeau ou une casquette pour protéger Bébé du soleil, ainsi que des lunettes de soleil adaptées.

• **En hiver,** bonnet, écharpe et gants (une deuxième paire est utile lorsque la première est mouillée) sont indispensables. Si vous séjournez avec Bébé à la montagne, pensez aux lunettes de soleil.

SANTÉ, HYGIÈNE, BOBOS

- En hiver, pensez à emporter un tube de crème hydratante pour le visage en plus de la crème solaire. Les échantillons sont très pratiques, n'hésitez pas à en demander à votre pharmacien.
- En été, évidemment une crème solaire haute protection spécialement adaptée à Bébé.
- Un mouche-bébé et quelques unidoses de sérum physiologique seront utiles pour éliminer les projections de sable du bac à sable des yeux.
- Un échantillon (ou une petite dose) de solution nettoyante et désinfectante (antibactérienne) pour les mains.
- Un paquet ou 2 de mouchoirs en papier.
- N'oubliez pas un lange qui sert à tout et bien évidemment la petite cuillère en plastique spécialement adaptée à Bébé.
- Quelques pansements de différentes tailles.
- Une crème pour les bleus, type Hémoclar et des granules homéopathiques d'Arnica, au cas où Bébé se cognerait malencontreusement.
- Une crème calmante pour les piqûres d'ortie, de guêpe ou de moustique.
- Un médicament contre la fièvre adapté à l'âge de Bébé (suppositoire ou sachet). Choisissez de préférence les suppositoires, ils sont plus pratiques car ils peuvent prendre peu de place.
- Pour Maman, des comprimés de Spasfon et de paracétamol en cas d'urgence, et un baume à lèvres hydratant, une lime à ongle.
- La liste des numéros d'urgence.

BOISSONS, EN-CAS...

- Ayez toujours à portée de main une bouteille d'eau minérale 50 cl et un biberon ou un gobelet incassable.
- Prévoyez également du lait maternisé, si Bébé doit prendre l'un de ses repas en dehors.

Pensez aussi à emporter un petit pot de compote pour le goûter, ou un menu tout prêt en petit pot ou sous emballage qui permet une conservation à température ambiante.

- Des petits gâteaux raviront les plus grands s'ils ont faim en cours de promenade, pour les faire patienter jusqu'au prochain repas.

POUR LE DISTRAIRE...

- Un ballon gonflable (il prend peu de place dans le sac).
- Le doudou s'il a le droit de sortir du lit de Bébé.
- Une tétine de rechange.
- Si vous devez faire patienter Bébé (salle d'attente du pédiatre, rendez-vous, etc.), emportez son livre préféré et quelques jeux et jouets qui pourront l'occuper utilement (bulles de savon, par exemple).
- Au restaurant, les enfants adorent gribouiller sur la nappe en papier en attendant leur assiette : prévoyez quelques crayons de couleur lavables et un bloc-notes.
- Pensez aussi à emporter les tickets de manège pour faire (et refaire) un tour en voiture, bateau, avion, etc.

→ **Pratique :**

- Un couteau de poche.
- Un crayon à papier ou un stylo-bille et un petit carnet de notes.
- Un petit nécessaire à couture (celui d'un hôtel par exemple) pour repriser un vêtement déchiré, retirer une écharde, etc.
- Un peu de monnaie au cas où...

Alimentation

Petit carnet pratique pour cuisiner de bons petits plats pour Bébé

Cuisiner pour un tout-petit et savoir comment diversifier son alimentation n'est pas une mince affaire ! Mais rassurez-vous, vous pouvez vous en sortir, même si votre bébé risque d'avoir ses petites aversions alimentaires, de refuser obstinément de manger à la petite cuillère.
Tout ceci est bien normal, et votre pédiatre saura vous rassurer en cas de besoin.

MATÉRIEL DE BASE DANS LA CUISINE

→ Pour conserver et congeler les aliments :
- petits pots hermétiques en plastique ;
- bacs à glaçons et petits sachets pour la congélation ;
- boîte en fer pour conserver les gâteaux faits maison.

→ Pour presser, mixer, cuire et peser :
- presse-agrumes ;
- Babycook : mini-robot spécial bébé, qui cuit à la vapeur et mixe ;
- four à micro-ondes pour chauffer les biberons et plats pour votre bébé, en contrôlant impérativement la température après avoir bien mélangé le plat ou agité le biberon ;
- balance alimentaire si possible électronique pour bien mesurer les proportions indiquées dans les recettes ;
- autocuiseur.

→ Pour préparer et cuire les plats :
- petits couteaux de cuisine ;
- couteau économe ;
- petite cuillère à melon ;
- spatule en bois ;
- râpe à fromage ;
- écrase-purée à petits trous ;
- casseroles : une petite et une moyenne ;
- poêles : une poêle antiadhésive et une poêle à blinis ;
- un petit fait-tout en fonte ;
- petits saladiers ;
- passoire ;
- ramequins et petits plats à gratin.

→ Tout pour équiper Bébé :
- assiettes incassables ;
- petits bol et assiettes creuses en plastique ;
- coquetier-assiette en plastique ;
- couverts ergonomiques en plastique ;
- biberons et tétines, égouttte-biberons, goupillons, brosses pour nettoyer biberons et tétines ;
- tasse ou verre à bec incassable ;
- chaise haute certifiée NF aux normes de sécurité requises.

→ Comment s'organiser à l'avance ?
- Faites un petit tour au marché une fois par semaine en compagnie de Bébé dans sa poussette.
- L'astuce conservation ? Remplissez de purées et compotes des bacs à glaçons et transférez-les le lendemain dans des petits sachets de congélation.
- Quand Bébé atteint 1 an, congelez également pour lui des herbes aromatiques, bien lavées et finement ciselées, dans des petits sachets de congélation.

→ Quand Bébé part en vadrouille

Privilégiez le côté pratique en emportant des petits pots ou des plats tout préparés pour bébé et des petits gâteaux secs… sans culpabiliser ! Une purée maison qui voyage dans un coffre en plein été risquerait de se transformer en un vrai bouillon de culture pour bactéries.

Vous trouverez bien sur la route des restaurants ou des cafés qui accepteront de vous réchauffer les petits pots ou le biberon.

5 à 6 mois : je débute ma « diversification alimentaire »

À 5 MOIS, JE PEUX MANGER :

- Fruits : abricot, banane, coing, pêche, poire, pomme, pruneau, sous forme de compotes, et jus d'orange fraîchement pressé, sans ajout de sucre ;
- légumes : carotte, courgette, haricot vert, potiron (en purée), soupes et bouillons de légumes maison et non salés ;
- lait 2e âge ;
- les céréales sans gluten ne sont pas indispensables ; elles n'ont pas, comme on le pense trop souvent, la vertu de faciliter l'endormissement de Bébé. En revanche, elles apportent du fer.

→ **Les légumes et les fruits** autorisés sont introduits un par un, de façon à bien séparer chaque saveur et à permettre de vérifier qu'ils sont bien tolérés. Rien ne presse, d'autant que le système digestif de Bébé n'est pas encore mature !

Au marché, n'achetez que des produits de première fraîcheur et bien fermes — si possible issus de l'agriculture biologique — que vous cuisinerez sans tarder. Lavez soigneusement à l'eau claire tous les fruits et légumes et privilégiez la cuisson à la vapeur à l'aide d'un cuiseur à la vapeur et mixeur spécial bébé.

→ **Selon l'avis de votre pédiatre,** commencez par introduire progressivement soit les légumes soit les fruits dans l'alimentation de Bébé. Les quantités au début seront minimes — 1 à 2 cuillères à soupe tout au plus — pour atteindre un bon petit bol vers 6 mois. Si vous introduisez les légumes en premier, proposez-les au repas de midi. Si vous commencez par les fruits, essayez de les introduire au goûter.

La purée de légumes peut être donnée au biberon — elle devient alors une soupe — ou à la cuillère. Mieux vaut débuter le repas à la cuillère, lorsque Bébé est encore affamé et prêt à tout pour manger !

Les compotes de fruits seront de préférence prises à la cuillère.

MES PREMIÈRES PURÉES

La purée de carottes

Temps de préparation : 10 minutes
Temps de cuisson : 20 minutes

POUR UNE PORTION

- 1 belle carotte bio bien fraîche, qui contient moins de nitrates que les carottes de culture conventionnelle
- 1 mesure de lait en poudre (facultatif)

Lavez soigneusement la carotte, puis épluchez-la au couteau économe. Éliminez ses deux extrémités et tronçonnez-la en fines rondelles, que vous ferez cuire à la vapeur pendant 20 minutes, par exemple dans le petit panier d'un cuiseur-mixeur spécial bébé. Mixez ensuite en purée très lisse et ajoutez éventuellement le lait en poudre.

La purée de courgette

Temps de préparation : 10 minutes
Temps de cuisson : 10 minutes

POUR UNE PORTION

- 1 petite courgette de saison ou 1 demi-courgette plus grosse
- 1 mesure de lait en poudre

Lavez soigneusement, puis épluchez la courgette en laissant une lamelle de peau sur deux. Éliminez ses deux extrémités et coupez-la en petits cubes. Cuisez à la vapeur une dizaine de minutes, puis mixez finement, ajoutez le lait maternisé et mélangez bien.

ALIMENTATION - ANNEXES

MES PREMIÈRES COMPOTES

5 à 6 mois

La compote de pomme « toute simple »

Temps de préparation : 10 minutes
Temps de cuisson : 20 minutes

POUR UNE PORTION

- 1 pomme à cuire
- quelques gouttes de jus de citron
- 1 petite pincée de sucre en poudre si la pomme est un peu acide

Lavez soigneusement la pomme, puis pelez-la à l'aide du couteau économe. Coupez-la en 4 quartiers, puis éliminez les parties dures au centre et les pépins. Coupez-la ensuite en petits morceaux et faites cuire à feu très doux avec le sucre si nécessaire, le jus de citron qui évite au fruit de noircir, et une cuillère à soupe d'eau minérale, pendant 20 minutes, en surveillant bien la cuisson. Mixez le tout finement. Laissez tiédir avant de servir Bébé.

5 à 6 mois

La compote de pêche jaune

Temps de préparation : 10 minutes
Temps de cuisson : 10 minutes

POUR UNE PORTION

- 1 pêche jaune mûre à point

Lavez soigneusement, puis épluchez la pêche en ôtant les parties trop mûres, puis ôtez le noyau. Découpez la chair en petits cubes que vous ferez cuire dans une petite casserole, sans ajouter d'eau ou dans le panier vapeur d'un cuiseur-mixeur spécial bébé, une petite dizaine de minutes. Mixez finement et laissez tiédir avant de servir à Bébé. Vous pouvez en congeler pour les mois d'hiver s'il en raffole !

6 à 7 mois : je mélange plusieurs saveurs

À 6 MOIS, JE PEUX MANGER :

- purées et compotes multi-saveurs ;
- fruits : mirabelle, prune, raisin sans peau ni pépins ;
- légumes : artichaut, épinard, petits pois frais, poireau, pois gourmands, pomme de terre ajoutée aux purées et soupes de légumes, tomate cuite sans la peau ni les pépins ;
- premiers laitages préparés avec un lait maternisé 2ᵉ âge pour bébés, vendus dans le commerce, petits-suisses ;
- céréales instantanées sans additifs à diluer dans le biberon de lait, tapioca.

Bébé passe maintenant à la phase « mélange » des saveurs avec une soupe composée de différents légumes, mais aussi tout doucement des textures : un petit-suisse avec une compote de fruits pour le goûter par exemple. À la cuillère ou au biberon, c'est tout nouveau, tout bon !

MES PURÉES PRENNENT DES COULEURS !

6 à 7 mois

La purée d'artichaut

Temps de préparation : 10 minutes
Temps de cuisson : 20 minutes

POUR UNE PORTION

- 1 artichaut
- le jus d'un demi-citron non traité
- 1 mesure de lait en poudre

Coupez le pied de l'artichaut, retirez les premières feuilles, puis lavez-le soigneusement. Coupez-le ensuite cru à ras du fond, à la base des feuilles et ôtez le foin avec une petite cuillère. Coupez ensuite l'artichaut en petits cubes, citronnez-le afin qu'il ne noircisse pas et faites-le cuire à la vapeur une quinzaine de minutes. Mixez ensuite finement en ajoutant le lait en poudre éventuellement dilué dans un peu d'eau minérale, selon la consistance souhaitée. On peut mélanger avec un peu de purée de pommes de terre ou de carottes.

ANNEXES

ALIMENTATION

369

Le petit potage parmentier

6 à 7 mois

Temps de préparation : 10 minutes
Temps de cuisson : 20 minutes

POUR UNE PORTION

- 1 petit poireau
- 1 petite pomme de terre à purée
- 210 ml de lait en poudre reconstitué avec de l'eau minérale

Lavez soigneusement le poireau. ôtez toutes les parties vertes pour ne garder que le blanc. Découpez-le en fines lamelles et passez le tout à nouveau sous un bon filet d'eau de façon à enlever tout le sable. Lavez, épluchez et coupez en petits cubes la pomme de terre. Faites cuire le tout à la vapeur ou dans une casserole d'eau pendant 20 minutes, puis mixez très finement et ajoutez le lait reconstitué juste avant de servir.

La purée popeye

6 à 7 mois

Temps de préparation : 10 minutes
Temps de cuisson : 20 minutes

POUR UNE PORTION

- une belle poignée d'épinards frais, de préférence bio
- 1 demi-pomme de terre à purée
- 1 mesure de lait en poudre

Lavez dans plusieurs eaux les épinards. Éliminez la nervure centrale ainsi que les parties trop fibreuses et ciselez grossièrement. Lavez, épluchez et coupez en petits cubes la pomme de terre. Faites cuire les légumes à la vapeur pendant 20 minutes, puis mixez avec éventuellement un peu de jus de cuisson. Ajoutez le lait maternisé et mélangez bien.

MIAM... C'EST L'HEURE DU GOÛTER À LA CUILLÈRE !

Le tapioca à la banane

6 à 7 mois

Temps de préparation : 5 minutes
Temps de cuisson : 20 minutes

POUR UNE PORTION

- 1 demi-banane
- 1 cuillère à soupe de tapioca
- 1 pincée de sucre roux en poudre
- 6 à 7 mesures de lait en poudre

Faites bouillir 230 ml d'eau minérale dans une petite casserole, ajoutez la demi-banane pelée et coupée en morceaux, puis versez le tapioca en pluie et laissez cuire sur feu doux une vingtaine de minutes. En fin de cuisson, ajoutez sucre et lait en poudre et passez le tout au mixeur avant de servir tiède à Bébé, au biberon, ou mixez avec un petit suisse.

À 8 mois : je goûte à la viande

Vers l'âge de 8 mois, la diversification alimentaire de Bébé se précise... avec l'introduction de la viande et du poisson, soigneusement choisis pour leur fraîcheur irréprochable et leur faible teneur en graisse. Prenez soin de bien les cuire à cœur.

Commencez par donner à Bébé de très petites quantités, bien mixées et mélangées à la purée : environ 10 g de viande, soit 2 à 3 cuillères à café.

De même, vous pouvez maintenant donner à Bébé des farines de céréales avec gluten, aromatisées, sauf avis contraire de votre pédiatre. L'alimentation « à la cuillère » commence doucement à supplanter le « tout biberon », sauf chez les petits irréductibles, qu'il est inutile de forcer : à chacun son rythme !

ALIMENTATION - ANNEXES

À 8 MOIS, JE PEUX MANGER :

- plats : légume et viande ou poisson ;
- viande : escalope de dinde, de poulet, filet de veau ;
- poisson maigre en filet : cabillaud, colin, sole, limande, bar etc. ;
- jaune d'œuf dur ;
- légumes : feuilles de blette, cresson, maïs ;
- fruits : cerise dénoyautée, fraise, framboise, mangue, melon, mûre, myrtille ;
- laitages : fromages à pâte cuite (gruyère, comté, emmental, parmesan râpé) ;
- céréales : semoule fine, Floraline ou vermicelles dans le potage ;
- petits morceaux de beurre, pointe de crème fraîche et filet d'huile d'olive dans les recettes.

MES PREMIERS PETITS PLATS

Le méli-mélo de maïs-courgettes-veau

8 mois

Temps de préparation : 10 minutes
Temps de cuisson : 15 minutes

POUR UNE PORTION

- 100 g de grains de maïs égouttés
- 1 demi-courgette
- 15 g d'escalope de veau
- 1 cuillère à café de crème fraîche

Lavez soigneusement, puis épluchez la courgette en laissant une lamelle de peau sur deux et éliminez ses deux extrémités. Coupez-la en petits cubes que vous ferez cuire à la vapeur avec le maïs pendant 10 minutes environ. Pendant ce temps, poêlez l'escalope de veau sans matière grasse dans une poêle antiadhésive et mixez-la finement. Mixez ensuite les légumes jusqu'à obtenir une purée bien lisse ou plus granuleuse selon l'âge de Bébé et ajoutez la crème fraîche. Mélangez bien. Répartissez ensuite la viande sur le mélange de légumes et servez aussitôt.

La purée de pointes d'asperges à la pomme de terre et au jaune d'œuf dur

8 mois

Temps de préparation : 15 minutes
Temps de cuisson : 20 minutes

POUR UNE PORTION

- 4 pointes d'asperges vertes
- 1 belle pomme de terre à purée
- 1 jaune d'œuf dur
- 1 cuillère à café de crème fraîche

Éplucher et faites cuire à la vapeur les pointes d'asperges pendant 20 minutes. Elles doivent être bien tendres. Pendant ce temps, lavez, épluchez et coupez la pomme de terre en petits morceaux, plongez-les dans une casserole d'eau bouillante et faites-les cuire un bon quart d'heure. Mixez les asperges de façon à obtenir une purée bien lisse. Écrasez la pomme de terre à la fourchette, puis ajoutez la purée d'asperges et la crème fraîche et mélangez bien. Répartissez ensuite le jaune d'œuf dur émietté et servez à Bébé ce plat haut en couleurs !

Le yaourt à la compote de cerises

8 mois

Temps de préparation : 15 minutes
Temps de cuisson : 15 à 20 minutes

POUR UNE PORTION

- 1 yaourt nature brassé « spécial bébé »
- 1 belle poignée de cerises mûres à point
- 1 cuillère à café de sucre roux

Lavez et dénoyautez les cerises et versez-les avec un fond d'eau et le sucre dans une petite casserole. Laissez compoter pendant une quinzaine de minutes sur feu très doux, mixez les fruits, puis laissez tiédir 1 à 2 heures à température ambiante. Dans un petit bol, versez le yaourt puis la compote de cerises et servez à Bébé.

À partir de 1 an : entrée, plat, dessert. Je mange (presque) tout seul !

Quelles découvertes que ces nouvelles herbes aromatiques, ces épices douces, ces jolis fruits et légumes, ces mélanges savoureux et parfois exotiques !

Au fur et à mesure que Bébé grandit et en fonction de la poussée de ses dents, il n'est plus besoin de mixer systématiquement les légumes : contentez-vous de couper en petits morceaux les légumes, mais mixer encore la viande, puis mélanger bien le tout.

ENTRE 12 ET 18 MOIS, JE PEUX MANGER :

- petits morceaux de légumes, fruits, viande, etc. ;
- premières crudités ;
- viande, poisson et œuf : poissons gras, œuf entier à la coque ou cuit en omelette ou œuf brouillé, thon au naturel en conserve ;
- légumes : avocat, betterave, céleri, champignons, chou-fleur, concombre ;
- fruits : figue, fruits exotiques, kiwi, rhubarbe, fruits secs en compote ;
- laitages : fromages un peu plus corsés, mozzarella, faisselle ;
- petites pâtes, riz, et céréales au petit déjeuner.

PREMIÈRES CRUDITÉS

La purée de betterave au persil

12 à 18 mois

Temps de préparation : 5 minutes
Pas de cuisson

POUR UNE PORTION
- 1 petite betterave cuite
- 1 cuillère à soupe de fromage de type Saint-Moret
- 3 petites feuilles de persil plat
- 1 filet d'huile d'olive

Pelez puis coupez en morceaux la betterave et mixez-la avec le fromage, le persil lavé et ciselé et l'huile d'olive, de façon à obtenir une purée lisse et homogène. Laissez reposer au frais une bonne heure avant de servir à Bébé.

MES PETITS PLATS... PRESQUE COMME UN GRAND !

Le gratin de potimarron au saumon

12 à 18 mois

Temps de préparation : 15 minutes
Temps de cuisson : 40 minutes

POUR UNE PORTION
- 1 petit morceau de saumon de 20 g environ, sans la peau
- 150 g de potimarron
- 1 œuf
- 1 cuillère à café de crème fraîche épaisse
- 1 petite tasse de lait
- 1 cuillère à café d'emmental fraîchement râpé

Ôtez l'écorce puis les graines et les parties fibreuses du morceau de potimarron et coupez-le en petits morceaux. Faites-les cuire à la vapeur pendant une vingtaine de minutes en ajoutant le saumon les 5 dernières minutes de cuisson. Préchauffez ensuite le four à 150 °C (thermostat 5). Dans un petit bol, cassez l'œuf et battez-le en omelette, ajoutez le lait, la crème fraîche, le fromage râpé. Ajoutez le potimarron écrasé à la fourchette, le saumon émietté et mélangez bien le tout. Versez dans un petit ramequin et enfournez pour 20 minutes. N'oubliez pas de démouler avant de servir à Bébé ce gratin au goût de noisette !

Les mini-pâtes au thon, thym, citron et crème fraîche

Temps de préparation : 5 minutes
Temps de cuisson : 6 minutes environ

POUR UNE PORTION

- 1 petit verre de mini-pâtes
- 20 g de thon en boîte au naturel, égoutté
- quelques gouttes de jus de citron
- 1 filet d'huile d'olive
- 1 belle cuillère à café de crème fraîche
- 1 cuillère à café de parmesan râpé
- 1 pincée de thym séché
- parmesan râpé

Faites cuire les pâtes le temps indiqué sur le paquet. Quand elles sont prêtes, égouttez-les, puis reversez-les dans la casserole. Ajoutez le thon émietté, la crème fraîche, le thym, le jus de citron, l'huile d'olive et mélangez bien. Servez dans une petite assiette creuse ou un petit bol et saupoudrez de parmesan râpé avant de servir à Bébé. Puisque Bébé est maintenant le roi de la petite cuillère, sollicitez son aide pour vous aider à cuisiner hors sources de chaleur et loin de tout objet tranchant, il n'en sera pas peu fier !
Autre « astuce », demandez-lui de choisir au marché quel légume ou fruit il aimerait bien goûter au menu du jour.

MON GÂTEAU D'ANNIVERSAIRE

Un gâteau spécial Bouboune

Temps de préparation : 15 minutes
Temps de cuisson : 25 minutes

POUR UNE PORTION

- 200 g de farine
- 200 g de beurre
- 200 g de sucre en poudre
- un peu de sel
- 5 œufs

Préchauffez le four à 180 °C (thermostat 6). Garnissez un moule à manqué de papier de cuisson. Faites ramollir le beurre 25 secondes au four à micro-ondes. Battez le sucre et les jaunes d'œufs jusqu'à ce qu'ils deviennent blancs. Ajoutez ensuite le beurre ramolli et la farine en mélangeant doucement. Mettez une pincée de sel dans les blancs et montez-les en neige très ferme. Incorporez les blancs en neige à la pâte en soulevant légèrement pour ne pas les affaisser. Versez la préparation dans le moule et mettez au four préchauffé pendant 25 minutes. Abusez des décorations autour de la bougie (qui chante ou fait des étincelles ou se rallume).
Servez tiède avec boules de glace à la vanille, fraise ou chocolat.

À partir de 18 mois : je mange un peu de tout en famille

ENTRE 18 ET 24 MOIS, JE PEUX MANGER :

- presque un repas « familial », avec des petits morceaux bien distincts ;
- légumes et viande « frits », mais bien égouttés au papier absorbant ;
- crustacés : coquille Saint-Jacques, crevette ;
- légumes : chou, lentilles, pois chiches, poivron (sans la peau), salsifis ;
- chocolat, miel.

Le croque-monsieur des loulous

Temps de préparation : 10 minutes
Temps de cuisson : 10 minutes

POUR UNE PORTION

- 2 tranches de pain de mie
- 1 cuillère à soupe de crème fraîche épaisse
- 1 cuillère à soupe de gruyère fraîchement râpé
- 1 demi-tranche de jambon blanc découenné et dégraissé
- 1 pointe de noix de muscade en poudre

Préchauffez le four à 150 °C (thermostat 5). Toastez légèrement le pain de mie. Retirez la croûte. Dans un petit bol, mélangez la crème fraîche, le gruyère râpé et la noix de muscade. Disposez un tiers de ce mélange sur l'une des tranches de pain, puis le jambon blanc, puis une nouvelle couche du mélange, puis la seconde tranche de pain, et terminez avec une couche de crème fraîche au fromage. Mettez le croque-monsieur dans un petit plat à gratin et enfournez pour 6 à 7 minutes, en activant le grill les deux dernières minutes de cuisson.
Laissez tiédir et coupez le croque-monsieur en 4 petites bouchées avant de servir. On mange avec les doigts !

Le riz cantonais (pour 2 repas)

Temps de préparation : 15 minutes
Temps de cuisson : 15 minutes

POUR DEUX PORTIONS

- 80 g de riz thaï ou basmati (1 petite tasse)
- 1 demi-tranche de jambon blanc découenné et dégraissé
- 1 petite cuillère à soupe de petits pois frais ou surgelés (voire en conserve)
- 1 œuf
- 1 petit oignon nouveau (ou 1 quart d'oignon jaune de taille moyenne)
- 1 filet d'huile d'olive

Faites cuire le riz le temps indiqué sur le paquet et égouttez-le. Lavez, épluchez, émincez puis coupez en petits cubes l'oignon et faites-le revenir dans l'huile d'olive pendant 5 minutes environ sans le laisser brunir, puis réservez. Cassez l'œuf dans un bol et battez-le à la fourchette. Versez-le dans une poêle antiadhésive sur feu moyen sans matière grasse, telle une crêpe et faites cuire une petite minute de chaque côté. Roulez ensuite l'omelette et découpez-la en fines lamelles. Versez ensuite le riz cuit dans une poêle antiadhésive sur feu moyen, ajoutez les petits pois, le jambon coupé en petits morceaux, l'oignon et mélangez bien le tout. Laissez chauffer 2 à 3 minutes puis servez à Bébé dans un petit bol... chinois !

SANTÉ - ANNEXES

Santé

Pharmacie de base

Une fièvre en pleine nuit, des vomissements soudains, une toux nocturne qui ne s'arrête plus, une bosse le dimanche... Avoir quelques médicaments à la maison vous rendra bien des services pour soigner Bébé en attendant la visite chez le pédiatre. Pensez aussi à la garnir d'autres produits tout aussi indispensables aux soins quotidiens, et aux petits bobos que ne manquera pas de se faire Bébé durant ses premières années.

SOINS QUOTIDIENS
- Une boîte de compresses stériles. • Du coton hydrophile.
- Du sérum physiologique en unidoses.
- Une crème solaire adaptée aux tout-petits.
- Une crème pour protéger le siège de Bébé.
- Solution de Milian ou bain de permanganate de potassium si le siège est très irrité.
- Une crème ou une poudre antimycosique en cas de rougeurs persistantes du siège.
- Une paire de ciseaux à bouts ronds pour couper les ongles.
- Un mouche-bébé.
- Un thermomètre médical électronique.
- Un thermomètre pour le bain.
- Un baume calmant pour les gencives ou des anneaux de dentition à réfrigérer pour les poussées dentaires.
- Une crème hydratante et un stick pour les lèvres.

PETITS BOBOS
- Un antiseptique (chlorhexidine) qui ne pique pas.
- Des pansements de tailles différentes (et du stéri-strip à placer sur une plaie en attendant les points de suture éventuels).
- Une bande Velpeau.
- Une pince à épiler pour retirer les échardes.
- Une crème type Hémoclar pour bleus et bosses et des granules homéopathiques d'Arnica.
- Une crème pour les brûlures (type Biafine).
- Une crème cicatrisante type Cicalfate.
- Une crème apaisante en cas de piqûre d'insecte.

QUELQUES MÉDICAMENTS INDISPENSABLES
- Des antipyrétiques pour faire baisser la fièvre, prescrits par le pédiatre (paracétamol et/ou ibuprofène) : les doses sont fonction du poids de Bébé.
- Un médicament en cas de diarrhée.
- Un soluté de réhydratation en cas de diarrhée.
- Un antinauséeux prescrit par votre pédiatre pour lutter contre les vomissements.
- Un collyre non ouvert.

→ Après accord et prescription de votre pédiatre :
- Un antihistaminique si votre enfant est sujet aux allergies.
- Un corticoïde si votre enfant est sujet aux laryngites.

→ **Quelques conseils**
Votre pharmacie doit se trouver dans un lieu de la maison sec et tempéré. Elle doit impérativement être hors de la portée des enfants, fermée à clé. Pensez à vérifier régulièrement les dates de péremption des médicaments et rapportez ceux qui sont périmés chez votre pharmacien.
Notez bien toutes les posologies en fonction du poids de votre enfant. À portée de main dans la pharmacie, conservez la liste (plastifiée si possible) de tous les numéros d'urgence en cas de besoin, dont celui du pédiatre, des services de garde médicaux, du centre anti-poison, etc.

Calendrier vaccinal : toutes les recommandations

QUELS VACCINS ET À QUEL ÂGE ?
Avant 1 mois : BCG
Le BCG est la vaccination contre la tuberculose. Il n'est plus obligatoire, mais fortement recommandé chez les enfants vivant dans un milieu à risque élevé de tuberculose (enfant né dans un pays où la tuberculose sévit, enfant dont au moins l'un des parents est originaire de l'un de ces pays, enfant vivant dans des conditions de logement défavorables, enfant résidant en Guyane et en Île-de-France). La vaccination comporte une seule injection sans rappel ultérieur. On ne pratique plus de contrôles systématiques.

Avant 27 semaines
Un vaccin, le Rotarix, protégeant les nourrissons contre les gastroentérites dues à une infection à rotavirus, est conseillé pour les enfants gardés en collectivité. Il est administré en 2 doses orales espacées d'au moins 4 semaines. À discuter avec votre pédiatre.

À partir de 2 mois
Vaccins DTCP (diphtérie, tétanos, coqueluche, poliomyélite), Hib (haemophilus influenzae B), hépatite B, pneumocoque.

Il existe un vaccin hexavalent, ou « un en six », comprenant les vaccinations contre la diphtérie, le tétanos, la poliomyélite, la coqueluche, l'haemophilus influenzae B, l'hépatite B.

Le DTP (diphtérie, tétanos, poliomyélite) est une vaccination obligatoire, les autres sont recommandées. Le vaccin comprend 3 injections à un mois d'intervalle, puis un rappel 1 an après. Le rappel DTP est ensuite nécessaire tous les 5 ans jusqu'à 18 ans, puis tous les 10 ans. Celui de la coqueluche 10 ans plus tard, puis tous les 10 ans environ.

À partir de 12 mois
La première injection du vaccin contre la rougeole, les oreillons et la rubéole (ROR) est recommandée à l'âge de 12 mois et la deuxième entre 14 et 24 mois. Il faut noter que le vaccin ROR pour les enfants vivant en collectivité est conseillé dès 9 mois.

GRIPPE
La vaccination est recommandée dès l'âge de 6 mois chez les enfants souffrant de maladies chroniques (insuffisance cardiaque, respiratoire, diabète...). Généralement il s'agit de faire 2 demi-doses à 1 mois d'intervalle. Votre pédiatre vous conseillera.

VARICELLE
Un vaccin contre la varicelle peut être administré à partir de 12 mois avec un rappel 2 mois après. À discuter avec votre pédiatre. Il est fortement conseillé de vacciner à partir de 12 à 18 ans les enfants qui ne l'ont pas encore contractée.

MENINGOCOQUE C
La vaccination est recommandée à partir de 1 an. Il s'agit d'une seule injection qui protège pour toute la vie.

COMMENT LA VACCINATION PROTÈGE-T-ELLE DES MALADIES ?
La vaccination permet à l'enfant mais aussi à l'adolescent puis à l'adulte d'être protégé contre certaines maladies graves voire mortelles (rougeole, coqueluche, méningite à pneumocoque, etc.). L'injection vaccinale permet à l'organisme de fabriquer des anticorps qui protègent contre la maladie au cas où il y aurait contamination.

POURQUOI SE FAIRE VACCINER ?
Deux raisons à cela : la vaccination permet de se protéger individuellement contre certaines maladies mais est aussi un geste citoyen qui permet d'enrayer la diffusion de maladies contagieuses. En effet, plus une grande partie de la population est vaccinée, plus les risques d'extension de certaines épidémies sont réduits à moyenne et grande échelle.

POURQUOI PLUSIEURS INJECTIONS ESPACÉES ?
Le protocole vaccinal impose le plus souvent plusieurs injections à quelques mois/années d'intervalle selon les cas. Ces rappels de vaccination permettent à votre enfant d'acquérir une protection efficace et durable contre les maladies. Cette immunité de base doit être en-

→ Le calendrier vaccinal :

Âge	BCG	Diphtérie Tétanos Poliomyélite	Coqueluche	Hib Haemophilus Influenzae B	Hépatite B	Pneumo-coque	Rougeole Oreillons Rubéole
Naissance	✓						
2 mois		✓	✓	✓	✓	✓	
3 mois		✓	✓	✓			
4 mois		✓	✓	✓	✓	✓	
12 mois						✓	✓
16 à 18 mois		✓	✓	✓	✓		✓
24 mois							

(Source : INPES, 2009)

suite entretenue à l'âge adulte par la pratique de rappels de vaccination réguliers qui permettent de maintenir une bonne protection contre les maladies tout au long de la vie de l'adulte.

POURQUOI CERTAINES VACCINATIONS SONT-ELLES OBLIGATOIRES ET D'AUTRES SEULEMENT RECOMMANDÉES ?

Parmi les vaccinations obligatoires : la diphtérie (depuis 1938), le tétanos (depuis 1940) et la poliomyélite (depuis 1964). Elles ont été inscrites dans la loi française dans le souci de protéger la population de la manière la plus sûre et la plus efficace, à une époque où les maladies infectieuses constituaient la première cause de mortalité.

À partir des années 1960, on a assisté à une demande croissante de la population à participer aux décisions concernant sa santé. Cette évolution de notre société a orienté les autorités de santé vers la recherche d'une adhésion volontaire à la vaccination.

Aucun des nouveaux vaccins n'a depuis été rendu obligatoire pour la population générale. Cela ne signifie pas que les vaccins contre la rougeole, les oreillons et la rubéole, comme tous les autres vaccins recommandés, soient moins utiles ou moins efficaces que les vaccins obligatoires.

Les vaccinations recommandées ne sont, par définition, pas obligatoires. Mais attention, elles n'en sont pas moins nécessaires et importantes car faire vacciner son enfant c'est lui éviter de nombreuses maladies et leurs graves conséquences.

QUE FAIRE EN CAS DE RETARD DANS LE PROGRAMME DE VACCINATION ?

Lorsque l'immunité de base est acquise et qu'il y a un retard de quelques mois ou années dans le programme de vaccination, il n'est pas nécessaire de reprendre le protocole depuis le début. Il suffit de reprendre ce programme au stade où il a été interrompu et de compléter la vaccination avec le nombre d'injections requis en fonction de l'âge.

Urgences, premiers soins et manœuvres

EN CAS D'URGENCE...
→ Qui appeler ?

Pour gagner un temps précieux et éviter de paniquer, affichez à un endroit visible (par exemple sur le mur, près du téléphone ou sur le réfrigérateur) les numéros à appeler en cas d'urgence :
- médecin traitant ou pédiatre (notez aussi les adresses) ;
- pompiers (le 18) : en cas d'urgence, ce sont eux que vous devrez appeler en premier ; ils vous enverront au besoin le Samu ou le Smur (le 15) ;
- numéro d'urgence à partir d'un téléphone portable : le 112 ;
- centre antipoison de votre région ;
- un service de médecins de garde du type urgence médicale se déplaçant 24 heures sur 24 ;
- police ou gendarmerie (le 17) : le week-end et jours fériés, ils vous indiqueront les coordonnées des médecins et des pharmaciens de garde ;
- une compagnie de taxis, si vous ne conduisez pas ou si vous devez vous occuper de l'enfant pendant le transport.

> → **Bon à savoir :**
> **le 18, le 15 et le 17 sont gratuits** depuis n'importe quel poste téléphonique.
> Les appels depuis les portables permettent de localiser plus facilement la personne.

→ Que dire ?

Efforcez-vous de garder votre calme et indiquez rapidement :
- votre nom, votre numéro de téléphone (éventuellement, si c'est le cas, le numéro de la cabine téléphonique ou de la borne d'autoroute) et votre localisation ;
- les symptômes du blessé : blessures, perte de connaissance, état apparent) ;
- toutes les précisions sur les conditions de l'accident : le lieu, la nature, etc.
- en cas d'intoxication alimentaire, gardez ce qui a été mangé par l'enfant.

PREMIERS SOINS EN ATTENDANT LES SECOURS
→ Faire un pansement

Il faut toujours bien nettoyer la plaie. Avec des mains propres, enlevez terre, brindilles, petits cailloux. Lavez avec de l'eau, si possible légèrement savonneuse. Désinfectez avec un liquide antiseptique de type chlorhexidine, de l'intérieur de la plaie vers l'extérieur.

S'il y a une hémorragie, faites un pansement compressif avec de la gaze stérile ou bien un linge propre et sec, et maintenez la pression jusqu'à l'arrivée des secours, mais ne posez pas de garrot.

→ Faire un bandage provisoire

Un bandage peut être utile pour maintenir une compresse, arrêter une hémorragie, mettre une attelle ou immobiliser un membre blessé en attendant les secours.

Placez-vous devant l'enfant et commencez à enrouler le membre blessé en partant du dessous de la lésion. Les extrémités des membres (orteils et doigts) doivent être dégagées ; cela vous permettra de vérifier que vous n'avez pas trop serré le bandage. En cas d'hémorragie, faites un pansement compressif sur la plaie, sans faire de garrot.

→ Poser une attelle

Une attelle sur le membre fracturé permet de transporter plus facilement un enfant blessé. Dans la mesure du possible, isolez le membre blessé par une petite épaisseur de textile.

Trouvez un objet long et large (type planche de bois, règle, plusieurs bâtons droits), appliquez l'attelle au-delà des articulations inférieures et supérieures du membre. Fixez ensuite celle-ci par un bandage, une écharpe ou un morceau de tissu.

Pour les doigts et les membres inférieurs, un membre sain peut servir de support au membre blessé. Rapprochez avec précaution les deux doigts, chevilles, jambes. Séparez-les par un objet rigide ou une épaisseur de vêtement. Immobilisez par un bandage en évitant de toucher la fracture ou la blessure.

QUE FAIRE SI VOTRE ENFANT PERD CONNAISSANCE

Votre enfant devient pâle, transpire et tombe à terre sans réagir en perdant conscience pendant un court instant ? Faites appeler immédiatement les secours, ou, si vous êtes seul, faites le dès que vous le pouvez. Ensuite, étendez votre enfant sur le sol, le visage relevé, les jambes légèrement surélevées afin de faciliter le retour du sang vers le cœur. Desserrez tout vêtement qui pourrait le gêner au niveau du cou (écharpe, col roulé) ou du ventre (pantalon à élastique, ceinture, etc.). Aérez la pièce où il se trouve.

Vous pouvez lui appliquer des compresses d'eau froide pour le faire revenir à lui. Après la reprise de conscience, mettez-le en PLS (expliqué ci-après) et laissez-le dans cette position, le temps qu'une équipe médicale le prenne en charge.

→ **Position latérale de sécurité (PLS)**
Cette position est utilisée quand l'enfant est inconscient mais qu'il respire. Le but est d'éviter qu'il ne s'étouffe.
- Une fois l'enfant allongé sur le dos, placez-vous à son côté droit, à genoux, et assurez-vous de l'absence de traumatisme du cou.
- Basculez sa tête en arrière pour libérer les voies respiratoires. Le bras droit qui touche votre genou est placé le long du corps et le bras gauche est replié sur la poitrine. Les jambes sont croisées (la jambe droite par dessus).
- Faites pivoter l'enfant sur lui-même en le tirant par les hanches. Maintenez-le sur le côté gauche en vous aidant de vos genoux pour l'empêcher de rouler.
- Pliez le genou et la jambe droite pour maintenir la position latérale. Étendez le bras droit sur le sol.
- Vérifiez la position de la tête.

- Restez près de l'enfant jusqu'à l'arrivée des secours.

→ **Faire un bouche-à-bouche**
Le bouche-à-bouche est pratiqué lorsque l'enfant a perdu connaissance et qu'il ne respire plus.
- Allongez-le sur une surface plane. Installez-vous perpendiculairement à elle. Dégagez les vêtements qui compriment le torse.
- Basculez la tête en arrière pour libérer les voies respiratoires et vérifiez qu'aucun corps étranger n'encombre la bouche.
- Abaissez la mâchoire inférieure avec votre main. De l'autre, pincez le nez de l'enfant pour éviter que l'air insufflé ne ressorte par les narines.
- Inspirez profondément et soufflez dans la bouche ouverte. S'il s'agit d'un nourrisson, soufflez dans le nez et la bouche. Sa poitrine doit se soulever lorsque vous soufflez : cela montre que la manœuvre est efficace. Recommencez la manœuvre d'une insufflation toutes les trois secondes.
- Après une minute, vérifiez que le cœur bat toujours. Continuez de toute façon le bouche-à-bouche jusqu'à ce que l'enfant respire de nouveau seul. Placez-le ensuite en position latérale de sécurité.
- Si le cœur s'est arrêté de battre, pratiquez en alternance massage cardiaque et bouche-à-bouche jusqu'à l'arrivée des secours.

FAIRE UN MASSAGE CARDIAQUE

On pratique le massage cardiaque sur un blessé qui a perdu connaissance, ne respire plus et dont le cœur s'est arrêté de battre. Il est toujours combiné avec le bouche-à-bouche.

Il faut donc exercer une compression au niveau de la poitrine, cette phase permet au cœur de se vider, puis celle de repos, de se remplir à nouveau de sang. Le bouche-à-bouche insuffle de l'oxygène dans l'organisme. Attention, la technique est différente selon l'âge de l'enfant.

Allongez l'enfant sur le sol. Après avoir pratiqué le bouche-à-bouche et en l'absence de pouls, avec votre doigt, suivez la ligne des côtes pour trouver la pointe du sternum. L'index et le majeur posés à plat (ils servent de repère), placez une main sur le cœur de l'enfant. Recouvrez votre première main avec l'autre et relevez vos doigts, la pression ne devant s'exercer qu'avec les paumes.

Si l'enfant est très jeune (avant 8 ans), n'utilisez qu'une seule main. S'il s'agit d'un nourrisson, servez-vous de vos deux pouces, placés côte à côte.

Commencez à appuyer de manière brève, puis relâchez. Pour trouver le rythme adéquat, comptez à voix haute. Vos mains doivent rester en position sur le sternum.

Alternez une série de 5 compressions avec une insufflation de bouche-à-bouche, cela 10 fois de suite, puis prenez le pouls de la victime ; s'il ne bat pas, recommencez. Quand le cœur commence à battre de nouveau, arrêtez les compressions, mais continuez le bouche-à-bouche. Lorsque la respiration est redevenue normale, placez l'enfant en position latérale de sécurité.

MANŒUVRES EN CAS D'ÉTOUFFEMENT

Un enfant qui s'étouffe se tient la gorge, ses yeux sont écarquillés et son visage devient bleu. Il ne peut plus respirer. Ne tentez pas de sortir l'objet, vous risqueriez de l'enfoncer encore plus, et ne suspendez pas Bébé par les pieds la tête en bas.

Renouvelez la manœuvre 3 ou 4 fois de suite. Si la 4ᵉ tentative est infructueuse, essayez la manœuvre de Heimlich.

→ La manœuvre de Heimlich

Placez-vous derrière l'enfant qui s'étouffe, vos bras autour de sa taille. Un poing sous le sternum, l'autre main par-dessus. Ramenez fermement en arrière vos bras et vos mains vers vous, légèrement vers le haut. Recommencez plusieurs fois si nécessaire.

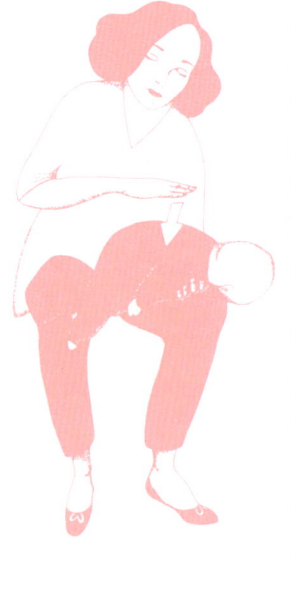

→ En première intention, la manœuvre de Mofenson.

Placez la tête et le cou de l'enfant sur votre avant-bras gauche, supporté par votre cuisse. La tête doit être plus basse que la poitrine. Avec le plat de la paume de main, donnez 4 coups forts et rapides dans le dos de Bébé entre les omoplates.

Si vous ne parvenez toujours pas à expulser l'objet avalé, appelez les secours.

QUELQUES AUTRES CAS D'URGENCE

→ Corps étranger dans l'estomac

Si le corps ingurgité est petit et à contours lisses, et ne présente pas de danger d'intoxication pour votre enfant, ne vous inquiétez pas, il va continuer sa route dans l'intestin et sera éliminé dans les selles sans autres conséquences. S'il est gros ou présente un danger de par sa forme ou sa nature (aiguille ou toxique de type pile bouton), conduisez votre enfant à l'hôpital.

→ Corps étranger dans le nez

Cet accident est assez fréquent dans la petite enfance. Une sensation de gêne, des troubles respiratoires, une impossibilité à se moucher sont les premiers symptômes de la présence d'un corps étranger dans les voies nasales. Si le corps étranger est trop longtemps ignoré, une sécrétion malodorante ou sanguinolente en signale la présence. Ne tentez pas d'extraire l'objet vous-même, allez voir votre pédiatre ou bien le service des urgences hospitalières qui utilisera un matériel adapté.

Fièvre élevée et persistante
Toute fièvre élevée persistante plus de 24 heures, surtout chez le nourrisson, doit être signalée à votre pédiatre. Il décidera ou non de procéder à des examens complémentaires

Gastroentérite
Un tout-petit se déshydrate très rapidement, surtout en cas de gastroentérite. Si celle-ci semble épuiser votre bébé, qu'il semble très abattu ou que la diarrhée et les vomissements sont nombreux et importants, n'attendez pas avant de présenter votre enfant aux urgences.

Le plus souvent, il suffira que les médecins pratique une réhydratation par voie intraveineuse avec une surveillance de quelques heures pour que l'état de votre bébé s'améliore.

Empoisonnement
Si vous suspectez un empoisonnement, appelez sans tarder le centre antipoison de votre région qui vous indiquera la marche à suivre. Ne donnez pas de remède « de grand-mère » qui risquerait d'aggraver son cas plus qu'autre chose.

Récupérez les produits suspects et leur notice comprenant leur composition. S'il s'agit d'un produit toxique tel que déboucheur d'évier (type Destop), surtout ne faites pas vomir votre enfant, car cela irriterait gravement l'œsophage une seconde fois.

Morsure d'animal
Après avoir désinfecté la plaie, consultez toujours un médecin pour évaluer les blessures infligées et panser les plaies. Il prescrira le plus souvent à votre enfant des antibiotiques pour éviter les surinfections. Une suture est le plus souvent déconseillée.

Brûlure
La conduite à tenir dépend de la cause, de l'étendue et de la localisation de la brûlure. En cas de petite brûlure, placer sous l'eau fraîche une dizaine de minutes, puis appliquer une pommade grasse de type Biafine.

Si la brûlure est située au visage, au niveau d'une articulation (genou, coude, cou, etc.), au niveau d'un pli de flexion ou si elle est étendue, il faut consulter un service d'urgence le plus rapidement possible. Déshabillez l'enfant, s'il porte des vêtements en coton. Si ses vêtements sont en textile synthétique, n'y touchez pas. Placez sous l'eau fraîche pendant une dizaine de minutes par-dessus les vêtements qui adhèrent à la peau de l'enfant.

S'il s'agit d'une brûlure profonde par électrocution, appelez les pompiers ou le Samu qui prendront en charge votre enfant.

Chirurgie d'urgence

Dans le chapitre Premiers Jours, nous avons parlé de la chirurgie faite dès la naissance. Dans le chapitre 2 ans (page 290) nous avons évoqué l'hospitalisation de l'enfant. Dans certains cas, votre enfant aura besoin d'une chirurgie en urgence. En voici six exemples.

STÉNOSE DU PYLORE
Les premiers symptômes apparaissent généralement entre le 15e et le 20e jour de vie, alors que l'enfant jusque-là allait très bien, buvait son biberon sans difficulté. L'enfant se met à vomir en jets, juste après le repas, en grande quantité.

Le plus souvent il s'agit d'un garçon, plus rarement d'une fille (la fréquence est triple chez les garçons).

Au début, entre les vomissements, l'enfant ne paraît pas malade, mais il crie beaucoup, tout simplement parce que, vomissant tout ce qu'il boit, il a faim ! Si l'on n'intervient pas immédiatement, son état général va rapidement s'altérer. De tels symptômes, compte tenu de l'existence d'un intervalle libre d'environ 3 semaines entre la naissance et l'apparition des premiers vomissements, évoquent une sténose du pylore et l'appel au pédiatre s'impose d'urgence.

L'examen du petit patient et surtout l'imagerie (échographie et examens radiologiques) confirmeront (ou infirmeront) le diagnostic. Dès lors, une intervention chirurgicale (relativement simple), la section des fibres musculaires du pylore (voir ci-après), est nécessaire dans les plus brefs délais. Les résultats de l'opération sont en règle générale excellents. L'enfant peut reprendre une alimentation normale au bout de quelques heures. Il ne gardera aucune séquelle.

→ En quoi consiste la sténose du pylore ?

Le pylore est un muscle circulaire puissant qui, normalement, s'ouvre et se ferme automatiquement au cours de la digestion pour permettre au contenu de l'estomac de passer dans l'intestin.

Dans la sténose du pylore, ce muscle s'épaissit de manière anormale, progressivement, au cours des trois premières semaines de vie jusqu'à empêcher tout passage du contenu gastrique vers l'intestin. Celui-ci s'accumule donc dans l'estomac, d'où les vomissements.

Le muscle forme une sorte d'olive. Parfois, le pédiatre peut la sentir sous sa main (en examinant l'abdomen), mais elle est visible lors de l'échographie.

INVAGINATION INTESTINALE AIGUË

La première cause d'occlusion intestinale aiguë chez les enfants de moins de 2 ans est l'invagination de l'intestin par laquelle une partie de l'intestin s'introduit en doigt de gant dans la partie voisine, ce qui bloque le passage du bol alimentaire à cet endroit, réalisant ainsi une occlusion.

Un enfant de 5 à 10 mois (le plus souvent un garçon), qui jusque-là allait bien est brusquement pris de douleurs brutales et intenses, qui le font hurler. Il vomit. Très pâle, il a l'air de beaucoup souffrir et d'avoir peur. Puis, quelques minutes plus tard, tout cesse aussi brusquement que cela avait commencé, l'enfant ne pleure plus, ne souffre apparemment plus, mais reste un peu pâle et paraît inquiet. Il refuse généralement de boire. Un quart d'heure plus tard, même tableau, avec des cris redoublés, et ainsi de suite, chaque crise étant espacée d'un quart d'heure à une demi-heure. La présence dans la couche de Bébé d'un filet de sang rouge avec du mucus, constituent des arguments de poids en faveur du diagnostic, mais ils ne sont pas constamment retrouvés. En leur absence, le contraste entre l'intensité et la brièveté des crises d'un côté, et le calme qui les suit, suffit pour évoquer une invagination.

Allez d'urgence à l'hôpital et l'enfant sera admis immédiatement en chirurgie.

À l'hôpital, l'examen échographique en retrouvant le classique « boudin d'invagination », conduit dans la plupart des cas au diagnostic.

La radiologie avec lavement opaque le confirme si un doute persiste. Surtout, elle permet, du fait de la pression exercée dans l'intestin par le lavement, de réduire à elle seule, l'invagination, sans qu'aucune chirurgie ne soit nécessaire. Si c'est le cas, une surveillance de quelques jours s'impose cependant, car une récidive s'observe environ 1 fois sur 10.

Si, en revanche, le lavement opaque ne permet pas de réduire l'invagination, l'intervention chirurgicale sera pratiquée en urgence.

Si le traitement a été assez précoce, l'enfant ne gardera aucune séquelle de son invagination.

HERNIE INGUINALE

Il existe chez le fœtus, au niveau de l'aine, de chaque côté, un canal qui relie la cavité abdominale et le périnée, canal qui normalement s'obture un peu avant la naissance. Ce canal existe chez les garçons comme chez les filles.

→ Chez le garçon,
c'est par ces canaux que les testicules descendent dans les bourses. Il peut arriver qu'ils restent perméables après la naissance. Une anse intestinale peut se glisser dans ce canal et descendre jusque dans l'aine (hernie inguinale) voire le scrotum (hernie inguino-scrotale). On perçoit alors au niveau de l'aine (ou du scrotum) une tuméfaction souple et indolore, qui grossit et durcit quand l'enfant tousse, fait un effort ou pleure.

→ Chez la fille,
c'est l'ovaire qui peut descendre dans le canal, et que l'on peut alors palper sous la forme d'une petite bille au niveau des grandes lèvres (hernie ovarienne).

Si la hernie est douloureuse ou si l'enfant vomit, une intervention chirurgicale s'impose d'urgence car ces symptômes sont ceux d'une occlusion intestinale par « étranglement » de la hernie. En pratique, même en l'absence de symptômes, la hernie inguinale doit être opérée systématiquement, car la survenue d'un étranglement est toujours à craindre, et mieux vaut intervenir à froid qu'en urgence.

La chirurgie est une chirurgie simple et la hernie ne récidive pas.

En cas de hernie ovarienne, l'ovaire doit être réintégré le plus rapidement possible dans la cavité abdominale pour que les ovocytes ne subissent pas de dommages.

APPENDICITE

L'appendice est un petit organe tubulaire accroché à l'intestin dans la fosse iliaque droite. Il n'a apparemment pas d'utilité, mais s'enflamme et s'infecte facilement ; lorsque c'est le cas, une intervention s'impose d'urgence. Le signe principal est une douleur que l'enfant peut situer en dessous et à droite du nombril s'il est en âge de s'exprimer, accompagnée de fièvre mais pas toujours très élevée. Sinon, surtout chez un nourrisson, les symptômes sont peu spécifiques : une fièvre isolée, un tableau de gastroentérite, des pleurs, des vomissements.

Dans tous les cas cependant, l'enfant ressent une douleur vive à la palpation de son ventre, ce qui, associé aux symptômes, suffit pour que l'appel au pédiatre soit immédiat. Le médecin aura recours à des examens biologiques du sang et des urines, pour confirmer le diagnostic et dans le doute, il demandera à revoir l'enfant au bout de 24 heures, ou conseillera une hospitalisation pour observation en milieu chirurgical. Si le diagnostic est confirmé, l'intervention s'impose d'urgence, car si l'on attend trop le risque est celui d'une perforation de l'appendice avec dissémination de l'infection dans le péritoine (péritonite), ce qui constitue une complication grave.

L'opération de l'appendicite est devenue une intervention simple, elle se pratique sous anesthésie générale, soit par une incision classique (mais toute petite), soit, ce qui est de plus en plus fréquent, par cœlioscopie. Celle-ci consiste à introduire à travers la paroi abdominale, un tube en fibre de verre muni d'une caméra (le cœlioscope) et de différents outils permettant l'intervention. Cette dernière est contrôlée visuellement sur un écran vidéo. Dans les deux cas, les suites sont très simples et l'enfant sort rapidement de l'hôpital.

> → **Plus l'enfant est petit, plus le diagnostic d'appendicite est difficile,** mais il faut s'en méfier d'autant plus, que dans cette tranche d'âge, les maux de ventre sont très fréquents en général.

TORSION DU TESTICULE

En fait, on devrait dire « torsion du cordon spermatique », car ce n'est pas le testicule qui se tord, mais le cordon qui le supporte.

La torsion du testicule peut survenir pendant la période néonatale, mais aussi tout au long de l'enfance et à l'adolescence. Elle survient souvent pendant la nuit : l'enfant a mal au niveau de son testicule qui est augmenté de volume et rouge. Parfois il vomit. Il faut alors intervenir d'urgence, même si un doute subsiste quant au diagnostic, car s'il y a réellement torsion du testicule, la circulation sanguine étant interrompue par la torsion, le testicule se nécrose et devient stérile au bout de six heures.

L'intervention consiste à détordre le cordon puis à fixer le testicule dans le scrotum pour éviter la récidive. Il s'agit d'une intervention bénigne et il n'y aura pas de séquelles si elle est pratiquée dans les six heures qui suivent le début de la torsion.

LUXATION DE LA TÊTE DU RADIUS AU NIVEAU DU COUDE

Les circonstances de survenue sont classiques : on tient l'enfant par la main pour traverser la rue par exemple, l'enfant s'oppose parce qu'il ne veut pas, on insiste (même doucement) ou on lui enfile un manteau un peu trop rapidement en tirant le bras vers l'arrière... Ce n'est que plus tard qu'on remarque que l'enfant ne bouge plus son bras qu'il laisse pendre le long de son corps, la paume de la main tournée vers l'arrière. Il n'a pas l'air d'avoir mal. En fait, lors de la traction du bras, la tête du radius s'est luxée hors de son logement ; il n'y a aucune chance pour qu'elle y retourne spontanément. Le pédiatre, par quelques manœuvres, remettra la tête du radius en place et l'enfant retrouvera aussitôt une mobilité normale.

Si cependant on a tardé, muscles et tendons ont pu se rétracter, une très brève anesthésie générale s'impose alors pour réduire la luxation.

Si par la suite la luxation récidive, des radiographies seront nécessaires pour s'assurer qu'il n'existe pas une anomalie anatomique au niveau de la tête radiale.

Comprendre les examens biologiques

Souvent, lorsque vous consultez le médecin parce que votre enfant est malade, celui-ci, après l'avoir examiné, déclare qu'il faut faire des examens pour préciser son diagnostic. Selon le cas, en fonction des symptômes, il y a de fortes chances qu'il demande alors l'un — ou plusieurs — des examens de base suivants.

NUMÉRATION FORMULE SANGUINE (NFS)

C'est l'examen le plus demandé. Il s'agit de la numération des globules rouges, des globules blancs et des plaquettes sanguines. Elle comporte aussi une mesure du taux relatif des différents types de globules blancs. La NFS est souvent demandée par le médecin lorsqu'il suspecte une infection, une anémie ou un trouble de la coagulation du sang et veut préciser son diagnostic.

Lors d'une infection, selon que celle-ci est due à un virus ou à une bactérie, le nombre de globules blancs est diminué ou augmenté, de même que la proportion de l'un ou l'autre type de globules blancs (poly-nucléaires ou lymphocites). Dans une maladie virale, le nombre de globules blancs est le plus souvent abaissé ou normal mais la proportion de lymphocytes est accrue, alors que dans une maladie bactérienne, le nombre de globules blancs est augmenté et les poly-nucléaires dominent.

Dans une anémie, le taux d'hémoglobine et de globules rouges permet d'apprécier l'intensité de celle-ci, selon qu'il est fortement diminué ou non. La taille et la forme des globules rouges sont aussi des données importantes concernant cette anémie (par exemple, dans la drépanocytose).

Le nombre de plaquettes donne quant à lui des renseignements sur la coagulabilité du sang : si leur nombre est abaissé, le risque d'hémorragie s'accroît.

Devant une infection, le médecin demande souvent, conjointement à la NFS, lors de la même prise de sang, deux autres examens sanguins : la VS (vitesse de sédimentation) et la CRP (C Reactiv Protein) qui, toutes deux, indiquent s'il existe un processus inflammatoire au sein de l'organisme et quel est son degré d'intensité. Si au cours d'une infection pulmonaire par exemple, le médecin se demande si cette infection est due à un virus ou à une bactérie, VS et CRP, selon qu'elles seront élevées ou non, orienteront plutôt vers une cause bactérienne (élévation) ou une cause virale. Donc, en croisant les données recueillies par l'examen clinique, la NFS, la VS et la CRP, le médecin arrive à se faire une idée assez précise du diagnostic et peut orienter son traitement : antibiotique si une bactérie est en cause, pas d'antibiotique s'il s'agit d'un virus.

Quand le médecin pense à une infection bactérienne, il demande souvent, outre les examens qui viennent d'être cités, la mise en culture d'un prélèvement au site de l'infection : gorge pour une angine et dans d'autres cas, urines, selles (coproculture), plaie infectée, sécrétions bronchiques... pour mieux cibler son antibiothérapie.

Lorsqu'il suspecte que la bactérie a envahi le sang (septicémie), il demandera une hémoculture (culture du sang). Pour faire une culture, on étale le prélèvement contenant les germes sur un milieu nutritif placé dans une boîte stérile que l'on mettra ensuite à l'étuve. En quelques heures ou jours, le microbe aura développé des colonies visibles sur le milieu ; on dit alors que la culture est positive, l'identité du germe étant précisée par l'examen sous le microscope.

GLYCÉMIE

Lorsqu'un enfant fait un malaise inexpliqué ou s'il paraît fatigué, le médecin peut demander une glycémie (dosage du sucre dans le sang).

Un taux anormalement abaissé peut expliquer un malaise. Un taux anormalement élevé peut aussi expliquer malaise ou fatigue, mais surtout fait rechercher un diabète, car l'hyperglycémie caractérise cette maladie.

IONOGRAMME SANGUIN (DOSAGE DU SODIUM, DU POTASSIUM, DU CHLORE DANS LE SANG)

C'est un examen très utile au cours d'une gastro-entérite pour surveiller une éventuelle déshydratation et ses troubles métaboliques.

EXAMEN CYTOBACTÉRIOLOGIQUE DES URINES (ECBU)

C'est aussi un examen souvent demandé par le médecin, surtout chez les petits, en cas de fièvre inexpliquée. Il consiste à recueillir, de manière stérile, un échantillon d'urines puis à l'examiner au microscope pour compter le nombre de globules blancs et de germes présents. Ensuite les urines sont mises en culture pour identifier le germe responsable de l'infection.

Pour que les résultats de l'ECBU soient fiables, il est indispensable que le prélèvement ait été pratiqué selon un protocole strict, parfois difficile à respecter, surtout chez un bébé.

Il faut en effet commencer par laver et désinfecter soigneusement l'ensemble de la région génito-urinaire et l'abouchement de l'urètre. Ensuite, chez les grands, on recueille les urines dans un flacon stérile après avoir éliminé le premier jet, généralement souillé par la flore de l'urètre. C'est là, pour la mère, une opération qui n'est pas toujours simple.

Chez le plus petit, on applique une poche stérile et l'on attend que Bébé urine dedans. Si, au bout d'une heure, il n'a toujours pas uriné, il faut changer la poche. Ce n'est pas très facile non plus !

COPROCULTURE ET EXAMEN PARASITOLOGIQUE DES SELLES

En présence d'une diarrhée persistante, le médecin peut demander une coproculture et/ou un examen parasitologique des selles. Cela consiste à rechercher des bactéries (salmonelle, shigelle, yersinia...), des virus (rotavirus...) ou des parasites (oxyures, taenia, ascaris, amibes...) souvent à l'origine de troubles digestifs divers.

ANTIBIOGRAMME

Il est toujours le complément d'une culture bactérienne, quel qu'en soit le lieu de prélèvement, si celle-ci est positive. Il consiste à tester sur cette culture toute une gamme d'antibiotiques pour déterminer lequel détruit le plus les colonies, et donc celui qui est le plus actif sur ce germe. Les résultats de l'antibiogramme orienteront le choix thérapeutique du médecin.

QUELQUES RÈGLES GÉNÉRALES :

Si on a prescrit une prise de sang à votre enfant, commencez par appliquer 1 à 2 heures avant la piqûre, au site présumé de celle-ci (que le médecin vous aura désigné), un patch anesthésiant (Emla).

Si votre médecin redemande à deux semaines de distance le même examen biologique, ne vous étonnez pas : cela lui permet de suivre l'évolution de la maladie.

Enfin, devant des résultats d'examens biologiques qui semblent « anormaux », ne vous laissez pas saisir par l'angoisse. Des chiffres ne suffisent pas à eux seuls pour établir un diagnostic. Ils doivent toujours être étudiés dans le contexte de l'examen du patient par le médecin et répétés si besoin. Leur signification peut être très différente selon l'âge, les symptômes ou d'autres paramètres de la maladie.

Fièvre

COMMENT AGIR EN CAS DE FIÈVRE ?

D'abord, bien entendu, vous devez vous assurer que la température ambiante n'est pas en cause (canicule, appartement trop chauffé, enfant trop couvert...) et y remédier si nécessaire. Ensuite, la conduite à tenir dépend de l'âge de l'enfant et des symptômes qui accompagnent la fièvre.

- **Chez un bébé de moins de 3 mois,** la fièvre est rare et sa présence révèle très souvent une affection grave. Il faut faire baisser la température et surtout appeler le médecin en urgence.
- **Quand la fièvre accompagne une éruption,** quel que soit l'âge de l'enfant, vous devez aussi appeler le médecin en urgence. Il peut s'agir d'une maladie éruptive classique (rubéole, varicelle, etc.), mais la possibilité d'une infection grave due au méningocoque ne peut être écartée a priori.
- **Si Bébé pleure et se touche l'oreille,** une otite est probablement en cause. Là encore, il faut faire baisser la température et appeler le médecin.
- **Si Bébé tousse et a le nez qui coule,** sans pour autant présenter de gêne respiratoire, on peut penser à une rhinopharyngite ou à une grippe. Faites baisser la température ; si au bout de 24 heures l'état de l'enfant ne s'est pas amélioré, s'il commence à être essoufflé ou si une éruption apparaît, il faut appeler le médecin.

- **Si Bébé tousse et présente une gêne** respiratoire avec une respiration sifflante, cela peut être dû à une bronchiolite : vous devez appeler le médecin immédiatement.
- **Si Bébé vomit,** si malgré sa fièvre il semble bien se porter, il est peut-être atteint d'une maladie à virus, mais il peut aussi s'agir d'une méningite... Appelez le médecin immédiatement.
- **Si Bébé vomit, mais a aussi la diarrhée,** il est probablement atteint de gastroentérite, il faut donc appeler le médecin dans la journée ; en attendant, donnez-lui à boire pour prévenir la déshydratation.
- **Si Bébé a l'air de souffrir** quand il mange des solides et les refuse, il souffre sans doute d'une angine. Faites baisser la température et appelez un médecin dans la journée si les symptômes ne s'atténuent pas.

CONVULSIONS FÉBRILES, COMMENT FAIRE BAISSER LA FIÈVRE

Dans la grande majorité des cas, chez un enfant âgé de 6 mois à 5 ans environ, les convulsions sont liées à la fièvre, quelle qu'en soit la raison. La crise survient souvent au cours d'une hausse rapide de la température à un niveau élevé.

Brusquement, l'enfant se raidit, ses yeux se révulsent, sa respiration s'interrompt pendant quelques secondes, puis son corps est animé de secousses rythmées pendant 2 à 3 minutes. Puis il s'endort. Il se réveillera ensuite comme si de rien n'était. Aussi spectaculaire qu'elle paraisse, la crise dure généralement moins de 5 minutes. Elle est sans gravité, ne laissant pas de séquelles. Pendant la crise, contentez-vous de mettre l'enfant en PLS (voir « Urgences, premiers soins et manœuvres » p. 378) dans son lit ou sur vos genoux. Faites baisser la fièvre en le déshabillant, en l'enveloppant de linge humide et en lui donnant des médicaments contre la fièvre par voie rectale. Surtout, durant la crise, n'essayez pas d'intervenir (chiffon entre les dents, bouche-à-bouche, tentatives pour le faire vomir ou contenir les secousses spasmodiques, etc.), même s'il vous est pénible de ne rien pouvoir faire, car vous risqueriez de faire plus de mal que de bien ! Si cette crise est la première, l'enfant devra être hospitalisé aussi vite que possible une fois la crise terminée, afin d'éliminer la possibilité de causes plus graves de convulsions (méningite, épilepsie, tumeur).

Que faire en cas de vomissements ?

Si votre enfant vomit, selon le contexte dans lequel surviennent ces vomissements, les causes peuvent être très diverses et nécessiter une consultation en urgence.

- **Si un bébé de moins de 1 an,** qui semble aller bien et conserve un bon appétit, régurgite en grande quantité après les repas, on pense d'abord au reflux gastro-œsophagien, très fréquent à cet âge. Vous devez appeler le médecin rapidement, pour qu'il traite les régurgitations et s'assure si besoin par des examens que ce reflux ne provoque pas de lésions d'œsophagites.
- **Si votre bébé, âgé de moins de 2 mois,** vomit systématiquement après les repas, il peut s'agir d'une sténose du pylore (voir « Chirurgie d'urgence » p. 381), et il est indispensable d'appeler le médecin dans la journée, car une chirurgie est nécessaire au plus tôt, l'enfant risquant très rapidement déshydratation et dénutrition.
- **Si votre bébé, âgé de 5 à 9 mois environ,** et qui jusque-là se portait bien, se met à vomir un liquide bilieux jaune vert, en même temps qu'apparaissent de violentes douleurs, on doit penser à une invagination intestinale ou à une autre cause d'occlusion (hernie inguinale étranglée). On doit l'hospitaliser d'urgence et surtout ne rien lui donner à manger ou boire avant, car une chirurgie peut s'imposer dans les plus brefs délais (voir « Chirurgie d'urgence » p. 381).
- **Si votre bébé vomit en même temps qu'il a une diarrhée,** il est très probablement atteint de gastroentérite. Vous devez d'emblée lui faire boire beaucoup de soluté de réhydratation et appeler le médecin rapidement. Le risque est en effet la déshydratation (voir ci-après).
- **Si votre bébé vomit brusquement,** en jet, s'il a l'air malade, abattu, n'a pas faim, refuse de boire, on peut craindre une méningite. Vous devez appeler le médecin en urgence.
- **Si votre bébé vomit à la suite de quintes de toux,** présente une gêne respiratoire, avec une respiration sifflante, on pensera d'abord à la bronchiolite (voir p. 116) du fait de sa fréquence (en hiver essentiellement) ou plus rarement à la coqueluche. Il vous faut appeler le médecin dans

la journée. Il prescrira éventuellement des médicaments dilatateurs des bronches ou des corticoïdes, mais surtout une kinésithérapie respiratoire. En attendant, pour aider l'enfant à respirer, il faut lui dégager les voies aériennes en aspirant les mucosités avec un mouche-bébé, puis l'installer dans son transat.

PRÉVENIR LA DÉSHYDRATATION

La déshydratation est une perte d'eau importante, mais en même temps une perte de sels minéraux (sodium, potassium). Elle s'observe lors des diarrhées aiguës (gastroentérites) surtout quand elles sont accompagnées de vomissements. Elle est d'autant plus à redouter que l'enfant a de la fièvre, que la température ambiante, du fait d'une canicule ou d'un appartement trop chauffé, est très élevée et que l'enfant transpire. Les enfants, surtout les bébés, sont beaucoup plus exposés que les adultes à la déshydratation. On doit donc y penser toujours et la craindre chez un jeune enfant, dans de telles circonstances.

Pour la prévenir, vous devez commencer par faire baisser la température de l'environnement et celle de l'enfant, puis arrêter toute alimentation lactée (sauf chez le bébé au sein) et la remplacer pendant 6 heures par du soluté de réhydratation par voie orale (SRO, soluté contenant de l'eau du sucre et des sels minéraux, 1 sachet pour 200 ml d'eau, qui s'achète en pharmacie), à donner régulièrement (toutes les demi-heures) à volonté. Si, au bout de 6 heures environ, la diarrhée et surtout les vomissements persistent, le médecin doit être appelé immédiatement, a fortiori si apparaissent des signes de déshydratation.

Les premiers signes objectifs d'une déshydratation sont : lèvres et langue sèches, yeux creux, somnolence, pâleur et perte brutale de poids. Si cette perte de poids est de 6 % soyez vigilant, si elle est de 10 %, une hospitalisation s'impose.

Reflux

Les problèmes de reflux et de régurgitations sont fréquents chez les nourrissons : jusqu'à 40 % des bébés en souffriraient et près de 100 % des prématurés.

Ces motifs très fréquents de consultation chez le pédiatre inquiètent souvent les parents (voir p. 86).

QU'EST-CE QU'UN REFLUX ?

Il s'agit d'un dysfonctionnement du bas œsophage. Lors de reflux, ce sphincter est défaillant, provoquant des remontées de liquide gastrique acide au cours de vomissements. Avec le temps, du fait de leur répétition, ces vomissements acides deviennent très douloureux pour le bébé. Il faut bien savoir que toute régurgitation chez le nourrisson n'est pas obligatoirement un reflux gastroœsophagien ; il peut en effet s'agir le plus souvent d'un simple rejet accompagnant un rot. Dans ce cas, cela n'a aucune conséquence sur la prise de poids de Bébé ou sur son appétit, et surtout ce n'est pas douloureux. À l'inverse, des vomissements en jets abondants, à distance des repas, doivent alerter les parents. Très vite, ils altèrent la bonne humeur de Bébé, car les remontées acides lèsent la paroi de l'œsophage, provoquent une œsophagite, et sont très douloureuses.

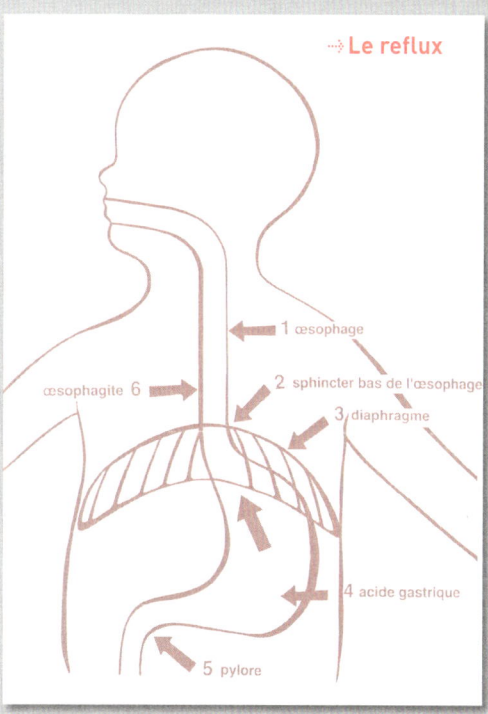

→ Le reflux
1 œsophage
2 sphincter bas de l'œsophage
3 diaphragme
œsophagite 6
4 acide gastrique
5 pylore

QUE FAIRE EN CAS DE REFLUX ?

Les régurgitations dites bénignes sont traitées par votre pédiatre tout simplement par des mesures diététiques : il suffit de donner à Bébé un lait antireflux, épaissi avec de l'amidon de maïs, de pomme de terre, de riz qui permettent d'avoir des selles compactes, ou bien avec de la caroube qui donne des selles plus liquides.

Il faut également veiller à ce que Bébé soit en position aussi droite que possible lors de la prise de son biberon et qu'il reste bien au calme pendant et après son repas. Veillez également à ce que sa couche ne soit pas trop serrée ou qu'aucun vêtement ne comprime son ventre. Pensez à le changer en douceur, sans trop relever ses jambes. La tétine doit être réglée sur un débit adéquat (ni trop rapide ni trop lent). Ne forcez pas Bébé à finir son biberon, le trop-plein risquant en effet de ressortir aussi vite ! Pour donner la bonne quantité, faites confiance à votre bébé !

Pour des reflux plus importants et surtout douloureux, votre pédiatre pourra vous prescrire des médicaments qui permettront de faciliter la vidange gastrique, des pansements gastriques avant et/ou après les repas pour protéger la muqueuse de l'œsophage que des remontées acides trop fréquentes risquent d'abîmer. Il prescrira selon l'évolution des médicaments contre l'acidité et la douleur. Faites dormir votre bébé légérement relevé (30°).

Le but du traitement n'est pas d'empêcher les remontées, mais d'éviter les douleurs d'œsophagite et surtout les complications secondaires du reflux à savoir une mauvaise prise de poids, des problèmes ORL de type otites à répétition ou pathologies bronchopulmonaires, des bronchites à répétition, de l'asthme.

Allergies : causes et prévention

Chez l'enfant, le risque d'allergie est de 20 % lorsqu'aucun des deux parents n'est allergique, de 40 % lorsqu'un des parents est allergique et atteint 60 % lorsque les deux parents sont atopiques.

QU'EST-CE QU'UNE ALLERGIE ?

Plus de 1 enfant sur 10 présente un terrain allergique aujourd'hui en France et cette proportion ne cesse de progresser en raison de divers facteurs environnementaux et alimentaires notamment.

Certains enfants présentent un terrain dit « atopique ». L'atopie est une prédisposition génétique à produire des anticorps de la classe des IgE (immunoglobulines E) contre certains allergènes de l'environnement qui entrent en contact avec l'organisme de l'enfant de façon naturelle par les voies respiratoire, digestive ou cutanée.

L'allergie est une réaction de l'organisme à ces allergènes. L'organisme produit des IgE qui entrent en contact avec l'allergène et se fixent sur les cellules mastocytes qui éclatent en libérant des substances (histamines) cela déclenchent alors les symptômes — plus ou moins graves et prononcés — de l'allergie.

On reconnaît trois principales catégories d'allergies chez l'enfant : allergie respiratoire, allergie alimentaire et allergie cutanée.

ALLERGIES RESPIRATOIRES
→ **Symptômes**

La rhinite allergique ou « rhume des foins » se traduit par un nez bouché, les yeux qui pleurent, des démangeaisons. Souvent, de l'asthme vient compliquer ces symptômes lorsque l'enfant grandit. La rhinite allergique est responsable d'une véritable altération de la qualité de vie chez l'enfant, l'adolescent, puis l'adulte, occasionnant somnolence, difficulté de concentration, etc., surtout au printemps et au début de l'été, périodes notamment des examens scolaires.

Une prise en charge et une gestion globale précoces par un médecin allergologue de la rhinite allergique sont donc indispensables, les traitements étant en effet très efficaces (antihistaminiques, voire corticoïdes par voie nasale ou générale pour les cas importants) et, dans certains cas, une désensibilisation spécifique permet de réduire les symptômes et surtout d'éviter le risque de développement ultérieur d'asthme.

→ **Causes**

Outre un terrain génétique favorable, les allergies respiratoires sont provoquées essentiellement par des substances en suspension dans l'air soit de façon continue (acariens, moisissures, poils et squames d'animaux (surtout de chat) retrouvés dans 9 cas sur 10) soit de façon saisonnière au printemps notamment (pollens, graminés...). Dans le déclenchement de ces allergies respiratoires chez l'enfant de moins de 2 ans interviennent des facteurs environnementaux tels que la pollution atmosphérique et surout le tabagisme passif.

Notre changement de mode de vie au fil des années serait également un facteur aggravant dans l'apparition de ces cas d'allergies respiratoires : mobilité géographique vers des régions riches en pollens, manque d'aération de nos lieux de vie, pollution, stress, déséquilibres alimentaires provoquant des carences en vitamines et/ou obésité.

→ **Prévention**
Pour prévenir l'apparition d'allergies respiratoires et/ou les traiter au mieux dès leur survenue, un bilan avec le médecin est indispensable lors de la grossesse. Si les deux parents présentent un terrain allergique, il fera des recommandations simples et efficaces : ne pas fumer pendant la grossesse, éviter certains produits chimiques contenus dans des peintures ou produits domestiques, interdiction de fumer dans la maison, aérer souvent la maison, opérer une diversification alimentaire adaptée, ne pas adopter d'animaux, opter pour les jouets lavables et éviter la multiplication des peluches (« nids à acariens »), etc.

Il a également été observé que les allergies étaient moins fréquentes chez les enfants ayant eu des infections au cours de leurs premières semaines/premiers mois de vie ; par exemple les enfants gardés en crèche présenteraient notamment plus d'infections, mais moins d'allergies, tandis que les prématurés auraient une plus grande prédisposition à l'asthme. La grossesse influerait également sur l'apparition d'allergies selon la prise d'hormones ou de médicaments par la future maman. Les médecins recommandent l'allaitement maternel, qui aurait un rôle protecteur vis-à-vis de l'allergie chez l'enfant.

ALLERGIES ALIMENTAIRES
Les allergies alimentaires sont, elles aussi, en forte progression en France : 10 % des enfants seraient touchés, avec une fréquence doublée en 5 ans. Le nombre d'allergies sévères avec symptômes associés (choc anaphylactique) aurait tendance à augmenter (mais sont heureusement encore rares).

→ **Symptômes**
Les manifestations des allergies alimentaires sont nombreuses. Elles surviennent en général assez rapidement après l'ingestion de l'aliment responsable (entre quelques secondes et quelques heures). Les symptômes sont le plus souvent modérés (urticaire localisé autour de la bouche ou sur tout le corps) et plus rarement sévère, avec survenue d'un œdème de Quincke ou exceptionnellement d'un choc anaphylactique.

On peut observer d'autres manifestations chez l'enfant telles que nausées, vomissements, diarrhées, douleurs abdominales, coliques, constipation, insomnie, etc.

→ **Causes**
Outre une prédisposition génétique d'origine familiale, de nombreux facteurs dits environnementaux seraient responsables de l'augmentation inquiétante des allergies alimentaires. On a pu noter, ces dernières décennies, une modification importante de nos habitudes alimentaires : nous mangeons plus souvent des plats dits exotiques (au restaurant, mais aussi en achetant des fruits ou des plats exotiques au supermarché), de nouvelles protéines dites « exhaustives de goût » colorants et/ou conservateurs et nouveaux ingrédients ont fait leur apparition dans l'industrie agroalimentaire, ces plats ont subi des nouveaux modes de préparation et de conservation, la fréquentation des fast-foods a nettement augmenté, etc.

Chez certains enfants, la diversification alimentaire trop précoce, alors que les systèmes digestif et immunitaire ne sont pas encore matures, pourrait aussi jouer un rôle dans l'apparition d'allergies alimentaires.

→ **Quels aliments sont concernés ?**
On retrouve le plus souvent une vingtaine d'aliments, certains allergènes étant responsables de 90 % des cas d'allergies : œufs, poissons de mer, cacahuètes ou arachides, noisettes et autres drupacées (amande, noix, abricot, cerise, coing, pêche, poire, pomme, prune, olives), lait de vache, céleri-rave (et également sel de céleri) et autres ombellifères (anis, angélique, carotte, cerfeuil, coriandre, cumin, fenouil, persil, poivre vert), crustacés (araignée de mer, crabe, crevette, écrevisse, langouste, langoustine, homard).

Dans les 10 % restants, on trouve : fruits exotiques (ananas, banane, fruit de la passion, kaki, kiwi, litchi, mangue, noix de coco, papaye), légumineuses (fèves, haricots, pois, pois chiche, soja), farine de blé, moule, bœuf, pomme de terre, poulet, porc, moutarde.

D'autres allergènes sont exceptionnels tels que : ail, agneau, calamar, café, chocolat, ciboulette, levure de boulanger, pistache, radis, tomate, etc.

Avant l'âge de 1 an, les principaux allergènes sont le lait de vache, l'œuf et l'arachide. Entre 1 et 3 ans, les principaux allergènes sont l'œuf (31 %), l'arachide (18 %), le lait de vache (12,5 %), le poisson (12,5 %), l'huile d'arachide, la moutarde.

Plus de la moitié des enfants présentant une allergie alimentaire sont allergiques à plusieurs aliments, comme le lait de vache, les œufs, l'arachide.

Il faut noter que près de 20 % des enfants allergiques au lait de vache risquent de développer d'autres allergies alimentaires, 40 % environ un asthme et 30 % une rhinite allergique.

L'allergie à l'œuf guérit spontanément vers 4 ans dans plus de 60 % des cas, à la condition indispensable d'avoir strictement évité les œufs.

L'allergie aux protéines du lait de vache guérit souvent entre 2 et 5 ans si l'éviction a été bien réalisée, l'allergie à l'arachide étant en général irréversible.

→ **Prévention**

On recommande aux jeunes mamans d'allaiter le plus longtemps possible afin d'éviter l'apparition d'allergies alimentaires. La diversification alimentaire ne doit également pas se faire trop tôt, et toujours avec les conseils de votre pédiatre, surtout en cas de prédisposition familiale.

Une fois le diagnostic et le traitement établis par le médecin allergologue, il convient de prévenir l'apparition de nouvelles allergies et d'éviter toute exposition à un allergène alimentaire avéré. La tenue d'un journal alimentaire de l'enfant est une aide utile à la famille, mais aussi au médecin pour mieux comprendre la survenue de nouveaux problèmes, et surveiller l'équilibre alimentaire de l'enfant. Un enfant allergique doit en effet apprendre à connaître et reconnaître tous les aliments qu'il peut consommer ou non, et ses parents doivent apprendre à lire les étiquettes, ce qui n'est pas toujours simple, car l'industrie alimentaire utilise de nombreux ingrédients et composés, pas toujours clairement identifiés : ce sont ces allergènes dits « masqués » qui sont souvent difficiles à repérer en cas d'allergie. Soyez aussi vigilant avec des produits autres qu'alimentaires. En effet, certains shampooings ou vaccins (fièvre jaune, grippe, rougeole-oreillons-rubéole) peuvent par exemple contenir des protéines d'œuf.

L'éviction absolue de l'aliment responsable doit être pratiquée même si cela n'est pas simple en pratique et au quotidien : à l'école (même si un programme national adapté a été instauré), chez des petits copains, en vacances, etc.

L'aide d'un diététicien permet d'éviter toute carence nutritionnelle lorsque l'aliment en question doit être remplacé (œufs, lait notamment).

La prise d'aspirine ou d'un anti-inflammatoire non stéroïdien peut aggraver les symptômes d'une allergie alimentaire chez l'enfant : ils sont donc à éviter, surtout avant les repas.

→ **Pour en savoir plus**
Le réseau allergo-vigilance
http://www. cicbaa.com.
Il s'agit d'un réseau qui regroupe des allergologues libéraux ou hospitaliers qui répertorient toutes les allergies alimentaires par l'intermédiaire du Cercle d'investigation clinique et biologique en allergies alimentaires (CICBAA).
Ce réseau s'est fixé trois objectifs essentiels : déceler les cas d'allergies graves voire mortelles, obtenir des données précises sur l'évolution des cas d'allergies alimentaires dans la population infantile et adulte et évaluer de façon permanente le risque d'allergie des aliments nouveaux, en collaboration avec l'Agence française de sécurité sanitaire des aliments.
Pour recevoir toutes les nouvelles alertes et informations, il est possible de s'abonner à la liste de diffusion du réseau.

→ **Conseils**
Tous les conseils au quotidien pour alimenter un enfant allergique à la maison et à l'école : http://www.afpral.asso.fr

ALLERGIES DE CONTACT

La peau et les muqueuses en contact avec le milieu environnant peuvent être exposées à des allergènes. En cas de sensibilité, différentes formes d'allergies dites « de contact » peuvent être observées : urticaire, eczéma, dermatite atopique, photoallergie ou allergie médicamenteuse. Ces allergies sont en constante progression depuis quelques années : plus de 1 enfant sur 10 serait concerné.

→ Symptômes

• **La dermite atopique, appelée aussi eczéma atopique,** est une inflammation de la peau qui se manifeste par une sécheresse cutanée excessive. Elle touche généralement les nourrissons. Le traitement consiste à appliquer 2 fois par jour une crème hydratante associée, si besoin, à des corticoïdes locaux. La prise d'antihistaminiques et de corticoïdes est réservée dans les cas d'allergie résistante.

• **L'urticaire** est une réaction inflammatoire de la peau qui se traduit par une éruption cutanée évoquant des piqûres d'ortie, avec rougeur, chaleur, gonflement et démangeaisons localisées ou étendues. Des urticaires de contact apparaissent à la suite d'une sensibilisation au latex, à des produits capillaires ou cosmétiques ou à des produits industriels.

• **L'œdème de Quincke** est une forme particulière d'urticaire qui se produit dans les tissus sous la peau au niveau du visage, avec des gonflements parfois impressionnants. Il doit être traité rapidement par un médecin pour éviter le gonflement au niveau de la gorge, risquant d'entraîner des difficultés respiratoires.

→ Causes

Il n'est pas facile de trouver l'origine des poussées d'urticaire aiguës chez l'enfant. Les médicaments (amoxicilline, céphalosporine, aspirine...) et aliments, produits industriels et/ou chimiques en sont souvent la cause, ainsi que certaines infections virales ou bactériennes.

> → **Attention** également aux chenilles, poils d'animaux, venin d'abeille et de guêpe, orties, méduses, etc. pouvant provoquer des réactions allergiques cutanées.

→ Prévention

Lorsqu'une allergie a clairement été identifiée, il est capital d'en éliminer autant que possible le contact ou l'absorption.

Chez un enfant prédisposé, les produits cosmétiques et d'hygiène utilisés doivent porter la mention « hypoallergénique ».

Maladies respiratoires

BRONCHITE

Il s'agit d'une inflammation des bronches. Chez l'enfant, elle est le plus souvent aiguë, rarement chronique. Son origine est en général virale, bactérienne ou liée à un agent toxique inhalé par exemple.

Dans un premier temps, le virus (ou la bactérie) pénètre dans les bronches et provoque une réaction inflammatoire de la muqueuse bronchique, provoquant une toux d'irritation (toux sèche). Dans un second temps, la toux devient grasse. Une bactérie peut venir ensuite surinfecter la bronchite virale.

La plupart du temps, la bronchite ne présente aucun caractère de gravité et guérit spontanément. Il est conseillé d'humidifier l'atmosphère de la chambre. D'emblée, si l'enfant paraît très gêné pour respirer ou si la fièvre est élevée (39 °C), on fera appel au médecin ; de même que si, après 48 heures, les symptômes, même modérés, ne sont pas améliorés. Il prescrira ou non des antibiotiques et éventuellement une radiographie pulmonaire.

PNEUMONIE

Elle est rare et apparaît parfois comme la complication d'un rhume, survenant quelques jours après le début de celui-ci, de manière brutale, se manifestant par l'apparition soudaine d'une fièvre élevée accompagnée de vomissements, d'une respiration rapide et superficielle avec pâleur, cyanose (mais la toux n'est pas toujours présente) et d'un malaise général. On constate parfois d'emblée une détresse respiratoire. La pneumonie peut être due à une bactérie (le plus souvent le pneumocoque), elle peut être aussi mixte, à la fois virale et bactérienne, et peut compliquer certaines maladies (varicelle, rougeole). Sa survenue est souvent favorisée par un état passager de baisse des défenses immunitaires. Devant des signes de détresse respiratoire, le médecin doit être appelé immédiatement, voire le Samu.

Une radiographie pulmonaire sera prescrite qui révélera le plus souvent les lésions. Des examens sanguins et un ECBC (examen cytobactériologique des crachats) peuvent orienter vers le diagnostic du germe en cause. Une antibiothérapie sera prescrite systématiquement d'emblée. Une oxygénothérapie et une assistance respiratoire sont parfois nécessaires. Avec un traitement adapté et bien suivi, l'évolution se fait vers la guérison sans séquelle en 5 à 6 jours, mais une surveillance s'impose pendant environ 2 semaines et une radiologie de contrôle sera prévue un mois après.

BRONCHIOLITE
La bronchiolite (voir p. 116) est très contagieuse, surtout chez le nourrisson de 2 à 9 mois (30 % des nourrissons seraient touchés chaque hiver). Il s'agit d'une infection virale respiratoire des bronchioles, petites ramifications des bronches.

Le plus souvent, le virus responsable de la bronchiolite est le VRS (virus respiratoire syncytial). Il se transmet d'un individu à l'autre par des minuscules gouttelettes expulsées lors de la toux et de l'éternuement ou indirectement par l'intermédiaire des mains ou d'objets contaminés.

→ **Symptômes**
La bronchiolite se manifeste par une fièvre, parfois un changement de comportement, une gêne respiratoire importante occasionnant des troubles alimentaires (peu d'appétit, vomissements dus aux quintes de toux) et une grande fatigue. Cette gêne respiratoire peut évoluer vers une détresse respiratoire, voire une déshydratation nécessitant une hospitalisation pour passer ce cap difficile.

Dans la grande majorité des cas, la bronchiolite évolue favorablement avec un traitement reposant sur la kinésithérapie respiratoire, dont le but est d'aider l'enfant à expectorer, c'est-à-dire se débarrasser de ses sécrétions bronchiques : une pression exercée sur le thorax et l'abdomen en phase expiratoire permet d'amener les sécrétions dans la trachée, puis une pression sur la trachée provoque un réflexe de toux et permet de les faire remonter dans la bouche. Une désobstruction des narines à l'aide de sérum physiologique est souvent utile. Dans certains cas, le médecin prescrit des bronchodilatateurs, et si nécessaire de la cortisone. Quant aux antibiotiques, ils ne sont prescrits que si une surinfection bactérienne vient aggraver la bronchiolite.

Pour éviter les contaminations en période d'épidémie, il faut respecter quelques règles d'hygiène simples : se laver soigneusement les mains à l'eau et au savon avant de manipuler un nourrisson, ne pas embrasser les nourrissons sur le visage, aérer les pièces, ne pas sortir les tout-petits dans des lieux trop fréquentés ou confinés (transports en commun, grandes surfaces), ne pas échanger les tétines ou les cuillères d'un enfant à l'autre, ne pas fumer en présence d'un bébé.

Maladies ORL

**Rhinopharyngite, otite, laryngite et angine épargnent peu de nourrissons et d'enfants à l'approche de l'hiver, surtout en milieu citadin. Avec près de 12 millions de consultations chaque année, la rhinopharyngite est la plus fréquente, suivie des otites moyennes aiguës, des angines et des laryngites.
La plupart de ces maladies de la sphère ORL (oto-rhino-laryngée) ont une origine virale et ne nécessitent donc pas de traitement antibiotique en première intention.**

RHINOPHARYNGITE
Il s'agit d'une inflammation du rhinopharynx qui est l'antichambre du pharynx, le carrefour entre les voies aériennes et digestives (œsophage). Le rhinopharynx est particulièrement sensible aux microbes (virus et bactéries), mais aussi aux variations de température, d'atmosphère (polluée ou enfumée par le tabac notamment). Elle touche le plus souvent les enfants entre 6 mois et 8 ans dont le système immunitaire n'est pas encore mature.

→ **Symptômes**
Un écoulement permanent et parfois purulent (jaune) dans le fond de la gorge ou par le nez. Parfois, l'enfant a de la fièvre (entre 38,5 °C et 40 °C),

il dort mal et refuse de s'alimenter. Il peut également tousser, et la rhinopharyngite peut se compliquer d'une bronchite.

La rhinopharyngite est virale dans la majorité des cas et ne nécessite donc pas de traitement antibiotique, mais un simple traitement par spray nasal, associé ou non à des produits désinfectants locaux. Elle guérit spontanément en 7 à 10 jours.

OTITE

Il s'agit d'une affection très fréquente chez l'enfant de moins de 3 ans, surtout en cas de tabagisme passif (le risque d'otite séreuse est alors augmenté de 40 %).

L'otite survient à l'occasion d'un rhume d'origine virale (rhinite), lorsque le nez s'encombre et que le canal (la trompe d'Eustache) qui fait le lien entre l'oreille moyenne et la région nasale postérieure se bouche. Les sécrétions s'accumulent alors dans le conduit, font pression sur le tympan qui s'enflamme, se tend, provoquant des douleurs intenses (le tympan peut éventuellement se bomber et parfois même se perforer, c'est alors une otite perforée). Une fois que l'otite est guérie, il faut s'assurer qu'elle n'a pas évolué en otite séreuse qui peut être source de problème d'audition. Un examen médical est nécessaire pour s'en assurer, avec un contrôle de l'audition.

Il faut savoir également que la présence de végétations hypertrophiées dans l'arrière-nez de l'enfant favorise la stagnation des sécrétions dans la trompe d'Eustache, provoquant alors des otites séreuses non douloureuses. Elles risquent de causer une baisse de l'audition si malgrès un traitement médical, elles persistent. Un traitement chirurgical avec ablation de ces végétations et éventuellement pose d'aérateurs transtympaniques (ou « yoyos ») pourra être envisagé pour supprimer la cause de l'otite séreuse et rétablir la perméabilité de la trompe d'Eustache. Dans ce cas, l'enfant porteur de « yoyos » ne devra pas mettre la tête sous l'eau, ni dans le bain ni à la piscine.

⇾ Prévention

Pour prévenir les otites, il faut éviter bien entendu le tabagisme passif, et aérer souvent les pièces de la maison. Un allaitement maternel jusqu'à 5 ou 6 mois préviendrait également l'apparition et la répétition de ces otites.

Pour soigner l'otite non perforée, un traitement local (gouttes auriculaires) est en général suffisant, associé à des anti-inflammatoires. Lors de surinfection, un traitement antibiotique peut être prescrit. Il faut bien respecter la durée du traitement et ne pas l'interrompre trop tôt, même si les douleurs ont disparu. Si la douleur persiste et que le tympan est bombé, le médecin peut également pratiquer une paracentèse (perforation médicale du tympan heureusement de plus en plus rare) permettant d'évacuer les sécrétions purulentes et ainsi soulager la douleur. En cas de récidives, on suspectera un reflux ou une allergie et on recherchera une anémie.

LARYNGITE

Il s'agit d'une inflammation du larynx. Le larynx est le conduit dans l'arrière-gorge qui précède la trachée. Il contient les cordes vocales et l'épiglotte, une sorte de clapet qui se ferme lorsque les aliments sont avalés (ils passent alors dans l'œsophage). Les symptômes sont impressionnants et surviennent souvent en pleine nuit, vers 3 heures du matin. Une toux rauque (dite « de phoque ») pouvant s'accompagner d'une gêne respiratoire, d'un mal de gorge et parfois d'une fièvre.

Les laryngites sont le plus souvent d'origine virale, mais parfois compliquées de surinfections bactériennes. Ne pas les confondre avec les épiglottites, plus rares et plus dangereuses et nécessitant une hospitalisation. Elles sont devenues moins fréquentes depuis que l'on vaccine contre l'hémophilus influenzae, germe le plus souvent responsable de l'épiglottite.

Le traitement de la laryngite est simple : dans un premier temps, il faut faire asseoir l'enfant sans s'affoler et créer une atmosphère humide et chaude pour calmer la douleur. Le mieux est de s'installer dans la salle de bain en laissant couler la douche chaude pour produire de la vapeur. Pour diminuer la gêne respiratoire et réduire l'œdème de la muqueuse du larynx, on prescrit des anti-inflammatoires (corticoïdes) et en cas de surinfection, on administre des antibiotiques.

ANGINE

Il s'agit d'une infection aiguë de la gorge qui provoque une inflammation responsable de la douleur, surtout lors de la déglutition. L'angine est fréquente chez l'enfant à partir de 3 ans et chez l'adolescent, elle est le plus souvent virale, mais elle peut parfois être bactérienne.

Les angines érythémateuses (dites rouges) et érythémato-pultacées (dites angines blanches) sont les plus fréquentes chez l'enfant. Les symptômes sont une gorge irritée, une déglutition douloureuse, des maux de tête, des courbatures, des frissons et souvent de la fièvre. Parfois, les ganglions sont enflés au niveau du cou et sous le menton. Les origines de l'angine sont diverses.

Le traitement est en général symptomatique pour lutter contre la fièvre et la douleur. Les angines guérissent le plus souvent spontanément. Les antibiotiques ne sont souvent pas nécessaires en première intention. Les angines bactériennes (dues à des staphylocoques ou à des streptocoques) sont plus rares. Un test (le test de diagnostic rapide ou TDR) permet de repérer les angines streptococciques rapidement. Un traitement antibiotique est alors entrepris pour éviter les complications.

Lorsque les angines récidivent trop souvent, on peut envisager une amygdalectomie (ablation des amygdales).

Maladies éruptives

ROUGEOLE
Maladie d'origine virale, très contagieuse et le plus souvent bénigne, la rougeole est devenue rare depuis l'avènement du vaccin (voir « Le calendrier vaccinal » p. 377).

La maladie survient 10 jours environ après la contamination. Au début, l'enfant a environ 39 °C de fièvre, son nez coule, il tousse beaucoup, sa toux est rauque, il a les yeux rouges et larmoyants et il est grognon. Au cours des 4 jours qui suivent l'apparition des symptômes, si vous remarquez, à l'intérieur de ses joues, des petits points blancs (signe de Köplick), vous pouvez être certains qu'il s'agit bien de la rougeole.

Après 3 à 4 jours apparaît l'éruption : des taches rouges sur le visage, puis sur tout le corps, qui disparaîtront en même temps que la fièvre baissera. Il s'écoulera environ une semaine de l'apparition du premier symptôme à celle du dernier.

L'enfant est contagieux 3 jours avant les premiers symptômes jusqu'à 5 jours après le début de l'éruption. Pendant toute cette période, il devra être isolé des autres. L'éviction de la crèche ou de l'école sera de 10 jours.

Vous ferez boire votre enfant et lui donnerez du paracétamol contre la fièvre. Le médecin doit être appelé dès que vous suspectez la maladie. Il s'assurera de l'absence de complications qui font la gravité de cette maladie. Elles sont essentiellement ORL (otite, laryngite, pneumopathie parfois sévère). Plus rares, mais potentiellement graves sont les complications neurologiques (encéphalite) ou plus tardives (la maladie de van Bogoaert).

La vaccination comporte 2 injections à 2 mois d'intervalle. Elle permet d'éviter la rougeole et ses complications pour toute la vie.

RUBÉOLE
Virale comme la rougeole et très contagieuse, la rubéole est une maladie bénigne, devenue rare depuis l'avènement du vaccin. L'incubation est de 2 semaines en moyenne.

La maladie est difficile à reconnaître, car peu caractéristique : une fièvre discrète, un gonflement des ganglions (cou, nuque, région occipitale, aisselles, aines), une éruption inconstante qui peut passer inaperçue. Cette éruption, quand elle existe, apparaît 2 jours après le début de la fièvre et dure 2 à 3 jours. Seuls des examens sanguins (dosages des anticorps spécifiques de la rubéole) permettront d'affirmer le diagnostic.

Le danger principal de la rubéole concerne la femme enceinte, car cette maladie peut provoquer un avortement ou de graves malformations fœtales, ou encore une rubéole congénitale, qui peut laisser des séquelles. Il est donc très important de vacciner contre cette maladie et de prendre un maximum de précautions pour éviter qu'une femme enceinte non vaccinée n'entre en contact avec un enfant atteint de la rubéole pendant la période contagieuse, qui débute 10 jours avant l'éruption et persiste jusqu'à 15 jours après la fin de celle-ci. Appelez le médecin pour confirmer le diagnostic et tenter de limiter la contagion en isolant l'enfant et en l'éloignant des femmes enceintes non vaccinées. Il n'y a pas de traitement si ce n'est, en cas de fièvre, des antipyrétiques et de l'eau à volonté pour prévenir la déshydratation. Les complications sont très rares chez l'enfant.

VARICELLE ET ZONA
C'est le même virus qui est en cause dans la varicelle et dans le zona. Maladie très contagieuse (du début de la maladie au 8ᵉ jour), la varicelle atteint généralement les enfants de moins de 10 ans.

L'incubation est de 2 semaines. La maladie se manifeste d'abord par une légère fièvre et, quelques heures plus tard, par l'apparition d'une éruption : des taches rouges sur le tronc qui se transforment en petites vésicules très caractéristiques, qui évoluent en poussées successives, certaines se desséchant pour former des croûtes, tandis que d'autres apparaissent. Cette éruption provoque beaucoup de démangeaisons, et donc de grattage de la part de l'enfant. Du fait du grattage, les surinfections par des bactéries (streptocoque, staphylocoque) sont très fréquentes et peuvent nécessiter un traitement antibiotique. Des vésicules en forme d'aphtes apparaissent aussi dans la bouche.

Après une dizaine de jours, l'enfant va mieux. La maladie lui procure une immunité définitive, mais le virus persiste au niveau des cellules nerveuses, et pourra provoquer plus tard, souvent à l'âge adulte, un zona.

En cas de varicelle, il faut appeler le médecin, désinfecter les vésicules avec de la chlorhexidine, mais ne pas mettre de talc car celui-ci favorise la surinfection staphylococcique. Le médecin prescrira des antihistaminiques par voie orale ; en revanche, ibuprofène et corticoïdes sont interdits. Il faudra s'inquiéter particulièrement du risque de surinfection chez l'enfant atteint d'eczéma ou l'enfant immunodéprimé ; dans ces cas, le médecin prescrira généralement des antiviraux. Un vaccin est disponible.

ROSÉOLE
On l'appelle aussi « exanthème subit » ou encore « 6ᵉ maladie ». Elle atteint généralement les enfants de moins de 2 ans.

Après une incubation de 10 à 15 jours, cette maladie virale contagieuse débute brusquement par une forte fièvre, entre 39 °C et 40 °C, alors que l'enfant semble bien se porter. Cette poussée de fièvre dure 3 jours au terme desquels, tandis que la fièvre tombe, l'éruption apparaît, petites taches roses sur le tronc et sur le visage, qui durent environ 48 heures.

Mis à part des antipyrétiques, il n'y a pas de traitement, et la maladie est bénigne. Il faut cependant appeler le médecin pour confirmer le diagnostic.

MÉGALÉRYTHÈME ÉPIDÉMIQUE
Le mégalérythème épidémique (Parvovirus B19), autre maladie virale contagieuse, est aussi appelé « 5ᵉ maladie ». Après une incubation de 8 à 10 jours, les premiers signes évoquent une grippe avec fièvre, courbatures, maux de tête, tandis qu'apparaît sur les joues une éruption rouge vif. Dans les 2 à 3 jours qui suivent, les rougeurs gagneront les bras et les jambes. L'ensemble durera une dizaine de jours. Le mégalérythème est bénin ; aucun traitement n'est nécessaire si ce n'est le traitement symptomatique de la fièvre.

L'enfant devra cependant être isolé pendant toute l'évolution de la maladie qui peut, en effet, provoquer des complications sévères chez la femme enceinte (anasarques fœtaux principalement lors de la contamination au 2ᵉ trimestre de grossesse).

SCARLATINE
Cette maladie contagieuse, contrairement aux précédentes, n'est pas due à un virus mais à une bactérie (le streptocoque Beta hémolytique du groupe A). Elle atteint surtout les enfants de plus de 3 ans. Avec l'avènement des antibiotiques, elle est devenue rare dans les pays développés. Après une incubation de 3 à 4 jours, la maladie se manifeste par une fièvre élevée (40 °C), des vomissements, des maux de tête et des difficultés pour avaler. Rapidement apparaît l'angine typique, rouge intense, avec une langue d'abord blanche, puis blanche et bordée de rouge, avant de devenir entièrement rouge framboise. L'éruption cutanée est aussi rouge, diffuse sur tout le corps, sans intervalle de peau saine (sauf sur le visage, même si les joues sont rouges, comme après une gifle). Elle disparaît en une semaine, et à ce stade les paumes et la plante des pieds commencent à desquamer.

Le médecin fera un prélèvement de gorge à la recherche du streptocoque du groupe A qui confirmera le diagnostic. Il prescrira aussitôt un traitement antibiotique (pénicilline orale ou macrolide en cas d'allergie), pour prévenir les complications graves de la scarlatine, qui peuvent être articulaires, cardiaques (rhumatisme articulaire aigu) et rénales (glomérulonéphrite aiguë).

L'éviction scolaire de l'enfant est de 3 jours après le début des antibiotiques, et les frères et sœurs doivent aussi être traités préventivement.

MONONUCLÉOSE INFECTIEUSE
La mononucléose infectieuse est due à un virus (virus d'Epstein-Barr). Il s'agit d'une maladie très contagieuse, généralement bénigne, mais qui peut provoquer une fatigue prolongée.

On la rencontre surtout chez les adolescents et jeunes adultes, mais elle peut survenir à tout âge. Elle se manifeste par une angine, des ganglions de la nuque et du cou, souvent très gonflés et douloureux, une fièvre inconstante, parfois une éruption, mais surtout une grande fatigue. Le médecin confirmera le diagnostic par des tests sanguins, le MNI-test (test de Paul et Bunnell-Davidsohn) ou la sérologie Epstein-Barr pour identifier le virus. Il n'y a pas de traitement, la maladie évolue spontanément vers la guérison en 1 à 3 semaines, mais la fatigue persistera plus longtemps.

Infections urinaires

Les infections urinaires sont fréquentes chez l'enfant. Pendant les premiers mois de vie, elles touchent surtout les garçons, mais ensuite, ce sont plutôt les filles qui en sont victimes. Tous les étages des voies urinaires peuvent être atteints par diffusion, généralement ascendante, de l'urètre, vers la vessie (cystite), et au-delà vers les uretères et les reins (pyélonéphrite).

Pour guérir l'infection et éviter sa diffusion, un traitement antibiotique précoce s'impose.

Les bactéries qui infectent les voies urinaires proviennent le plus souvent des selles, mais peuvent aussi être transmises par voie sanguine.

→ **Causes**
- **Chez le bébé,** il y a bien entendu la couche souillée qui favorise la contamination des voies urinaires par les germes d'origine rectale, surtout chez la petite fille.
- **Chez les enfants plus grands,** la constipation est aussi un facteur favorisant.
- **Autre facteur important :** le reflux urinaire. Il est occasionné par une anomalie anatomique de la jonction des uretères avec la vessie qui fait que lorsque celle-ci se vide, une partie de l'urine reflue vers les uretères.

→ **Symptômes**
Les symptômes sont différents selon l'âge.
- **Chez un bébé,** une infection urinaire peut occasionner, comme seul symptôme, une fièvre élevée, voire un refus alimentaire ou des vomissements, et parfois aucun symptôme. C'est seulement l'aspect des urines, troubles ou rougies du fait de la présence de sang, qui oriente vers ce diagnostic. Sachez qu'en cas de fièvre inexpliquée, le pédiatre cherchera toujours une éventuelle infection urinaire.
- **Chez un enfant plus grand,** les signes sont plus marqués : des brûlures à la miction, des mictions très fréquentes. Quant à la fièvre, elle est inconstamment présente.

Devant de tels signes, il faut appeler le médecin dans la journée. Il commencera par prescrire un examen d'urine, et sans attendre les résultats (pour ne pas perdre de temps), il prescrira un traitement antibiotique.

Le prélèvement des urines pour un ECBU (examen cytobactériologique des urines) exige que celles-ci soient recueillies de manière stérile. Ce qui n'est pas toujours une opération facile, surtout chez un bébé (voir « Comprendre les examens biologiques » p. 384). L'examen confirmera l'infection (présence de globules blancs et d'albumine) et déterminera le germe en cause.

Le traitement antibiotique, systématique en cas d'infection urinaire, sera prescrit pour une huitaine de jours, au terme desquels l'ECBU sera répété pour confirmer la guérison.

Lorsque vous soupçonnez une infection urinaire chez votre enfant, en attendant l'arrivée du médecin, donnez-lui beaucoup à boire. Ainsi, vous « diluerez » la quantité de germes dans les urines et favoriserez leur élimination. En outre, cela aura aussi pour résultat de diminuer les douleurs à la miction.

Les infections urinaires récidivent souvent chez l'enfant. Si c'est le cas, le médecin peut prescrire des examens d'imagerie pour explorer l'arbre urinaire à la recherche d'un reflux des urines, de la vessie vers les reins par les uretères. En cas de reflux, il sera souvent amené à prescrire un traitement antibiotique préventif à long terme.

Sécurité

À la maison

Trop d'accidents domestiques ont lieu en France chaque année, occasionnant des lésions plus ou moins sévères, mais parfois aussi la mort de jeunes enfants. Quelques mesures simples permettent de les éviter : n'en faites pas l'économie !

PRÉVENIR LES PRINCIPAUX ACCIDENTS

→ Les chutes

- La chute de la table à langer est un accident très fréquent. Pour l'éviter, prenez l'habitude de toujours garder une main sur le ventre de Bébé lorsque vous le changez et que votre regard se porte sur un tiroir de la commode ou une étagère pour saisir ce dont vous avez besoin.
- Attention aussi aux chutes depuis la chaise haute et aux accidents de « youpala » ou trotteur à roulettes, qui sont à proscrire dans toute maison comportant un escalier.
- Sécurisez les fenêtres et ne laissez pas de chaise ou de coffre à jouets près d'une fenêtre : votre petit aurait tôt fait d'y grimper...
- Afin de prévenir toute glissade malencontreuse à la maison, pensez aux tapis antidérapants et offrez à Bébé des chaussons avec semelles antidérapantes !
- Protégez aussi les coins des tables basses et de tout ce qui pourrait blesser Bébé s'il venait à se cogner contre du mobilier.
- Bébé doit toujours être attaché dans sa poussette, même pour de courts trajets.
- La chute depuis le Caddie est chose fréquente dans les grandes surfaces. Là encore, soyez vigilants en ne laissant jamais votre enfant seul. Il peut chercher à attraper un produit dans un rayon et risque de tomber...

→ Les intoxications

- Médicaments, mégots de cigarettes, produits ménagers, insecticides doivent être impérativement tenus hors de portée des jeunes enfants.
- Faites également vérifier régulièrement votre installation de chauffage : les intoxications par inhalation de monoxyde de carbone — incolore et inodore — ne sont pas rares, et le plus souvent mortelles.

→ La noyade

Quelques centimètres d'eau dans un bain suffisent pour que Bébé se noie. Une règle simple et incontournable : ne laissez jamais Bébé dans son bain sans surveillance, ne le laissez pas non plus faire couler l'eau hors de votre présence.

→ Les brûlures

Un réglage trop élevé de l'eau chaude dans le bain, un biberon ou une purée réchauffés trop fort et trop longtemps au micro-ondes, une casserole ou une poêle dont le manche est à portée de Bébé, un fer à repasser encore chaud... et c'est l'accident ! En prévention, contrôlez toujours la température du bain et des aliments et ne laissez jamais à portée de main des jeunes enfants tout ce qui mijote sur le feu. Ne buvez pas de thé ou de café très chaud lorsque vous avez votre bébé dans les bras.

→ L'étouffement

Ne laissez jamais traîner de sac en plastique : l'enfant peut, pour jouer, se le mettre sur la tête et s'étouffer. Pas d'oreiller ni de couette pour les tout-petits !

PIÈCE PAR PIÈCE : LES BONS RÉFLEXES

D'une manière générale, les produits d'entretien, les médicaments, les parfums et les produits cosmétiques doivent être hors de portée de Bébé. Débranchez tous les appareils électriques et mettez des caches-prises dans toutes les pièces.

→ L'entrée

Fermez toujours la porte de l'entrée à clé pour que l'enfant ne parte pas seul à la découverte du monde.

MON ENFANT — DE LA NAISSANCE À LA MATERNELLE

→ La cuisine

C'est une pièce dangereuse, il convient de ne pas y laisser seul votre enfant.

- Bébé doit apprendre ce qui est chaud, et ce qui peut le brûler.
- La cuisinière : installez une grille de sécurité pour empêcher Bébé d'attraper les récipients ou de mettre la main sur des plaques encore chaudes. Tournez les manches des casseroles vers le mur.
- Le four : préférez les appareils récents équipés de portes qui restent froides, même lorsque vous vous servez du four. Attention au système d'ouverture de votre four, s'il est à la hauteur de Bébé, utilisez des bloque-portes spécialement adaptés, vendus dans tous les magasins de puériculture.
- Les placards : des systèmes de sécurité (comme des bloque-portes) ou de simples petits crochets empêcheront Bébé d'ouvrir les portes.
- La poubelle : votre enfant ne doit pas pouvoir fouiller dedans, car certains déchets, tels que boîtes de conserve ou emballages pourraient le couper.
- La table : évitez les nappes, il pourrait la tirer et renverser sur lui tout ce qui est posé dessus…
- Le sol : il doit être sec et non glissant.
- La chaise haute : pensez à choisir un modèle stable et à y attacher Bébé avec un harnais. Installez-le dans un endroit d'où il ne pourra rien saisir de dangereux et gardez-le en permanence sous surveillance.

→ La salle de bains

- La baignoire : n'y laissez jamais votre enfant seul. Placez au fond un tapis antidérapant.

→ Les toilettes

Lorsque Bébé commence à apprendre la propreté, équipez vos toilettes d'un siège adapté à sa taille. Un petit banc bien stable avec pieds antidérapants lui permettra d'y monter et de laisser reposer ses jambes sur un support. Attention à la chute du couvercle des toilettes sur les doigts.

→ La pièce à vivre

- Les objets : rangez tous les objets décoratifs lourds ou fragiles dans vos placards.
- La table basse : choisissez-la bien solide, en évitant les plateaux en verre. Protégez les coins anguleux avec des caches en mousse ou plastique.
- Les plantes : vérifiez qu'elles ne soient pas toxiques (voir p. 402).
- Les fils électriques : vérifiez que votre enfant ne puisse pas jouer avec les fils et les prises de la télévision, de la chaîne hi-fi ou de l'ordinateur.

→ La chambre de Bébé

- Le lit : votre bébé ne doit pas pouvoir sortir seul de son lit. Choisissez un lit à barreaux. Le matelas doit être à la taille exacte du lit. Ne placez pas d'oreiller dans le lit ; si vous voulez surélever la tête de votre bébé, glissez un coussin sous le matelas.
- Pour le linge de lit et les vêtements de nuit, privilégiez les matières ininflammables.
- L'éclairage : plutôt que des lampes à pied, choisissez des appliques ou des suspensions.
- Les jouets : respectez les consignes des fabricants, afin que Bébé ne puisse rien avaler. Vérifier bien qu'ils ont l'homologation CE et qu'ils sont adaptés à l'âge de votre enfant.
- Les meubles : les armoires doivent être très stables ou fixées au mur. Ne mettez pas de coffre à jouets sous la fenêtre de sa chambre.

→ Les escaliers

- Les barrières de protection sont indispensables pour éviter les chutes. Choisissez un modèle homologué. Placez une barrière en haut et en bas de l'escalier tant que Bébé ne sait pas monter et descendre les marches tout seul.
- Lorsqu'il commence à pouvoir monter les escaliers tout seul, ne déposez pas d'objets « à monter » (chaussures, objets divers) sur les marches. Ils constituent des obstacles dangereux pour lui.

→ **Pour en savoir plus :** Institut de prévention des accidents domestiques (Ipad).
27, rue des Econdaux - 93800 Épinay-sur-Seine / Tél. : 01 48 41 00 57
Site Internet : www.ipad.asso.fr

Au jardin

Pour Bébé, le jardin est un merveilleux terrain de jeux et de liberté : il y marche à quatre pattes, puis y gambade gaiement, inconscient des dangers qui s'y cachent. D'une manière générale, il faut toujours avoir à l'œil un jeune enfant qui s'amuse dans un jardin.

ENTRETENEZ VOTRE JARDIN !
- Enlevez mousses, lichens et champignons des dalles des allées. Ils risqueraient de les rendre glissantes pour Bébé.
- Repérez les fleurs et plantes toxiques (laurier rose, lierre, ou if) et arrachez-les.
- Débroussaillez les parties boisées si vous avez un grand jardin.
- Évitez les petites marches.
- Réparez les dalles cassées.
- Fermez bien à clef la cabane de jardin.

ATTENTION AU BARBECUE
- Par principe, il faut éloigner les jeunes enfants des barbecues au charbon de bois ou au bois. Chaque année, de nombreux accidents sont déplorés. Ils occasionnent des brûlures graves et invalidantes, le plus souvent liées à l'utilisation d'alcool à brûler pour l'allumage. Utilisez de préférence des tablettes allume-barbecue, en veillant à les laisser hors de portée des enfants, car elles sont très toxiques en cas d'ingestion.
- Méfiez-vous également des petits barbecues « mobiles », souvent instables.
- Installez votre barbecue dans un endroit autorisé, loin de la végétation et à l'abri du vent, sur un sol bien plat s'il s'agit d'un barbecue amovible.

FEUX DE JARDIN
Attention aux feux de feuilles mortes ou de branchages qui peuvent, en cas de coup de vent, se retourner et brûler celui ou ceux qui le surveillent. Un feu de jardin ne s'improvise pas : il faut que vous soyez expérimentés et que le règlement de votre commune le permette. Les jeunes enfants doivent, quant à eux et quoiqu'il arrive, se tenir éloignés.

PRODUITS ET OUTILS DE JARDINAGE
- Désherbants, pesticides, engrais, bombes aérosols diverses, etc., sont particulièrement toxiques en cas d'ingestion, et parfois même par simple contact. Stockez-les hors de vue et de portée des enfants (dans une armoire en hauteur, fermée à clé).
- Attention également aux outils de jardinage, responsables de nombreux accidents chaque année. Pas d'enfants à proximité lorsque vous tondez le gazon, tronçonnez des bûches ou taillez les haies. Ne les laissez pas non plus s'approcher des objets tranchants et coupants tels que sécateurs, cisailles, tondeuse autoportée, etc. Rangez enfin votre matériel dans un endroit inaccessible aux petits. Vérifiez enfin que celui-ci est en état d'usage : un matériel cassé ou abîmé peut très vite devenir dangereux (manche d'une hache ou d'un marteau, par exemple).
- Prenez les mêmes précautions pour l'espace « bricolage » de la maison (produits et matériels).

JEUX D'ENFANTS
- Ils doivent être conformes à la réglementation en vigueur et à la norme NF. D'un point de vue pratique, les portiques de jeux doivent être bien ancrés et fixés pour éviter les accidents. Pensez à vérifier régulièrement que ses fixations sont en état d'usage, qu'il n'est pas rouillé et qu'aucune vis ou clou ne dépasse. Pensez aussi à fixer votre portique à un endroit où le gazon permet d'amortir le choc en cas de chute. À défaut, procurez-vous des dalles amortissantes pour jeux d'enfants que vous trouverez dans les grandes surfaces de bricolage.
- Si vous optez pour un bac à sable dans le jardin, recouvrez-le bien entre chaque utilisation, évitez que les animaux ne l'utilisent comme « litière » et changez le sable une à deux fois par an.

À LA PISCINE
Avant toute chose, sachez que depuis 2006, la loi exige que toute piscine soit équipée d'un des 4 dispositifs de sécurité normalisés reconnus : couverture de sécurité, barrière, abri de protection, alarme...
N'oubliez jamais de mettre ces moyens en place quand la piscine n'est pas surveillée.

→ **Quelques règles indispensables :**
- Tout enfant qui joue près de la piscine doit être étroitement et constamment surveillé.
- Une seule personne doit être clairement désignée comme responsable.
- Dès qu'il est près du bassin, l'enfant devra porter un maillot flotteur ou des brassards.
- Bouée et perche devront être constamment accessibles de même qu'un téléphone portable.
- Des conseils de prévention et une brochure téléchargeable sur la sécurité des piscines privées sont disponibles sur le site : www.service-public.fr

À la plage

Si le climat marin iodé est excellent pour les jeunes enfants, il est déconseillé d'emmener Bébé à la plage avant 6 mois, en raison essentiellement des risques liés à la chaleur et au soleil. Une heure de plage par jour pour un tout-petit suffit largement, et en évitant la tranche horaire de 11 à 16 heures où l'ensoleillement est à son maximum.

UNE PROTECTION SOLAIRE EST INDISPENSABLE !

Enduisez tout son corps d'une crème solaire spécialement adaptée et à haute protection. Idéalement, passez-lui la crème à la maison avant d'aller à la plage et renouvelez l'application après le bain. Attention aux oreilles et au dessus des pieds, particulièrement vulnérables au soleil et qu'on a tendance à oublier !

Un chapeau, une paire de lunettes adaptée et un tee-shirt de protection sont également indispensables à la plage quand Bébé fait des pâtés. Tâchez de le garder à l'ombre autant que possible, sous un parasol par exemple.

ATTENTION AU RISQUE DE NOYADE

Il ne faut jamais quitter des yeux Bébé lorsqu'il barbote au bord de l'eau (bien entendu il porte des brassards, voire un gilet de sécurité). Précaution de bon sens également : ne jamais se baigner dans une zone de plage non surveillée par des maîtres nageurs sauveteurs.

Procédez en douceur si votre enfant semble ne pas apprécier ses premiers moments au bord de l'eau : tous les bébés ne sont pas ravis de patauger dans une eau froide, pleine de vagues bruyantes, au milieu d'inconnus qui font eux aussi du bruit et l'inquiètent ! À l'inverse, freinez ses ardeurs s'il veut aller à l'aventure en pleine mer à quatre pattes ou sur ses deux petites jambes motivées !

LE DANGER DANS L'EAU, ET SOUS LE SABLE

En France, plusieurs animaux marins sont pourvus de dards (contenant du venin) ou de cellules urticantes à la surface de leur corps qui provoquent une vive douleur, parfois une paralysie temporaire du membre piqué et une irritation locale importante.

- Le contact avec des méduses est très douloureux et ressemble à une brûlure. Mieux vaut consulter un médecin pour traiter les symptômes. En attendant, lavez la zone touchée à l'eau de mer, si possible bien chaude, ou approchez une source de chaleur (en faisant attention au risque de brûlure !) après avoir retiré délicatement et surtout sans frotter, tout résidu encore présent. Vous pouvez bien entendu lui donner un antalgique pour atténuer la douleur.
- Sur nos côtes, les oursins ne sont pas dangereux, mais leurs piquants très cassants peuvent occasionner de sérieuses plaies. Veillez à bien retirer tous les fragments avec une pince à épiler (après avoir trempé les pieds de Bébé dans de l'eau pour ramollir la peau) et à bien désinfecter la plaie. En cas de doute, consultez votre pédiatre.
- Les vives sont enfouies dans le sable, sauf la tête qui contient les glandes venimeuses, et leur piqûre (au pied le plus souvent) est très douloureuse. Un traitement efficace consiste à plonger le pied dans de l'eau chaude à 40 °C en faisant attention à ne pas brûler Bébé. Le venin des animaux marins est en effet thermolabile, c'est-à-dire détruit par la chaleur. Il faut ensuite bien désinfecter la plaie et consulter un médecin rapidement, les surinfections étant fréquentes.
- Mettez des sandales en plastique à votre enfant pour le protéger dans la mer mais aussi sur la plage ainsi vous éviterez qu'il se coupe en marchant sur un coquillage.

En voyage

Préparer un voyage avec Bébé ne s'improvise pas : que ce soit pour passer un week-end à la campagne, un séjour à la montagne ou des vacances… à l'autre bout du monde !

BIEN PRÉPARER LE VOYAGE
→ **LE sac**

Selon la durée prévue pour le voyage, pensez à garnir utilement le sac de voyage de votre tout-petit avec tout ce qu'il lui faut pour le trajet : quelques habits de rechange, des paréos qui servent à tout, couches, lingettes, biberons, lait en poudre, petits pots conservés à température ambiante pour les repas, eau minérale, doudou, une bombe d'eau thermale, un bavoir, une protection contre le soleil sous laquelle installer Bébé pour le changer, un antifièvre, un antinauséeux, prescrit par votre pédiatre si Bébé souffre du mal des transports, 2 ou 3 sachets de soluté de réhydratation, son carnet de santé. Et bien sûr ses jouets préférés pour l'occuper pendant le trajet. Un enfant de moins de 2 ans ne souffre théoriquement pas du mal des transports, néanmoins, par prudence, demandez à votre pédiatre un traitement homéopathique ou allopathique avant de partir, au cas où…

→ **Astuces**

Un porte-bébé sera également plus utile et pratique qu'une poussette pour transporter Bébé dans les aéroports et les gares. Si vous allez au soleil, pensez à la crème solaire, au chapeau et aux lunettes de soleil et… à lui donner à boire régulièrement.

Dans les avions et les trains, vous pourrez réchauffer les biberons et les petits pots. Mais foi de maman, pensez toujours à prévoir plus de biberons, de petits pots et de couches qu'il n'en faut en prévision de retards d'avion ou de train…

BÉBÉ À LA MONTAGNE

Préparer un voyage à la montagne ne s'improvise pas. En effet, le système d'autorégulation de température de Bébé n'est pas mature avant l'âge de 2 ans. Il faudra donc bien le couvrir à l'aide de vêtements d'hiver adaptés aux conditions climatiques et le protéger du soleil de haute montagne avec de la crème solaire, des lunettes de soleil (indispensables) et un chapeau/bonnet/cagoule adapté.

Protégez ses petites mains à l'aide de moufles avec pouce. À partir de 3 ans, vous pourrez lui mettre des gants imperméables afin qu'il puisse construire de beaux bonshommes de neige plus facilement ! Une combinaison avec capuche et pieds incorporés est indispensable pour bien le couvrir à la montagne. Pensez aussi au body, aux collants et au petit pull en pure laine, ou mieux encore, en laine polaire. S'il marche, achetez-lui des après-ski adaptés à la marche dans la neige, antidérapants et bien chauds. Attention à la déshydratation et aussi, lors des ballades en porte-bébé dorsal adapté aux randonnées, au risque de gelures des extrémités, qui sont très fréquentes.

À L'ÉTRANGER AVEC BÉBÉ

Dès l'âge de 2 semaines, Bébé peut commencer ses périples de grand voyageur. Mais gardez toujours à l'esprit que plus il vivra au calme, avec un rythme de vie régulier, plus il sera serein.

En pratique, il ne pourra pas voyager s'il est malade, notamment s'il souffre d'une otite ou d'une affection ORL. En cas de doute, prenez toujours l'avis de votre pédiatre.

Choisissez donc bien votre destination, votre moyen de transport et votre hébergement sur place. Pensez notamment à la proximité d'un service médical compétent au cas où.

Préparez bien votre voyage, la valise de Bébé, votre sac de voyage, une trousse à pharmacie. N'omettez pas le cas échéant de faire les vaccinations indispensables. Côté formalités, pour passer les frontières européennes, Bébé devra disposer de son propre passeport et de son carnet de santé, voire d'un visa selon votre destination.

Il devra également être couvert par une assurance maladie valable hors de nos frontières : renseignez-vous auprès de votre caisse d'assurance maladie et/ou de votre mutuelle complémentaire.

Renseignez-vous enfin sur les traitements préventifs spécifiques liés au pays de destination : traitement antipaludéen, antimoustiques, etc.

En voiture

PRÉPARER LE VOYAGE
Prendre la route avec Bébé pour un long trajet de départ en vacances, par exemple, ne s'improvise pas ! Ne partez pas dans l'effervescence et le stress, ou si Bébé est malade ou particulièrement fatigué : attendez quelques heures, voire le lendemain afin que le voyage se passe au mieux.

Pensez à préparer LE sac contenant tout le nécessaire (voir ci-dessus). Les valises seront placées dans le coffre. Évitez de poser des objets ou petit sacs sur la plage arrière de votre véhicule car, en cas de freinage brutal, ils peuvent blesser votre enfant.

DES PAUSES TOUTES LES 2 HEURES
En cours de route, n'omettez pas de vous arrêter régulièrement, au moins toutes les 2 heures, et aussi souvent que nécessaire si Bébé s'énerve, pour le faire gambader. Profitez-en pour vous détendre, vous restaurer et si besoin le changer ! Lors de ces pauses, ne laissez jamais votre enfant seul et prenez toujours soin de le faire descendre du côté du trottoir. Prenez garde aussi au coup de chaleur et à la déshydratation dans la voiture : donnez-lui à boire régulièrement et installez des pare-soleil, même à l'arrière.

QUELQUES RÈGLES DE SÉCURITÉ
Attention aux petites mains de Bébé lorsque vous fermez les portières de la voiture ! Assurez-vous également qu'elles sont bien fermées et que les enfants ne puissent pas les ouvrir depuis l'intérieur. La plupart des voitures sont aujourd'hui équipées d'un système de blocage des portes et des fenêtres arrières pour la sécurité des enfants.

COMMENT INSTALLER BÉBÉ ?
Avant de partir, vérifiez que tout le monde a bien mis sa ceinture de sécurité, même — et surtout — lors des courts trajets (2 tiers des accidents surviennent à moins de 15 km du domicile). Installez votre enfant dans un siège adapté, comme la loi vous y oblige pour tout enfant de moins de 10 ans. Son utilisation évite qu'il ne soit projeté et protège les parties de son corps les plus vulnérables.

Depuis 2008, le slogan est donc « une place, une ceinture, une personne ». Tout enfant de moins de 10 ans doit être installé à l'arrière du véhicule dans son siège. Il est important de choisir convenablement le siège de l'enfant en fonction de son poids et de sa taille. Achetez du matériel homologué et suivez à la lettre les indications de montage.

De la naissance à 9 kg
Le bébé sera installé à l'avant ou à l'arrière du véhicule, dos à la route, dans son siège. S'il est placé à l'avant et que la voiture possède un air-bag passager, celui-ci devra être désactivé.

De 9 à 18 kg
L'enfant sera installé à l'arrière, face à la route, soit dans un siège bouclier, soit dans un siège avec un harnais à 5 points.

De 15 à 36 kg (vers 3 ans)
L'enfant sera installé dans un siège rehausseur. Il vaut mieux choisir un dossier avec appuie-tête et protection latérale.

Au-delà de 36 kg (vers 10 ans)
L'enfant, comme l'adulte, utilisera la ceinture de sécurité.

Plantes toxiques

Elles sont jolies, elles sont colorées, mais elles sont aussi souvent toxiques pour le jeune enfant. Quelles sont ces plantes à éviter au jardin, en promenade ou à la maison, et que faire en cas d'intoxication ?

QU'EST-CE QU'UNE PLANTE TOXIQUE ?
Une plante est toxique lorsque l'une de ses parties — feuille, fleur, fruit, sève, ou racine — est susceptible d'engendrer des symptômes d'intoxication ou d'irritation, après ingestion ou par contact.

Plusieurs symptômes peuvent être reconnus : paralysie, confusion, hallucinations, oppression respiratoire, crampes, diarrhées, vomissements, irritations de la peau ou des muqueuses, etc. Les intoxications dues aux plantes peuvent être mortelles, surtout pour le jeune enfant, qui y est très sensible.

Attention, tout traitement insecticide ou pesticide peut rendre une plante toxique.

PLANTES D'EXTÉRIEUR TOXIQUES

Parmi les plantes d'extérieur toxiques, on trouve l'aconit bleu, la glycine, la stramoine, l'arum moucheté, le cytise (pluie d'or), la colchique, le fusain, le muguet, la jacinthe, la jonquille, le laurier-rose (à ne pas confondre avec le laurier-sauce qui parfume les plats), le buis, le pavot, le daphné, l'if, le thuya, la digitale, le datura, le ricin, le narcisse...

D'autres plantes provoquent, par contact, des irritations, des brûlures, des démangeaisons et une sensibilité à la lumière : l'ailanthe ou vernis du Japon, les anémones, le céleri, l'arum moucheté, la clématite, les euphorbes, la berce du Caucase et les primevères et les renoncules.

Méfiez-vous aussi, lors des promenades, d'une plante majestueuse, mais très toxique, qui pousse, durant l'été, à la lisière des forêts ou sur les talus : la digitale pourpre, aux jolies fleurs en forme de doigts, disposées en grappes. Les ombelles de la grande ciguë — commune au bord des chemins humides — sont également très toxiques.

Attention également à la belladone, aux baies rondes et noires, aux faux airs de myrtilles ou de cassis. Deux à cinq baies sont une dose mortelle pour un enfant.

Attention enfin aux baies de gui et de houx, qui, au moment de Noël, sont responsables de nombreuses intoxications chez les petits.

PLANTES D'APPARTEMENT TOXIQUES

- Le dieffenbachia est l'une des plantes d'appartement les plus courantes, mais très allergisante. Ses larges feuilles jaunes et vertes et sa tige produisent une substance très irritante.
- Le philodendron est une autre plante allergisante, tout comme le ficus elastica.
- À la maison, pas de bégonia, de pommier d'amour, de pommier de Sodome, de poinsettia, de clivia, d'asperge fougère ni d'Anthurium andreanum, d'amaryllis, de chrysanthème, d'œillet, de pivoine. Les cactus ne sont pas conseillés non plus : certains sont toxiques, outre le risque important de piqûres douloureuses.

COMMENT RÉAGIR EN CAS D'INTOXICATION ?

→ **Si votre enfant a ingéré une plante toxique**

Enlevez immédiatement de la bouche de votre enfant les restes de la plante ingérée et conservez-les. Tous les cas ne sont pas gravissimes, mais dans le doute, consultez de toute urgence le centre antipoison le plus proche (les coordonnées sur www.centres-antipoison.net) ou le Samu en indiquant le nom de la plante, ou à défaut, en faisant sa description (prélevez-en toujours une branche en vous protégeant les mains).

Le médecin toxicologue du centre antipoison vous indiquera ensuite la marche à suivre selon la gravité de l'intoxication. En attendant de voir un médecin, surtout abstenez-vous de faire boire même de l'eau à votre enfant ou de le faire vomir, et restez calme (voir « Urgences, premiers soins et manœuvres » p. 378).

→ **Si votre enfant a été en contact avec une plante toxique**

Rincez immédiatement la peau, pendant 10 à 15 minutes ; mais avant d'appliquer quoi que ce soit, pommade ou crème, sur la peau, appelez le centre antipoison.

Piqûres d'insectes

Abeilles, guêpes, moustiques, taons, voire frelons... Quels sont ces insectes piqueurs contre lesquels protéger Bébé ? Et que faire en cas de piqûre ?

ABEILLES, GUÊPES, FRELONS ET BOURDONS

Les piqûres — suivies d'injection de venin — de ces insectes sont le plus souvent douloureuses et ressenties comme une brûlure. Vous aurez tôt fait d'identifier que Bébé s'est fait piquer !

- Seules **les abeilles** femelles piquent, en laissant leur dard sous la peau et en mourant juste après la piqûre.
- **Les guêpes,** qui se distinguent des abeilles par un corps plus fin, peuvent piquer plusieurs fois de suite.
- Quant aux **frelons,** on les reconnaît assez facilement : ils sont nettement plus grands que les abeilles ou les guêpes. Leur piqûre est très douloureuse, en raison de la longueur de leur dard, et peut être dangereuse pour Bébé selon la zone piquée.
- **Les bourdons,** pour leur part, piquent rarement. On les reconnaît à leur corps velu et à leur abdomen annelé.

→ Que faire en cas de piqûre ?

Si Bébé est piqué par une abeille, ôtez le dard à l'aide d'un aspivenin ou d'une pince à épiler, puis approchez une source de chaleur près de la piqûre pour désactiver le venin en faisant bien attention à ne pas provoquer de brûlure ! Nettoyez ensuite à l'eau savonneuse et désinfectez avec de la chlorhexidine avant d'appliquer éventuellement une crème antihistaminique. Surveillez bien votre enfant pendant les heures qui suivent la piqûre : au moindre signe (difficulté respiratoire, œdème de la zone piquée, paralysie locale, perte de connaissance, etc.), consultez un médecin ou appelez le Samu.

TAONS, MOUSTIQUES, ARAIGNÉES, AOÛTATS ET FOURMIS

- **Une piqûre de taon** est très douloureuse et provoque des réactions allergiques intenses nécessitant souvent le recours à des antihistaminiques et/ou à des corticoïdes. N'oubliez jamais de bien désinfecter la zone piquée.
- **Les piqûres de moustiques** présentent le désagréable inconvénient d'occasionner des démangeaisons, voire des réactions locales assez impressionnantes. Sachez que, sauf allergie, elles sont toujours bénignes : désinfectez bien la zone piquée et appliquez une crème apaisante. Attention cependant à la surinfection si votre enfant se gratte.
- **Les morsures d'araignées** sont assez rares chez l'enfant. Dans la nature, seule la « veuve noire corse », dans le Sud de la France, est potentiellement dangereuse, son venin provoquant des douleurs musculaires importantes.
- Lors de promenades estivales dans les champs ou les bois, votre enfant peut aussi se faire piquer par **des aoûtats**, petites larves d'acariens rouges qui provoquent de vives démangeaisons.
- **Attention aussi aux chenilles** processionnaires dont le simple contact provoque des démangeaisons douloureuses, voire des crises d'asthme.
- Quant **aux fourmis**, elles ne piquent pas, mais leur morsure, bien que non dangereuse en France et en Europe, est assez douloureuse. Au cours d'une balade en forêt, on peut se faire mordre très facilement si on les dérange : prévenez votre enfant ! En cas de morsure, désinfectez soigneusement les zones touchées, puis appliquez une pommade antihistaminique.

> **→ Si votre enfant a été piqué dans la bouche** ou au voisinage de la gorge, il y a un risque vital à très brève échéance : vous devez sans délai vous rendre à l'hôpital le plus proche.

LES AUTRES INSECTES PIQUEURS

- **Certains acariens,** petits insectes invisibles à l'œil nu, provoquent la gale, responsable de démangeaisons sur tout le corps. Des petits sillons sont visibles sur la peau ainsi que des lésions sur toute la surface du corps. Pas de panique : bien détectée, cette maladie parasitaire transmise par les animaux domestiques (ou de ferme) se soigne bien chez l'enfant. Le traitement antiparasitaire nécessite une consultation chez un médecin. Pensez aussi à faire soigner votre animal chez le vétérinaire !
- Attention aussi aux risques de **piqûres de puces,** transmises par les animaux de compagnie. Ces petits parasites sauteurs provoquent des rougeurs et démangeaisons sur tout le corps du jeune enfant. Là aussi, un traitement de votre animal s'impose.
- **Les tiques,** par leur piqûre, peuvent transmettre une maladie grave, la maladie de Lyme (voir Glossaire) qui se déclare plusieurs mois après la piqûre. Elles sont transmises par les chiens et chats de la maison, mais surtout peuvent se fixer sur votre enfant depuis des végétaux à l'occasion de promenades en sous-bois. Vérifiez, après une promenade, au moment du bain, que des tiques ne sont pas accrochées sur le corps ou la tête de votre enfant. En cas de piqûres, désinfectez les zones touchées et ôtez le rostre, ou « tête », de la tique fiché dans la peau. Pour cela, utilisez une pince à tique en vente en pharmacie ou une classique pince à épiler. Contrairement à ce que l'on pense habituellement, il ne faut surtout pas « anesthésier » la tique avec de l'éther, car elle risque de régurgiter et de transmettre ainsi ses sécrétions. Il faut surveiller régulièrement les zones piquées. En cas de rougeurs, vous consulterez votre médecin qui prescrira un traitement antibiotique adapté, afin de prévenir d'éventuelles complications ultérieures.
- Autre insecte parasite, bien connu des mamans : **le pou** (voir FAQ p. 348). Très contagieux et dont il est bien difficile de se débarrasser !

Morsures d'animaux et « maladie des griffes du chat »

MORSURES DE SERPENTS

Sous nos latitudes, la couleuvre et la vipère peuvent mordre, mais seule la vipère est venimeuse. Sa morsure est rarement mortelle. Dans tous les cas de morsure de vipère, il est conseillé de consulter un service d'urgence dans les meilleurs délais et de ne tenter aucun soin avant avis médical.

Si votre enfant est mordu par un serpent, restez calme. Allongez-le et empêchez-le de bouger et de s'agiter. Observez les marques de morsure, elles vous permettront de savoir s'il a été mordu par une vipère ou par une couleuvre. La morsure de la couleuvre se traduit par des empreintes de dents en 2 demi-cercles, comme un chien, alors que celle de la vipère provoque 2 perforations symétriques et légèrement espacées avec ses crochets.

En cas de morsure de vipère, il ne faut pas aspirer avec la bouche, mais utiliser un aspivenin (parfois contesté par certains). Surtout ne placez pas de garrot. Vous pouvez appliquer de la glace sur la zone de la morsure pour ralentir la diffusion du venin. Dans ce cas, pour éviter les gelures, placez dans un linge, lui-même placé dans un sac plastique que vous appliquerez ensuite sur la peau.

Bien sûr, si c'est possible, désinfectez la plaie avec un antiseptique et pour soulager la douleur, donnez à votre enfant un antalgique.

Si les secours n'arrivent pas, transportez votre enfant au plus vite aux urgences. Allongez-le sur la banquette arrière de la voiture en prenant soin d'installer le membre mordu plus bas que le niveau du cœur.

AUTRES MORSURES

Toute morsure ne présente pas la même gravité. Elle peut être superficielle ou profonde.

Dans le cas d'une morsure superficielle, nettoyez la plaie avec de l'eau légèrement savonneuse puis désinfectez avec un antiseptique à base de chlorhexidine et protégez ensuite avec une compresse.

Il est toujours préférable de consulter un médecin, car il peut être nécessaire de prescrire un antibiotique pour prévenir une surinfection et, dans tous les cas, de vérifier les vaccinations.

En cas de morsure de chien, assurez-vous qu'il soit bien vacciné contre la rage.

En cas de morsure profonde avec saignements importants, il faut arrêter l'hémorragie en comprimant la plaie et conduire l'enfant au plus vite aux urgences. Seul un chirurgien pourra décider de l'opportunité de faire des points de suture, du reste souvent contre-indiqués en cas de morsure.

Sachez qu'une morsure d'animal est souvent très traumatisante pour l'enfant. N'hésitez pas à en parler avec lui, pour qu'il puisse dépasser sa peur. En prévention, apprenez à votre enfant à ne pas s'approcher de chiens qu'il ne connaît pas, à ne jamais leur tirer la queue, les oreilles, les pincer, leur faire peur ou encore les déranger lors de leur repas ou de leur sommeil.

Sachez aussi que la morsure par un autre humain (même enfant !) est en général plus grave que celle d'un chien, car elle transporte plus de germes pathogènes.

Si vous avez vous-même un chien, montrez-vous très vigilants afin d'éviter tout accident même si votre toutou vous semble le plus doux des animaux…

LA « MALADIE DES GRIFFES DU CHAT »

Les griffures de chat sont le plus souvent sans conséquence pour l'enfant : il suffit de bien les désinfecter. Parfois, cependant, elles transmettent des bactéries qui risquent de provoquer une infection au niveau de la griffure, une réaction ganglionnaire en amont et de la fièvre, c'est la « maladie des griffes du chat ». Dans ce cas, une consultation chez le pédiatre s'impose pour entamer un traitement antibiotique adapté.

Soyez également attentifs à ce que la cohabitation enfant-chat se passe bien, et dans tous les cas, interdisez à votre chat l'accès à la chambre de votre enfant.

→ **Attention :**
Venimeuse ou pas, une morsure de serpent peut être une porte d'inoculation du tétanos. Vérifiez que votre enfant est à jour dans ses vaccinations.

Situations particulières

Divorce/séparation

Il n'est pas simple de mettre des mots sur une situation souvent difficile et douloureuse pour les parents. Mais expliquer que Maman et Papa ne vont plus vivre ensemble est essentiel tout simplement parce que l'enfant vivra mieux une situation qu'il comprend qu'un climat dégradé, fait de disputes ou de non-dits qui perdurent. C'est en effet de cela qu'il souffre le plus, et pas nécessairement de la séparation à proprement parler. D'ailleurs, les petits ont souvent un sixième sens qui fait qu'avant même qu'on ne leur dise, ils ont déjà compris…

COMMENT L'ANNONCER ?

Idéalement, l'annonce d'une séparation doit être faite conjointement par les deux parents et dans le calme. Mettez, pour un temps, vos griefs de côté. Prévoyez suffisamment de temps pour l'annonce et la réaction qui risque de s'ensuivre, un week-end par exemple, et si possible pas le soir avant que l'enfant n'aille se coucher.

TROUVER LES MOTS…

> → S'il n'est pas facile de trouver les mots justes, **la simplicité de l'explication prévaut** : « Maman et Papa ne s'entendent plus comme avant, tu as sûrement dû le remarquer à travers nos disputes. C'est pourquoi nous avons décidé de nous séparer. »

Il est important d'expliquer à l'enfant en quoi cette séparation va changer son quotidien : « Papa (ou Maman) va changer de maison, qui sera aussi ta maison. » Il faut également bien lui expliquer comment son temps sera réparti entre ses deux maisons, selon la solution de garde partagée choisie : « Tu vivras la semaine chez Maman et ta nounou continuera à venir te garder le soir. Tu iras passer le week-end chez Papa, tu pourras emporter quelques affaires, ton doudou, et tu rentreras le dimanche soir chez Maman. On pourra se téléphoner quand tu voudras. »

CE N'EST PAS LA FAUTE DE L'ENFANT

Par ailleurs, déculpabiliser l'enfant est très important. Lui expliquer qu'il n'est pour rien dans cette séparation lui permettra de l'affronter avec plus de sérénité. Souvent, il pense que ses parents se séparent à cause de lui, parce qu'il n'a pas été assez gentil, obéissant, etc. L'enfant a en effet besoin de garder la confiance de ses parents, leur amour. N'hésitez pas à lui dire et à lui redire que vous l'aimez et qu'il s'agit là uniquement d'une décision d'adultes.

ON NE DIVORCE JAMAIS DE SES ENFANTS !

Enfin, rassurer l'enfant sur l'amour que lui portent ses deux parents est essentiel. Les adultes se séparent, mais l'amour parental durera toute la vie. L'enfant peut en effet craindre que l'un de ses parents — tout comme ils l'ont fait l'un vis-à-vis de l'autre — cesse de l'aimer inconditionnellement. Lui dire que ses parents l'aimeront toujours est essentiel pour lui.

APPRÉHENDER ET COMPRENDRE SES RÉACTIONS

Les réactions, suite à l'annonce de la séparation, varient selon le caractère de l'enfant : certains se mettront en colère, d'autres se replieront sur eux-mêmes, d'autres encore pleureront sans discontinuer. L'expression de cette souffrance peut-être immédiate ou retardée, étalée dans le temps. Restez à l'écoute, ouvrez le dialogue si votre enfant en ressent le besoin, quelques jours, mois, voire années plus tard. Certains enfants ont en effet des réactions à retardement, qu'il faut surveiller sans « surinterpréter » pour autant : tout n'est pas lié au divorce de ses parents !

PRÉVENIR L'ENTOURAGE
Il est important d'informer les personnes proches de votre enfant. Prenez rendez-vous avec la directrice de la crèche ou de l'école, ou avec la nounou qui le garde de façon à les en informer simplement, factuellement, en leur expliquant en quelques mots le nouvel emploi du temps de votre enfant. Vous pouvez leur demander d'être attentives au comportement de votre enfant et de vous signaler tout événement qui aurait attiré leur attention. Cependant, n'étant ni pédopsychiatres ni les parents de l'enfant, elles n'ont a priori pas d'autre rôle à jouer que celui qui leur est imparti.

LAISSER L'ENFANT À SA PLACE
Ne laissez pas croire à votre enfant qu'il pourra réconcilier ses parents. Car même si inconsciemment tout enfant confronté à cette situation rêve de voir ses parents réunis à nouveau, il faut qu'il fasse le deuil du couple parental et qu'il s'adapte à une situation nouvelle dans un cadre apaisé que vous vous emploierez idéalement à construire au fil du temps. Parce que les conflits où les enfants sont pris en « otage » d'une querelle d'adultes sont d'autant plus destructeurs qu'ils perdurent.

Enfin, ne mêlez pas votre enfant à vos problèmes conjugaux : prendre son enfant comme confident d'une séparation qui se passe difficilement n'est pas une bonne idée. Cela reviendrait à faire tenir à votre enfant le rôle d'un adulte, alors qu'il est bien incapable de répondre à la tristesse, à la colère ou au ressentiment de l'un de ses parents vis-à-vis de l'autre... L'enfant doit en effet rester à sa place d'enfant.

Il est important aussi de ne pas dévaloriser ou critiquer votre ex-compagnon ou compagne devant votre enfant, car il reste l'autre « moitié de parent », respectable à ce titre : n'oubliez jamais que vous vous êtes choisis mutuellement pour former un couple parental, même si cela n'est plus d'actualité aujourd'hui.

CONSULTER UN PSY ?
Là encore, tout est affaire de cas. Certains enfants donneront l'impression de bien passer ce cap difficile ; ils ne rencontreront pas de difficultés scolaires particulières, ne présenteront pas de trouble comportemental apparent, et leur joie de vivre semblera préservée. Si vous pensez qu'il vaut mieux « prévenir que guérir », et ne serait-ce que pour vous rassurer vous-mêmes, vous pouvez tout à fait consulter un psychologue pour aider votre enfant à surmonter la séparation. Bien entendu, restez vigilants et à l'écoute. Si quelque chose vous inquiète ou vous semble anormal, prenez conseil auprès d'un spécialiste.

PRENEZ SOIN DE VOUS !
Parce qu'un enfant qui va bien est un enfant dont les parents vont bien eux-mêmes, prenez le temps de vivre votre vie quand votre enfant est chez Papa (ou Maman), faites du sport, ayez des activités, rencontrez vos amis et montrez ainsi à votre enfant que la vie continue, avec ce qu'elle a de bon et de moins bon. S'il ne s'agit pas de cacher à tout prix votre tristesse, il est important que votre enfant comprenne que l'on peut surmonter les moments difficiles, il en tirera pour lui-même une grande force dans sa vie. Et quand vous avez votre enfant à la maison, n'en faites pas un enfant roi à qui l'on peut tout passer car ses parents sont divorcés !

Maladie et mort d'un proche

Chaque enfant a une perception différente de la maladie et de la mort selon son histoire personnelle, son vécu, son âge, son développement, et ses capacités intellectuelles et émotionnelles (voir p. 326). L'enfant mérite cependant une attention toute particulière : la perte d'un parent ou d'un proche est pour lui un drame qui désorganise tout son univers intérieur ainsi que sa vie au quotidien. Il vivra mieux cette épreuve de maladie ou de mort d'un proche s'il est entouré d'adultes aimants, capables de l'accompagner, de l'écouter et de le soutenir.

PREMIÈRES IDÉES DE LA MORT CHEZ L'ENFANT

Un enfant ne peut comprendre pleinement le sens de la mort que lorsqu'il en acquiert une vision dite « réaliste », vers l'âge de 10 ans environ. Jusqu'à l'âge de 2 à 3 ans, il appréhende la mort essentiellement comme l'équivalent d'une séparation. Puis, entre 3 et 5 ans, il pense que les morts ne sont pas vraiment morts, qu'ils continuent à vivre sous une forme différente. Il ne peut pas imaginer que ses parents puissent mourir. À cet âge, la mort ressemble pour l'enfant à un profond sommeil temporaire et réversible qui empêche le mort de voir et de bouger. Ce n'est que vers 5 à 6 ans, souvent au moment de l'entrée à l'école primaire, qu'il saisit le caractère irréversible de la mort. À partir de cet âge et jusqu'à 8 ans environ, il perçoit la mort comme s'attaquant uniquement aux personnes malades et âgées, mais pas à sa propre famille. À cet âge également, l'enfant se soucie du devenir du cadavre, il est à la fois fasciné et terrorisé par ce que les morts deviennent.

QUE DIRE À L'ENFANT, ET COMMENT ?

Il ne faut taire ni la maladie ni la mort, mais il n'est pas simple de trouver les mots justes selon la situation, et solliciter une aide extérieure peut s'avérer utile. Une chose est sûre, la solution n'est pas d'écarter l'enfant en espérant le « protéger ». La cérémonie des funérailles peut lui permettre de comprendre ce qui se passe et de faire ses adieux à la personne disparue.

S'il faut dire la vérité à l'enfant, il faut veiller à ne pas trop en dire non plus : nul besoin de détailler les circonstances de la mort. Il faut exprimer les choses simplement. Françoise Dolto conseillait à cet égard de dire la phrase suivante : « Il est mort parce qu'il a fini de vivre. » Évitez : « Il s'est endormi pour toujours » ou « Il est parti pour un long voyage au ciel » que l'enfant prendrait dans leur sens littéral. Il doit savoir que son parent est gravement malade ou, s'il est mort, qu'il ne reviendra pas et, si cela est très triste, c'est une longue épreuve que la famille surmontera ensemble. Même si ce n'est pas chose facile, essayez de rassurer votre enfant avant tout.

SELON SON ÂGE, L'ENFANT RÉAGIT DIFFÉREMMENT

Au fil de son développement, l'enfant assimile les notions de séparation, de perte des fonctions vitales, d'irréversibilité et enfin d'universalité qui caractérisent la mort.

- **Les bébés** n'ont aucune représentation de la mort, mais jusqu'à l'âge de 18 mois environ, l'enfant est une véritable « éponge » sensorielle. S'il perd l'un de ses parents à cet âge, il ressentira la tristesse, la mélancolie, la colère du parent survivant. C'est pourquoi il sera essentiel de mettre des mots sur ces ressentis quand l'enfant grandira.
- **Entre 3 et 5 ans,** suite à la mort de l'un de ses parents ou proches, l'enfant subit souvent une phase de régression : il n'est plus propre, refuse de manger tout seul, suce son pouce, réclame sans cesse d'être « dans les bras » et des câlins, refuse d'aller à l'école ou de se séparer du parent restant, etc.

À l'inverse, un enfant trop violemment choqué peut continuer à faire « comme si de rien n'était ». Cette attitude, qui peut paraître choquante et déconcertante pour les adultes, ne traduit en réalité que la « digestion lente » de la mort du parent. Car l'enfant n'était absolument pas prêt à recevoir et accepter une telle nouvelle.

Parfois, l'agressivité peut dominer chez l'enfant qui vient de perdre un proche ; elle exprime un très fort sentiment d'abandon. Ce comportement agressif, parfois violent, masque une recherche intense d'un retour à la normalité avec des limites sécurisantes.

> → **Ce sont là des signes d'alerte qui indiquent la nécessité de consulter un thérapeute.** Un psychiatre pour enfant et adolescent peut aider l'enfant à accepter cette mort et assister ses proches dans le processus de deuil.

ET AU FIL DU TEMPS ?

Une fois la mort acceptée, la souffrance s'installe pour un long moment. Heureusement pour eux, les enfants ne vivent pas les émotions de façon aussi constante que les adultes. Même après avoir accepté la séparation définitive, ils les extériorisent très différemment des adultes. En période de souffrance, les enfants peuvent même sembler indifférents. Mais, si l'on analyse attentivement leurs jeux, leurs dessins ou leurs propos, on s'aperçoit rapidement qu'ils réagissent eux aussi. Leur peine s'exprime autrement.

ACCOMPAGNER L'ENFANT

Un enfant qui a perdu un parent doit être correctement accompagné lors de son travail de deuil. Il faut veiller à ce qu'il puisse nouer des relations affectives stables avec d'autres adultes, avoir des copains à l'école, poursuivre ses activités, etc. Il en va de même si l'un de ses proches est gravement malade.

Essayez alors d'être à l'écoute de ses émotions, de répondre à ses questions et de le rassurer en lui expliquant que les adultes qui l'entourent sont là pour s'occuper de lui.

Au cours du deuil, les enfants ont besoin de continuer à entretenir des relations avec le parent disparu, qui devient ainsi un parent imaginaire, tout en sachant bien qu'il est mort. Avec leurs camarades, ils jouent la mort et l'enterrement. Tous ces phénomènes ne sont pas inquiétants ; ils doivent être respectés, car nécessaires au deuil de l'enfant, et ne pas engendrer chez lui de la culpabilité. Il peut être utile de lui donner un objet ayant appartenu personnellement au parent disparu, qu'il va conserver comme un souvenir précieux et un lien intime avec lui.

Il a besoin aussi d'être rassuré ; lui dire : « On va continuer à prendre soin de toi, tu ne vas pas être abandonné, tu restes dans ta famille, et même si on est triste, moins disponible, tu es toujours aimé et cela ne sera jamais remis en question », lui permettra de faire face à sa souffrance.

Handicap

Si le rêve de l'enfant parfait se trouve brisé à l'annonce de son handicap moteur ou sensoriel, les parents ont aujourd'hui des ressources pour les aider à surmonter les difficultés quotidiennes (voir p. 194). L'enfant handicapé — selon la nature du handicap — peut aujourd'hui être scolarisé et ses parents déchargés de lourdes contraintes pratiques. Mais ce dont a besoin au quotidien l'enfant déficient mental, moteur, trisomique, malentendant ou déficient visuel, est essentiellement l'amour de ses parents et de ses proches pour l'aider à progresser autant que faire se peut dans son autonomie, lui donner confiance en lui et l'accepter tel qu'il est, pour ce qu'il est.

DES ASSOCIATIONS À VOTRE ÉCOUTE

Il n'est pas simple pour un parent de comprendre et d'accepter le handicap de son enfant. L'annonce est en effet souvent accompagnée d'un terrible sentiment d'injustice, voire de culpabilité. Pour aider les familles, de nombreuses associations se sont créées autour de handicaps divers ; ce sont de véritables lieux de soutien, d'écoute, mais aussi d'entraide.

Meilleures adresses, aides possibles, rencontres, participation à une action spécifique : partager son lourd quotidien de parent d'enfant handicapé avec d'autres parents dans le même cas, allège quelque peu la situation et permet de se sentir entendu et compris.

Vous trouverez toutes les coordonnées de ces associations sur Internet. Mais votre pédiatre, le généticien qui suit votre enfant, ou d'autres médecins spécialisés qui connaissent le handicap sauront vous orienter vers l'association adaptée.

DES CONSULTATIONS DE GÉNÉTIQUE MÉDICALE

Nombreux sont les handicaps liés à une maladie génétique. Il existe dans de nombreux hôpitaux des consultations de génétique médicale qui permettent d'aider les parents à évaluer le risque d'avoir un enfant handicapé et à prendre une décision en cas de risque avéré, mais aussi à accompagner au quotidien l'enfant handicapé.

DES ORGANISMES SPÉCIALISÉS

Plusieurs structures adaptées peuvent vous aider à prendre en charge votre enfant et à l'accueillir de façon sécurisée.
- Le CAMSP (centre d'action médico-sociale précoce) offre une prise en charge pluridisciplinaire et gratuite en kinésithérapie, psychomotricité, orthophonie, etc. Ces centres sont réservés aux enfants de la naissance jusqu'à 6 ans. Pour obtenir la liste des CAMSP : www.anecamsp.org

• **Le Sessad** (service d'éducation spéciale et de soins à domicile) apporte un soutien aux familles et une aide pour l'intégration scolaire des enfants depuis la naissance jusqu'à 12 à 15 ans. Pour obtenir la liste des Sessad : www.sante.gouv.fr

SUIVRE UNE SCOLARITÉ COMME « LES AUTRES »

Si son handicap le permet, et si son médecin l'y autorise, l'enfant handicapé peut être accueilli au sein d'une classe et suivre une scolarité comme les autres enfants de son âge, même si cela représente quelques aménagements pratiques en accord avec l'établissement et que la maîtresse parvient à gérer sa venue. La scolarisation ne peut d'ailleurs être que partielle : c'est le cas pour certains petits trisomiques ou certains enfants atteints de déficits visuels ou auditifs que l'école à plein-temps pourrait trop « fatiguer ». Pour autant, aller à l'école comme ses petits camarades est important pour l'enfant handicapé. En effet, si son handicap le lui permet, l'enfant y apprendra à trouver sa place d'abord à l'école puis, plus tard, dans le monde du travail. Les petits enfants trisomiques sont très tôt conscients de leur différence — vers l'âge de 2 ans — mais ils tirent grand profit de leur scolarisation.

UN PROJET PERSONNALISÉ DE SCOLARISATION

La loi du 11 février 2005 pour l'égalité des droits et des chances, la participation et la citoyenneté des personnes handicapées renforce les actions en faveur de la scolarisation des élèves handicapés. Elle affirme le droit pour chacun à une scolarisation en milieu ordinaire au plus près de son domicile, à un parcours scolaire continu et adapté. Les parents sont, de plus, étroitement associés à la décision d'orientation de leur enfant et à la définition de son Projet personnalisé de scolarisation (PPS).

Dès l'âge de 3 ans, si sa famille en fait la demande, l'enfant handicapé peut être scolarisé à l'école maternelle. Chaque école a vocation d'accueillir les enfants relevant de son secteur de recrutement. Pour répondre aux besoins particuliers des élèves handicapés, un Projet personnalisé de scolarisation organise la scolarité de l'élève, assortie des mesures d'accompagnement décidées par la Commission des droits et de l'autonomie (CDA). La scolarisation peut être individuelle ou collective, en milieu ordinaire ou en établissement médico-social.

SCOLARISATION INDIVIDUELLE

Les conditions de la scolarisation individuelle d'un élève handicapé dans une école élémentaire ou dans un établissement scolaire du second degré varient selon la nature du handicap. Selon les situations, la scolarisation peut se dérouler soit :
• sans aucune aide particulière,
• faire l'objet d'aménagements lorsque les besoins de l'élève l'exigent.

Le recours à l'accompagnement par une auxiliaire de vie scolaire et à des matériaux pédagogiques adaptés concourent à rendre possible l'accomplissement de la scolarité.

SCOLARISATION COLLECTIVE

Dans les écoles élémentaires, les Classes d'intégration scolaire (Clis) accueillent des enfants présentant un handicap mental, auditif, visuel ou moteur pouvant tirer profit d'une intégration en milieu scolaire ordinaire. Les élèves reçoivent un enseignement adapté au sein de la Clis, et partagent certaines activités avec les autres écoliers. La majorité des élèves de Clis bénéficie aussi d'une scolarisation individuelle dans une autre classe de l'école.

Pour en savoir plus : www.education.gouv.fr

NE PAS SURPROTÉGER SON ENFANT HANDICAPÉ

Dans une fratrie, les parents peuvent avoir tendance à protéger leur petit handicapé, plus fragile que ses frères et sœurs. Si cela est bien compréhensible à plusieurs titres, il faut veiller à maintenir un équilibre entre tous, et parvenir à garder du temps pour les autres enfants, en vous ménageant des moments privilégiés en tête-à-tête. Il est également important d'informer les aînés du handicap de leur petit frère ou petite sœur, de leur dire la vérité afin qu'ils comprennent bien ce que cela implique au quotidien. C'est aussi une manière de dire simplement les choses, sans tabou ni honte liée à ce handicap, car eux aussi doivent accepter d'avoir un cadet « différent ». Le plus souvent, c'est d'ailleurs une source de grande richesse pour toute la famille.

Formalités administratives

Déclaration de naissance

→ Principe
La déclaration de naissance est obligatoire pour tout enfant. Attention : pour les parents non mariés, la déclaration de naissance ne vaut pas reconnaissance, sauf pour la mère si elle est désignée dans l'acte de naissance de l'enfant.

Ainsi, pour établir le lien de filiation, une démarche de reconnaissance volontaire doit être effectuée par le père. Elle peut être faite avant la naissance, au moment de la déclaration de naissance, ou ultérieurement auprès d'un officier d'état civil ou d'un notaire.

→ Délai
La déclaration doit être faite dans les 3 jours qui suivent le jour de la naissance. Si l'enfant naît un mercredi, un jeudi ou un vendredi, ce délai est repoussé au lundi suivant. Une naissance qui n'a pas été déclarée dans ce délai, ne peut être inscrite que sur présentation d'un jugement rendu par le tribunal de l'arrondissement dans lequel est né l'enfant.

→ Démarches
La naissance est déclarée par le père, ou à défaut, par les docteurs ou autres personnes qui auront assisté à l'accouchement.

La déclaration de naissance est faite à la mairie du lieu de naissance. L'acte de naissance est rédigé immédiatement par un officier d'état civil.

→ Pièces à fournir
Le certificat établi par le médecin ou la sage-femme. L'acte de reconnaissance, si celle-ci a été faite avant la naissance. Le livret de famille pour y inscrire l'enfant, si les parents en ont déjà un.

→ Coût
Gratuit.

> → Pour en savoir plus : www.service-public.fr

Autorité parentale

→ Principe
L'autorité parentale est un ensemble de droits et de devoirs ayant pour finalité l'intérêt de l'enfant. Il appartient aux parents de protéger leur enfant en matière de sécurité, santé et moralité, d'assurer son éducation et de permettre son développement, dans le respect dû à sa personne. Les parents doivent en outre associer l'enfant aux décisions qui le concernent, selon son âge et son degré de maturité. En règle générale, les père et mère exercent en commun l'autorité parentale, qu'ils soient mariés ou non, séparés ou divorcés, et ce dans la mesure où ils ont reconnu leur enfant dans l'année de sa naissance. Seul l'intérêt de l'enfant peut commander une solution différente. Si l'un des parents décède ou est privé de l'exercice de l'autorité parentale, l'autre parent exerce alors seul cette autorité.

→ Contribution à l'entretien et à l'éducation de l'enfant
Les parents doivent contribuer à l'entretien et à l'éducation des enfants à proportion de leurs ressources. Cette obligation peut se poursuivre lorsque l'enfant est majeur.

> → **Pour toute information,** vous pouvez vous adresser au service d'accueil et de renseignements du tribunal de grande instance du lieu de résidence ou au service de consultation gratuite des avocats (se renseigner auprès de la mairie, du tribunal d'instance ou celui de grande instance).

→ Autorité sur les biens de l'enfant

Les parents disposent des droits d'administration et de jouissance sur les biens propres à leur enfant. Ils doivent payer les dettes de l'héritage propre à l'enfant sur les revenus de cet héritage. Ils n'ont pas la jouissance des biens que l'enfant peut acquérir par son travail.

→ L'autorité parentale

Elle prend fin soit à la majorité de l'enfant, soit par émancipation de l'enfant, ou son mariage, soit enfin par retrait total ou partiel des droits, ordonné par le tribunal. Le retrait total des droits peut être prononcé lorsque les parents ont été condamnés pour crime ou délit commis contre ou avec leur enfant, en raison de mauvais traitements ou défaut de soins qui mettent en danger la santé, la sécurité ou la moralité de l'enfant.

EN CAS DE SÉPARATION DES PARENTS
→ Principe

La séparation des parents est, en principe, sans incidence sur les règles de dévolution de l'exercice de l'autorité parentale. En cas de séparation (divorce, séparation de corps, fin du concubinage ou dissolution du pacte civil de solidarité), les parents peuvent, de leur propre initiative ou à la demande du juge aux affaires familiales, élaborer une convention par laquelle ils fixent :
- les modalités de l'exercice de l'autorité parentale ;
- la contribution à l'entretien et à l'éducation de l'enfant.

En cas de désaccord entre les parents, le juge peut faire intervenir un médiateur familial pour rechercher un exercice consensuel de l'autorité parentale.

Le juge doit veiller à la sauvegarde des intérêts des enfants mineurs, et prendre des mesures afin de garantir la continuité et l'effectivité du maintien des liens de l'enfant avec chacun des parents.

Le juge décide que l'autorité parentale sera exercée :
- soit en commun par les deux parents (en règle générale),
- soit par l'un des parents (en cas de circonstances particulières).

→ La contribution à l'entretien et à l'éducation de l'enfant

Elle est fixée par le juge ou par la convention homologuée et peut être versée sous forme d'une pension alimentaire. Elle est due par l'un des parents à l'autre ou à la personne à laquelle l'enfant a été confié.

Les décisions du juge peuvent être modifiées à tout moment, si des éléments nouveaux interviennent, à la demande de l'un des parents ou du procureur de la République (pouvant être lui-même saisi par un tiers, parent ou non).

→ Droit du parent qui n'exerce pas l'autorité parentale

Le parent qui ne bénéficie pas de l'exercice de l'autorité parentale, en cas de séparation, conserve :
- le droit de visite et d'hébergement, qui ne peut lui être refusé que pour des motifs graves,
- le droit et le devoir de surveiller l'entretien et l'éducation de l'enfant.

→ Comment le juge décide-t-il ?

Le juge peut demander une enquête sociale ou un examen médico-psychologique qui ne seront pas utilisés dans le débat sur le divorce.

Une contre-enquête ou un nouvel examen sont possibles à la demande de l'un des époux. Il peut entendre les mineurs capables de discernement, d'office ou à leur demande.

Adoption

DEUX TYPES D'ADOPTION : SIMPLE ET PLÉNIÈRE
→ Les enfants pouvant être adoptés :
- les pupilles de l'État (ce sont des enfants dont l'aide sociale à l'enfance a la responsabilité totale et qui sont privés de famille),
- les enfants dont les pères et mères ou le conseil de famille ont consenti à l'adoption,
- les enfants déclarés abandonnés par jugement du tribunal,
- les enfants étrangers à condition que leur représentant légal ait consenti à l'adoption.

Adoption plénière

Les liens avec la famille d'origine (filiation d'origine) sont rompus.

L'adopté acquiert une nouvelle filiation (légitime) qui remplace sa filiation d'origine. Il prend le nom des adoptants qui remplace son nom initial. L'autorité parentale est exclusivement et intégralement dévolue aux parents adoptifs. L'adoption plénière est irrévocable.

Adoption simple

L'adopté a les mêmes droits et devoirs dans sa nouvelle famille qu'un enfant légitime. L'autorité parentale est exclusivement et intégralement dévolue aux parents adoptifs (sauf en cas d'adoption simple d'un enfant du conjoint), mais les liens de l'enfant avec la famille d'origine ne sont pas rompus. L'adopté conserve ses droits d'héritier dans sa famille d'origine. Le nom des parents adoptifs s'ajoute au nom de l'enfant ou le remplace. L'adoption simple peut être révoquée (annulée), uniquement pour des motifs graves, par le tribunal de grande instance. Si la demande de révocation est faite par l'adoptant, l'adopté doit être âgé de plus de 15 ans.

CONDITIONS POUR ADOPTER UN ENFANT

Situation familiale

- Vous êtes marié : si la demande émane du couple, vous devez être marié depuis au moins deux ans, sauf si les deux conjoints sont âgés de plus de 28 ans. Si la demande émane d'un des deux conjoints, vous devez avoir le consentement de l'autre conjoint et être âgé de plus de 28 ans, sauf si vous adoptez l'enfant de votre conjoint.
- Vous êtes célibataire : vous devez être âgé de plus de 28 ans. Vous pouvez adopter un enfant si la différence d'âge entre l'enfant et vous est de 15 ans au moins. Si l'enfant adopté est celui de la personne avec qui vous vivez, cette différence d'âge doit être de 10 ans au moins. Toutefois le tribunal de grande instance peut accorder une dérogation.

L'agrément

Ces conditions d'âge satisfaites, vous devez bénéficier d'un agrément.

Particularités :

- Pour l'adoption plénière, l'enfant doit être âgé de moins de 15 ans et être accueilli à votre domicile depuis au moins 6 mois.
- En adoption simple, il n'y a pas de condition d'âge et les personnes majeures sont adoptables.

Délivré par le président du conseil général, il est attribué après évaluation de vos conditions d'accueil sur les plans familial, éducatif et psychologique.

La procédure d'attribution de l'agrément

La demande doit être faite au président du conseil général de son département de résidence.

Dans un délai de deux mois, le candidat à l'adoption reçoit une information générale sur l'adoption portant notamment sur les dimensions psychologiques, éducatives et culturelles, les procédures administratives et judiciaires, les principes en matière d'adoption internationale, ainsi que sur le nombre d'enfants adoptables, leur âge, leur situation.

Le candidat à l'adoption doit ensuite faire parvenir une confirmation de sa demande au président du conseil général, accompagné de pièces justificatives. Il peut préciser le nombre et l'âge des enfants qu'il souhaite adopter, et s'il s'agit d'enfants étrangers.

Un enquête sur les évaluations sociale et psychologique donne lieu à deux rencontres au moins entre le demandeur et le professionnel concerné, dont une au moins au domicile du demandeur.

Le candidat à l'adoption peut prendre connaissance des documents établis lors de l'enquête et faire connaître par écrit ses observations et préciser son projet d'adoption. Ces éléments sont portés à la connaissance de la commission.

La décision d'attribution de l'agrément est prise par le président du conseil général, après consultation de la commission d'agrément. Le demandeur peut être entendu par la commission d'agrément, mais celle-ci rend son avis hors sa présence et, le cas échéant, de la personne qui l'assiste.

Les caractéristiques de l'agrément

Il est attribué pour un ou plusieurs enfant(s) accueillis simultanément, pour une durée de cinq ans dans un délai de neuf mois à compter de la confirmation de la demande d'agrément. Pendant toute la durée de l'agrément, le candidat à l'adoption doit chaque année confirmer son projet d'adoption par écrit au président du conseil général. À cette occasion, il doit signaler toute modification de sa situation matrimoniale ou familiale, par une déclaration sur l'honneur. Le président du conseil général peut faire procéder à des investigations complémentaires sur les conditions d'accueil et, le cas échéant, retirer l'agrément. Lorsqu'il envisage de retirer l'agrément ou de le modifier, il saisit pour avis la commission.

Dans le cas d'un changement de département de résidence, le candidat à l'adoption doit contacter par lettre recommandée avec avis de réception, le président du conseil général de sa nouvelle résidence, dans le mois suivant l'emménagement.

Au plus tard au terme de la deuxième année de validité de l'agrément, le président du conseil général procède à un entretien avec la personne titulaire de l'agrément en vue de l'actualisation du dossier. L'agrément devient caduc dès l'arrivée au foyer d'un ou plusieurs enfants simultanément français ou étranger(s).

LA PROCÉDURE D'ADOPTION

En fonction des besoins des enfants pupilles de l'État et du profil de votre candidature, vous serez peut être choisis comme adoptants par le conseil de famille des pupilles de l'État chargé de leur tutelle.

Selon qu'il s'agisse d'une adoption simple ou plénière, la procédure présente quelques différences :

- **Si le projet envisagé est une adoption plénière**, l'enfant est placé chez vous en vue d'adoption, pendant six mois, pour une procédure de « placement ». Cette période permet d'apprécier l'entente réciproque.
- **S'il s'agit d'une adoption simple**, l'enfant vous est confié sans placement préalable.

Jugement d'adoption

C'est seulement après le placement de l'enfant, pour établir une filiation adoptive, que vous déposez une requête devant le tribunal de grande instance. Vous pouvez la déposer soit auprès du greffe du tribunal, soit auprès du procureur de la République. Dans ce dernier cas, le recours à un avocat n'est pas obligatoire. Attention, pour une adoption plénière, la requête ne sera examinée qu'au terme des six mois de « placement ». Le juge procède à l'examen du dossier et peut demander les enquêtes qu'il estime utiles. Puis il prononce ou refuse l'adoption et vous notifie sa décision.

En cas de refus, vous pouvez formuler un recours devant la cour d'appel dans un délai de quinze jours.

Pour en savoir plus :
www.adoption.gouv.fr

Pour toute information, s'adresser :
- au service départemental d'action sociale et de santé, service de l'aide sociale à l'enfance de votre département (service du conseil général) ;

- au tribunal de grande instance pour les formalités (pour établir la demande de filiation adoptive par exemple) ;

- à la Caisse d'allocations familiales (CAF) pour connaître le détail des droits. NB : Les parents adoptifs bénéficient de droits sociaux similaires à ceux attachés à une naissance.

PRESTATIONS DE LA CAF - ANNEXES

Prestations de la CAF

Vous trouverez ci-dessous des informations d'ordre général, mais les situations particulières peuvent entraîner des dispositions différentes. N'hésitez pas à vous renseigner auprès de votre CAF au sujet des conditions d'obtention, de cumul ainsi que sur les démarches relatives à ces aides. (www.caf.fr).

→ **Qu'est-ce qu'un enfant à charge ?**
Vous assurez financièrement l'entretien et assumez la responsabilité affective et éducative d'un enfant que vous ayez ou non un lien de parenté avec lui, cet enfant est reconnu à votre charge pour le versement des prestations jusqu'au mois précédant ses 20 ans, ses 21 ans pour le complément familial et les aides au logement.

> → **Important :**
> Toutes les prestations de la CAF sont soumises à des conditions de revenus (à l'exception des allocations familiales), et celles liées à l'enfance et la famille sont entendues pour des enfants à votre charge.

En cas de séparation ou de divorce, n'est pas considéré à charge au sens des prestations familiales l'enfant pour qui vous versez une pension alimentaire.

> → **Les prestations familiales de la Caisse d'allocations familiales se répartissent sur trois domaines :**
> - enfance et famille,
> - logement,
> - solidarité et insertion.

Enfance et famille

LA PRESTATION D'ACCUEIL DU JEUNE ENFANT (PAJE)

Depuis le 1er janvier 2004, les aides versées pour les jeunes enfants sont regroupées dans la Prestation d'accueil du jeune enfant.
Elle comprend :
- une prime à la naissance ou à l'adoption,
- une allocation de base,
- un complément de libre choix du mode de garde,
- un complément de libre choix d'activité.

→ **La prime à la naissance ou à l'adoption**
Si vous attendez un enfant ou si vous adoptez un enfant de moins de 20 ans, et sous conditions de ressources, une prime à la naissance peut vous être versée. Elle est versée au cours du 7e mois de grossesse et, en cas d'adoption, le mois suivant l'arrivée au foyer ou le mois suivant l'adoption ou le placement en vue d'adoption si l'arrivée au foyer est antérieure.

En cas de naissances multiples, d'adoptions multiples, ou d'accueils multiples en vue d'adoption, il est versé autant de primes que d'enfants nés, adoptés ou accueillis en vue d'adoption.

→ **L'allocation de base**
Vous avez un enfant de moins de 3 ans ou vous avez adopté ou recueilli en vue d'adoption un enfant de moins de 20 ans. Sous conditions de ressources et de passage d'examens médicaux par votre enfant, l'allocation de base est perçue du jour de naissance de l'enfant au mois précédant son 3e anniversaire et en cas d'adoption à partir du jour d'arrivée au foyer de l'enfant ou du jugement d'adoption. Elle est versée pendant 3 ans dans la limite des 20 ans de l'enfant.

MON ENFANT · DE LA NAISSANCE À LA MATERNELLE

→ **Le Complément de libre choix du mode de garde**

Vous avez au moins un enfant âgé de moins de 6 ans, né, adopté ou accueilli en vue d'adoption. Il est gardé par une assistante maternelle ou une garde d'enfant à domicile ou vous faites appel à une association ou une entreprise habilitée qui emploie des assistantes maternelles ou des gardes d'enfant à domicile. Vous avez peut-être droit au complément de libre choix du mode de garde de la Prestation d'accueil du jeune enfant, c'est à dire la prise en charge totale ou partielle des cotisation sociales par votre CAF.

→ **Le Complément de libre choix d'activité (CLCA)**

- Vous avez au moins un enfant né, adopté ou accueilli en vue d'adoption. Vous ou votre conjoint ne travaillez plus ou exercez une activité professionnelle à temps partiel pour vous occuper de votre enfant. Vous avez peut-être droit au Complément de libre choix d'activité.
- Vous avez au moins 3 enfants, le dernier né, adopté ou accueilli en vue d'adoption à compter du 1er juillet 2006. Vous ne travaillez plus ou interrompez votre activité professionnelle. Vous avez le choix entre le Complément de libre choix d'activité et le Complément optionnel de libre choix d'activité (Colca). Le Colca est une allocation d'un montant plus élevé versée pendant une durée plus courte. Ce choix est définitif et vous ne pourrez pas y renoncer pour bénéficier ultérieurement du complément de libre choix d'activité pour le même enfant.

Le montant du complément de libre choix d'activité dépend de votre situation et de l'allocation de base de la Paje. La durée de versement varie selon le nombre d'enfants à charge.

LES ALLOCATIONS FAMILIALES

Si vous avez au moins 2 enfants à charge âgés de moins de 20 ans, vous avez droit aux Allocations familiales quels que soient votre situation familiale et le montant de vos revenus. Les allocations sont dues à compter du mois civil qui suit la naissance ou l'accueil du 2e enfant. Leur versement cesse dès le mois où les conditions ne sont plus remplies. Vous n'avez aucune demande à effectuer, les allocations familiales vous seront versées automatiquement.

> → **À noter :**
> Il existe également un complément familial, si vous avez au moins 3 enfants à charge tous âgés de plus de 3 ans.
> Ou encore une allocation de rentrée scolaire, pour les enfants à charge de 6 à 18 ans, dont le montant est défini par l'âge de l'enfant.

L'ALLOCATION JOURNALIÈRE DE PRÉSENCE PARENTALE (AJPP)

L'un des enfants à votre charge est gravement malade, accidenté ou handicapé. Un médecin juge que votre présence à ses côtés est indispensable et vous décidez d'arrêter ponctuellement votre activité professionnelle pour vous occuper de lui.

Le droit à l'AJPP est soumis à un avis favorable du contrôle médical de l'assurance maladie dont dépend votre enfant. Pour cela vous devez fournir un certificat médical détaillé, sous pli cacheté, établi par le médecin.

Si vous êtes salarié, vous devez demander un congé de présence parentale auprès de votre employeur.

Si vous êtes au chômage indemnisé, dès que vous bénéficierez de l'AJPP, le paiement de vos allocations de chômage sera automatiquement suspendu.

Le droit est ouvert par période de 6 mois renouvelable dans la limite de 3 ans.

Au cours de cette période de 3 ans, vous pouvez bénéficier de 310 allocations journalières au maximum.

L'ALLOCATION DE SOUTIEN FAMILIAL

Vous avez au moins un enfant à votre charge et vous vivez seul(e), ou vous avez recueilli cet enfant et vous vivez seul ou en couple.

Si l'enfant est orphelin de père et/ou de mère, ou si son autre parent ne l'a pas reconnu, vous avez automatiquement droit à l'allocation de soutien familial.

Si l'autre parent ou les deux ne participent plus à l'entretien de l'enfant depuis au moins deux mois consécutifs, vous avez provisoirement droit à cette allocation, sous certaines conditions.

LE RECOUVREMENT DES PENSIONS ALIMENTAIRES

Cette aide s'adresse aux personnes qui ne peuvent pas bénéficier de l'allocation de soutien familial et qui sont en possession d'un jugement fixant une pension alimentaire pour un enfant.

Si la pension alimentaire due pour l'enfant n'est pas versée, la CAF peut vous aider à en obtenir le paiement. Et ce quels que soient votre situation familiale, le montant de vos revenus, et que vous bénéficiez ou non de prestations familiales.

L'ASSURANCE VIEILLESSE DES PARENTS AU FOYER

Vous avez à votre charge un enfant de moins de 3 ans ou 3 enfants et plus. Vous recevez l'une des prestations suivantes :
- l'Allocation de base de la Prestation d'accueil du jeune enfant (Paje)
- le Complément de libre choix d'activité de la Paje (CLCA)
- l'Allocation parentale d'éducation (APE)
- l'Allocation journalière de présence parentale (AJPP)
- ou le Complément familial (CF).

Sous conditions de ressources, vous pouvez être affilié gratuitement à l'assurance vieillesse par votre CAF.

Logement

Il existe bien sûr des aides au logement (allocation, aide personnalisée ou prêt à l'amélioration de l'habitat). N'étant pas déterminées en fonction des enfants, nous choisissons de ne pas les développer ici.

Sachez toutefois qu'il existe une prime de déménagement soumise à conditions de revenus, si vous changez de domicile à l'occasion de la naissance de votre 3e enfant ou plus, ou bien si vous avez au moins trois enfants à charge et que le dernier a moins de 2 ans.

Solidarité et insertion

ALLOCATION D'ÉDUCATION DE L'ENFANT HANDICAPÉ

Vous avez un enfant handicapé de moins de 20 ans à votre charge.

Pour vous aider dans l'éducation et les soins à lui apporter, votre CAF peut vous verser l'Allocation d'éducation de l'enfant handicapé (AEEH) qui remplace depuis le 1er janvier 2006 l'Allocation d'éducation spéciale.

Votre droit dépend du taux d'incapacité de l'enfant. Ce taux est apprécié par la Commission des droits et de l'autonomie des personnes handicapées (Cdaph). Celle-ci se prononce également sur l'attribution de l'allocation, des compléments, et sur leur durée de versement. Pour plus d'informations sur la Prestation de compensation du handicap : www.cnsa.fr.

> **À noter :**
> L'allocation de parent isolé, le Revenu de solidarité active (RSA), la prime de retour à l'emploi etc. sont d'autres prestations délivrées par la CAF sous certaines conditions.

Adresses utiles

Associations

SANTÉ
Pour guider les enfants dans le monde de la santé et leur faire mieux connaître le monde hospitalier et médical. Informer les enfants et leurs parents à propos d'un soin, d'un examen de santé, d'une hospitalisation, et favoriser une meilleure prise en charge de la douleur de l'enfant.
- Association Sparadrap
  48, rue de la Plaine 75020 Paris
  Tél : 01 43 48 11 80 - www.sparadrap.org

MAMANS
Devenir maman n'est pas toujours facile…

- Association Maman-Blues
  47, rue Balard 75015 Paris
  www.maman-blues.org

- Aide aux mères de famille : service de travailleuses familiales qui aide les mères en difficultés momentanées
  12, rue Chomel 75007 Paris
  Tél : 01 45 48 46 00

- Adessa, Fédération nationale de l'aide à domicile : 3, rue de Nancy 75010 Paris
  Tél : 01 44 52 82 82
  contact@adessadomicile.org

ALLAITEMENT
Donner son lait :
- Association des lactariums de France
  26, boulevard Brune 75014 Paris
  Tél : 01 40 44 39 14

S'informer sur l'allaitement :
- La Leche League France
  Centre de documentation
  LLLF, BP 18 78620 L'Étang-la-ville
  Tél : 01 39 58 45 84 - www.lllfrance.org

ENFANTS PRÉCOCES
- ANPEIP (Association nationale pour les enfants intellectuellement précoces)
  181, avenue Daumesnil 75012 Paris
  http://anpeip.org/

ENFANTS PRÉMATURÉS
Prévention, conseils, soutien psychologique, informations pratiques et juridiques, rencontres et forums autour de la prématurité.
www.sosprema.com

NAISSANCES MULTIPLES
Informations juridiques, matériel de puériculture :
- Fédération nationale « Jumeaux et Plus »
  28, place Saint-Georges 75009 Paris
  Tél : 01 44 53 06 03
  www.jumeaux-et-plus.asso.fr

PRÉVENTION DES ACCIDENTS DOMESTIQUES
- Ipad - France
  19, rue des Pimpelines
  27220 Saint-Laurent-des-Bois
  contact@ipad.asso.fr
  Tél / Fax : 02.32.58.13.34 - www.ipad.asso.fr

Urgences pédiatriques

URGENCES PÉDIATRIQUES À PARIS
Tél : 01 43 94 35 01
Après 20h00 et week-ends seulement.

HÔPITAUX DISPOSANT D'URGENCES PÉDIATRIQUES À PARIS
- Robert Debré
  48, boulevard Serrurier 75019 Paris
  Tél : 01 40 03 20 00
- Trousseau
  26, avenue du Dr Arnold Netter 75012 Paris
  Tél : 01 44 73 74 75

ADRESSES UTILES - ANNEXES

- Necker-Enfants malades
  149, rue de Sèvres 75015 Paris
  Tél : 01 44 49 40 00

En province, composez le 18.

Numéros d'urgence

Samu 15 : urgences médicales

Pompiers 18 : incendies, accidents, noyades

Numéro unique d'urgence en Europe 112 : quel que soit le pays où vous vous trouvez et le problème que vous rencontrez, il vous permettra d'obtenir du secours.

Centres antipoison dans votre région : disponibles 24 heures sur 24 et 7 jours sur 7.
  Angers 02 41 48 21 21
  Bordeaux 05 56 96 40 80
  Lille 08 25 81 28 22
  Lyon 04 72 11 69 11
  Marseille 04 91 75 25 25
  Nancy 03 83 32 36 36
  Paris 01 40 05 48 48
  Rennes 02 99 59 22 22
  Strasbourg 03 88 37 37 37
  Toulouse 05 61 77 74 47

Allô enfance maltraitée : 119

SOS Enfants disparus : 116 000

Garde d'enfants

- Pour des informations gratuites sur les différents modes de garde :
  Paris Services au 0 810 13 32 32

- La liste des assistantes maternelles agréées est sur le site : www.caf.fr, au service petite enfance de votre mairie et dans les PMI.

- Sites Internet d'assistantes maternelles, baby sitting, gardes ponctuelles ou régulières :
  www.assmat.com,
  www.assistante-maternelle.biz

- Toutes les démarches d'embauche et formalités pour le particulier employeur sur :
  www.fepem.fr

Infos juridiques, sociales et aides

Mouvement français pour le planning familial :
94, boulevard Masséna 75013 Paris
Tél : 01 45 84 28 25
10, rue Vivienne 75010 Paris
Tél : 01 42 60 93 20 - www.planning-familial.org

Écoute sexualité, contraception :
0800 803 803 (n° vert)

Association française des centres de consultation conjugale et familiale (AFCCC) :
44, rue Danton 94270 Le Kremlin Bicêtre
Tél : 01 46 70 88 44 - www.afccc.fr

Centre national d'information et de documentation des femmes et des familles (CNIDFF) :
7, rue du Jura 75013 Paris
Tél : 01 42 17 12 00 - www.infofemmes.com

Caisse nationale d'allocations familiales :
www.caf.fr

Assurance maladie :
Toutes les questions et leurs réponses sur la réforme de l'assurance maladie. www.ameli.fr

Protection maternelle et infantile :
Centres d'information et de consultations gratuites (gynécologues, sages-femmes, psychothérapeutes, pédiatres, séances de préparation à la naissance).

Contacter votre mairie pour connaître la PMI la plus proche ou sur www.service-public.fr

Glossaire médical

A

AMYGDALES

Les amygdales sont des amas de tissu lymphoïde situés dans le pharynx, bien visibles de part et d'autre de la luette. Leur surface est marquée de petits trous, les cryptes. Elles contribuent à la défense de l'organisme contre bactéries et virus, au carrefour des voies digestives et aériennes.

Elles s'infectent souvent (angine), mais leur infection est rarement grave. Cependant, quand elles sont très volumineuses et occasionnent des pauses respiratoires pendant la nuit ou quand elles sont trop souvent infectées, on peut envisager de les enlever (amygdalectomie).

ADÉNOÏDECTOMIE (voir « végétations »)

ANGIOME

Il s'agit d'une malformation vasculaire congénitale bénigne consistant en une prolifération anormale localisée des vaisseaux capillaires. On en distingue deux sortes : les angiomes plans et les angiomes tubéreux. Les angiomes plans sont rouges et sans relief, souvent localisés sur la nuque, entre les sourcils ou encore sur les paupières. Ils s'atténuent avec le temps au point de disparaître spontanément au cours des 3 premières années de vie, sauf ceux situés au niveau de la nuque qu'on retrouve souvent chez un des deux parents. L'angiome tubéreux est saillant et rouge foncé. Il n'apparaît pas à la naissance, mais au cours des premières semaines de vie et se résorbe spontanément dans la grande majorité des cas vers l'âge de 3 à 4 ans.

APHTES

Les aphtes sont de petites ulcérations buccales arrondies en forme de cratères au fond blanc jaunâtre. On peut les trouver à l'intérieur des lèvres et des joues, sur les gencives et sur la langue. Leur apparition est liée le plus souvent à l'absorption de certains aliments tels que fruits crus (ananas) ou secs (noix), gruyère ou tomate. Ils sont très douloureux au contact des aliments et l'enfant redoute de manger et boire.

Les aphtes guérissent spontanément en une dizaine de jours. En attendant, pour atténuer la douleur, on peut appliquer un gel anesthésique. Les aphtes non-contagieux doivent être distingués des lésions de l'herpès, très contagieuses elles (voir « Herpès »).

AUTISME

L'autisme est généralement reconnu chez un enfant vers la fin de sa première année de vie. Il s'agit d'un trouble du développement marqué par des difficultés d'interaction et de communication avec les autres. L'enfant se désintéresse du monde animé ainsi que de sa propre image telle qu'il la perçoit dans un miroir. En revanche, il joue de manière répétitive et stéréotypée avec certains objets. L'autisme n'est pas lié à des problèmes psychologiques. Ses causes sont encore inconnues ; elles pourraient être immunologiques ou métaboliques… La génétique paraît jouer un rôle important, on retrouve parfois plusieurs enfants atteints d'autisme au sein d'une même famille. Il n'existe pas de traitement étiologique de l'autisme. Les approches comportementales, un cursus scolaire spécialisé, le soutien aux familles peuvent améliorer la situation.

GLOSSAIRE MÉDICAL - ANNEXES

B

BÉGAIEMENT

Le bégaiement est plus un trouble de la communication, voire de la relation, que du langage. Un enfant bègue qui joue seul dans sa chambre, sans se sentir observé, et qui parle (ou chante) au cours de son jeu, ne bégaie pas. Ce n'est que face à un public qu'il se met à bégayer. Le bégaiement est très banal chez l'enfant de 2 à 3 ans (surtout chez les garçons), c'est-à-dire à l'âge où commence à s'élaborer le langage. On ne doit commencer à se soucier d'un bégaiement qu'au-delà de l'âge de 3 ou 4 ans. Le bégaiement n'a rien à voir avec le degré d'intelligence ou le milieu socioculturel. On ne connaît pas les causes du bégaiement, mais on sait qu'il survient plus volontiers chez des enfants émotifs et perfectionnistes, et que certains événements comme la naissance d'un bébé, la séparation des parents ou le décès d'un proche peuvent être des facteurs déclenchants. Avant l'âge de 4 ou 5 ans, le recours à un orthophoniste ou à un psychologue est injustifié, si ce n'est pour faire comprendre à l'entourage que, pour l'enfant, le fait d'être bègue est une souffrance et qu'il ne faut pas ajouter à sa souffrance des sarcasmes, des conseils, des reproches (aussi bienveillants soient-ils), qui ne feraient qu'aggraver ce bégaiement. Si, dans son environnement, l'enfant est rassuré, soutenu, intégré, traité comme tout le monde, son bégaiement disparaîtra certainement en quelques mois.

BOUTON DE FIÈVRE (voir « herpès »)

C

CARIE DENTAIRE

Les facteurs principaux qui interviennent dans la formation d'une carie dentaire chez l'enfant sont : un terrain individuel et génétique, l'alimentation, la plaque dentaire composée de résidus alimentaires, de bactéries et de composants salivaires agglutinés, qui adhèrent aux dents. Les bactéries de la plaque dentaire absorbent les sucres contenus dans les résidus alimentaires et secrètent au contact de la dent un liquide acide (acide lactique) qui corrode l'émail et creuse ensuite une cavité dans la dent, la carie. Un enfant dont les deux parents ont des caries est plus exposé à celles-ci qu'un enfant dont seulement l'un des deux parents en est atteint.

Les risques de carie sont singulièrement accrus si l'enfant absorbe du sucre (gâteaux, boissons sucrées, chocolat) entre les repas et surtout après le repas du soir avec le célèbre biberon d'eau sucré avant de dormir.

La carie étant une infection bactérienne au niveau d'une ou plusieurs dents est contagieuse, et risque de contaminer les autres dents. D'où la nécessité d'une hygiène buccale stricte, et aussi d'un traitement systématique des caries, même lorsqu'il s'agit de dents de lait, car la carie située sur une dent de lait risque de contaminer le bourgeon de la dent définitive qui se trouve en dessous.

CÉPHALÉES

Mot savant signifiant tout bonnement maux de tête... Les céphalées sont très fréquentes chez l'enfant comme chez l'adulte et peuvent être dues à de nombreuses causes, dont le diagnostic peut être parfois difficile, et ce d'autant plus que l'enfant est petit et a du mal à exprimer son malaise.

Première cause : la migraine. Il existe généralement des conditions déclenchantes : activité intense, jeûne prolongé, manque de sommeil, stress.

Seconde cause : les céphalées dites « de stress » sont des céphalées qui durent plusieurs mois alors que l'enfant se porte bien par ailleurs. Elles sont parfois liées à l'école et cessent pendant les vacances, ou sont en rapport avec un climat de conflit à la maison.

Parmi les causes auxquelles on pense en premier lieu, même si elles ne sont pas les plus fréquentes, nous avons : les causes ORL (sinusite), les causes ophtalmologiques (myopie ou hypermétropie).

Il existe bien d'autres causes de céphalées, mais qui s'inscrivent dans un contexte de maladie infectieuse (grippe, méningite) ou sont très rares (tumeurs cérébrales). Le traitement que prescrira le médecin sera différent selon l'origine des maux de tête.

CONVULSIONS

Elles sont caractérisées par la survenue brutale de secousses rythmiques involontaires de tout le corps avec perte de connaissance.

La première cause de convulsions chez l'enfant est la fièvre. Les convulsions fébriles surviennent quand la température monte très rapidement, dans le contexte d'une maladie virale le plus souvent. Elles sont plus spectaculaires que graves. Elles cessent d'elles-mêmes en quelques minutes sans laisser de séquelles. Il faut avant tout faire baisser la fièvre. Déshabillez l'enfant, administrez un suppositoire de paracétamol. Ne lui donnez pas de sirop, mais vous pouvez lui appliquer des linges humides frais sur le corps.

Le médecin déterminera les examens à pratiquer pour préciser le diagnostic, et élaborer un traitement curatif des crises et éventuellement un traitement préventif. Il existe en effet de multiples causes de convulsions non-fébriles, parmi lesquelles, l'épilepsie.

COQUELUCHE

Il s'agit d'une infection provoquée par la bactérie bordella pertussi. Elle se caractérise par des quintes de toux incoercibles. Cette maladie épidémique est en pleine recrudescence, même dans les pays où la vaccination est pratiquée. En sont encore victimes les enfants de moins de 5 ans non vaccinés. C'est surtout chez le nourrisson qu'elle peut être dangereuse du fait des complications respiratoires.

La contamination se faisant par les adultes qui ne sont plus protégés, on conseille de vacciner les nouveaux parents et les grands-parents.

CYANOSE

C'est une coloration bleue-violacée que prennent les téguments (lèvres, peau, nez, extrémités) et aussi les muqueuses quand le sang dans les vaisseaux capillaires est pauvre en oxygène. La cyanose peut avoir de nombreuses causes, des plus bénignes aux plus graves : il peut s'agir d'une insuffisance respiratoire ou d'une maladie cardiaque avec mélange du sang veineux (pauvre en oxygène) et du sang artériel (riche en oxygène).

Le traitement et le pronostic sont fonction de la cause.

CYTOMÉGALOVIRUS (CMV)

Il s'agit d'un virus transmis par contact avec les urines ou la salive, ou encore lors de transfusions. Chez le jeune enfant comme chez l'adulte, l'infection par le CMV passe le plus souvent inaperçue. Il peut alors se transmettre de l'enfant vers sa mère lors d'une nouvelle grossesse avec un risque de contamination du fœtus. Le diagnostic est essentiellement biologique (culture, recherche d'anticorps, etc.) et souvent proposé aux futures mères. L'infection par le CMV congénitale (maladie des inclusions cytomégaliques) est la plus fréquente des maladies virales chez le nouveau-né. Transmise au fœtus à travers le placenta ou au moment de l'accouchement, elle est d'autant plus grave qu'elle intervient tôt dans la grossesse. C'est une cause de handicap neurosensoriel majeure (comme la surdité).

D

DÉSHYDRATATION

Comme son nom l'indique, il s'agit d'une perte d'eau dans l'organisme. Pendant une canicule, en cas de fièvre ou au cours d'épisodes de diarrhées et/ou de vomissements, le nourrisson peut perdre ses réserves d'eau en quelques heures. En l'absence de compensation de ces pertes, la déshydratation survient. Il ne faut jamais oublier que dans une déshydratation, parallèlement à la perte dl'eau, on perd des sels minéraux. Lorsqu'on compense les pertes hydriques en faisant boire, il faut par conséquent compenser à la fois l'eau et les sels minéraux, respecter les proportions (1 sachet pour 200 ml d'eau). Donner uniquement de l'eau risquerait de provoquer un déséquilibre métabolique. Les sachets de réhydratation vendus en pharmacie sont faits précisément pour éviter cela.

DIABÈTE

Chez l'enfant, il s'agit en règle générale d'un diabète de type I, (dit « insulinodépendant ») c'est-à-dire lié à une insuffisance de sécrétion par le pancréas de l'hormone insuline. Il s'agit généralement d'une maladie génétique. Le manque d'insuline fait que l'organisme est incapable d'assimiler le sucre. Le diagnostic est évoqué chez un enfant qui urine souvent, maigrit, a toujours soif, est fatigué. La découverte de sucre dans les urines renforce le diagnostic et conduit à une hospitalisation au cours de laquelle on mettra en route un traitement par insuline.

Le diabète de type II, quant à lui, concerne essentiellement l'adulte, et plus rarement le préadolescent obèse.

DIARRHÉE

C'est l'émission de selles plus nombreuses et plus liquides que d'ordinaire. Chez le nourrisson, et d'autant plus que celui-ci est jeune, une diarrhée négligée peut conduire très rapidement à une grave déshydratation. Elle implique donc une compensation adéquate des pertes en eau et sels minéraux par voie orale, et si la situation ne s'améliore pas dans les 12 heures, un appel au médecin qui pourra éventuellement conseiller une hospitalisation pour réhydratation par voie intraveineuse.

DIPHTÉRIE

Cette maladie faisait autrefois des ravages. La présence du bacille en cause se traduisait par une angine très intense et par l'émission de toxines, sources de graves complications cardiaques, respiratoires et neurologiques et, généralement, le décès.

De nos jours, dans les pays occidentaux où la vaccination est généralisée (vaccin associé DTPCoq HiB), la maladie a pratiquement disparu. Elle continue, en revanche, à provoquer une forte mortalité dans les pays où la couverture vaccinale est insuffisante. Ce sont surtout les enfants qui sont touchés. Dans ces pays, le voyageur non vacciné s'expose à de graves risques.

DRÉPANOCYTOSE

Dans cette maladie héréditaire du sang, l'hémoglobine est anormale et provoque une grave anémie chronique. Elle affecte surtout les populations de race noire d'Afrique équatoriale ainsi que celles des Antilles et des États-Unis. Les personnes qui présentent cette anomalie de l'hémoglobine peuvent être « hétérozygotes » ou « homozygotes ». Dans le premier cas, elles possèdent le gène codant pour l'hémoglobine anormale en un seul exemplaire (l'autre étant normal), dans le second cas en double exemplaire (selon qu'elles ont hérité le gène d'un seul ou des deux parents).

Dans le premier cas, le sujet n'est pas lui-même malade, mais il est porteur du gène de la maladie et peut le transmettre à sa descendance. Dans le second cas, il est aussi transmetteur du gène, mais il est malade lui-même. La maladie se traduit par une anémie chronique et des crises douloureuses articulaires et abdominales mal tolérées, surtout chez l'enfant. Le traitement consiste en antidouleurs et surtout en transfusions.

E

ECCHYMOSE

C'est un épanchement de sang superficiel, plus communément appelé hématome ou « bleu ». L'ecchymose se traduit par une tache qui ne disparaît pas à la pression, dont la couleur évolue au fil du temps en quelques jours, du rouge au bleu, au jaune, au vert... à mesure que l'hémoglobine se transforme. Le plus souvent le bleu est dû à un traumatisme, et peut orienter vers une lésion sous-jacente comme une fracture. Il peut aussi parfois révéler une maladie comme un trouble de la coagulation.

Pour traiter une ecchymose, on dispose de peu de ressources : mettez des glaçons, dans un sac en plastique enveloppé dans un linge, posez-le sur l'ecchymose le plus vite possible après le choc. À défaut d'empêcher la formation du bleu, ça en limite sa constitution. Ensuite appliquez sans masser de l'Hémoclar.

ENCÉPHALITE

Comme son nom l'indique, l'encéphalite est une inflammation de l'encéphale. Elle peut être due à une bactérie, mais plus souvent à un virus. L'encéphalite peut compliquer l'herpès, les oreillons, la rougeole, la mononucléose infectieuse. Elle se traduit par de la fièvre, mais aussi par une somnolence ou des convulsions, voire un état confusionnel. À cela s'associe une raideur de la nuque en cas de méningite. Le diagnostic repose sur une ponction lombaire, voire un scanner. L'encéphalite virale guérit généralement sans séquelles, mais un coma profond ou des paralysies peuvent laisser de graves séquelles.

ÉPILEPSIE

L'épilepsie est la traduction clinique d'un dysfonctionnement cérébral en dehors de tout contexte fébrile. Il en existe plusieurs formes. La plus connue est la grande crise convulsive tonicoclonique. Elle débute toujours par une perte de connaissance avec une chute brutale. Le corps se raidit, puis apparaissent des secousses musculaires touchant les membres et la face, qu'on ne peut arrêter en maintenant les membres ; la crise, très impressionnante, dure de 30 secondes à 2 minutes. Les yeux sont révulsés, la respiration se bloque, puis reprend bruyante et difficile. Morsure de langue et perte des urines sont fréquentes. Puis l'enfant se détend et s'endort. Au réveil, il ne se souvient de rien.

L'épilepsie peut aussi se traduire simplement par une absence de quelques minutes si discrète qu'elle peut passer inaperçue ; c'est le « petit mal » plus fréquent chez l'enfant entre 5 ans et la puberté, et disparaissant par la suite. Durant la crise, l'enfant perd conscience pendant quelques secondes sans tomber, ne répond pas, ne bouge pas et son regard est fixe ; puis tout rentre dans l'ordre.
Le diagnostic repose sur l'électroencéphalogramme.

Ces deux types d'épilepsie n'ont souvent pas de causes organiques et répondent bien au traitement médicamenteux.

D'autres formes d'épilepsie généralisée ont un pronostic plus lourd tel que le syndrome de West ou spasme en flexion ou le syndrome de Lennox-Gastaux qui sont associés à un retard psychomoteur de degré variable.

D'autres formes d'épilepsie dite partielle ne touchent qu'une partie du cerveau ; leurs manifestations sont variables : mâchonnements, hallucinations visuelles ou auditives, déviation de la tête et des jambes voire, pendant le sommeil, des mouvements anormaux du visage et des cris gutturaux.

Le diagnostic repose aussi sur l'IRM ou le scanner cérébral. Les traitements sont en pleine évolution grâce à l'amélioration des techniques d'imagerie médicale.

La majorité des enfants épileptiques peut suivre une scolarité normale. La pratique d'un sport est possible si l'épilepsie est bien contrôlée, après avis d'un médecin. Attention aux jeux vidéo et à l'excès de télévision qui sont déconseillés car déclencheurs de crises. Cette maladie a de lourdes conséquences sur l'organisation de la famille.

ÉRYTHÈME FESSIER

La plupart des bébés sont, un jour ou l'autre, victimes de cette inflammation de la peau des fesses, durant leur première année. Souvent apparue d'un change à l'autre, l'éruption est, dans un premier temps, sèche et respecte les plis fessiers. Le siège apparaît très rouge. Si elle n'est pas traitée immédiatement, elle peut s'aggraver, macérer, se couvrir de petites vésicules, envahissant les plis qui peuvent être le siège de fissures. En quelques jours, en l'absence de traitement, une surinfection mycosique et/ou bactérienne s'installe, se traduisant par l'apparition d'un dépôt blanchâtre.

Comment l'éviter ? La toilette après le change doit être douce. On utilisera, au choix, de l'eau tiède et du savon ou des produits non irritants, puis rincez. Séchez toujours soigneusement, doucement et sans frotter !

Recouvrez largement les fesses de Bébé d'une couche protectrice de crème à base d'oxyde de zinc ou autre. Laissez-le les fesses à l'air aussi souvent que possible. En cas de mycose ou surinfection bactérienne, un traitement sera prescrit par le médecin.

F

FISSURES ANALES

Elles surviennent généralement chez un enfant constipé et se traduisent par l'apparition de traces de sang autour des selles ou sur le papier hygiénique. Chez l'enfant, ces fissures cicatrisent spontanément lorsque l'on améliore le transit par un régime et éventuellement un traitement médicamenteux. En ce qui concerne la fissure elle-même, après désinfection avec un antiseptique local, on peut y appliquer une pommade cicatrisante.

FONTANELLES

À la naissance, les os du crâne des bébés ne sont pas encore soudés. À leur jonction sur la ligne médiane, ils laissent persister deux petits espaces, l'un antérieur, l'autre postérieur, non recouverts par de l'os, mais seulement par de la peau. Ce sont les fontanelles. On les sent bien sous le doigt. Elles forment deux petites dépressions à fond souple qui donnent une impression de fragilité. L'antérieure a la forme d'un losange et se ferme vers 2 ans. La postérieure est plus petite et se ferme vers 3 mois. Lorsque l'enfant pleure, on sent la fontanelle se soulever sous le doigt. C'est tout à fait normal.

En revanche, un bombement persistant de la fontanelle est pathologique et nécessite une consultation urgente. La fontanelle peut être légèrement déprimée sans signification particulière ; en revanche, son affaissement témoigne d'une déshydratation.

G

GANGLIONS LYMPHATIQUES

Ce sont de petites masses arrondies, groupées sur le trajet des vaisseaux lymphatiques. Ils interviennent dans les mécanismes de défense immunitaire. Certains d'entre eux sont superficiels, et l'on peut parfois les palper sous la peau chez les enfants minces, au niveau de l'aine, du cou, de la nuque. D'autres, profonds, ne sont visibles qu'au scanner ou à l'échographie.

Quand survient une infection, les antigènes infectieux parviennent par le sang aux ganglions, ils activent les lymphocytes qui se multiplient pour participer à la défense de l'organisme contre l'agresseur. Quand les ganglions sont activés, ils augmentent considérablement de volume. On parle alors d'adénopathie. La présence d'adénopathie témoigne de la présence d'une infection sur le trajet du drainage lymphatique. Au niveau du cou par exemple : une angine, un abcès dentaire, une otite.

Au niveau de l'aine, cela peut survenir après une vaccination dans la cuisse, des piqûres de moustiques infectées ou des plaies au pied infectées. En cas de doute, le médecin demandera des examens complémentaires.

GLOMÉRULONÉPHRITE AIGUË

Cette maladie rénale est généralement une complication d'une infection due au streptocoque Beta hémolytique du groupe A, celle-ci pouvant être localisée dans la gorge (angine). La maladie rénale se déclare dans les 8 à 15 jours qui suivent l'infection. Elle se traduit par de l'œdème au niveau des paupières et des chevilles, une baisse de la sécrétion urinaire, de l'albumine dans les urines, une hypertension artérielle. Une hospitalisation est nécessaire pour surveiller l'évolution. Elle se fait généralement jusqu'à la guérison sans séquelle en 10 à 15 jours.

H

HAEMOPHILUS INFLUENZAE

L'haemophilus influenzae est une bactérie qui, chez l'enfant, est souvent à l'origine de rhinopharyngites, de bronchites, d'otites (40 % des otites de l'enfant), de laryngites et aussi de méningites. Seule la forme capsulée de l'haemophilus du type B provoque des infections graves (méningite, pneumonie). Le vaccin contre l'haemophilus a contribué à faire chuter considérablement le nombre de méningites sur les enfants de moins de 5 ans, cependant il n'endigue pas le risque d'otite à haemophilus du groupe non B.

HÉPATITE

Maladie du foie provoquée par un virus. Parmi les virus susceptibles de provoquer des hépatites, trois dominent chez l'enfant : le virus de l'hépatite A, le virus de l'hépatite B, le virus de l'hépatite C.

L'hépatite A est souvent discrète, au point parfois de passer inaperçue : léger ictère, fatigue. Cette hépatite n'est contagieuse que pendant sa phase aiguë. La contagion se fait par tout ce qui a pu être en contact avec des selles de malades (eau souillée, mains, mouches). Le plus souvent bénigne, elle n'évolue pas vers la chronicité. On conseille la vaccination chez l'enfant à risque.

L'hépatite B a des manifestations plus marquées et son évolution est plus grave que celle de l'hépatite A. Certains patients restent porteurs du virus et contagieux, même après la fin de la phase aiguë. La contamination se fait par le sang et le sperme. L'évolution peut parfois se faire vers la chronicité, voire le cancer du foie.

Une femme enceinte porteuse du virus peut le transmettre à son enfant à travers le placenta, dans 5 à 10 % des cas. À la naissance l'équipe médicale fait une injection d'immunoglobine puis on vaccine le nouveau-né. Si ces soins ne sont pas prodigués, l'infection se déclarera dans les 2 mois qui suivent sa naissance. Il n'existe aucun traitement contre l'hépatite B, la vaccination est la seule protection.

Comme pour le virus de l'hépatite B, le virus de l'hépatite C peut être transmis à l'enfant par sa mère à travers le placenta. C'est d'ailleurs le mode de transmission principal chez l'enfant. Il n'existe aucun vaccin contre l'hépatite C.

HERPÈS

Cette maladie est due à un virus (Herpes simplex), qui se transmet par contact avec une lésion d'herpès. La primo-infection (c'est-à-dire la première infection) à ce virus est une stomatite herpétique.

Elle est caractérisée par la survenue brutale d'une fièvre élevée, en même temps que des lésions ressemblant à des aphtes apparaissent, disséminées dans la bouche et sur les lèvres (boutons de fièvre) tandis que les gencives, rouges et congestionnées, saignent. La douleur gêne considérablement l'alimentation voire l'empêche totalement. Les troubles cessent spontanément en l'espace de 10 jours, mais en attendant, pour que l'enfant puisse se nourrir malgré la douleur, on prescrira une pommade anesthésique locale, un traitement à base d'aciclovir et de puissants antalgiques. L'épisode terminé, le virus reste présent à l'état latent dans l'organisme. Il ressortira à la première occasion (fièvre, fatigue, exposition au soleil…) pour donner le classique bouton ou « bouquet » d'herpès. On peut espérer faire diminuer la charge virale au bout de plusieurs dizaines d'années mais seulement par un traitement par voie générale et locale d'Aciclovir à chaque poussée.

Il existe aussi un herpès génital, dû à une autre sous-espèce de virus d'herpès. Si une femme est infectée par ce virus, il y a un danger par contact avec les lésions pour l'enfant au moment de l'accouchement, raison pour laquelle celui-ci se fait toujours par césarienne dans un tel cas, l'herpès du nouveau-né étant particulièrement grave.

HIRSCHPRUNG (MALADIE DE)

Il s'agit d'une maladie congénitale consistant en une anomalie de l'innervation motrice, dans la paroi du colon, juste au-dessus de l'anus. Il en résulte une paralysie de cette portion d'intestin et, faute de mouvements péristaltiques, une dilatation considérable de l'intestin avec accumulation des selles.

La maladie est révélée le plus souvent vers l'âge de 3 à 4 mois, voire plus tôt, par un abdomen distendu et une constipation opiniâtre suivie d'émission de selles très dures en très grande quantité. Le diagnostic se fait par lavement baryté. Le traitement chirurgical consiste à enlever la zone atteinte et à rétablir la continuité de l'intestin. On l'évoque à la naissance devant un retard à l'élimination du méconium.

HYDROCÈLE

Le testicule est enveloppé par une tunique en deux feuillets entre lesquels existe un espace. C'est ce que l'on appelle la vaginale.
À la naissance, chez près de 1 garçon sur 10, cet espace est rempli d'un liquide, c'est l'hydrocèle. Plus ou moins volumineux, cet épanchement est sans danger pour le testicule. Il peut être uni ou bilatéral, provoquant une augmentation des bourses d'un côté ou des deux qui peut être très impressionnant. Aucun traitement n'est nécessaire, l'hydrocèle disparaîtra spontanément au bout de quelques mois. En cas de persistance, on devra vérifier la présence de hernie associée, auquel cas une chirurgie serait indiquée.

HYPOTHYROÏDIE

Parfois un bébé naît avec une glande thyroïde qui ne sécrète pas ou trop peu d'hormone thyroïdienne, on parle alors d'hypothyroïdie congénitale. Autrefois, il fallait attendre les premiers symptômes d'insuffisance de la glande thyroïde pour faire le diagnostic : ralentissement de la croissance, difficulté de concentration, prise de poids, constipation…

Actuellement, il existe un test de dépistage systématique à la naissance (au 3e jour). Il est pratiqué en même temps que le test de Guthrie. En cas de positivité, le traitement peut être mis en route sans perte de temps. Il consiste en la prise quotidienne, et à vie d'hormone thyroïdienne. Votre médecin l'adaptera en fonction des résultats des examens biologiques.

I

ICTÈRE OU JAUNISSE PHYSIOLOGIQUE

Dans les premiers jours après la naissance, certains nouveau-nés, et plus particulièrement les prématurés, ont la peau jaune. La cause en est le plus souvent l'immaturité hépatique. Il est parfois nécessaire de traiter l'enfant par photothérapie.

En cas de taux trop important, la bilirubine devient dangereuse pour le cerveau et peut laisser des séquelles. Une exsanguino-transfusion peut s'avérer alors nécessaire. C'est souvent indispensable dans le cas d'une incompatibilité rhésus-fœto-maternelle.

IMPÉTIGO

Il s'agit d'une infection cutanée à streptocoque ou staphylocoque très contagieuse favorisée par le manque d'hygiène. Elle se caractérise par l'apparition de petites vésicules posées sur une peau rougie qui, en se cicatrisant, se transforment en croûtes jaunâtres épaisses. Ces lésions peuvent siéger sur tout le corps, mais avec une prédilection pour le pourtour du nez et de la bouche.

Le traitement consiste à désinfecter localement, avec un antiseptique à base de chlorhexidine, puis à appliquer une pommade antibiotique, mais souvent un traitement antibiotique par voie générale s'impose pour éviter l'extension et les récidives.

L

LARYNGITE (voir orl)

LEINER-MOUSSOUS (MALADIE DE)

Impressionnante mais sans gravité, cette complication rare d'un érythème fessier disparaît lentement après application d'une crème adaptée et en suivant une hygiène rigoureuse.

LYME (MALADIE DE)

Cette maladie infectieuse est due à la piqûre d'une tique, elle-même infectée par une bactérie spiralée (spirochète). Elle peut être contractée dans les régions boisées d'Europe, d'Amérique ou d'Australie. En France, elle est essentiellement répandue dans les sous-bois de la moitié nord du pays.

Après la piqûre, il peut survenir une rougeur puis un abcès local, une fièvre, des adénopathies et, au bout de quelques semaines, une immense fatigue ainsi que des douleurs articulaires. En l'absence de traitement antiobiotique, au fil des mois et des années des complications peuvent apparaître, parfois graves, cardiaques, neurologiques, des lésions cérébrales parfois, et laisser des séquelles importantes.

Un traitement antibiotique systématique administré dès la piqûre de tique est néanmoins déconseillé, sauf parfois dans les régions dont on sait qu'elles sont concernées par la maladie.

Il faut donc penser aux tiques et à la maladie de Lyme quand on va se promener dans les sous-bois, se protéger et surtout protéger les enfants des tiques tombant des arbres et des buissons : chapeau, manches longues et pantalon rentré dans les chaussettes sont de rigueur !

Il faut aussi, dès le retour de la promenade, faire l'inspection à la recherche de tiques. S'il y en a, à l'aide d'une pince à épiler, enlevez la tique en prenant bien soin d'enlever aussi le rostre, fiché dans la peau, puis désinfectez soigneusement. Surtout n'utilisez pas d'éther qui en endormant la tique la fait régurgiter et augmente ainsi le risque de transmettre la maladie. Ensuite, surveillez bien votre enfant, et si, dans les jours qui suivent, il présente une rougeur au point de morsure et des signes évocateurs d'une grippe avec fièvre et courbatures, consultez votre médecin en lui expliquant bien que ces symptômes sont apparus après une piqûre de tique. Il prescrira alors un traitement antibiotique qui permettra de guérir l'infection et d'éviter ainsi toutes ses complications.

M

MUCOVISCIDOSE

Elle se caractérise par le fait que, dans tout l'organisme, les glandes muqueuses secrètent un mucus anormalement épais et visqueux qui obstrue les bronches, mais aussi les canaux du foie et du pancréas. Il en résulte tout d'abord une gêne respiratoire considérable avec des infections bronchopulmonaires répétées, mais aussi une mauvaise digestion des graisses et des protéines, l'obstruction des canaux ne permettant pas le passage des enzymes. Il s'agit d'une maladie génétique relativement fréquente (un enfant sur 2000 en est atteint). Pour que la maladie se déclare, il faut que l'enfant ait hérité un gène de la maladie de chacun de ses deux parents, car lorsqu'il hérite le gène d'un seul d'entre eux, il est porteur du gène, mais non malade, c'est-à-dire qu'il est « porteur sain » comme ses parents.

Il existe maintenant des moyens de prise en charge de la maladie très bien codifiés qui permettent une vie normale prolongée jusqu'à l'âge adulte, mais la maladie reste cependant incurable à long terme. L'espoir réside dans les progrès de la thérapie génique.

O

OREILLONS

Cette maladie virale très contagieuse est devenue très rare depuis qu'existe la vaccination dans le cadre du vaccin ROR (rougeole, oreillons, rubéole) à l'âge de 1 an (rappel entre 3 et 12 mois). Le virus cible les glandes salivaires de l'enfant, qui se mettent à enfler considérablement et deviennent très douloureuses. Tout rentre cependant dans l'ordre après une dizaine de jours. Il n'existe pas de traitement.

Les oreillons peuvent exceptionnellement se compliquer et provoquer une surdité si l'atteinte est bilatérale. Chez l'adolescent, une semaine après le début des oreillons, le virus peut atteindre le testicule (orchite ourlienne). Plus rarement, ce virus peut provoquer une méningite, une encéphalite, pancréatite ou ovarite chez les filles.

OXYURES

Quoi de plus banal que les vers chez un enfant ? L'oxyure est un tout petit ver blanc que l'on repère facilement sur les selles, bien qu'il ne mesure que quelques millimètres. Les oxyures ont le cycle suivant : les adultes sont installés dans l'intestin ; lorsqu'elles sont fécondées, les femelles descendent ensuite jusqu'à l'anus à travers lequel elles se faufilent pour venir pondre leurs œufs (la nuit) sur ses marges, des centaines d'œufs à chaque fois. Si l'enfant porte son doigt à sa bouche après s'être gratté l'anus, il se réinfeste. En descendant le long du tube digestif, les œufs deviennent larves puis adultes dans l'intestin, et le cycle recommence. Chaque cycle dure de 3 semaines à 1 mois.

Les œufs qui sont pondus à la marge de l'anus de l'enfant peuvent, à partir de ses mains, de son linge, de ses jouets, de sa vaisselle, se disséminer dans l'environnement et infester d'autres enfants et ses parents.

En général, c'est le fait que l'enfant se gratte la région anale la nuit qui fait évoquer le diagnostic à la mère. Il peut, par ailleurs, se plaindre de maux de ventre, de fatigue... Il peut aussi être nerveux ou bien insomniaque.

Pour confirmer le diagnostic : le classique « scotch test » est très rarement utilisé.

→ **Pour éradiquer cette parasitose**
- D'abord des consignes d'hygiène : ongles courts, mains lavées régulièrement.
- En ce qui concerne le traitement proprement dit, il existe plusieurs médicaments très efficaces, mais pour qu'ils le soient vraiment, il faut traiter toute la famille et traiter de nouveau toute la famille au cycle suivant, deux semaines plus tard.

P

POLIOMYÉLITE (VACCIN)
De nos jours, dans les pays occidentaux où la vaccination contre la poliomyélite est généralisée, la maladie a été endiguée. Mais, elle continue à faire des ravages dans les régions où la couverture vaccinale est insuffisante. Il existe donc un risque d'y contracter la maladie. La contamination se fait essentiellement par l'ingestion d'eau ou d'aliments souillés. On peut contracter la poliomyélite à tout âge, mais on y est exposé surtout entre 2 à 5 ans. Le plus souvent, la maladie se résume à un syndrome de type grippal avec de forts maux de tête, mais dans un certain nombre de cas, des paralysies s'installent au bout de quelques jours de fièvre. Elles s'accompagnent rapidement d'atrophie musculaire.

La vaccination protège contre la maladie, si elle est complète (3 injections espacées de 1 mois au cours de la première année de vie, un rappel 1 an après et puis tous les 5 ans).

PURPURA RHUMATOÏDE
Dans le purpura, du fait d'une fragilité des vaisseaux capillaires, du sang apparaît sous la forme de taches sous la peau. Ces taches, qui peuvent recouvrir tout le corps, ont la propriété de ne pas s'effacer sous la pression des doigts comme c'est généralement le cas dans les éruptions cutanées.

Dans le purpura rhumatoïde, cette fragilité vasculaire se manifeste aussi dans les articulations (douleurs et gonflement), dans les reins (du sang apparaît dans les urines), au niveau de l'appareil digestif (maux de ventre, vomissements, sang dans les selles...). Elle s'accompagne aussi de fièvre. Le purpura rhumatoïde touche les enfants entre 2 et 8 ans. Sa cause est mal connue ; il peut s'agir d'une manifestation immunologique. Devant de tels symptômes, vous devez appeler votre médecin pour qu'il fasse des examens de sang afin d'éliminer une autre cause de purpura potentiellement grave : la méningite.

Les symptômes du purpura rhumatoïde durent de quelques jours à 6 semaines, parfois en plusieurs épisodes espacés. Aucun traitement n'est nécessaire, l'évolution se faisant généralement vers une guérison sans séquelle.

R

RACHITISME
Il est dû le plus souvent à une carence en vitamine D (voir p. 178). Il commence à se manifester chez le bébé carencé, vers l'âge de 5 à 6 mois. Les os, faute de calcification suffisante deviennent mous et se déforment : les os des jambes deviennent arqués, les poignets et les chevilles s'épaississent, les fontanelles tardent à se fermer, les os du crâne restent souples. La radiographie confirme le diagnostic de même que les examens du sang qui montrent un taux de calcium normal ou diminué, un taux de phosphore bas, des phosphatases alcalines élevées. Le traitement repose sur l'administration de vitamine D, à des doses plus fortes que pour la prévention.

RHUME DE HANCHE
Autrement appelé « synovite aiguë transitoire », le rhume de hanche est fréquent chez l'enfant entre 3 et 12 ans. L'enfant se met soudain à boiter, souvent dans les 2 semaines qui suivent une rhinopharyngite. Il peine à marcher et se plaint de sa hanche. Une légère fièvre est possible. Devant de tels symptômes, il convient d'appeler le médecin pour qu'il confirme le diagnostic et élimine d'autres causes possibles de douleurs de hanche par des examens d'imagerie (échographie, radiologie) et par une prise de sang si nécessaire.

Le rhume de hanche est dû à l'inflammation de l'articulation, avec la présence d'un épanchement de cette même articulation. Si le diagnostic est confirmé, le médecin prescrira à l'enfant des antalgiques (acide acétyl salicylique) et vous conseillera de le mettre au repos au lit pendant quelques jours. L'enfant évoluera vers une guérison sans séquelle. Une radio de contrôle est nécessaire, 1 à 2 mois plus tard, pour vérifier l'absence de séquelles.

S

STRIDOR

C'est le nom donné à un bruit particulier que font certains enfants en respirant, dans certaines circonstances et dans certaines positions (on l'entend plus quand il est couché sur le dos que sur le ventre) ou en permanence chez certains. On l'entend surtout à l'inspiration. C'est une sorte de sifflement aigu, plus marqué quand l'enfant est excité ou présente une infection respiratoire. Ce phénomène est dû au fait que le larynx est mou et se rétracte pendant la respiration. Le diagnostic est confirmé par la laryngoscopie. Le stridor est le plus souvent bien toléré, mais des troubles de la déglutition peuvent être responsables de fausses routes et d'infections pulmonaires. Il est souvent aggravé par un reflux, auquel cas un traitement anti-acide doit être prescrit. En général, le stridor s'estompe vers 15 à 18 mois.

SYNCOPE

Il s'agit d'une perte de connaissance brutale et brève due à une baisse momentanée de la circulation (et donc de l'oxygénation) cérébrale. On la désigne souvent sous le terme vague de « malaise ». Les causes des syncopes sont multiples chez l'enfant : le « spasme du sanglot » (voir encadré p. 259), fréquent chez le bébé et bénin, en est une.

Les syncopes dites « vago-vagales » sont aussi fréquentes chez l'enfant. Elles surviennent dans un contexte de stress : chaleur, émotions, douleur, peur, surtout si s'y ajoute une station debout prolongée. Il existe des signes annonciateurs : sueurs, pâleur, état nauséeux, voile noir devant les yeux. Il suffit généralement de coucher l'enfant quelques minutes et tout rentre dans l'ordre…

Autre cause fréquente et bénigne, assez proche de la précédente pour ce qui est des circonstances de survenue : la syncope orthostatique, provoquée par la station debout prolongée ou par un lever brusque à partir de la position couchée.

D'autres syncopes peuvent avoir des causes plus graves, comme celles liées à un problème cardiaque. D'où la nécessité, après une syncope, de consulter un cardiologue pour qu'il fasse un électrocardiogramme sur 24 heures (Holter) et un réflexe oculocardiaque, qui généralement permettra de savoir.

La crise convulsive ou l'épilepsie sont, dans certains cas, si proches de la syncope qu'on peut les confondre (surtout a posteriori quand on n'y a pas assisté soi-même).

Dans le doute, c'est un examen neurologique qui permettra de conclure.

SYNDROME PIED MAIN BOUCHE

Ce syndrome, que l'on rencontre fréquemment chez les enfants de moins de 5 ans, est caractérisé par l'apparition d'aphtes douloureux dans la bouche, suivie 24 heures plus tard de celle de petites vésicules au niveau de la paume des mains et de la plante des pieds. On observe parfois une légère fièvre.

Ce syndrome, sans gravité, donne lieu à de petites épidémies en été ou à l'automne. Il est dû à un virus (Coxsackie). Les vésicules disparaissent en quelques jours. Le seul problème est celui des aphtes qui persistent plus longtemps et peuvent être douloureux, empêchant l'enfant de manger. On peut lui donner du paracétamol, voire un antalgique à base de codéine. Le faire boire beaucoup en évitant les boissons acides.

T

TÉTANOS (VACCIN)
Maladie infectieuse due à un bacille (le bacille de Nicolaïer) qui secrète une toxine à l'origine des manifestations du tétanos.

De nos jours, dans les pays occidentaux où la vaccination est généralisée (vaccin triple associé DTP), la maladie a pratiquement disparu. Elle continue en revanche à faire des ravages dans les pays où la couverture vaccinale est insuffisante.

Le bacille du tétanos est omniprésent sous forme de spores dans la terre. Il pénètre dans l'organisme par une plaie, où il se multiplie et libère sa redoutable toxine. Celle-ci provoque d'intenses contractures de tous les muscles et nécessite des soins complexes en réanimation. L'évolution étant grevée d'une très forte mortalité et de séquelles graves, on ne saurait trop souligner la nécessité de la vaccination.

Si votre enfant se blesse et si vous n'êtes pas certain à 100 % de son statut vaccinal, consultez immédiatement un pédiatre. Il nettoiera soigneusement la plaie, vérifiera le carnet de vaccination, et si un doute subsiste ou si le dernier rappel remonte à plus de 5 à 10 ans, il fera un rappel de vaccin et simultanément une injection d'immunoglobuline antitétanique.

TORTICOLIS
Le torticolis désigne un certain degré d'inclinaison latérale de la tête, douloureuse ou non. Il est dû à des contractures des muscles du cou. Il y a tout d'abord le torticolis congénital. Bien qu'il soit présent à la naissance, on ne le découvre souvent qu'au bout de quelques semaines. Il est dû à une rétraction du muscle sterno-cléido mastoïdien lors d'un accouchement particulièrement difficile (forceps). Plus tard, les causes de torticolis sont nombreuses ; neurologiques, musculaires, osseuses, voire ophtalmologique. Alors, une consultation s'impose.

TOXOPLASMOSE
La toxoplasmose est transmise par les chats. Le danger réside lorsqu'une femme enceinte non-immunisée est contaminée. En effet, elle peut transmettre la parasite au fœtus. En fonction de la virulence du parasite et de l'avancée de la grossesse, les conséquences diffèrent.

En début de grossesse, le médecin peut conseiller un avortement. Le risque maximal pour le fœtus se situe lorsque la contamination a lieu entre la 10e et la 16e semaine de grossesse. Les risques sont alors considérables pour le fœtus : hydrocéphalie, retards mentaux, allant parfois jusqu'à la mort *in utero* ; fausse couche.

Si vous avez des doutes sur votre immunité face à la toxoplasmose, consultez sans hésiter et rapidement un spécialiste.

V

VÉGÉTATIONS
Situées dans les fosses nasales mais non visibles, elles disparaissent avec le temps mais elles peuvent être volumineuses au point de gêner la respiration nasale : l'enfant ronfle, respire par la bouche, parle du nez, souffre de rhinopharyngites et surtout d'otites à répétition. Pour ces raisons on peut envisager leur ablation (adénoïdectomie) à partir de 18 mois. Il s'agit d'une intervention bénigne.

VERRUES
Ces petites excroissances cutanées bénignes que tout le monde connaît sont dues à un virus. Elles apparaissent surtout sur les mains, les pieds et la face. Habituellement, elles disparaissent en quelques mois, mais persistent parfois plusieurs années en l'absence de traitement.

On trouve en pharmacie des produits allopathiques ou homéopathiques permettant de s'en débarrasser. En cas d'échec ou si les verrues gênent l'enfant, si par exemple elles sont situées sur le visage, on peut faire appel à un dermatologue qui les éliminera par cryothérapie.

Les verrues situées sur la plante des pieds (verrues plantaires) sont très particulières parce que, écrasées par le poids du corps, elles se développent en profondeur et peuvent être parfois très douloureuses à l'appui et à la marche. Le traitement est le même que pour toutes les verrues.

VIH/SIDA : INFECTION PÉRINATALE PAR LE VIH (VIRUS DE L'IMMUNODÉFICIENCE HUMAINE)

L'infection par le VIH (virus du Sida) chez l'enfant est, dans la quasi-totalité des cas, transmise par la mère, soit pendant la grossesse, soit pendant l'accouchement, voire au cours de l'allaitement.

L'infection ne donne lieu à aucun symptôme chez l'enfant à la naissance. Seuls des examens sanguins pratiqués dès la naissance et l'existence d'une séropositivité chez la mère, permettent d'évoquer le diagnostic. On évalue de 1 000 à 2 000 en France, chaque année, le nombre de femmes qui commencent une grossesse en étant infectées par le VIH ; les trois quarts de ces femmes poursuivront leur grossesse.

Le pronostic des enfants séropositifs s'est considérablement amélioré depuis que l'on traite les femmes enceintes séropositives et leur nouveau-né : en l'absence de traitement, environ 30 % des enfants naissaient infectés par le VIH. Sous l'influence du traitement, ce pourcentage est tombé à moins de 2%... d'où l'importance de la recherche systématique du VIH chez les futures mères. Le fait d'accoucher les femmes séropositives par césarienne plutôt que par voie basse a aussi contribué à la baisse du nombre de contaminations. Une femme séropositive ne devra pas allaiter car le virus passant dans le lait maternel risque de contaminer un enfant sain.

Chez le nouveau-né, une sérologie positive peut avoir deux significations très différentes, et le diagnostic d'infection par le VIH est difficile :
- les anticorps détectés chez l'enfant peuvent être soit d'origine maternelle (transmis à travers le placenta), l'enfant lui-même n'étant pas infecté, soit d'origine fœtale ce qui implique qu'il est infecté ;
- si l'enfant est infecté, au cours des mois qui suivent la naissance, les taux d'anticorps vont persister au fil des mois, voire augmenter. En revanche, s'il n'est pas infecté, les taux d'anticorps vont diminuer progressivement, jusqu'à s'annuler, dans les 12 à 18 mois qui suivent la naissance.

Il existe un certain nombre de tests de dépistage qui seront pratiqués vers 2 mois (culture du virus, antigénémie) qui, s'ils sont positifs témoignent précocement de la présence du virus et prouvent la réalité de l'infection. Auquel cas il n'est pas nécessaire d'attendre plusieurs mois l'évolution de la sérologie pour confirmer ou infirmer l'infection.

W

WEST (SYNDROME DE)

Autrement appelé « spasme en flexion » ou « spasme infantile » est une forme d'épilepsie que l'on rencontre chez le nourrisson de moins de 1 an. On observe un raidissement soudain du tronc, du cou, des membres, puis un fléchissement de la tête. Le diagnostic se fait par l'électroencéphalogramme qui révèle l'épilepsie. Un examen par scanner ou IRM cérébral doit suivre, car parfois ce syndrome est le révélateur d'une lésion sous-jacente.

Le pronostic dépend de l'existence ou non d'une lésion cérébrale avancée.

X

X FRAGILE (SYNDROME DE L')

Cette maladie génétique, liée à un défaut du chromosome X, est la cause la plus fréquente de retard mental héréditaire. Comme son nom l'indique, ce syndrome est lié au fait que celui qui en est victime est porteur d'un site anormal dit « fragile » sur son unique chromosome X, s'il s'agit d'un garçon (qui ne possède qu'un chromosome X, l'autre étant un Y), ou sur l'un de ses deux chromosomes X, s'il s'agit d'une fille (qui possède deux X, hérités l'un de son père l'autre de sa mère).

La maladie se révèle vers l'âge de 2 ans au moment de l'acquisition du langage.

Les parents peuvent bénéficier d'un conseil génétique et d'un dépistage prénatal.

Index

A

Accidents domestiques, 170-171, 397
Accouchement, 14-20, 28,
  avant terme, 22, 24
  préparatifs, 14
  préparation à l'–, 15, 31, 211
voir aussi « Haptonomie »
Acides gras essentiels, 121, 147, 182-183, 206-207, 236
Adoption, 110-111, 412-414
Aération, 49, 74-75, 81, 213, 297, 337
AFSSA, 132, 177
AFSSAPS, 189
Agressivité (de Bébé), 200, 204, 212, 250, 254, 280, 304, 311, 313, 330, 347
Aîné, 154, 302, 304
Aire de jeu, 243, 287, 289
Aisselles, voir « Soins »
Alcool (consommation d'–), 24, 41, 49, 51, 74, 250
Alimentation du bébé, 367-374
Aliments allergisants, 87, 121-122, 145-147, 176, 185, 208, 389-390
Allaitement, 17, 32-33, 37, 50-52, 66, 85, 250, 358-359
  alimentation de la mère pendant l'–, 51, 74-75
  mixte, 50, 52, 95
Allergies, 388-391
  aux acariens, 48-49, 75, 213, 283, 388-389
  aux moisissures, 49, 213, 388
  aux poussières, 48, 75
  cutanées, 261, 388, 391
  familiales, 75, 105, 147, 208
  respiratoires, 388-389
voir aussi « Aliments allergisants »
Allergologue, 388, 390
Allocation(s), 194, 415-417
Alternance jour/nuit, 56-57, 89, 113
Ambidextre, 321
Amblyopie, 139, 187, 262-263.
Aménorrhée, 22
Ami imaginaire, 335

Amnésie infantile, 249, 285
Amniocentèse, 41
Amygdales, 420
Anémie
  de la mère, 21, 180
  du bébé, 158, 180-181, 384
Angine, 386, 393-396
Angiome, 187, 420
Angoisse
  de la mère, 15, 26, 29, 40, 54-55, 65, 72-73, 224, 340, 342
  des parents, 24, 31, 98, 342
  du bébé, 109, 165, 168, 204, 250, 259, 273, 290-291, 303, 320, 326, 336
Animal de compagnie, 49, 75, 282-283, 326
Anneau de bain, 231, 253
Anneau de dentition, 133, 149
Anniversaire, 234-235, 252, 293, 339
Anorexie, 147, 317, 331
Aphte, 420
Apnée, 157, 259
Appendicite, 383
Arnica, 83, 105, 165, 261
Arrière-grands-parents, 174, 232-234
Assistance médicale à la procréation, 154
Association d'idées, 215
Asthme, 75, 116-117, 283, 357, 388-390
Astigmatisme, 262
Atopie, 388
Atrésie, 27, 40
Attelle, 378
Audiogramme, 306
Audition, 71
  contrôle de l'–, 38, 139, 187, 295, 306, 347
  troubles de l'–, 63, 139, 150-151, 187, 245-246, 339, 347
Autisme, 354, 420
Autoérotisme, 200-201
Automédication, 260-261
Autorité (des parents), 184, 196-197, 199, 202-204, 233, 274, 276-277
Auxiliaire de puériculture, 34-35, 37, 50, 102, 218, 254, 279, 344
Auxiliaire de vie scolaire, 410

B

Baby blues, 29, 47, 72-73, 94
Baby-sitter, baby-sitting, 129, 185, 273
Bac à sable, 239, 243, 289, 399
Baigneur, 252, 309
Baignoire, 59, 164, 231
Bain, 35-37, 58-59, 164, 189, 230-231, 361
Balle, 93, 210, 242, 253, 269
Ballon, 156, 165, 191, 221, 241-242, 363, 365-366
   gros –, 93, 211, 219, 308
Bandage, 378-379
Baptême, 142-143
Barrière, 164, 170-171, 193, 197, 242-243, 398
BCG, 82, 338, 376-377
Bébé gym, 156-157, 211, 255
Bébé inconsolable, 54-55
Bébé nageur, 101, 156-157
Bébé secoué, 70, 79-80, 127, 130, 249
Bébés entre eux, 141
Bec-de-lièvre (fente labiale, fente palatine), 40, 194
Bégaiement, 307, 421
Berceau, 46, 48, 75, 88, 91
Bêtises, 171, 274-275, 294, 297
Biberon, 52, 132, 273
   d'eau, 53, 104, 117, 159, 286-288
   nombre de –, 13, 45, 77, 107
   préparation des –, 39, 52-53, 75, 122, 360
   sein ou –, 32-33, 41, 50-52
Bilan de santé, 38-39, 163, 186-187, 265, 280, 294-295, 321, 346-347
Bilan péridural, 17
Bilinguisme, 137, 167, 244-245, 247
Bio, 176-177, 183, 189, 236, 318-319, 325
Bisphénol A (BPA), 52, 132
Bonhomme têtard, 329, 340
Bosse, 261, 275
Bouche-à-bouche, 379-380
Bouchon muqueux, 16
Bouée gonflable (accouchement), 17, 29
Bromocriptine, 85
Bronchiolite, 49, 116-118, 151, 357, 392
Bronchite, 49, 87, 158, 225, 297, 357, 388, 391
Brûlure, 260, 375, 381, 397

C

Caca, 270-271, 345
Cadet, 304-305
Café, 51, 75, 100, 358
Cahier de vie, 345
Calcium, 43, 121, 179-181, 209, 237, 319, 347, 429
Calendrier vaccinal, 39, 83, 376-377
Cancer, 69, 83, 189, 295
Cantine, 340, 343, 347
Carence (bébé), 121, 390
   en acides gras, 182, 206
   en fer (martiale), 121, 132, 150, 206
   en oligoéléments, 180-181
   en vitamines, 179-180, 429
Carie dentaire, 122, 148-149, 356, 421
Carnet de santé, 39, 83, 129, 145, 185-186, 261, 281, 294, 316
Caryotype, 175
Castration (angoisse de la –), 277, 328
Cataracte, 63, 69, 90-91, 263, 296
Cauchemars, 273, 280, 321, 326, 354
Cécité, 79
Ceinture de sécurité, 68, 401
Célibataire, solo, 17, 205, 331
Céphalées, 421
Céréales, 122, 179-181, 293, 318-319
Cérumen, 212, 231
Cerveau, 89-91, 108-109, 182-183, 248-251
   et alimentation, 121-122, 182-183, 236
   et sommeil, 56, 89
   lésion du –, 70, 79, 127, 130, 159
Césarienne, 18-21, 26, 52, 154
Chaise haute, 164, 171, 193, 211, 367, 397-398
Chambre, 46, 48-49, 57, 88-89, 158-159, 173, 204-205, 304, 336-337, 398
Change, 35-37, 49, 58-59, 133, 189
Chansons, 63, 71, 141, 169, 228, 231, 247, 256-257, 345
Châtiment corporel (fessée), 197, 275
Chaussures, 217, 238, 253, 280, 324-325, 348-349
Cheveux, 35-36, 59, 174-175, 230-231, 296
Choanes, 27
Chromosome, 174, 432
Chute, 49, 159, 165, 171, 211, 215, 217, 220, 243
Circoncision, 143, 265

Classe, 279-280, 342-346
Club de jeu, 71
Coalescence, 265
Colère, 169, 205, 218, 249, 258-259, 269, 291, 293, 297, 309, 312-313, 327
Coliques du nourrisson, 55, 60, 80-81, 104, 389
Colostrum, 33, 358
Complexe d'Œdipe, 203, 277, 328-329
Congé
  de maternité, 94, 96-97, 102
  de paternité, 47, 97, 277
  parental, 96-97, 128, 255
  pour suites de couches pathologiques, 94
  sabbatique, 96
Conjonctivite, 150, 261-262
Consonnes, 109, 139, 244, 306-307
Constipation, 60, 176, 206, 266, 389
Contraception, 85, 222, 232
Contraction, 16-20, 28-29
Convulsions, 43, 81, 83, 119, 386, 422
Coqueluche, 82-83, 105, 338, 376-377, 422
Cordon ombilical, 26, 361, voir aussi « Soins »
Corps étranger (estomac, nez), 379-380
Cortisone, 265, 392
Cosleeping, 314
Couchage (position de –), 49, 74, 93, 115, 185, 362
Couches, 157, 188, 265, 270
Couleur, 38, 63, 71, 91, 164, 287, 323, 336-337
  des cheveux, 172, 174-175
  des yeux, 91, 172, 174-175
Coup de chaleur, 401
Coups, 261
Courbe(s), 145, 186
  de poids, 38-39, 86, 294, 317
  de taille, 186, 294, 317
  d'IMC, 186, 292, 294, 316-317
Courses, 173, 176, 286-287
Coussin d'allaitement, 51
Couvade, 30
Couveuse, 21, 23-25, 37-38, 65
Crampes des intestins, 55, 80
Crèche, 95, 102-103, 195, 212, 247, 255, 279-281, 340, 344
  alimentation à la –, 292-293, 318
  maladies à la –, 118, 151, 158
  sauvage, 124, 254
Crème
  hydratante, 43, 231, 361, 365
  kératolytique, 36
  solaire, écran total, 68, 158, 349, 365
Crevasses (seins), 32-33, 50-51, 358
Crise du 9ᵉ mois, 168-169
Croissance, 39, 121, 178-181, 207, 317-319, 347
  hormone de, 56, 61, 89, 113
  lait de –, 177, 236, 293
  retard de –, 20, 179, 181, 347
Croûtes de lait, 36, 105, 361
Cryothérapie, 431
Cubes, 93, 161, 163-164, 193, 221, 242, 252, 339, 363
Cuillère (utilisation de la), 123, 137, 144-147, 158, 163, 170, 198, 221, 241
Cuir chevelu, voir « Soins »
Cuisson vapeur, 107, 145-146, 177, 237, 319, 367
Cyanose, 117, 151, 391, 422
Cystite, 396
Cytomégalovirus (CMV), 422

D

Dartres, 59
Décalottage, 36, 212, 264, 295
Décès (d'un proche), 326-327, 421
Déficience mentale, 222, 250, 354
Dégénérescence maculaire rétinienne, 296
Délivrance, 19, 26
Démangeaisons, 261
Dents, 115, 144-145, 148-149, 181, 200, 206, 295, 300, 355-356, 363, 421
  brossage des –, 148-149, 231, 266
Dentiste, 149, 355-356
Dénutrition, 207, 386
Dépression du post-partum, 72-73
Dermatite atopique, 391
Désensibilisation (allergie), 388
Déséquilibre hormonal (de la mère), 73
Déshydratation, 53, 81, 117-119, 384, 386-387, 392, 394, 401-402, 423
Desquamations, 361
Dessin, 253, 284-285, 309, 323, 339-342, 346, 355
Dessin animé, 273, 296, 310-311, 333
Détresse respiratoire, 22, 41, 391-392
Développement
  psychoaffectif, 131, 201, 222-223, 252, 295, 355
  psychomoteur, 23, 127, 136, 187, 274, 277, 295, 347
Diabète, 24, 147, 317, 384, 423
Diarrhée, 105, 117-119, 122, 261, 360, 385-387, 423
Diphtérie, 82, 338, 376-377, 423
Distance, 63, 90, 138, 163
Diversification alimentaire, 120-122, 144-145, 147, 176, 183, 198, 208, 368
Divorce, séparation, 99, 204, 406-407
Dizygotes, 154
Doudou, 17, 48, 75, 88-89, 115, 130, 169, 229, 266-267, 282, 320, 333, 345
Douleurs articulaires, 317, 423, 427
Drains transtympaniques, 150
Drépanocytose, 384, 423
Droitier, 321
DTCP, DTP, 376
Dysphasie, 307

E

Eau, 209, 426
  du robinet, 266, 293
  minérale, 52, 147, 266, 293, 360, 400
Eau de chaux officinale, 81
ECBU, 385, 396
Ecchymose, 424
Écharpe de portage, 68-69, 152
Échographie, 17-18, 40-42, 265, 295
Éclairage, 89, 91, 224, 263, 314, 336-337, 398
École maternelle, 255, 278-281, 339-340, 342-348
Écriture, 321, 345-346
Eczéma, 145, 187, 391, 395
Éducation sexuelle, 329
Embolie, 21
Empoisonnement, 381
Encéphalite, 394, 424, 429
Endormissement, 89, 113-114, 130-131, 198, 224-225, 272-273, 314, 363
Endorphines, 28
Enfant roi, 330-331
Engorgement mammaire, 32
Ennui, 55, 69, 109, 115, 228, 280, 301, 311
Épiglottite, 393
Épilepsie, 79, 386, 422, 424, 431, 433
Épisiotomie, 17, 19, 28-29, 98, 126
Érection, 264, 300
Érythème fessier, 425
Essoufflement à l'effort, 317
Examens biologiques, 384
Exanthème subit, voir « Roséole »
Exhibitionnisme, 329
Expulsion, 19, 26

F

Faim, 32, 43, 57, 74, 88, 114-115, 121, 200, 249, 258, 317, 339, 386
Famille, 46, 66-67, 174-175, 202, 290, 303, 415
  d'adoption, 110-111
  élargie, 29, 32, 47, 80, 124, 184, 202-203, 235, 349
  recomposée, 154, 205
Farines, 122, 145, 206-207, 273, 370
Fatigue
  de la mère, 20-21, 72, 98-99
  des parents, 95, 154, 173
  du bébé, 93, 115, 132, 180, 225, 231, 258, 280, 314-315, 384, 392, 396
Fausse route, 209, 242
Favoritisme, 204
Féculents, 177, 273, 293, 318-319
Feng Shui, 336-337
Fente labiale, fente palatine, voir « Bec-de-lièvre »
Fer, 121, 147, 158, 177, 179-181, 206-207, 236, 347
Fièvre, 80-81, 116, 119, 261, 366, 375, 385
Figure maternelle, 66
Figure paternelle, 205
Fissures anales, 425
Flatulences, 20, 206
Fluor, 149, 180-181
Fluorose, 149
Fœtus, 26, 62, 65, 108, 179, 194, 250, 382, 422
Fontanelles, 38, 250, 425
Fossette sacro-coccygienne, 38, 42
Fratrie, frère, sœur, 46-47, 79, 155, 159, 172, 194-195, 204-205, 291, 297, 302-305, 340, 410
Fruits, 120-123, 145-147, 176-177, 179-181, 209, 236-237, 293, 316-319, 420
  jus de –, 122, 145, 207, 266, 293

G

Ganglions lymphatiques, 426
Garde, 95-96, 101-103, 124, 128, 173, 255, 267, 419
  à domicile, 95, 101, 103, 158, 169, 254-255, 267
  alternée, 205
  partagée, 95, 103, 277, 406
Gastroentérite, 83, 87, 116, 118-119, 261, 381, 383, 386
Gaucher, 321
Gencives, 41, 133, 148-149, 266, 375
Gland, 212, 264, 295
Glande(s)
  hypophyse, 33
  muqueuses, 428
  salivaires, 428
  sébacées, 42, 105
  surrénales, 54
  thyroïde, 181, 426-427
Gluten, 122, 368, 370
Graisses, 122, 293, 319, 347
Grammaire, 306, 324, 339
Grand-mère, 55, 66-67, 103, 184, 232-233, 327
Grand-père, 174, 184-185, 205, 232, 327
Grands-parents, 47, 105, 128, 184-185, 194-195, 232-234, 237, 291, 305, 342
Gribouillages, 221
Grippe, 116, 261, 287, 376, 385, 395
Grossesse, 16, 22-23, 29, 40-41, 49, 65, 72-73, 85, 179, 182-183, 194, 250, 302-303
  multiple, 24, 154, 172
  tardive, 154
Groupes de parole (pères), 31

H

Haemophilus influenzae B, 82-83, 150-151, 338, 376, 426
Halte-garderie, 254-255, 308
Handicap, 194-195, 409-410
Haptonomie, 31, 63, 65
Hémiplégie, 79
Hémisphère droit, gauche, 249, 257
Hépatite, 426
  A, 426
  B, 82-83, 338, 376-377, 426
  C, 426
Hernie
  diaphragmatique, 41
  inguinale, 382
  ovarienne, 382-383
Herpès, bouton de fièvre, 265, 420, 424, 427
Hétéroérotisme, 201, 300
Hétérozygote, 172, 423
Hirschprung (maladie de), 427
Homéopathie, 81, 261
Homozygote, 172, 423
Horloge interne, 113-114, 120
Hospitalisation (bébé), 22, 24, 117-119, 151, 290-291, 381, 383, 387, 418
Huile
  alimentaire, 147, 179, 182-183, 236-237, 319
  de massage, 60-61, 231, 361
  essentielle, 60
Humidificateur, 43, 48
Humidité de l'air, 48-49, 62, 117, 213
Humiliations, 271
Hydrocèle, 264, 427
Hyperactivité, 313, 347
Hypermétropie, 262-263
Hypoallergénique, 231, 391
Hypoglycémie, 53, 118
Hypothyroïdie, 427

I

Ibuprofène, 119, 261, 375, 395
Ictère (jaunisse), 38, 426, 428
Identité sexuelle, 301, 328
Image (dans un miroir), 109, 131, 163, 192, 221, 296, 301
Imagier, 228, 244, 246
Imaginaire, 226-227, 246, 289, 308, 320-321, 332-335, 349
IMC, 145, 147, 186, 239, 292, 294, 316-317
Imitation, 57, 79, 109, 141, 164, 167, 235, 246, 253, 275, 308-309, 320
Imperforation de l'anus, 40
Impétigo, 428
Inceste, 277, 335
Incompatibilité rhésus, 24, 427
Infection urinaire, 119, 396
Infertilité, 110, 154, 295
Inné ou acquis, 64, 172, 249
Insolation, 400
Insomnie, 72, 115, 346, 389
Instinct maternel, 28, 64-66
Interdits (limites), 125, 197, 199, 218, 221, 243, 274-277, 292
Internet, 47, 177, 228, 233, 257, 286, 419
Intimité
  avec Bébé, 20, 29, 46, 58, 64, 85, 304
  de Bébé, 155, 270, 335, 329
Intoxication, 378, 397, 403
Invagination intestinale aiguë, 382

J

Jalousie, 128, 195, 203-204, 291, 301, 303-304, 328
Jardins d'enfants, 245, 247, 255, 281
Jaunisse, voir « Ictère »
Jouets, 93, 131, 156, 162-165, 193, 235, 238, 252-253, 304, 309, 320, 337, 363-365
Jumeaux, 26, 132, 154-155, 172-173, 175, 418

K

Kangourou (méthode), 23, 25
Kinésithérapeute, 61, 357
Kinésithérapie, 117, 387, 409

L

Label, 177, 183, 318
Lactation, 32-33, 50, 52, 85
Laitages, 120-121, 123, 147, 180-181, 209, 237, 318-319
Lait de toilette, 35
Lait maternel, 33, 50, 51, 84, 121-122, 132, 147, 358
Lait maternisé, 33, 52-53, 84, 120-121, 147, 179, 369
Landau, 68-69
Langage, 140-141, 155, 172, 201, 222-223, 228
  acquisition du –, 164, 166-167, 223, 227, 244-247, 250, 279-280, 288, 345
  troubles du –, 151, 167, 222, 239, 245-246, 267, 306-307, 339, 346
Langage des signes, 167
Lange, 15, 17, 39, 91
Laryngite, 49, 87, 261, 375, 392-393
Latéralisation, 321
Lavage des mains
  enfant, 231, 271, 296, 299, 339, 343, 345
  mère, 28, 35, 49, 52, 59, 60, 105, 189, 358, 360-361
Leche League, 50, 418
Légumes, 107, 120-123, 135, 145-147, 161, 176-177, 182, 191, 209, 215, 236-237, 269, 293, 316-319
  secs, 180-181, 207, 292-293, 318-319
Libido
  de la mère, 126
  de l'enfant, 200-201, 300
Lingettes, 21, 58, 189, 287
Liniment oléocalcaire, 35, 189
Liquide amniotique, 17-18, 21, 27, 59, 74, 361
Lit, 48-49, 69, 115, 272, 297, 336-337
Livres, 223, 226-229, 241, 256, 269-270, 342-343, 364-366
Lunettes, 262-263, 356
  de soleil, 69, 219, 263, 296-297, 349, 365, 400-402
Luxation
  de la hanche, 38
  de la tête du radius, 383

M

Magnésium, 28, 177, 181, 236
Maigreur, 316-317
Maison de l'enfant, 279
Maison de parents, 290
Maison verte, 94, 124-125, 130, 255
Maladie, 82, 102, 110, 187, 295
  cardiovasculaire, 317
  cœliaque, 122
  de Leiner-Moussous, 428
  de l'œil, 356
  de Lyme, 404, 428
  de van Bogaert, 394
  des griffes du chat, 405
  des membranes hyalines, 22
  éruptive, 394-396
  génétique, 41, 361, 409, 432
  mentale, 355
  ORL, 392
  respiratoire, 357, 391-392, 398
Mal des transports, 348, 401
Malformation, 40-41, 394, 420
Maltraitance, 79, 197, 335, 419
Mammite, 42
Manœuvre
  de Heimlich, 209, 380
  de Mofenson, 209, 380
  d'Ortolani, 38
Marche, 136, 211, 216-220, 241-242
  à quatre pattes (de l'ours), 192, 210-211, 215, 217-219
  automatique, 13, 39, 45
  retard de la –, 211, 238
Massage, 36, 59-61, 66, 71, 81, 100
Massage cardiaque, 379
Mastication, 144, 206, 292, 356
Masturbation, 201, 300, 329
Méconium, 33, 38, 426
Mégalérythème épidémique, 395
Mémoire, 62, 137, 156, 163, 165, 246, 249-252, 284-285
Méningite, 81, 83, 119, 139, 376, 386, 421, 424-425, 428
Mensonge, affabulation, 334-335
Mer, 219, 238, 263, 349
Mercredi, 205, 233, 333, 347
Microréveils, 56, 89, 272

Migraine, 72, 421
Milium, 42
MNI-test, 396
Mobile, 55, 71, 93, 130, 256, 363
Modèle masculin, 204
Moi tout seul, 221, 313, 324-325
Mononucléose infectieuse, 396, 423
Monozygote, 154
Morsure
  d'animal, 283, 381, 404-405
  d'enfant, 200, 212-213
Mort, 326-327
Mort subite du nourrisson, 49, 55, 74, 79, 113, 362
Mot(s), 139-141, 155, 166-167, 191-192, 201, 215, 222-223, 239, 241, 244-246, 306-307
Mouche-bébé, 151, 159, 261
Mucoviscidose, 357, 429
Muguet (Candida albicans), 265
Musée, 255, 288
Musique, 63, 93, 130, 227, 229, 253, 256-257, 308
Mycoses du siège, 265, 283, 424
Myopie, 263

N

Naevus, 187
Naissance, 13, 16, 26-30
Neige, 68, 263, 296, 402
Néophobie, 147, 293, 318
Neurones, 108, 180, 248
Nez, voir « Soins »
Nitrates, 123, 176-177
Non !, 170, 197-198, 218, 222, 238-239, 269, 273-274, 299
Norme NF, 48, 253, 367, 399
Nounou, nourrice, 95, 102, 137, 158, 165, 168, 193, 196-197, 267, 270, 280
Noyade, 397, 400
Numéros d'urgence, 95, 100, 129, 260, 375, 378, 419

O

Obésité, 122, 147, 206, 208, 236, 316-317, 347, 389
Odorat, 33, 62, 78, 108, 285
Œdème de Quincke, 389, 391
Œil (yeux), 90-91, 138-139, 178, 262-263, 296, 356, voir aussi, « Soins »
Œsophagite, 87, 386-388
Œuf, 122, 146-147, 177, 179-181, 208, 237, 299, 389
Oligoéléments, 178-181
Oméga-3, 182-183, 207, 236-237
Oméga-6, 182-183, 207, 236, 250
Ongles, voir « Soins »
Ophtalmie des neiges, 296
Ophtalmologue, 139, 187, 339, 356-357
Opposition, 197-198, 238, 258-259, 274, 278, 286, 325, 331
Opticien, 262-263, 297
Oreille interne, 348
Oreilles, voir « Soins »
Oreillons, 158, 338, 376-377, 425, 429
Organes génitaux, 38, 187, 201
ORL, 139, 306
Orthophoniste, 239, 306-307, 346, 421
Orthoptie, 263
Ostéopathe, 307, 357
Ostéopathie, 81, 150, 357
Otite, 87, 118, 139, 148, 150-151, 158, 186-187, 225, 339, 357, 385, 388, 393
Oto-émissions, 63
Ouïe, 63, 78, 108, 139
Ovarite, 428
Ovulation, 85
Oxygénothérapie, 117, 392
Oxyures, 385, 429

P

Paje, 97, 102, 415-417
Panaris, 42, 74
Pancréatite, 428
Pansement, 260, 366, 375, 378
　compressif, 378
　gastrique, 388
　intestinal, 261
　œsophagien, 87
Papillomavirus, 265
Paraben, 189
Paracentèse, 151, 393
Paracétamol, 81, 83, 105, 119, 133, 149, 261, 366, 375, 430
Paralysie, 39, 79, 82, 400, 402-403, 424, 426, 429
Paraphimosis, 264
Parasites intestinaux, 239, 385
Parc, 163, 170, 193, 198-199
Parc à thème, 332-333
Parties génitales, voir « Soins »
Peau à peau, 23, 27, 63, 65, 92
Pédopsychiatre, 329-330, 354-355
Peinture, 253, 255, 285, 288, 341, 345-346
Peluche, 48, 71, 75, 93, 130-131, 164, 169, 363, 389
Pénis, 265, 328
Père, 23, 26-27, 30-31, 67, 73, 85, 97-99, 126-127, 198, 202-205, 276-277, 328, 331
Péridurale, 18-21
Périmètre crânien, 27, 186, 294
Permanence (notion de), 137, 156, 163, 165, 168
Perte de connaissance, 159, 259, 378-379, 403, 422, 424, 430
Petits pots, 123, 145-146, 157, 176, 367, 400-401
Peur, 217, 223, 249-250, 273, 288-289, 301, 321
　de la séparation, 165, 168, 224, 273
　de l'eau, 59
　des inconnus, 137, 163, 165, 191, 222
Pharmacie familiale, 81, 171, 221, 260-261, 375
Phimosis, 264-265, 295
Phlébite, 21
Ph-métrie, 87
Phobie, 280, 321
Photoallergie, 391
Photothérapie, 38, 427
Phrases, 239, 245-246, 257, 267, 269, 306-307, 339
Pieds, 39, 59, 61, 78, 130, 135-136, 158, 165, 193, 217, 219, 238, 321, 349, 357
Pince pouce et index, 136, 163, 173, 191
Pipi, 270-271, 280, 325, 345
Piqûre d'insecte, 261, 375, 403-404
Piscine, 156-157, 333, 349, 393, 399
Placenta, 19-21, 26, 179, 422
Plantes toxiques, 171, 398-399, 402-403
Pleurs, 54-57, 59, 62, 88-89, 104, 108, 113-115, 148, 150, 165-166, 196-199, 213, 273, 279-280, 303, 315
PMI, 50, 103, 186
Pneumonie, 83, 391, 425
Pneumopathie, 394
Poche des eaux, 17-18
Podologue, 217
Poids, 13, 27, 45, 77, 79, 107, 135, 161, 191, 215, 241, 261, 269, 299, 323
Poisson, 122, 135, 146-147, 161, 177, 181, 183, 191, 207-208, 236-237, 293, 323
Poliomyélite, 82, 338, 376-377, 430
Pollution, 49, 68, 75, 151, 213, 389, 392
Polycarbonate, 132, 297
Porte-bébé, 68-69, 80, 87, 131, 152-153, 401
Portique, 93, 363, 399
Position latérale de sécurité, 379-380, 386
Positions pour allaiter, 29, 358-359
Postmature, 43
Pot, 270-271, 324
Potassium, 181
Pouce, 74, 115, 224, 272, 303, 408
Poupée, 252, 309, 363-365
Poussées dentaires, 133, 148, 225, 261, 375
Poussette, 68-69, 152-154
Poux, 348
Prématuré, 22-25, 65, 86, 96, 102, 117, 132, 139, 154, 362, 387, 389, 418
Prématurité, 22-25, 49, 63
Premier cri, 26-27, 64
Premier regard (protoregard), 27, 65
Premiers soins, 209, 378, 386, 403
Prépuce, 36, 212, 264-265
Présentation (accouchement), 18, 26
Prise des médicaments (par Bébé), 188
Processus de l'attachement, 65
Produits toxiques, 170-171, 213, 243, 381, 399
Prononciation, 223, 244, 247, 306-307

443

Propreté, 188, 200-201, 230-231, 270-271, 295, 300
Protéines, 33, 87, 123, 146, 207-209, 237, 273, 318-319
Psychologue, 23, 31, 40-41, 66, 70, 73, 94, 102, 125, 187, 195, 203, 255, 354-355
Psychose puerpérale, 73
Psychothérapie, 313
Puberté, 132, 143, 201, 265, 424
Pudeur, 203, 301, 329
Puéricultrice, 25, 34-35, 37, 52, 58, 102, 155, 189
Punitions, 197, 212, 225, 271-272, 275, 291, 314, 319, 334
Purpura rhumatoïde, 430
Puzzle, 253, 299, 339, 364-365
Pyélonéphrite, 81, 396

R

Rachianesthésie, 20
Rachitisme, 132, 147, 179, 429
Radicaux libres, 179, 181
Réanimation néonatale, 23, 41
Réflexe, 39, 45, 294
  archaïque, 13, 45
  de fouissement, 27
  de Moro, 39
  de préhension, 39, 77
  de succion, 33, 39, 121
Reflux, 86-87, 104, 151, 225, 357, 387-388
Reflux urinaire, 396
Refus alimentaire, 85, 119-121, 145, 151, 198, 206, 293
Régression, 111, 204, 279-280, 303, 324, 340, 408
Régurgitations, 17, 38-39, 60, 86-87, 104, 151, 362, 386-388
Réhydratation
  intraveineuse, 381
  orale, 118, 261, 375, 387, 422
Religion, 142-143
Ressemblance, 154-155, 172, 174-175, 204
Retour de couches, 85
Rêve, 89, 112, 130, 225, 272-273, 285, 301
Révision utérine, 19
Rhinite allergique (rhume des foins), 388
Rhinopharyngite, 43, 81, 87, 148, 150-151, 158, 297, 392
Rhumatisme articulaire aigu, 395
Rhume, 116, 150, 391
Rhume de hanche, 430
Rivalité, 203, 277, 304-305, 328-329
Riz, 207, 292, 318-319
Roséole (exanthème subit), 395
Rot, 53, 58, 86, 100, 126
Rotavirus, 83, 117-118, 376, 385
Rougeole, 158, 338, 376-377, 394
RSA, 417
Rubéole, 338, 376-377, 394
Rythme scolaire, 342

S

Sable, 69, 219, 238-239, 296, 342, 349, 366, 399-400
Sac à dos de Maman, 365
Sachets de réhydratation, voir « SRO »
Sac kangourou, 55
Sac pour Bébé, 15
Sage-femme, 18-19, 26-28, 32, 34-35, 50, 52, 61
Salle de bains, 46, 171, 193, 230
Salmonelles, 118
Samu, 378, 381, 392, 403, 419
Savon, 35, 51, 59, 105, 189, 231, 260, 271, 360-361, 378, 392, 403, 405
Scarlatine, 395
Score d'Apgar, 26
Sécurité, 170, 242-243
  balcon, 171, 243, 275, 336, 397
  barbecue, 399
  escalier, 164, 170-171, 193, 197, 221, 242-243, 275, 397-398
  fenêtre, 171, 243, 275, 336, 397
  lit, 48, 115, voir aussi « Couchage »
  jardin, 398
  mer, plage, 349, 400
  plantes, 171, 402-403
  prises électriques, 164, 171, 336, 397-398
  ville, 68, 152
  voiture, 74, 153, 400-401
Sel, 59, 122, 145, 176, 181
Selles, 33, 36, 118, 132-133, 361, 367, 385-386, 388, 396, 423
Séropositivité, 431
Sessad, 194
Sevrage, 84-85, 95, 104, 120, 125, 198
Sexualité
  de l'enfant, 200-201
  du couple, 98-99, 126
Shampoing, 36, 105, 171, 231, 348, 361, 390
Shigelles, 118, 385
Sida, 265, 431
Siège auto, 68-69, 93, 152-153, 185, 275, 363, 401
Sieste, 88-89, 114-115, 224-225, 272, 280, 314-315, 343, 345-346
Signe de Köplick, 394
Smur, 378
Soins
  des aisselles, 36, 361
  des ongles, 42, 74
  des oreilles, 36, 212, 231, 361
  des parties génitales, 36
  des yeux, 36, 361
  du cordon, 36-37, 39, 43, 59, 361
  du cuir chevelu, 36, 361, voir aussi « Croûtes de lait »
  du nez, 27, 36, 43, 117, 151, 159, 361
Sommeil, 56-57, 88-89, 112-115, 188, 224-225, 272-273, 285, 314-315, 330, 337, 354, 357, 362
Soutien-gorge d'allaitement, 17, 358
Spasme du sanglot, 258-259
Spectacles, 228, 288, 332-333, 345
Spina bifida, 41-42
Sport, 346-347, 424
Square, 51, 205, 239, 243, 287-289, 313
Stade anal, oral, phalique, 200-201, 212, 300, 328
Sténose du pilore, 381-382
Stérilisation, 49, 52, 104-105, 189, 239, 360
Stomatite herpétique, 426
Stress (hormone du), 54, 61, 258
Strabisme, 63, 90, 139, 187, 262, 356
Stridor, 431
Sucre (sucré), 62-63, 121, 149, 176, 237, 317
Sucreries, 292-293
Supermarché, 176, 286-287
Suralimentation, 81
Surcompensation boulimique, 292
Surdité, 139, 187, 422, 428
Surgelés, 123, 236
Surpoids, 121, 147, 175, 186, 206, 294, 316-317, 347
Syllabes, 137, 139, 164, 167, 187, 192, 223, 244
Syncope, 431
Syndrome
  de l'X fragile, 433
  de Lennox-Gastaux, 424
  de West, 424, 433
  pied main bouche, 431

T

Tabac, 49, 74, 151, 213, 297, 348, 392
Tabagisme passif, 24, 49, 151, 297, 362, 389, 393
Table à langer, 46, 48-49, 58-60, 93, 159, 211
Tache mongoloïde, 43
Taenia, 385
Taille, 13, 27, 45, 77, 107, 135, 145, 161, 191, 215, 241, 269, 299, 323
Tapis d'éveil, 71, 92-93, 101, 109, 131, 136, 363
Technique de Cohen, 20-21
Télévision, 263, 296, 310-311, 336, 349
Température
  ambiante, 48, 230
  du bain, 35, 59, 230, 397
  du corps, 23, 81, 119, 249
  extérieure, 68, 119
Terreurs nocturnes, 224, 273
Test
  de Guthrie, 39
  de Paul et Bunnell-Davidsohn, 396
Testicule, 264-265, 295, 382-383, 426
Tétanos, 82, 338, 376-377, 405, 432
Tétées, 31-33, 56, 74, 198, 200
  de bienvenue, 29, 33
  nombre de –, 13, 45, 51, 74, 77, 107, 316
Tétine, 52-53, 81, 84, 86, 89, 104-105, 114-115, 167, 189, 198, 307, 339
Thé, 51, 75, 358
Théâtre, 332
Thermomètre, 35, 59, 81, 231, 261, 367
Thermomètre-hygromètre, 48
Thromboses, 180
Tire-lait, 51
Toilettes, 231, 270-271, 324, 343, 345, 398
Torticolis, 432
Toucher, 62, 78, 91, 108-109, 141, 285
Toux, 48, 68, 81, 87, 116-117, 261, 357, 375, 386, 391-393, 422
Toxoplasmose, 17, 432
Train du sommeil, 88, 113, 225, 314
Transat, 59, 93, 131, 159, 185, 361, 363
Transgression, 243, 274-275, 331
Transports en commun, 51, 153, 287
Traumatisme crânien, 139, 187
Travail (mère)
  aménagement des horaires, 94, 97

  droit du –, 96-97
  reprise du –, 73, 85, 94-97, 101, 104, 127, 137, 155, 168
Trémulations, 43
Trisomie 21, 41, 175, 409-410
Tuberculose, 82, 338, 376
Tumeur cérébrale, 421
Tympans, 62, 118, 150-151, 186, 295, 393

U

Ultraviolets, 132, 263, 296
Urgences, voir « Numéros d'urgence »
Urticaire, 389, 391
Utérus, 16, 18-21, 28-29, 33, 74, 155

V

Vacances, 46, 94, 261, 285, 337, 342-343
Vaccin, 82-83, 105, 376-377
Vagin, 19, 265
Varicelle, 119, 158, 376, 385, 392, 395
Végétations, 151, 393, 432
Veilleuse, 362
Vernix caseosa, 26-27, 35
Verrues, 432
Vêtement de Bébé, 15, 68, 91, 173, 324-325
Viande, 120, 135, 146, 161, 177, 180-181, 191, 207-208, 215, 236-237, 292-293, 318-319, 323
Vidéo, 47, 301, 349
Violence, 311
Virus d'Epstein-Barr, 396
Virus respiratoire syncytial (VRS), 116, 392
Vision, 62, 70-71, 78, 90-91, 139, 163, 178, 182, 187, 295
   évaluation de la –, 38, 138, 262-263, 295
   troubles de la –, 138-139, 179, 262-263, 356-357
Visites prénatales, 16
Vitamine (s), 121-123, 145-147, 177-180, 236-237
Vocabulaire, 222-223, 227, 239, 244-246, 256-267
Vomissement, 86-87, 104, 118-119, 159, 261, 375, 381-383, 386-387
Voyage, 53, 74-75, 261, 360, 367, 400-402
Voyelles, 77, 139, 244, 306
Vulve, 36

Y

Yersinia, 118
Yeux, voir « Soins »
Youpala, 171, 215
Yoyo, 151

Z

Zizi, 212, 265, 300
Zona, 395

Remerciements

À Cyriaque, mon soleil, ma force, mon fils qui est à l'origine de ce livre. À mes parents pour leur affection et leur soutien constant, aux enfants et à leurs parents pour leur confiance et leur témoignage de sympathie. À toutes les équipes pédiatriques avec lesquelles j'ai travaillé pour les moments inoubliables que nous avons passés. À Valérie pour son amitié. À Valérie Wertheimer, Présidente Fondatrice d'Action Innocence, une femme rare. À Lise, Estelle et Catherine sans qui le livre ne serait pas.

Béatrice Di Mascio

Remerciements à tous les parents, enfants et professionnels que j'ai croisés dans ma vie de journaliste. À mes collègues et amies ou amis des rédactions des *Maternelles* et de *Famili*, sources d'inspiration depuis de longues années. À mes filles Perrine et Anne pour leurs idées et leurs critiques bienveillantes. À Noémie et Colas, mes petits-enfants, qui sont à l'origine de nombreuses pages.
Remerciements particuliers à mon mari, le docteur Yves-Marie Kervran, pour ses conseils, son aide, sa collaboration et, sur certains chapitres, ses longues heures de relecture.

Herma Kervran

Dessins en annexes : Clélia Colao • **Texte annexes** : Corinne Lacoste - Dr Yves-Marie Kervran

Crédits photographiques :
Guetty images : Altrendo images,270 ; Tony Anderson, 218 ; Liz Banfield, 278, 325 ; Leigh Beisch, 176 ; Nancy Brown, 134 ; Pascal Broze, 149 ; Roderick Chen, 330 ; Stephen Chiang, 138 ; Elisa Cicinelli, 90 ; Comstock, 12, 50, 166, 294 ; Digital Vision, 124, 169, 209 ; Odillon Dimier, 216 ; Brian Doben, 181 ; E. Dygas, 69 ; ERproductions Ltd, 22 ; Steven Errico, 123 ; Guy Erskine, 192 ; John Fortunato, 172 ; Frare Davis Photography, 165 ; Fuse, 37, 56, 208, 258 ; Jamie Grill, 76, 146 ; Ben Gunsberger, 162 ; Mickael Hitoshi, 214 ; Image Source, 110, 144, 178, 183, 286 ; Mike Kemp, 92 ; Taylor S. Kennedy, 333 ; Dorling Kindersley, 36 ; Cécile Lavabre, 200 ; Fabrice Lerouge, 140, 167, 202 ; Elyse Lewin, 53, 143, 268, 324, 327 ; Tim McGuire, 301 ; Ryan McVay, 234 ; Sarah Monte, 108 ; Nick White & Carrie Beecroft, 114 ; Andrew Olney, 160 ; Jose Luis Pelaez Inc, 95 ; Photodisc, 24, 305 ; Purestock, 14 ; Radius Images, 54, 73, 78, 80, 148, 203 ; Rayes, 274 ; Andersen Ross, 128, 185, 308 ; Kraig Scarbinsky, 222 ; Leigh Schindler, 250 ; Alain Schroeder, 310 ; Brigitte Sporrer, 70 ; Stockbyte, 150, 186 ; Terry Vine, 226 ; Tetra Images, 84, 89, 119, 246, 343 ; Steffe Thalemann, 220 ; Thinkstock, 219 ; Camille Tokerud, 256 ; James Woodson, 284 - **Jupiter Images :** 99, 156, 182, 190, 205, 223, 252, 292, 344 ; James Baigrie, 170 ; Bananastock, 120, 174, 210, 244 ; Heide Benser, 248 ; Brand X Pictures, 245 ; Corbis, 97, 193, 276 ; Creatas Images, 315 ; Fancy, 30, 338 ; Vladimir Godnik, 34 ; Hemera Technologies, 281 ; I love image, 27, 46 ; Inspirestock, 115, 306, 312 ; IT Stock Free, 232 ; Ruth Jenkinson, 147 ; Lawrence Lawry, 103 ; Liquidlibrary, 242 ; Lucas Tiedge, 112, 303 ; Pixland, 79, 127, 201 ; Polka Dot, 221, 229 ; Arthur Tilley, 116 - **Shutterstock :** Petrenko Andriy, 302 ; Avava, 136 ; Adam Borkowski, 106 ; Boumen&Japet, 335 ; Pauline Breijer, 328 ; Corepics, 341 ; Fernando Blanco Calzada, 334 ; Jaimie Duplass, 247 ; Petro Feketa, 251 ; Gravicapa, 62 ; Greenland, 67 ; Iofoto, 67, 295 ; Serhiy Kobyakov, 206 ; Gaby Kooijman, 44 ; Simon Krzic, 86 ; Robet Kneschke, 290 ; Martin Kucera, 48 ; Emin Kuliyev, 237 ; Lena S., 64 ; Kevin Lepp, 99 ; Lerche&Johnson, 225 ; Steve Lovegrove, 25 ; R. Gino Santz Maria, 195 ; Dean Mitchell, 130 ; Monkey Business Images, 15, 16, 47, 101, 164, 240, 340 ; Vladimir Mucibabic, 230 ; Dmitry Naumov, 61, 83 ; Niderlander, 28, 32 ; Alena Ozerova, 155 ; Losevsky Pavel, 254 ; Pieter, 282 ; Picturepartners, 298 ; Vadim Pinomarenko, 207 ; Vladimir Prusakov, 63 ; Rickt, 196 ; Alena Root, 272 ; Anatoliy Samara, 289 ; Serhiy, 322 ; StockLite, 41, 131 ; Jozsef Szasz-Fabian, 19 ; Liudmila P. Sundikova, 319 ; Tomasz Trojanowski, 87, 109, 227 ; Jiri Vaclavek : 58 ; Visi.stock, 153 ; VolkOFF-ZS-BP, 283 ; Ivonne Wierink, 35 ; Elena Yakusheva, 350 ; Arman Zender, 198 - **DR :** 263, 337 - **Matton Images :** Lydie Gigerichova, couverture.

Compilation de comptines : 1. À la Claire-Fontaine ; Agnès Mazères (Serge Mazères/J. Fauny) 2. Ainsi font, font, font les petites marionnettes ; Jean-Gabriel et Serge Mazères (Serge Mazères/J. Fauny) 3. Au clair de la lune ; Agnès et Serge Mazères (Serge Mazères/J. Fauny) 4. Fais dodo Colin mon p'tit frère ; Agnès et Jean-Gabriel Mazères (Serge Mazères) 5. Dans la forêt lointaine ; Agnès et Serge Mazères (Serge Mazères) 6. Il était un petit navire ; Jean-Gabriel et Serge Mazères (Serge Mazères) 7. Une souris verte ; Serge Mazères et Marion Pépin (Serge Mazères/J. Fauny) 8. Maman les p'tits bateaux ; Agnès et Jean-Gabriel Mazères (Serge Mazères/J. Fauny) 9. Pomme de reinette et pomme d'api ; Liliane Davis et Agnès Mazères (Serge Mazères) 10. Une poule sur un mur ; Jean-Gabriel Mazères (G. Battarel/J. Barry) Tous titres Editions M.C.S.A. Entertainment
(P) 2008 Mic Mac Music licence exclusive EMI Music France
Compilation (p) 2010 Albin Michel © 2010 Albin Michel

Recommandé par FisherPrice. FISHER-PRICE ainsi que les marques et les logos afférents appartiennent à Mattel, Europa B.V. et sont utilisés sous licence. ©2010 Mattel, Inc. Tous droits réservés.

Réalisation graphique, iconographique, impression :

Code Hachette : 6133607
ISBN : 978-2-226-187703
Achevé d'imprimer à Singapour
Dépôt légal : octobre 2010